国家社会科学基金特别委托项目，项目编号：10@zh027，
项目名称："革命根据地法律文献整理与研究"

革命根据地法律文献选辑

(第一辑)

中国共产党成立后与第一次国内革命战争时期的法律文献
（1921-1927）

张希坡 编著

中国人民大学出版社
·北 京·

中共中央指示：

在人民新的法律还没有系统地发布以前，应该以共产党的政策以及人民政府与人民解放军所已发布的各种纲领、法律、命令、条例、决议作依据。目前在人民的法律还不完备的情况下，司法机关的办事原则，应该是：有纲领、法律、命令、条例、决议规定者，从纲领、法律、命令、条例、决议之规定；无纲领、法律、命令、条例、决议规定者，从新民主主义的政策。

1949年2月《中共中央关于废除国民党的〈六法全书〉和确定解放区的司法原则的指示》

华北人民政府训令：

人民的法律，已经有了解放区人民相当长期的统治经验，有的已经研究好，写在人民政府、人民解放军发布的各种纲领、法律、条例、命令、决议等规定里，有的正在创造。……用全副精神来学习马列主义——毛泽东思想的国家观法律观，学习新民主主义的政策、纲领、法律、命令、条例、决议，来搜集与研究人民自己的统治经验，制作出新的较完备的法律来。

1949年4月1日《华北人民政府为废除国民党的六法全书及一切反动法律的训令》

董必武：

　　大家知道，在过去国内革命战争的各个时期，各个革命根据地，在党的统一领导下，制定了许多代表人民意志和符合革命利益的政策法令。尽管它们在形式上较为简单，而且不可避免地带有地方性，但是它们有力地保障和促进了革命事业的发展。不仅如此，它们并且是我们现在人民民主法制的萌芽。

　　1956 年 9 月 19 日，董必武在中国共产党第八次全国代表大会上的发言：《进一步加强人民民主法制　保障社会主义建设事业》。转引自《董必武法学文集》，北京，法律出版社，2001，第 340 页。

　　人民政法工作和军事工作、经济工作、文教工作一样，在党中央和毛主席的领导下，从民主革命到社会主义革命，逐步积累起丰富的经验，形成了自己的优良传统。这就是服从党的领导、贯彻群众路线、结合生产劳动、为党和国家的中心工作服务。这十分鲜明地概括了我们人民政法工作的优良传统。

　　1959 年 5 月 16 日，董必武在全国公安、检察、司法先进工作者大会的讲话《实事求是地总结经验，把政法工作做得更好》。转引自《董必武法学文集》，北京，法律出版社，2001，第 423～424 页。

胡锦涛：

中国共产党从成立之日起就以实现人民当家作主为己任。以毛泽东同志为主要代表的中国共产党人，创造性地把马克思主义国家学说同中国具体实际结合起来，在带领人民为推翻三座大山而浴血奋战的同时，对建立新型人民民主政权及其组织形式进行了长期探索和实践。从第一次国内革命战争时期的罢工工人代表大会和农民协会到第二次国内革命战争时期的工农兵代表苏维埃，从抗日战争时期的参议会到解放战争后期和建国初期各地普遍召开的各界人民代表会议，都是我们党为实现人民民主而进行的探索和创造。我们党深刻总结中国近代政治发展的历程和建立新型人民民主政权的实践，得出了一个重要结论，这就是：新民主主义革命胜利后建立的政权，只能是工人阶级领导的、以工农联盟为基础的人民民主专政；同这一国体相适应的政权组织形式，只能是民主集中制的人民代表大会制度。

2004 年 9 月 15 日胡锦涛在首都各界纪念全国人民代表大会成立 50 周年大会上的讲话（2004 年 9 月 16 日《光明日报》，新华社北京 9 月 15 日电）

习近平：

历史是最好的教科书。学习党史、国史，是坚持和发展中国特色社会主义、把党和国家各项事业继续推向前进的必修课。这门功课不仅必修，而且必须修好。

2013年6月25日，习近平在中共中央政治局第七次集体学习时的讲话（2013年6月27日《光明日报》，新华社北京6月26日电）

深入开展中国人民抗日战争研究，必须坚持正确历史观、加强规划和力量整合、加强史料收集和整理、加强舆论宣传工作，让历史说话，用史实发言，着力研究和深入阐释中国人民抗日战争的伟大意义、中国人民抗日战争在世界反法西斯战争中的重要地位、中国共产党的中流砥柱作用是中国人民抗日战争胜利的关键等重大问题。……要坚持用唯物史观来认识和记述历史，把历史结论建立在翔实准确的史料支撑和深入细致的研究分析的基础之上。要坚持正确方向、把握正确导向……按照"总体研究要深、专题研究要细"的原则，制定中长期规划和具体工作方案，确定研究重点和主攻方向……推出高水准的权威专著和通俗读物。

2015年7月30日，习近平在中共中央政治局就中国人民抗日战争的回顾和思考进行第二十五次集体学习时的讲话（2015年8月1日《光明日报》，新华社北京7月31日电）

编者说明

一、革命根据地的法律文献，堪称"红色法律经典"

所谓"红色法律经典"（简称"红色法经"），是指中国共产党在新民主主义革命时期，领导人民在革命根据地内，由革命政权所制定的反帝反封建的人民民主专政的法律文献。

所谓"经典"，按《辞海》的解释，是指"一定时代、一定阶级认为最重要的、有指导作用的著作"。《汉语大词典》的解释是："旧指作为典范的儒家载籍"，或者具有权威性的著作。以现代文学艺术作品为例，有许多被公认为"红色经典"之作，如反映土地改革的小说和电影，有周立波的《暴风骤雨》和丁玲的《太阳照在桑干河上》；反映解放区婚姻制度改革的作品就更多，如《刘巧儿》《小二黑结婚》和《李二嫂改嫁》等等。这些文艺作品早已家喻户晓，受到人们的普遍欢迎。可是，这些文艺作品所反映的法律母体，一般人却不太了解。这正是本课题所要研究的对象，也就是本"选辑"所要收集的重要内容。大家知道，《暴风骤雨》和《太阳照在桑干河上》所描写的是解放战争时期轰轰烈烈的土地改革运动，而指导那场土改运动的纲领性的法律文献，是1947年10月在西柏坡召开的全国土地会议上研究制定的《中国土地法大纲》。该大纲明确规定，"废除封建性及半封建性剥削的土地制度，实现耕者有其田的土地制度"。这是中国共产党领导的新民主主义革命的三大经济纲领的重要组成部分，因此，《中国土地法大纲》堪称土地立法的"红色经典"。同样，上述反映解放区婚姻制度改革的文艺作品，无一不是各个历史时期婚姻法规的写照。例如《刘巧儿》的故事，是发生在1943年陕甘宁边区的真人真事，它所反映的追求婚姻自由、反对包办、买卖婚姻的主题思想，是以1939年制定的《陕甘宁边区婚姻条例》为依据的。《小二黑结婚》发生在抗日战争时期的华北抗日根据地，它所反映的婚姻自主、自由恋爱的思想，是1942年的《晋冀鲁豫边区婚姻条例》和1943年的《晋察冀边区婚姻条例》的主题思想。《李二嫂改嫁》则发生在解放战争时期的山东解放区，它所诠释的寡妇再婚的政策，是1945年3月《山东省婚姻暂行条例》所规定的"寡妇有再嫁与否之自由，任何人不得干涉"。因此，上述婚姻立法，即成为革命根据地"红色法律"的经典之作。

但是，革命根据地的土地改革法，不是只有一个《中国土地法大纲》，而是还有它产生、发展的过程。中国共产党成立后，在领导农民运动时，早就提出"耕地农有"的口号，并开始实行减租减息。在第一次国共合作时期，中国共产党与孙中山共同研究，确定采取"二五减租"的政策，并提出"耕者有其田"的口号。到第二次国内革命战争时期，在红色革命根据地，先后制定了《井冈山土地法》和《中华苏维埃共和国土地法》，指导苏区农民实行彻底的土地改革。抗日战争时期，根据抗日民族统一战线的方针，在各抗日根据地内，分别颁布了若干《减租减息条例》，全面推行减租减息政策。到解放战争时期，在各解放区依照《中国土地法大纲》，实现了"耕者有其田"的制度。这便为全国解放后制定《中华人民共和国土地改革法》、在新区开展土地改革运动，积累了丰富的经验。同样，革命根据地的婚姻立法，也有个逐步发展的过程：在中国共产党成立后制定的政纲、决议中，以及工农运动制定的规约、条令中，确立了新民主主义婚姻制度的四项原则，即男女平等，婚姻自由，一夫一妻，保护妇女、儿童和老人。以后在《中华苏维埃共和国婚姻法》以及各解放区制定的《婚姻条例》中，作了具体规定。上述法律文献在本"选辑"中，都可查到具体条文。

其他方面的法律法规也是如此。比如反映劳动立法的文艺作品，有第一次大革命时期中国工人阶级为反抗军阀压迫、争取建立工会组织而发动的"安源路矿工人大罢工"和京汉铁路工人"二七大罢工"，以及香港和广州工人举行的反帝爱国斗争——"省港大罢工"，都是以中国共产党在1922年制定的《劳动法案大纲》作为指导纲领的。第二次国内革命战争时期颁布了《中华苏维埃共和国劳动法》，之后在各抗日根据地内，陆续制定了各地区的《劳动保护条例》，都可在本"选辑"中窥见其发展、演变的进程。

综上所述，不难看出，既然大量的反映反帝反封建斗争的影视诗歌被称作主旋律的"红色经典"，那么指导这些文艺作品的法律母体，理所当然更应属于"红色法律经典"。本丛书就是从几十年来收集的大量法律文献中，经过考察、校订，选出具有代表性的法律文献，编成《革命根据地法律文献选辑》，以供国内外专家及广大读者学习、研究中国近现代史及中国法制史，了解我国现行法律制度的发展、沿革的过程，总结历史经验。

但应指出，这里所说的"红色法律经典"，主要是指那些具有历史价值并具有代表性的法律文献。现在收入本"选辑"的，并非都是经典之作，有些规约、条令是临时性的、地区性的应急之作；有些规定还带有时代的局限性，因受主、客观条件的影响，某些规定是不正确的，需要客观地、全面地进行分析研究。之所以收集进来，是为了说明革命根据地的法制建设工作与其他工作一样，有一个从无到有、由小到大、从萌芽雏形逐步走向成熟完善的发展过程。因此，统称为"红色法律资源"，都属于"红色法律文化遗产"的范畴。

本丛书内容涉及范围很广，包括以下各个部门法的历史文献：宪法施政纲领、选举法、政权组织法、民政、外事、军事、财政金融税收、经济管理（工农商贸合作社及知识产权）、文化教育与卫生、土地法、劳动法、婚姻与继承、刑事法规、监察与公安检察、司法审判及狱政，等等。

二、革命根据地的人民民主法制史的上线始于何时？

现在在一般教材和史料汇编中，对于人民民主法制史的上线，多是从 1927 年苏维埃红色政权创立开始。诚然，1927 年秋收起义后在农村根据地建立的苏维埃政权，的确奠定了人民民主法制的坚实基础。但是，这仅仅是"流"，而不是"源"。大量的历史事实证明，我国人民民主法制的产生，应将中国共产党的成立和第一次国内革命战争时期建立的广东革命根据地作为起点。中国共产党成立后，明确提出驱除国际帝国主义、打倒封建军阀、建立"真正民主共和国"的政治纲领，并陆续制定了有关人民民主法制的若干基本原则。为了实现上述反帝反封建的政治纲领，中国共产党积极领导开展了三方面的斗争，即工人运动、农民运动以及同孙中山领导的中国国民党进行合作，共同开创了广东革命根据地。在工人运动中，制定了最早的工会条例和劳动立法。在农民运动中，实行减租减息，制定《农民协会章程》，并以农民协会作为临时的基层政权，待条件具备时建立普选的乡村自治委员会以及实行民主集中制的县政府委员会制度。特别是在工农运动的实践中，创建了我国人民代表大会制度的三株珍贵"萌芽"——省港罢工工人代表大会、各级（主要是省级）农民代表大会以及上海工人第三次武装起义中建立的上海市民代表大会。同时在中国共产党的政纲宣言和工农运动产生的规约、条令中，提出了婚姻制度改革的立法原则，确立男女平等的财产权和继承权；在刑事立法方面，提出"反革命罪"的概念，制定《反革命罪条例》《惩治土豪劣绅条例》和《惩治贪污条例》，建立了新型的革命法庭；改革司法制度，并在工农革命组织中成立了最早的人民调解机构；等等。这一切都可以从本"选辑"中得到充分证实。

三、《革命根据地法律文献选辑》的体系结构

全书共分为 4 辑：

第一辑为"中国共产党成立后与第一次国内革命战争时期的法律文献（1921—1927）"。

第二辑为"第二次国内革命战争时期中华苏维埃共和国的法律文献（1927—1937）"。

第三辑为"抗日战争——解放战争时期老解放区的法律文献（1937—1949）"。

第四辑为"解放战争时期新解放区的法律文献（1945—1949）"。

在每一辑中，根据其实际情况及史料的多少，有的分为上下卷（如中央苏区），有的分列多卷本（如抗日根据地）。

革命的前辈在政权与法制建设方面所遗留的这些丰富史料，不仅为法制史学的研究创造了有利条件，而且对于政治史、经济史、文化史以及各个部门法史都有极重要的研究价值。期望大家能对这些史料进行深入、系统的探讨，相信不久的将来，定会有高水平的论著不断问世。

六十多年来，先后参加本"选辑"史料汇集工作的，有以下同志：常风、毛天祐、梁秀如、郝正宇、关子健、胡大展、雷晟生、范明辛等。其中大部分现已作古，仅以本书的出版，告慰他（她）们的在天之灵。

多年来，在收集与研究革命根据地法律文献的过程中，得到有关单位与专家的指导和帮助，特借本"选辑"出版之机，再次表示衷心感谢！本"选辑"存在的缺点、错误，欢迎各位专家与广大读者批评指正。

先后应邀参加本课题组的成员有：马小红、赵晓耕、侯欣一、丁相顺、高仰光、黄东海、陈和平、段俊杰等。其中，黄东海、陈和平、段俊杰参加了部分文稿的校订及其他辅助工作。此外，还有一个十多人的"家庭总后备队"，祖孙三代齐上阵，从早期的手抄复写和手工打字，到后期的电脑打字、校对、改错、图书借阅、网上购书、文献拍照、图表复制，以及各种事务性工作，都为本"选辑"的出版作出一定贡献。

编　者

2016 年 10 月

第一辑说明

　　本辑分为上下两篇。上篇为中国共产党成立初期的政纲宣言和工农运动中制定的法规条令，包括：总纲——中国共产党提出的反帝反封建的革命纲领；劳动斗争纲领和劳动法规；省港罢工工人代表大会通过的革命法规；农民运动斗争纲领及省农民代表大会决议案；上海市民代表会议政府的政纲法规。

　　下篇为第一次国共合作时期的联合政府——广州、武汉国民政府的法律法规，包括：中国国民党改组后的宣言政纲确立了国共合作的政治基础和国民政府的立法原则；广州国民政府的前身——广州军政府时期孙中山以大总统大元帅名义颁布的法律法规；广州国民政府制定的法律法规；武汉国民政府制定的法律法规。

　　一、为什么在广州国民政府之前，收录了广东"护法"军政府时期的法律文献？

　　2011 年，辛亥革命已届百年。1912 年 3 月 11 日由南京临时大总统孙中山颁布的《中华民国临时约法》，是资产阶级民主主义思想在辛亥革命结出的积极成果，也是中国近代民主法制建设史上的里程碑。从此，民主共和国的观念逐步深入人心，谁想破坏《临时约法》、妄图复辟帝制、实行独裁专制，必被国人斥为"独夫""民贼"。孙中山在辛亥革命和"二次革命"失败后，并未停止斗争。为了同盘踞北京的北洋军阀政府对抗，为了维护《中华民国临时约法》，在广州以大元帅、大总统名义，建立与北洋政府相对立的"护法"军政府。但是，前两次由于单纯依靠地方实力派，皆以失败告终。孙中山总结前段失败的经验教训，从中国共产党领导的工农运动中，看到了革命的希望和力量，接受共产国际的援助，提出"联俄、联共、扶助农工"三大政策，改组国民党，走上国共合作的道路。孙中山在"护法"军政府时期，曾颁布有关反对军阀专制、保障人民自由权利的法规，这些具有民主主义思想的法规，在广州武汉国民政府成立后继续实施，所以应将这些法规收录进来。从广东"护法"军政府的这批法律法规中可以看出，在中国近代法制史上，这批文件处于一个承上启下的发展阶段——上承辛亥革命南京临时政府法制建设的成就，下启第一次国共合作时期广州国民政府法律制度的新发展，处在一个从旧民主主义革命法制向新民主主义革命法制演变的过渡时期，从这些法规中，足以看出中国近现代法律法规继承与演进的发展脉络。其中有些制度和原则，后来在革命根据地继续贯彻实施，并取得新的成就和经验。

二、第一次国内革命战争时期广州、武汉国民政府是"国共合作的联合政府"

笔者根据大量的历史文献和革命实践，认为，"革命根据地"这一概念是在第一次国共合作时期于广东提出的。在中共中央早期文件中，多次提到"广东革命根据地"是我国最早的革命根据地。我国早期的工人运动、农民运动，首先在广东地区取得了合法地位，从而得以蓬勃发展。在工农革命武装的支持下，广东军政府先后平定了"商团反革命武装叛乱"和"刘（震寰）杨（希闵）地方军阀叛乱"，最后协同黄埔学生军（国民革命军第一军）打败了广东军阀陈炯明，使广东革命根据地得以巩固，并于 1925 年 7 月 1 日建立起广州国民政府。广东革命根据地的统一和广州国民政府的建立，为北伐战争建立了重要的战略基地。后来随着北伐战争的胜利进军，革命根据地扩展到长江中下游一带，国民政府才由广州迁都到武汉。

关于广州、武汉国民政府的政权性质问题，在中共中央决议和毛泽东著作中，认为广州、武汉国民政府的政权性质是**"国民党和共产党共同领导"**的**"国共合作的联合政府"**。

1945 年中共六届七中全会通过的《关于若干历史问题的决议》指出：**"在一九二四年至一九二七年革命时期，由于国共合作建立了联合政府，当时的根据地是以某些大城市为中心的……"**（《毛泽东选集》，第 3 卷，北京，人民出版社，1991，第 974～975 页。）

毛泽东《在中国共产党第七次全国代表大会上的结论》中说：**"从前同孙中山合作时，我们说在孙中山领导之下，其实是共同领导。"**（《毛泽东文集》，第 3 卷，北京，人民出版社，1996，第 413 页。）

1949 年【新华社陕北 3 月 14 日电】："新华社答读者问"——《关于废除伪法统》，对此说得更具体、更明确："一九二五年至一九二七年广州和武汉的政府是无产阶级在不同程度上参加了的，小资产阶级、资产阶级以及一部分地主阶级联合的，带有不同程度的新民主主义色彩的专政。"（《司法业务参考资料》，第 2 辑，北京，中国政法大学教务处编印，1949；《国家与法权理论参考资料》，北京，中国人民大学出版社，1957，第 5 页。）

从以上引文，可以得出以下结论：（1）广州、武汉国民政府是第一次国共合作时期特定历史条件下产生的、国民党和共产党共同领导的联合政府，是一个具有新民主主义色彩的革命政权。（2）广州、武汉国民政府所统辖的地区，是我国新民主主义革命时期开辟的最早的革命根据地。

国民党改组时通过的《中国国民党第一次全国代表大会宣言》采纳了中国共产党的新民主主义革命纲领作为国共合作的政治基础，该宣言也是广州、武汉国民政府的立法指导方针。在共产党人和国民党左派人士的共同努力下，制定了许多革命的法律法规。就其基本性质来讲，属于反帝反封建和扶助农工运动的新型革命法制。它对于后来农村革命根据地的法制建设，直至中华人民共和国成立后的法制建设，都具有历史渊源的重要影响，因此应予以充分肯定。

但是，多年来，由于过去国民党当局将第一次国共合作的这段历史划为禁区，因而无人问津。新中国成立以后，由于各种原因（主要是受极左思潮的影响以及史料难以查寻），对于第一次国共合作时期在法制建设方面的成就，学界有意无意地加以排斥或贬低，因而时至今日，对这段历史的研究成果，寥寥无几。为了打破这一禁区，恢复其历史的本来面目，经过多方查寻，找到了孙中山为大元帅时期的全部《大本营公报》和最早在广州出版的《国民政府公报》，以及武汉国民政府公开发布的大量法律法规。现在本"选辑"中，有选择地予以翻印，以便引起法学界和史学界的关注，借以推动对这些法律文献进行更为深入的分析和研究。

当然，在肯定第一次国共合作时期法制建设成就的同时，也应看到，广东革命根据地与后来在秋收起义中创建的革命根据地具有不同的历史特点：前者主要是以城市为重点，并且是由国民党与共产党共同领导的；后者则是以广大农村为重点，是在共产党的绝对领导之下进行的。因此，第一次国共合作时期在法律的制定与实施方面，争夺革命领导权的斗争十分尖锐。在这批法律文献中，对此也有明显的反映。例如，在1926年《国民革命军总司令部组织大纲》中，一切党、政、军、财大权都要集中在以蒋介石为总司令的个人手中。到1927年国民党二届三中全会时，因为共产党人和国民党左派人士的共同努力，通过了一系列贯彻民主集中制的决议案，借以限制个人独裁的权力。此外，在对待工农运动的态度上，也存在积极支持与发展同多方限制与打击的斗争。

1927年第一次大革命失败后，中国共产党总结了革命失败的经验教训，在全国举行了一系列武装起义，特别是毛泽东领导的秋收起义，在工农运动比较兴盛地区创建了农村革命根据地，建立了工农民主政权，使反帝反封建的新民主主义法律制度得到全面、深入的发展。

根据本辑法律文献的实际情况，分列以下各专题：

上篇　中国共产党成立初期的政纲宣言和工农运动中制定的法规条令

一、总纲——中国共产党提出的反帝反封建的革命纲领　9件

二、劳动斗争纲领和劳动法规　25件

三、省港罢工工人代表大会通过的革命法规　68件

四、农民运动斗争纲领及省农民代表大会决议案　34件

五、上海市民代表会议政府的政纲法规　36件

下篇　第一次国共合作时期的联合政府——广州、武汉国民政府的法律法规

一、中国国民党改组后的宣言政纲确立了国共合作的政治基础和国民政府的立法原则14件

二、广州国民政府的前身——广州军政府时期孙中山以大总统大元帅名义颁布的法律法规　55件

三、广州国民政府制定的法律法规　91件

四、武汉国民政府制定的法律法规　61件

合计393件

以下每辑前皆有此专题及件数，便于读者首先有个总括了解，然后再去看细目阅全文。

附表一：地支代月表

一月：子　　二月：丑　　三月：寅　　四月：卯　　五月：辰

六月：巳　　七月：午　　八月：未　　九月：申　　十月：酉

十一月：戌　　十二月：亥

附表二：韵目代日表

一日：东、先　　　　二日：冬、萧　　　　三日：江、肴

四日：支、豪　　　　五日：微、歌　　　　六日：鱼、麻

七日：虞、阳　　　　八日：齐、庚　　　　九日：佳、青

十日：灰、蒸　　　　十一日：真、尤　　　十二日：文、侵

十三日：元、覃　　　十四日：寒、盐　　　十五日：删、咸

十六日：铣、谏　　　十七日：篠、霰　　　十八日：巧、啸

十九日：皓、效　　　二十日：哿、号　　　二十一日：马、箇

二十二日：养、祃　　二十三日：梗、漾　　二十四日：迥、敬

二十五日：有、径　　二十六日：寝、宥　　二十七日：感、沁

二十八日：俭、勘　　二十九日：豏、艳　　三 十 日：陷

三十一日：世

附表三：地支代时表

子时：二十三时——翌晨一时

丑时：一时——三时

寅时：三时——五时

卯时：五时——七时

辰时：七时——九时

巳时：九时——十一时

午时：十一时——十三时

未时：十三时——十五时

申时：十五时——十七时

酉时：十七时——十九时

戌时：十九时——二十一时

亥时：二十一时——二十三时

凡例

一、本选辑是以各个历史时期中国共产党的方针政策为指导的，以各政权机关制定的法律法规为主体。同时为了使读者具体了解某一法律文献制定的历史背景及立法宗旨，特以"附件"的形式，适当选入一些有关的社论或署名文章作为解说；为了使读者了解各个历史时期政策、法律的实施情况及经验教训，选入若干政府工作报告和专门工作总结，以供研究参考。

二、本选辑的史料来源很广，有政府公报、政策法令汇编、史料选集，以及报纸杂志等，也有少量油印件和手抄本。为了核查方便，在每个文件之后，皆注明其史料来源（早期手抄本例外），并尽可能找到多种不同版本相互校正（一般有两件以上，最多的有10件，如《中华苏维埃共和国宪法大纲》）。发现各种版本互有歧异者，在脚注中加以说明。每卷皆附有参考书目录。

三、原件有标题者，一般保留原标题，个别由编者酌加改动。原件无标题或标题较为简略者（如"布告""通知"等），则由编者根据内容酌拟副标题，以便检索。另有部分篇目在脚注中加以题注，简介有关情况，或作必要考释。

四、各种法律文献的制定时间，在标题下者，一律采用公历；在原件正文中者，注明"民国××年""中华苏维埃共和国×年"；以干支纪年者，一般未作改动。采用电报代日韵目者，在脚注中写明日期。

五、原件有明显错讹文字或文字用法不符合现代用法者，径行改正，或以（ ）订正；有字迹不清者，以□标明；有脱漏者，以［ ］补正或以"……"标明。原有注文者，标明"原注"。

六、所引原件补充或说明性文字用〔 〕标明。

目　　录

上篇　中国共产党成立初期的政纲宣言和工农运动中制定的法规条令

一、总纲——中国共产党提出的反帝反封建的革命纲领 ……………………………… 3

1. 中国共产党第一次对于时局的主张（选录）——目前奋斗目标十一条
   1922 年 6 月 15 日 …………………………………………………………………… 3

2. 中国共产党第二次全国代表大会宣言（选录）——中国共产党的任务
   及其目前奋斗目标七条
   1922 年 7 月 …………………………………………………………………………… 4

3. 中国共产党第三次全国代表大会通过之《中国共产党党纲草案》
   （选录）——最小限度的党纲十八条
   1923 年 7 月 …………………………………………………………………………… 5

4. 中国共产党第四次对于时局的主张（选录）——目前最低限度的要求十三条
   1924 年 11 月 ………………………………………………………………………… 6

5. 中国共产党广东区执行委员会对于广东时局宣言
   1925 年 6 月 13 日 …………………………………………………………………… 7

6. 中国共产党第五次对于时局的主张（选录）——最低限度共同政纲二十三条
   1926 年 7 月 12 日 …………………………………………………………………… 9

7. 中央扩大会议通告——坚决清洗贪污腐化分子
   1926 年 8 月 4 日 …………………………………………………………………… 11

8. 国民革命的目前行动政纲（草案）
   1927 年 7 月中国共产党提出 ……………………………………………………… 11

9. 附：中华女界联合会改造宣言（纲领章程）

　　　　　1921 年 9 月 1 日 ……………………………………………… 13

二、劳动斗争纲领和劳动法规 ………………………………………… 16

　1. 中国劳动组合书记部关于召开中国第一次全国劳动大会的通告
　　　1922 年 4 月 9 日 ………………………………………………… 16

　2. 第一次劳动大会之使命
　　　1922 年 5 月 ……………………………………………………… 17

　3. 全国总工会组织原则决议案
　　　1922 年 5 月 25 日 ……………………………………………… 17

　4. 中国共产党第二次全国代表大会关于"工会运动与共产党"的议决案
　　　1922 年 7 月 ……………………………………………………… 18

　5. 中国劳动组合书记部关于开展劳动立法运动的通告
　　　1922 年 8 月 ……………………………………………………… 21

　6. 劳动立法原则
　　　1922 年 8 月中国劳动组合书记部制定 ……………………… 21

　7. 劳动法案大纲
　　　1922 年 7 月中国劳动组合书记部制定，8 月公布 ………… 22

　8. 附：长辛店京汉铁路工人俱乐部北段总部为响应制定劳动法案致中国
　　　劳动组合书记部及参众两院电
　　　1922 年 8 月 28 日 ……………………………………………… 24

　9. 萍乡安源路矿工人罢工宣言
　　　1922 年 9 月 14 日 ……………………………………………… 25

　10. 附：安源路矿工人俱乐部与路矿两局协定条件
　　　1922 年 9 月 18 日 ……………………………………………… 26

　11. 附：向警予：中国最近妇女运动（劳动妇女运动）
　　　1923 年 7 月 1 日 ……………………………………………… 27

　12. 广州市工人代表会决议案
　　　1924 年 5 月 ……………………………………………………… 31

　13. 第二次全国劳动大会关于经济斗争的决议案
　　　1925 年 5 月通过 ………………………………………………… 35

　14. 中华全国总工会总章
　　　1925 年 5 月第二次全国劳动大会通过 ……………………… 38
　　　　　附：第二次全国劳动大会选出的中华全国总工会执行委员名单 ……… 39

　15. 中华全国总工会上海办事处、上海总工会为工会条例事致北京政府电
　　　1925 年 7 月 8 日 ……………………………………………… 40

　16. 附：北京政府农商部《工会条例草案》
　　　1925 年 6 月北京农商部拟定 ………………………………… 40

　17. 上海总工会拟定的《工会条例草案》
　　　1925 年 7 月 ……………………………………………………… 42

中华全国总工会上海办事处为工会条例事致北京政府电

1925 年 8 月 13 日 ……………………………………………………… 42

上海总工会拟定的《工会条例草案》

1925 年 7 月 ……………………………………………………………… 42

18. 劳动法大纲决议案

1926 年 5 月中国第三次全国劳动大会通过 …………………………… 44

19. 关于国民政府现状报告的决议

1926 年 5 月中国第三次全国劳动大会通过 …………………………… 45

20. 合作社问题决议案

1926 年 5 月 4 日中国第三次全国劳动大会通过 …………………… 46

21. 中国共产党湖南区第六次代表大会对工人目前最低限度要求之主张

1926 年 10 月 2 日 …………………………………………………… 47

22. 湖南全省总工会第一次代表大会对于《劳工保护法草案》之决议

1926 年 12 月 ………………………………………………………… 48

23. 刘少奇编写：《工会代表会》《工会经济问题》《工会基本组织》 …… 50

刘少奇：《工会代表会》

1926 年 12 月 26 日 ………………………………………………… 50

刘少奇：《工会经济问题》

1926 年 12 月 27 日 ………………………………………………… 53

刘少奇：《工会基本组织》

1926 年 12 月 28 日 ………………………………………………… 57

24. 江西全省工人第一次代表大会决议案

1927 年 2 月 23 日 …………………………………………………… 60

25. 全国工人阶级目前行动纲领

1927 年 2 月中华全国总工会执委扩大会议通过 ………………… 62

三、省港罢工工人代表大会通过的革命法规 ……………………………… 64

1. 香港罢工工人恢复工作条件

1925 年 10 月 2 日省港罢工工人代表大会通过 ………………… 64

附：香港学生联合会之要求条件 ………………………………… 65

2. 广州及沙面罢工工人恢复工作条件

1925 年 10 月 3 日 …………………………………………………… 65

3. 中华全国总工会等团体拥护解决省港罢工条件宣言

1925 年 10 月 3 日 …………………………………………………… 66

4. 附：邓中夏：省港罢工工人的组织

1925 年 7 月 …………………………………………………………… 67

5. 省港罢工委员会关于禁止粮食出口的函电

1925 年 7 月 1 日 …………………………………………………… 68

6. 省港罢工委员会纠察队职权规程

1925 年 7 月 4 日 ·················· 69

7. 省港罢工委员会纠察队应守的纪律
1925 年 7 月 6 日 ·················· 69

8. 省港罢工委员会会审处细则
1925 年 7 月 6 日 ·················· 70

9. 省港罢工委员会实行封锁香港的通电
1925 年 7 月 9 日 ·················· 70

10. 省港罢工委员会章程
1925 年 7 月 23 日 ·················· 71

11. 省港罢工委员会为成立特别法庭致国民政府公函
1925 年 7 月 24、27 日，8 月 1 日 ·················· 72
致国民政府公函
1925 年 7 月 24 日 ·················· 72
致国民政府函
1925 年 7 月 27 日 ·················· 74
致国民政府函
1925 年 8 月 1 日 ·················· 74

12. 附：工人组织特别法庭之讨论（张振民律师来稿）
1925 年 7 月 24 日 ·················· 75

13. 附：法学研究社来函
1925 年 7 月 28 日 ·················· 77

14. 省港罢工工人代表大会关于实行特许证及货物审查标准的重要布告
1925 年 8 月 16 日 ·················· 78

15. 省港罢工工人代表大会会议规则
1925 年 8 月 20 日 ·················· 78

16. 附：省港罢工委员会主要职员一览表
1925 年 9 月 ·················· 79

17. 省港罢工委员会暨四商会关于取消特许证后之善后条例
1925 年 9 月 3 日 ·················· 82

18. 省港罢工委员会关于复工问题的通告
1925 年 9 月 9 日 ·················· 83

19. 省港罢工委员会对于日、美、法等国轮船店户条例
1925 年 9 月 14 日 ·················· 84

20. 省港罢工委员会暨四商会关于增订善后条例的紧急布告
1925 年 9 月 19 日 ·················· 84

21. 省港罢工委员会骑船队（关于监督货物起卸的）布告
1925 年 9 月 20 日 ·················· 85

22. 省港罢工委员会（关于严禁破坏罢工的）布告

1925 年 9 月 28 日 ┈┈┈┈┈┈┈┈┈┈┈┈┈┈┈┈┈┈┈┈ 85

23. 广东工商审查仇货委员会章程

1925 年 10 月 20 日 ┈┈┈┈┈┈┈┈┈┈┈┈┈┈┈┈┈┈ 86

24. 省港罢工委员会干事局（关于陪审员的）通告

1925 年 10 月 23 日 ┈┈┈┈┈┈┈┈┈┈┈┈┈┈┈┈┈┈ 86

25. 省港罢工委员会为拒发给美国军舰运煤之特许证复三井洋行函

1925 年 10 月 31 日 ┈┈┈┈┈┈┈┈┈┈┈┈┈┈┈┈┈┈ 87

26. 省港罢工委员会关于严禁船艇私自往来沙面的布告

1925 年 11 月 7 日 ┈┈┈┈┈┈┈┈┈┈┈┈┈┈┈┈┈┈┈ 87

27. 省港罢工委员会复日商三井洋行函

1925 年 11 月 16 日 ┈┈┈┈┈┈┈┈┈┈┈┈┈┈┈┈┈┈ 87

附：三井洋行原函 ┈┈┈┈┈┈┈┈┈┈┈┈┈┈┈┈┈┈ 88

28. 对法领事抗议沙面通行证之驳复

1925 年 11 月 18 日 ┈┈┈┈┈┈┈┈┈┈┈┈┈┈┈┈┈┈ 88

29. 纠察队宣传队简章

1925 年 11 月 24 日 ┈┈┈┈┈┈┈┈┈┈┈┈┈┈┈┈┈┈ 89

30. 省港罢工委员会为规定限制进口货物的通融办法致各商会函

1925 年 11 月 27 日 ┈┈┈┈┈┈┈┈┈┈┈┈┈┈┈┈┈┈ 89

31. 水陆侦察队暂行规则

1925 年 12 月 6 日 ┈┈┈┈┈┈┈┈┈┈┈┈┈┈┈┈┈┈┈ 90

32. 中华各界开辟黄埔商埠促进会章程草案

1925 年 12 月 10 日 ┈┈┈┈┈┈┈┈┈┈┈┈┈┈┈┈┈┈ 91

33. 工商检验货物处章程

1926 年 1 月 20 日 ┈┈┈┈┈┈┈┈┈┈┈┈┈┈┈┈┈┈┈ 91

34. 工商检验货物处关于入口货物报验手续的启事

1926 年 2 月 15 日 ┈┈┈┈┈┈┈┈┈┈┈┈┈┈┈┈┈┈┈ 92

35. 省港罢工委员会（关于禁止赌博的）通告

1926 年 2 月 17 日 ┈┈┈┈┈┈┈┈┈┈┈┈┈┈┈┈┈┈┈ 93

36. 周明德：法制录——弁言

1926 年 3 月 5 日 ┈┈┈┈┈┈┈┈┈┈┈┈┈┈┈┈┈┈┈ 93

37. 省港罢工工人代表大会组织法

1926 年 3 月 5 日 ┈┈┈┈┈┈┈┈┈┈┈┈┈┈┈┈┈┈┈ 94

38. 省港罢工委员会组织法

1926 年 3 月 5 日 ┈┈┈┈┈┈┈┈┈┈┈┈┈┈┈┈┈┈┈ 95

39. 法制局组织法

1926 年 3 月 6 日 ┈┈┈┈┈┈┈┈┈┈┈┈┈┈┈┈┈┈┈ 96

40. 财政委员会组织法

1926 年 3 月 8 日 ┈┈┈┈┈┈┈┈┈┈┈┈┈┈┈┈┈┈┈ 97

41. 纠察队组织法
　　1926 年 3 月 9 日 ·· 97

42. 纠察队委员会组织法
　　1926 年 3 月 9 日 ·· 99

43. 纠察队纪律
　　1926 年 3 月 9 日 ·· 99

44. 纠察队委员会各地办事处组织法
　　1926 年 3 月 10 日 ··· 100

45. 纠察队军法处组织法
　　1926 年 3 月 10 日 ··· 101

46. 会审处组织法
　　1926 年 3 月 11 日 ··· 101

47. 会审处办案条例
　　1926 年 3 月 11 日 ··· 102

48. 筑路委员会组织法
　　1926 年 3 月 17 日 ··· 103

49. 附："发还陈嘉庚公司货品，实行工商联合"
　　1926 年 3 月 20 日 ··· 104

50. 港澳船支（只）回省复业条例
　　1926 年 3 月 22 日 ··· 104

51. 审计局组织法
　　1926 年 3 月 29 日 ··· 105

52. 保管拍（贩）卖处组织法
　　1926 年 3 月 30 日 ··· 106

53. 邓中夏：工人阶级的一首功课
　　1926 年 3 月 31 日在省港罢工工人代表大会第一百次会议上的讲话 ········· 106

54. 李森：代表大会的精神
　　1926 年 3 月 31 日在省港罢工工人代表大会第一百次会议上的讲话 ········· 108

55. 代表大会代表陈权报告代表大会经过
　　1926 年 3 月 31 日 ··· 109

56. 省港罢工委员会为优待华侨事致国民党中央海外部函
　　1926 年 4 月 ·· 111

57. 骑船队组织法
　　1926 年 4 月 7 日 ·· 111

58. 省港罢工工人调查处组织法
　　1926 年 4 月 7 日 ·· 112

59. 省港罢工委员会特准宝安农会农民经过英界条例
　　1926 年 4 月 9 日 ·· 112

60. 省港罢工委员会关于咸鱼运输办法的训令

　　1926 年 4 月 17 日 ·················· 113

61. 邓中夏：省港罢工胜利的原因

　　1926 年 4 月 29 日 ·················· 114

62. 纠察委员会优待华侨的布告

　　1926 年 6 月 16 日 ·················· 116

63. 省港罢工工人代表大会对罢工变更政策之决议

　　1926 年 9 月 30 日 ·················· 117

64. 附：国民政府外交部长为征收贸易品暂行内地税事致各国驻粤领事函

　　1926 年 10 月 6 日 ·················· 117

65. 附：粤海关监督就征收暂行内地税事复税务司函

　　1926 年 10 月 9 日 ·················· 118

66. 省港罢工委员会关于停止封锁撤回纠察队的布告

　　1926 年 10 月 10 日 ·················· 118

67. 纠察特别训练所章程

　　1926 年 10 月 17 日 ·················· 119

68. 附：新定内地税之意义及其影响（署名：代城）

　　1926 年 10 月 29 日《人民周报》·················· 120

四、农民运动斗争纲领及省农民代表大会决议案 ·················· 122

1. 衙前农民协会宣言

　　1921 年 9 月 27 日 ·················· 122

2. 衙前农民协会章程

　　1921 年 9 月 27 日 ·················· 123

3. 附：衙前农民运动综述 ·················· 124

4. 海丰总农会临时简章

　　1923 年 1 月 1 日 ·················· 129

5. 约农会简章

　　1923 年 1 月 1 日 ·················· 130

6. 广东农会章程

　　1923 年 7 月 ·················· 132

7. 附：彭湃著《海丰农民运动》（节录）

　　1926 年 ·················· 134

8. 中国共产党告农民书——有关"耕地农有"和农民协会的规定

　　1925 年 10 月 10 日 ·················· 143

9. 中国共产党第三次中央扩大执行委员会关于农民运动

　　决议案——"经济的与政治的要求"各六条

　　1926 年 7 月 ·················· 147

10. 广东农民运动《目前最低限度的政纲》

　　　　　1926 年中共广东区委扩大会通过 ·················· 148

11. 广东省农民协会修正章程
　　　　　1926 年 5 月第二次全省代表大会通过 ·················· 149

12. 中国共产党湖南区第六次代表大会宣言（摘录）——关于农民的最低限度
　　之政治经济要求
　　　　　1926 年 10 月 2 日 ·················· 154

13. 湖南省第一次农民代表大会关于接受中国共产党湖南区第六次代表大会
　　对于农民目前最低限度要求之主张决议案
　　　　　1926 年 12 月 ·················· 156

14. 湖南省第一次农民代表大会关于乡村自治问题决议案
　　　　　1926 年 12 月 ·················· 156

15. 湖南省第一次农民代表大会关于司法问题决议案
　　　　　1926 年 12 月 ·················· 157

16. 湖南全省总工会第一次代表大会关于惩办土豪劣绅贪官污吏决议案
　　　　　1926 年 12 月 ·················· 158

17. 湖南省惩治土豪劣绅暂行条例
　　　　　1927 年 1 月 ·················· 158

18. 湖南省审判土豪劣绅特别法庭组织条例
　　　　　1927 年 1 月 15 日国民党湖南省执行会通过　湖南省政府公布 ·········· 159

19. 湖北省惩治土豪劣绅暂行条例
　　　　　1927 年 3 月 ·················· 160

20. 附：田中忠夫对《湖北省惩治土豪劣绅暂行条例》的"图解介绍" ········· 161

21. 湖北省审判土豪劣绅委员会暂行条例
　　　　　1927 年 3 月 ·················· 163

22. 湖北省党部关于各县速设审判土豪劣绅委员会的训令
　　　　　1927 年 3 月 ·················· 164

23. 江西省第一次全省农民代表大会会议规则
　　　　　1927 年 2 月 21 日公布 ·················· 165

24. 附：江西省第一次全省农民代表大会代表履历调查表 ·················· 166

25. 江西省第一次全省农民代表大会组织法
　　　　　1927 年 2 月 21 日公布 ·················· 166

26. 江西省农民协会组织手续
　　　　　1927 年 3 月 2 日 ·················· 167

27. 江西省农民自卫军组织大纲
　　　　　1927 年 3 月 2 日 ·················· 168

28. 江西省第一次全省农民代表大会决议案
　　　　　1927 年 2 月 ·················· 170

　　（一）惩办土豪劣绅决议草案 ·················· 170

（二）清除县政积弊草案 …………………………………………………… 170

（三）促成省民会议草案 …………………………………………………… 170

（四）取缔高利贷草案 ……………………………………………………… 170

（五）农村妇女问题草案 …………………………………………………… 171

（六）改良雇农生活决议案 ………………………………………………… 171

（七）合作社草案 …………………………………………………………… 171

（八）减轻田租议决案 ……………………………………………………… 172

（九）开垦荒地荒山决议案 ………………………………………………… 172

（十）严禁烟赌决议草案 …………………………………………………… 172

29. 广西省农民部工作报告（选录）

1927 年 3 月 ………………………………………………………………… 172

30. 长沙市关于近郊农民决议案

1927 年 3 月 21 日长沙市第一次代表大会通过 ………………………… 179

31. 平江县农民协会布告

1927 年 4 月 ………………………………………………………………… 179

32. 中国共产党第五次全国代表大会决议案——"国民革命中的农民政纲"七条

1927 年 5 月 ………………………………………………………………… 181

33. 中华全国农民协会对湘鄂赣三省农协重要训令（选录）

1927 年 5 月 ………………………………………………………………… 181

34. 中华全国农民协会临时执行委员会"临字第四号"训令

1927 年 6 月 13 日 ………………………………………………………… 183

五、上海市民代表会议政府的政纲法规 ……………………………………… 186

1. 中国共产党上海市执行委员会告上海市民书

1927 年 2 月 20 日 ………………………………………………………… 186

2. 中国共产党为上海总罢工告民众书

1927 年 2 月 25 日 ………………………………………………………… 187

3. 附：施英（赵世炎）：上海总同盟罢工的记录（选录）

1927 年 2 月 28 日 ………………………………………………………… 189

罢工宣言与总要求 ………………………………………………………… 189

为政权而战 ………………………………………………………………… 190

群众的革命裁判 …………………………………………………………… 190

4. 中国共产党为此次上海巷战告全中国工人阶级书

1927 年 3 月 28 日 ………………………………………………………… 191

5. 上海特别市临时代表会议组织法

1927 年 3 月 7 日上海特别市市民公会通过 …………………………… 192

6. 上海市第一次临时市民代表会议宣言

1927 年 3 月 12 日 ………………………………………………………… 193

7. 关于起草市民代表会议组织法的四项原则

1927 年 3 月 12 日上海临时市民代表会议第一次会议通过 …………………… 193

8. 上海临时市民代表会议执行委员会常务委员会发布总同盟罢工罢课罢市的
   紧急命令
   1927 年 3 月 21 日 …………………………………………………… 194

9. 上海临时市政府复工命令
   1927 年 3 月 23 日 …………………………………………………… 194

10. 上海临时市政府致市总工会复工函
    1927 年 3 月 23 日 …………………………………………………… 195

11. 上海市临时市政府《关于政治经济总要求》
    1927 年 3 月上海总工会提出，3 月 23 日市政府委员会第一次临时会议通过，
    作为市政府的临时施政纲领 ………………………………………… 195

12. 上海临时市民代表会议呈汉口国民政府电
    1927 年 3 月 23 日 …………………………………………………… 196

13. 附：上海总工会告上海民众书（拥护上海市民代表政府）
    1927 年 3 月 24 日 …………………………………………………… 196

14. 附：苏联职工中央给上海总工会的贺电
    1927 年 3 月 24 日 …………………………………………………… 197

15. 上海特别市临时市政府布告（第一号）
    1927 年 3 月 25 日 …………………………………………………… 198

16. 上海特别市临时市政府布告（第二号）
    1927 年 3 月 25 日 …………………………………………………… 198

17. 上海市政府致法租界当局的警告信
    1927 年 3 月 25 日 …………………………………………………… 198

18. 附：上海总工会致英租界工部局函
    1927 年 3 月 25 日 …………………………………………………… 199

19. 中国国民党中央执行委员会致电上海临时市政府
    1927 年 3 月 25 日 …………………………………………………… 199

20. 上海特别市市民代表会议政府组织条例草案
    1927 年 3 月 26 日上海市民代表会议第三次大会通过 …………… 200

21. 上海特别市临时市政府通告（关于接收行政机关的规定）
    1927 年 3 月 28 日 …………………………………………………… 201

22. 上海特别市临时市政府委员举行就职典礼通告
    1927 年 3 月 28 日 …………………………………………………… 201

23. 上海特别市临时市政府对全国通电
    1927 年 3 月 29 日 …………………………………………………… 202

24. 上海特别市临时市政府给各国领事的照会
    1927 年 3 月 29 日 …………………………………………………… 202

25. 上海特别市临时市政府呈国民政府电文

1927 年 3 月 29 日 ·················· 202

附：蒋介石致上海市临时政府函 ·················· 203

26. 上海临时市民代表会议执行委员会呈国民政府电
1927 年 4 月 2 日 ·················· 203

27. 上海市政府秘书长林钧答周突击胡忠书
1927 年 4 月 3 日 ·················· 203

28. 上海临时市民代表会议执行委员会呈请国民政府更委委员文——呈为
委员续有辞职由大会补选请赐令行政府更委事
1927 年 4 月 3 日 ·················· 204

29. 上海各界之总要求（上海市民总要求）
1927 年 4 月 4 日上海市政府委员会通过 ·················· 204

附：上海妇女总要求 ·················· 205

30. 上海特别市临时市政府关于恢复民众自由权利之布告
1927 年 4 月 7 日 ·················· 205

31. 上海特别市临时市政府政纲草案
1927 年 4 月 10 日第七次政府委员会通过 ·················· 206

32. 上海临时市政府为英兵捣毁大夏大学致武汉国民政府电
1927 年 4 月 10 日 ·················· 208

33. 上海特别市临时市政府通告（汉口中央执行委员会电告"安心行使职权"）
1927 年 4 月 10 日 ·················· 208

34. 上海总工会致国民党中央执行委员会、国民政府呈文
1927 年 4 月 15 日 ·················· 209

35. 附件（一） 上海市民代表会议之组织法及其职任拟案（稼祥）
1927 年 3 月 6 日 ·················· 210

36. 附件（二） 上海特别市临时公约草案
1927 年 4 月 ·················· 213

下篇 第一次国共合作时期的联合政府——广州、武汉国民政府的法律法规

一、中国国民党改组后的宣言政纲确立了国共合作的政治基础和国民政府的立法原则 ······ 219

1. 中国国民党第一次全国代表大会宣言
1924 年 1 月 23 日 ·················· 219

2. 孙中山《对于中国国民党宣言旨趣之说明》
1924 年 1 月 23 日 ·················· 225

3. 国民政府建国大纲
孙总理手拟，1924 年 1 月 23 日国民党第一次全国代表大会通过，
同年 4 月 12 日公布 ·················· 226

4. 中国国民党总章
   1924 年 1 月 28 日国民党第一次全国代表大会通过 ……………………… 228

5. 中国国民党第一次全国代表大会暨一中全会决议案（选录）
   1924 年 1 月 20 日—30 日 ……………………………………………… 234
   （一）组织国民政府之必要提案
      （总理交临时中央执行委员会提出）
      1924 年 1 月 20 日第一次全国代表大会通过 ……………………… 234
   （二）第一届中央执监委员名单
      1924 年 1 月 30 日第一次全国代表大会通过 ……………………… 234
   （三）中央执行委员会各部组织问题案
      1924 年 1 月 31 日第一届中央执行委员会第一次全体会议通过 …… 234
   （四）对外问题态度案
      1924 年 2 月 1 日第一届中央执行委员会第一次全体会议通过 …… 235
   （五）对广东政治财政统一问题案
      1924 年 2 月 1 日第一届中央执行委员会第一次全体会议通过 …… 235
   附：中国国民党中央党部组成人员
   1924 年 2 月 ……………………………………………………………… 236

6. 第二届农民运动讲习所简章
   1924 年 7 月中国国民党中央执行委员会制定 ………………………… 236

7. 孙中山：《北上宣言》
   1924 年 11 月 10 日 ……………………………………………………… 237

8. 孙中山《国事遗嘱》
   1925 年 3 月 11 日 ……………………………………………………… 240

9. 孙中山《致苏俄遗书》
   1925 年 3 月 11 日 ……………………………………………………… 240

10. 中国国民党第二次全国代表大会决议案（选录）
   1926 年 1 月 1 日—20 日 ……………………………………………… 241
   一、关于财政决议案
      1926 年 1 月 19 日 …………………………………………………… 241
   二、关于军事决议案
      1926 年 1 月 18 日 …………………………………………………… 244
   三、工人运动决议案
      1926 年 1 月 16 日通过 ……………………………………………… 245
   四、青年运动报告决议案
      1926 年 1 月 16 日通过 ……………………………………………… 246
   五、农民运动决议案
      1926 年 1 月 19 日通过 ……………………………………………… 247
   六、商民运动决议案

　　　　1926 年 1 月 18 日通过 ⋯⋯⋯⋯⋯⋯⋯⋯⋯⋯⋯⋯⋯⋯ 249

　　七、妇女运动决议案

　　　　1926 年 1 月 16 日通过 ⋯⋯⋯⋯⋯⋯⋯⋯⋯⋯⋯⋯⋯⋯ 250

　　八、附：中国国民党第二次全国代表大会始末记要（摘录）

　　　　1926 年 1 月 18 日大会决议通过何香凝的动议 ⋯⋯⋯⋯ 251

　　九、对外政策进行案

　　　　1926 年 1 月 13 日通过 ⋯⋯⋯⋯⋯⋯⋯⋯⋯⋯⋯⋯⋯⋯ 251

11. 中央执行委员会政治委员会组织条例案

　　1926 年 1 月 23 日第二届中央执行委员会第一次全体会议通过 ⋯⋯⋯⋯⋯ 252

12. 中央执行委员会特派员规程案

　　1926 年 1 月 25 日第二届中央执行委员会第一次全体会议通过 ⋯⋯⋯⋯⋯ 253

　　　　附录：二届一中中央领导机构 ⋯⋯⋯⋯⋯⋯⋯⋯⋯⋯⋯ 253

13. 中国国民党第二届中央执行委员及各省区联席会议宣言

　　1926 年 10 月 14 日 ⋯⋯⋯⋯⋯⋯⋯⋯⋯⋯⋯⋯⋯⋯⋯⋯⋯ 254

14. 中国国民党中央及各省区联席会议决议案（选录） ⋯⋯ 258

　　（一）国民政府发展决议案

　　　　1926 年 10 月 16 日 ⋯⋯⋯⋯⋯⋯⋯⋯⋯⋯⋯⋯⋯⋯⋯ 258

　　（二）国民会议召集问题决议案

　　　　1926 年 10 月 18 日 ⋯⋯⋯⋯⋯⋯⋯⋯⋯⋯⋯⋯⋯⋯⋯ 258

　　（三）省政府、地方政府及省民会议、县民会议议决案

　　　　1926 年 10 月 19 日 ⋯⋯⋯⋯⋯⋯⋯⋯⋯⋯⋯⋯⋯⋯⋯ 259

　　（四）省政府对国民政府之关系议决案

　　　　1926 年 10 月 20 日 ⋯⋯⋯⋯⋯⋯⋯⋯⋯⋯⋯⋯⋯⋯⋯ 260

　　（五）省党部与省政府之关系议决案

　　　　1926 年 10 月 20 日 ⋯⋯⋯⋯⋯⋯⋯⋯⋯⋯⋯⋯⋯⋯⋯ 260

　　（六）本党最近政纲决议案

　　　　1926 年 10 月 21、22 日 ⋯⋯⋯⋯⋯⋯⋯⋯⋯⋯⋯⋯⋯ 260

　　（七）党员服务兵役法议决案

　　　　1926 年 10 月 2 日 ⋯⋯⋯⋯⋯⋯⋯⋯⋯⋯⋯⋯⋯⋯⋯⋯ 264

　　（八）中央派赴新成立各军工作特派员条例

　　　　1926 年 10 月 18 日 ⋯⋯⋯⋯⋯⋯⋯⋯⋯⋯⋯⋯⋯⋯⋯ 264

　　（九）党代表任免条例

　　　　1926 年 10 月 20 日 ⋯⋯⋯⋯⋯⋯⋯⋯⋯⋯⋯⋯⋯⋯⋯ 264

　　（十）国民革命军党代表条例

　　　　1926 年 10 月 26 日 ⋯⋯⋯⋯⋯⋯⋯⋯⋯⋯⋯⋯⋯⋯⋯ 265

　　（十一）最近外交政策决议案

　　　　1926 年 10 月 26 日 ⋯⋯⋯⋯⋯⋯⋯⋯⋯⋯⋯⋯⋯⋯⋯ 266

　　（十二）关于民团问题议决案

　　　　　　　　1926 年 10 月 26 日 ·· 267
二、广州国民政府的前身——广州军政府时期孙中山以大总统大元帅名义颁布的
　　法律法规 ··· 268
　1. 中华民国军政府组织大纲
　　　1917 年 8 月 31 日国会非常会议第三次会议通过 ················· 268
　2. 军政府公报条例
　　　1917 年 9 月 26 日 ·· 269
　3. 军政府布告——对德奥宣战
　　　1917 年 9 月 26 日 ·· 270
　4. 大元帅批准撤销行政长官监督司法
　　　1918 年 2 月 23 日 ·· 270
　5. 军政府内政部关于审定律师与甄别法官的规定
　　　1918 年 4 月 3 日上海《民国日报》报道 ··························· 271
　6. 军政府通告各友邦书
　　　1918 年 4 月 17 日 ·· 271
　7. 大理院暂行章程
　　　1918 年 4 月 22 日大元帅孙中山公布 ····························· 273
　8. 废止袁世凯之《惩治盗匪法》
　　　1921 年 1 月 5 日军政府政务会议通过，1 月 8 日军政府司法部通令公布 ······ 274
　9. 废止《治安警察条例》
　　　1921 年 1 月 19 日广州军政府明令宣布 ··························· 274
　10. 贩运人口出国治罪条例
　　　1921 年 5 月 4 日广州军政府公布施行 ····························· 274
　11. 废止《暂行新刑律补充条例》
　　　1922 年 2 月 17 日大总统孙中山命令公布 ······················· 275
　12. 废止《暂行新刑律》第二百二十四条罢工处罪律
　　　1922 年 3 月 14 日广州国会非常会议通过　4 月 5 日内政部公布 ·············· 275
　13. 严行禁止蓄婢令
　　　1922 年 2 月 24 日大总统孙中山公布 ····························· 276
　14. 暂行工会条例
　　　1922 年 2 月 24 日大总统孙中山公布 ····························· 277
　15. 人身保护条例（附施行细则）
　　　1922 年 3 月 15 日国务会议审议通过 ····························· 278
　16. 废止《暂行新刑律》第一百六十四条聚众意图强暴胁迫罪律
　　　1922 年 4 月 ·· 280
　17. 附：广州特约通信员燧石之评论《正式法院进步之趋势》
　　　1922 年 4 月 7 日 ·· 281
　18. 大元帅训令——严查抢劫案犯

　　1923 年 4 月 2 日大元帅孙中山发布 …………………………………… 282

19. 大元帅训令——严查擅入民家劫财伤人案犯
　　1923 年 4 月 6 日大元帅孙中山发布 …………………………………… 282

20. 大本营军政部军法处组织条例
　　1923 年 4 月 24 日大元帅孙中山核准公布 …………………………… 282

21. 大元帅关于清理监狱整顿司法的训令三则
　　1923 年 4 月 6 日、5 月 21 日、5 月 30 日大元帅孙中山公布 ……… 283

22. 临时军律（六条）
　　1923 年 6 月 27 日大元帅孙中山公布 ………………………………… 285

23. 修正律师暂行章程
　　1923 年 7 月 19 日大元帅孙中山核准公布 …………………………… 285
　　　　给赵士北的指令
　　　　1923 年 7 月 19 日 ………………………………………………… 285
　　　　修正律师暂行章程 ………………………………………………… 286

24. 广东全省经界总局规程
　　1923 年 8 月 7 日财政厅制定　大元帅孙中山核准公布 …………… 289
　　　　给叶恭绰廖仲恺的训令
　　　　1923 年 8 月 7 日 ………………………………………………… 289
　　　　广东全省经界总局规程 …………………………………………… 289

25. 管理医生暂行规则
　　1923 年 9 月 13 日大本营内政部公布 ………………………………… 290

26. 暂行工艺品奖励章程
　　1923 年 9 月 24 日建设部制定，10 月 4 日大元帅孙中山核准公布 ………… 291
　　　　给林森的指令
　　　　1923 年 10 月 4 日 ………………………………………………… 291
　　　　暂行工艺品奖励章程 ……………………………………………… 292

27. 暂行工艺品奖励章程施行细则
　　1923 年 10 月 19 日大元帅孙中山核准公布 ………………………… 293
　　　　给林森的指令
　　　　1923 年 10 月 19 日 ……………………………………………… 293
　　　　暂行工艺品奖励章程施行细则 …………………………………… 293

28. 广东都市土地税条例
　　1923 年 10 月 18 日大元帅孙中山核准公布 ………………………… 295
　　　　广东都市土地税条例草案理由书 ………………………………… 296
　　　　广东都市土地税条例 ……………………………………………… 296

29. 《中央陆军教导团条例》及《中央陆军教导团军官候补生入团考验章程》
　　1923 年 10 月 21 日大元帅孙中山核准公布 ………………………… 300
　　　　中央陆军教导团条例 ……………………………………………… 300

中央陆军教导团军官候补生入团考验章程 ·············· 301

30. 《广东田土业佃保证章程》及《广东全省田土业佃保证局组织简章》
  1923 年 11 月 6 日大元帅孙中山核准公布 ·············· 301
    给邹鲁的指令
    1923 年 11 月 6 日 ·············· 301
    广东田土业佃保证章程 ·············· 302
    广东全省田土业佃保证局组织简章 ·············· 303

31. 国有荒地承垦条例
  1923 年 11 月 26 日大元帅孙中山核准公布 ·············· 304
    给林森的指令
    1923 年 11 月 6 日 ·············· 304
    国有荒地承垦条例 ·············· 305

32. 内政部侨务局章程
  1923 年 12 月 26 日大元帅孙中山核准公布 ·············· 307

33. 内政部侨务局《保护侨民专章》
  1924 年 1 月 11 日大本营内政部公布 ·············· 309

34. 内政部侨务局《侨务局办事细则》
  1924 年 1 月 11 日内政部公布 ·············· 310

35. 财政委员会章程
  1924 年 1 月 8 日大元帅孙中山核准施行 ·············· 312

36. 禁烟条例
  1924 年 1 月 16 日大元帅孙中山核准施行 ·············· 313

37. 大元帅指令——核准《权度法》及《权度法施行细则》
  1924 年 2 月 14 日大元帅孙中山核准 6 月 1 日广州市区施行 ·············· 314

38. 商标条例
  1924 年 2 月 14 日大元帅孙中山指令建设部将原拟《商标法》改为《商标条例》
  2 月 27 日核准《商标条例》 ·············· 315

39. 商标条例施行细则
  1924 年 2 月 27 日大元帅孙中山核准施行 ·············· 320

40. 孙中山与大本营法制委员的谈话
  1924 年 4 月 18 日 ·············· 324

41. 陆海军审计条例
  1924 年 4 月 20 日大元帅孙中山核准公布 ·············· 324

42. 革命政府对于农民运动宣言
  1924 年 6 月 19 日公布 ·············· 326

43. 农民协会章程
  1924 年 6 月 24 日中国国民党中央农民部提出 经中央执行委员会呈
  大元帅孙中山核准公布于《大本营公报》 ·············· 327

44. 《军人宣誓词》及《军人宣誓条例》

　　1924 年 6 月 28 日大元帅孙中山核准施行 ⋯⋯⋯⋯⋯⋯⋯⋯ 334

　　　　给程潜的指令

　　　　1924 年 6 月 28 日

　　　　军人宣誓词 ⋯⋯⋯⋯⋯⋯⋯⋯⋯⋯⋯⋯⋯⋯⋯⋯⋯⋯⋯ 334

　　　　军人宣誓条例 ⋯⋯⋯⋯⋯⋯⋯⋯⋯⋯⋯⋯⋯⋯⋯⋯⋯⋯ 334

45. 中国国民党对于中俄协定宣言

　　1924 年 7 月 14 日 ⋯⋯⋯⋯⋯⋯⋯⋯⋯⋯⋯⋯⋯⋯⋯⋯⋯⋯ 335

46. 大学条例

　　1924 年 8 月 13 日大元帅孙中山训令公布 ⋯⋯⋯⋯⋯⋯⋯⋯ 336

47. 中央督察军组织条例

　　1924 年 8 月 13 日大元帅孙中山公布 ⋯⋯⋯⋯⋯⋯⋯⋯⋯⋯ 336

48. 中国国民党中央执行委员会第二次全体会议关于容纳共产党员之决议

　　1924 年 8 月 21 日 ⋯⋯⋯⋯⋯⋯⋯⋯⋯⋯⋯⋯⋯⋯⋯⋯⋯⋯ 337

49. 考试院组织条例

　　1924 年 8 月 26 日大元帅孙中山公布 ⋯⋯⋯⋯⋯⋯⋯⋯⋯⋯ 338

50. 《考试条例》及《考试条例施行细则》

　　1924 年 8 月 26 日大元帅孙中山公布 ⋯⋯⋯⋯⋯⋯⋯⋯⋯⋯ 340

　　　　考试条例 ⋯⋯⋯⋯⋯⋯⋯⋯⋯⋯⋯⋯⋯⋯⋯⋯⋯⋯⋯⋯ 341

　　　　考试条例施行细则 ⋯⋯⋯⋯⋯⋯⋯⋯⋯⋯⋯⋯⋯⋯⋯⋯ 348

51. 孙中山为平定商团叛乱事件发布的宣言和电函（选录）

　　1924 年 9 月 1 日—11 月 ⋯⋯⋯⋯⋯⋯⋯⋯⋯⋯⋯⋯⋯⋯⋯ 349

　　　　为广州商团事件对外宣言

　　　　1924 年 9 月 8 日 ⋯⋯⋯⋯⋯⋯⋯⋯⋯⋯⋯⋯⋯⋯⋯⋯ 349

　　　　致麦克唐纳电

　　　　1924 年 9 月 1 日 ⋯⋯⋯⋯⋯⋯⋯⋯⋯⋯⋯⋯⋯⋯⋯⋯ 350

　　　　复廖行超函

　　　　1924 年 10 月 11 日—14 日 ⋯⋯⋯⋯⋯⋯⋯⋯⋯⋯⋯⋯ 351

52. 修正工会条例

　　1924 年 10 月 1 日大元帅孙中山公布 ⋯⋯⋯⋯⋯⋯⋯⋯⋯⋯ 352

53. 大元帅孙中山公布《赣南善后条例》等令

　　1924 年 10 月 10 日 ⋯⋯⋯⋯⋯⋯⋯⋯⋯⋯⋯⋯⋯⋯⋯⋯⋯ 354

　　　　赣南善后条例 ⋯⋯⋯⋯⋯⋯⋯⋯⋯⋯⋯⋯⋯⋯⋯⋯⋯⋯ 354

　　　　赣南善后会议暂行细则 ⋯⋯⋯⋯⋯⋯⋯⋯⋯⋯⋯⋯⋯⋯ 355

　　　　江西地方暂行官吏任用条例 ⋯⋯⋯⋯⋯⋯⋯⋯⋯⋯⋯⋯ 355

　　　　赣南善后委员会各职员之职责及公费暂行细则 ⋯⋯⋯⋯ 355

　　　　赣南征发事宜细则 ⋯⋯⋯⋯⋯⋯⋯⋯⋯⋯⋯⋯⋯⋯⋯⋯ 356

54. 附：《我们所要的国民会议是什么？》

　　　　1925 年 1 月 10 日上海国民会议促成会编印出版 ……………………… 360

55. 附：赵世炎：国民会议促成会全国代表大会之经过与结果
　　　　1925 年 5 月 3 日 ……………………………………………………… 363

三、广州国民政府制定的法律法规 …………………………………………… 368

1. 政府改组大纲
　　　　1925 年 6 月中国国民党中央执行委员会议决 ……………………… 368

2. 中华民国国民政府宣言
　　　　1925 年 7 月 1 日 ……………………………………………………… 369

3. 中华民国国民政府组织法
　　　　1925 年 7 月 1 日中国国民党中央执行委员会议决　广州国民政府公布 ……… 370

4. 省政府组织法
　　　　1925 年 7 月 1 日广州国民政府公布 ……………………………… 370

5. 中华民国国民政府军事委员会组织法
　　　　1925 年 7 月 5 日广州国民政府公布 ……………………………… 371

6. 国民政府军事部组织法
　　　　1925 年 7 月 11 日广州国民政府公布 …………………………… 371

7. 中华民国国民政府训令第三号——令广东省政府支援省港罢工运动
　　　　1925 年 7 月 8 日广州国民政府公布 ……………………………… 372

8. 《禁烟条例》
　　　　1925 年 7 月 21 日广州国民政府公布 …………………………… 373

9. 《禁烟督办署组织章程》
　　　　1925 年 7 月 21 日广州国民政府公布 …………………………… 374

10. 《国民政府财政部组织法》
　　　　1925 年 7 月 24 日广州国民政府公布 …………………………… 375

11. 广东省人民代表大会筹备委员会通则
　　　　1925 年 8 月 14 日筹备会通过 …………………………………… 376
　　　　　　附：广东省人民代表大会第三次筹备会议纪 ………………… 377

12. 《兵工厂组织法》
　　　　1925 年 9 月 11 日广州国民政府公布 …………………………… 377

13. 《修正商标条例》与《修正商标条例施行细则》
　　　　1925 年 9 月 12 日广州国民政府公布 …………………………… 378

14. 法制委员会组织法
　　　　1925 年 9 月 29 日广州国民政府公布 …………………………… 378

15. 修正统一广东财政及惩办盗匪奸宄特别刑事条例
　　　　1925 年 9 月 30 日广州国民政府公布　同年 12 月 14 日修正公布
　　　　1926 年 3 月 27 日再次修正公布 ……………………………… 379
　　　　　　修正统一军民财政及惩办盗匪奸宄特别刑事条例 …………… 379
　　　　　　附：统一军民财政及惩办盗匪奸宄特别刑事补充条例

　　　　1926 年 3 月 23 日广州国民政府公布 …………………………………… 380

16. 特别刑事审判所组织条例

　　　　1925 年 9 月 30 日广州国民政府公布 ……………………………………… 381

17. 特别刑事诉讼条例

　　　　1925 年 9 月 30 日广州国民政府公布 ……………………………………… 381

18. 附（一）：特别刑事诉讼补充条例

　　　　1925 年 11 月 11 日广州国民政府公布 …………………………………… 383

　　　　附（二）：中华民国国民政府令——修正特别刑事诉讼补充条例第三条

　　　　1925 年 12 月 24 日广州国民政府公布 …………………………………… 383

　　　　附（三）：中华民国国民政府令——修正特别刑事诉讼条例第三条第二项及

　　　　第十七条

　　　　1925 年 12 月 24 日广州国民政府公布 …………………………………… 384

　　　　附（四）：中华民国国民政府令——修正特别刑事诉讼条例第七条

　　　　1926 年 8 月 26 日广州国民政府公布 …………………………………… 384

19. 陆军刑律

　　　　1925 年 10 月 9 日广州国民政府公布 ……………………………………… 384

20. 文官官等条例

　　　　1925 年 10 月 10 日广州国民政府公布 …………………………………… 390

21. 宣誓令

　　　　1925 年 11 月 2 日广州国民政府公布 ……………………………………… 390

22. 政府职员给假条例

　　　　1925 年 11 月 2 日广州国民政府公布 ……………………………………… 391

23. 中华民国国民政府令——成立司法调查委员会

　　　　1925 年 11 月 11 日广州国民政府公布 …………………………………… 392

24. 特别陪审条例

　　　　1925 年 11 月 24 日广州国民政府公布 …………………………………… 392

25. 修正法院编制法

　　　　1925 年 11 月 28 日广州国民政府公布 …………………………………… 393

26. 审计法

　　　　1925 年 11 月 28 日广州国民政府公布 …………………………………… 394

27. 审计法施行规则

　　　　1925 年 11 月 28 日广州国民政府公布 …………………………………… 395

28. 监察院单据证明规则

　　　　1925 年 11 月 28 日广州国民政府公布 …………………………………… 396

29. 中华民国国民政府令——民律草案提交法制委员会审查修正

　　　　1925 年 12 月 15 日广州国民政府公布 …………………………………… 397

30. 各机关及学校放假日期表

　　　　1925 年 12 月 18 日广州国民政府公布 …………………………………… 398

31. 中华民国国民政府令——嗣后华人与外人订契约概以华文为标准
    1925 年 12 月 31 日广州国民政府公布 ·················· 398

32. 违反印花税法案审理委员会章程
    1926 年 1 月广州国民政府财政部公布 ·················· 399

33. 司法行政委员会组织法
    1926 年 1 月 21 日广州国民政府公布 ·················· 400

34. 国民政府惩吏院组织法
    1926 年 1 月 23 日广州国民政府公布 ·················· 401

35. 国民政府财政部有奖公债条例
    1926 年 1 月 23 日广州国民政府公布 ·················· 402

36. 购料委员会章程
    1926 年 2 月 11 日广州国民政府公布 ·················· 403

37. 惩治官吏法
    1926 年 2 月 17 日广州国民政府公布 ·················· 404

38. 周恩来：《东江行政会议近日召开》——致汪精卫、蒋介石等
    1926 年 2 月 ·················· 406

39. 广东国民会议促成会章程
    1926 年 2 月 17 日 ·················· 406

40. 国民政府教育行政委员会组织法
    1926 年 2 月 20 日广州国民政府公布 ·················· 407

41. 缉私卫商管理委员会组织法
    1926 年 2 月 14 日广州国民政府公布 ·················· 408

42. 缉私卫商暂行条例
    1926 年 2 月 24 日广州国民政府公布 ·················· 409

43. 国民政府财政部税务总处组织章程
    1926 年 2 月 24 日广州国民政府公布 ·················· 410

44. 国民政府财政部盐务总处组织章程
    1926 年 2 月 24 日广州国民政府公布 ·················· 411

45. 国民革命军党代表条例
    1926 年 3 月 19 日广州国民政府军事委员会公布 ·················· 412

46. 军事委员会政治训练部组织大纲
    1926 年 3 月 9 日广州国民政府军事委员会公布 ·················· 414

47. 军法委员会组织大纲
    1926 年 3 月 19 日广州国民政府军事委员会公布 ·················· 416

48. 筹议两广政治军事财政统一委员会议决事项
    1926 年 3 月 19 日广州国民政府公布 ·················· 417

49. 中华民国国民政府令——为确定修正民律草案方针令法制编审委员会
    1926 年 3 月 25 日广州国民政府公布 ·················· 418

50. 中华民国国民政府令——为东江行政委员周恩来呈请国民政府颁布国民会议
组织法令法制委员会

　　1926 年 3 月 31 日广州国民政府公布 ································· 419

51. 中华民国国民政府令——修正违警罚则第四十三条

　　1926 年 4 月 12 日广州国民政府公布 ································· 420

52. 中华民国国民政府命令——不接待司法调查团

　　1926 年 4 月 12 日发布于《工人之路》 ····························· 420

53. 广东省政府土地厅组织法

　　1926 年 4 月 12 日广州国民政府公布 ································· 421

54. 清理官市产办法

　　1926 年 4 月 17 日广州国民政府公布 ································· 422

55. 中华民国国民政府对内宣言（为召集国民会议问题）

　　1926 年 4 月 20 日广州国民政府公布 ································· 423

56. 广东省政府实业厅组织法

　　1926 年 5 月 24 日广州国民政府公布 ································· 424

57. 法官考试条例

　　1926 年 5 月 24 日广州国民政府公布 ································· 425

58. 枪毙规则

　　1926 年 5 月 24 日广州国民政府公布 ································· 428

59. 法制编审委员会组织法

　　1926 年 6 月 1 日广州国民政府公布 ································· 428

60. 政治委员会处理事务细则

　　1926 年 6 月 1 日广州国民政府公布 ································· 429

61. 广东农工商学联合会简章

　　1926 年 6 月 19 日广州国民政府公布 ································· 430

62. 煤油汽油特税章程

　　1926 年 6 月 28 日广州国民政府财政部税务总处布告 ············· 431

63. 广东都市土地登记及征税条例

　　1926 年 7 月 3 日广州国民政府公布 ································· 432

64. 国民革命军总司令部组织大纲

　　1926 年 7 月 7 日广州国民政府公布 ································· 436

65. 黄埔商埠股份有限公司招股章程

　　1926 年 7 月 8 日广州国民政府公布 ································· 437

66. 华侨褒章条例

　　1926 年 7 月 12 日广州国民政府公布 ································· 438

67. 国民政府财政部第二次有奖公债条例

　　1926 年 7 月 20 日广州国民政府公布 ································· 439

68. 广东土地登记条例

1926 年 7 月 23 日广州国民政府公布 ……………………………… 440

69. 戒严条例
1926 年 7 月 29 日广州国民政府公布 ……………………………… 443

70. 修正国民政府外交部组织法
1926 年 8 月 14 日广州国民政府公布 ……………………………… 444

71. 国民政府组织解决雇主雇工争执仲裁会条例
1926 年 8 月 16 日广州国民政府公布 ……………………………… 445

72. 劳工仲裁会条例
1926 年 8 月 16 日广州国民政府公布 ……………………………… 446

73. 国民政府侨务委员会组织条例
1926 年 8 月 21 日广州国民政府公布 ……………………………… 446

74. 国民政府出师北伐告全国人民书
1926 年 9 月 7 日广州国民政府发布 ……………………………… 448

75. 国民政府对农民运动第三次宣言
1926 年 9 月 7 日广州国民政府公布 ……………………………… 449

76. 外交部特派交涉员暂行条例
1926 年 9 月 9 日广州国民政府公布 ……………………………… 451
　　　附：中华民国国民政府令——修正外交部特派交涉员暂行条例第五条
　　　1926 年 11 月 20 日广州国民政府公布 ……………………… 452

77. 广东土地登记条例施行细则
1926 年 9 月 9 日广州国民政府公布 ……………………………… 452

78. 党员背誓罪条例
1926 年 9 月 22 日广州国民政府公布 ……………………………… 460

79. 无线电信条例
1926 年 9 月 25 日广州国民政府公布 ……………………………… 461

80. 外交部宣传局暂行章程
1926 年 9 月 27 日广州国民政府公布 ……………………………… 462

81. 收回上海会审公廨暂行章程
1926 年 9 月 30 日在上海签订（供研究参考） …………………… 462

82. 修正国民政府监察院组织法
1925 年 9 月 30 日广州国民政府公布　1926 年 10 月修正公布 …… 464

83. 教科书审查规程
1926 年 10 月 1 日广州国民政府教育行政委员会公布 …………… 465

84. 司法行政委员会法官政治党务训练班规程
1926 年 10 月 4 日广州国民政府公布 …………………………… 466

85. 征收出产运销物品暂时内地税条例
1926 年 10 月 17 日广州国民政府公布 ………………………… 468

86. 学校职教员养老金及恤金条例

1926 年 11 月 1 日广州国民政府公布 ·· 468

87. 国民政府司法部组织法
　　1926 年 11 月 13 日广州国民政府公布 ······························ 470

88. 国民政府交通部组织法
　　1926 年 11 月 13 日广州国民政府公布 ······························ 471

89. 修正省政府组织法
　　1926 年 11 月广州国民政府公布 ·· 472

90. 广东省《解决农民地主纠纷办法》
　　1927 年 1 月 4 日广东省政府通令公布 ································ 473

91. 附：周恩来：《关于一九二四至二六年党对国民党的关系》
　　1943 年春 ··· 475

四、武汉国民政府制定的法律法规 ··· 481

1. 武汉国民政府革命化司法制度
　　1927 年 1 月 1 日实施 ··· 481

2. 成立武昌县法院布告
　　1927 年 1 月 13 日公布 ··· 483

3. 参审陪审条例
　　1927 年 2 月武汉国民政府司法部公布 ································ 483

4. 湖北控诉法院布告——禁止律师按诉讼目的物提成
　　1927 年 2 月 13 日公布 ··· 486

5. 湖北控诉法院训令——各县司法委员应迅速奉行命令
　　1927 年 3 月 6 日公布 ··· 487

6. 新法制施行条例
　　1927 年 3 月 6 日武汉国民政府司法部颁布 ························ 487

7. 改造司法法规审查委员会组织条例
　　1927 年 3 月 22 日武汉国民政府司法部颁布 ······················ 488

8. 司法行政计划及政策
　　1927 年 3 月 25 日武汉国民政府司法部公布 ······················ 489

9. 司法部长徐谦报告司法改良近况
　　1927 年 3 月 30 日发表于汉口《民国日报》 ······················ 490

10. 湖南省惩治贪官污吏暂行条例
　　1927 年 1 月 18 日公布 ··· 493

11. 湖南省官吏奖励暂行条例
　　1927 年 2 月 18 日湖南省政府公布 ··································· 494

12. 广东省政府司法厅组织法
　　1927 年 2 月 ··· 495

13. 湖北省《产业监察委员会条例》
　　1927 年 2 月 11 日湖北省政府公布 ··································· 496

14. 大学规程
　　1927 年 2 月 7 日武汉国民政府教育行政委员会议决通过 ·················· 496
15. 反革命罪条例
　　1927 年 2 月 9 日国民党中央委员与国民政府委员联席会议通过　1927 年 3 月
　　30 日武汉国民政府公布 ·· 498
16. 武汉国民政府确定女子享有继承权
　　1927 年 2 月 12 日武汉国民政府司法部公布 ·························· 500
17. 湘鄂赣三省农民运动讲习所章程
　　1927 年 2 月 12 日筹备会议通过，由三省党部呈请中央党部核准施行 ······· 500
18. 铁路管理局组织条例
　　1927 年 2 月 13 日武汉国民政府交通部颁布 ························· 501
　　　　　　附：铁路管理局局务会议规则 ····························· 503
19. 广西军法处办事细则
　　1927 年 2 月 13 日公布 ·· 503
20. 武汉国民政府外交部布告——设立汉口英租界临时管理委员会
　　1927 年 1 月 6 日公布 ··· 505
21. 《收回汉口英租界之协定》及协定签字后之换文
　　1927 年 2 月 19 日 ·· 505
22. 收回九江英租界之协定
　　1927 年 2 月 20 日 ·· 506
23. 汉口第三特别区市政局章程（中央政治会议决议案）
　　1927 年 3 月 4 日 ··· 506
24. 汉口第三特别行政区市政局条例（英译本）
　　1927 年 3 月 4 日中央政治会议通过　3 月 9 日武汉国民政府外交部公布 ····· 507
25. 中国国民党中央执行委员国民政府委员临时联席会议通告
　　1927 年 2 月 20 日公布 ·· 511
26. 广东省民政厅关于解放奴婢的通告
　　1927 年 3 月 1 日 ··· 512
27. 湖北省人民自卫军组织法及进行计划大纲
　　1927 年 3 月 3 日国民党湖北省党部执行会拟制 ····················· 512
　　　　人民自卫军组织法及进行计划大纲 ····························· 513
28. 外交部条约委员会规则
　　1927 年 3 月 9 日武汉国民政府外交部公布 ························· 513
29. 中国国民党第二届中央执行委员第三次全体会议宣言及决议案
　　1927 年 3 月 10 日—17 日 ··· 514
　　（一）中国国民党第二届中央执行委员第三次全体会议对全国人民宣言
　　　　　1927 年 3 月 16 日通过 ······································ 514
　　（二）中国国民党第二届中央执行委员第三次全体会议对全国农民宣言

1927 年 3 月 16 日通过 ……………………………………………… 516

（三）对于中央执行委员国民政府委员临时联席会议决议案

1927 年 3 月 10 日通过 ……………………………………………… 518

（四）统一党的领导机关决议案

1927 年 3 月 10 日通过 ……………………………………………… 518

（五）统一革命势力决议案

1921 年 3 月 13 日通过 ……………………………………………… 519

（六）统一财政决议案

1927 年 3 月 17 日通过 ……………………………………………… 519

（七）统一外交决议案

1927 年 3 月 19 日通过 ……………………………………………… 520

（八）修正政治委员会及分会组织条例

1927 年 3 月 13 日通过 ……………………………………………… 520

（九）中央执行委员会军事委员会组织大纲

1927 年 3 月 10 日通过 ……………………………………………… 521

（十）军事委员会总政治部组织大纲

1927 年 3 月 15 日通过 ……………………………………………… 523

（十一）国民革命军总司令条例

1927 年 3 月 17 日通过 ……………………………………………… 523

（十二）关于军事政治学校之决议案

1927 年 3 月 17 日通过 ……………………………………………… 524

（十三）农民问题决议案

1927 年 3 月 16 日通过 ……………………………………………… 524

（十四）湖南省民会议大纲

1927 年 3 月 17 日通过 ……………………………………………… 526

（十五）湖南省民会议组织法

1927 年 3 月 17 日通过 ……………………………………………… 526

30. 湖北省取缔妇女缠足条例

1927 年 3 月 23 日湖北省政务委员会公布 ……………………………… 530

31. 修正中华民国国民政府组织法

1927 年 3 月 30 日武汉国民政府公布 ………………………………… 530

32. 湖北省政府组织法

1927 年 3 月 30 日中央政治委员会通过　3 月 31 日武汉国民政府公布 ……… 531

33. 湖北省政府委员会会议规则

1927 年 3 月 30 日中央政治委员会通过　3 月 31 日武汉国民政府公布 ……… 532

34. 湖北省政府秘书处组织法

1927 年 3 月 30 日中央政府委员会通过　3 月 31 日武汉国民政府公布 ……… 533

35. 中国国民党湖北省执行委员会对湖北省政府成立训令（节录）

1927 年 4 月 10 日 ·· 534

36. 佃农保护法
   1927 年 5 月 9 日武汉国民政府公布 ······················· 535

37. 处分逆产条例
   1927 年 5 月 10 日武汉国民政府公布 ······················ 536

38. 禁止民众团体及民众自由执行死刑条例
   1927 年 5 月 10 日武汉国民政府公布 ······················ 537

39. 国民政府劳工部组织条例
   1927 年 5 月 15 日武汉国民政府公布 ······················ 537

40. 国民党中央执行委员会（关于劳资关系）训令
   1927 年 5 月 19 日公布 ·································· 538

41. 劳工部失业工人救济局组织大纲
   1927 年 5 月 27 日武汉国民政府劳工部公布 ················ 539

42. 国民政府农政部组织条例
   1927 年 5 月 19 日武汉国民政府公布 ······················ 540

43. 国民政府农政部秘书处组织条例
   1927 年 5 月 24 日公布 ·································· 541

44. 中央关于保护公正绅耆训令
   1927 年 5 月 20 日国民党中央执行委员会公布 ·············· 542

45. 国民革命军陆军战时抚恤暂行条例
   1927 年 5 月 20 日武汉国民政府公布 ······················ 542

46. 财政部有奖债券条例
   1927 年 5 月 23 日武汉国民政府公布 ······················ 545

47. 财政部（关于票币流通的）布告
   1927 年 6 月 8 日公布 ·································· 546

48. 江西省劳资仲裁委员会条例
   1927 年 5 月 23 日江西省政府公布 ························· 546

49. 国民政府保护革命军人家属财产令
   1927 年 5 月 24 日武汉国民政府公布 ······················ 547

50. 湖北省政府布告——转发国民政府关于逮捕人犯没收逆产的命令
   1927 年 5 月 26 日公布 ·································· 548

51. 湖北省政府关于严禁刑讯的布告
   1927 年 5 月 27 日公布 ·································· 548

52. 国民政府令——各机关编送预算书
   1927 年 6 月 11 日武汉国民政府公布 ······················ 548

53. 湖北省建设技术委员会条例
   1927 年 6 月 12 日湖北省政会公布 ························· 549

54. 劳工部布告——巩固工商联合战线保护工人阶级利益

1927 年 6 月 17 日武汉国民政府劳工部公布 ………………………………… 550

55. 湖北省政府农工厅布告——巩固联合战线依法定手续肃清土豪劣绅

1927 年 6 月 21 日公布 ……………………………………………………… 550

56. 国民政府实业部组织法

1927 年 7 月 4 日武汉国民政府公布 ……………………………………… 551

57. 河南省政府组织法

1927 年 7 月 11 日武汉国民政府公布 ……………………………………… 553

58. 河南省政府委员会会议规则

1927 年 7 月 11 日武汉国民政府公布 ……………………………………… 553

59. 河南省政府秘书处组织条例

1927 年 7 月 11 日武汉国民政府公布 ……………………………………… 555

60. 农政部布告——农民运动应循正轨摧残农运依法惩办

1927 年 7 月 13 日公布 ……………………………………………………… 556

61. 谭平山、苏兆征辞职书

1927 年 7 月 ………………………………………………………………… 556

第一辑参考书目 ……………………………………………………………………… 560

上　篇
中国共产党成立初期的政纲宣言和工农运动中制定的法规条令

一、总纲
——中国共产党提出的反帝反封建的革命纲领

1. 中国共产党第一次对于时局的主张（选录）
——目前奋斗目标十一条

1922 年 6 月 15 日

　　中国共产党是无产阶级的前锋军，为无产阶级奋斗为无产阶级革命的党。但是在无产阶级未能获得政权以前，依中国政治经济的现状，依历史进化的过程，无产阶级在目前最切要的工作，还应该联络民主派共同对封建式的军阀革命，以达到军阀覆灭能够建设民主政治为止。我们目前奋斗的目标，并非单指财政公开、澄清选举等行政问题，乃以下列各项为准则：

　　（一）改正协定关税制，取消列强在华各种治外特权，清偿铁路借款，完全收回管理权。

　　（二）肃清军阀，没收军阀官僚的财产，将他们的田地分给贫苦农民。

　　（三）采用无限制的普通选举制。

　　（四）保障人民结社、集会、言论、出版自由权，废止治安警察条例及压迫罢工的刑律。[①]

　　（五）定保护童工、女工的法律及一般工厂卫生工人保险法。

　　（六）定限制租课率的法律。

---

　　① 《治安警察条例》是袁世凯于 1914 年 3 月 2 日公布的限制人民自由权利的反动法律。"压迫罢工的刑律"是指由《大清新刑律》改称《暂行新刑律》的第 224 条规定罢工者要受刑事处罚。

（七）实行强迫义务教育。

（八）废止厘金及其他额外的征税。

（九）改良司法制度，废止死刑，实行废止肉刑。

（十）征收累进率的所得税。

（十一）承认妇女在法律上与男子有同等的权利。

上列各项原则，绝不是在封建式的军阀势力之下可以用妥协的方法请求得来的；中国共产党的方法是要邀请国民党等革命的民主派及革命的社会主义各团体开一个联席会议，在上列原则的基础上，共同建立一个民主主义的联合战线，向封建式的军阀继续战争；因为这种联合战争，是解放我们中国人民受列强和军阀两重压迫的战争，是中国目前必要的不可免的战争。

中国共产党中央执行委员会

选自《先驱》，第9号，1922-06-20。

互校版本：中央档案馆编：《中共中央文件选集》，第1册，北京，中共中央党校出版社，1982，第25～26页。

2. 中国共产党第二次全国代表大会宣言（选录）
——中国共产党的任务及其目前奋斗目标七条
1922年7月

中国共产党的任务及其目前的奋斗

中国共产党是中国无产阶级政党。他的目的是要组织无产阶级，用阶级斗争的手段，建立劳农专政的政治，铲除私有财产制度，渐次达到一个共产主义的社会。

中国共产党为工人和贫农的目前利益计，引导工人们帮助民主主义的革命运动，使工人和贫农与小资产阶级建立民主主义的联合战线。中国共产党为工人和贫农的利益在这个联合战线里奋斗的目标是：

一、消除内乱，打倒军阀，建设国内和平；

二、推翻国际帝国主义的压迫，达到中华民族完全独立；

三、统一中国本部（东三省在内）为真正民主共和国；

四、蒙古、西藏、回疆三部实行自治，成为民主自治邦；

五、用自由联邦制，统一中国本部、蒙古、西藏、回疆，建立中华联邦共和国；

六、工人和农民，无论男女，在各级议会市议会有无限制的选举权，言论、出版、集会、结社、罢工绝对自由；

七、制定关于工人和农人以及妇女的法律：

（一）改良工人待遇：（甲）废除包工制；（乙）八小时工作制；（丙）工厂设立工人医院及其他卫生设备；（丁）工厂保险；（戊）保护女工和童工；（己）保护失业工人等；

（二）废除丁漕等重税，规定全国——城市及乡村——土地税则；

（三）废除厘金及一切额外税则，规定累进率所得税；

（四）规定限制田租率的法律；

（五）废除一切束缚女子的法律，女子在政治上、经济上、社会上、教育上一律享受平等权利；

（六）改良教育制度，实行教育普及。

上面的七条，是对于工人、农民和小资产阶级都有利益的，是解放他们脱出现下压迫的必要条件。我们一定要为解放我们自己，共同来奋斗！工人和贫农必定要环绕中国共产党旗帜之下再和小资产阶级联合着来奋斗呀！

中国共产党第二次全国大会

选自《中国问题指南》，第 2 册。

互校版本：中央档案馆编：《中共中央文件选集》，第 1 册，北京，中共中央党校出版社，1982，第 77～78 页。

3. 中国共产党第三次全国代表大会通过之《中国共产党党纲草案》（选录）
——最小限度的党纲十八条
1923 年 7 月

中国共产党根据上述的理由，特定出最小限度的党纲，以为目前的要求如下：

1. 取消帝国主义的列强与中国所订一切不平等的条约，实行保护税则，限制外国国家或个人在中国设立教会、学校、工厂及银行。

2. 肃清军阀，没收其财产，以办公益的生产事业。

3. 铁路、银行、矿山及大生产事业国有。

4. 实行无限制的普通选举，选举期当在休假日。

5. 保障人民集会、结社、言论、出版之自由权，废止治安警察条例及压迫罢工的刑律。

6. 公私法上男女一律平权。

7. 平民须有建议权、罢官权、撤回代表权及废止法律权；中央、地方重要的国家职员须民选。

8. 西藏、蒙古、新疆、青海等地和中国本部生关系由各该地民族自决。

9. 实行都市和乡村自治。

10. 划一币制，禁止辅币之滥发及外币之流通；财政公开。

11. 废止厘金，征收所得税及遗产税；每年审定租税一次。

12. 实行义务教育，教育与宗教绝对分离。全国教育经费应严重保证。教员应享受年功加俸；到相当年龄应享受养老年金。

13. 改良司法，废止肉刑及死刑，免除一切诉讼手续费。

14. 废止雇佣军队制度，改行民兵制。军饷公开。

15. 供给并改良都市贫民之住宅；规定限制房租的法律。

16. 限制一切日常消费品的最高价额。

17. 农民利益的特别要求：

A. 划一并减轻田赋，革除陋规。

B. 规定限制田租的法律；承认佃农协会有议租权。

C. 改良水利。

D. 改良种籽地质；贫农由国家给发种籽及农具。

E. 规定重要农产品价格的最小限度。

18. 工人利益的特别要求：

A. 废除包工制，承认工会的团体契约制（工会议定雇用条件）。

B. 实行八小时工作制；禁止做日工者续做夜工。

C. 每星期应有三十六小时以上的继续休息。

D. 女工与男工之工资待遇一律平等；生产期前后六星期之休息，不扣工资。

E. 禁止雇用十四岁以下的童工；十四岁至十八岁者每日工作不得过六小时。

F. 工厂卫生及劳动条件以法律规定，由国家设立监查机关监督执行，但工人有权参与之。

G. 制定强迫的劳工保险法（灾病死伤的抚恤等），工人有参与办理保险事项之权。

H. 救济失业之工人。

选自中央档案馆编：《中共中央文件选集》，第 1 册，北京，中共中央党校出版社，1982，第 112～113 页。

4. 中国共产党第四次对于时局的主张（选录）
——目前最低限度的要求十三条

1924 年 11 月

为全民族的解放，为被压迫的兵士、农民、工人、小商人及知识阶级的特殊利益，本党将向临时国民政府及国民会议提出目前最低限度的要求。同时本党认定拥护这些要求，是一切人民及其代表之责任，尤其是国民党之责任。要求如下：

（一）废除一切不平等条约，第一重要是收回海关，改协定关税制为国定关税制；因为这是全民族对外的经济解放之唯一关键。

（二）废止治安警察条例及罢工刑律，保障人民集会、结社、出版、言论、罢工之无限制的自由权；因为这是人民对内的政治解放之唯一关键。

（三）全国非战时的常备军，均以旅长为最高级军职，废除巡阅使、督军、督理、督办、总司令、检阅使、护军使、镇守使、军长、师长等军职；因为这是杜绝军阀势力集中盗国乱政之重要关键。

（四）军阀之祸，罪在最少数高级军官。失业入伍的兵士们所受压迫与困苦，与其他一切平民等；今后旅、团司令部应采用委员制，军饷公开，应改良现役兵士之生活及教育，兵士退伍，须给以土地及农具或他种确实可靠的生活。

（五）规定最高限度的租额，取消田赋正额以外的附加捐及陋规，谋农产品和他种生活必需的工业品价格之均衡，促成职业的组织（农民协会）及武装自卫的组织，这都是农民目前急迫的要求。

（六）八小时工作制，年节、星期日及各纪念日之休假，最低限度的工资之规定，废除包工制，工厂卫生改良，工人补习教育之设施，工人死伤保险法之规定，限制童工之年龄及工作时间，女工妊孕前后之优待，这都是工人目前最低限度的要求。

（七）限制都市房租加租及建设劳动平民之住屋。

（八）没收此次战争祸首的财产，赔偿东北东南战地人民之损失及救济北方水灾。

（九）各城市、乡镇之厘金、牙税及其他正杂捐税，在国库收入无多，而小本营商者则因之重感困苦，宜一切废止。

（十）废止盐税、米税，以裕平民生计。

（十一）增加海关进口税，整理国有企业之收入，征收遗产税，征收城市土地税。此等大宗税收，不但足以补偿废止旧税——厘金、牙税、盐税、米税、田赋附加税及其他各种正、杂捐税——之损失，并可用为补助退伍兵士、失业贫农及推广教育之经费。

（十二）为保障知识阶级之失业及青年失学计，国家预算中，不得将教育经费移作别用，并应指定特种收入，如收回庚子赔款等，为实行小学免费，优待小学教员及推广平民教育之用。

（十三）妇女在政治上、法律上、经济上、教育上、社会地位上，均应与男子享平等权利。

中国共产党中央执行委员会

选自《向导》，第 92 期，1929-11-19。

互校版本：中央档案馆编：《中共中央文件选集》，第 1 册，北京，中共中央党校出版社，1982，第 237～239 页。

5. 中国共产党广东区执行委员会对于广东时局宣言

1925 年 6 月 13 日

广东的工友们！农友们！

革命的军士们！

一切被压迫的人民们！

反动军阀刘震寰、杨希闵的武装已经解除了。他们三年祸粤的罪史摆在你们的面前，异常显明。他们自从入粤以来，假拥护广州革命政府之名，侵夺地盘，擅任官吏，占霸机关，私收赋税，私定苛捐杂税，开设杂赌，包办烟土，侵占民房，强拿夫役，封闭民船，摧残农会，屠杀工人，收容土匪，纵令兵士奸淫掳掠，勾结西南祸首唐继尧，卖国亲日的安福首领段祺瑞，背党叛国之陈炯明、林虎，屠杀中国人民之帝国主义及其走狗——商团领袖陈廉伯、陈恭绶，国民党反革命分子马素、冯自由等，积极图谋倾覆广州革命政府，其罪恶显著，其反革命行为昭彰，诚然人人得食其肉而寝其皮。但是这次广州政变，其意义不只于扫灭一刘震寰、杨希闵。这次战争其范围不只于革命政府的军队与刘震寰、杨希闵的军队。这次政变有很重大的历史意义。这次战争系革命派与反革命派的武装斗争。因为刘震寰、杨希闵等敢积极图谋推翻广州革命政府，徒以有唐继尧、段祺瑞、陈廉伯、英国帝国主义者、马素、冯自由等积极的帮助，积极的怂恿，这是帝国主义者，反动派的军阀、买办阶级、国民党的右派联合一致的向引导打倒帝国主义、推翻军阀、谋中国民族解放的国民党进攻，换句话说，是各种反革命的力量联合，一致的向革命的力量进攻。幸而这次战胜了；不幸而战败，则中国之民族解放运动必受一很大的打击。因此这次的战争，其范围不只于刘震寰、杨希闵等的军队与革命政府的军队，这次的战争明显点说，是反革命派与革命派很剧烈的武装斗争。

广东的工友们！农友们！革命的军士们及各种被压迫的人民们！中国被压迫的人民被帝国主义者军阀及与他们勾结的反动力量的压迫摧残已经够了，中国被压迫的人民再不能忍受。按理说，刘、杨等反动力量必被打倒，刘、杨等有武装的力量，革命的国民党同样亦有武装的力量，并且比他们还强大些。按实力说，刘、杨等反动力量也必被打倒，何况还有粤汉、广九、广三，三路的工人联合罢工，断绝刘、杨等的交通；电报工人罢工，阻止刘、杨等的消息；海员阻止从远道运来之徒手兵及截击破坏铁路罢工之工贼；兵工厂工人罢工，停止供给刘、杨等的子弹；海陆丰及番禺珠村之农民自卫军均派队帮助革命政府的军队，及各种政治的宣传队猛烈的宣传，和各团体所发表的宣言和传单，援助革命政府，痛诋刘、杨等反动军阀的罪恶，使一般被压迫的群众明了刘、杨等反革命的力量哪有不被扑灭的道理？在刘、杨等被打倒的许多原因中，工农等被压迫的群众公然表示如此伟大的力量，一方面固然可以看见工农等被压迫的群众，再不能忍受帝国主义者、军阀及各种反革命力量的压迫的热情，但同时须知工农等被压迫的群众，所以如此的积极援助革命政府，对于革命政府有一定的希望，希望满足他们的要求。

广东的工友们！农友们！革命的军士们及各种被压迫的人民们！反革命的军阀刘震寰、杨希闵等已经打倒了，与他们勾结的各种反动力量受此打击，当然要敛迹起来，广州革命政府从此减去一层障碍。假若在此次胜利之后，广州革命政府不能有新的改革，在广东开一新纪元，减轻工农等被压迫群众的负担和满足他们的要求，则失掉了此次胜利的意义，［等］于平常间一派军阀与一派军阀的战争！

国民党广州革命政府诸领袖们！你们平常不是说广州革命政府不能有所作为，由于反动的军阀盘据（踞）之广东违抗革命政府的命令吗？刘、杨等反动的军阀现在已经打倒了，你们应当明白这次打倒他们的真意义，毅然决然的实现当他们未打倒之前你们自己提出的各种政见，如军事、行政、财政统一，你们尤当了解工农等被压迫的群众所以积极援助革命政府的原因，满足他们所提出来的各种具体的要求，你们更当明了要实现你们的主张和满足工农等被压迫群众的各种要求，除须你们自己要有很大的决心外，还有许许多多的障碍，你们当设法很坚决的（地）排去。

广东的工友们！农友们！革命的军士们及各种被压迫的人民们！好容易你们帮助革命政府把刘震寰、杨希闵打倒了，你们应有组织的（地）继续的（地）为革命政府的后盾，使革命政府实行有所改革。但同时你们须达到下列各种最小限度的要求：

甲、一般的：

（一）保障人民言论、出版、集会、结社等绝对自由；

（二）统一行政，绝对禁止军人委县长，实行地方自治；

（三）统一财政，废除苛捐杂税，修改税则，绝对禁止军队霸占征收机关；

（四）统一军政，严禁军队扰害人民；

（五）实行禁绝烟赌；

（六）整理市政，开浚河道，建筑道路等；

（七）教育经费独立，增加义务及职业教育经费；

（八）切实办理剿匪清乡事宜；

（九）裁减驻防兵额。

乙、工农兵方面的：

（一）绝对保障工农组织工会、农会及罢工抗租等权利；

（二）制定工厂法，规定八小时工作制，最低限度工资，保护童工、女工利益；

（三）实行劳动保险；

（四）规定保护农民利益之法律，取消田土业佃产保证局，禁止预征钱粮，规定最高限度租额；

（五）严行取缔高利盘剥；

（六）严禁军队扰害农民；

（七）扶助工农经济合作事业之发展；

（八）改良兵士生活给与（予）职业及政治教育；

（九）保障退伍兵士生活；

（十）优待阵亡军人家族；

（十一）规定残废军人年金。

广东的工友们！农友们！革命的军士们及各种被压迫的人民们！这是刘、杨等反动军阀肃清后，革命政府应该满足你们的最小限度的要求，你们应当自己积极起来争，扩充你们自己的组织，有组织的监督和迫使革命政府实现。

中国共产党广东区执行委员会

一九二五年六月十三日

选自广东哲学社会科学研究所历史研究室编：《省港大罢工资料》，广州，广东人民出版社，1980，第116～120页。

6. 中国共产党第五次对于时局的主张（选录）
——最低限度共同政纲二十三条

1926 年 7 月 12 日

由现在的国民会议促成会，到将来接受政权的国民会议，必须经过相当时期的困苦斗争。在这种困苦斗争期间，广州国民政府固然是这一斗争之拥护者，即对于一切比较接近民众的武力如国民军等，也应当要求其拥护这一争斗。但人民仅仅希图由这些拥护而达到成功，便是一个很大的错误；至于希望军阀政府采纳民意召集真正民众的国民会议，并执行国民会议之议决，那更是做梦。只有参加国民会议运动之各阶级的民众，首先在各地方集中工人、农民、学生、商人、手工业者等各团体的力量于各地方的国民会议促成会，一面进行自动的发表政纲的国民会议之实现，一面各自在当地立刻起来做地方政治的直接奋斗，由反抗苛税苛捐，力争民权自由，一直到推翻当地的军阀政权，建立地方的人民政府；如此方能汇合全国民众的力量，由发表政纲的国民会议，进行到接受全国政权的国民会议，由此会议建立全国的人民政府，解除人民自己的痛苦。

在这些困苦斗争期间各阶级的民众，必须有一共同政纲，为这一联合战线之共同斗争的目标；这共同政纲最低限度者亦须如下：

一、废除辛丑条约及其他不平等条约；

二、收回海关，改协定税制为国定税制，收回会审公堂，废除领事裁判权；

三、各国撤退驻华海陆军；

四、收回租界及租借地（如旅顺、大连湾、威海卫等）；

五、解除直奉两系军阀的武装，并没收其财产分给老弱不能继续服务的兵士及失业游民；

六、改善军士生活及提高兵士教育；

七、禁止军警拉夫、封船、扣车及强住民房、学校；

八、禁止非军人犯罪交军法裁判；

九、禁止军用票、滥发纸币及勒派公债军饷；

十、停止预征钱粮、征收陋规及一切苛捐杂税；

十一、由国库省库拨款救济水旱灾及抑平米价；

十二、废止治安警察条例及关于罢工刑律第二百二十四条，保护人民的集会、结社、言论、出版、罢工之自由；

十三、废止督理督办制，实行省长民选、县长民选，实行由省到乡村的地方自治平民政权，肃清贪官污吏；

十四、颁布工会法，修改现时便于买办劣绅操纵的农会法，商会法；

十五、制定工人最低工资及农民最高税租额之法律；

十六、承认农民有自卫之武装；

十七、禁止勒（耕）种鸦片；

十八、豁免灾区的钱粮及欠租，限制重利盘剥；

十九、颁布工厂条例，禁止中外厂主及职员虐待工人，并改良工厂有害卫生的设备，特别保护童工及女工；

二十、承认商业职工（店员）得有在商会之外的独立组织，并确定其最低工资；

二十一、确定中央及地方政府所属各学校经费，并免除学费；

二十二、确定并增加国家行政、教育各机关下级职员的薪水，并承认其组织；

二十三、承认妇女的选举权、被选举权及一切法律上和男子同等的权利。

中国共产党中央执行委员会扩大会

选自《向导》，第 163 期。

互校版本：中央档案馆编：《中共中央文件选集》，第 2 册，北京，中共中央党校出版社，1982，第 193～194 页。

7. 中央扩大会议通告——坚决清洗贪污腐化分子
1926 年 8 月 4 日

在这革命潮流仍在高涨的时候，许多投机腐化的坏分子，均会跑在革命的队伍中来。一个革命的党若是容留这些分子在党内，必定会使他的党陷于腐化，不特不能执行革命的工作，且将为群众所厌弃。所以，应该很坚决地清洗这些不良分子。和这些不良倾向作斗争，才能坚固我们的营垒，才能树立党在群众中的威信。

一年以来，我们的党乘着革命的高潮，有突飞的发展，这自然是一件可喜的现象。但同时投机腐败分子之混入，也恐怕是一件难免的事。尤其在比较接近政权的地方或政治、军事工作较发展的地方，更易有此现象。不过因为我党指导机关的力量很强，所以这些投机分子尚不能动摇我党的政策，只是在个人生活上表现极坏的倾向，给党以很恶劣的影响。最显著的事实，就是贪污的行为，往往在经济问题上发生吞款揩油的情弊。这不仅丧失革命者的道德，且（亦）为普通社会道德所不容。此种分子近来各地均有发现。大会为此决议，特别训令各级党部迅速审查所属同志，如有此类行为者，务须不容情的（地）洗刷出党，不可令留存党中，使党腐化，且败坏党在群众中的威望。望各级党部于接信后，立即执行，并将结果具报中（央）局，是为至要。

八月四日

录自中央档案馆编：《中共中央文件选集》（增订本），第 2 册，北京，中共中央党校出版社，1989，第 282～283 页。原注："根据中央档案馆原油印件刊印。"

8. 国民革命的目前行动政纲（草案）
1927 年 7 月中国共产党提出

中国共产党提出此草案，愿与全国一切革命分子共同商榷而实行之。

一、反帝国主义

A. 反对列强武力干涉中国，全国民众应一致要求立即撤退驻华之外国海陆军。

B. 收回租界，由租界居民组织市民议会管理之。外人之居住租界者，均须受中国法律之约束，并负担同等之纳税义务。

C. 取销（消）在华外国银行之一切特权，禁止外国银行在中国境内发行纸币。凡中

11

国资本之银行，具有充分之担保金与合法之地位者，其纸币得通用于全国。

D. 无条件交还海关，建立减轻出口税增加入口税之保护税则。

E. 取消外国商轮自由航行中国内河及滨海各埠之特权，严禁私运军火及鸦片吗啡等类毒物。为发达本国航业计，应将招商局收归国有并加以扩充；得政府许可之私人航业，亦予以保护。

F. 外人投资于大企业如铁路、矿山之类，因而获得之管理权及政治权利，应一律取消，并从新厘定其经济权利。外人在中国境内开设之工厂，须从新登记，受政府之完全管理。不得国民政府之允许，外人不得在中国境内自由开设工厂。

G. 外人在中国境内开设之教会、学校、医院、报馆及其他以慈善为名之机关，均须受中国法律之管理，不得国民政府之许可，不得借口此等名义购置地产。

二、经济

A. 立即恢复铁路与轮船之交通，禁止军人扣留车辆、船只和阻碍其通行之举动，如有不服禁止者，应由政府严惩之。

B. 商品应自由流通，特别是日用品，如米、煤、茶、盐等类贸易，应逐渐由政府管理，以免奸商操纵居奇。

C. 废除厘金及农产附加税，停止预征钱粮，并减轻一般日用品之税收，增加奢侈税，并规定统一税则及每年一次的农业税。

D. 统一财政，取消苛捐杂税，禁止一切摊派及勒索。

E. 由政府颁布工厂法、劳动保护法及商店法规，务使被雇于工商业之劳动人民的生活，得以改善。

F. 合并中央、中国、交通三行为一国家银行，发行一种全国通行之纸币。私立银行概无发行纸币之权。

三、政治

A. 巩固革命势力的联合，以促进中国的统一，反对任何分裂革命势力之企图。

B. 根据民主主义的原则，组织乡民会议、市民会议、县民会议，以实现县、市、乡之完全自治，并组织省民会议，为省政府之监督机关。

C. 筹备召集国民会议，各省代表应由各省省民会议及人民团体选出。国民会议之目的，应解决免除外力侵略，统一中国，解除人民痛苦诸大端，反对蒋介石等利用国民会议为称孤道寡之御用机关。

D. 实行澄清吏治，剔除财政积弊，建立廉洁政府，使人民得安居乐业。

E. 保障人民集会、结社、言论、出版及组织革命团体之一切自由。

四、工人

A. 规定产业工人的八小时工作制，手工工厂作坊工人及店员每日工作时间不得超过十一小时。童工、女工工作时间不得超过八小时。

B. 规定最低限度工资，并应随着物价增加工资（在现在经济状况紊乱时期，应每季调查一次为增加工资之标准）。

C. 扫除封建式的劳资关系，建立契约式的劳资关系。

D. 切实救济失业工人（由政府拨款或收集慈善机关的款项，制定失业保险法等）。

E. 禁止虐待童工、女工和使用童工、女工作危险的工作。

F. 工厂须遵守政府的工厂法，改善工人卫生状况；同样的工作，须给以同样的工资。

G. 女工产前产后，应有六星期休息，照给工资。

H. 开除工会职员，须得工会同意，雇用工人应以工会会员为限。

I. 发展工人补习教育。

J. 工人有组织工会与罢工的自由及武装自卫权。

五、农民

A. 农民有组织农会之自由及武装自卫权。

B. 一律减租百分之二十五，佃农交付租额最高不得超过收获量百分之三十。

C. 没收大地主及反革命分子的土地由原佃耕种，纳租于政府。

D. 非地主收回自耕及农民自愿让佃，地主不得自由换佃。

E. 废止包田制及押金制。

F. 取消租额以外之各种苛例，如田鸡小稞等。

G. 禁止高利借贷，年利不得超过百分之二十。

H. 由政府设立农民银行，以低利贷款于农民，并由政府扶助农民设立消费、生产、贩卖、信用等合作社。

I. 取消旧有民团团防局等机关，禁止任何方面武装袭击农民。

六、军人

为减轻革命军人痛苦起见，应由政府设法改良兵士生活，至少军饷不得拖欠。政府并应没收一切反革命派之财产，以之建立设备较周之军人医院，优恤残废军人，并教养其子女。退伍兵士，由政府给予土地。

七、教育

确定教育经费，提倡平民教育及补习教育，增加小学教师薪金，减轻学生学费。

八、妇女

禁止缠足、童养媳妇及买卖妇女等恶习，男女在法律上、政治上、经济上、教育上一律平等。

选自《向导》，第 201 期，1927-07-18。

互校版本：中央档案馆编：《中共中央文件选集》，第 3 册，北京，中共中央党校出版社，1982，第 193～197 页。

9. 附：中华女界联合会改造宣言（纲领章程）

1921 年 9 月 1 日

近世生物学及胎生学已经证明，一切生物及人类的起源都没有性的区别，近世公平的历史家也曾记录了女子在社会上做的许多功绩，但是世界各民族何以对于女子都怀抱种种恶的观念，这是因为受了古来各派宗教家臆说的遗毒。我们中国人受了孔教阴阳尊卑的毒更广而且深，所以社会进化较欧美更迟。所幸我们人类是有自觉性可以自救，因此世界上近五百年的历史，可以说完全是解放要求的历史，我们女子解放正是这解放历史中的重要部分。最近这解放的福音吹到东方来，就是被阴阳尊卑的孔教压迫而失了精神上呼吸的中华女子，也得着一点新鲜空气，想抬起头来发出一点微声要求解放，这不能不说是我们人类可以乐观的地方。纠合我们中华要求解放的女子，使我们要求的声音一天一天高起来，使我们奋斗的力量一天一天强大起来，这正是我们中华女界联合会的责任。但是我们觉悟我们要完成此责任，以前的理想及组织方法都不足应时代的要求，因为时代精神天天迫着我们中华女界联合会有改造的必要。兹特制定本会纲领及章程宣告全国，以求全国女同胞之赞可。

纲领

（一）在两性一体的理由上，在男女共同为社会服务的理由上，我们要求得入一切学校，与男子受同等教育。

（二）在减轻女子家庭痛苦的理由上，我们须帮助成年的女子，一切言论行为概不受父母翁姑或夫的干涉。

（三）在纳税参政义务权利平等的理由上，我们要求女子有选举权被选举权，及从事其他一切政治的活动。

（四）在男女权利平等的理由上，我们要求在私有财产制度未废以前，女子有受父或夫之遗产权。

（五）在男女应有平等生存权的理由上，我们要求社会上一切职业都许女子加入工作，并要求工银与男子同等。

（六）在人权平等的理由上，我们努力拥护女工及童工的权利，为女工及童工所受非人道的待遇痛苦而奋斗。

（七）在男女劳动同一阶级觉悟的理由上，我们主张女子参加一切农民工人的组织运动。

（八）在男女对于社会义务平等的理由上，我们主张女子与男子携手，加入一切抵抗军阀财阀的群众运动。

（九）在民族生存权的理由上，我们须与外国帝国主义者之侵略奋斗。

（十）在人类利害共同的理由上，我们主张与国外妇女团体联合。

章程

（一）名称　本会定名为中华女界联合会。

（二）宗旨　本会以拥护女子在社会上政治的及经济的权利，反抗一切压迫为宗旨。

（三）会员　凡赞同本会宗旨之中国女子，经本会会员一人介绍，均可入会；入会后必须加入本会各部之一担任事务。

（四）组织　本会组织如下表：

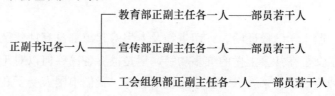

（五）职员选举及任期　正副书记由大会选举，任期一年，连选得连任；各部正副主任由各部员互选，任期半年，连选得连任。正书记正主任在任期内有事故时，由副书记副主任代行其职务。

（六）会期　各处全体会员，每年五月一日、十月十日开大会一次；职员（正副书记及正副主任）每二星期开常会一次；遇特别事故，均得开临事会议。各部会议由主任随时召集。大会及职员会议，均由正书记召集，以正书记为主席。

（七）经费　本会经费分月捐特捐两种。

1. 月捐：（甲）二角；（乙）铜子六枚。

2. 特捐：随意。

（八）附则

1. 本章如有未尽事宜，会员十人以上提议，得交大会讨论；惟须经出席会员过半数之赞同，始可修改。

2. 本会发展在各省区五处以上时，即召集联合会议，组织中央机关；未组织以前，以上海机关代行中央职权。

选自《中国现代史资料选辑》，第1册，北京，中国人民大学出版社，1987，第446～448页。原注："原载《新青年》第9卷第6号1921年9月1日"。

二、劳动斗争纲领和劳动法规

1. 中国劳动组合书记部关于召开中国第一次全国劳动大会的通告

1922 年 4 月 9 日

全国各工人团体钧鉴：

顷接各处工会来函，主张"五一"纪念节在适宜地点召集全国劳动大会，以志盛典，且可以联络全国工界之感情。本书记部亦认为有举行之必要，特拟就宗旨及办法列后，请贵团体选派代表一人，持贵团体选派证书，如期赴会为荷！

（一）开会宗旨：

（甲）纪念"五一"节；

（乙）联络全国工界感情；

（丙）讨论改良生活问题；

（丁）各代表提议事件。

（二）每一工团要派代表一人。

（三）时间：五月一日起开会五天。

（四）地点：广州市。

（五）川资由各团体自备，在广州膳宿费由书记部供给。上海招待处在英界北成都路十九号本部。

选自《中共党史教学参考资料》（一），中国人民大学中共党史系资料室编印，1979，第306页。原注："原载一九二二年四月二十二日上海《申报》"。

2. 第一次劳动大会之使命
1922年5月

关于第一次大会之使命，李达氏曾于《先驱》第九号列举下列四条：

（一）组织永久的全国劳动者总同盟。

（二）消除各地工会之乡土观念。我国劳动者乡土观念特别强，如上海即因各种帮过多，致劳动者不能团结，盖帮乃乡土观念之代表也。又如香港海员罢工，即因宁波帮与广东帮之不和而致失败。故此次大会不能不以打破此种观念为其重要目的。

（三）除去恐怖社会主义之心，各地工会之劳动者，多有极端恐怖社会主义之倾向，各地代表应设法祛去此种心理。

（四）立法运动。各劳动团体应就下列各项，一致奋斗，要求：（1）承认罢工权；（2）制定工会法；（3）制定工厂法；（4）制定八小时劳动法；（5）保护童工妇工；（6）制定劳动保险法。

选自《中共党史教学参考资料》（一），中国人民大学中共党史系资料室编印，1979，第307页。原注："原载《中国劳动年鉴》第一集"。

3. 全国总工会组织原则决议案
1922年5月25日

提案人：长辛店京汉路工人俱乐部代表邓重远

理由：工人阶级争斗力之强弱，全视工会组织法之良窳而定。比如工会是由一种职业的工人所组织而成，则罢工运动每至（致）一行业的工人陷于孤立，而容易失败。产业组合则不然。把一种产业中的各种工人联合于一个工会之中，则争斗力就异常雄厚。故我们组织工会，应当以产业组合为原则，但确实不能采用产业组合法的各种职业的工人，则仍不妨沿用职业组合法以为着手之起点。又，我们工人希望将来有真正的全国劳动总组织出现，则必首先组织每个地方所有的工会（无论是职业组合或产业组合），而成为一个地方的劳动联合会，将来更由各地方劳动联合会组成全国总工会，则工会的组织，就上真正的轨道，成为一个铁样的团体了。

办法：

（一）凡能采用产业组合的，都应一律采用产业组合法去组织工会。

（二）确实不能采用产业组合办法的，不妨用职业组合。

（三）务必将每个地方所有各产业组合和职业组合的工人，将来由各地方联合会组成全国总工会。

（四）在全国总工会未成立以前，先设一全国总通讯处，委托中国劳动组合书记部担任。①

选自《中共党史教学参考资料》（一），中国人民大学中共党史系资料室编印，1979，第313～314页。原注："原载一九二二年五月二十五日上海《民国时报》"。

4. 中国共产党第二次全国代表大会关于
"工会运动与共产党"的议决案
1922年7月

中国的劳动运动，是在第一个阶段中发展，还脱不了旧行会和手艺组合的束缚。同时劳动阶级的奋斗还不过是为某种手艺或某个工厂的特别状况的单独运动，并没有普遍性质的运动。工人的组织也不强固，组合的人数也不多。切实研究这种现状，集中、扩大和正当的（地）指挥这种运动，是中国共产党的根本任务。

按照中国劳动运动的现状和我们过去活动的经验，以及证以近代欧洲运动的教训，我们在工会运动中，应以下列各项原则为根本方针：

（一）劳动阶级和劳苦群众从资产阶级掠夺中解放自己的奋斗，必须伴着劳苦群众中的最进步和最能战斗的部分——无产阶级——的利益奋斗进行。因此中国共产党在他的工会运动范围内，必须集中他的力量为产业工人的组合运动，如铁路、海员，五金、纺织工人等。

（二）工会是为什么成立的？工会就是保护工人切身的利益和为工人的利益奋斗的机关，因为劳动者是创造各种物品者，所以劳动者应该享受劳动者所创的东西。这个事实，便是真正工会的出发点。

（三）工会应该明白并且认识资本家与工人中间没有相同的点，他们中间的利益的冲突，是不能调和的。所以工会不但不要去调和资本家和劳动者的利益，还要使这种争斗更加紧张，一个争斗接着一个争斗，在两个争斗之间工会的组织愈增强固，预备第二次争斗。如将工人的会费多数存作罢工基金是必要的，但同时工人必须避免自己立在不利地位的情况中争斗。

（四）工会应该努力做改良工人状况的运动，凡在资本主义之下能够改良的，都要努力去做。同时须使工会很快的（地）向着劳动运动的最终目的进行，就是完全打倒工银奴隶制的资本制度，并照共产主义原则改造社会。

（五）工会进行劳动者的经济改良运动，必须进于为劳动立法运动。同时使工会明白：获得劳动立法和争得劳动改良条件，均必须工会组织得强固；在资本制度之下，要能够使劳动立法或劳动改良条件真正实现，都必须劳动者的力量能够压迫政府和东家才

---

① 《民国日报》记者在该句后，原记有"第四项为公众临时动议议决，非原案本文"字样。

行的。

（六）我们的同志也时常有主张工会不做政治运动的，这是无政府工团主义的趋势，也是一个很大的错误，因此会使工会运动软弱永远处在非法的地位。工会必须做民族独立政治的和市民的权利与自由（包括普通选举权和废除罢工刑律的运动）的奋斗，并在民主主义联合战线中占独立的重要的地位，这样才能促进工人们得到最后的胜利。但同时这个奋斗的用意是真正无产阶级争斗的革命宣传，不是投机主义者政治运用的用意，所以要防备非无产阶级工人们领导他们，须要无产阶级领导他们自己。

（七）固然工会可以为反对一个工头或一个雇主而奋斗，但是工会务必把雇主看作一个阶级来对抗，或对抗工头任意压迫工人的制度和包工制。各种运动都要变成有普遍的意义，才能使工会扩大，真正变为阶级的行动。

（八）工会有两个最重要而须努力做到的职务：一种是团体契约，一种是同样的劳动要得同等的工钱。单独契约是很利于雇主掠夺的工具，他利用了这种工具便可随他的意思来进退工人和操纵劳力的卖价。工会须要努力争到：工人进退和一切待遇的条件不得由雇主向工人单独缔结，要工会代表工人和雇主的协定。将工人分成了若干——种族性的、年龄和体力——种别，据着这些分别来定工钱的高低，这是资本家欺弄劳动阶级最巧妙而残酷的一种手段；资本家不但可用这种手段去更贪婪的（地）掠那些弱的和幼的劳动者，且可将劳动阶级裂成了若干利益有差的组派，要他们自相忌恨，自相竞争。工会在这种场合便须努力争到"同样劳动须给同等工钱"；不论他是洋人或华人，不论他是男子或妇女，不论他是壮年或幼孩和老头，只要他们做得是同样的劳动，便须给他们同等的工钱，不得据生理及社会的分别给他们不同等的工钱。但同时不要弄错，所谓"同等工钱"，不是将高的工钱减抑了去就低的工钱，是要将低的提到和高的同等地位。这两种职务是工会的基础职务，前一者的成功，是可使工人对工会增加了信赖，吸收他们大群的加入运动；后一者的成功，是可免除工人们中间的相冲突，做到了阶级团结一致。

（九）工会的性质，不能与行会一样，不能有雇主在里面。同时，只要是赚工钱的工人，不论男、女、老、少，信仰，地域，种族，国籍，政见，熟练、不熟练等区别，都须加入工会。因此，工会不得有收费过重或经过严重审查等办法，以限制工人的加入，这样才能使工会变成一个阶级的群众的工会。

（十）工会最主要的活动是与资本家和政府奋斗；互相帮助，联络感情不过是次要的目的，因为工会是一战斗的团体，不专是共济的机关。

（十一）工会自身一定要是一个很好的学校，他应当花许多时候努力去教育工会会员，用工会运动的实际经验做课程，为的是要发展工人们的阶级自觉。

（十二）工会的构造须要很快的（地）使他成为团结很紧的、中央集权的和有纪律的产业组合。产业组合工会内部不能依职业分为一些"自治"组，因为这是会使工会成为不能战斗的破碎团体。

（十三）工会最好的基本组织是工厂委员会，每种产业下的一个工厂里的工人组织一个工厂委员会为基本单位，再组织一个产业组合。但工厂委员会属纯粹工人的组织，绝不可用雇主和工人的代表混合组成之。同时工厂委员会又不可离工会而独立。

（十四）但是工会只是产业组合的构造，还不算最好的工会，真正的工会除了是产业组合的构造和以革命为目的以外间还须要有阶级一致和纪律的训练，就是要使全劳动阶级都联合起来，决不可有一个工厂或一部分工人的特别利益与一个产业组合的利益冲突之事发生，也须调和一个产业组合和全国劳动阶级间的利益。

（十五）各国革命的工会必须有统一的联合，去同全世界资本主义奋斗，这个全世界革命的工会的统一联合，就是赤色工会国际协会。中国共产党必须根据上面的原则组成工会带到赤色工会国际旗帜之下，同时中国劳动阶级的利益须免去与向全世界劳动阶级的利益冲突的事，如提高中国工人的工资，免得中国贱价劳力被外国资本家雇用了去排挤外国高价劳力等。

（十六）共产党与工会的分别是，共产党是所有阶级觉悟的无产阶级分子的组合，是无产阶级的先锋军，有一定的党纲，是一个以打倒资产阶级和资本主义为目的的无产阶级的政党；工会是所有工人的组合（不管政治见解怎样），工人们在工会里，去接受"怎样用社会主义和共产主义精神去奋斗"的教育，与共产党向同一目的进行，但是较缓的全阶级的组合。如战争一样，军队中有一个先锋，所有这大量的军队都跟着这个先锋前进。共产党也可说是一个人的头脑，全体工人便是人的身体。所以共产党无论在那种劳动运动中，他都要是"先锋"和"头脑"，决不可不注意任何工会活动，并要能适当的、诚实的和勇敢的率领工会运动。

（十七）共产党为实际率领工会和实际为无产阶级的先锋，必须在工会中和各个工厂委员会以及一切的劳动团体中组织强有力的团体，很少有例外。

（十八）共产党人在国民党、无政府党或基督教所组织的工会里面活动，不得任意引导工人脱离已成的工会。我们的战术是要在他们势力下的工会里面，渐渐积成势力，推翻国民党、无政府党或基督教的领袖地位，自己夺得领袖地位。

（十九）为工人们目前利益的奋斗，我们共产党人要随时与国民党、无政府党甚至与基督教合作。但是我们要随时证明和解释给工人知道：只有共产党是工人的先锋，是工人的政党。

附加议决案

前面的议决案是关于重要产业工人的工会运动，是最重要的，现在还有几点次要的议决案，照录如下：

1. 工人消费合作社是工人利益自卫的组织，共产党须注意和活动此种组织。

2. 较进步的行会里，共产党也必须进内去活动，为的是要把行会里的雇主驱逐出来，结合性质相近或同一原料作工的各种的行会，组成一个工会。

3. 很守旧的行会和资产阶级为愚弄工人起见所组织的团体、俱乐部、学校等，共产党也要进去活动，在里面组织小团体。

选自中华全国总工会编：《中共中央关于工人运动文件选编》（上），北京，档案出版社，1985，第11～15页。

互校版本：《中共中央文件选集》，第1册，北京，中共中央党校出版社，1982，第48～53页。

5. 中国劳动组合书记部①关于开展劳动立法运动的通告
1922 年 8 月

近年国会制定新宪法运动，进行颇速，但对于劳动立法之制定，尚未闻有提倡者，幸吾劳动界之奋斗精神与组织能力，尚能坚持不渝，此吾人所可庆幸者。惟吾等之自由屡受他人侵害，正式劳动工会始终未为法律所承认，同盟罢工屡为军警所干涉。凡此种种，均缘法律尚未承认劳动者有此种权利之故也。倘能乘此制宪运动之机会，将劳动者应有之权利以宪法规定之，则将来万事均易进行矣。望贵团体从速开会讨论，将其结果报告本部，并祈通电国务院及全国工商学各界，以增吾劳动界之声势。

选自北平社会调查部编：《第一次中国劳动年鉴》，1928，第 436 页。

互校版本：中华全国总工会中国职工运动史研究室编：《中国工会历史文献》（1）（1921.7—1927.7），北京，工人出版社，1958，第 11 页。

6. 劳动立法原则
1922 年 8 月中国劳动组合书记部制定

一、保障政治上自由。政治上之自由权，如言论、集会、结社等，为共和国家任何阶级所应享受，《临时约法》②上虽亦有此规定，然自袁世凯公布"治安警察法"之后，实际上已无形取消矣。至同盟罢工则显为法律所禁止。从而劳动界之言论与行动，已全无发展之机会。我等为脱离此种束缚计，非将此种非法命令及"刑法"中制止劳动运动之条文完全铲除不可。此外劳动者之团体契约权，亦应受法律之正式承认，俾免资本家乘劳动者之弱点，以单独契约劫夺其利益。又劳动者之国际的联合，亦吾人应要求法律之承认者，因无产阶级运动之意义所以重大者，即在其为国际的也。

二、改良经济生活。我等在今日无政府无法律的资本家制度之下，所受残酷的待遇，盖为世界所不经见。劳动时间由十小时至十八小时，休息期间无定。夜工超过八小时，童工女工，工作无限制。工资由资本家任意规定，毫无标准。失业救济及疾病保险等为吾人梦想所不及。凡此种种苦境，吾人应设法从速脱离。欧美各国之劳动者对于改良彼等之境遇，非已均奏凯歌耶？我等应参照西欧诸国之劳动法规，实现我劳动阶级之利益。此外，农民（不掠夺他人劳动之农民）之农产物价格，亦应以法律保障之，盖因农业劳动者之生产品价格，常为资本家或商人所掠夺，今应以法律规定其价格，俾勿使之降于所费劳力

---

① 中国劳动组合书记是中国共产党成立后领导工人运动的公开组织，即中华全国总工会的前身。其主任为邓中夏。

② 《临时约法》是辛亥革命后南京临时参议院通过、孙中山于 1912 年 3 月 11 日公布的《中华民国临时约法》，是中国历史上第一部具有进步意义的资产阶级宪法。

之下。

三、参加劳动管理。为解放劳动者并与以管理之经验计，应使其有参加经济机关、企业机关及国家劳动检查局之权利。现时雇主所以毫不顾及劳动者之利益者，即缘劳动者对于关系自己之业务，无参加管理之权，因此劳动者之利益，永不能有保障与进步。设吾等能有参加管理之权，则必能明了生产与经济之情况，改良工厂管理制度，并匡正雇主之错误。一方促进劳动阶级之利益，他方则为将来无产阶级管理工厂之准备，故吾等应要求法律承认劳动者有此种参加之权。

四、劳动补习教育。现代社会之不平等，大半起于无受教育之机会。政府每年支出巨额款项，专为资产阶级办教育，至无产阶级则毫无顾及。此不平等，使我等永为彼辈之奴隶，故我等应要求政府以法律保证男女劳动者有受补习教育之机会。

以上为我等最低限度之要求，亦所应努力实现者也。

选自北平社会调查部编：《第一次中国劳动年鉴》，1928，第436～437页。

互校版本：中华全国总工会中国职工运动史研究室编：《中国工会历史文献》(1)(1921.7—1927.7)，北京，工人出版社，1958，第12～13页。

7. 劳动法案大纲[①]

1922年7月中国劳动组合书记部制定，8月公布

一、承认劳动者之集会结社权。

二、承认劳动者之同盟罢工权。

三、承认劳动者之团体的契约缔结权。

四、承认劳动者之国际的联合。[②]

五、日工不得过八小时，夜工不得过六小时，每星期连续四十二小时休息。[③]

六、十八岁以下的青年男女工人及吃力的工作不得过六小时。

七、禁止超过法定的工作时间，如有特别情形，须得工会同意才得增加工作时间。

八、农工[④]的工作时间虽可超过八小时，但所超过之工作时间的工值[⑤]须按照八小时制的基础计算。

九、须以法律担保一般不掠夺别人劳动之农人的农产品价格，此项价格由农人代表提出，以法律规定之。

十、吃力的工作及有碍卫生的工作，对于十八岁以下的男女工人，绝对禁止超过法定

---

① 文件名称，本文所列四种中文早期版本皆为《劳动法案大纲》。翻译日文版时，改为《劳动法大纲》。

② 日文本在"联合"之后加一"权"字，四种中文早期版本皆无"权"字。

③ "先驱本"在"四十二小时"后，漏掉"休息"二字。关于"每星期连续四十二小时休息"，所有中文早期版本及日文本皆为"四十二小时"，但人民出版社1949年9月出版的邓中夏著《中国职工运动简史》时，却将"四十二小时"改为"二十四小时"。以后多种版本照此抄袭。所谓"每星期连续四十二小时休息"，即周休一天半。

④ "邓文集"此处为"农人"，其他三种版本皆为"农工"。

⑤ 此处四种中文早期版本皆为"工值"，日文本译作"赁银"，"年鉴本"翻作"工资"。

时间。绝对禁止女工及十八岁以下之男工作夜工。

十一、体力的女工产前产后各八星期休工，其他工作之女工产前产后各六星期①休工，均照常领取工资。

十二、禁止雇用十六岁以下之男女童工。

十三、为保障工人适当以至低限度之工钱，国家须制定这种保障法律，当立此项法律时，须准全国总工会代表出席，无论公私企业或机关的工资，均不得低于此项法律保障的至低限度。

十四、各种工人由他们的产业组合或职业组合保障可选举代表参加政府经济机关，及选举代表参加政府企业机关及政府所管理的私人企业或机关之权。

十五、国家对于全国公私各企业均须设立劳动检查局。

十六、国家保障工人有完全参加国家所设劳动检查局之权。

十七、一切保险事业②须由工人参加规定之，以保障所有在政府的、公共的、私人的企业和机关内的工人之损失或危险，保险费完全由雇主和国家出之，受保险者决不分担。

十八、各种工人和雇用人一年工作中有一月之休息，半年中有两星期之休息，并有领薪之权。

十九、国家须以法律保证男女工人有受补习教育的机会。

选自《邓中夏文集》，北京，人民出版社，1983，第11~15页。标题为《中国劳动组合书记部总邓中夏等的请愿书（一九二二年七月）》。简称"邓文集"。在全文最后刊有请愿者与介绍人名单：

"请愿者：中国劳动组合书记部总部邓中夏
　　　　中国劳动组合书记部武汉分部林育南
　　　　中国劳动组合书记部上海分部袁大时
　　　　中国劳动组合书记部湖南分部毛泽东
　　　　中国劳动组合书记部山东分部王尽美
"介绍人：童启曾　杜凯元　张秉文　赵金堂　岳云韬　孙镜清　李肇甫　刘　纬
　　　　萧　湘　廖希贤　蒲伯英　吕　复　骆继汉　姚桐豫　周继溁　万　钧
　　　　彭学浚　孙　钟　邓毓怡　汤松年　张国浚　胡鄂公

1922年7月"

互校版本：

1. 上海《民国日报》，1922-08-20，第6版。简称"民国日报本"。

2. 中国社会主义青年团中央机关报《先驱》，第11期，1922年9月。简称"先驱本"。该文最后刊有以下（附白）："工友们！这是本部斟酌各国劳动法拟定的，我们认为是最低的限度，并不过高，我们是非要国会都要通过不可的。但不知各位对于这十九条认

---

①　此处四种中文早期版本皆为"六星期"。但在1943年于延安出版的《中国职工运动简史》中，正文误排为"五星期"，在书后所附"正误表"中，更正为"六星期"。现在流传的部分版本中仍有误排为"五星期"者。

②　此处"邓文集"误排为"事件"，其他版本皆为"事业"。

为满足不满足？完备不完备？如有认为要增加或更改的，请快快来函示知，以便修改。这是关于我们劳动阶级切身的利害，我们不可忽视呀！"

3. 长沙《大公报》1922年9月6日～8日连载《请愿书》全文。简称"大公报本"。

4. 北平社会调查部编：《第一次中国劳动年鉴》，1928，第437～438页。简称"劳动年鉴本"。这一版本是按日文本回译的，有多处遗漏及讹误。

5. 邓中夏：《中国职工运动简史》，北京，人民出版社，1949，第76～77页。简称"邓著简史本"。这一版本是按"劳动年鉴本"翻印的，与"邓文集"有多处不同。

6. 中华全国总工会中国职工运动史研究室编：《中国工会历史文献》(1)(1921.7—1927.7)，北京，工人出版社，1958，第14～16页。这一版本中以下两点是不正确的：(1) 第六条将"四十二小时"误作"二十四小时"。(2) 第十一条将"六星期"误作"五星期"。

7. 中央档案馆编：《中共中央文件选集》，第1册，北京，中共中央党校出版社，1982，第80～81页。也有以上两种错误。1989年出版的新版本已作订正，但其他论著和参考资料中，仍在沿袭上述错误。

编者注：这一文献是在1922年7月，以中国劳动组合书记部总部邓中夏及各分部负责人联名向北京"参议院"递交的请愿书，其中包括《劳动法案大纲》19条，要求"采纳通过，规诸宪法"，并于同年8月16日在《工人周刊》上公开发表。但这期周刊被北京当局予以查封、销毁，因此，至今没有找到该刊的原文。多年来，在国内外流传的是由日本人长野朗于1925年翻译的日文本，发表在北京燕尘社出版的《支那劳动者与劳动运动》。1928年12月北京社会调查部出版的《第一次中国劳动年鉴》，将上述日文回译成中文。但日文本及中文回译本皆存在许多遗漏、讹误之处，与原文不相符合。编者先后从报刊论著中查到以下4种早期的中文版本，经过互相校正，可以恢复其条文的原貌。这4种版本是：(1) 1922年8月20日上海《民国日报》第6版。(2) 中国社会主义青年团中央机关报《先驱》第11期，1922年9月3日出版。(3) 长沙《大公报》1922年9月6日、7日、8日连载。(4) "邓文集"，第11～15页。

对《劳动法案大纲》各种版本正误的考订辨析，请参见张希坡：《革命根据地的工运纲领和劳动立法史》，北京，中国劳动出版社，1993，第41～49页。

8. 附：长辛店京汉铁路工人俱乐部北段总部为响应制定劳动法案致中国劳动组合书记部及参众两院电

1922年8月28日

一

中国劳动组合书记部鉴：

贵部所拟劳动法案建议，本部工友详加讨论，条条皆是保护劳动者最紧急最切要最低限度之要求。闻讯之余，异常感激。但你们既倡之于先，我等安得不继之于后？所以我等当万众一心，一致主张，誓不达到目的不止！专此电复。

长辛店京汉铁路工人俱乐部北段总部叩

二

北京参、众两院议员先生钧鉴：

诸公今日重新团聚，复游都门，发挥宏才，制定国典，全邦人士，实厚赖焉。但国家大典，须注重全国民之意见，国家宪法，亦当以保护普通民众为依归。当此我国宪法制定伊始，甚望诸公本为大多数谋幸福之本衷，力避帝国主义及资本主义之恶政，从速制定劳动法典，为我们穷苦民众之劳动界谋幸福。我劳动民众实厚望焉。专此，电陈。诸希见谅云云。并以附闻。

长辛店京汉铁路工人俱乐部北段总部叩

选自上海《时报》，1922-08-29。

9. 萍乡安源路矿工人罢工宣言

1922 年 9 月 14 日

各界的父老兄弟姊妹们呵！

请你们看看：我们的工作何等的苦呵！我们的工钱何等的少呵！我们时时受人家的打骂，是何等的丧失人格呵！我们所受的压迫已经到了极点，所以我们要"改良待遇""增加工资""组织团体——俱乐部"。

现在我们的团体被人造谣破坏；我们的工钱被当局积欠不发，我们已再三向当局要求，迄今没有圆满答复，社会上简直没有我们说话的地方呵！

我们要命！我们要吃饭！现在我们饿着了！我们的命要不成了！我们于死中求活，迫不得已以罢工为要求最后的手段。我们要求的条件下面另附。

我们要求的条件是极正当的，我们死也要达到目的。我们不作工，不过是死！我们照从前一样作工，做人家的牛马，比死还要痛苦些，我们誓以死力对待，大家严守秩序，坚持到底！

各界的父老兄弟姊妹们呵！我们罢工是受压迫太重，完全出于自动，与政治、军事问题不发生关系的呵！请你们一致援助！我们两万多人饿着肚子在这里等着呵！下面就是我们要求的条件：

一、俱乐部改为工会，路矿两局承认工会有代表工人向路矿两局交涉之权。

二、以后路矿两局开除工人，须得工会之同意。

三、从本月起路矿两局每月例假废止大礼拜，采用小礼拜。

四、以后工人例假、病假、婚丧假，路矿两局须照发工资。

五、每年十二月须发给夹（加）薪。

六、工人因公殒命者，路矿两局须给以天字号棺木并工资三年，一次发给。

七、工人因公受伤不能工作者，路矿两局须营养终身，照工人工资多少，按月发给。

八、路矿两局从前积欠工人存饷，一律发给。

九、罢工期间工钱，须由路矿两局照发。

十、路矿两局须指拨火车房后之木围及南区警察所前之大坪为建筑工会之基地，并共拨一万元为建筑费，每月两局各津贴二百元为工会常月费，从本月起实行。

十一、以后路矿两局职员、工头不得殴打工人。

十二、窿工全体工人须加工资五成。

十三、添补窿工工头，须向窿内管班大工照资格深浅提升，不得由监工私行录用。

十四、窿工食宿处须切实改良，每房至多不过三十八人。

十五、洗煤台须照从前办法，每日改作三班，每班八小时，工资须照现在长班发给，不得减少。

十六、制造处、机器厂将包工改为点工。

十七、路矿工人每日工资在四角以下者，须增加一角。

萍乡安源路矿两局全体工人同启

选自《中共党史教学参考资料》（一），中国人民大学中共党史系资料室编印，1979，第363～364页。原注："原载《安源路矿工人俱乐部罢工胜利周年纪念册》，一九二三年十月十日。转录自《中国工会历史文献》（一）"。

10．附：安源路矿工人俱乐部与路矿两局协定条件①

1922 年 9 月 18 日

一、路矿两局承认俱乐部有代表工人之权。

二、以后路矿两局开除工人须有正当理由宣布，并不得借此次罢工开除工人。

三、以后例假属日给长工，路矿两局须照发工资；假日照常工作者须发夹（加）薪，病假须发工资一半，以四个月为限，但须路矿两局医生证明书。

四、每年十二月须加发工资半月，候呈准主管机关后实行。

五、工人因公殒命，年薪在百五十元以上者，须给工资一年，在百五十元以下者，给一百五十元，一次发给。

六、工人因公受伤不能工作者，路矿两局须予以相当之职业，否则照工人工资多少，按月发给半饷，但工资在二十元以上者，每月以十元为限。

七、路矿两局存饷分五个月发清，自十月起每月发十分之二，但路局八月份饷，须于本月二十日发给。

八、罢工期间工资，须由路矿两局照发。

九、路矿两局每月须津贴俱乐部常用费洋二百元，从本月起实行。

---

① 《劳动法案大纲》公布后，安源路矿工人举行大罢工，要求按《劳动法案大纲》的内容改善劳动条件，经过多次斗争谈判，达成本协定。

十、以后路矿两局职员工头不得殴打工人。

十一、窿工包头发给窿工工价，小工每日一角五分递加至一角八分，大工二角四分递加到二角八分，分别工程难易递加。

十二、添补窿工工头，须由窿内管班大工照资格深浅提升，不得由监工私行录用。

十三、路矿工人每日工资在四角以下者，须加大洋六分，四角以上至一元者照原薪加百分之五。

萍矿总局全权代表舒　□　印

株萍路局全权代表李义藩　印

工人俱乐部全权代表李能至　印

民国十一年九月十八日协定

选自《安源路矿工人俱乐部罢工胜利周年纪念册》，1923。

互校版本：中国人民大学中共党史系中国工人运动史教研室编：《中国工人运动史参考资料》，第1集，1959，第70～71页。

11. 附：向警予：中国最近妇女运动（劳动妇女运动）

1923 年 7 月 1 日

中国最近妇女运动可分为劳动妇女运动、女权及参政运动、基督教妇女运动三派。

一、劳动妇女运动

国际资本帝国主义的发展，已把数千年农业、手工业生产的中国日积月累的近代工业化，各大商埠幼稚的半独立的大工业以及外国人在中国开办的工厂逐渐发达，于是纱厂、丝厂、香烟厂等遂成为女劳动群众——其中包含许多想不抛头露面的妇女——集中的场所。资本家们——尤其是外国资本家，知道妇女们愚而易欺，不容情地向他们压榨，他们的生活非常之痛苦。下列的罢工表，就是他们被资本家——尤其是外国资本家逼到走投无路时，为保卫自己生存计不得已而起的阶级争斗，也就是一九二二年中国劳动妇女运动的开端。

一九二二年中国劳动妇女罢工运动表					
地点	厂名	人数	时间	原因	结果
上海杨树浦	日华第二纱厂	千余人（粗细纱间女工全体）	二月二日	要求厂主允许工人自带饭食进厂并要求按月发给全薪	一致坚持　完全胜利
上海杨树浦	三新纱厂	千余人（细纱间日夜班女工）	二月十三日至二十日	因日食艰难要求增加工资	因不能一致坚持失败
上海宜昌路	申新纱厂	八十余人	二月某日	因管车拔升私人为工头	因捕房派警弹压上工　工人失败
上海杨树浦	日商东华纱厂	七十余人	三月二十九日	因不服账房扣减工资	领袖被捕　工人失败

续前表

一九二二年中国劳动妇女罢工运动表					
地点	厂名	人数	时间	原因	结果
上海浦东	日华纱厂	三千八百余人（男女工）	四月十六日至廿六日	要求增加工资	男女工一致 工人胜利
上海浦东陆家咀（嘴）	英美烟公司	三百余人（叶子间女工）	五月三日至五月五日	要求厂主取消新定章程	工人胜利
上海浦东泽泾镇	源茂织布厂	二百余人	六月十五日	要求增加工资	胜利
上海新闸闸北一带	四十四家丝厂	二万余人	八月十五日至九月十四日	要求厂主承认女子工业进德会增加工资减少时间	首领被捕 大多数女工不能坚持 完全失败
上海杨树浦	日商大康纱厂	工人全体	十月二日	要求厂主勿苛待工人	工人胜利
上海中华路	万生织袜厂	工人全体	十月十七日至十九日	要求增加工资	工人为生活所迫不能坚持 自行上工 完全失败
上海浦东	日华纱厂	全体女工	十一月一日至廿五日	要求启封纺织工会及其他条件	不能坚持 失败
上海浦东陆家咀（嘴）	英美烟公司新厂	二千余人（锡包间女工全体）	十一月二日至廿四日	要求增加工资	不能一致坚持 失败
上海	英美烟公司狄思威路十号	一百五十人（哈德门卷烟女工）	十一月十三日	要求增加工资	领袖被捕，群众无主 自行上工 工人失败
上海浦东	恒大纱厂	全体	十二月十七日	为虐打女工	一打散场
湖北	英美香烟厂	三千余人（男女工）	十一月约一星期	要求承认工会增加工资	完全一致 工人胜利
湖北	英美香烟厂	三千余人（男女工）	十二年一月一日星期六	要求承认工会履行条件	完全一致 工人胜利
广东	军衣女工会	五百余人	未详	要求军衣铺照原订价目付资	一部分工人受资本家诱惑破坏团结 工人失败
广东	织袜女工会	未详	未详	要求资本家承认工会	罢工领袖被开除团体瓦解 失败

按上述统计，女工罢工的工厂共六十余个，罢工人数共三万余，罢工次共十八次，罢工原因不外要求增工资减工时、承认工会。这六十余次罢工中，要以上海丝厂女工同盟罢工、上海日华纱厂罢工、湖北英美香烟厂罢工人数为多，运动为大。上海丝厂女工同盟罢工为上海四十四家丝厂女工之总结合，人数二万余，以承认工会列诸要求为首条。原来丝厂待遇工人极其恶劣，工人忍痛含苦已非一日，团结抵抗实是他们生存竞争上一个迫切的表现，虽因高压及不能坚持而失败，然不失为吾国劳动妇女运动之空前大举。其次上海日华纱厂及湖北英美香烟厂罢工，前者后者都是三千余人的运动，此两项运动的特点为男工

女工一致对抗外国资本家，他们所以取得胜利的原因也在于此。

二、女权及参政运动

中国女子参政运动随辛亥革命成功而发转，其时颇有组织，有领袖，有行动，因而亦激起少数群众。然北洋军阀第一首领袁世凯掌握政权，民党失败，政治上之反动日甚一日，此新苗之嫩芽不旋踵而与民权同斩。再过几年，护法政府南下，女子参政又在广东一隅蠕蠕而动。未几，湖南有所谓省自治运动发生，于是又引动了湖南少数知识界妇女的参政热。她们的第一步骤是要求省宪明白规定女子与男子平等地享有政治上、财产上之各种权利。结果湖南有了一个女省议员、一个女省视学、十几个女县议员，还有少数的女子供职省议会及各行政机关。去年旧国会恢复大唱制宪的高调，北京几个高等学校女生所发起女子参政协会、女权运动同盟会其后余时应运而生。接着，上海、天津、南京、湖北等处也都发生同样的组织。她们此次运动完全是以国会做对象，主要目的在于宪法上取得男女一切的平等。所以上书请愿，不约而同地成为各地女子参政协会、女权运动同盟会普遍一致的行动。但是参政派的意见谓政治问题为解决一切问题的枢纽。故女权运动只须（需）注重于参政一点。女权派虽然承认参政运动的重要，但谓仅此一点还嫌不够，故有下列的纲领：

（1）参政权

（2）财产与继承权

（3）职业与工资平等权

（4）婚姻自由权

（5）教育平等权

······　······

这两派文字上规定的范围虽有不同，虽以去年她们成立时直到现在的实际行动看来，则二而一。但是上海女权运动同盟会则还做了几件可以记载的事件：

（1）要求北京清华学校考送女生出洋

（2）致书总邮务司招考女生

（3）代丝厂女工呼吁致书丝茧总公所要求三条：一、每日工作时间不得过八小时，二、十四岁以下幼童男女不得工作，三、每星期需有一日之休息。

（4）推举代表参加万国女子参政会

三、基督教妇女运动

基督教女青年会、中英美妇女会、妇女节制会等，他们成立的历史比以上妇女团体为长，而人数也比较为多。她们常向妇女群众宣传育婴卫生、节俭及禁止无益之嗜好（如烟酒牌）等家常茶饭的道理。此外更用种种娱乐动人的方法使群众喜于与他们接近。她们一面成立有利于知识妇女的家务团和女子职业介绍部，一面以重要分子加入各妇女团体，或至各女校演讲，或登文各报发表他们对于各种妇女问题的意见，以吸吸［引］知识界妇女。他们对于一般知识妇女所轻视鄙贱的工厂劳动妇女尤其特别注意。他们的成绩有下列各项：（第）一、两次派代表参与国际女子保工大会；（第）二、上海中英美妇女通过函请市政厅取缔童工办法三条："（一）禁止十二岁以下幼童男女作夜工；（二）督率教育委员在各地工厂内创办工读学堂；（三）工厂须讲求工人卫生"；（第）三、上海女青年会领袖上海妇女七团体代丝厂女工呼吁；（第）四、上海妇女节制会在杨树浦一带设工儿院，她们于劳动妇女称要不遗余力的（地）帮助。

上面已把中国最近的三派妇女运动述了一个大概，现在且就三派做个比较的批评。大凡一种运动实力的标准，常因群众的多寡及组织力战斗力的强弱而决定。女权和参政运动从未有过千人以上的群众运动，而且他们除了叩头式的请愿和打拱式的哀求还是最少数人做的，大多数职员会员连平常一个会议也到不齐，好象（像）甘心做无人格的附属品、可耻的玩物、无用的寄生虫似的，镇日里装饰得天仙化人一事不管！独有穷无所归工厂卖力的劳动妇女，她们为自由争本身利益常常以几千几百的群众——至少也有几百——用罢工的手段一致与资本家积极作战，忍饥挨饿牺牲工钱或被革除都在所不惜。这支勇敢奋斗有组织而能战争的新兴妇女劳动军，不独是妇女解放的先锋，而且是反抗外国掠夺者的国民革命之前卫！

照理说，女权及参政运动的分子都是受过教育的知识妇女，其觉悟奋斗之程度应比劳动妇女高，何以现在适得其反呢？问题到这里，我们不能不拜服马克思空前的发明唯物史观之卓识。原来人的思想和意识，决不是无中生有的海市蜃楼，而是他的物质环境之反映。劳动妇女寒苦的家庭已丧失了父与夫的靠山；环境逼着她们跳出经济的附属地位而与无产的男子一样卖力营独立的生活。于是日受资本家压榨，常有不能生存的危险，而团结奋斗遂成了他们生存的要件。因大工业的发展把他们成千整万地聚在一块，使她们天然地易于组织和战斗，从而她们的觉悟与实力就超出于其他妇女团体之上了。女权及参政运动团体完全是知识妇女的结晶，她们过的是小姐太太的生活，经济上处于纯附属的地位，她们秉赋着几千年传统依赖性，吃惯了这碗奴隶饭，未嫁靠父，既嫁靠夫，夫死靠子。她们出来做运动不过一时高兴装点门面，实际上丝毫不感需要。在他们的意思做运动到底不及逛公园玩笑闲谈的自由，更不及权麻雀、打朴（扑）克的有趣，而且因此还找了许多烦恼却何苦来，所以久而久之，便逃之夭夭，连会也不赴了！自来知识妇女的团体，无一不是软弱无力、有始鲜终就是这个原因。固然女权及参政运动团体中也有最少数觉悟奋斗的分子我们不能一概抹煞（杀），只是都因知识的不足环境的恶化犯了几种错误的趋向。兹且写出供大家的研究。

一、她们不知道女权或参政运动要大多数妇女群众结合进行才有意义有作用。她们一方面摆不脱旧礼教的遗毒，闹出不许姨太太加入的笑话，一方面又嫌劳苦妇女知识浅薄、衣服破烂，玷辱了她们美丽修整的行伍。所以始终是个几十人飘飘洒洒好看无用不足轻重的团体。

二、她们以为几十个人开开会打打电报上封书便已尽了女权运动问题的能事。对于受旧礼教高压——家庭社会高压——无处逃生以病以死的妇女们毫无实力的援助，甚且视如秦越，恬不加意！这个团体，既与妇女群众不相干，所以妇女群众也不需要它。

三、她们把女子参政运动弄成了女子个人做官做议员的运动。她们并不要妇女群众了解女子参政的意义和必要，所以女子实际有了参政机会的湖南，现在还没有女权式参政运动的团体。她们不明白中国的大势，不明白中国现在的政治是军阀武人割据的政治，真正人民政治还在革命改革之中，只一味对向现实政治瞎冲乱撞，对于真正的政治运动——国民革命运动——为完成女权及参政运动之先决条件的，她们反没有勇气参加，对于为女权及女子参政障碍的军阀政治——全国觉悟人民同仇敌忾一致喊打的——反而俯首将顺，妄想委曲求全！《妇女杂志》的编辑瑟庐说："现在从事参政运动者则大都为稳健派，如女子参政协进会开成立会时受警察干涉也便改为讲演会并不反抗，所以不象（像）从前的惹人注意。"这正是女子参政运动者的耻辱呀！如果秉着此种意义去做参政运动，其结果不过是无聊的议员队里增加了无聊的女议员，可耻的官僚群中添多些可耻的女官僚，可以说毫无意义！

四、把大多数的劳工妇女除外了。劳工妇女界的大部分，又为妇女界最受痛苦的部分，去年一年她们罢工次数不算不多，罢工理由不算不正，罢工呼声不算不惨，舆论界及一般社会的同情都激起来了，独激不起女权及参政运动姊妹们的一声半响！今年某月虽有差强人意的上海妇女七团体破天荒地代丝厂女工呼吁，然而对于丝茧公所剥削女工在约法上的人民集会结社自由权——此不独为女工命运所关——七团体竟提也不可提，好象（像）女权及参政运动团体，真是划了界线专门代表知识妇女的利益似的！我们前面已经说过了，从客观上分析妇女界还只有新兴的劳动妇女最有力量、最有奋斗革命的精神，女权及参政运动姊妹们如果抛弃这支主力军，便是女权运动参政运动绝大的损失，永远不能望发展。

五、各地参政团体女权运动团体，尚无统一集中的组织，亦无统一集中有声有色的宣传——连稍有力量的出版物也没有一种——已是我国妇女运动的大缺点。

我国知识妇女的运动如上所述既那样的软弱，何以基督教妇女能深入群众比较有力？因为她们在组织上、方法上、技术上、人才上、经济上无一不有国际的后援与指导，并非中国基督教妇女本身之力量。这派运动现在虽然比较有成绩，但恐终会成为外国资本的机械，而不是中国国民革命运动中需要之独立的妇女运动。

选自《中国现代史资料选辑》，第 1 册，北京，中国人民大学出版社，1987，第 449～456 页。原注："原载《前锋》第 1 期 1923 年 7 月 1 日"。

12. 广州市工人代表会决议案

1924 年 5 月

《中国工会历史文献》编者按：广州市工人代表会是在一九二四年五月上旬举行的，共通过了二十个决议案，现在只找到了十六个。

一、电报局内工人联合及组织决议案

在此次工人代表会闭会之后，电报局工人须联合为一工会，不分职业界限，只以行业为标准。凡属电报、电机及线路工程之工人，视同一体，各埠分局之工人及以薪水养家非高级职员者，皆准入会。如遇必要时，各职业得自行组织一部，自行管理事务，但不能脱离工会而独立。如不必组织各部时，则不可组织，以免分裂。组织之法，须照下列规例：

（一）工会内设立一职业保护局，凡工人入局时，须由此局介绍，如遇开除时，由此局审查之。此局须由纯粹工人组织之。审查时，得要求电报局内人员出席会议。

（二）工会月费须用百分法规定缴纳数目，以昭平等，使工钱少者不致负担太重，工钱多者不致负担太轻。但所享权利，一律平等。

（三）非由职业保护局介绍者，不得入局做工，以救失业。

（四）以上组织事宜，如需要帮助时，由广州市工人代表会执行委员会及国民党中央执行委员会工人部帮助之。

二、电话局内工人联合及组织决议案

在此次工人代表会闭会之后，电话局内各种职业工人，须一律联合，不分司机、修理机器者、街外修线者，又不分男女司机，以归一致。至于以上各职业内部之事，可以自行设立一部管理之。但凡关于局内工人全体利害之事情，务宜一致行动。联合之法，须照下列规例：

（一）司机、修整机件、街外修线及各下级职员（薪水低少者），各设立一部，自行管理内部事务。

（二）电话局内工人共同设立一个属于娱乐性质之俱乐部，以融合彼此感情。此俱乐部由各部选人管理之。

（三）以上组织事宜，由工人代表会执行委员会及国民党中央执行委员会工人部帮助其进行。

三、海员及轮渡工人、司机工人结合决议案

海员为海上工人，本无分内河及海外，亦无分大轮及小轮，亦无分大船及小艇，亦无分华人及洋人，事实上有统一之必要。工会亦无分大小，皆属工人之团体，亦不应各自独立。在此次工人代表会闭会之后，凡海上工人，须知海上工人彼此痛痒原属相关，行动自须一致。兹规定结合方法如下：

（一）海员与内河轮渡船艇工人及司机工人承认结合之后，在各工人未生结合习惯之前，得仍然各自设立执行部，分途管理事务。但关于大众及各部利益之事，须一致进行，不能规避。

（二）各部暂时得自行征收会费，但须以百分之几拨为总机关之经费。

（三）各部职员由各部自行选举。

（四）总机关之职员选举，由联合代表大会规定选举区及选举法举行之。

（五）总机关与各部事务采用均权制度。

（六）此种结合形式，于相当时期之后，得更改之。

（七）总机关须设立职业保护局，凡工人被开除时，须得该局承认。

（八）各部须自行设立职业介绍所，各自介绍工人职业。凡工人移往别业时，须得该业工人介绍所之许可。

（九）以上组织事宜，由工人代表会执行委员会及国民党中央执行委员会工人部帮助其进行。

四、交通工人联合问题决议案

在此次工人代表会闭会之后，凡属交通性质之工人团体，均须依照下列条例进行联合：

（一）电报局及电话局工人，不分职业，每五十人选出一人，组织第一支部执行委员会。

（二）粤汉铁路、广三路、广九路内工人，不分职业，每五十人至一千人选出一人，组织第二支部执行委员会。

（三）海员、轮渡司机、起落货及船艇驳载工人，各选派代表组织第三支部执行委员会。选举人数规定如下：一千人以下选出一人，千人以上每五千人加选一人。

（四）其他交通工人均须联合设立支部，加入交通工人部。至代表之选派法，另行公订。

（五）交通工人部执行委员会由每个支部选派二人，最高执行委员会指派三人组织之。

（六）交通工人部地址设在粤汉路，但得随时更改。

五、工头及包工问题决议案

（一）工厂工人须设立职业委员会，遇开除时，须由此委员会审查之；如有罚工及扣工时，须由此委员会审查之。

（二）工厂工人须设立职业介绍所，使工头不能任用私人，及结党操纵。

六、学徒不开夜工决议案

（一）学徒须有闲暇时间受教育，每日作工不得过九小时。

（二）学徒废除夜工后，不得扣除原日工资及津贴。

（三）工厂内学徒得设立青年部。

七、同业划一工价及同业挽夺问题决议案

（一）在此次工人代表会闭会之后，凡业务相同之同等职位工人，或业务上有关系者，应互派代表开会讨论，以日计算、以件计算、以拌工计算，分门别类，划一工价，有增无减，以免彼此挽夺，工人受害。

（二）同业竞争，跌价挽夺，使工人自身受东家操纵，多数因而失业，又使工会权力不行，力量涣散。凡工人中不论职业，如有未入工会及已入工会跌价挽夺职业、破坏工会条约者，皆应驱逐出境。凡加入工人代表会之工会，皆应助力驱逐之，使其无容身之地。

（三）一种职业不容有两个工会设立，以厚势力。凡已分立者，应于此次工人代表会闭会之后，互派代表开会讨论联合方法。

（四）以上事情若需要帮助时，由工人代表会执行委员会及国民党中央执行委员会工人部帮助其进行。

八、工会组织采用下级组织决议案

在此次工人代表会闭会之后，各工会应设法整顿各工会内部组织，以增加团结力量。其组织之法，须依照下例方法：

（一）将旧时工人小团体如俱乐部、寄宿舍、外寓、馆口、堂口等等，在工会注册，认为正式团体，作为工会之单位，受工会指挥。

（二）未有小团体之组织者，以工作店或工作部分为工会之单位，人数不计多少，皆可成为小团体。

（三）工会自后不以个人为单位，而以团体为单位，一切会议可由小团体举派代表出席。但代表须负传达代表小团体内全体会员意思之责任，不能代表私人意见，脱离工会而独立。

九、组织职业介绍所决议案

在此次工人代表会闭会之后，各工会须依照下列办法，组织职业介绍所：

（一）职业介绍所由工会组织之，在政府立案，保证其有绝对权力。

（二）本家须承认职业介绍所有介绍工人职业之绝对权力。

（三）工人不得私擅介绍工友。

（四）东家不得擅用非职业介绍所介绍之人。

（五）学徒亦由此所介绍。

十、商团问题决议案

（一）凡商团不得干涉工会事情及有侵犯工人自由之事。

（二）凡商团如有伤毙工人生命及掠夺工人财物时，须满足赔偿。

（三）凡商团军伤毙工人时，由所属该团军团体负责。如有纵容团军自由行动时，政府须解散之，并惩办该负责人。

（四）凡属工人，不得充当商团军，一经查出，即行驱逐出境。

（五）如商团压迫工人时，凡加入工人代表会之工会及工人，须一致对付及援助。

（六）工人得组织工团军自卫。

（七）以上条件，由工人代表决全体工人要求政府颁布条文保护。①

十一、工人教育决议案

（一）工人代表会要求政府设立工人学校，此学校由工人代表会执行委员会管理之。

（二）凡市内属于工人教育机关，须由工人代表会执行委员会管理之。

十二、设立工人医院决议案

工人代表［会］执行委员会须要求政府分区设立工人医院。此种医院，由执行委员会管理之，经费由政府拨给。

十三、组织工人委员会决议案

（一）工人代表会要求政府机关特设立劳工科，管理工人事情。

（二）工人代表会要求政府劳工科指派代表，会同工人代表会选派之代表，组织工人委员会，解决工人事情。

十四、工人代表会执行委员会选举条例决议案

（一）工人代表会执行委员会执行委员人数为二十一人，候补执行委员九人。

（二）工人代表会执行委员会委员会会长，由国民党中央执行委员会工人部部长充当之。

（三）工人代表会执行委员会以工会为单位，由大会选出二十个工会，充当执行委员。

（四）各工会之选举权，以各该工会之会员人数为此例，每百人有一选举权。各工会之人数以各该工会之报告为标准。

十五、组织合作运动委员会

（一）合作运动委员会以工会为单位，由若干工会派出代表组织之。

（二）委员由执行委员会指派之。

---

① 原注："这一条疑有脱字"。

十六、工人代表会执行委员会之组织及职权决议案

（一）执行委员会设委员长一人。

（二）执行委员会下设秘书处，秘书处人员由执行委员会聘任之。

（三）执行委员会下设立特种委员会，特种委员会委员由执行委员会选任之。如遇必要时，得增设特种委员会。

（四）执行委员会之职权如下：

甲、代表本会对外关系；

乙、选任及罢免特种委员会委员；

丙、决定及取消特种委员会之计划；

丁、执行代表会决定之议案；

戊、召集代表会议；

己、撤销加入工人代表会各工会一切违反代表大会决定议案之计划；

庚、因事理之必要时，得召集代表会议；议决后，得宣告同盟罢工。

（五）执行委员会委员任期为一年。

（六）执行委员会委员如有失职时，有五个工会得提出召集三部代表会组织监察委员会审查之。审查确实后，得由监察委员会惩戒之。

选自《中共党史教学参考资料》（2），中国人民大学中共党史系资料室编印，1979，第31～38页。原注："转录自《中国工会历史文献》（一），一九五八年九月工人出版社出版，第66～74页"。

13. 第二次全国劳动大会关于经济斗争的决议案
1925 年 5 月通过

工人阶级的斗争，不论是经济的或政治的，只有一个最后的目的，就是劳动的完全解放。劳动的完全解放，只能在资本主义制度推翻、政权完全操入劳动者手中之后。但即使在资本主义组织之下，我们不否认为改良劳动待遇条件，增高工人生活程度，以及部分的要求，而实行最激烈最坚强的斗争。第一，因为现在的劳动条件，已经坏到极点。千百万的工人，还未到他精力衰疲之时，而已衰弱不堪，失了他们的力量，失了他们的健康同他们的生命；第二，因为每一部分劳动条件的改良，都可增加工人阶级的力量，促进工人为最后的目的争斗，并且促进资本主义的崩坏，及劳动解放之实现。

一、我们不否认经济斗争，不否认目前切近要求的改良运动，但是我们对于这种运动的态度是：

（一）每个目前切近的改良运动，只是行向总解决的一部分，不可把他看作最终的目标去做。比如资产阶级不打倒，目前所要求增加工资，难保将来又（被）克扣。总之，工人阶级的根本解放，只有在取得政权之后。

（二）每个经济的斗争，同时就是政治的斗争；如工人的罢工，本是经济的斗争，但

是资本家—利用军警来干涉，便转成政治的斗争了。

二、在中国现时经济斗争中，工人阶级切近的要求是：

（一）按照各地各时生活情形，规定最低限度的工资：本来资本家发给工人工钱的标准，是按照工人生活必需品价值而定；它应该要够工人恢复劳动能力、维持子嗣（即预备工人老后，再有小奴隶替资本家工作）之用。照这样发给工人工资，工人已经遭受了很大的剥削，因为工人每日所生产的，并不只值他所领的这点报酬。很多劳动是没有受报酬，这就是资本家所谓企业的利润，上了他们的荷包了。但是现在帝国主义的资本家及中国的资本家，他们还不肯按这个生活必需标准发给工人工资，还要从这里面再加克扣，这样一来，中国工人的生活，真是苦到万状了。我们试拿上海和日本的纺织工人的工资一相比较，两地的生活程度相差甚微，而工资竟为一与三之比，即中国工人每日所得，不过日本工人所得的三分之一。年来生活用品日见提高，而工资之所增极少，工人待遇，苦不堪言。因此，要求按照各时生活情形规定最低限度的工资一事，应成为我们目前应进行主要工作之一。

（二）八小时工作制的规定：每个工人最大限度的工作能力，一日不能超过八小时以上；这个数目只有再往下少，不能再往上加，如矿山的窿内工人，则至多不能超过六小时；火车升火的工人不能超过四小时。西欧各国工人，数十年来为要求此制度之实现，不知经了几千百万次的运动，流了几千百万工人的血，但是中国工人还是做十二点以至十八点的工，难道中国工人就不是一样的血肉构成的人么？我们现在应与各国的工人共同争这八小时的工作制的规定；同时我们又要注意必须在工作时间缩短之下，不影响于工资的低落，而反应该增长或照旧。不然资本家一面虽减少工作时间，一面却减少工资，迫使工人不得不因维持生存而须继续加工，这样名至而实不至的手段，我们是坚决反对的。

（三）反对一切虐待：在欧美各国的工人，资本家尚表面尊重他人格的独立，雇佣的自由；而在中国则资本家视工人直与牛马无异，动辄任意拳打脚踢，私刑拷打，杀死无罪。最近日商纱厂罢工，发出反对日本打人的口号，我们试想这是一种什么呼声，又加工作中屎便之限制、下工时遍体之搜索等，以及许多不可胜数的事实，无异对付盗贼囚犯，我们应当坚决反对。

（四）女工童工之生活改善：在中国的资本家特别喜欢女工童工，他们是看中了这两种人较为柔软，容易欺负，容易加他们以惨无人道的压迫，因而女工童工的生活遂愈苦不堪问了。女工的工资，是不能与男子相等的，她们的身体是可以任意侮辱的。至于童工呢？许多六岁未满的小孩，终日站着做十二小时以上的苦工，这还是人的生活么？最近上海工部局曾提议改良童工生活，但所有条文完全是名归而实不至的骗局，我们应该反对这种欺骗。我们应当要求：（甲）禁止妇女与不满十三岁者作有损健康之特别困难与危险以及地穴下面的工作。（乙）绝对不许怀孕与哺乳的妇女在夜工及特别强度的工作。（丙）妇女在产前产后有八星期的休息并照领工资。（丁）怀孕及哺乳之妇女，于普通规定的休息时间以外，并须补足其哺乳小孩的时期。哺乳相隔的时间，每次不能超过三小时半以上，且每次哺乳不得少于半小时。（戊）绝对禁止使用十三岁以下的童工女工。（己）绝对禁止使用童工作夜工。（庚）每日工作六小时，每周须有继续四十二小时之休息。（辛）不得克扣工资。女工童工与成年工人做同样工作时，须得同样的工资。（壬）为童工设立免费的平民学校。

（五）劳动保护与社会保险：中国国内各种工厂的一切设备，是很少能顾及工人身体健康的，因而危险之事常常发生。如去年上海祥经丝厂的大火，工人被烧死者数百人，平时因工厂之不洁，而得肺痨疫症以死者，更不可计其数；又在工人工作受伤或死亡失业后，亦无相当的保证。因此我们当努力要求：（甲）一切企业机关，应设法消除或减少于工人身体有害的工作及生产方法，并当预防不幸的事情的发生；极力注意工场卫生与防疫事宜。（乙）对于从事有危险健康的工作之工人，工厂须供给他以种种抵抗危险的服装、用器、消毒材料等。（丙）应实行社会保险制度，使工人于工作伤亡时，能得到赔偿，于疾病失业老年时，能得到救济。

（六）取消包工制：有许多工厂的资本家非常狡猾，他在他与工人间设立一道防线，这个防线就是包工制度。他利用他最忠实的走狗为工头，把工作包与工头，工人须向包工头请工做。这样一来，在资本家与工人间，更多一层工头的剥削，愈使工人的生活痛苦，而且在斗争时，资产阶级更可利用工头以破坏工人的组织。所以我们非打破这种制度不可。

三、为监督实行保护劳工的一切事件，预防机器的不慎，在危险的生产中，要预备保险的服装及防毒的用品，工人有病，或者在工作时受伤，须赔偿其损失。关于工厂的监督员，必须参加工人的代表，又保护童工女工的利益，亦必须有童工和女工的代表参加。

四、全国总工会在这次大会后，应具体的指导他所属各业工人，尽量利用一切可能的机会，去争取这些权利，去从事为获得这些权利的斗争。在这阶级斗争中，去教育工人，组织工人。

五、在这个斗争过程中，我们想得到胜利，必须注意下面的几点：

（一）当有统一的集中的便于斗争的组织。

（二）一地方的罢工，同时须得各地方的援助，切忌分立的行动。

（三）一个地方或一个企业，发生罢工后，其他地方及其他企业，应做通电声援，或集资援助，若形势严重时，总工会应讨论对资本家经济封锁及宣布同情罢工问题。

（四）不可无组织的暴动，应善利用时机，善利用资产阶级的矛盾，集中力量向其最弱点进攻。

（五）全国总工会应附设工人救济会之组织，在罢工时，筹备罢工的基金，罢工后作失业及被禁同志之救济。

（六）应发展协作社的工作，一方面图减低工人的生活费，一方面这也是团结工人及工人家属的一个武器。

选自中华全国总工会中国工人运动史研究室编：《中国工会历次代表大会文献》，第1卷，北京，工人出版社，1984，第19～23页。原注：原载中华全国总工会编印《第二次全国劳动大会决议案及宣言》。

互校版本：中华全国总工会中国职工运动史研究室编：《中国历次全国劳动大会文献》，北京，工人出版社，1957，第14～17页。

14. 中华全国总工会总章

1925 年 5 月第二次全国劳动大会通过

第一章　总纲

第一条　本会定名为中华全国总工会。

第二条　本会以团结全国工人，图谋工人福利为宗旨。

第三条　本会总机关暂设在广州，并得择定其他相当地址特设办事处。

第四条　凡在中国境内之真正工人组合，均得为本会会员。凡产业工人已有全国一总组合之组织者，或一市、一县、一省的城市工人已有组合之组织者，由该总组合加入本会为会员。各单独组合直接加入本会者，则须经本会之审查认可。

第五条　本会之职任如左：

（一）发展全国工人之组织；

（二）统一全国工会运动，务期密切的团结；

（三）整理各工会之组织系统；

（四）指挥各工会的行动；

（五）仲裁各工会间或各工会之争端；

（六）发布全国工人共同奋斗之目标；

（七）代表全国工人与国际工人谋密切之结合；

（八）提高工人知识，联络互相感情；

（九）促进各工会彼此间有效之互助；

（十）保障工人利益，设法解决救济及职业介绍等事项。

第二章　组织

第六条　本会之最高机关为全国代表大会，每年举行一次，并得举行临时大会，均由本会执行委员会召集之。各工人团体派赴代表大会之代表额数，由本会执行委员会按比例决定之。

第七条　由全国代表大会选举执行委员二十五人，组织执行委员会。代表大会闭会时，执行委员会为本会最高机关。

第八条　执行委员互选正执行委员长一人、副执行委员长三人。委员长不能执行职务时，得由执行委员会重新互选之。

第九条　执行委员会之下，须组织一干事局，受执行委员会之指挥监督，驻会办理一切事务（干事局干事人选，由执行委员会决定之）。

第十条　干事局分下列各部办事：

（一）组织部——掌管本会所属各工会之组织事项，并帮助各处无工会组织之工人群众，组织工会。

（二）秘书部——掌管本会一切文件收发、统计、报告等事项。

（三）宣传部——掌管本会宣传教育工作，并指导工会之宣传教育方针。

（四）经济部——掌管司库、司账、庶务等经济事项。各部须设主任一人，干事若干人，由执行委员会斟酌事之繁简选任之。

第十一条　干事局设总干事一人，由执行委员中之一人兼任，为干事局会议之主席。

第十二条　本会为会务发展及便利起见，得于相当地点特设办事处。特设办事处各置主任一人，办事员若干人，由执行委员会斟酌情形临时决定之。

第十三条　执行委员会认为必要时，得设立各种特别委员会或机关，并得聘任顾问、编辑等人员。

第十四条　本会执行委员会干事局及其他机关人员，均每年改选一次。

第十五条　执行委员会，干事局，特设办事处，特别委员会，和特设机关之会议及组织细则，由执行委员会另定之。

第三章　公约

第十六条　各工会须实行本会代表大会及执行委员会之决议及命令。

第十七条　如一处或一种工人发生为工人阶级争斗时，各工会接到本会之通告后，应一致为声势上、经济上或实力上之援助。

第十八条　在同一产业及职业，或同一地域内，如有两个或两个以上同等性质之工会发现时，应依本会之劝告，互相让步，并成一个工会。

第十九条　各工会间，如有争端，须直向本会控诉，听候仲裁，不得互相攻击。

第二十条　各工会对本会有不满意时，得直向本会抗议，或向代表大会控告，不得有破坏本会之行动或言论。

第四章　经费

第二十一条　各工会应按月向本会交纳常费，其数目由各工会按比例法认定之。

第二十二条　遇必要时，经本会执行委员会之决议，得向各工会征收特别捐。

第二十三条　本会经费发生困难时，得向外界热心帮助本会者捐募。

第五章　附则

第二十四条　本章程经全国代表大会通过后，即发生效力。

第二十五条　本章程如有不适当处，应由全国代表大会通过修正之。

选自中华全国总工会中国工人运动史研究室编：《中国工会历次代表大会文献》，第1卷，北京，工人出版社，1984，第34～36页。原注："原载中华全国总工会编印《第二次全国劳动大会决议案及宣言》"。

互校版本：中华全国总工会中国职工运动史研究室编：《中国历次全国劳动大会文献》，北京，工人出版社，1957，第28～30页。

附：第二次全国劳动大会选出的中华全国总工会执行委员名单

执行委员 25 人

林伟民	苏兆征	戴卓民	邓　培	刘文松	孙云鹤	刘少奇
李　森	谭影竹	刘和森	曾西盛	刘公素	梁桂华	吕　棠
何耀全	李　铃	郑绎生	孙良惠	邓中夏	李　成	袁告成

高秀炳　　刘俊才　　锺伯兰　　赵悟尘

选自中华全国总工会中国职工运动史研究室编：《中国历次全国劳动大会文献》，北京，工人出版社，1957，第31页。原注："原载1925年5月23日上海《民国日报》"。

15. 中华全国总工会上海办事处、
上海总工会为工会条例事致北京政府电[①]

1925年7月8日

北京段执政、农商部莫次长、法制院姚院长钧鉴：

阅报载政府拟公布之工会条例草案，窃以为有不得不及早纠正者：对于发起人之人数及资格，严加限制年龄与教育，竟成与（予）夺人民公权之准者，当改正者一。草案既明定工会为法人，又限制工会基金须存储代理国库之银行，国（法）人自由处置财产权之谓何？此当改正者二。再则草案仅许各地之同业工会联合，而不与一地方各业工会以联合之权，违反该案之工会，不但将立遭解散，发起者且戾刑罚，此当改善者三。工人等认为凡为工人，既可取得工会会员之资格，当然皆有发起工会之权利，工会一切财产当由工会自择可靠之银行储蓄，不应如条例上加以限制。每一地域以至于全国各业工人，均有共同之利益，如工人教育、医药互助等，万不能各业人自为计，宜有承认每一地方及全国总工会之组织之规定。至于各工会章程内派条例上，既有应行订明诸项之条款，则对于选举方法、职员任期及资格等事，不宜有笼统之限制。窃谓工会条例原为保护劳工利益而设，绝不当变为束缚工人之具。现今列强凌逼，中国之独立解放，胥赖民权伸张、群众团结，工会之组织，关系非仅工人。当此全国劳工奋起救国之时，望速删除工会条例草案种种束缚之规定，立即颁布，使全国工人有所遵循，而劳动者之权利不受摧残；使外人无所借口，以维民权，而慰舆情。上海二十万工人尤因外交关系，罢业以待。临电不胜迫切之至。

全国总工会上海办事处暨上海总工会同叩

选自中华全国总工会中国职工运动史研究室编：《中国工会历史文献》（1）（1921.7—1927.7），北京，工人出版社，1958，第103～104页。原注："1925年7月10日上海《民国日报》"。

16. 附：北京政府农商部《工会条例草案》

1925年6月北京农商部拟定

第一条　凡从事于同一职业之劳工，为维持及增进同业公共利益起见，得依本条例组

---

① 1925年，正当"五卅"反帝爱国大罢工兴起时，北京政府当局为了欺骗工人，拟定了一个《工会条例草案》，尚未公布，即遭到上海工会组织的揭露与反驳，后者拟制了一个新的《工会条例草案》，公开与之斗争。

织工会。前项工会，在同一地方行政区域内，以设立一会为限；但得与其他行政区域内同一种类之工会，组织工会联合会。

第二条　工会定为法人。

第三条　工会之职务如左：一、关于会员之职业介绍及其他互助事项。二、关于劳工待遇之改善事项。三、关于劳动状况之调查报告事项。四、关于会员之储蓄、劳动保险事项。五、关于会员之消费组合及公共宿舍等事项。六、因关系人请求调处劳资之争议事项。七、关于劳工利害之请愿，或向政府机关陈述意见事项。八、关于劳动卫生之讲求及知识技能之增进事项。

第四条　工会非由该区域内有完备左列各款资格者五十人以上之劳工发起人，详拟章程，呈经当地行政长官，转呈地方最高行政长官，咨请农商部核准，不得设立：一、须现有职业，并从事该业三年以上。二、须年龄在三十岁以上。三、须粗通文义、能自书写浅近文字。

前项第一款发起人之资格，应由现时或其以前从事官、公、私有事业之各该场、厂，出具证明，连同呈请书一并呈送。从事官有或公有事业之劳工，设立工会时，除依前二项规定外，应分报各该主管部署，核准备案。

第五条　工会章程应订明左列各事项：一、名称、区域及事务所地址。二、工会之宗旨及事务。三、关于职员额数、权限及选举方法之规定。四、关于会议召集及议事程序之规定。五、关于经费及会计之规定。六、关于会员资格限制及其权利义务之规定。

第六条　工会会员以年满十六岁以上，在该区域内由各种工业场厂雇用之劳动工作者为限。

第七条　凡有左列各款情事之一者，不得为工会之职员及发起人：一、褫夺公权尚未复权者。二、有精神病者。三、对于本条例第二十二条之情事，负重要责任者。

第八条　工会设会长、副会长各一人，会董七人至十五人，均为名誉职。前项职员资格，适用本条例第四条第一项各款之规定。

第九条　工会得于该会所在地，设事务所。

第十条　工会用费，除别有基金者外，以各会员应纳之会费充之。前项会费，得按照各会员之收入额，予以章程订明征收之标准；但至多不得过该会员收入额百分之三。

第十一条　凡属工会之基金、劳动保险金、及会员储蓄金等，均应贮于代理国库之银行。前项基金、保险金、储蓄金于其所存贮之银行破产时，得有要求优先偿还之权利。

第十二条　工会经费出入，应每年编制预算、决算，由全体会员开会议决。

第十三条　工会会员于必要时，有全体会员十分之一以上之同意，得选派代表查核工会之账目，及一切财产状况。

第十四条　工会职员每年应按照左列各款，造具表册，呈报农商部查核，并分报主管部署备案。一、会员之姓名、人数、入会年月、就业处所及其更动与死亡伤害。二、经费出入及财产状况。三、事业经管成绩。四、罢工或别种冲突事件之有无，与其经过及结果。

第十五条　工会职员由全体会员开会选举之。

第十六条　每届选举，应先期十五日以前通知各会员，并呈报当地行政长官到会监视。

第十七条　工会职员选定后，应呈报农商部查核，并分报主管部署备案。

第十八条　工会职员任期二年；连举得连任。其中途补充者，依前任之任期接算。

第十九条　工会每年开定期会议一次，遇有必要时，得开临时会议。

第二十条　工会变更章程，须有全体会员三分之二以上到会，方得议决。前项议决，非呈经农商部及主管部署核准，不生效力。

第二十一条　工会职员有违反法令或其他不正当行为，致损害工会之财产、名誉、信用时，得经全体会员过半数之议决，令其退职。

第二十二条　工会有违反法令致扰乱公安或妨害公益，并不服该管官署之禁阻时，得令停止会务；并呈转农商部及主管部署核准解散。

第二十三条　工会解散时，所有财产及债务，应由各会员分配及负担。

第二十四条　违背本条例第一条及第四条规定而设立之工会，除禁止外，并处各发起人以百元以下之罚金。

第二十五条　本条例自公布之日施行。

选自中国全国总工会中国职工运动史研究室编：《中国工会历史文献》（1）（1921.7—1927.7)，北京，工人出版社，1958，第99～100页。

17. 上海总工会拟定的《工会条例草案》

1925 年 7 月

中华全国总工会上海办事处为工会条例事致北京政府电

1925 年 8 月 13 日

北京段执政、农商部长、法制院长钧鉴：

工会条例关系全国工人命脉。日厂工人能否上工，亦视工会条例之颁布与否，望即依照上海总工会拟具之草案，立予颁布，若复迁延时日，或内容有束缚工人自由之点，均定引起绝大纠纷，固为全体工人之大不幸，亦非国家之福。尚祈明察是幸。

中华全国总工会上海办事处叩

选自 1925 年 8 月 14 日上海《民国日报》。

上海总工会拟定的《工会条例草案》

1925 年 7 月

一、凡年龄在十六岁以上同一职业或产业之男女劳动者，家庭及公共机关之雇用，得适用本草案组织工会。

二、工会为法人。工会会员私人之对外行为，工会不负连带之责任。

三、工会与雇主团体立于对等地位；于必要时，得开联席会议，计划增进工人之地位及改良工作状况，讨论及解决双方之纠纷或冲突事件。

四、工会在其范围以内，有言论、出版及办理教育事业之自由。

五、组织工会，须有从事于同一之业务者十人以上连署发起，呈当地官厅，至筹备完竣、开正式之成立大会后，提出注册请求书，附其成立大会所通过之章程及负责会员名单各二份于地方官厅，请求注册；注册之管辖机关为县公署或市政厅。

六、每一地方之各业工会，得联合组织某地总工会；各地同一业务之工会，得联合组织某业工会，以至于全国总工会及全国某业工会联合会等。此等联合会之工会组织，当各按其区域范围，归相当区域之行政官厅管辖。中国工会得与外国同性质之团体联合或结合之。工会以产业组织为主；每一工厂内之组织为最低单位，然后联合而成当地某业工会，但因特殊情形，也得依职业而组织某业工会。

七、工会之章程内，须载明下列各款：

（一）名称及业务性质。

（二）目的及职务。

（三）区域及所在地。

（四）职员之名称、职权及选任解任之规定。

（五）会议组织及投票之方法。

（六）经济征收额及征收之方法。

（七）会员之资格限制及其权利义务。

八、工会每六个月应将下列各项造具统计表册，报告于主管之地方行政官厅：

（一）职员之姓名履历。

（二）会员之姓名、人数、加入年月、就业处所及其就业失业变更、职务移动、死亡伤害之状况。

（三）财产状况。

（四）事业进行成绩。

（五）有无罢工或别种冲突事件，及其事实之经过或结果。

九、工会之职务如左：

（一）主张并拥护会员间之利益。

（二）会员之职业介绍。

（三）与雇主缔结团结契约。

（四）为会员之便利或利益而组织之合作银行、储蓄机关及劳动保险。

（五）为会员之娱乐而组织之各项娱乐事务、会员恳亲会及俱乐部。

（六）为会员便利或利益而组织之生产、消费、购买、住宅等各种合作社；为增进会员子弟及童工之知识技能而组织之职业教育、通俗教育、讲演班、研究所、图书馆及其他定期不定期之出版。

（七）为救济会员而组织之医院或诊治所。

（八）调查会员间之纷争。

（九）关于工会或工会会员对雇主之争执及冲突事体，得对于当事者发表并征集意见，或联合会员作一致之行动，或与雇主方面共推第三者参加主持仲裁，或请求主管行政官厅派员调查或仲裁。

（十）对于有关工业或劳工法制之规定、修改并废止等事项，得陈述其意见于政府、官厅、法院及议会，并答复行政官厅、法院及议会之咨询。

十、调查并编制一切劳工经济状况及同业间之就业、失业暨一般生计状况之统计及报告，其他种种之有关于增进会员之利益、改良工作状况、增进会员生活及知识之事业。

十一、工会职员由工会会员按照本工会选举法充任之；对外代表本会，对会员负其责任。

十二、工会会员无等级之差别，但对于会费之收入额，得按照会员之收入额而定征收之标准。会员对工会负担之经常费，其额不得超过该会员收入百分之三，但特别基金及为会员之临时募金或股分（份），不在此限。

十三、工会会员于必要时，得选举检查委员会审核工会簿记，并调查财政状况。

十四、工会在必要时，得根据会员多数决议宣告罢工，但不得妨害公共秩序之安宁，或加害于他人之生命财产。

十五、工会对于会员工作时间之规定，工作状况及工厂卫生事务之增进及改良，得对雇主陈述意见，或选出代表与雇主方面之代表，组织联席会议讨论及解决之。

十六、行政官厅对于受辖区域内之工会对雇主间发生争执或冲突时，得调查其冲突之原因，并执行仲裁，但不得强制执行。

十七、工会中关于拥护会员利益之基金、劳动保险金、会员储金等之贮于银行者，该银行破产时，此类存款，得有要求优先赔偿之权利。

十八、工会及工会所管理之下列各项财产，不得没收：

（一）会所、学校、图书馆、俱乐部、医院、诊治所以及关于生产、消费、住宅、购买等之各项合作事业之动产及不动产。

（二）关于拥护会员利益之基金、劳动保险金、会员储金等。

十九、关于本法第八条、第九条之事项，工会发起人及职员之呈报不实不尽或不呈报者，该主管之行政官厅，得命令其据实呈报或补报；在未确实呈报或补报以前，该工会之行动不受本法之保障。

二十、凡刑事违警律中所限制之集会等条文，均不适用于本法。

二十一、本法自公布日起施行。

选自中华全国总工会中国职工运动史研究室编：《中国工会历史文献》（1）（1921.7—1927.7），北京，工人出版社，1958，第105～109页。原注："1925年7月17日上海《民国日报》"。

18.　劳动法大纲决议案①

1926年5月中国第三次全国劳动大会通过

第一条　工人有集会、结社、言论、出版的自由。

---

①　《劳动法大纲决议案》是在1922年《劳动法案大纲》的基础上，根据几年来的实践经验和形势的发展，作了必要的修订，使之更加符合本国的实际情况。

第二条　工人有罢工的自由。惟在国民政府下，可经过劳资间或主管官厅之一度调解，方始罢工。

第三条　工会应有团体契约权。

第四条　工人有加入国际组织的权利。

第五条　作工时间以八小时为原则，对于卫生有妨害之工作得缩减之。

第六条　星期日及重要纪念日休息，仍照给工资。

第七条　禁止时外的劳动。遇必要时，须得工会的允许。

第八条　工厂作工时间如果超过规定时间，须照延长时间之数，加倍付给工资。

第九条　绝对禁止不及十六岁的青年工人作不卫生及危险的工作，并禁止使用十三岁未满之童工。

第十条　女工从事重大工作者，产前产后休息八星期；轻的工作休息六星期，均应照给工资。哺乳女工应有规定之哺乳时间。

第十一条　童工女工以禁止夜工为原则。

第十二条　工资之给与（予），以维持工人生活为最低工资；其不及维持工人生活之工资，政府得强制增加之。

第十三条　工资之给与（予），以银元为标准；并不得以物类代替及克扣。

第十四条　国家设立劳动局，研究劳动条件，并须有工会代表参加。

第十五条　国家应设立劳动保险。保险费由雇主或国库支出。

第十六条　应规定男女工人之劳动补习教育。

第十七条　制定此项劳动法时，全国总工会应有代表出席。

选自中华全国总工会中国工人运动史研究室编：《中国工会历次代表大会文献》，第1卷，北京，工人出版社，1984，第124～125页。原注："《中国第三次全国劳动大会会刊》第11期，1926年5月13日出版"。

互校版本：中华全国总工会中国职工运动史研究室编：《中国历次全国劳动大会文献》，北京，工人出版社，1957，第112～113页。原注同上。

19. 关于国民政府现状报告的决议

1926年5月中国第三次全国劳动大会通过

（一）中华民族现在要解除帝国主义及其工具——军阀之严重压迫，唯一出路只有国民革命。要国民革命得到成功，须有一个革命的政府。现在广东的国民政府，便是代表全国一切被压迫人民，对外要求独立，对内要求自由之唯一的革命政府。

（二）现在全中国皆在反动政治势力之下，只有国民政府所在地之两广有政治自由。当今北方国民军败退，张、吴重兴，帝国主义嚣张跋扈之际，人民应立即起来拥护国民政府立即出师北伐，统一中国，建立全国的统一的国民政府。

（三）本两大会①承认国民政府过去及现在进行反帝国主义反军阀及肃清一切反革命派之种种工作，完全是对的。本两大会愿统率着有组织的工人群众一百一十二万，及全广东有组织的农民群众八十二万，与革命的国民政府共同奋斗，以打倒帝国主义、军阀、买办阶级、土豪及一切反革命派。

我们高呼：

拥护国民政府！

国民革命成功万岁！

选自中华全国总工会中国工人运动史研究室编：《中国工会历次代表大会文献》，第1卷，北京，工人出版社，1984，第132页。原注："原载《中国第三次全国劳动大会会刊》第3期，1926年5月4日出版。"

互校版本：中华全国总工会中国职工运动史研究室编：《中国历次全国劳动大会文献》，北京，工人出版社，1957，第119～120页。原注同上。

20. 合作社问题决议案

1926年5月4日中国第三次全国劳动大会通过

合作社在近年来职工运动发展中，已逐渐被工人感觉着需要，并且有些地方已渐渐实现了这种组织。

合作社在我国最近的职工运动中，有四个作用：（一）在北方各地严重压迫之下之工人组织，可用合作社来公开的（地）团结工人群众。（二）合作社可以储集一批现金和工人需要的货物。这个储集，在罢工期间可作救济罢工工人之用，和一切的斗争中所发生的临时紧急费用。（三）工人的［受］剥削除在工资减低外，同时因生活必需品之昂贵，使生活更见艰辛，尤其中国一般小手工业的工人，他所感觉痛苦的，是生活必需品在市场中之增高。故合作社在调融市价中，工人很感觉得需要，并且在这共同的经济关系之中，更可亲密工人之团结。（四）在合作社中，工人可学得许多管理生产和消费的知识。

由此看来，合作社已成为现在中国工人们的需要，并且已经实际在许多的地方发生了此种组织。故此次大会，不能不开始有这种决议案了。

生产合作社，适用于城市手工业工人和新式产业下部分附属的手工业者之组织，集合同职业之手工业工人，共同规划和出售生产品，但这种组织和手续须力求简单。这种组织可使不能单独生产的手工业工人，得有联合的生产组织；可使不发生互相求出产品销售之竞争，至减低价格；可使在市场竞争中有了相当的力量和地位。

消费合作社，适用于产业底下一般工人的组织。这个组织如在工会下举办，一定须使全体之会员加入，不然，工会可因此有分裂的危险。若没有工会的组织，当可使其自然参加。

---

① "本两大会"是指当时在广州同时召开的中国第三次全国劳动大会和广东省农民代表大会。

消费合作社，本有分红和廉价两种办法。不过求其简而易举，以廉价为适用于工人之组织。

消费合作社之组织，一要非常简单，货品一定要择一般工人日常需用之品。出入账目，除每月公布在合作社外，须由工会或股东来组织专门审查委员会，最好在这委员会中，除一部分的经常事务外，一部分将由社员轮流担任。

合作社还应时常向社员宣传合作社之意义，使一般社员了解合作社对于自身之关系。不然，在市场受人排挤和造谣诽谤中，也将有失败的危险。

合作社除以上所讲的要注意外，还有两件值得我们十二分注意的：

（一）经济关系，在工人组织中是最使人注意而易发生纠纷的问题。假使一为不慎，能使全局因之发生动摇。在完全经济组织的合作社，是更易使工人发生纠纷，并且实际非常容易发生些经济不清的事出来。

（二）合作社因能操纵市场，故十分易使商人妒忌，以破坏工商在反帝国主义中之联合战线，所以对商人的态度要取慎重，而货物切不能出售给非社员。

因上两种原因，合作社不是觉得在必要时，切不要轻易组织。组织后须时刻注意，不要使他稍有不幸的事件发生，尤其是经济的关系上。

选自中华全国总工会中国工人运动史研究室编：《中国工会历次代表大会文献》，第1卷，北京，工人出版社，1984，第126～128页。原注："选自《中国第三次全国劳动大会会刊》第12期，1925年5月14日出版"。

互校版本：中华全国总工会中国职工运动史研究室编：《中国历次全国劳动大会文献》，北京，工人出版社，1957，第114～115页。原注同上。

21. 中国共产党湖南区第六次代表大会
对工人目前最低限度要求之主张

1926年10月2日

一、工人有集会、结社、言论、出版、罢工之自由。

二、工人有武装自卫之权。

三、取消假工会，铲除工贼。

四、制定劳工保护法。

五、大产业收归政府公办。

六、实行八小时工作制。

七、规定最低工资，工人工资一律以银币大洋计算。

八、严禁包工制。

九、取消一切直接或间接向工人征收之税款（如码头派差、人力车月捐等）。

十、改良工厂卫生，实行劳动保险，工人伤病，津贴医药，照给工资（因各种纪念节及示威运动之休假，应一律照给工资），并应有婚丧给假之规定。

十一、改良学徒及艺徒制度。酌量技术程度，规定学徒期限，至多不得过两年；学习期内，应给最低限度生活工资，并不得虐待侮辱及为私人服务。

十二、不得雇用十二岁以下之童工，禁止童工及青年工人作危险及有害身体卫生之工作。每年应有连续两星期以上之长期休假。

十三、童年青年工人与成年工人工作成绩相当时，应给同样工资。

十四、男女工资平等待遇，女工在生育前后，应给假两月，照给工资。

十五、政府业主应拨款，补助工人教育及文化机关之设备。

十六、切实赞助工人生产的消费的合作事业。

十七、发展实业，救济失业工人。

选自《湖南全省第一次工农代表大会日刊》，1926。按《湖南全省总工会第一次代表大会决议案》校正。

22. 湖南全省总工会第一次代表大会对于《劳工保护法草案》之决议

1926 年 12 月

本法案交由本会第一届执行委员会，向中国国民党中央党部、国民政府及湖南省党部、省政会提出，请其采纳颁布。本法案如有未尽之处，第一届执行委员会得斟酌增删之。

第一条　一切公私企业、机关和工厂，以及一切使用劳动的私人雇主，须遵照本法之规定。

第二条　工人有集会、结社、言论、出版、罢工之权。

第三条　雇主应承认工会为工人之代表。

第四条　男工自十二岁至十八岁为青年工，满十八岁以上为成年工；女工自十三岁至十九岁为青年工，满十九岁以上为成年工。

第五条　雇主不得用未满十二岁之童工。

第六条　成年男、女工每日工作时间定为八小时，青年男、女工每日工作时间不得超逾七小时。凡于卫生有妨害之工作，均得缩减之。

第七条　禁止使用青年男、女工人作夜工。

第八条　具有下列各项事由之一，经工会同意在相当条件及一定时间之限制内，不得适用前条之规定：

甲、因特别事由，有夜间工作之必要者。

乙、因特别事由，有一气制成之必要者。

丙、因特别事由，有日夜连续工作之必要，分职工为二班以上，顺次轮班工作者。

前项所载业务之种类，由政府定之。

第九条　禁止时外的劳动，遇必要时须得工会允许。

第十条　女工于产前、产后应有两个月之休息；在休息期内，应照发给工资。女工在哺乳期内，应有规定之哺乳时间。

第十一条　凡适用本法之工厂及其他企业、社所劳动场合，凡遇工人发生之婚丧事故，以及星期重要纪念日，均应给假，并照给工资。

第十二条　工人全年休假，如不碍企业、工厂或机关之工作普通进行，得给予之。

第十三条　每日工作时间在六小时以上者，须于工作至二分之一时，设一小时之休息。

第十四条　分职工为二班轮次换班，使就夜班者工作时间，须于七日内改换一次。

第十五条　工资以维持工人生活为最低限度，其不及者，政府得强制增加之。

第十六条　工资计算一律以现银银币为主位，雇主不得以物品抵折。

第十七条　长期作工之工资，按月给清，每月作二次支给。临时工作以及各件独立有定事业，其工作继续不满两星期者，完工时即付工资。

第十八条　职工工资须在工作地点支给。

第十九条　雇主如须工人工作超过规定时间时，须照延误时间之数，加倍付给工资。

第二十条　雇主不得预先扣存职工之工资，备为违约或损害补偿等用。

第二十一条　雇主不得使用女工及青年工人从事扫除、擦油、注油、检查或修理运转之机械或传导动力装置危险部分，及带索之装卸，并不得令其从事极劳苦与危险各项企业上之工作。

第二十二条　雇主不得使用女工及青年工人从事于毒药、剧药、爆发性、发火性及其他各项有害物品制作之业务。

第二十三条　凡有害卫生或危险处所，以及尘埃粉末或他种有碍气体散布最烈处所，概不得令青年男、女工从事工作。

第二十四条　第二十一条至（第）二十三条所列业务种类范围，由政府规定之。

第二十五条　学徒学习期间至多不得过两年，并应酌量津贴生活费，并不得为私人服务。

第二十六条　学徒参加工人群众运动之集会、结社，不得以规则制止之。

第二十七条　政府对于工厂及企业、社所使用男、女工中，有左列各款情由时，得设限制或禁止或保护之规定：

甲、职工年在十二岁以下者。

乙、职工年在六十岁以上者。

丙、因残废或疾病丧失工作能力者。

丁、因疾病或残废目前已丧失工作能力，须暂时休养方可愈者。

凡永久或暂时丧失工作能力者，须由医生检验；检验方法另定之。

第二十八条　废除包工制。

第二十九条　职工因执行业务并由自己之过失罹疾或死亡时，雇主应负医药补助及抚恤遗族之责。

第三十条　雇主应拟定奖励金、养老医药补助金及抚恤规则，呈请政府核准施行。

第三十一条　各级行政官署对于管辖区域内之工厂、企业、社所，及其附设建筑物并设备等项，认为易生危险或于卫生其他公益上有妨碍、有预防之必要时，得呈准上级官署命令雇主于一定时日内增置设备，并得命令雇主停止全部或一部之使用。

第三十二条　工厂、企业、社所所在地之行政官厅，应派员检查建筑物及其他各项设备；但莅厂检查时，须携带政府检查证或他项有效之文书。

第三十三条　政府应设立劳动保险。保险费由雇主或省库支出。

第三十四条　工业雇主用未毕业于两级小学校之青年男女及失学职工，应予补习相当教育，并负担其经费。

第三十五条　男、女工之雇用解雇以及艺徒事项，由工会与雇主会商办理之。

第三十六条　工厂、企业、社所及劳动场合违背本法经官厅察觉、工会或工人告发时，一经证实，令其即刻改正，或处罚之。罚规另定之。

第三十七条　本法自公布日施行。

选自《湖南全省总工会第一次代表大会决议案》，1926，第328～331页。

23.　刘少奇编写：《工会代表会》《工会经济问题》《工会基本组织》[①]

刘少奇：《工会代表会》
1926年12月26日

绪言

工会是"群众的"、"奋斗的"机关。工会的权力，应该十分集中，才能奋斗。同时又一定要是"民主的"集中，才能容纳大多数人的意见，不致为少数人所包办，变成了专制。

所谓民主集权制，就是工会的权力，集中在大多数人的会议上，不是集中在个人身上，即凡事须经过大多数人的会议决定，一决定以后，即可强制实行。各会员在一事未议决以前，均可自由的（地）发表意见，若一经会议议决以后，则无论什么人均须服从。是这样，一方面可以容纳群众的意见，一方面又可一致的（地）与敌人斗争。

有了上面的理由，所以每一个工会要有一个代表会。有了一个代表会，才可把工会的权力集中起来。同时又是民主的集中，不是少数人的专制。所以工会的代表会，是集中工会一切权力的机关，一切权力归于代表会！这样，于工人的团结、工会的前途，均有莫大之效益。

一个工会没有真正工人的代表会，这个工会就不能接近群众，就不是工人的工会，就变成了少数领袖的机会。工人与工会一有隔膜，工会的团结就不坚固了，敌人乘隙进攻，从事破坏，制造谣言，煽惑群众，工会前途，因而危险。所以代表会是任何工会不可少的组织。没有代表会，工会就危险！有了代表会，工会就巩固。

工会全体会员大会，应该是比代表会权力更高的机关。但事实上会员大会不能常开，且以人数众多，难于讨论各种问题，在组织上故反不及代表会之重要。

---

① 时任全国总工会副委员长的刘少奇于1926年12月编写了这三本小册子，用以指导当时各地的工会建设工作。

50

现在武汉的工会，没有代表会的很多，望各工会赶快按照下面的规定，把代表会组织起来；已有代表会的工会，望切实整理，使代表会真正的（地）能够行使职权，按期开会。各工会代表会的形成，就可使各工会的团结巩固。各工友各工会的办事人不可不切实注意！

工会代表会

一、性质

（一）每一个工会，要有一个代表会。

（二）工会代表会是常设的，不是临时的。各代表之任期为一年或半年，与执行委员会同时改选，每届改组，先改组代表会。

（三）代表会之代表，若有不正当行为，或为其会员所不信任时，得撤回其代表资格，由该会员等另选人补充。

二、代表之产生

（四）代表会之代表，须从会员中选出，以各工会会员人数为比例选举之。

每工会会员人数在五百人以内者，每会员五人选举一代表。

每工会会员人数在五百人以上一千人以内者，每会员十人选举一代表。

每工会会员人数在一千人以上二千人以内者，每会员二十人选举一代表。

每工会会员人数在二千人以上五千人以内者，每会员三十人选举一代表。

每工会会员在五千人以上者，每会员五十人选举一代表。

（五）各工会有小组之组织者，若工会会员人数在一千人至二千人之间，即可以各组长为代表，组长大会即为代表会。

（六）在有特别情形之工会（如店员、旅馆、栈房及酒饭面馆与洋务等），可不拘定若干会员派一代表，可相当按照工作部门或地段的关系选派代表（如店员在每店家有店员八人至二十人者，得派一代表，一店家有店员在二十人以上至三十人者，得派两代表，在三十人以上者，每增加十五人得加派代表一人，其不足八人之店家，须联合附近数店家之店员选派一代表等）。

（七）选举代表时，须召集各支部会员大会选举之（如某支部有会员二百人，应选举代表十人，即召集该二百人开大会，选出十人，为该支部之代表），如以组长为代表者，不必如此选举。

三、代表会之组织

（八）由各支部选出之代表组织代表会，设主席三人，一人为该工会之委员长，余二人由代表会在各代表中推举之，开会时轮流主席。

（九）代表会应有纪（记）录一人，以纪（记）录各代表之发言及议决案。

（十）代表会开会时，工会各部主任均须到会，以备各代表之询问及报告各部办事情形，但无表决权。

（十一）代表会如遇有情形复杂尚待研究之问题，可推举数代表组织委员会专门研究之，由该委员会将研究之结果，报告代表会共同议决。

（十二）代表会之代表，须发给代表徽章。

四、召集会议及会期

（十三）代表会应每月开常会两次或一次，由各代表议定每月某日某时开会，应否再发通知书，看情形酌定。

（十四）代表会由主席召集，或由执行委员会召集亦可，有特别事故得开临时会。

五、职权

（十五）代表会是执行委员会之上级机关，执行委员会应服从代表会。

（十六）代表会有下列之职权：

通过及修改工会章程；

宣告工会之成立或解散或与其他工会合并；

决定工会进行计划；

决定工人对于雇主方面之要求；

宣告罢工及复工；

通过工会经费预算及审查决算，并决定征收常月捐或基金之数目；

通过工会驻会职员及人数；

选举及撤换执行委员；

惩戒工会职员及会员；

接受执行委员会及各方面之报告；

执行上级总工会之命令，及选派参加上级总工会代表大会之代表；

议决其他重要问题。

六、纪（记）录及议决案

（十七）代表会之讨论及议决，应明白纪（记）录，在散会时纪（记）录人应宣读议决案，如有纪（记）录上之错误，立即改正。

（十八）各种议决案交执行委员会努力执行，并须在会内张贴公布，或油印散发各支部及组长，并报告总工会，但须保守秘密之议决案不可公布。

（十九）上次代表会议决案，若情形改变，在下次代表会议上，可相当议决改变。

七、代表任务

（二十）代表会之代表系代表群众意见支配工会，故各代表事事须征求群众意见，同时须将工会之情形及代表会议情形向群众报告。

（二十一）代表会之议决，少数代表如有不同意见，仍须绝对服从议决案。

八、会议规则

（二十二）有全体代表过半数之代表出席，即为正式会议。

（二十三）每一代表有一表决权（但在特别情形之下或外埠代表，一代表亦可有数代表权）。

（二十四）提案经出席代表过半数之通过，即为议决案，付表决方法由主席决定。

（二十五）会场秩序由主席维持。

（二十六）讨论一问题，每代表发言以三次为限。

（二十七）代表发言须起立，不得争闹，如有两人同时发言，由主席指定发言之先后。

（二十八）开会时间以二小时为限，如须延长由各代表临时决定。

（二十九）开会时，各代表非经主席许可，不得私自离席，尤不得私自相互言语。

（三十）如有扰乱会场秩序及争打等情，由主席派人带出会场，由大会公开议罚。

（三十一）会议规则由代表会议决施行，代表会得随时修改之。

刘少奇：《工会经济问题》

1926 年 12 月 27 日

绪言

经费问题，是工会中时常发生的大问题，可以使工会分裂，可以使工会塌台，可以使工人不信仰他们的领袖及工会。所有的工友，尤其是在工会的办事人，应该懂得这个问题的重要，求得解决这个问题的方法，预防这个问题的发生。

工会无钱，经济困难，固然可以减弱工会的力量，但若为充裕工会的经费起见，勉强向会员征收多量之会费，引起会员之反感，则于工会前途，将更多不利。

工会有钱，若使用不当，支配不平，则所发生的问题更多且大。在工会无钱时，大家为工会尽义务，不要钱、不吃饭，努力奔跑，十分齐心。若是工会有了钱，大家就不能尽义务了，不要钱、不吃饭不能跑了，因此就不齐心了，彼此争吵起来了，工会反而不好了，这样有钱不如无钱的好。有时工会职员并无黑幕，若买了一顶帽子，制了一身新衣，会员大家看了，心里就疑惑起来，以为这位职员一定在工会里揩了油，不然，何以制了新衣新帽呢？若有工会职员在一个地方打了一次牌、喝了一次酒，那更是了不起的事，马上就争闹起来了。何况真有不争气的职员，真的侵吞公款，弄出黑幕、账目不清等事，工人群众那（哪）有不群起而攻之？如此一来，此帮彼派，互相争打，工会分裂了。工人领袖们！工友们！工会的经济问题，是工会进行中很大的危险啊！

工会的钱，是在工人身上抽取来的极苦的汗血钱，工会办事人拿了这个钱，应该怎样的（地）小心谨慎来使用！那（哪）里可以在门面上、形式上浪费一文？那（哪）里可以把自己的津贴及生活费定得很多？领袖是为群众谋益牺牲自己的，努力作事，努力奋斗，是应该的。作事比一切人多，拿钱比一切人少，这才是工人的真正领袖。作事比人少，拿钱要此人多，这是一切工会职员所不应该的啊！

所有的工友都要懂得，工会经济的纠纷发生了，是困（很）难解决的问题。大家要有很大的责任心去监督工会的经济，要订出很多的章程法则，预防这个问题的发生。这种技术的工作，是革命中很重要的工作，与工人阶级的幸福有极大的关系。

我因为看到这个问题的重要，特把这个问题的全部分写成一本小册子，望各工人领袖及工友们尽量采纳施行，工会前途幸甚！

工会经济问题

一、入会金

（一）入会金系工人在加入工会时所交纳之经费，工人交纳入会金，才得为工会正式会员。

（二）工会征收入会金，须分别工人工资之大小征收。（,）即工资多的，多收一点，工资少的，少收一点。普通入会金为该工人之一天工资，最多不能超过五日工资。在有些工人不便分别工资之大小者（如码头工人、花厂女工等），亦可一律平等征收。（,）即每人一律交入会金若干。

（三）征收名誉会员或特别会员之入会金，可相当增多。

（四）职业工会为保障职业起见，对于日后加入会员的入会金可相当增多，但不得超过普通会员之三倍以上。工会所收之入会金，除作工会开办费外，应留一半作工会基本金。

二、常月捐

（五）工会会员每月应向工会交纳常月捐，以维持工会之开支，及增加工会资金。但有特别情况之工人（如航行外国之海员等）亦可每年向工会交常年捐一次，下级工会亦须向上级工会交纳常月捐。

（六）工会征收常月捐，亦须分别工人工资之高低而征收之。普通为征收该工人工资之百分之一至半日工资。其不便分别工人工资之高低者，亦可一律征收（若干）。

（七）会员连续三月不交常月捐者，工会可予以相当之惩戒。

（八）常月捐最好由各组长征收，送交支部干事会，转至工会。由支部干事会征收，或由工会派人征收亦可。

（九）工会月捐非有不得已的情形，不可由工头或店东代收。

（十）工会须制定月捐征收簿发至各组长，由各组长填写。

（十一）工会须立一小组一览表，以便审查会员是否已交月捐。

（十二）会员如有一月或二月不交月捐者，工会须去信警告并催交，如有特别情形（失业或生病）者，可报告工会免收或减少。

三、基本金

（十三）工会应储存大批基金，以备有特别事故发生时使用，如罢工基金等。

（十四）征收基金应在工会基础稳固、工人对工会有信仰时方能征收。工会尚未成立，或工人对工会尚无好信仰，不可向会员征集基金。

（十五）工会向会员征收基金，应在工人特别收入项下抽取之（如在年终双薪内抽取等），方不影响会员生活。又在其他方面正当征集之，或在月捐内按月存集亦可。

（十六）工会征集基金，其数目之多少，须经代表会决定，多数会员之同意，并报告总工会批准后，方能从事征集。其数量如每人捐抽工资若干，或每人收大洋若干元均可。

（十七）基金须妥慎储存于银行钱铺，或以之开办合作社等于工人有利益之事业。动用基金须经代表会之通过。

四、特别捐

（十八）工会如有某种别事故发生（如捐助其他工会之工人，或举办学校、宿舍等），经代表会之通过，可向会员征收特别捐。

（十九）征收特别捐，由工会经济部办理，或另组委员会办理均可，但须另立账簿，以便向会员公布。

（二十）工会可举办游艺会或其他娱乐事业，征收特别捐。

（二十一）非有特别重大事故，工会不可向外界募捐。

（二十二）工会可向厂主等要求津贴工会之教育经费。

五、救济金

（二十三）工会可代会员办理失业救济、疾病救济、死亡救济及被难救济等事业。

（二十四）救济费可在工人月捐内抽取之，或临时抽收，或在基金内拨一部分为救济金均可。如救济被难会员，则临时抽收为好。

（二十五）失业救济，即工会有会员失业者，工会每月给该工人伙食费若干。疾病救济，即会员如有疾病，工会每月给医药费若干。死亡救济，即会员死亡时，工会给以帛金或抚恤其家属若干。工会如举办经常救济事业，须订定详细章程办理之。

六、罚款

（二十六）会员如有违背会章及纪律时，工会可处以一元或五日工资以内之罚款。罚款须另外收存，每年结算公布，以该款办理于工人有利益之事业。工会收入罚款须给收条，工会不得罚会外人之款项。

七、管理经济的组织

（二十七）工会经济支配权，属执行委员会及代表会。

（二十八）执委会之下应专设一部管理经济出纳及账目，或以三人至七人组织财政委员会管理之，并须分会计、庶务及记账等职。工会会计负收支及保管银钱与制定预算及决算之责。庶务专负采买等用钱之责。庶务账目，须向会计处报告。

（二十九）工会为慎重起见，须由代表会推举五人至九人组织经济审查委员会，按月审查工会银钱眼目，向代表会报告。经济审查委员会不受执行委员会之支配，但只能审查眼目，不能支配经济。

八、预算及决算

（三十）预算是工会预先计算收钱若干、用钱若干的数目。预算决定以后，即照预算收用，使工会用钱不致漫无限制。

（三十一）每工会均应有预算，规定预算时应特别注意，不可规定太多，须知收来了人的血汗钱不好浪费一文。预算并须经代表会之通过，报告总工会。规定预算，可以一年为限，或一月数月为限。

（三十二）决算是工会已经用过了钱所记的账目。决算须经审查后公布，并报告总工会。

（三十三）预算决算应分为下列各项：

（1）职员薪水津贴；

（2）房租水电及警捐；

（3）火（伙）食；

（4）宣传印刷费；

（5）文具费；

（6）交通费；

（7）交际费及其他特别费；

（8）邮电费；

（9）添制及修理费；

（10）杂费。

九、职员津贴及生活费

（三十四）工人领袖是牺牲个人利益替工人群众谋利益的，故在工会办事的职员，非有不得已的特别情形，不可在工会支领生活费或津贴。

（三十五）工会规定职员生活费，其数目不得超过普通工人之工资，最高以三十元为限。职员如已支领生活费，不得再支办公等费。职员在工会办事，工厂若不扣除工资，不得再在工会支生活费。

（三十六）工会职员歇工一天，在工会办事一天，可在工会支领相当津贴。

十、收钱

（三十七）工会各种收入须由会计处经手。会计处收入各种银钱须给以正式收据。

（三十八）会计处如遇有疑问之收入，须交委员长或某部负责人签字，方得照收。

十一、领钱

（三十九）一切银钱，须向会计处领取，会计处须有领款人签字盖章及规定之工会负责人签字盖章之领条，方得照发，会计处即存该领条为凭据。无正式领条，会计处不得发钱。

（四十）领条上照例须有委员长及某部负责人之签字。会计处在发钱时，应时时记着，不要超过预算。

十二、用钱

（四十一）工会用去各种银钱或买来东西，除极少者外，应有店家等之凭单。

（四十二）用钱者宜以一二人经手，不可有很多的经手人。

十三、存钱及保管

（四十三）长存在工会之钱不可太多，以一二万元或三四万元为限。工会有积钱很多时，须储存于银行钱铺或总工会，以昭慎重。

（四十四）工会向银行等存钱领款时，须有四五人共同签字负责，不可一个人存钱领款，以免意外。

十四、借贷及长支

（四十五）工会非有不得已时不得向外面借款。

（四十六）无论何人不得向工会借钱，工会不得贷款于任何会员或外人，尤须禁止工会职员向工会借钱。

（四十七）工会职员不得向工会长支生活费或津贴。

十五、记账、查账及公布账目

（四十八）工会账目，能用新式簿记为好，或用旧式记账法亦可，但须特别详明，并分别记明姓名、价目、件数、用途等项。

（四十九）工会账目除流水外，应有总簿，照预算所分门类按月总结一次，造成明确之决算表。

（五十）工会账目应经代表会或经济审查委员会查算，并须有各种收条凭条为据。

（五十一）工会账目须按月公布，在工会内张贴，或印刷分发各支部及会员，并报告总工会存案，以昭信守。

（五十二）经手人如有更换时，须将各种账目及手续，明白移交，并签字负责。

十六、举办事业

（五十三）工会经费充足时，可举办工人学校、工人澡堂、工人医院及宿舍、俱乐部、图书馆、合作社等。工人可免费或减费享受工会举办各种事业之权利。

（五十四）工会举办各种事业时，尤须特别谨慎，并须另订详细章程办理之。

十七、集中工会的经济

（五十五）工会经济利于集中。各分会各支部所收之会费，须全部送交工会，由工会支配及保管。各分会及支部之正当用费，可造具详细预算，由工会津贴。

（五十六）各分会或支部不可单独向会员增加会费。

十八、勒索及敲诈

（五十七）擅自订立章程，假藉（借）名义，向会员或外人强行抽取者为勒索。无真确情节及理由，恃强力向外面人索款骗物者为敲诈。工会不得有勒索及敲诈等行为。

（五十八）工会不得在平时派遣纠察向会员收会费。

（五十九）工会会员及职员如有勒索敲诈等情，按情节之轻重，拿送法庭，依法惩办，判处徒刑。

十九、津贴及受贿

（六十）工会可接受上级工会及政府与党部之津贴，私人津贴或捐助，须经代表会之通过方可接受。

（六十一）工会职员或会员，私人秘密接受雇主或外面人之津贴及运动费为受贿。行贿受贿者，可送法庭依法惩戒。

二十、侵吞拐骗

（六十二）以少报多、从中舞弊、挪用公款、卷款潜逃者为侵吞拐骗。工会职员及会员有以上情事发生，除勒缴欠款外，送法庭依法惩办。

（六十三）工会职员及会员如有勒索敲诈受贿及侵吞拐骗等情，除撤销职务、开除会籍、送法庭惩办外，并在总工会备案，通告武汉及全国各工会，永远不得为工会会员及职员。

刘少奇：《工会基本组织》

1926 年 12 月 28 日

绪言

工会是群众奋斗的机关，在革命中所负的责任，极为长久重大。因此工会必须有严密的组织，才能克（恪）尽前途所担负的使命。所谓严密的组织，就是在执行委员会之上，有真正工人的代表会，在执行委员会之下，有群众中的支部基本组织。

工会的群众很多，若无支部等基本组织，而仅有工会的执行委员会和工会的招牌，那会员愈多，愈加散漫。如此的工会，是不能奋斗的，执行委员会是无法统率群众的。比如军队一样。若只有一个司令部，底下没有营、连、排等下级组织，则这个军队，没有法子能够战争。所以一个工会若没有支部、小组等基本组织，有支部、小组而不起作用，则这个工会的组织就不完全，行动的时候，就必感觉很大的困难。我们要懂得，支部、小组是工会的基础，工会是建筑在支部、小组之上（的），支部、小组若不坚固，工会的基础就不坚固，有了好的支部和小组，工会的基础就有了保障。

工会有了支部及小组之后，工会的行动即非常敏捷便利。有紧急的事故发生，执行委员会议决之后，即刻通知各支部及小组与会员。则在一、二小时内全体会员均可动作（起来），而在形式上不费什么手续。若无支部及小组，如要使全体会员动作，非开大会、发传单、出布告不可。如此非费一二日之时间，不能使会员全体知道。但要费去一二日之时间，而时机已过，虽行动已无效果了，这于工会是有何等大的损失呢！

此外在工会有支部及小组，可使工会的行动秘密起来，不致为敌人所破坏。工会对于工人的训练和教育，也很便利施行。各方面的消息也极灵通，工会易明瞭工人的真实情形，工会的经过情形也常常向各支部报告，使工人与工会之间的关系密切起来，不致发生什么误会和隔膜，于群众的团结有极大的效益。工会若无支部等组织，则工会的行动无法秘密，工人训练与教育亦难施行，消息既不灵通，情形又多隔隙，如此而想工会有力量，团结得坚固，实为不可能。所以基本组织在工会中真有极伟大之功效，凡各工会工友不可不努力进行组织！

工会代表会、执行委员会及支部，均是工会必要的组织，缺一不可。现在，武汉工会的执行委员会已经通通都有了，但工会的代表会及支部，还有很多工会是没有的。同时，工会的经济问题也是极为重要。我们为得要使我们的工会在加过工资之后，更进一步的（地）团结和巩固起来，并免去一切内部的危险，特费了几夜的功夫，很简要的（地）写成《工会代表会》、《工会经济问题》及《工会基本组织》三本册子，交总工会宣传部印行，以供各工会及工友之采纳。望我工友过细观看，采纳施行，如有错误之处，仍希指正！

《工会基本组织》

一、总纲

（一）每一个工会，均应有他（它）的支部作基础。

（二）工会的支部及小组不是有形式的机关，而是在工人群众中活动的中心，领导群众行动的头脑。

（三）支部应服从工会执行委员会的命令，不得有单独行动。支部所收工人会费，须送缴工会，不得自行支配。

二、支部

（四）在产业下每一工作处之工人，组织一支部〔如铁路之每处成立一支部，纱厂之每（车）间成立一支部，海船之每船成立一支部，机器店之每厂成立一支部，码头工人之每码头成立一支部，建筑工人每营造公司之工人成立一支部等〕。每支部组织一干事会，由支部会员大会或支部代表会推举三人至五人组织之，并互推干事长一人（兼任文书）。其他各干事分担组织与宣传。但若支部人数太少，在二十人以下者，则不设干事会，仅推支部书记一人。

（五）手工业工人组织支部，须先成立小组。如每公司、每店家、每酒馆有三个小组以上者，则可单独成立一支部。否则联合附近之数小组（或十余组）成立一支部。每支部亦须设一干事会，组织与前同。

（六）以前泥水、缝艺、鞋艺、酒、饭、面馆等，以帮口界限成立之支部，应即将支部改为分会，再依照各街道、各公司、店家等组织支部。支部设干事会，分会设委员会，工会设执行委员会。

（七）支部不能单独对外发出信件及宣言、传单等，尤不得以支部名义向雇主提出要求条件。一切对外关系，以工会为代表。

（八）支部不能有单独行动或罢工，不得单独订立条规，一切须服从工会之命令及决议。

（九）支部不得在工会征收会费之外，加收会费。支部所须用笔墨纸张表册等，由工会发给。工会亦可发给各支部少许必需费。

（十）支部干事会之任务如下：

1. 执行工会命令及议决案。

2. 受工会之指导，领导该支部工人作一切行动。

3. 解决该支部之小问题，及处决临时发生之紧急问题（但须即刻报告工会）。

4. 讨论关于该支部之一切问题或工会一切问题，并建议工会。

5. 调查工厂或雇主及反动派之一切情形，报告工会（如调查工厂如何克扣工人、剥削和压迫工人？每日生产若干？销售何处？原料何处来？储存若干？价格若干？如店员应调查市面情形如何？物价涨落？各旅馆、澡堂、酒饭馆、厨业、摊担、黑市照料等。工人应特别调查反动派之机关、行动或言语、会议等，报告工会）。

6. 征收会员、会费。

7. 分发工会刊物，张贴工会标语。

8. 召集支部会员大会。

9. 解释工友对于工会之误会。

10. 向会员作各种报告及讲演（如政治报告、会务报告、财政报告，及各种理论的主义的讲演等），训练工人群众。

11. 传达工会命令。

12. 纠查工会不正当行为。

13. 支部干事会及支部会员大会开会时，应先报告工会执行委员会，派人参加。

14. 支部干事会应随时清查会员已否交纳会费，并不时催促交纳。

15. 支部干事会应备有该支部之会员及小组一览表一份，办事方能便利。

16. 支部不一定要有办事处，即在工厂或工人寄宿舍与工人住宅可以办事。

17. 支部之下，有小组者，干事会应时常召集各组长开联系会，报告一切。

18. 支部干事一定以在本支部工作之工人充当，且须工作很久、熟悉情形、诚实可靠者。切不可以外面人或其他工作处之工人充当，包工头不可充当干事。

19. 工会应制定支部界限，分途召集各工作处之工人开大会，选举支部干事会，成立支部。

三、小组

20. 产业工会之支部如人数太多者，可在支部之下再分为若干小组，举组长一人。

21. 每组人数以五人至二十人为限。组织小组亦须按照自然的工作界限或班次而成。

22. 店员及各店家之工人与旅馆、酒馆、面馆、洋务等工会，每店每馆有工人在五人以上至二十人者，即成立一小组，有工人在二十人以上至三十人者，成立两组，三十人以上每增加十五人，即加成立一组。其不及五人者，则联合附近之数店、数馆成立一小组。

23. 车夫、码头工人、花厂、蛋厂女工等可每十人成立一组（即十人组）。

24. 组长之任务为传达命令，收取会费，分发刊物等。

25. 工会须印就一种小组表，派人分发各工友填写，送交工会。同时，组织小组（工会如有月捐簿交组长收存者，组长即以月捐簿上之名单为凭）。小组表之样式如下⋯⋯

四、工厂委员会或分部委员会

26. 一工会管理几个工厂，一工厂有两个以上之支部者，则可成立一工厂委员会。由工厂会员大会或代表大会选举五人至七人组织之。

27. 手工业工会一工会所辖地域太广，可按照地段组织分部委员会。

五、会议

28. 支部干事会，每星期开会一次，由干事长召集并主席。

29. 支部会员大会，每月开会一次，由干事会召集，干事长主席。

30. 支部组长会，每月开二次，由干事会召集，干事长主席。

31. 小组会及无干事会之支部大会，每星期开会一次，组长或书记召集，并主席。

32. 每次会议以一小时至一小时半为限。每次会议，除讨论各种问题外，应有一半之时间作政治报告、会务报告及各种讲演。

1926 年 12 月湖北省总工会宣传部印行

选自《论大革命时期刘少奇的工会建设理论》，载中国人民大学复印报刊资料《中国现代史》，1989（6），第 201 页。

24. 江西全省工人第一次代表大会决议案

1927 年 2 月 23 日

一、统一工会组织案

甲、同一职业之工会，其名称应相同；

乙、各店家之手工业工会与店员，尽可能组织在一个工会之内；

丙、船舶工人、无论机器工人、水手工人、茶房、厨房，应组织在一个船舶工会之内；

丁、工会旗帜、印信，应由上级工会颁发。

二、宣传教育案

甲、各工会应设立工人补习学校及工人子弟学校；

乙、各工会设立工人书报室及俱乐部；

丙、由省总工会编辑工人训练小册子及刊物；

丁、全省总工会应出版定期刊物及书报；

戊、全省总工会应设法培养工作人才，遇可能时，应举办工人运动训练班。

三、工人的经济要求案

甲、按各县镇生活程度和工作、技术，规定工人最低工资；

乙、按各县镇社会情形，规定最高限度之工作时间。

四、改良工人待遇案

甲、无故不得开除工人，开除工人须得工会同意。大概须照下列各条办理：

（1）营业发达，歇业，或不歇业，辞退工人者，须补给一年薪金；

（2）营业失败，缩小范围，辞退工人者，须补给六个月薪金；

（3）营业失败，歇业辞退工人者，须补给三个月薪金。

乙、雇主、或工头，不得侮辱打骂工人；

丙、工人因工作致病，或死伤，须从优补助医药费，或抚恤金；

丁、老年工人，须补助相当的养老金；

戊、废除包工制度。

五、关于工人休假问题

甲、规定普通休假期间，每年至少须两个月；

乙、因各种纪念节，及示威运动之休假，为特别休假，不在普通休假之内；

丙、普通休假与特别休假，应一律照给工资；

丁、在以上各种休假期内，若未停工，须给双薪。

六、改善学徒待遇案

甲、十八岁以上的工人，每日工作至多不过八小时；

乙、禁止夜工，及做危险和有害身体的工作；

丙、不得使用十二岁以下的儿童作（做）工，厂家应设法为维持该厂工人子女的生活；

丁、厂家应设立免费学校，以供青年工人及工人子女之求学；

戊、青年工人与成年工人，做同样工作者，应得同样工资；

己、禁止虐待及侮辱青年男女工人，尤其不得打骂学徒，及使其为私人服务；

庚、学徒期限，至多不得过两年；

辛、学徒应得最低限度的工资，应以技术程度之高下，按期增加工资。

七、改善女工待遇案

甲、女工做与男工同等工作者，工资亦须相等；

乙、女工生产前后，须有两个月特别休假，工资照给；

丙、其他待遇与男工人同等。

八、合作社案

各工会应斟酌情况，创办合作社，减轻工人经济负担。

九、纠察队案

甲、统一组织与指挥；

乙、不准用纠察队向会员收会费；

丙、纠察队是临时的，不是经常的；

丁、各工会不准利用纠察互相争斗，或拿人筹款；

戊、不准利用纠察为工会职员卫队；

己、纠察队不得佩带武装皮带。

十、工人政治要求案

甲、制定劳工保护法；

乙、促开省民会议；

丙、要求政府实行中央及各省联席议决案。

十一、工会经费案

甲、各县、镇总工会经费，由政府依各县、市、镇党部开支；

乙、通过省总工会经常预算案。

选自《中国工运史料》，1958（3），第58～60页。

25. 全国工人阶级目前行动纲领

1927年2月中华全国总工会执委扩大会议通过

一、反对一切资本帝国主义向中国武装进攻，尤其是最近英国帝国主义对华出兵。

二、要求彻底完成国民革命，反对一切与帝国主义及军阀等妥协之倾向。

三、拥护一切民主革命势力之争斗，反对代表封建势力之个人专政及军事独裁等。

四、拥护国民政府继续北伐，肃清一切军阀。

五、拥护农民一切反封建势力及获得土地权之争斗。

六、要求政府颁布劳动保护法。

七、要求八小时为最高限度工作时间，反对直接或间接延长工作时间；要求礼拜日休息，照给工资。

八、要求随时增加以物价为比例之真正工资，反对降低工资。

九、要求男女作同等工作者，应得同等工资。

十、要求禁止雇用不满十三岁之童工工作。

十一、要求减少女工、童工之工作时间，并全力拥护改良女工、童工劳动条件的争斗。

十二、拥护手工业工人一切反封建争斗，打破前次之主奴关系。

十三、要求工会组织之完全自由，无论平时、战时，不受任何法律命令之束缚。

十四、要求各省、各县、市组织统一的总工会，反对一切分裂工会的企图。

十五、各省总工会、各产业总工会均统一在全国总工会之下。

十六、要求赤色、黄色两职工国际，共同发起组织统一全世界之职工国际；要求建立东方各国工会间的亲密关系；反对各国政府、资本家把持的国际劳工局。

十七、要求罢工之完全自由，无论平时、战时，不受任何命令之限制。

十八、反对交通系、总商会等及其他代表官僚资本阶级势力侵入工会，反对劳资联合会等及其他一切阶级调协企图。

十九、反对有强迫性质的劳动仲裁机关。

二十、反对资本家提倡改良主义欺骗工人，如分给工人红利等；反对资本家向工人进攻的新形势，如加重工人工作等。

二十一、要求团体契约权，各企业不得雇用非会员工人及工人解雇前必须将正当理由通知工会。

二十二、反对包头制。

二十三、要求国立的失业保险，救济失业工人。

二十四、要求国有产业应有工人代表参加管理。

二十五、要求各级总工会得派代表出席国民政府及其以下各级政府会议。

二十六、要求国家税捐负担应归富有阶级。

选自中华全国总工会中国职工运动史研究室编：《中国工会历史文献》(1)(1921.7—1927.7)，北京，工人出版社，1958，第364～365页。原注："转录自李立三著《中国职工概论》"。

三、省港罢工工人代表大会通过的革命法规

1. 香港罢工工人恢复工作条件

1925 年 10 月 2 日省港罢工工人代表大会通过

一、香港华人应有集会、结社、言论、出版、罢工、教育、居住及举行救国运动及巡行之绝对自由权（凡被解散之工会须恢复之）。

二、香港居民，不论中籍、西籍，应受同一法律之保障与待遇；务须立时取消对华人之驱逐出境条例、笞刑、私刑等之法律及行为。

三、香港定例局之选举法应行修改，以增加华工选举权及被选举权。

四、香港政府应制定劳动法，规定八小时工作制，最低限度工资，工会缔结契约权，废除包工制，女工童工生活之改善，劳动保险之强制施行等。制定此项劳动法时，应有工团代表出席。

五、不论公私机关服务人员及职工，皆一律恢复原有工作，不得借故拒绝或开除。以后并不得有政治的或经济的压迫及报复等事。

六、不论公私机关服务人员及职工，罢工期内工资照给。

七、所有因罢工而被捕者，应立即释放，并不得驱逐出境；及因罢工或嫌疑而被驱逐出境者，应一律恢复自由。

八、所有罢工期间因欠租致被香港政府及业主拍卖家私等项者，须赔偿其损失，并准其居住原屋，免收罢工期内之租项。

九、香港政府公布七月一日之新租例，应立即取消；并由宣布取消之日起实行减租二成五。

十、在香港各国代表与中国工人代表组织赔偿委员会，应由香港政府负赔偿香港中国工人在罢工期内损失。

十一、凡轮船、工厂及公司一切大小职务，华人皆有平等享受之权，香港政府应不分中籍、西籍，一律平等凭证（如客船往返口岸，中国人有权行使船主及司机职权）。

十二、未罢工以前，香港政府所给予华人之一切凭证及牌照，应继续有效。

十三、凡工厂及大公司货仓有一百人以上者，应设立工人宿舍，免收租项。

十四、凡未参加此次罢工运动之工人须一律开除，俟用尽罢工工人，方许再用未罢工者。

十五、香港境内，应准自由行使中国货币。

附：香港学生联合会之要求条件

一、香港华人学生无论在校内或在校外，皆有集会、结社、言论、出版、信仰及举行救国运动及巡行之自由权。

二、香港华人学生应有参加学校校务会议、教务会议及改良校务、教务之权。

三、香港不论公私学校，对于罢课回国之华人学生，应由香港政府明令准其自由回原校肄业，各校不得借故拒绝或开除。

四、香港政府教育局所有对付罢课学生之条例，应立即一律取消。

五、所有罢课期内所应征收之学费应一律免收。

六、中华民国各纪念日应一律放假举行纪念。

选自《工人之路》，第 101 期，1925-10-03。

互校版本：广东哲学社会科学研究所历史研究室编：《省港大罢工资料》，广州，广东人民出版社，1980，第 561～563 页。

2. 广州及沙面罢工工人恢复工作条件

1925 年 10 月 3 日

一、中国工人在沙面应有集会、结社、言论、出版、居住、罢工之绝对自由权。

二、不论公私机关及店户、轮船、仓厂服务人员及职工，皆一律恢复原有工作，不得借故拒绝或开除，以后并不得有政治的或经济的压迫及报复等事。

三、广州及沙面洋务华人职工，每日工作不得过八小时，逾时须按照工金补给。并改良女工、童工之待遇。

四、沙面警察，须全用华人。

五、沙面东、西桥，每日限至晚上十二时方能关闸；如有特别事故，不用领证出入，得随时开闸。

六、沙面堤岸，华人得自由行坐，及［在］各码头随时上落。

七、在罢工工人未复职前，应由沙面各国代表与中国罢工工人代表组织赔偿委员会，由英政府完全负责赔偿中国洋务工人在罢工期内所有薪金及其他损失。

八、沙面英、法工部局所颁布之取缔华人一切苛例，应即一律永远取消。

九、凡在广州及沙面之洋行、店户、轮船、仓厂作工，无论公私机关雇用洋务工人，必须由广州洋务工会职业介绍所许可，方能有效。

选自《工人之路》，第 101 期，1925-10-03。

互校版本：广东哲学社会科学研究所历史研究室编：《省港大罢工资料》，广州，广东人民出版社，1980，第 563~564 页。

3. 中华全国总工会等团体拥护解决省港罢工条件宣言

1925 年 10 月 3 日

自"五卅"以后，帝国主义者相继施其屠杀。上海之血未干，汉浔之惨杀又起，浸且及于广州；六月廿三日，沙基之役，死伤百余，枪及妇孺，此诚世界所未闻，凡属中华同胞所共切齿者也。省港卅万工友，为争民族生存国家体面，并援助被害同胞起见，遂有大罢工之举。时经三月，胜利迭见，帝国主义者经济已受绝大之打击，而我方则再接再厉，绝无松懈之机。顾省港大罢工之目的，在于抗议"五卅"以后各地之大惨杀。而造成此"五卅"大惨杀之原因，实为历年以来列强对于中国一切不平等条约所造成；此外则因以前中国积弱，帝国主义者每每设立绝无人道之苛例，以宰割中国侨民。故省港大罢工之目的有三：一为废除一切不平等条约；二为解决各地惨案；三为取消各地方华人所受之一切酷虐无理之苛例。但一切不平等条约既为帝国主义束缚全中国之枷锁，各地惨案又为帝国主义残杀中国人民之表示，吾人必须联合全国同胞，集中力量，以与帝国主义者抗争，而非我省港方面单独之努力所能收效。故前月初本省各界有北上代表团之组织，唯一使命即为连合全国各界群策群力，以达到废除不平等条约及解决各地惨案之目的。至各地局部要求，所谓取消各地方之苛例及待遇，则省港罢工委员会已提出条件向帝国主义者要求。敝会等细核省港罢工委员会所提出之条件，实至为确当，盖此等条件，虽为罢工同胞所提出，而非工人同胞单独之利益，实中国工商同胞之共同要求，凡属中国人民，所必当要求帝国主义履行者也。敝会等一致议决拥护此项条件，并深望全国同胞明白此次省港大罢工之目的，与夫此次省港罢工工友提出条件之内容，一致要求帝国主义履行，以全为其后盾，则不独省港大罢工能早日解决，全省同胞与夫国家前途，皆当从此得到解放之途径。谨此宣言。

广东各界对外协会、广州总商会、广东商会联合会、广州市商会、商民协会、中华各国总工会、广东总工会、广州工人代表会、广东省农民协会、中国青年军人联合会、香港学生联合会、其他各团体。

选自《工人之路》，第 101 期，1925-10-03。

4. 附：邓中夏①：省港罢工工人的组织

1925 年 7 月

一、序言

我想我省港罢工工人的组织，不仅是外界同胞所乐于知道，就是我全体罢工工友〔也〕是想急切知道的。兄弟特为述论一番。

原来我们工人阶级这一次的全国总罢工，都不是为了"增加工资"、"减少时间"的经济斗争；是为了"反对帝国主义，求得民族解放"的政治斗争。经济斗争，只对某一个或数个资本家的问题，政治斗争，乃对某政府或某国家的问题，所以经济斗争比政治斗争性质要简单得多，时间也要短缩得多。我们这次全国一致的政治斗争，敢于与"雄视一世"、"骄横一时"的帝国主义相周旋，相角逐。自然我们大家都知道不是一朝一夕可以解决的，是要经过旷日持久才能解决的。上海三十万人的总罢工，已经准备一年，可见我们工人阶级的规模是何等壮大，魄力是何等的雄伟，岂是顾利忘义的资产阶级所能望其项背！（上海商人罢市不到二十六天便开市了，香港商人连罢市都不敢，岂不可笑！）

既然我们认定我们的斗争，是旷日持久的斗争，那么我们激昂奋发的感情，必有伟大缜密组织以容纳之，然后才能历久而不敝。所以我们省港工友这一次与全国一致行动而举行空前未有之大罢工，最注意的是组织问题，其次才是经济问题。经济问题已有长远的打算，精密的计划，本篇存而不论，现在把我们的组织分段述论于后。

二、组织系统

在未分述各部组织之先，把全部的组织系统制成一表，附加说明，庶乎读者更容易得到一个明确的观念。

省港罢工工人组织系统表：

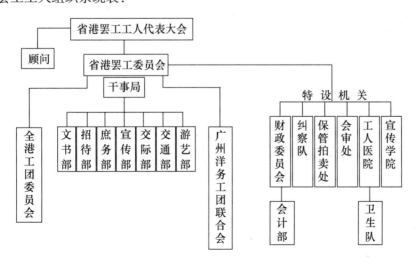

① 邓中夏，省港罢工委员会顾问，时任中华全国总工会执行委员会委员、中共省港罢工委员会党团书记。

"省港罢工工人代表大会"为最高议事机关，它有绝对无上的权限，置"顾问"以收集思广益之效。

"省港罢工委员会"为最高执行机关，它须绝对执行代表大会的决议案；并与代表大会不相抵触之范围内决议日常事务，在紧急时"即客观事实决不容许开代表大会时"亦得便宜从事。

"干事局"在省港罢工委员会指挥之下，办理一切事务，其下分设七部，其职务如下：

（一）文书部——掌理文牍、誊写、记录、油印等事。

（二）招待部——掌理迎接、宿舍、饭堂等事。

（三）庶务部——掌理粮食、采买等事。

（四）宣传部——掌理编辑、新闻、讲演等事。

（五）交际部——掌理接洽宾客、慰问工友等事。

（六）交通部——掌理送信、调查、传达等事。

（七）游艺部——掌理演戏、音乐、电影以及一切娱乐等事。

在省港罢工委员会指挥之下，特设各种机关，掌理特种事务，其职务如下：

"财政委员会"——负募捐、保管、支配之全责，其下设"会计部"掌理出纳、司账等事。

"纠察队"——负维持秩序，截留粮食，严拿走狗，防范工贼之全责。

"保管拍卖处"——负保管及拍卖截留得来的粮食之责。

"会审处"——负审问走狗及工贼之责。

"工人医院"——负诊治工友疾病之责，其下设"卫生队"，掌理清洁各宿舍各办事机关及救护急诊等事。

"宣传学校"——负养成讲演人才之责。

"省港罢工工人代表大会"、"省港罢工委员会"皆为香港、沙面双方共同组织而成，为双方之统一指挥机关。惟双方各有其特别问题，应由各自之独立机关办理。香港方面则为"全港工团委员会"，沙面方面则为"广州洋务工团联合会"。该两会另有其完全组织，分部办事。

选自广东哲学社会科学研究所历史研究室编：《省港大罢工资料》，广州，广东人民出版社，1980，第149～153页。原注："《工人之路》第22、23期，1925年7月16、17日"。

5. 省港罢工委员会关于禁止粮食出口的函电
1925 年 7 月 1 日

经济绝交，以断绝粮食接济，最为帝国主义之致命伤，查香港自罢工后，鱼菜已绝市，牲口则仅足数月之用，将有绝粮之患，港政府非常恐慌。但有一般甘为帝国主义之走狗者，时偷为运输接济，前对外协会亦曾函请胡省长严令禁止粮食出口，总工会粤港罢工会委员会亦日夜派纠察队在水陆严密侦缉。现又函致中山县海员工会支部，组织纠察队严行侦缉，并电致汕头埠海员工会支部云："汕头海员工会：英国政府怀抱帝国主义不断地向我进攻，吾人为自卫起见，已联合沙面香港工人，一致罢工，并制止粮食运港，以反抗帝国主义者之进攻。汕头密通香港，关系綦重，务希贵会联络各工会暨各界同胞，一致奋斗，努力团结，组织纠察队，检查出口货物，禁止粮食果菜等物运往香港，免致赍粮助敌，中国前途，实利赖之。"

选自《工人之路》，1925-07-01。

6. 省港罢工委员会纠察队职权规程

1925 年 7 月 4 日

（一）文告分"通告"、"命令"两种。"通告"行于各工会，"命令"行于本队。

（二）各级队部皆得下命令于其所属之部队，惟下级队部应绝对执行及服从上级队部之命令，以归统一，而免纷歧。

（三）关于本队之一切重要文告，皆应由总队长、训育长共同署名发出。

（四）大队队长、副队长、训育主任、百长，在其所属之部队内，如有特殊事项，亦得用文字发贴布告，惟什长则否。

（五）如完全属于教练范围，则由总队长、队长、副队长、百长及各教练发出布告。如完全属于训育范围，则由训育长、训育主任、训育员发出布告。惟重要者，应适用第三条。

（六）一切文告起草及誊写，均由秘书股负责办理。

（七）一切指导事宜，可由指导股负责办理。

布告（对社会）

通报（平行）

通告（对下，在本队内有时可以平行）

命令（对于所属部下）

报告（下级对上级）

选自《工人之路》，1925-07-04，第4版。

7. 省港罢工委员会纠察队应守的纪律

1925 年 7 月 6 日

一、本队依仿军队组织法，所有一切办事职员、队员，应共同遵守本规定之纪律。

二、本队须养成负责维持秩序，纠正工友们一切错误行为，及镇压一切反革命行为的良好工友队伍。

三、队员受军事政治训练外，每日分班担任纠察之勤务。

四、队员当训练时，须服从教练官指导，不得违抗，以损坏纪律。

五、队员发现敌人间谍及侦探时，不得任意殴打，应即拘送队本部，审讯处分。

六、队员应以身作则，不得乱取人民财物。

七、队员不得借端捏造情事，假公济私。

八、本队职员及队员，不得吸烟、聚赌。

九、队员出巡时，须服从领队者指挥。

十、队员出勤时，若遇重大事情发生，急派人回队部报告。

十一、若查获及截获接济帝国主义之粮食，须报告及解回队本部。

十二、本队纪律由宣布日施行，如有不适用处，由职员会议修改之。

选自《工人之路》，1925-07-05。

8. 省港罢工委员会会审处细则

1925 年 7 月 6 日

第一条　本会审处根据省港罢工委员会纠察队编制法第六条之规定组织之。其职权亦如该条之所规定。

第二条　本会审处至少须出席三人以上方得开审。如该会审员有不得已事故时，亦得叙述事由签字盖章，委托代理人；但须得其他会审员之同意，方为有效。

第三条　会审处审判终了，将其情由及判决知会队本部，或释或拘，如应惩戒者，由队本部备正式公函，送公安局处理，并公布之。

第四条　会审处不得使用笞刑逼供，以重人道。

第五条　会审处设书记若干人，记录口供。

第六条　会审处得准工友旁听，以昭大公。惟各工友旁听时，不得越权干涉，或肆意叫嚣，以损法权。如有特别案件，须秘密审讯者，不在此限。

选自《工人之路》，1925-07-06。

9. 省港罢工委员会实行封锁香港的通电

1925 年 7 月 9 日

国民政府最高委员会、国民党中央执行委员会、谭总司令、许总司令、朱总司令、蒋司令暨各要塞司令、海陆军警全体同胞、全国各报馆、各商会、工会、学生会、农会、各公团公鉴：

英法日等帝国主义者，不惜以最野蛮最残酷之手段，相继屠杀我国民众，凡属同胞，谁不血偾。我们咨嗟生息于其铁蹄之下，更为疾首痛心。是以敝会十五万工友，一致举行总罢工，宁受个人之牺牲，以争民族之解放。回省以后，风餐露宿，亦不知有所谓痛苦，救国苦心，想为国人所共见。惟彼帝国主义者之野心，熊熊莫过。日来调兵遣舰，愈逼愈紧。吾人不谋最后之反攻，则惟有坐而待毙。敝会为贯彻奋斗起见，议决实行封锁香港及新界口岸。自本月十日起，所有轮船轮渡一律禁止往港及新界，务使绝其粮食制其死命。而中华民族存亡，亦悉系此一举。想我国民革命政府，当为表示深切之同情，命令各地海陆军警同胞，切实予吾人以赞助。上下同心，举国一致，在此生死关头，努力冲开一条血路，则中华民族之生存，大可有望。泣血陈词，伏维垂鉴。

中华全国总工会省港罢工委员会叩

选自《工人之路》，1925-07-10。

10. 省港罢工委员会章程

1925 年 7 月 23 日

第一章　总纲

第一条　现因省港双方同时罢工，作对帝国主义猛烈的总攻击，为统一指挥起见，特合组省港罢工委员会为最高指挥机关。

第二条　省港罢工委员会之上，设立省港罢工工人代表大会为最高机关。省港罢工委员会之下，省港双方设分指挥机关。香港方面以全港工团委员会任之，沙面方面以广州洋务工团联合会任之。

第三条　省港罢工委员会之中设干事局，分部办事。全港工团委员会及广州洋务工团联合会得设干事局，分掌其事。

第四条　省港罢工委员会之中，另设财政委员会，负筹款、保管及支配之责。

第二章　最高议事机关

第五条　本会最高议事机关为省港罢工工人代表大会。其派选代表之标准，以各工会在省人数为比例，百人得选出一代表，二百人以上递加，其不满一百人之工会，亦得选出一代表；凡未加入工会之工厂罢工工人，亦可经省港罢工委员会之酌量，准其派出代表。

第三章　最高指挥机关

第六条　本会最高指挥机关为省港罢工委员会，由中华全国总工会推举二人，全港工团委员会推举七人，广州洋务工团联合会推举四人，共同组织之。

第七条　省港罢工委员会设正委员长一人、副委员长二人，由委员中推选之。

第八条　省港罢工委员会应执行代表大会之议决，惟在紧急时亦得便宜从事，以免坐失时机。

第九条　省港罢工委员会除全体委员外，干事局长、财政委员长及顾问皆得出席。

第十条　省港罢工委员会之中设干事局，置局长一人、副局长二人，其下分设文书、招待、宣传、会计、庶务、交通、纠察七部，分任日常一切事务，各部职务之分配如下：

（一）文书部　设主任一人，掌理起草及办理文书事宜；设书记若干人，分任文牍、记录、誊写、油印、收发各事。

（二）招待部　设主任一人，掌理招待罢工工友一切事宜；设登记主任一人，登记员若干人，专任罢工工友之登记；设宿舍主任一人、宿食干事若干人，管理宿舍内食宿等事；设卫生主任一人，并组织卫生队，任宿舍卫生及施医救伤等事。设招待员若干人，专任各方迎接罢工工友。

（三）宣传部　设主任一人，掌理对内对外一切宣传教育事宜；设编辑主任一人，编辑若干人，任编辑特刊及新闻之责；设演讲主任一人，并组织演讲队，任对内外演讲。

（四）会计部　设主任一人，司理经费之收支。

（五）庶务部　设主任一人，掌理一切庶务事宜；设司账一人，任簿记与经费之保管；设保管一人，专任物料之保管；设粮食主任一人、粮食干事若干人，管理各宿舍伙食；设采买干事三人，任购买各项物件之责。

（六）交通部　设主任一人、交通员若干人，任通讯、调查及报告之责。

（七）纠察部　设主任一人，并组织纠察队若干队，任纠正工友及一切错误行动及镇压一切反革命行动。

第十一条　干事局正副局长由省港罢工委员会推举之，各部职员由局长聘任之。

第四章　分指挥机关

第十二条　分指挥机关：香港方面为全港工团委员会，沙面方面为广州洋务工团联合会，其组织章程另定之。

第五章　财政委员会

第十三条　省港罢工委员会为采取财政公开起见，特组织财政委员会，由中华全国总工会推出一人，全港工团委员会推出三人，广州洋务工团联合会推出一人组织之。

第十四条　此项委员负筹款、保管及支配之责，责任异常重大，必平日信用昭著及有筹款能力者，方为合选，应由省港罢工委员会郑重推举之，但得兼职。

第十五条　全港工团委员会及广州洋务工团联合会如支取款项，须具拟预算，经财政委员通过，方得领取。领款时须经财政委员会长签字，以昭大信。

第六章　顾问

第十六条　本会为集思广益起见，特置顾问若干人，由省港罢工委员会推举热心工人运动者任之。

第十七条　其各部分之细则另定之。

第十八条　本章程经省港罢工工人代表大会通过，发生效力。

选自《工人之路》，第 29 期，1925-07-23。

11. 省港罢工委员会为成立特别法庭致国民政府公函

1925 年 7 月 24、27 日，8 月 1 日

致国民政府公函

1925 年 7 月 24 日

敬启者：

七月十九日敝会对于总检察厅检察长卢兴原之诬告，曾奉一函，加以纠正，此时计邀

聪听矣。惟罢工工人见前函对于卢检察长之诬告，仅仅加以事实之否认，认为敝会之失职，表示不满，群起鼓噪，会审员因此全体辞职。前日省港罢工工人第三次代表大会讨论结果，一致决议，再函国民政府严责卢检察长之谬妄，并要求国民政府派员与敝会会审员共同组织特别法庭以审判此类卖国人犯。其理由于下：

（一）窃法律随时势为转移，革命以变法为目的。我国改革虽十四年，而司法法规尚多承袭前清帝制时代之旧制。欧战以还，世界法律思想，大有变迁。天赋人权个人主义之说，已不适用于今日。该厅长对于敝会留讯林和记一案，而以尊重法律保障人权为词，固昧于事实错误，尤昧于世界潮流。假使该厅长硁硁持旧法以相绳，充类至尽，则恐革命政府诸公亦不免有置于重典之虞，下此如罢工之类者更何论焉。

（二）今日之国民政府，夫人皆知为中国国民党所组织与监督之政府。查中国国民党第一次代表大会宣言明定："凡卖国罔民以效忠于帝国主义及军阀者，无论其为团体或个人，皆不得享有此等自由及权利。"该犯林和记承受香港帝国主义之命，招海员返工，直认不讳，证据确凿，即令现行法律在政府未明令修改以前，有神圣不可侵犯的地位，似该犯亦不应有享受此项法律之权利，何则？该犯效忠于帝国主义之人也，卖国之贼也，按之国民党宣言，此辈不得享有此等权利者也。该厅长为国民党政府下之一属吏，如不知而为乎？则为颟顸（顸）；知之而故为之乎？则为背党。二者必居其一，该厅长当百喙莫辨也。

（三）此次帝国主义者在沪、汉、青、浔、粤等处惨杀我同胞，至再至三，愈演愈凶，凡属血气之伦，谁不悲愤欲死；大仇未报，国耻未雪，而该犯竟忍心为帝国主义之走狗，破坏我制帝国主义死命之罢工，不仅卖工，实属卖国，猪狗不如，罪岂容诛，即使戮之于市，亦是大快人心，国人皆曰可杀，乌得认为过激。该厅长平日对于社会犯法之徒，当街戮人抢物之举，从未闻行使职权，亲自出而（面）检举，而独于本会留讯工贼兼国贼之林和记一案，反而攘臂揎拳之概（慨），谓非有意包庇帝国主义走狗，夫谁信之。包庇奸人，罪应同科，该厅长亦知之否耶？

（四）今日何时？乃中国民族与帝国主义立于敌对地位之时也。此次罢工何事？乃中国一部国民［工人］协同各界国民反帝国主义之革命行为也。惨案未决，正如胡外交部长所言"已无普通友谊可言"。敌国遣人以谋我，不论此人是否华籍或西籍，皆应以敌人视之，如实系情节重大，处以死刑，亦非常时期应有之非常手段也。该厅长不明乎此，而乃以"破坏罢工，罪不至死"之言相提并论，果如该厅长之见解，则今次罢工，以及援助罢工，接济罢工，鼓吹罢工，检查劣（仇）货，截留粮食，阻断交通之人，反而无一不罹于法网。审如是，该厅长对帝国主义则忠矣，其如亡国灭种何。

要而言之，工人等此次罢工，非为本身经济利益而来，乃为反帝国主义救国家救民族而来，全国皆知，举世共晓，今拘获破坏反帝国主义营阵之卖国贼，乃不得加以惩治，在未惩治以前，检察厅长反有包庇国贼之控告，工人等为自身生命计，为国家大局计，诚不胜慄慄危惧。并且解送公安局之人犯，亦不得工人之同意，擅予释放。在以代表国民意思，号召革命之国民政府下，国贼反有保障，工人等于无物，泣血椎心，莫此为甚！工人等固不因此等原因而有所灰心，亦望国民政府当有所善后。敢请国民政府立即明令派员与敝会会审员共同组织特别法庭，审断此等卖国人犯，以平群众心理之愤怒，而免国家地位之濒危。至于根据国民党主义精神，根本修改现行法律，国民政府诸公皆系民党中坚，一时贤豪，自知为其所急，母（毋）俟工人等哓哓也。谨披下忱，伏维俯察。

此致

中华民国国民政府

中华全国总工会省港罢工委员会具

七月二十四日

选自《工人之路》，1925-07-25。

互校版本：广东哲学社会科学研究所历史研究室编：《省港大罢工资料》，广州，广东人民出版社，1980，第331～333页。

致国民政府函

1925 年 7 月 27 日

敬启者：

敝会为请求组织特别法庭，以处分卖国奸贼一事，于本月廿四日，曾上一函，谅邀清听。惟事属万急，不能苟延，以免激动群情，致生意外，兹更竭尽鄙诚，为钧府沥陈之。窃此次反帝国主义之凶残，惟有罢工一举，才足以制其死命。是故敝会此次之罢工，纯为打倒帝国主义而来。凡属国人，自应竭力赞助。乃自罢工以后，为帝国主义作伥，而谋破坏罢工者，仍层出不穷，是诚禽兽不如，罪浮于死。经敝会纠察队严拿到案者，已有三十余人。但自林和记一犯，在本会未经议决之时，卢检察长竟有荒谬之控告。而解送公安局拘押之重要人犯，又被擅予释放，致使滔天罪恶之卖国贼，逍遥法外，全体工友，因是愤愤不平。咸以为莫大［之］牺牲，将不获未来之代价，灰心短气，不免有之。救国罢工前途，诚不胜危慄恐惧。本月廿四日下午十时，敝会纠察队又在东堤查获香港政府之奸细伍华一名，经六区分署警察协同解送来会，群情汹涌，愤不可遏，当即将之笞殴。经敝会职员竭力制止乃已。查该犯伍华充香港恶探多年，侨港爱国工友之遭其毒手者，不知凡几。即此次惨案发生后，在港之派传单者，亦被该恶探引警捕去多人。是故爱国工友，咸恨之刺骨。今复替帝国主义来省图谋破坏罢工，此其所以致遭殴打，非无故也。兹有不能已于言者。殴打奸细，敝会虽迭经禁止，惟敝会会审处既未奉准判决执行罪犯之权，而官厅方面，又有庇护罪犯之表示，是以一般工友，愤激莫已。金谓既不得依法惩处，只有吾人自决，故出于殴打。敝会处此，无法可揆，亦将无可如之何。为此函请国民政府乞即明令派员与敝会会审员共同组织特别法庭，以审判此等卖国之人犯。庶法纪有申，群愤可遏，不胜待命之至。

谨上

中华民国国民政府

中华全国总工会省港罢工委员会启

选自《工人之路》，1925-07-28。

致国民政府函

1925 年 8 月 1 日

敬启者：

顷奉大函，敬悉敝会请政府派员与罢工委员会会审员共同组织特别法庭审断卖国人犯，并修改现行法律一案，经蒙政府第十一次委员会议议决：组织特别刑事法庭，并指定伍委员朝枢同法典编纂委员起草特别刑事法庭组织法，及特别刑事条例，至关于修改现行法律一节，亦经将来函并法典编纂委员会审议，似此慎审从事，具见政府与民更新，保护劳工之至意。散会同人莫不欢慰。惟敝会以特别刑事法庭组织法及特别刑事条例，皆与罢工工友有莫大关系，在政府起草委员诸公虽多法学湛深之士，然此次罢工各工会情形复杂，诚非身经其境者，莫能明悉应付。因此敝会为切身利害策划万全起见，对于政府此次起草特别刑事法庭组织法及特别刑事条例，与派员组织特别刑事法庭各项，谨以至诚提出意见如下：

（一）关于特别刑事法庭组织法及特别刑事条例之起草，应许敝会代表参加。

（二）对于特别刑事法庭组织法及特别刑事条例之草案，须经敝会工人代表大会通过，始生效力。

（三）政府所派特别法庭之委员，请先征求敝会同意，至效忠于帝国主义之法官如卢兴原辈，请勿令其参加。

上述三项，实敝会数十万工友切身利害所系，用致陈请察核，采纳施行，实感德便。

此致
国民政府

中华全国总工会省港罢工委员会启
八月一日

选自《工人之路》，1925-08-02。

12. 附：工人组织特别法庭之讨论（张振民律师来稿）

1925 年 7 月 24 日

省港罢工委员会日前致函国民政府，请派员与该会之会审员共同组织特别法庭，发表以来，极惹起各界人士之注意。兹觅得张振民律师批评此事之文，转录于左：

省港罢工各工友为着英日帝国主义者继续不绝地惨杀上海、汉口、九江、青岛各地的同胞，忍气不过，便牺牲本身的利益，实行罢工，向"经济绝交"的江头，猛冲一篙。不但是义愤的，而且是必要的，这是何等可敬佩的啊！不料有汉奸工贼的林和记，暗中煽惑工人回港。去破坏他们的团体，作卖国的行动。幸而破获。凡属国人都要怒发冲冠。他们工友自然更是怒愤填膺，要与众共弃。现在他们正要会审他，总检察长卢兴原却以为依法工人没有这种权限，并且说林和记没有死罪。工人便发生反感，主张林和记应由政府派员与他们会审，并主张改正法律。从这件事看来，他们工友不但有打倒帝国主义的认识，并且能在这差比级①的社会中行思想战争，这是我们中国劳工的觉悟，也是我们中国民族的曙光。现在我对于他们的这种主张，有几种见解，分别写在下面：

法律是维持社会生活的工具。就原理上说。人寒而衣、饥而食，要法律来拘束，不是

---

① 原文如此。

如茧自缚吗？但是人如果像鲁滨逊漂流荒岛一样就罢了，不然，总要在共同团体中营社会生活。现在我们人类就是在所谓国家的共同团体中营社会生活的。假使没有法律来做我们各个人的行为的规则。这团体中势必发生无秩序而且最残酷的斗争。那么，共同团体就要破坏，人类的社会生活也不能完成，这就是法律存在的要因，所以法律是不得已而生的。如果社会道德健全发达，法律万无存在之理。又假使那种法律到了不适于维持社会生活的时候，便应立即宣告死刑，另用他种适合法律去代替他。现在他们工友罢工，若要依照现律来评判，不但寻不出容许的明文，并且属于新刑律第二百二十条的规定。反过来说，依照现律，林和记的煽惑不算违法，可见现律及普通法院都是破坏他们工人的团体，破坏国家，袒护帝国主义者的奸细的东西！这种法律法院怎样能适用于目前的非常时代？所以他们工友主张组织特别法庭，确是切要。

法律本来有"人为法"和"自然法"两种。自然法是基本于条理——正谊（义），一定不变的。在十七八世纪，有自然法学派主张。人为法限于不抵触自然法时，才有效力。这种主张本来是很对的。但从历史上看来，都是适用人为法，人为法又常和自然法相抵触。人为法究竟是何人为的呢？在往古专制时代，就是皇帝，所谓"朕意即法律"；在近代代议制度盛行，就是资本家雇用的代议士。概括起来，法律就是差比级的社会中强的阶级制造的，法律即是为他们制造的。所以偏重他们的利益。纵然有些保护公益，那背景还是为着保护他们的私益。所以法律便知道德分化，不是正谊（义），不是定理，并且不是公理，完全是怀着私心的少数有所设的假定。不然，就是说"民可以乐成不可以图始"的人制造的。现在代□罢工，就是抵触这种人为法。但是如果有人说他们罢工是犯罪，谁也要骂他丧心病狂。从此可见他们罢工原来是适用自然法，适用条理——正谊（义），并不是受现行不完全的人为法支配。那么，从罢工所发生的问题，也可由他们用自然法去解决，所以他们主张由政府派员与他们会审林和记，确是合理。若有人说：审判权是国家司法机关独有的，但是司法机关并不是一定的。现制除了普通法院外，还有军法处等特别法庭，难道国家许军法处存在，就不许工人裁判所发生吗？且世界各国现多行参审陪审制度，原是对于司法官的根本怀疑，要使接近民众——当事人的（地）去实现情责，难道我国尤其是广东的法官更有贪污愚昧的罪恶，偏靠得住吗？

法律是时代的产物，伴着社会的情事而变迁。时代、社会的情事是因，法律是果。如果原因的现象变更，还要勉强防止法律的变迁，必然要起革命，这是千古□例的。现在他们罢工，本是在非常的时代，就应该用非常的法律去应付他，所以他们组织特别法庭的主张，正是合于时势的要求。

法律是革命的对象，革命在革除不平等的政治，但政治和法律是互相关连（联）的。政治是就国权的活动上说，法律是就国权活动的方式上说，革命如不改革法律与制度，那就成为无意义了。所以法国革命，便有人权宣言，美国南北战争结果，便有废止奴隶令。中国政革虽有了十四年，可是，除了撵走了清□和颁布残缺不堪数十条临时约法外，其余都是就应用由数千年愚民政策及外国资本主义的旧思想传统下来的法律，你说可怜不可怜呢？所以他们的这种主张正合革命旨趣。革命政府也应本他的固有使命，应允他们的要求。况且他们既是为打倒帝国主义罢工，那么当然连这些保护帝国主义的法律，也要一并打倒，谁说他们不对呢？

工友们，努力呀！关于你们的利害的法律应该改革的，□多不哩着，我就当前的问题说一说罢了。可是工友们应该用有秩序、有系统、有组织的方法去进行，随时要顾虑着人道、正谊（义）、社会的安宁才好啊。

（十四，七，二四）

选自《工人之路》，1925-07-28，第 3 版；1925-07-29，第 4 版。

13. 附：法学研究社来函

1925 年 7 月 28 日

中华全国总工会省港罢工委员会公鉴：

顷闻报载：贵会请国民政府派员会审破坏罢工工贼之公函，雄鸡一声天下白，读罢不胜欢舞；所驳卢总检察长各节，尤为精辟绝伦，为我国革命以来未有之痛快文字！至请政府派员会审工贼，及翼根本修改现行法律，均属切要之图；但现行法律未经明令修改以前，果有与国民革命表示同情之法官，于现行法制之下犹不患无伸缩回旋之余地。盖善良法官原能就乎国家刑事政策之需求，于死法律中而神明活用之，例如暂行刑律第三百十三条第一款规定："伤害人致死或笃疾者处无期徒刑，或二等以上有期徒刑。"假有罢工委员会纠察队在外殴毙破坏罢工之卖国贼，被害人之家属诉由检察厅起诉于法院，如在贤明法官审理，可依刑律第五十四条审按加害者之心术，减本刑一等或三等。质言之，轻可处四等有期徒刑一年，并可依第六十四条同时宣告缓刑而不送监执行也。故纵以现行法律绳之，仍能免受囹圄之危。若在效忠帝国主义反对国民革命之法官，对于此案可依［第］三百十三条第一款以最重之无期徒刑（甚至强指为杀人罪处以死刑），两者之裁判皆属适法，而轻重之间，则判若霄壤：一无损于身体自由，一为永远监禁而不能自由行动。现在号称国民政府下之各级法官，何如？一言以蔽之！"不足以此！"各法院中欲求一了解国民党之使命，效忠于国民革命者，则如凤毛麟角，几为稀世之珍。甚至帝国主义之走狗、资本家之奴隶、附从杨刘等逆之叛徒、一切反革命派，亦不少潜匿其中。法俄二国革命之成功，皆在首先推翻专制时代之法院，打倒一切腐败之法官，始有今日成绩。我国革命领袖对于司法方面，认为消极事业，素鲜注意，致今一系一派之少数人，盘据（踞）把持，不□□毫无进步，年来转形退化大都趋于保守，惮于改进。不知吾人欲镇压或扑灭反革命之旧势力，战时赖于军队冲锋□□，而平时则全仗司法机关能本政府政策而运□□□□。此无论古今中外皆同此理。今则政府之□□政策，而法官之裁判自裁判，不惟绝不相应，甚至互相矛盾，卢总检察长藉（借）口干涉林和记一案，不过较为显著之一例。长此以往，其弊将不可胜言。故慎用中央司法行政人员，举行法官考试，甄别现任法官，较之根本修改法律之问题，尤为目前急要之图。徒法不能自行，对于人的问题，似应并为注重，谨陈管见，藉赞高深，尚望转陈中央执行委员会政治委员会暨国民政府采择施行。对于法典编纂委员会委员，尤应于党员中选任了解国民革命之旨趣，及富有新学识与经验之同志，分任编纂，方克以收实效。若仅以现任高级法院长官充任，则悉暮气沉沉，成效恐难如我辈所期也。合并附闻，统希转达为荷。顺颂公绥。

法学研究社启

（一九二五年）七月二十八日

选自《工人之路》，1925—07—30，第4版。

14. 省港罢工工人代表大会关于实行特许证及货物审查标准的重要布告

1925 年 8 月 16 日

本会请求政府，蒙准派员参加运输货物特许证审查委员会。兹为体恤商界同胞艰苦起见，现饬本会参加审查会代表委员，凡商货除政府专卖及违禁品外，但不违背左列〔各〕条情事者，一律准予签名放行，并另饬纠察队、驳载工会等，准其卸货搬运。本会除派代表参加特许证审查会外，不另发给护照证书。兹将审查标准，开列于左：

（一）本市商民所存沙面外货仓之货（但火油类除外），请领特许证出仓者，其办法如下：

甲、在英国货仓如非英国产品，且为英国以外之商人所已买者，准其出仓，但限期取出。

乙、非英国出货仓，亦非英国产品，准其出仓。

（二）凡非英国产品及不是英国船支（只）又不经港澳来往者，一律准发给特许证，其所领到特许证，准其起卸及放行。

（三）已由港澳发运来省未卸之货，处分办法：

一、粮食、药材，罚百分之五。

二、其他原料，罚百分之十。

三、英国之出产品，完全充公。

自此次布告以后，所有港澳运来之货物及船支（只），一概充公。

省港罢工工人代表大会

民国十四年八月十六日

选自《工人之路》，第53期，1925—08—16。

15. 省港罢工工人代表大会会议规则

1925 年 8 月 20 日

第一条　本会每次会议暂行推举临时主席五人组织主席团。

第二条　凡出席代表必有各该工会正式证书、经审查合格由本会发给出席证，才有表决权。

第三条　凡有过半数代表之出席，即为正式会议；每一代表有一表决权。

第四条　各种议案，经出席代表过半数之表决通过，即为议决案。

第五条　凡临时提案、须有三人以上之附议，方得成立议案，由宣布员交会议讨论。

第六条　讨论每一议案时，每代表发言以三次为限，第一次二十分钟、第二次十分钟，第三次五分钟（但翻译时间及各种报告不在此限）。

第七条　代表发言时，须立起，不能两人同时发言。各有争论时，由宣布员临时指定发言之先后。

第八条　会场秩序，由主席及宣布员维持，如有扰乱会场，由主席先派人扶出会场，再提交会议处置。

第九条　议案表决法，以举手或起立或投票解决之，由宣布员酌定之。

第十条　表决议案，如赞否人数相等时，则取决于主席。

第十一条　会议时间［每］次以［三］①点半钟为限，但遇必要时得延长之。

第十二条　会议各代表，非有要故，不得离席；如离席时，须经主席特准。散会时须经宣布员摇铃宣布散会，方得离席散会。

第十三条　本规则经代表大会通过后，即发生效力。

选自《工人之路》，1925-08-20，第3版。

16．附：省港罢工委员会主要职员一览表

1925年9月

原编者按：这份《主要职员一览表》是以省港罢工委员会编印的《省港罢工委员会职员一览表》为基础，并参考《工人之路特号》等资料编成。罢工期间，罢工委员会的组织机构时有变动，如纠察队的领导机构原为总队部，后改为委员会等；工作人员也时有变动，如杨匏安是于1925年9月罢工委员会第55次会议通过聘为顾问的，又如招待部主任梁子光等后来被清洗。

罢工委员会

职务	姓名	属何工会	兼何职
正委员长	苏兆征	海员工会	财政委员长
副委员长	何耀全	电车	
	曾子严	广州洋务	
执行委员	李森	中华全国总工会	正干事局局长

---

① 原件此处空缺，参照1926年3月《省港罢工工人代表大会组织法》规定为4小时，推测此处应为"三点半钟"。

	李棠	同德	副干事局长
	陈锦泉	煤炭	
	麦波扬	平乐	
	麦捷成	侨港洋务	
	林伟民	中华全国总工会	
	黎福畴	广州洋务	副干事局长
	陈瑞楠	广州洋务	
	梁德礼	广州洋务	
	冯煜南	车衣	
秘书长	杨始开	广东大学	
顾问	汪精卫	国民政府	
	廖仲恺	国民党工农部	
	邓中夏	中华全国总工会	
	黄 平	中华全国总工会	
	杨匏安		

财政委员会

财政委员长	苏兆征	海员工会	执行委员长
委员	李 森	中华全国总工会	干事局局长
	黄金源	肉行工会	执行委员
	邓伯明	广州洋务	纠察委员
	简 垣	船主司机工会	宣传部主任

会计部

会计主任	何 来	海员	

纠察委员会

常务委员	徐成章	军事委员会委派	
	何清海		
	黄金源	肉行工会	
委员	邓中夏	中华全国总工会	
	林炳		
	黎栋轩		
军需委员	廖祝三		
秘书长	施卜		

法制局

正局长	李德馨	香港内河轮船总工会	
副局长	黄钜洲	香港集贤工会	游艺部副主任
	周明德	广州洋务	审计局副局长

审计局

局 长	黄少文	集贤工会	

副局长	周明德	广州洋务	法制局副局长
	黄一汉	茶居工会	

会审处

主　任	谭华泽	海员	
委　员	徐公侠	理发焕然	劳工剧社主任
	邓达鸿	广州洋务	
	林昌炽	中华全国总工会	
会审委员	江其昌	广州洋务	

筑路委员会

正委员长	黎鹤俦	
副委员长	曾　满	

保管拍卖局

正主任	谭伯棠	同乐别墅
副主任	谭鉴湖	内河工会

骑船队

正主任	陈一清	海员	
副主任	冯杰轩	海陆理货	
	张荫棠	集贤	香港罢工发难委员

干事局

正局长	李森	中华全国总工会	执行委员　财政委员
副局长	李棠	同德工会	执行委员
	胡荫	车衣工会	北上代表
	黎福畴	广州洋务	执行委员

文书部

正主任	邓启普	印务总工会
副主任	黄仁魁	中华全国总工会
	黄天伟	印务总工会

宣传部

正主任	邓伯明	广州洋务	财政委员
副主任	张人道	香港同下	
	黎轻友	广州洋务	
演讲队长	彭粤生	香港青年社	
演讲队主任	郭明生	香港学生联合会	
编辑股主任	蓝裕业	"广大"学生	

交际部

正主任	高　湛	香港酒楼工会
副主任	冯　敬	茶货箱联胜工会
	胡　藻	中厨德和工会

交通部

| 主　任 | 谭海山 | 唐鞋工会 | |
| 副主任 | 钟　芝 | 海员工会 | |

游艺部

正主任	熊振文	海味工会	纠察部
副主任	朱霞生	内河工会	
	刘雨泉	同乐别墅	工人医院
	廖竹之	同协工会	纠察部
	黄钜洲	香港集贤工会	法制局
	周树垣	平乐工会	纠察部
	袁　燊	协助工会	水陆侦察队

庶务部

| 正主任 | 冯永垣 | 海员工会 | 北上广东代表团员之一 |
| 副主任 | 杨少池 | 广州洋务 | |

注册部

| 正主任 | 苏焯辉 | 侨港邮政文员罢工联合团 | |
| 副主任 | 袁　成 | 咏闲社 | |

招待部

| 正主任 | 梁子光 | 车衣工会 | 水陆侦查队主任 |
| 副主任 | 邹侠民 | 船主司机 | |

工人医院

| 正主任 | 刘雨泉 | 同乐别墅 | 纠察队卫生队主任 |
| 医务部主任 | 陈少博 | 同乐别墅 | |

宣传学校

| 校　长 | 冯菊坡 | | |
| 校务长 | 彭粤生 | | |

各县募捐处

| 正主任 | 黎栋轩 | 义安工社 | 纠察委员会军法处长 |
| 副主任 | 李香泉 | 酒楼工会 | |

选自广东哲学社会科学研究所历史研究室编：《省港大罢工资料》，广州，广东人民出版社，1980，第157～162页。

17.　省港罢工委员会暨四商会关于取消特许证后之善后条例

1925年9月3日

中华全国总工会省港罢工委员会从前与商务厅、公安局、外交部共同发给出入口货之特许证，原期一以便利贸易，一以保障罢工。迩者情形既有变更，此项特许证已经省港罢工人代表大会通过准予取销（消），并经敝会等共同决议取销（消）特许证后之善后条例六条，兹特公布之。

取消特许证后之善后条例

（一）从香港澳门来的任何国货物，都不准来广东。从广东去的，无论任何国货物，都不准往香港及澳门。

（二）凡是英国船，及经过港澳之任何国船只，均不准来往广东内地，起卸货物。

（三）凡不是英国货，不是英国船，及不经过香港及澳门的，均可自由起卸。

（四）广东界内只要不是英国货，英国船，均可自由贸易及来往。

（五）凡存在广州之货，只要不是英货，而且不是英国人的，均可开仓发卖（如关于政府专卖者及违禁物品，不在此例）。

（六）此条例由四商会联合省港罢工委员会共同签字公布之。自公布之日起，直接由省港罢工委员会行使封锁职权，如有违背条例者，即一律完全充公。（凡违背条例者，先须经过工商两界所派代表所组织之审查委员会审查确实后，始执行充公。）

以上条例，已经敝会等共同订约，自公布之日起，即发生效力。望我商界同胞幸共遵守奉行，以期共同达到打倒帝国主义之目的，有厚望焉。此布。

中华全国总工会省港罢工委员会
广州总商会
广东全省商会联合会
广州市商会
广州商民协会
中华民国十四年九月三日

选自《工人之路》，1925-09-03，第 1 版。

18. 省港罢工委员会关于复工问题的通告

1925 年 9 月 9 日

自取消特许证之善后条例宣布后，日、英、法等之公司商店，纷纷要求复工。本会既认英国为目前中国之最大敌人，对于其余各国自可免施经济绝交与罢工之手段。惟在复工以前，应呈报本会，由雇主、工人与本会三方订定复工条约后，始可照常开工；若公司未得本会同意擅自开工，或工人未得本会命令，擅自返工者，均以破坏罢工论。凡复工之公司，须继续雇请从前罢工之工人，始许复工；倘有辞退旧日罢工工友，另雇他处工人之事，本会必予以严重之制裁。除另定条例公布执行外，特先行通告。

省港罢工委员会

选自《工人之路》，第 78 期，1925-09-10；《国民新闻》（广州），1925-09-12。

19. 省港罢工委员会对于日、美、法等国轮船店户条例

1925 年 9 月 14 日

一、凡日、美、法轮船店户，如不先行呈报本会，并不由本会与东、西两家三方订妥条约，而私自招工及营业者，以破坏罢工论。

二、凡日、美、法轮船店户之罢工工人，未得本会之认可而复工者，以破坏罢工论。

三、凡日、美、法轮船店户，如不遵照工商所订之善后条例，而经营英人商务及来往港、澳及沙面商业者，以破坏罢工论。

四、凡日、美、法轮船店户，须用原有工友及原职者，工金亦须照旧。

五、工友所得工金，以十分之一报效本会为全体工友粮食。

六、如该公司或商店在沙面、香港、澳门者，须搬离该地，方许营业。

七、如有违背条约，立即停止其营业，并从严处罚。

八、将来大罢工解决时，仍须遵照解决罢工的条约执行。

九、凡搬来广州市营业者，必须遵守中国国民政府之一切法律。

十、各轮船店户如有特殊情形而工友提出特殊要求者，应由本会与东、西两家共同商定，加入条例之内。

十一、工友须受本会之命令，认为必要时本会得随时令其停工。

中华全国总工会省港罢工委员会启
一九二五年九月十四日

选自《工人之路》，第 89 期，1925-09-21。

20. 省港罢工委员会暨四商会关于增订善后条例的
紧急布告

1925 年 9 月 19 日

…… ……

近查轮船到粤卸货后，出口时多有经泊香港载运货物到各埠者，此实与封锁政策大有妨碍。敝会等对于此层，已于九月十四日又增订善后条例一条，以救此弊。兹特公布，俾众周知。

增订善后条例

凡雇用轮船来省时，应由该雇主先与轮船公司订附条件。该船到粤卸货后，出口时不得经由香港、澳门，并由该雇主报告商会及罢工委员会备案；倘该雇主违此条件应负其责。但出于该轮船违约时，即由工商团体宣布［对］该公司轮船完全抵制。此条例定于十

月一日施行。

中华全国总工会省港罢工委员会

广州总商会

广东全省商会联合会

广州市商会

广州商民协会

一九二五年九月十九日

选自《工人之路》，第 87 期，1925-09-19。

21. 省港罢工委员会骑船队（关于监督货物起卸的）布告

1925 年 9 月 20 日

为布告事：窃骑船队部系奉中华全国总工会省港罢工委员会所议决及各方认予组织而成，对于各船每遇开行，即派员下船骑驻，监视轮船有无驶入仇人地方，接济仇人粮食，运输仇人货物，回报本会，分别对付，借以保障罢工，而为取消特许证之一种善后办法。意善法美，无过于此。故本队部开办以来，商人无不咸与乐从，多来请派员骑船监视。盖一经有骑船员骑船，则足证明该船无上述等破坏罢工之举动，一切货物起卸运输，自无所阻，并可以省却检查之误会，何善如之。惟现查各船务公司，间尚有未依手续到本部请员骑船而擅自开行者，想或未及察知所致，必非故意反抗。诚以此次反帝国主义之进行，凡我国人与及拥护公理之外商，当无不深表同情而乐予赞助也。今除在报章登载外，合行布告周知：此后各船务公司如有船只开往各埠时，须一律报请派员骑船监视，如不定期驶回省河者，则应照工商合订善后条例第七条办理，俾符定章，而完手续。否则违章瞒报，擅自开行者，定必以破坏罢工论罪，决不宽贷。各其凛遵毋违。特此布告。

中华全国总工会省港罢工委员会骑船队部启

选自《工人之路》，第 88 期，1925-09-20。

22. 省港罢工委员会（关于严禁破坏罢工的）布告

1925 年 9 月 28 日

照得英国政府，久图吞併（并）中华，近更横施压迫，杀我同胞如麻。

各地群起反抗，全力共救国家，实行不与合作，罢工热烈有加。

对彼香港魔窟，严行封镇非差，断绝交通粮食，使成废岛荒洼。

蠢彼不自咎责，竟尤张爪磨牙，频施威吓利诱，视我仍同散沙。

讵知群情坚决，断无头虎尾蛇。奉告工友各界，慎毋轻自谣哗。

如或意存破权，定即严行拘拿。如或私自返工，按法重惩不赊。

如有香港回省，幸请直搭火车，本会纠察严密，认真执行非夸。

与此掬诚公布，一体知照为佳。

中华全国总工会省港罢工委员会

选自《工人之路》，1925-09-28。

23. 广东工商审查仇货委员会章程

1925 年 10 月 20 日

（一）本会定名为广东工商审查仇货委员会。

（二）本审查会以保障罢工，维持商业，双方兼顾为宗旨。

（三）本审查会地点 [定] 于东园。

（四）本审查会根据取消特许证后之善后条例第六条，由工商两界组织。

（五）本委员会以在省工商两界各举出委员共十六人组织之：（甲）罢工委员会举出八人；（乙）总商会二人；（丙）商联会二人；（丁）市商会二人；（戊）商民协会二人。

各委员如不暇出席，将派代表，但须该委员有亲笔书为证。

（六）在罢工期内如有违犯前经四商会、罢工委员会宣布特许证取消后善后法原有七条之规定者，应由本审查会审查处置之。

（七）本审查会委员不设委员长，惟每开会时临时推举主席一人，其表决权主席不得加入。

（八）会期无定限，由罢工委员会随时召集之，但须于会期之前两日，通知集议。

（九）每次开会得委员双方过半数出席，即可开会。

（十）凡会议审查事件，以出席委员多数取决。

（十一）遇有争议不能取决时，呈请商务厅核定之。

（十二）本章程如有未尽事宜，委员得随时增改，由委员三人以上署名提出大会议决修正之。

选自《工人之路》，1925-10-20。

24. 省港罢工委员会干事局（关于陪审员的）通告

1925 年 10 月 23 日

为通告事，顷奉第三十七次工人代表大会议案开，须由各工会派出干员一员，以九员为一组，每日轮值班次赴该会审处为陪审员，以示大公。希于本月廿二日以前，将选定人员开列来局，以便编配，幸勿延缓为要。此致

贵工会。

省港罢工委员会干事局

选自《工人之路》，1925-10-23，第 1 版。

25. 省港罢工委员会为拒发给美国军舰运煤之特许证复三井洋行函

1925 年 10 月 31 日

敬复者:

来函具悉。关于贵行拟于明早雇用华人驳艇运煤至白鹅潭美国军舰,请予给证一事。查国际通例,凡属外国军舰断不许驻任何国家之内河,今敝国受此不平等条约之束缚,实为最痛心之事。此次本会同人之所以宁愿蒙此最大牺牲而罢工者,实际具有此种无限苦衷。贵行乃请准予给证雇用华人运煤接济美舰,敝会接函之下,实生出许多累积之感触,觉得虽受任何重大之危难,亦断不能发出此项奇耻大辱之特许证。据函前情,合行函复。希为原谅敝会不能从命之苦衷,并祈顾全中日交好之情,对于有妨害敝国之事,幸勿轻为,实所切盼。此复。

省港罢工委员会

选自《工人之路》,第 129 期,1925-10-31。

26. 省港罢工委员会关于严禁船艇私自往来沙面的布告

1925 年 11 月 7 日

为布告事:照得自沙面开放,本会为维持秩序保障罢工起见,特发行通行证,既不至于破坏条例,尤便利于中外各界。法行多日,咸乐遵从。乃近查多有狡猾奸徒,不知自爱,竟潜用船艇私自往来,或运货物,或济粮食,似此蔑视爱国团体定律,甘为仇敌汉奸行动,不独为本会所深恶,亦属国人所同仇。本会奉人民公意,保障国家,对斯败类,义应惩除。兹除饬纠察队暨特务调查等严密踩缉外,特此布告。祈省河所有船艇一律远离沙面三十丈以外,盖所以杜绝私运流弊,尤因以表示爱国热诚。凡我国人固应同秉此心,绝对遵守;即属外侨如愿顾念邦交,亦宜慎审自爱。否则本会惟有尽力所及,以维护此法,而副(负)国民委寄之隆任。尚希中外各界,鉴谅此衷,毋稍藐玩。本会有厚幸焉。

省港罢工委员会

选自《工人之路》,第 135 期,1925-11-07。

27. 省港罢工委员会复日商三井洋行函

1925 年 11 月 16 日

敬启者:

现准贵行来函,略称愿遵守本会条例,迁入市内亚洲酒店营业等情,并具结前来。敝会对于贵行此次能尊重中国爱国团体之条例,实至为欣慰。贵行现已迁入本市亚洲酒店,请予转饬工友复工一节，当即照办，希将在贵行工作之工友姓名开列，以便转知洋务工会查照办理。但甚希望贵行先登报声明，已愿遵守敝会一切条例，迁入市内营业，此盖不独可以避免将来不知者之误会，且可以见我中日人民感情之密切，于公于私，前途均至有利益，想贵行亦必乐为也。福井、三长两船具结词语亦合，但仍望加盖贵行正式印章前来。敝国通例如此，祈见谅为荷，此复。

三井洋行

省港罢工委员会

附：三井洋行原函

省港罢工委员会台鉴：

敬启者：

敝行现由沙面迁往西堤亚洲酒店照常复业，原遵照贵会规定条例，嗣后办货入口，不购英国货品，及不经港澳地方。原日雇用之华人，除已受雇别处不能复职以外，其余一概照旧雇用。但自罢工之后，其中多已返乡，一时未能完全召集，恳请转知洋务工会转告工友，如系从前在敝行佣工者，迅即回敝行复职。为此专函奉布，希为俯允，并祈指示办法为祷，专此并颂台祺。

三井洋行行长堀田稔鞠躬

民国十四年十一月十六日

选自《工人之路》，第 145 期，1925–11–18。

28. 对法领事抗议沙面通行证之驳复

1925 年 11 月 18 日

帝国主义者无端于五月卅日残杀我同胞激成各地大罢工，及六月廿三日，沙面英法各帝国主义者又惨杀我同胞百数十人，迄今尚未解决。我方准沙面外人领证出入，已属格外开恩，乃法领竟来函哓哓质问，交涉署特据理痛驳，殊为快事。兹将来往原函录下：

法领事来函

敬启者：顷接本月七日关于居尔打（译音）之事来函，本领事不甚明瞭（了）以下诸点：（一）罢工委员会是否为政府机关，抑或私人社会？（二）如系政府机关，何以不正式通告本领事？（三）如私人社会，谁人授以处理外人法律之权？（四）现行中法条例，法国人民只受法国官吏处治（不平等条约！），何以贵政府任由罢工委员会破坏条约？何以贵国警察永不干涉罢工人员骚扰法人？相应函请贵交涉署，烦为示悉为荷！

交涉署复函

敬启者：现接十一月九日来函，因居尔打被阅看行李事，提出问题四条，嘱为见复等由，本交涉员阅悉，查自上海、沙基等处惨案发生后，吾粤省港罢工愤激而为爱国举动，自行罢工，我国国民政府当亦且不愿加压抑。且此次事件，完全系事理问题，若如贵领事官来函，斤斤以法理为根据，则试问六月廿三日法国官兵，无端以机关枪及步枪，向我国于本国界内巡行之人民施以射击，致毙多命，是否为法理人道所许？而我政府犹顾念邦交，布告采取和平办法，禁止狭隘的复仇手段，已仁至而义尽矣。乃贵领事官尚作此种无谓之疑问，万一因此而发生误会恶感，增加我国人民公愤，致别生枝节，贵领事官能负其责任耶?! 特此答复，即希查照为荷。

选自《工人之路》，第 145 期，1925-11-18。

29. 纠察队宣传队简章

1925 年 11 月 24 日

（一）宗旨本队以训育各队纠察，使成良好队员及宣传各驻防地方之群众，使之明白此次罢工之意义及纠察之任务为宗旨。

（二）组织及系统全队一百人，分成四中队，每中队二十五人，每中队分成五小队，每小队五人。全队设队长一人，副队长一人，书记一人，庶务一人，会计一人，总隶属纠察队委员会训育处处长管辖。队长由训育处长兼任，中队长由训育主任兼任，各小队长由各训育员兼任。

（三）任务本队承纠察队训育处之命执行任务：

（1）辅助纠察队员之组织；

（2）增进队员之知识；

（3）解释队员之纷争；

（4）宣传罢工之政策；

（5）参加各地群众运动；

（6）随时召集各地群众为大规模之宣传。

（四）练习时间本队队员练习时间为两星期，期满后即随同纠察出发各地服务。

（五）纪律除遵守纠察纪律外，随时服从训育处之命令及议决案，倘有违背纪律、不服命令、荒弃失职情事，一经查出，由训育处长解送会审处或特别法庭严行惩办。

（六）奖励在罢工期间，勤谨服务，并无渎职，在于解决罢工时，给与（予）奖章一枚，并全队照像（相）一幅，或赠与其他物品，以留纪念。

选自《工人之路》，第 151 期，1925-11-24。

30. 省港罢工委员会为规定限制进口货物的通融办法
致各商会函

1925 年 11 月 27 日

敬启者：

查此次热烈罢工，原为反抗帝国主义之横暴，而促我国民革命之成功，所以数月以来，严拒仇货进口，封锁港、澳交通，一边仍力求本国之经济独立，劳心竭力，以期达此胜利目的。幸我商界同胞深明大义，同秉热诚，一致进行，于是国货日见销流，金融渐次内充，各埠船舶直接来粤者，一时多至三十余艘，为广州通商以来所未有。可见奏效之捷乃如响之应也。惟以前限制进口货物条例綦严，或未免有难我商界之处，兹除了绝对遵照工商合订善后条例办理外，特更定通融办法，以表工商合作情谊之优厚。

（一）由上海直来之非英国货物，虽有香港字样，亦准予放行。

（二）凡非英国货物仅经过或停留香港者，若转运至上海，再由上海雇附别船转运来广州，有关单载纸可凭，亦准予放行。

（三）至于由汕头、海南或广州湾、广东省沪沿岸运来，有香港字样之任何国货物，则仍作破坏条例论，以杜取巧。

上开三项办法，盖仍本经济独立之原旨，冀以促进沪、粤之交通及商务也。除登报公告外，相应函达贵会，希即转知办理，至纫公谊。此致

××××会

中华全国总工会省港罢工委员会启

选自《工人之路》，第154期，1925-11-27。

31. 水陆侦察队暂行规则

1925年12月6日

第一条　本队直接隶属于纠察队委员会。

第二条　各队员入伍，须由该工会用正式公函盖章填具保证书，来队存案。

第三条　各队员须缴呈本身二寸相片三张，粘贴证摺与呈报存案。

第四条　本队分配驻防地点，应报纠察队委员会存案备查。

第五条　本队员对于水陆各地侦察下列之事情：

甲、以言论或事实图谋破坏罢工事者；

乙、受敌国主使有危害罢工团体者；

丙、运输粮食应用品与敌国者；

丁、关于香港无论何项船支（只）入口者；

戊、确系前四项之嫌疑者；

己、凡由代表大会议决及纠察委员会命令执行之一切职务。

第六条　本队员执行职务时，必须就近知会军警纠察队员执行之。

第七条　本队员凡执行职务，必须有本队主任命令，及佩备号带及凭证，以防假冒。

第八条　本队员务须遵守纪律，不得借事骚扰及诬揑行为。

第九条　本队员须慎诚将事，操守廉正。

第十条　本队员如有违犯上项各条者，除取销（消）名籍外，仍须分别轻重查办。

第十一条　各队员如有违犯规则畏罪而逃者，除通令缉究外，仍须追究保证人。

第十二条　本队所应遵守之纪律与纠察队同。

第十三条　本规则有未尽时，得随时呈请纠察委员会改正。

第十四条　本规则自公布日施行。

选自《工人之路》，1925-12-06。

编者注：本规则在1926年3月17日再次公布，文字上略有修改。

32. 中华各界开辟黄埔商埠促进会章程草案

1925年12月10日

（一）定名　中华各界开辟黄埔商埠促进会。

（二）宗旨　联合海内外同胞共同促成黄埔商埠，以振兴本国市场，而谋本国经济之独立。

（三）地址　暂假长堤景橡祠。

（四）组织　组织法暂定三项：

（甲）代表大会：本会为最高级之执行机关，凡属中国人民之正式机关团体，均得选派代表参加，但每团体至多不得［超］过二人。

（乙）执行委员会：本会为最高之执行机关，系秉承大会之意旨，统理一切事宜。执行委员暂定十五人，内设正副委员长各一人，均由代表大会选举之。

（丙）执行委员会之下暂设下列各部：（一）宣传部，（二）经济部，（三）秘书部，（四）交际部，（五）建设部，（六）募资部。以上六种均设正副主任各一人，由代表大会选举之，而隶于执行委员会。至各部之权限及办事细则，则另定之。

（五）会期　代表大会每星期开会一次，如遇执行委员会之召集或有代表五人以上之联名请求时，亦得开特别会议。

执行委员会每星期开常会二次，但有委员二人之请求，亦得开特别会议。

（六）本章程系临时订定，如有未尽善之处，由代表大会过半数之通过，得修改之。

选自《工人之路》，第167期，1925-12-10。

33. 工商检验货物处章程

1926年1月20日

（一）定名：工商检验货物处

（二）宗旨：本处系为预防奸人破坏爱国运动及不法之徒藉（借）端骚扰，所以由省港罢工委员会暨四商会共同组织。凡所有进口货物概须先经过本处检验方得放行，或已被罢工会查缉队员扣留之货，亦须交本处查验。

（三）地址：本处暂设西堤省澳轮船码头。

（四）组织：本处暂设检验员十六人，由四商会派选八人，省港罢工委员会选派八人，共同组织之。

（五）监察：本处另设监察员八人，由省港罢工各工会轮流每日选派八人（每工会一人）担任之，只任监察各检验员执行职务。

（六）职务：本处检验员之职务定于下：

（甲）设理事四人，即由上列两部分之检验员中，每部各选二人担任其职务，在保管印信发给凭证以及监督指挥一切事宜。

（乙）设挂号员二人，由理事酌派担任其职务，专同各商号货到时即予挂号，并照货物挂号之先后，指定与检验员按照号数查验，以免争端。

（丙）所有检验员其职务，只担任查验货物之有无违例，报告理事，分别办理。

（七）办法：［检］验货物暂定三项办法：

（甲）如经各检验员均认为无违犯工商条例之货物，每件应即发给凭证，贴在货面，由货主起回，无论任人均不得再为留难。

（乙）如检验员中尚有认为系违犯条例嫌疑之货物，则应抽出货样，交省港罢工委员会会审处审理；其余货物，准先由货主照货价另立相当保证单具结领回，俟会审处判结。如货主不服时，得请提出工商审查仇货委员会再行处理。

（丙）如查得确属仇货或由港澳直来之非仇货，均须立即备函连货移送会审处照例处分之。

（八）时间：本处办公时间暂定上午十时起，至下午五时止。如遇有特别事项发生，亦得由各理事通告延长。

（九）附则：本章程如有未妥之处，得由工商联席会议修改之。

选自《工人之路》，1926-01-20，第3版。

34. 工商检验货物处关于入口货物报验手续的启事
1926 年 2 月 15 日

罢工委员会与四商会合组工商检验货物处，业经成立。定期二月十六日，即夏历正月初四日开始检验，地点在省澳轮船码头。所有入口货物俱归该处检验，如非属仇货及非由港、澳、沙面来者，验迄立即放行，并无收受费用。一经放行，水陆沿途不准留难阻滞。检验处俟罢工胜利之日，即行撤销。凡商人有货入口应具报验手续如下：

（一）凡报验入口货物须列明货色、件数、重量、价值、唛头，何船载来，何埠起运，其格式依照报关单一样；如有货价单，报关底单及可以证明非违例之凭据，亦要缴验。

（二）报验单须盖该商店正式图章，注明街道门牌，有海关编号图章更妥，不得用伪名店章。

（三）有无货报验，须先向挂号处将报单投递，由挂号处挨次编列号码，送交检验处按先后次序检验。

（四）货经验妥准予放行时，由商人领取放行证，粘贴货面，每件一张，另加盖检验处骑缝印，无得遗漏。

工商检验货物处启
一九二六年二月十五日

选自《工人之路》，第 232 期，1926-02-15。

35. 省港罢工委员会（关于禁止赌博的）通告
1926 年 2 月 17 日

为布告事，照得赌博一项，久经政府严禁，法令具彰，本会亦叠经通告各工友严自敛戢，无得故违。乃查近日因夏历新春，社会人等积习所在，多以赌博为消遣，我罢工工友亦间有昧于身负钜艰，竟同流合污，而不肖地痞乃更冒罢工之名，大张旗鼓甚至当街聚赌，迭酿事端，不独违玩政府法令，且亦玷我罢工声名，亟应严于禁绝，免滋社会诽言。除令行纠察委员会派队梭巡，严予禁止外，为此布告，仰各工友一体知照。如有赌博情事者，应即迅自戒绝，倘仍顽劣故违，定必严惩不贷，切切此布。

省港罢工委员会干事局通告

选自《工人之路》，1926-02-17。

36. 周明德：法制录——弁言
1926 年 3 月 5 日

民十四五卅①，帝国主义者肆暴于我们国民，沪案构焉，压迫侵张，全国愤激，反对运动，风起云涌，洒凶焰仍炽，凌虐更伸，青、浔、汉、粤②惨杀迭作，逞其非我族类之异心，肆其绝无恻隐之兽性。若曰，世界上弱小之民族，莫予毒也。然压迫愈隆，反抗愈固，沙基喋血，群情更愤，省港工界罢工反对者，都二十万人，运动之大，实空全球，规模既宏，建设亦伟，此省港罢工委员会之所由生也。盖招聚数十万失业之群众，而与凶强帝国主义者抗衡，作长期奋斗，内谋衣食居处之维持，外图联群御侮之运动，非有完备组织，未足以收成效，故省港罢工委员会中，机关普设，法制局特其一焉。

原夫法者治之具，举平天下治国齐家至于修身，皆各惟法是守，吾人办事，岂无所循。斯局之设，所以订立规章，申明纪律，科惩罪恶，嘉奖劳勋，庶令功过有彰，法程无越，遂得露布天下，使知吾辈工友此次运动，组织之密，秩序之严，必慕而敬爱，喜而援助。夫既得众人心，大事可成，胜利之算，无待著龟矣。

---

① 指 1925 年于上海发生的"五卅"惨案。
② 指在青岛、九江、汉口、广州相继发生的流血事件。

惜予等以工人本色，初非法学之士，谬膺此任，握管瞠然，苟且了事则恐有负所托，敬谢不敏则为放弃责任，趑趄再四，勉维其难。因思法律所以救道德之穷，纳人于轨，吾人但应秉正无偏，主持公道，虽无才识，差有良心，守法不废告朔之羊，鸣鼓而攻害群之马，务使清静划一，秩序井然，巩固进行，产除破坏，用保吾辈神圣工友之令名，此同人之片心素志也。

诚以此次对外罢工，在谋打倒帝国主义，其管略影响，关系颇大。我以武力不如人，始行经济绝交之策。夫经济绝交，牺牲不免，而牺牲主义，为国忘身，非热心国家者不能实行。间有顽嚣市侩，惟利是视，视罢工为彼之经营障碍，匪特不表同情，且从而中伤也。而帝国主义者，与及洋奴走狗，凉血动物，复为之挑拨破坏，于是封锁港口则詈为阻碍行旅，检查仇货则蔑为扰乱商场，诽谤有如，谣言载道，吾人对此，感想如何？苟不申张法纪，公布四方，示我操持，以明真相，何足显吾辈之清白欤！且吾人罢工，为争国体，为争人格，为争自由，牺牲二字，心洞目瞭，故罢工数月，沉毁坚持，不斤衣食之求，甘愿风雨之历，谁不刻苦自励，庸有私利之图，奉兹法纪，喜有依归，秉此模楷，益加奋勉；若反是者，非我辈真正罢工工友也，愿与众共弃之。草创初成，印颁群众，同胞同志，至念之哉。

周明德序于东园①

选自《工人之路》，1926-03-05，第1版。

37. 省港罢工工人代表大会组织法

1926年3月5日

第一条　省港罢工工人代表大会为省港罢工工人最高议事机关。

第二条　代表大会之组织，由省港罢工工人之在省人数每五十人得选出一代表，五十人以上者递加，其不满五十人之工会，亦得选出一代表。至未加入之工厂罢工工人，亦可经省港罢工委员会之酌量准其派出代表。

第三条　代表大会逢星期二、四、六日正午十二时为开会时期，至下午四时止。如有特别事故，多数赞成者，得延长之。

第四条　代表大会开会时，推举代表五人为临时主席团。

第五条　代表大会开会表决事项，以举手为取决。如遇必要时，得临时另定以多数为通过。

第六条　代表大会开会时，省港罢工委员会各部机关得派员出席，以备有时报告各种事项。

第七条　代表大会开会时，凡省港罢工工人得赴会旁听。

---

① 周明德时任省港罢工委员会法制局局长，在《工人之路》上公布省港罢工工人代表大会通过的各种组织法时，作此序言。东园乃省港罢工委员会办公地点。

第八条　工人代表为全体工友所举托，应根据公意，秉公发言。

第九条　代表大会开会时，各代表应恪守议场秩序，并应由主席宣布散会，始可离座。

第十条　工人代表散会后，应将经过情形向各该工会工友宣布。

第十一条　工人代表大会应接受各工友及各方面之报告，如有请求处理者，应秉公处理之。

第十二条　工人代表大会除接受法制局弹劾各部机关之违法案外，如各方报告到会时，亦应酌量接受，无论最高机关一律秉公处决。

第十三条　工人代表大会通过事项，得送交省港罢工委员会执行委员会执行之。

第十四条　工人代表如有违法行动者，应由该工会撤换，并由代表大会议决处置之。

第十五条　本法则如遇必要时，得由代表大会及省港罢工委员会双方通过交法制局改订之。

第十六条　本法则自公布日施行。

选自《工人之路》，1926-03-05，第1版。

38.　省港罢工委员会组织法

1926年3月5日

第一条　省港工人因反对帝国主义而罢工，特组织省港罢工委员会，以掌理省港罢工一切事宜。

第二条　省港罢工委员会设执行委员十三人，由中华全国总工会举出二人，全港工团罢工委员会举出七人，广州洋务罢工联合会举出四人，共同组织之。

第三条　省港罢工委员会设正委员长一人、副委员长二人，由委员中推选之。

第四条　省港罢工委员会得设干事局，分部办事。如应要时，得设特设机关办理事务。

第五条　省港罢工委员会得聘顾问，以襄策划。

第六条　省港罢工委员会之上有省港罢工工人代表大会，为最高议事机关，其议决事项，委员会应执行之。

第七条　省港罢工委员会除关〔于〕全体重要大事，须征求代表大会同意外，得执行一切事宜。惟每次代表大会开会时，由执行委员出席报告一切经过之会务。

第八条　省港罢工委员会每星期应开会议若干次，以讨论一切事宜。

第九条　省港罢工委员会开会时，干事局长、财政委员长，及顾问皆得列席。

第十条　省港罢工委员会开会讨论关于各部机关事项，如未能解决时，应召集各部机关开联席会议解决之。

第十一条　省港罢工委员会每星期应召集各部机关联席会议一次，以报告事项讨论要务。如遇必要时得召集临时联席会议。

第十二条　执行委员如因事缺额，应提出代表大会补选之。

第十三条　省港罢工委员会为最高执行机关。〔关〕于执行职务应一〔致〕秉公，以身作则。无论各部何项机关有舞弊受贿等情，应依合法手续严厉取缔，施以相当应得之罪，无得庇纵。

第十四条 ［执行委员］如有违法行动，被人告发或为法制局弹劾于工人代表大会及各机关，一经查确，应罪加一等。

第十五条 省港罢工委员会内各部机关组织法，由法制局订定之。

第十六条 本法则如遇必要时，得由工人代表会通过，发交法制局改订之。

第十七条 本法则自公布日施行。

选自《工人之路》，1926-03-05，第1版。

编者注：1925年12月28日公布过《省港罢工委员会组织法则》十六条。以后在此基础上加以修订，于1926年3月5日再次公布，改为《省港罢工委员会组织法》十七条。主要增加了第十七条，另有个别文字上的修改。本组织法中方括号内的字，参照组织法则增加的。

39. 法制局组织法

1926 年 3 月 6 日

第一条 法制局由省港罢工工人代表大会议决成立，直隶于省港罢工委员会，用以制定自委员会以下各机关组织法则。

第二条 法制局共设委员十一人，由省港罢工工人代表大会选出。计省占四人，港占七人。

第三条 本局委员十一人自行举出正局长一人、副局长二人、起草委员三人、审查委员三人、校核委员二人。

第四条 本局得聘顾问若干人，以襄策划。

第五条 本局每日下午三时举行常务会议，如有特别事故，得随时召集特别会议。

第六条 本局制出各机关组织法则，应送交工人代表大会通过，方为有效。

第七条 本局除订制指定各机关法则外，对于关于各部法制之兴废，得随时请由代表十人以上副署，提出工人代表大会公议举行。惟须有代表十人以上副署提出，方为有效。

第八条 本局负法制之职，如发见（现）工人代表大会通过之法则有放弃者，得向工人代表大会弹劾之。

第九条 本局制出之法则，如各方认为未妥者，得向工人代表大会提议，发交本局修改之。惟须有代表十人以上副署提出，方为有效。

第十条 本法则自公布日施行。

选自《工人之路》，1926-03-06。

编者注：1925年10月23日公布过《法制局组织法则》九条。以后稍作文字修改，于1926年3月6日再次公布，改为《法制局组织法》十条，主要增加了第十条。组织法则第八条"本局负制法之职责……"在组织法中改为"本局负法制之职"。

40. 财政委员会组织法

1926 年 3 月 8 日

第一条　财政委员会为省港罢工委员会特设机关。

第二条　财政委员会受省港罢工委员会委托与监督，而管理一切财政事项。

第三条　财政委员会设委员长一人、委员四人，由省港罢工委员会推举五人充任。计省一人，港四人。委员长由五委员互选出之。

第四条　凡一切财政出纳，必须经委员长签字，方发生效力。

第五条　凡省港罢工委员会各部份（分）领取经常费，必须列明预算交审计局审核后，转财政委员会照准执行。如特别费用，除送交审计局审核后转财政委员会照准，仍须呈交省港罢工委员会批准，始行执行。

第六条　财政委员会得议定各种募捐办法，交省港罢工委员会核准，转交工人代表大会议决，方得向外募捐。无论何项机关执行募捐职务，所有募捐簿册及收捐证据，由财政委员会发给，惟须委员长署名，方为有效。

第七条　财政委员会每星期开会一次，以委员长为主席。

第八条　财政委员会开会，有委员三人出席，为足法定人数。如委员长因事不能出席时，应由委员中互推一人为临时主席。

第九条　财政委员会所有收支数目，须尽数刊登财政报告，每天一次。如因障故核算未清者，最迟不得过三天至五天，核妥后仍须报告。

第十条　财政委员会设会计一人、书记一人，由委员长聘请，专管收发记账报告等事项。另用员役若干人，由该会酌量编配。

第十一条　财政委员会收入款项超过一万元以上者，须存放银行，以免意外。

第十二条　财政委员会委员如有亏空，由本身工会负责。

第十三条　本法则如遇必要时，由省港罢工委员会转交法制局改订之。惟须得工人代表大会通过，方为有效。

第十四条　本法则自公布日施行。

选自《工人之路》，1926-03-08，1926-03-09。

41. 纠察队组织法

1926 年 3 月 9 日

第一章　总纲

第一条　纠察队直隶于省港罢工委员会。

第二条　纠察队之责任：

甲、维持秩序；乙、截留粮食；丙、严拿走狗；丁、拘捕工贼；戊、查缉仇货；己、封锁香港澳门及沙面之交通。

第二章　组织系统

第三条　纠察队总队之下为大队，大队之下为支队，支队之下为小队，小队之下为班，班为基本组织。

第四条　十二人为一班，三班（三十六人）为一小队，三小队（一百零八人）为一支队，四支队（四百三十二人）为一大队，若干大队为一总队。

第五条　本纠查队如遇必要时得设特别队，如模范队、卫生队、水陆侦查队之类。惟此类队伍名额，至多不得超过一支队，直接隶属于总队部。

第三章　总队部

第六条　总队部设委员会为本纠察队最高指挥机关，由省港罢工工人代表大会选举六人及军事委员会委派一人组织之。

第七条　一切事项皆由委员会会议取决，交由常务委员三人执行之。

第八条　为分工管理起见，委员会以一人为军需委员、一人为军法委员、一人为调查委员。

第九条　委员会设秘书长一人，总理一切文案，由委员会选聘之。

第十条　委员会之下设秘书处、军务处、训育处、军需处、军法处、调查处六处，其办事细则，由委员会另定之。

第四章　下级各队部

第十一条　大队部设大队长一人、大队副一人、训育主任一人、书记员一人、庶务员一人。

第十二条　支队部设支队长一人、支队副一人、训育一人、司书一人、司事一人。

第十三条　小队设小队长一人。

第十四条　班设班长一人。

第十五条　大队长、大队副、训育主任、支队长、支队副、训育员皆由委员会委任，呈请省港罢工委员会认可。

第十六条　纠查队员必须以罢工工人充当。

第五章　特别队

第十七条　特别队之组织大致应与纠察队相仿，其重要职员由委员会委任之。

第十八条　本法则如遇必要时，得由代表大会通过，发交法制局修改之。

第十九条　本法则自公布日施行。

选自《工人之路》，1926-03-09。

编者注：本组织法在1925年11月20日公布过，共十七条。1926年3月9日第二次修正公布，主要增加第18、19条两条，并有个别文字上的改动。

42. 纠察队委员会组织法

1926 年 3 月 9 日

第一条　本委员会为纠察队最高机关，直隶于省港罢工委员会。

第二条　本委员会以七人组织之。

第三条　本委员会有指挥及改编纠察队之全权。

第四条　本委员会每日开常会一次，定于上午十一时，如遇有必要时得开临时会议。

第五条　本委员会须有半数以上委员出席，方得开会。付表决时，以出席委员过半数之同意，方为有效。

第六条　凡关于重大事项，须向省港罢工委员会请示办理。

第七条　本委员会会议〔记〕录，每日须向省港罢工委员会呈报。经过情形，须每一星期择要向省港罢工工人代表大会报告一次。

第八条　本委员会开会时，推举临时主席。

第九条　本委员会所议决之案件，交常务委员三人共同执行之。

第十条　所有向社会张贴之布告，用委员会名义全体署名。

第十一条　本委员会设书记长一人、书记一人。

第十二条　本法则如遇必要时，得由工人代表大会通过，发交法制局修改之。

第十三条　本法则自公布日施行。

选自《工人之路》，1926-03-09。

编者注：1925 年 11 月 9 日公布过《纠察队委员会章程草案》12 条。经过修订，于 1926 年 3 月 9 日再次公布，改为《纠察队委员会组织法》12 条，主要是增加第 13 条，另有个别文字上的修改。

43. 纠察队纪律

1926 年 3 月 9 日

第一条　纠察队委员会绝对服从省港罢工工人代表大会或省港罢工委员会之决议及命令。

第二条　纠察队委员如有失职及违法情事，得由省港罢工委员会或省港罢工工人代表大会科以应得之惩罚。

第三条　委员之受惩罚应比委员会下之各级队部职员之惩罚加重一等。

第四条　纠察队委员会有指挥及裁制全队之绝对权力。

第五条　纠察队委员会对于下级队部职员及队员之惩罚，分下列四等：

一等：凡包运粮食，盗卖截货，私运华人往香港、澳门、沙面，及掳人勒索，吞货自肥，违抗命令，截留公款者，处以枪毙之处罚（此项惩罚须省港罢工工人代表大会通过，方能执行）。

二等：凡失误戎机、遗失枪械，及纠众威迫上级机关者，处以监禁或解散之惩罚。

三等：凡玩视职守、侮辱长员、越级言事，以及赌博、宿娼、酗酒闹事者，处以撤差或监禁之惩罚。

四等：其他错失，由各队长员酌量处以申斥、罚立正、打手掌之惩罚。

第六条　各大支小队班长等，该管所有犯一二等罪者，该管长员若串同犯法，罪加一等；若实不知情，乃管理无方，疏于防范，应记过一次；如记过三次以上者，应由本委员会公议处罚。

第七条　各级队部不得越级呈报（如特别队或某支队尚未统属于大队者得向总部呈报）并不得直向省港罢工委员会或省港罢工工人代表大会以及政府任何机关呈报。以一事权，而免歧纷。

第八条　队员有事请示班长，班长请示小队长，小队长请示支队长，支队长请示大队长，大队长请示纠察委员会（如将特别队或某支队尚未统属于大队者，得直接请示纠察委员会），纠察队委员会请示于省港罢工委员会。如不依照此项手续者，以违背纪律论。

第九条　总部设有"广益""告密"两箱，如队员有何项意见，投入广益箱。如队员得到某人舞弊之真确证据，投入告密箱。

第十条　枪械须由总部发给，不得私自购置或借用，违者没收。总部发给之枪械，须加意保存，如有损失由本人负责。

选自《工人之路》，1926-03-09。

编者注：《纠察队纪律》在 1925 年 11 月 18 日公布过。1926 年 3 月 9 日修正公布，个别文字有修改。

44. 纠察队委员会各地办事处组织法

1926 年 3 月 10 日

第一条　各地纠察办事处直隶于纠察委员会。

第二条　各地纠察办事处设特派员三人，由纠察委员会委任之，以一人为主席。该特派员不得任用私人。

第三条　各地纠察办事处因事之繁简，得酌设特务员及书记若干员助理之。

第四条　各地纠察办事处，因地方离省太远者，得有下列各项先行处分权：

（甲）如遇线人报到有仇货出入口时，得随时指挥该地纠察队前往截缉。

（乙）各地纠察队拾（执）获之货物，解送纠察队办事处，会同该地正式机关、合法团体审查；如确系与工商条例无违背者，应会［同］该队纠察队代表或长员，立即放行之。

（丙）各地纠察拾（执）获货物，应解省纠察委员会发落。惟该办事处离省较远，如

"北海""海口""水东""台山""淡水""梅篆"等地，运输不便时，得会同该地正式机关、合法团体审查，确保〔系〕仇货及违犯工商条例者，公开拍卖将款立即如数缴解本会。

（丁）如遇必要时，随时指挥该地驻防纠察队。

第五条　各地纠察队办事处处分及截获各事，应随时呈报纠察委员会。

第六条　各地纠察办事处如非规定之职权，仍须先呈纠察委员会核准，方可办理。

第七条　各地纠察办事处于奉令到该地设立时，应用正式公函，分送该处正式机关，合法团体知照，以便遇事时共同合作。应将办事处组织法则通告，俾众周知，以昭公道。

第八条　本职权由纠察委员议决交由法制局修改后，呈请代表大会通过日为施行。

选自《工人之路》，1926-03-10，1926-03-11。

45. 纠察队军法处组织法

1926 年 3 月 10 日

第一条　军法处直隶于纠察委员会。

第二条　军法处设主任一人，由纠察委员兼任之。其下讯问员若干人，录事若干人，差遣若干人，由纠察委员会编定之。

第三条　军法处接受由纠察队解送来各项人犯，讯明口供分别办理如下：

（甲）关于纠察队部之犯法人员，军法处得直接审判之；

（乙）非纠察队部之犯法人等，由本处讯问后，即连同原供转送会审处审判之。

（丙）既解会审处之犯人，不得以军法处名义销案放人。

第四条　军法处移解非本处范围之人犯时，如有与犯人连带关系之品物，应列明一同移解。

第五条　军法处依照纠察委员会所定纠察队纪律，办理本处范围之人犯。

第六条　军法处每日应将办案经过情形，呈报纠察委员会。

第七条　军法处如办理重大之案件，得报请纠察委员会襄办之。

第八条　此法则由法制局订定。

第九条　此法则自公布日施行。

选自《工人之路》，1926-03-10。

46. 会审处组织法

1926 年 3 月 11 日

第一条　会审处直隶于省港罢工委员会。

第二条　会审处设承审员五人，由省港罢工工人选充，计省占二人、港占三人。

第三条　会审处各项员役，由承审员酌量配之，统以罢工工人为限。

第四条　会审处之设，用以收受各方解来之人犯，为初级之审讯，按律别事情轻重，或转解特别法庭审判，或直接由本处判决。

第五条　会审处收受各方解来之人犯，应由承审员署名签收，并将人犯原有之衣物等，一概随同人犯点检签收之。

第六条　会审处收受各方解来之人犯，应于二十四小时内审讯清楚定夺；如确属无辜者，应即释放不得留难。

第七条　会审处应依据法制局制定经代表大会通过之法则定案，不得越例从事。

第八条　会审处收受各方解来之人犯，无论何项机关，非依合法手续，不能取保及请求释放。

第九条　会审处（审）讯案件应秉公依法，无枉无纵，不得擅用私刑及受贿舞弊。倘有此项事实被人告发或被查出，应由省港罢工委员会送交特别法庭查办之。

第十条　会审处每日应将经过审理案件情形，详细汇表，呈报省港罢工委员会备案，以备查考；并应函复所解来之机关。

第十一条　凡应解送特别法庭之人犯，不得逗留［超］过二十四小时。

第十二条　会审处判决人犯，如不服判决时，得向特别法庭上诉。

第十三条　本法则如遇必要时，得由工人代表大会通过，发交法制局修改之。

第十四条　本法则自公布日施行。

选自《工人之路》，1926-03-11。

编者注：1925年11月15日公布过《会审处组织法则》13条。1926年3月11日再次公布，改为《会审处组织法》，共14条，主要是增加第14条，另有个别文字改动。

47. 会审处办案条例

1926 年 3 月 11 日

一、应解送特别法庭之罪犯如下：

接济敌人粮食品物者；

包庇接济敌人粮食品物者；

包庇工人返工者；

运动工人返工者；

未经准可而复工者；

侦探罢工消息报告敌人者；

侵吞公款者；

克扣工人粮食者；

私卖襟章饭券者；

受贿纵逃罪犯者；

殴打职员者；

犯私自往港澳沙面者；

职员恃势凌人者；

恃众凌人者；

插赃诬告者；

偷盗及私卖公物者；

私运人货往港澳沙面者；

包庇私运人货往港澳沙面者；

私自捕拿押留人犯者；

勒索钱财者；

滥用私刑者；

故违公令者；

犯聚赌吸食洋烟二次以上者；

打架伤人者；

不论何种职员受贿舞弊者；

包庇聚赌吸食洋烟者；

缉获货物私自拍卖并放行者。

二、应在本处判决之罪犯如下：

如有将自己之襟章饭券交与别人用膳者，拘留五天，接受者同罪。

擅造谣言煽惑人心者，拘留十天。（如有鼓动及破坏性质，得解送特别法庭究办。）

冒充工人享受权利者，拘留十天。

未领襟章饭券而往饭堂食饭者，拘留五天。

工人打架者，拘留五天至十天。

聚赌吸食洋烟者，拘留五天至十天。

选自《工人之路》，1926-03-11，1926-03-15，1926-03-17。

编者注：此件原为《会审处组织法》的附件。

48. 筑路委员会组织法

1926 年 3 月 17 日

第一条 筑路委员会直隶于省港罢工委员会。

第二条 筑路委员会设正副委员长各一人，由各委员推举之。其下分科办事，每科设主任一人。至各科之编配，以该科之事务繁简，自行酌量，呈报省港罢工委员会设置。

第三条 筑路委员会得聘顾问若干人，以助策划。

第四条 筑路委员会之设，用以管理罢工期内一切筑路事宜。

第五条　本会所用筑路工人，应由省港罢工委员会向省港罢工工友选派。决不能参用非罢工工人。

第六条　关于领取一切经费及应与政府交涉事宜，须呈报省港罢工委员会办理。

第七条　筑路委员会凡欲施行一切计划，应先行呈报省港罢工委员会批准，然后施行。

第八条　筑路委员会除随事报告省港罢工委员会外，应每三日将经费之收入支出报告一次。

第九条　省港罢工委员会对于本会会议，得随时派出委员参加之。

第十条　本法则如遇必要时，得由工人代表大会通过，发交法制局修改之。

第十一条　本法则自公布日施行。

选自《工人之路》，1926-03-17。

49. 附："发还陈嘉庚公司货品，实行工商联合"

1926 年 3 月 20 日

前日陈嘉庚公司运来胶轮等货品一宗入口。罢工纠察队查该胶轮等有新加坡字样，系近仇货，即行扣留检验。该公司因以虽有新加坡字样，但纯系华人资本华工制造，且系由厦门运来，罢工委员会据此情由，特提出第九十四次代表大会讨论。金以陈为南洋巨商中最能牺牲个人财产，以谋增进国内教育之人，且能制新式货品，与外国工商业争衡，应予通融发还，以符国民党保护农工、发展实业之政策。有此特别情形，一致议决，全数发还。昨经抉录议案，函达会审处查照办理云。

选自《工人之路》，第 265 期，1926-03-20，第 3 版。

50. 港澳船支（只）回省复业条例

1926 年 3 月 22 日

省港罢工委员会，以本国各航商前在港澳营业者，纷纷请准由港澳驶回船支（只）来省复业。罢工会据此情由，经议准其回省复业，但须依照复业条例，方准驶行。兹录其条例如下：

（一）须非英国船，暨非英国船之改名变相，及与英国人资本完全无涉者，得准照下列条例回省复业。

（二）须在此次罢工期内，并无破坏工商合订条例，及一切罢工政策者。

（三）凡经本会核准回省复业后，应按照该船容量分级缴纳一次报效费（报效费分级办法另定于下）。

（四）所有雇用船上工人，必须先由该船公司到本会报明，照复工条例三方签约。

（五）所有船上职员不能任用英人，或英籍人。

（六）以上各条例已经遵照办妥后，仍须觅具殷实商店担保，在罢工期内，绝对遵守工商合订条例，及本会所定一切船务细则，然后准予开行。

关于回省复业船只缴纳报效费分为帆船、轮船二种。计回省复业之帆船，凡载重由一百担以上至五百担者，缴纳五十元；五百担至一千担者，缴纳一百元；一千担以上至一千五百担者，缴纳一百五十元。每加五百担，则加五十元，如此类推。由五千五百担以上至六千担者，则缴六百元，若超过六千担以上者，再行另议。

关于回省复业之轮船，凡载十吨以上至五十吨者，缴纳三百元；五十吨以上至一百吨者，缴纳四百元；一百吨以上至二百吨者，五百元；二百吨以上至三百吨者，六百元；三百吨以上至四百吨者，七百元；四百吨以上至五百吨者，八百元；五百吨以上至七百吨者，一千元；七百吨至一千吨者，一千五百元；一千吨以上至一千三百吨者，二千元；一千三百吨以上至一千九百吨者，二千五百元；一千九百吨以上至二千吨者，三千元；二千吨以上至二千五百吨者，三千五百元；二千五百吨以上至三千五百吨者，四千元；三千吨以上至三千五百吨者，四千五百元；三千五百吨以上至四千吨者，五千元。若超过四千吨以上者，再行另议。

选自《工人之路》，1926-03-22，第3版。

51. 审计局组织法
1926年3月29日

第一条　审计局直隶于省港罢工委员会。

第二条　审计局有审计自省港罢工委员会以下各机关所有经常费用之审计权。

第三条　审计局共设委员十一人，由省港罢工工人代表大会选出，计省四人、港七人。

第四条　审计局委员十一人，自行举出正副局长二人。其余预算、决算、调查、核数各员，由正副局长编配之。

第五条　审计局如审计出各机关之进支数目及购办物件有舞弊事情，应即据实呈报省港罢工委员会查办之。

第六条　审计局须每日一次将已审计之数目单据汇表，呈报省港罢工委员会。

第七条　审计局开会时，如正副局长因事不能列席，得举临时主席主持之。

第八条　审计局开会，有过半数委员出席，为足法定人数。

第九条　本法则如遇必要时，得由省港罢工工人代表大会发交法制局改订之。

第十条　本法则自公布日施行。

选自《工人之路》，1926-03-29，1926-03-30。

52. 保管拍（贩）卖处组织法

1926 年 3 月 30 日

第一条　保管贩卖处直隶于省港罢工委员会。

第二条　保管贩卖处设主任一人副主任一人，其余各职员得由该正副主任酌量编配之。

第三条　保管贩卖处之设，为保管省港罢工委员会所辖各机关在各处执获解来之船只货物等，听候省港罢工委员会之处置。

第四条　各方解来本处保管之船只货物等，应由正副主任发回详细收据，并应即具列清单呈报省港罢工委员会请示办法。

第五条　凡各处解来之货物，如发收据及清单时，应将件数、斤两、唛头①逐一列明，不得忽略。

第六条　如各方解来本处保管之船只货物等，经省港罢工委员会发交会审处判决充公时，得分别种类，订定底价，当众明投。惟须先三日发表于《工人之路》，订定时日，乃可举行。但牲口果菜一天可以。

第七条　如判决充公之船只货物等，价值五十元以上者，该底价应由审计局会同订定之。如价值五十元以下者，该底价由保管贩卖处自订。

第八条　如开投或发卖船只货物等，须预日呈报省港罢工委员会，及知会监察员莅场监视，以示大公。

第九条　保管贩卖处除随事报告省港罢工委员会清（请）示办法外，须每星期将经过情形详细汇表呈报省港罢工委员会，发交《工人之路》登录。

第十条　保管贩卖处每星期应将来往数目，送交审计局核算有无错漏。

第十一条　保管贩卖处应由省港罢工委员会指定各工会轮值每日派出四工会，每工会一人，会同监视一切事宜。倘有违法，得向委员会报告查办之。

第十二条　本法则如遇必要时，由工人代表大会通过，发交法制局修改之。

第十三条　本法则自公布日施行。

选自《工人之路》，1926-03-30，第 1 版；1926-04-07，第 1 版。

53. 邓中夏：工人阶级的一首功课

1926 年 3 月 31 日在省港罢工工人代表大会第一百次会议上的讲话

省港罢工从去年六月十九日到现在已是九个多月了，省港罢工代表大会到本年三月三

---

① "唛头"，译音字，指进出口货物包装上的标记。

十一日整整一百次了。省港罢工工友很热烈的（地）在这一天举行一个盛大的纪念会。在这万众欢腾的声浪中，我要提起工友们的注意，特地高声叫道："省港罢工是我们工人阶级的一首功课呀！"

一首什么功课呢？叫做："工人阶级掌握政权的学习。"

本来工人阶级要得到完全解放，一定要在工人阶级自己掌握政权之后。工人阶级希冀在资产（本）主义制度尚未消灭以前，即在资产阶级的政府之下，施行和平的改良政策，来达到自己解放的目的，是万万做不到的。工人阶级只有依靠自己阶级的组织，继续地而且绝对地参与国家行政，把以前一切形态的国家一并消灭，才有完全解放的可能。巴黎公社已经向着这个方面，踏进了历史的第一步，俄国苏维埃政府，算是踏进了第二步了。

虽然工人阶级在客观条件主观条件都未具备和成熟的时候，不能作自己阶级掌握政权的梦想；然而历史告诉我们，社会进化的行程，必然的（地）会有一个客观条件、主观条件统统具备和成熟的时机到来。所以我们却不可不随时随地作自己阶级掌握政权的学习，以为将来自己阶级掌握政权的预备。

省港罢工工人代表大会的组织，与俄国工人苏维埃是相仿佛的。他（它）的特点，即在于代表是依据产业选举出来，至少是由工人自己选举出来，以人数为比例，每五十人选举一个，是真能够表现有真实意义的"普遍民主主义"的精神；决不象（像）资产阶级的议会制度，代表是依据地域而选举，以财产为标准，有财产者（自然是资本家大地主）有被选举权，无财产者（自然是我们工人和农民了）就无被选举权，甚至于无选举权。这样，资产阶级还欺骗我们说，他们的政治是"民主主义"，岂不要笑掉人家的牙齿？

省港罢工工人代表大会，一方面表现有真实意义的"普遍民主主义"的精神，一方面又有他（它）"民主集中"的特性。何谓"民主集中"？就是说；代表是由工人自己选举出来，他们就信托代表大会能够依据他们公共的意思和利益，决议各项问题，决议之后，大家就绝对遵守，不得违背，所以代表大会有至高无上的权力；又由代表大会产生罢工委员会为最高执行机关，负对内对外指挥的责任。省港罢工委员会是选举十三个委员组织的，每日另有会议，依据代表大会原则上之决定，分别用具体的方法见诸实行，在其不违背代表大会表决的条件之下，代表大会赋予"便宜从事"的权力，于是乎"民主集中"的特性，就这样的（地）充分实现了。

省港罢工委员会俨然有一个小小工人政府的规模，其下有干事局，分七部办事，并在其统辖之下设各种特设机关，有财政委员会，负筹款保管及分配的责任；有法制局，负起草各种法规的责任；有审计局，负审核预算与决算的责任；有纠察队二千余人，算是他的陆军了；有舰队十艘，算是他的海军了；有会审处和拘留所，裁制走狗工贼汉奸，算是他的法庭和监狱了（自然还须解国民政府之特别法庭处断）。

巴黎公社、俄国苏维埃政府，就是这样组织的。所不同者，在作用方面，他们是社会革命，根本推翻资本主义；我们是民族革命，努力打倒帝国主义。在程度方面，他们是管领全国，建设无产阶级的政权，我们只管领东园，进行反帝国主义罢工的工作。他们的规模宏大而关系复杂，我们的规模细小而关系单纯罢了。然而其为工人政治的性质则一。所以我们敢于说罢工委员会是将来中国工人政府之先声。

省港罢工九个月了，我们学习掌握政权也是九个月了。我们在学习这一首功课之中，得了不少有钱难买的最可宝贵的知识和经验。我们须得珍视这些知识和经验，等到将来客观条件统统具备和成熟的时期，应用起来，扩大起来。

省港罢工胜利万岁！

工人阶级解放万岁！

选自广东哲学社会科学研究所历史研究室编：《省港大罢工资料》，广州，广东人民出版社，1980，第187～189页。

54. 李森[①]：代表大会的精神

1926年3月31日在省港罢工工人代表大会第一百次会议上的讲话

这次省港工人的大罢工是为全国人民反抗帝国主义的残暴带民族性的政治罢工，与普通的增加工资减少时间的经济罢工，完全两样，这点重要意义，已经家喻户晓的了。

去年六月十九日起，截至七月初旬，省港工人大致已完全罢工，总计到省人数不下十万人。吾人为求集中势力向帝国主义作战起见，遂有罢工工人代表大会之组织，凡工会每五十人得选代表一人，总共代表七八百人。举凡一切大政方针，以及兴革事宜，统由代表大会决定，所以罢工工人代表大会无异〔于〕罢工工人之头颅，亦即为俄罗斯之所谓苏维埃也。

自罢工迄至今日，已经九月有奇，而代表大会亦已届百期，遂有百期纪念大会之举行。我谨将此百期中代表大会的精神，择其要者言之，一方面表示我对于代表大会的观感；一方面希望代表诸君长保此种精神，以与帝国主义者决战。

代表大会的精神，择其要者有三：

（一）奋斗的精神。这次我们工人牺牲一切个人的利益举行罢工，与天字第一号英帝国主义相搏战，其奋斗精神为何如！我们代表诸君是代表十万余工友，与英帝国主义奋斗，这种精神直使帝国主义者发抖。我们看每次代表大会开会，代表必按时而到，讨论时间自正午十二时至午后七时，有时讨论未完，则继以灯光，各代表虽枵腹，亦毫无倦态，如果未得结果，则必于次日举行特别大会，专讨论该项问题。其奋斗精神有如此者，帝国主义那得不低首求和呵！

（二）认真的精神。现在一般人最流行的毛病就是"麻麻胡胡（马马虎虎）"，但是"麻麻胡胡（马马虎虎）"常常把事情弄糟了。代表大会代表则完全与普通人相反，凡百事情，都非常认真。如讨论问题，一代表发言，余则侧耳倾听，全场寂然；如稍有怀疑，或尚待考虑者，则指定代表担任调查，留为下期讨论；至于大政方针之决定，尤为审慎，与商人发生交涉，则常依照所定"工商联合反抗帝国主义"的原则，取让步态度。凡此种种，可见代表大会认真的精神。

（三）公断的精神。我们承认罢工工人中也有很少很少的不良分子，如郑福、罗声浪

---

① 李森（又名李启汉）时任省港罢工委员会干事局局长、中共省港罢工委员会党团副书记。

等等，他们罢工无非找钱以充自己的荷包，并非为反帝国主义而来也。代表大会对于这些不良分子毫不客气，重的处以极刑，或永远通缉，轻的处以监禁。至于各部机关有不好的，则令改组，无需要的，则令取消。职员中有不守法律奉公的，革职查办，以儆效尤；轻者记以大过，以示惩戒。这种大公无私的精神，与一般贿赂公行的资产阶级的国会那（哪）里可以同日而语。

代表诸君！你们长此保留这种奋斗、认真、公断的精神，当不让苏俄之苏维埃独美于前，代表诸君勉乎哉！

选自广东哲学社会科学研究所历史研究室编：《省港大罢工资料》，广州，广东人民出版社，1980，第193～194页。

55. 代表大会代表陈权报告代表大会经过

1926 年 3 月 31 日 [①]

各位来宾！各位代表！兄弟今天报告代表大会的经过，大约可分为三项来说明：第一为幼稚时期，第二为进攻时期，第三为整顿内部时期。现在分开来说：

代表大会的代表，系罢工工友五十人选出一人，合拢来的，共有代表七百余人。我们知道代表大会为罢工最高议事机关，要与帝国主义者长期奋斗，所以采取民主集中的原则，对付一切问题。六月廿六〔日〕在此开第一次会议，到者不过百余人，至七月十五日代表大会，才正式成立，定每周开会三次，以教育会为会场。这时期一切非常幼稚，所以称为幼稚时期。

经过了十多期之后，每次均得名人指导，尤其是得廖顾问的指导特好，所以觉进步，代表的智识增高许多，大会也可臻巩固，向帝国主义进攻。香港帝国主义者封锁港口，想置广东三千万人民于死地。我们有见及此，遂与商人一致联合，设立特许证，禁止仇货来省，谋广东经济独立，结果香港封锁失败了。帝国主义者竟用卑劣手段，买凶暗杀廖顾问，我们非常悲痛，但更加奋斗，向帝国主义者进攻。帝国主义的阴谋又失败了，又用种种方法，离间商人反对特许证，但是我们看见了，马上取消特许证，成立工商审查仇货委员会，凡货物充公，商人如不满意，可以提出工商审查仇货委员会复审。这么一来，帝国主义的离间政策又失败了。当廖顾问死后，一股反革命派潜伏广州，我们决议帮助国民政府肃清反革命派，国民政府得了人民的拥护，毅然决然解散郑、莫、梁等反革命军队，香港帝国主义的阴谋又失败了。最后帝国主义者又利用东江陈炯明、南路邓本殷，夹攻广州，我们罢工工人一致帮助国民政府东征南讨，不过二月东南两路完全肃清，帝国主义的阴谋又失败了，这是代表大会的成绩。

第三〔为〕整顿内部。各代表知道这次反帝国主义不是三两日便可成功的，一定要很长期的奋斗。在此长期奋斗中，内部一定要很团结，很严密，才可以致胜。所以有些不好

---

① 此年月为编者所加。

的机关，决议撤消（销），如需要某种机关时则增加组织。以前纠察队办理〔得〕不很好，所以决议改组了，并且加设模范队。总之，代表大会对于内部也很留意，因为内部组织得好，然后可以对外。这为整顿内部时期。

末了，我再报告代表大会决议案的统计：

A. 内部组织

1. 制定或修改组织法及章程　十四案

2. 选举或指派各机关职员　十七案

3. 添设改组或撤消（销）机关　十五案

B. 封锁政策及经济独立运动

4. 断绝港澳交通　九案

5. 仇货充公或处罚　十五案

6. 工商联合　十五案

7. 黄埔开埠及筑路　二案

C. 与政府合作肃清反革命巩固革命基础

8. 援助廖案　六案

9. 援助东征与南征　三案

D. 援应各地革命运动

10. 援助上海罢工　六案

11. 响应北京各地运动　九案

12. 援助广东工农运动　二案

E. 国际联合

13. 与苏俄联合　四案

14. 与英国工人联合　二案

15. 与日本工人联合　二案

F. 整饬纪律

16. 撤革职员，查办或惩戒舞弊者　四十六案

17. 规定职务及防范舞弊　三十一案

18. 镇压反动　三案

G. 其他

19. 准备解决罢工　六案

20. 改良工友生活　二十二案

21. 排解工会之争　七案

22. 抚恤死难工友　六案

23. 杂案　四十三案

总计　二百八十五案

每次会议必有政治报告，政治报告之后，什九必有决议案，而且这些决议案是与政府合作，及对付帝国主义策略的性质居多，未算入内。

再则代表大会为最高议事机关，罢工委员会为最高执行机关。代表大会议决事项，大

致关于原则上之决定居多，交由罢工委员会执行。罢工委员会每日开会一次，其会议次数现已至一百余次。由罢工委员会决议之案，皆未算入内。

选自广东哲学社会科学研究所历史研究室编：《省港大罢工资料》，广州，广东人民出版社，1980，第209～212页。

56. 省港罢工委员会为优待华侨事致国民党中央海外部函

1926 年 4 月

敬启者：

关于海外侨商自制或采办之牛皮运粤销售一事，因此项货品与仇属及仇商所出产者殊难分别。敝会因求封锁严密起见，致不免有误会扣留之事发生，虽终能检查明白，分别办理。然敝会究觉若长此耽搁侨胞商务，心深慊然不安。现力求捕（补）救而利侨商，拟由贵部通告各地侨胞，凡非仇属或仇商所出产之牛皮，可即先行到该地党部报明何厂出产、何船运粤、数量多寡、付货及收货商号，由党部审查属实后，即电告敝会，并另缮证明书交由该商随带来粤缴验，便当转知工商检验货物处暨纠察队等查明放行，以免误会，再事耽搁。此项办法，既两称便利，复可以表示本党保障侨胞之至意，似乎尚属妥善，用特函达贵部查照。如何之处，即希见复是荷。

选自《工人之路》，第306期，1926-04-30。

57. 骑船队组织法

1926 年 4 月 7 日

第一条　骑船队直隶于省港罢工委员会。

第二条　骑船队设主任一人，副主任一人。其余队员如何编配，由该正副主任编配之。队员每工会派一人充当之，非罢工工人不得充当。

第三条　骑船队主任每日务将出入口船支（只）随时报告，并每星期应将经过办理情形汇表呈报省港罢工委员会。

第四条　骑船队奉省港罢工委员会命令，随时派出队员往各轮船监视其行动。

第五条　骑船队员奉派骑船任务既毕，应将经过情形详细回报主任，以便转报省港罢工委员会。如遇必要时，亦得迳（径）自向省港罢工委员会报告。

第六条　骑船队员应秉公回报经过情形，不得受贿匿报，倘被告发或被查出，应即扣留严办。

第七条　本法则如遇必要时，得由工人代表大会通过，发交法制局修改之。

第八条　本法则自公布日施行。

选自《工人之路》，1926-04-07。

编者注：1925 年 11 月 22 日公布过《骑船队组织法则》7 条。1926 年 4 月 7 日修正公布时，改为《骑船队组织法》8 条，主要增加第 8 条，并有个别文字修改。

58. 省港罢工工人调查处组织法

1926 年 4 月 7 日

第一条　省港罢工工人调查处直隶于省港罢工委员会。

第二条　本调查处由省港罢工工人代表大会举出十五人，及注册处派出二人，共同组织之。

第三条　本调查处设正副主任各一人，由该处同人举出，其余职员由该正副主任编配之。

第四条　本调查处专任调查省港罢工团体工人之实数若干，分别查明在寄宿舍若干，或回乡者若干，及曾否注册者若干，呈报省港罢工委员会。

第五条　调查员每日分班出发调查，务以最速之时期将全体罢工工人实数调查完竣，以资考据。

第六条　调查员除调查罢工工人数目外，其余无论何事，一概不得干预。

第七条　调查员调查各工团人员，须赴各该工会调查为〔合〕法手续，不得径自闯进饭堂及男女寄宿舍；如遇必要时，得由该正副主任发出负责公文，持往该指定地点，知会该处主任，然后调查。

第八条　调查员出发调查，须由该处主任发出每日凭证，交该班人员携带，以杜假冒；每至一工会调查，须由该员盖章，交该会收存，并请工会盖章，携回调查处主任查核，以昭信实。

第九条　调查处每星期应将调查所得情形作一小结，汇表呈报省港罢工委员会。

第十条　调查处每两日须召集全体人员开会一次，讨论进行事宜。

第十一条　调查员如有不遵职守而有违法行动者，应由该主任呈报省港罢工委员会查办之。

第十二条　本法则如遇必要时，得由省港罢工工人代表大会发交法制局修改之。

第十三条　本法则自公布日施行。

选自《工人之路》，第 283 期，1926-04-07。

59. 省港罢工委员会特准宝安农会农民经过英界条例

1926 年 4 月 9 日

一、凡属米、田料、盐、种田及耕牛等五项，得予通融经过英界到内地。

二、该特许通融只限于各乡、各农会之农民适用，其他无论何人一概不准。

三、各乡农会农民，欲过英界采办田料、米、盐时，应会齐到该属农会，报明前往采办之地点及数量多少，声明不挟（挟）载仇货及其他一切货物，然后由该农会盖章担保，转深圳纠察办事处报明，方得前往所在地点采办。

四、凡各农会农民采办上列特准之米、盐、田料三项货物，每一次只准采办足该村农民所用之量数，不得逾量采办。

五、凡各农会农民经领通过证后，将用船前往所在地点采办时，应空船出口，绝对不能挟（挟）带任何项物品，回来时到办事处报到，听候检查完毕后，方准起卸。

六、凡各农会农民有必要过英界耕种，应先将农人连同耕牛影具相片二张，由该农会担保送交纠察办事处挂号发证，方准来往通过。

七、如有违上项条例之一项者，除将违例物充公外，仍将其经特许通过之货物亦一并充公。

八、无论何项人等，如敢破坏封锁条例者，水陆纠察未能发觉或无力截缉时，各乡农民得代为执行或帮助，务须将违例之人犯货物缉获，但须解交纠察办事处办理，该农民不得自行处分。

九、各乡农民截获违例之货物，如审判充公后，准给二成充赏，该当地纠察则给赏一成，以资鼓励。

十、各乡农民如敢破坏条例，纠察当然可以截缉，但倘纠察队中有不肖者舞弊犯例时，该农会农民等亦得报告该地驻防队长拘究；至视为必要时，仍得执获证据，带同该舞弊队员到该队部证明，以便究办。

十一、以上各条例如有未尽时，得由各乡农会同深圳纠察办事处会商修改，但必须本会核准后，方得施行。

选自《工人之路》，第 285 期，1926-04-09。

60. 省港罢工委员会关于咸鱼运输办法的训令
1926 年 4 月 17 日

右令纠察委员会：

为令遵事：查土咸鱼一项，关系沿海渔户生活及内地贫民食料，其影响民生问题，至为重大。但因多从沿海各地运入，不免时犯由港澳运来之嫌疑；且亦确有少数奸人，不惜破坏罢工以图利，故意到香港采办，所以各地纠察为严密封锁计，乃时加以扣留或节节检验。惟此项咸鱼，最难经时，若稍事停留，必致霉坏，此不独商人损失不堪，其影响贫民生活尤关重大。本会体念及此，殊深慊然，乃特定办法三条，以资补救。

一、凡属土咸鱼，在沿海及内地准予自由贩运，但须受当地纠察迅速检验，以杜弊混。

二、如由香港运入，则无论其系土制［与否］，亦一律截缉。

三、凡专运土咸鱼之船，不得兼载别货，但乡渡不在此例。

此项办法，已经于第一百零五次罢工工人代表大会通过照办。兹除登报公布而俾商民人等一体周知外，合行令饬该会知照，仰即转饬各办事处各队长员一体遵照。嗣后对于土咸鱼，如非证实其系由港运入者，不得留难，且检验手续亦务须迅捷，以免停滞霉坏之弊，而舒贫民生活，不得稍为违玩，致干未便。切切此令。

选自《工人之路》，第 293 期，1926-04-17。

61. 邓中夏：省港罢工胜利的原因[①]

1926 年 4 月 29 日

各位同志！

省港罢工是我们自己做出来的，因此，再讲一番一定是很有趣味的。凡事经过自己的手做过的，历尽困苦艰难，回说一番一定是很高兴的。

省港罢工到今天，刚刚是十个月了。自去年六月十九日至今天四月十九日刚刚是十个月。十个月长久奋斗，是很光荣的！因为纵观古今，横览中外，未有如此长久的罢工。有之，则自我们省港罢工始。

这次罢工，相信一定能得完全的胜利。但是，我们回想到八十五年前之鸦片战争，也是反帝国主义的运动。为什么那一次运动失败呢？就是因为那时大家不觉悟，没有普遍的民族觉悟。这是第一个大原因。其次是因为没有好的组织，所谓"平英团"也组织不完备，不能和帝国主义者长期奋斗。这是第二个大原因。还有是不知道运用政策。当时民气虽盛，不卖买英货，不和洋鬼子交易，烧洋房，但不知道运用政策，卒归无用。且人民未与政府合作，腐败的清政府，也不愿与人民合作，这〔那〕时工人完全取旁观态度。这便是第三个失败原因。此次罢工，这三种不好的现象都能免掉，所以才能胜利。兄弟有一篇文章叫做《香港罢工的胜利》在《人民周刊》登出，讲得很详细。已经得到的三大胜利：（一）给英帝国主义经济上大打击，（二）使革命基础坚固，（三）使广州商务发展。若香港帝国主义者承认我们提出的条件，便是我们完全胜利了。现在看来，实有完全胜利的可能，因为英帝国主义者除掉（了）屈服，实没有别的办法。

鸦片战争时，反帝运动失败是有原因的。这次胜利也是有原因的。固然，第一，有政府的帮助，得到政治上的自由和保障；第二，是有各界人民及海外华侨的帮助，得到经济的供给和维持；第三，有全世界无产阶级及殖民地弱小民族的帮助，增加我们的勇气，是使我们得胜利的原因。但这些都是外面的，我们本身还有最重要的原因，分述于下：

第一个原因，是这次工友们通通非常觉悟。省港十余万的罢工工友，都明白中国在帝国主义压迫之下，人民要解放，必要打倒帝国主义才有可能。就是小孩子也大呼打倒帝国主义，虽然不知道什么是帝国主义，但是他们总觉得帝国主义是坏东西，要打倒的。有一件笑谈证明：有二孩子在马路边骂，骂他的爷，骂他的娘，骂他是契弟，骂他是傻仔还不至相打。后来，骂他是帝国主义，便愤极打起来。可见人们痛恶帝国主义的程度是如何的（地）高了。工友们看见"五卅"惨案之后，跟着青岛、汉口、沙基等惨杀，都知道帝国

[①] 邓中夏在香港总工会代表大会上作过两个报告：一是《邓中夏同志政治报告》，由《工人之路》于 1926 年 4 月 24 日、26 日连载；另一个是《邓中夏同志省港罢工报告》，发表在《工人之路》1926 年 4 月 29 日第 1 版。后者在收入《省港大罢工资料》时改标题为《省港罢工胜利的原因》。

主义之凶残，非打倒不可，所以大家有普遍的觉悟，于是马上踊跃罢工起来。假使无此觉悟，则各领袖乃发难者尽管下罢工命令是无济于事的。再看此次罢工十月当中，罢工工友受了很多痛苦：他们虽有饭吃，但没有以前的薪水；罢工委员会钱又不多，工友们衣被材料不好，几不足以护体；且在地面睡，湿气极易致病；尚有眷属问题。似（虽）是困难痛苦，但工友们都觉悟无论如何都要打倒帝国主义。虽然受痛苦十月之久，而精神不减，继续维持。有普遍的觉悟，是胜利的第一个原因。

第二个原因是因为我们组织好。这次罢工组织有头有绪，有条有理，又严密，又完整，有罢工工人代表大会为最高议事机关，每星期开会三次，财政、会务绝对公开，意见可以一致。许多反动派、帝国主义走狗，从事挑拨都没法子，帝国主义者之离间阴谋，也卒至无用，于是我们战线乃能统一。尚有最高执行机关，就是省港罢工委员会，执行代表大会的决议案。其下有干事局，下更分文书部、招待部、庶务部、宣传部、游艺部、交通部、交际部等七部，分部办事，使有条不紊。但只此七部，尚恐不足，另有财政委员会，管理筹款、分配、会计等事；另有法制局，起草一切规程，交代表大会通过；尚有审计局，审查预算及决算；更有纠察队二千多人，分二十支队，其职任为截留粮食，缉捕私运，严拿走狗，防范工贼，可说是罢工委员会的陆军；另有兵船十余艘，分在各海口截缉仇货，可说〔是〕罢工委员会的海军。观此海、陆军都有了。尚有会审处及拘留所，用以审问拘拿之走狗、汉奸、工贼等人犯，可说是法庭和监狱。其余有保管拍卖局，用以存贮及拍卖仇货；工人医院，用以医理工友之疾病；筑路委员会，管理开筑中山公路。其余还有，不必细说了。我们的组织如此完备，差不多同政府一样组织，实真象（像）一个工人政府的雏形。这点是很重要的，假使不然，罢工老早失败了。所以我们组织完备、严密，能团结工友作长期奋斗，是我们胜利第二个原因。

第三个原因，是我们政策好。我们好的政策最大者有四个：

（一）封锁香港政策。截留粮食，缉拿仇货，断绝香港交通，使香港生活发生恐慌，商务衰落。这是很要紧的。前山、深圳、汕头、海口、北海以及各要隘都行封锁，虽然有许多土匪、奸商及不良军队从中破坏，包运货物，与纠察队捣乱，使不得到完全封锁，但只此已足令香港大起恐慌，假若设法更严密些，更足以制香港帝国主义者之死命。这是我们第一个政策。

（二）与政府合作政策。我们这次和政府合作，是很亲密的。我们靠国民政府，国民政府靠我们。合作之结果便是把广东反革命军队及东江、南路肃清，广东统一，革命基础巩固，国民政府巩固，同时罢工也巩固。

（三）工商联合政策。我们要知道，联合商人去反抗帝国主义也很重要的，必如是我们才不至于孤立，不至〔于〕受障碍。与商人联合后，商人不独不反对我们，而且有相当的帮助。我们通电拥护国民政府，他们也跟着一样，我们组织验货处，他们也赞成，我们提出复工条件，他们来拥护。得如此好结果，可见我们作战当中，这样的避免孤立政策是应该有的。假若不实行工商联合政策，他们老早反对我们了，幸而我们运用这政策，使商人们不好反对爱国工人，罢工才能巩固。

（四）单打香港政策。起初我们实行封锁，是将所有海口完全断绝交通。这么一来，不但不能打倒帝国主义，反而打倒自己，因为广东米食、燃料不能自给，要靠外面输入，完全封锁，不是制死自己吗？且海外交通断绝，广东商人便没生意做，是不利于罢工的。再，各帝国主义国家也没生意做，他（它）们便会联合起来对付我们。所以我们要打破帝国主义联合战线计和免除孤立计，乃是凡英国货、英船载来的货及从香港、澳门运来的货不准来广州，断绝港澳交通，其系（他）各国船货都准自由出入口。这收了很大的效果，便是第四个政策。这四个是大的，其余小的不必讲了。

归纳起来，这次罢工胜利有三原因：（一）是工友们有普遍的觉悟，（二）罢工后有严密统一的组织，（三）有宏远的政策。所以能维持十月，有完全胜利之希望。

同志们，以上好的组织、好的政策，都是各位领袖费心血精神想出来的，这是你们的成绩。你们这次罢工，地位也很高的，不独在中国劳动运动史上地位很高，在中国国民革命史上地位也很高的。再则，这次打击天字第壹号英国帝国主义，使世界各国革命空气高涨不少，因此在世界革命史上地位又很高。这次罢工虽然是广州、香港中之事，但已影响到因易（其他）各地了。这次罢工实在非同小可，工友们一定要把其中经验，好好地留起来。这次得到条件胜利之后，还要预备第二次奋斗，如打仗一般，打一步，进一步，最后一步，便是打倒帝国主义！

工友们，不要忘记自己的功劳，也不要自满，我们要时时预备着，必须完全打倒帝国主义，才是我们最后的成功。我们高呼：

省港罢工胜利万岁！

香港总工会万岁！

选自《工人之路》，第304期，1926-04-29。

互校版本：广东哲学社会科学研究所历史研究室编：《省港大罢工资料》，广州，广东人民出版社，1980，第745～750页。原注："《工人之路》第304期，1926年4月29日"。

62. 纠察委员会优待华侨的布告

1926 年 6 月 16 日

为剀切布告事，照得本会自去年成立以来，与帝国主义者相持至今，将及一载，所有经济多赖各国华侨捐助，先后汇交省港罢工委员会，至今源源不绝，可见华侨对于此次反帝国主义罢工，极尽热烈之援助，忠心爱国甚可钦佩。凡属职队员理宜共体此意。乃查近来纠察队员于华侨回国时，途经斯处，因手续上些须错误，辄将行李内有仇货则予扣留，不思侨居仇地，用物即属仇货，回国时当然带返，此种并非贩运图利可比，如被扣留，殊失优待华侨之道。嗣后务宜慎重将事，如非贩运仇货，应即放行，毋稍留难。倘或间有与罢工条例抵触等，即询明该侨姓名、住居门牌及货物银钱详注，立予呈解，以便本会妥为处置。除分令外，合行布告，仰各职队人等一体遵照，凡属华侨回国概予优待，毋得仍前疏忽，是为至要，毋违。切切此布。

选自《工人之路》，第350期，1926-06-16。

63. 省港罢工工人代表大会对罢工变更政策之决议

1926 年 9 月 30 日

（一）为使革命势力之增进与巩固起见，旧式封锁应该变更，扩大为全国民众新的对英杯葛运动。"五卅"、"六二三"之惨案一日不得到圆满解决，不平等条约一日不得到取消，我们奋斗一日不停止。

（二）我们赞成政府附加税，并促其早日实现，同时我们要求政府实践其自己宣言，将此款全数津贴罢工工友，不能另作他用。

（三）罢工委员会、罢工工人代表大会、省港罢工各工会机关、纠察队仍旧存在。

（四）各工友未找到工作以前，其待遇如旧；其找工作未得而返回者，依然得享罢工工友同等待遇。

（五）请国民政府饬令财政部所有有关罢工经费之补助，应该绝对负责。

（六）应督促政府立即开辟黄埔商埠及延长粤汉铁路，以安插罢工工友；并请政府通令各机关，以后凡有新兴实业及旧有停顿而恢复者，必先用罢工工友。

（七）联络各界人民扩大对英经济绝交之运动，并督促政府扶助此种运动之发展。

（八）此种新策略，决（绝）不是妥协，更不是屈服，实乃是适合新的革命环境之最有效最急迫的方法，我们确信循此进行，最后胜利终须属于我们！最后全体一致高呼口号……

一九二六年九月三十日

选自《工人之路》，1926-10-01。

64. 附：国民政府外交部长为征收贸易品
暂行内地税事致各国驻粤领事函

1926 年 10 月 6 日

敬启者：

兹将本月四日本政府所颁命令译成英文，转达台端查照。

一、兹令行财政部：凡两广与中国各省或外国贸易之物品，对于其生产及消费一律征收暂行内地税。

二、此项暂行内地税税率，对于普通物品应按现在海关或常关税率表半数征收[①]；对于奢侈品如丝绒、化妆品、毛皮革、装璜（潢）品、珠宝玉石等，则照全额征收；至雪茄、纸烟、洋酒、火油、煤油等，已遵缴特税者，概行豁免。

---

① 附加内地税税率半数征收，即按照原定关税税率加征 2.5%，故又称"二五附加税"，准备用作罢工工人的补贴经费。

三、此项暂行内地税，财政部为便利起见，得在海关及常关口卡或其附近征收之。其征收详细章程，由财政部另定之。

四、凡买卖或经理各项货物而不照章缴纳新税者，除将物品充公外，处以三年以下之监禁，或处以照该项货物所值十倍之罚金。

五、本条例定于一九二六年十月十一日施行。

查此项新税，原则上言，系一种内地税，与中国所抽海关税不同，此则应郑重声明者。至现在海关行政，本政府当然无意干涉，然海关若能与本政府所任征收新税官员通力合作，自无误会冲突之处也。专此奉达，顺颂台祺。

一九二六年十月六日

选自《工人之路》，1926-10-09。

65. 附：粤海关监督就征收暂行内地税事复税务司函
1926 年 10 月 9 日

承询关于出产运销新税之征收，谨答复如下：

（一）此税将根据海关税则征收，如因特种原因，此项税则不能适用时，则以普通货品征收百分之二点五，奢侈品征收百分之五，为有效之原则。

（二）如事实可以照办，则财政部欲于海关内借用房所一间或数间，以为少数职员办理征收新税之用，俾财政部与海关办事上均资便利。

（三）此税于一九二六年十月十一日或于最近此日之期间实行。

选自《工人之路》，1926-10-09。

66. 省港罢工委员会关于停止封锁撤回纠察队的布告
1926 年 10 月 10 日

为布告事：照得自省港罢工以来，对港、澳两地加以封锁，其意无非借此而加英港帝国主义严重之打击，以伸雪"五卅""六二三"惨案之奇冤巨耻。所幸得各界同胞之拥护与赞助，能以顺利进行。兹者北伐迭告胜利，形势已有变迁，而吾人反帝国主义之策略亦须改变。故本会议决将纠察封锁旧形式改变为扩大对英经济绝交新形式。爰定于本年十月十日十二时将各属驻防纠察一律撤回，交通部落港通过证之发给，船只出入口之领照及请派骑船员手续一概取消，工商检验货物处亦行停止。恐未周知，特此布告。

选自《工人之路》，第 460 期，1926-10-10。

67. 纠察特别训练所章程

1926 年 10 月 17 日

纠察队委员会公布云：为公布事，兹将本会所属特别训练所组织条例制定，除令发该所遵照施行外，合行公布。计开：

一、总则

第一条 本所受罢工委员会纠察队委员会之指挥——关于军事、政治教育使其教育统一的步骤，教授下级干部必需之军事政治学识，以造成健全之下级干部为宗旨。

二、组织

（甲）人员

第二条 本所下级干部队，以下列各项人员组织之：凡具下列资格者，皆得为本所队员：须文理通顺，体力强壮及抱革命之精神，能服从本所之命令者，由纠察支队及各处选送之，期满归本所派遣任务。

（乙）名额

第三条 本所下级干部队队员，暂定一百二十名为足额，于必要时再行补充之。

兹规定各支队及各处选队员如下：

（一）由原训练所第一第二队共选出三十名；

（二）由纠察各支队选送小队长或班长队员，每支队以两名为限，共六十名；

（三）由××工会工友自由报名十五名；

（四）由××工会工友自由报名十五名；

（丙）行政系统及职权

第四条 本所设所长一员、训育主任一员、副所长一员、队长一员、训育员一员、副队长一员、区队长三员、书记长一员、书记四员、庶务长一员、庶务一员、助理二员、干事二名，其系统详见另表。

第五条 所长、训育主任直接受纠察队委员会之指挥，管理本所一切事务及军事政治教育计划。

第六条 副所长受纠察委员会之命令，所长、训育主任之指导，辅助所长办理一切事务。

第七条 队长、训育员受所长、训育主任之命令，指导各队军事政治训练、卫生行政之全责；队副受所长、训育主任之命令，队长、训育员之指导，辅助队长办理一切事务；区队长受各队长之指挥，办理所属区队之军队教练、卫生行政事务。

第八条 庶务长在各队者受队长、训育员、副队长命令、指导，受所长、训育主任之命令，副所长之指挥，分别办理本所庶务、经理交际及其他一切事项。

第九条 助理受所长、训育主任之命令，副所长、庶务长之指挥，辅助庶务长办理一切事务及管理军用物品。

第十条 书记长受所长、训育主任之命令及副所长之指导，助理一切，并担任本所机要文件之处理及保管、使用印信，并公文起稿事项。

第十一条　书记在各队受队长、训育员、副队长命令、指导，专整理公文事项及表格调制。

第十二条　干事受训育主任之指导，专整政治科学及宣传品分配工作。

三、期限

第十三条　本所下级干部队暂定三个月为满。

四、附则

第十四条　本条例由纠察委员会核准，自公布之日施行。

第十五条　本条例如遇必要或增加时，由纠察队委员（会）临时修改之。

选自《工人之路》，第466期，1926-10-17。

68．附：新定内地税之意义及其影响（署名：代城）

1926年10月29日《人民周报》

十月十一日，已实行征收出入口货的特别附加税，定名为暂时内地税。对于普通货物，照现在海关或常关所征收税率，加征半数，即加征百分之二点五，对于奢侈品，加征一倍，即百分之五。政府为便利起见，得在各海关或常关口卡，或其附近征收此种附加税。这内地税原为维持罢工工人，及帮助其找得工作之用。但是这税则的实施，有更大的意义，即破坏旧关税制度的开始。我国的关税，自南京条约以来，即不能自由决定增减，要增减一定要得列强之允许，即所谓协定关税。在进出口货上，除原有关税外，另由中国政府自己加收一种内地税，国民政府在广东这次是第一次的开端。这是国民政府趋向关税自主的外交政策。这次加征的内地税，并未得帝国主义的允许。虽然驻粤英总领事表示英政府可赞成，但这办法是国民政府自动决定，并未请求英政府的同意，十月十一日实施时，亦未得任何帝国主义的同意的。所以这完全是一种自动的单方的行动，表示关税增加权本应在我，无（毋）庸得人之同意，即表示不承认关税协定之束缚。国民政府此种政策，更证明自动停止武装杯葛，并不是一种对英妥协的政策。一切民众应明白这点，防止一切投机分子，借停止武装杯葛政策。解释为对外妥协政策以鼓动今后应与帝国主义妥协之空气。

征收新税这办法，自从陈友仁于九月十八日正式通知英总领事后，香港的舆论即群起反对，认为这是破坏现时中国关税制度。但不久香港方面此种反对即行停止了。这时因为伦敦英政府外交部见广东方面愿解决杯葛，非常欣悦，进出口货收此附加税终比绝对不能通商要好得百倍，所以内定不反对广东收税的办法。非正式地由英［总］领事通知国民政府外交部，并说海关愿代为收税。香港方面是一直主张实行武装干涉广东的，因为他只看见这是目前局部的利益，实行武装干涉可使香港完全统治广东，有民族主义的广东存在一天，则香港始终不免有衰败的恐慌。但伦敦英政府则不能不以全盘打算，如果要干涉，一定要得到各帝国主义的同意，一定要得到国内人民的赞助，一定要估量干涉的结果对英国将来是否有利，因此，英政府总是迟迟而难于决定干涉的政策。虽然，这次英政府见北伐胜利，怕杯葛运动将扩大至于长江流域而决定干涉中国，但是到底还是迟疑的。他不知道干涉的结果如何？是否干涉的结果的［其］利益将会使自己在中国损失更大，因为他现在所对付的中国，不是以前糊糊涂涂满清时的中国，而是已有觉悟的民族主义的中国。另一方面又恐怕日本、美国占了便宜去。这次自动的［撤］退了纠察队，英政府干涉的目标已去，于是使英政府重新抛弃实行干涉广东的决心，只要能恢复以前通商的关系，就是广东方面增收一点税亦无妨；况此新税不是专对英货而是应用于各国的货物的，英政府相信因他与广东有地理与历史上的关系，所以一定能竞争过日、美而渐次恢复其固有的优越地位。

广东是算在英国的势力范围内的。英政府方面既不反对国民政府之征收新税，当然日、美等国决不来做难人反对的。据最近日本方面的消息，驻京各公使虽将有对国民政府新税抗议之事，但此种抗议不过一种官样文章而已，并无严重的性质。又据美、德方面的消息，他们对新税都可通融。大概各帝国主义对于此新税，已不会有严重的反对了。从这件事我们可以得到一个结论，就是只要有一个强硬的民族主义的政府，有全国民众的后盾，善于运用外交政策，就是不用与各帝国主义直接战争，亦可达到废除不平等条约及一切列强在中国之特权。

现在反对这新税最烈的倒是中国的北京政府。北京政府的存在，不是为中国人民的利益，而是为外国帝国主义的利益存在的。北京政府号令不出阁门，中国已没有他说话的余地，现在只好替帝国主义说话，但是帝国主义是最势利的，你的话没有力量，他亦不要你白出力。

这税的收入，应当实际上用于维持省港罢工工友的生活，并且更用于安插罢工工友的事业上去，如延长粤汉路，建筑新港等事，这对于罢工工友固然有益，对于广东一般的兴盛更有永久的利益。这样，就是有了这次省港罢工，才有这次新税的征收；有了这次新税的征收，政府才有财力来经营此种对中国及广东人民有利益的建设事业，政府才能开始实现其收回关税的政策。这是省港罢工赐与（予）我们的幸福，全国的人民及广东人民所不应忘记的。

选自广东哲学社会科学研究所历史研究室编：《省港大罢工资料》，广州，广东人民出版社，1980，第721~723页。原注："《人民周报》第29期，1926年10月29日"。

四、农民运动斗争纲领及省农民代表大会决议案

1. 衙前农民协会①宣言

1921 年 9 月 27 日

农民在中国历史上是被尊敬的人民，可惜精神上的尊敬，被第三阶级资本主义的毒水淹死了。

农民出了养活全中国人最大多数的气力，所有一切政费、兵费、教育费，以及社会上种种正当和不正当的消费，十有八九靠农民的血汗作源泉，而这许多血汗所换来的，只是贫贱、困顿、呆笨、苦痛。积了许多人的贫贱、困顿、呆笨、苦痛，才造成田主地主做官经商聪明的威福。

我们农民，从小没有受教育的机会，长大时做了田主地主不用负担维持生存条件的牛马奴隶，老来收不回自己从来所努力的一米半谷来维持生活。人生少、壮、老三个时代这样过度，这还好算是人的生活么？

天年丰收，丰收的还是田主地主，我们农民没有分；天年歉收，田主地主在收租簿上就记上一笔第二年该还的欠账；农民今年正不知道怎样图明年的活，却叫农民今年预欠明

---

① 衙前在浙江省萧山县，衙前农民协会是中国共产党领导成立最早的农民协会。

年的债。乡镇上所有一切典当、杂货、米、布等铺户，又没一家不敲剥农民流剩的一点汗血。

一般第三阶级主政的世界，已经支持不住我们所需要的生活了。他们所崇拜的经济制度，发展我们的贫困，比发展他们的私有财产还要快。关于这种不良的经济制度所给的苦痛，农民和工人是一样受着的。照这样看来，他们第三阶级正不配做主权者。

我们的觉悟，才是我们的命运。我们有组织的团结，才是我们离开恶运交好运的途径。决定我们的命运，正是决定全中国人的命运。

大地敞着胸襟，欢迎我们下锄头铁耙造成锦绣，人人生活在这锦绣堆中，全仗农民的气力。农民在锄头柄上传播气力，才用得着土地，所以我们该认定"土地是农民传播气力来养活人类的工具"。

那么，这种工具不该归农民所组织的团体保管分配么？在目下似乎这句话还很远的。

我们因为处在"这样，叫我怎样活得过去呵！"的叹声中，权且定了一个眼前救急的章程出来。

我们终不忘记世界上农作生产事业是我们的责任。我们不要忘记世界上的土地是应该归农民使用。我们不要忘记土地该归农民所组织的团体保管分配。

选自中共浙江省委党史资料征集研究委员会、中共萧山县委党史资料征集研究委员会编：《衙前农民运动》，北京，中共党史资料出版社，1987，第23～24页。原注："原载《新青年》第九卷第四号'附录'，1921年8月"。

互校版本：《新青年》，第9卷第4期"附录"，第1～2页。

2. 衙前农民协会章程

1921年9月27日

第一条　本村农民，基于本村农业生产者还租的利害关系，求得勤朴的生存条件。

第二条　凡本村亲自下气力耕种土地的，都得加入本会，为本会会员。

第三条　本会与田主地主立于对抗地位。

第四条　凡生产工人及社会主义运动者，本会都认为极良好的朋友；遇必要时，本会对于渠（他）们的团体或个人，应当尽本会能力所及，加以扶助。

第五条　本会的组织，基于会员全体：由大会选举委员六人，为本会委员。又由委员六人中互选，选出议事委员三人，执行委员三人。

委员一年一任，只得连任一次。

执行委员，掌管本会名册及登记簿，执行由大会及议事会议决事件；并连（联）络别村与本村同性质的团体。

议事委员会，议决关于大会所交议及会员三人以上所提议的事件。凡有利益于本会的事项，议事委员有考查提议的责任。凡本会会员有私人是非的争执，双方得报告议事委员，由议事委员调处和解；倘有过于严重的争执，由全部委员，开会审议解决。

大会召集，由会员五分之一或议事委员会之主张召集大会。

第六条 本会会员，月纳会费铜元×枚。每月一号，交由执行委员存贮应用。

第七条 本会会员，将每年农作所得成数，分春华，秋收两期，报告执行委员会登记。

第八条 本会会员，每年完纳租息的成数，由大会议决公布。租息成数，以收成及会员平均的消费所剩余的作标准。

第九条 本会会员，有因依照本会大会议决的纳租成数被田主地主起佃者，本会有维持失业会员的责任。如有因上项情事被田主地主送租者，本会全体会员皆为被告人。

第十条 会员不得违反本会的决议案。

第十一条 会员有违反本会决议案及有不利益于本会的行为者，除名。

第十二条 两村以上的农民协会，得组织农民协会联合会。

第十三条 凡是关于两村以上的农民利害关系发生时，随时可由联合会协议，议决执行。

第十四条 本章程由大会议决，大会能随时以多数同意修正。

这宣言和章程已经由衙前全村农民，于一九二一，九，二七，在本村议决，并举出委员六人。附近三四百里内的农民，也正在酝酿同性质的团体。

沈玄庐附记

选自中共浙江省委党史资料征集研究委员会、中共萧山县委党史资料征集研究委员会编：《衙前农民运动》，北京，中共党史资料出版社，1987，第25～26页。原注："原载《新青年》第九卷第四号'附录'，1921年8月"。

互校版本：《新青年》，第9卷第4期"附录"，第2～3页。

3. 附：衙前农民运动综述

1921年9月，浙江萧山县衙前村，在沈定一[①]、刘大白、宣中华、徐白民、唐公宪、杨之华等组织和发动下，建立农民协会，发布了《衙前农民协会宣言》《衙前农民协会章程》，开展了抗租减租斗争。在一二个月的时间中，萧山、绍兴和上虞三县的八十多村相率建立农民协会，有十余万贫苦农民投入了这场声势浩大的反抗封建地主阶级的斗争。虽然，衙前农民运动不久遭到了军阀政府的血腥镇压，但它揭开了中国现代农民革命斗争的序幕，显示了农民群众潜在的伟大的革命力量。

衙前，地处萧（山）绍（兴）平原，是浙东运河沿岸的一个农村小集镇，距省城杭州六十余里。这里河港纵横，交通便利，土地肥沃，堪称鱼米之乡。但是，在军阀政府的黑暗统治之下，农民们深受地主豪绅的欺诈与掠夺，终年不得温饱。紧靠钱塘江边的南沙一

---

① 沈定一（沈玄庐）早期加入中国共产党，是衙前农民运动的主要负责人；后因反对无产阶级革命被开除党籍，堕落为国民党右派"西山会议派"分子；"四一二"反革命政变后，加入反动组织进行反共活动。

带连年遭受坍江之苦，土地日渐减少，农民生计无着。多少年来，当地的农民一直悲叹"吃也精光，穿也精光，哪有东西交点王①"。若遇到凶年疾病，农民卖儿鬻女，背井离乡，死亡相继。1921 年衙前农民运动发生的这年，仁字号一带地方，因歉收断粮，饿死达百余人。农村经济的凋敝，激化了阶级矛盾。农民都渴望有条活命之路。

五四运动前后，上海、杭州成为传播新思潮新文化的重要阵地。城市里此起彼伏的工潮、学潮以及商潮，不时震荡着离省城不远的衙前村。特别 1920 年在杭州爆发的震惊全国的"一师风潮"和各界人民的斗争，迫使浙江省长齐耀珊、教育厅长夏敬观下台的事件，使衙前村的农民看到了世道在变，激起了摆脱、改变困苦现状的强烈愿望。

衙前村是沈定一的家乡。沈家是萧山有名的官僚地主，沈定一（又称三先生）本人出任过知县、知州，又是军阀政府的省议员，在地方上很有势力和影响。但是，当时的沈定一却信奉马克思主义和阶级斗争。1920 年 8 月，他与陈独秀、李达、陈望道、俞秀松、沈雁冰、邵力子等在上海曾组织了中国共产党上海发起组，成为中共早期党员。上海党的发起组在积极开展工人运动的同时，还重视开展农民运动。发起组的机关刊物《共产党》曾指出："中国农民占全人口的大多数，无论在革命的预备时期和革命的实行时期，他们都是占重要位置的，设若他们有了阶级的觉悟，可以起来进行阶级斗争，我们的社会革命，共产主义都有了十分的可能了。"当时沈定一也很重视开展农民运动，他认为："中国机器工人不多，农民在国民中占最大多数，中国的社会革命，应该特别注意农民运动。"为此，他于 1921 年 4 月从上海回到了衙前村，专门从事组织农民运动。

沈定一回到家乡后，首先从办教育着手，从自己家里空出数十间房屋，筹办衙前农村小学。他邀集原浙江第一师范的进步教员刘大白和"一师风潮"中的著名学生领袖宣中华、徐白民、唐公宪等来衙前（同年下半年杨之华回到衙前村），一面筹办学校，一面开展农民运动。

他们通过访贫问苦和社会调查，动员穷人将子女送来小学读书，向农民宣传革命道理。他们对农民说：要过好日子必须破除"命中注定八字苦"的思想，你们当牛做马过着如此贫困、痛苦的生活，这都是地主田主掠夺和剥削的结果，都是这私有制度社会造成的结果。在筹办农村小学时，他们还办起了龙泉阁书报社，出借革命和进步的书籍报刊。在衙前小学里，沈定一还经常与教员们学习研究《共产党宣言》等马克思主义著作，共同探讨社会变革问题和农民革命问题。因此筹办中的衙前农村小学实际上成为开展农民运动的活动中心。

沈定一和农村小学的教员们在进行思想发动时，同农民建立了密切的关系，他们热心为农民排难解忧，得到了农民的信赖和拥戴。这年 5 月，衙前村的一些农民因上年赊去的油菜籽（子）钱无法要回，生活窘迫。沈定一就从自己家里拿出一笔钱分给这些农民，帮助他们渡过难关。沈定一对这些农民说："这笔钱本来不是我的，还是你们种我的田还来的租，就是你们农人自己的血汗。现在只好算农人帮助农人，不好算我帮助你们。"佃农们听到自己的东家说出这样的话，受到了极大的感动。尤其 68 岁的贫苦农民李成虎竟失声痛哭起来，他说："我看得这注钱心痛。"这样，通过日常生动而又实际的教育启发，农民们开始

---

① 原注：点王：王上加点是主字，"点王"是对田主财东的称呼。

懂得了许多革命道理，并从内心里感到，三先生和这班从城里专门跑到乡下的教书先生都是关心他们的疾苦，为他们谋利益的人。因此遇有事情都愿意找三先生等人帮助解决。

沈定一和农村小学的教员们为了有组织地开展农民斗争，改变农民原来一盘散沙似的状况，就向农民介绍城市里工人运动、学生运动的情况，启发农民要团结起来进行斗争。沈定一经常对农民说："一根麻秆容易折断，一捆麻秆就折不断，大家要团结，人多力量大。"他还说："我好比蟹墩，捺（你们）好比蟹脚，大家爬起来就着力哉！"

在沈定一和小学教员们的谆谆教育启发下，觉醒了的农民开始积极投入了捍卫自身权益的斗争。这年5月，青黄不接之际，一些粮商乘机哄抬米价，农民无法生活。在沈定一等人的支持策动下，李成虎带领愤怒的农民，捣毁了沈定一内弟开在坎山的"周和记米店"以及附近其他哄抬粮价的米店，迫使粮商恢复了原价。接着，他们又通过和绍兴县知事的当面评理，争得了原被绍兴县官绅把持的萧绍公河西小江的养鱼权和捕鱼权，等等。这些斗争的胜利，使农民们看到了自身的力量，进一步鼓舞了斗争的勇气和信心。

从这年8月开始，为了迅速唤起更多的农民投入斗争，推动衙前及附近村子的农民运动的开展，沈定一和农村小学的教员，先后在衙前、坎山、航坞山北、塘头等地进行演讲。沈定一在演讲时头戴毡帽，身穿普通农民的衣服，操着当地的方言土语，讲的道理又明白易懂，因此受到农民的热烈欢迎。听演讲的人数从第一次的百十来人骤增至数千人，特别在航坞山北土地庙那次演讲，周围二三十个村的农民都赶来听讲。沈定一等人在演讲中大声疾呼，希望农民尽快觉悟，不要等待观望，赶快团结起来，组织起来。8月19日，沈定一在东著草庵一次题为"谁是你们的朋友"的演讲中，表明自己虽是资本家，但是决不昧着良心说话，他向农民指出："攒积金钱的资本家是你们的敌人，专卖气力的劳动者是你们的朋友"，"世界是劳动者的世界"，"你们应该争回被夺的权利"。9月23日，沈定一在航坞山北土地庙一次题为"农民自决"的演说中，更明确地阐明了自己的政治主张是"废止私有财产"，实行"土地公有"，并预言"这于将来必有实现的一天"。这些演说具有极大的革命鼓动力量，许多农民是第一次听到，起了震聋发聩（发声振聩）的作用。他们说听了三先生的话，真是"如见天日"。因此，这些演说的内容也很快地在萧绍平原的农村中传播开来。

这时，各地都涌现了一批农民积极分子：萧山县的李成虎、陈晋生、汪四十、朱梅云、翁瑞剑、周小鬼、周念二、徐老潮等，绍兴县的单夏兰、沈阿秀、缪文德、王阿二、谬富友、张爱生、陈祝生等。农民积极分子的涌现，为建立农民自己的团体——农民协会——作（做）了组织上的准备。这年盛夏，衙前的农民听到了湖南长沙农村有个大荒会是专吃大户的消息，议论也要建立这样的组织。沈定一十分赞同，他提议农民应该建立农民协会的组织。因此从这时开始，衙前村首先秘密酝酿组织农民协会。李成虎是办农民协会最坚决的人。办农民协会要有领头的农民，他自告奋勇地说："头我来做，我老了，不要紧的！"他还对大伙说："好要大家好，有要大家有，要少交租有饭吃，就要办农民协会。"因此，在他的积极带头串联并组织下，衙前村农民协会于9月中旬首先建立起来。

经过4个多月的思想发动和紧张筹备，衙前农村小学正式开学，衙前农民协会接着也正式宣告成立。9月26日，在农村小学的开学典礼上宣讲了《衙前农村小学校宣言》。这个《宣言》明确提出了衙前农村小学，将为穷人的儿女提供受教育的机会，学校将坚持无产阶级的教育性质，摆脱和摒弃"为有产阶级训练爪牙的教育"。因此，由沈定一独资创办的这所农村小学，只免费吸收农民子弟入学。开学时有学生 100 余名，分设 5 个班，一边学文化，一边学习革命道理。9 月 27 日，衙前及附近一些村子的农民在衙前东岳庙隆重集会，宣告衙前农民协会正式成立。会议发布了经全村农民议决的衙前农民协会的《宣言》和《章程》。《宣言》提出：世界上的土地应该归农民使用，土地应该归农民所组织的团体保管分配。《章程》共十四条，其中规定"本会与田主地主立于对抗地位"。在这天的成立大会上，还民主选出了衙前农民协会的六位领导人①李成虎、陈晋生、单夏兰、金如涛、朱梅云、汪瑞张。衙前农民协会的宣告成立以及《宣言》《章程》的发布，有力地推动了萧绍各地农民协会的建立，标志着衙前农民运动发展到一个新的阶段。

衙前农民协会宣告成立之后，萧绍农民闻讯组织农民协会可以少交租，无不欢欣鼓舞，奔走相告，都仿照衙前筹建自己村的农民协会。因此，各地纷纷派人来衙前，有的索取《宣言》和《章程》，有的要见见三先生，还有的要请三先生等去演讲。开始每天来五六百人，有的步行，有的摇着出畈大船来，由于来往衙前的船只太多，致使有的河港阻塞。《宣言》和《章程》分发完后，一再去重印。农民们经登记后拿到"红绿告示"（即《宣言》和《章程》），有的高兴地说："这张纸头可是个宝贝，是减租的把柄，地主来收租，拿出来一照，地主就没二话了。"因此，有的农民一时拿不到《宣言》和《章程》，也非要衙前农民协会给出张笔据才放心、肯走。

10 月，沈定一去杭州参加省议会，在这次会上他联合了 12 位省议员，就今岁萧绍地区农民减租等问题，向省长提出了质问案。这消息在报上披露后，给正在斗争的萧绍地区的农民以很大的鼓舞。在这前后，宣中华也离开衙前，他受党的指派，以浙江农民协社代表的身份，赴莫斯科出席"远东各国共产党及民族革命团体第一次代表大会"。

这时各地都在轰轰烈烈地建立农民协会，在短短的一二个月中，萧绍地区先后共有 82 个村建立了同性质的农民协会。这些村的农协会分属萧山、绍兴和上虞三个县，其中萧山县 36 个，绍兴县 44 个，上虞县 2 个。在这基础上，11 月 24 日成立了衙前农民协会联合会。

由于此时农事告毕，稻谷登场后，地主已开始上门收租，因此各地农民协会就领导农民开展了抗租减租斗争。衙前农民协会联合会还发出告示，作出了"三折还租"的决议（即按原租额的三折交租）；规定改大斗为公斗（每斗 15 市斤）量租；取消地主下乡时原佃农负担的"东脚费"；反对交预租，提出种当年地，还当年租，看年成好坏还租。这些减租规定，保护了农民的利益，减轻了农民的负担，因此减租斗争得到广大农民群众的积极响应。

减租决议公布后，沈定一首先带头从自家开始减租，扩大了影响。各地开始减租后，地主田主上门收租时，佃户往往就说："先议定租水，再交租"，如果不合农民协会的"三折还租"等规定就拒交。但是，地主威胁佃户说："你们租勿交，门板也要拆。"佃农因有农民协会作（做）主，三先生等人支持，照样减租。萧山南沙二三十个村还联合发表了《萧山南沙组织农民团体宣言》，决心不怕牺牲，誓与地主豪绅斗争到底，直到他们屈服。这时地主因收不到租，也联合起来，一次集中了 80 余只收租船，同时分头向农民逼租。

---

① 原注：六位领导人：衙前农民协会不设会长，设三个执行委员、三个议事委员。

农民协会闻讯后，立即鸣锣，聚集了1000余名农民，高呼斗争口号，向收租船投掷泥块石块，吓得地主不敢上岸收租，迫使他们空船狼狈逃走。这时各地不断发生扣留或捣毁收租船的事件，有的不法豪绅因强行逼租而遭到农民的痛打。为了造成更大的抗租减租声势，各地农民协会还联合组织农民到萧山、绍兴县城进行"跪香请愿"，要当局体察民情，下令减租。其中规模最大的一次是单夏兰为首组织的千余农民到绍兴县城的请愿。虽然这次请愿也遭到了反动军警的殴辱和驱赶，但扩大了政治影响。

在农民群众的坚决斗争下，地主豪绅已失去了昔日的威风，许多地主田主吓得不敢出门收租，有的同意了佃农"三折还租"的要求，有的还向减租农民顺情说好话。"三折还租"以后，许多农民原来一年到头靠吃糠咽菜过日子，现在第一次看到了完租后剩下的许多稻谷，于是全家欢天喜地。

萧绍地区风起云涌的农民抗租减租斗争，搅醒了地主阶级的酣梦。他们惊恐万状，勾结军阀官吏策划镇压农民运动。绍兴县的地主豪绅陶仲安、陈庆钧等12人，联名写信给绍兴行署和绍属戒严司令盛开第，说农民的斗争是"以共产主义煽惑愚众，表面不过抗租，内容不可思议"，"倘若酿成祸乱，地方不堪设想"；要求当局乘现在减租刚起，尽速派兵予以镇压。由军阀政府控制的《越铎日报》则连篇累牍地登载歪曲、污蔑农民抗租减租斗争的报道和文章，叫嚷："如此顽佃，安可不绳之以法而儆效尤耶！"

12月8日，地主周仁寿带领一批人在九曲乡清坞村收租，因蛮横辱骂并捆绑抗租农民，被单夏兰等数百农民所围追痛打。当时正在钱清一带组织减租斗争的徐梅坤也带领一批农民去支援。周仁寿逃回去即向军阀政府提出起诉。绍兴县的地主豪绅也派出代表向盛开第请兵。12月18日，反动当局派兵到衙前追捕单夏兰。当时正值衙前农民协会联合会在东岳庙开会，一百余名全副武装的官兵包围了会场，捕去了单夏兰、陈晋生和龙泉阅书报社管理员孙继良等3人，打伤3人，并搜去了各村农民协会委员的总名册。

事件发生后，反动当局则进一步策划乘机根本推翻各地的农民协会。浙江省长沈金鉴闻报，立即以军政两长的名义，命令省警察厅派六十余名保安队员渡江赴萧绍弹压；同时，派原绍兴县知事王嘉曾为"会办委员"，"驰往彻查复夺"。顿时，白色恐怖笼罩着萧绍平原。反动当局一面到处张贴布告，强令入会农民销毁会证。解散各地的农民协会；一面四处侦查兜捕各村农民协会的领导人。反动军警从搜捕到的大量衙前农民协会的《宣言》和《章程》等印刷品中，认定内容"确与现行法令抵触，其主旨专在打破阶级资本主义"。于是，下令对各村的农民协会的领导人"按名迅究，悉数拘拿"，被列入拘捕的达五百余人。12月27日，李成虎在田里耙泥时被捕。在这先后大批农民协会的领导人相继被捕入狱。有的率妻少远避后，官兵捕不到人就封掉他们的住宅。此外，反动当局为了保护地主收租，还派武装军警随地主下乡逼租。如果佃农稍有怠慢，随同的军警便枪托乱舞或将人捕去。在军警和地主的淫威下，农民不得不如数交租。据当时报载，萧绍两县的大地主在四五日内收租取息就已达七成，沙河沈等减租最激烈的村缴纳租息也在五七成以上。

李成虎被捕后，在狱中遭受严刑审讯，但他始终坚贞不屈。1922年1月24日，李成虎在萧山县狱中被凌虐致死。他留下的最后一句话是在病中问前去探监的儿子："其余没有人了吗？"李成虎是中国现代农民革命中第一个倒下去的英勇无畏的斗士。李成虎牺牲后，他的遗体运回来，由沈定一出资，葬在衙前村的凤凰山麓。

在军阀政府和地主豪绅的疯狂镇压下，[以]衙前为中心的萧绍农民运动最后失败了，一度扬眉吐气的农民又被打入了人间地狱。萧绍的地主豪绅沈企吾、高寿彭等在惊魂初定后认为，这次农民抗租风潮首先是省议员沈定一挑动的，于是他们联名控告沈定一，说他提倡共产，扰乱治安，为了安定"民心"，要求政府予以拿办。由于这时抗租减租的风潮已经基本平息，加上沈定一政治上的影响，当局怕因此闹出新的乱子，所以迟迟没有采取行动，最后此案不了了之。

衙前农民运动失败后，衙前农村小学虽照旧开学，但农民在希望破灭后，迫于生计，子女被迫辍学，学生人数一时锐减，只剩下五十余人。

衙前农民运动是中国共产党领导的第一次有组织有纲领的农民运动，虽然时间不长，但影响很大。当时上海党的发起组的机关刊物《新青年》，在衙前农民协会建立后，曾全文刊登了农民协会的《宣言》和《章程》以及《衙前农村小学校宣言》。邵力子主编的上海《民国日报》副刊《觉悟》，也发表了许多支持和声援衙前农民运动的报道和文章。衙前农民运动还得到了社会各界许多进步团体和个人的深切同情和支持。上海工商友谊会曾派代表专程到衙前凭吊李成虎，并在凤凰山顶立了"精神不死"的纪念碑。对于衙前农民运动，我党的一些领导人陈独秀、邓中夏等都曾给予充分肯定和高度的评价。

选自中共浙江省委党史资料征集研究委员会、中共萧山县委党史资料征集研究委员会编：《衙前农民运动》，北京，中共党史资料出版社，1987，第1～9页。

4. 海丰总农会临时简章

1923 年 1 月 1 日

纲领：

图农民生活之改造。

图农业之发展。

图农民之自治。

图农民教育之普及。

组织：

一、本会称为海丰总农会。

二、本会以联合各约农会，本合群之天职，互助之精神，唤醒农民之自觉，而实行本会所定之纲领为宗旨。

三、会所暂设龙山宫——通讯处大街宏仁西药房。

四、本会由各约农会代表及决心援助农民之青年组织之。

五、本会选出正会长一人，代表本会，总揽会务。副会长二人，辅助正会长。庶务部、书记部、财政部、调查部部长各一人、主任各一人、部员若干人，专理各部事务。

六、本会经费，由各约农会每年会费缴交一半。

七、本会每月开常会一次。遇紧急事件发生时，由会长召集，开临时会。

会务：

一、本会议决事项，通知各约农会施行之。

二、各约农会如遇有不能解决或重大事件，得报告本会，代为解决之。

附则：

一、本简章于本会章未制定前有效。

（原著说明）湃本来是要仿照"苏维埃"的组织法，不过我对于这种组织，尚未彻底明白。次是，一般农民智识低下，头脑单简，怕那难记的名词，所以就照普通学生会式的章程。至于各约农会章程，亦是湃起草的。另外附上参考。

选自中共广东省委宣传部编：《彭湃文集》，北京，人民出版社，1981，第16~17页。原注："载《晨光》第2卷第1号"。

5. 约农会简章

1923 年 1 月 1 日

第一项　会领

一、图农民生活之改造。

二、图农业之发展。

三、图农民之自治。

四、图农民教育之普及。

第二项　总则

一、本会称为××农会，由××约农民组织之。

二、会所设在××处。

三、本会本人类合群之天性，互助之精神，唤醒农民之自觉，而实行本会所定之纲领为宗旨。

四、本会会员无男女姓氏之别。凡××约内农民赞成本会宗旨者，均得随时加入为会员。但入会时，宜先纳入会金若干毫。每年每人纳会费若干毫。

五、凡××约内各乡会员，均得选出代表若干人，出席本会。惟代表人数，以该乡会员人数多少为比例。计每三百人得选出代表一人。但不足三百人者，亦得选代表一人。

第三项　职员

六、本会选定左列各职员：

甲、正副会长各一人，代表本会，总揽会务，并出席于总农会。

乙、干事员若干人，助理本会事务。

丙、会计员若干人，掌理会中一切收支数目。

丁、书记员若干人，专理会中一切文件。

戊、调查员若干人，专任调查本约内农民生活状况及一切与本会相关事务。

七、以上职员，由各乡代表于每年正月某日开职员选举会互选之，任期一年，再选得再联

（连）任。

第四项　会议

八、本会会议，分列于左：

甲、职员选举会，每年一次，于正月某日举行。

乙、劳动节大会，每年五月一日举行。

丙、本会成立纪念大会，每年某月某日举行。

丁、职员会议，每月×次，某日举行。

戊、职员临时会议，遇会内紧要事件发生时，举行之。

己、临时大会，遇会内紧要事件发生或社会上事故与本会有关系者，得由职员临时会议表决后，临时召集之。

九、会议时以正会长为主席，如遇事不能出席时，得由副会长代理。

十、会议时必三分之二出席，过半数通过方得决定。可否同数时，由主席判定，通告各乡代表，转知会员。

第五项　会务

十一、本会会务，按照第一项纲领，逐渐做去。如因经济及专门人才之关系，一时不能做到时，得暂从缓。

十二、本会对于各处工会学生会等，均表示互助及联络。

十三、会员与田主发生争议时，须即报告本会，由本会派遣代表，与之交涉。

十四、本会对于会员间争端，当本自治之精神，极力和解之。

十五、本会如遇无赖之徒，到会员处勒索时，当向前与之理论。

十六、本会对于会员之老弱疾病无依者，当设法救济之。

十七、本会对于普及教育一节，当设法实行之（半日夜学、公共阅读报社之类）。如会员子弟升学者，本会得视经济之能力，规定条例补助之。

十八、本会凡遇会员之父母或自身死亡时，当规定如例给助丧费，并由本会派遣代表，前往吊慰。

十九、本会对于会员有犯左列各则者，得由职员会议提出忠告或除名。

甲、滥用本会名义者。

乙、违背本会规章者。

丙、不纳会费而无通告者。

丁、其他不正行为者。

二十、本会如有重大及不能解决事件，得报告总会。

二十一、本会基金，由会计保存生息之（如买牛或种树）。

二十二、本会得由职员会议聘请热心帮助农民诸志士为顾问，或时常请有识之士开会演说。

二十三、本会简章，自本会成立时实行。嗣后如有未尽之处，得提出于总会，临时修改之。

附：农会会员证图样（略）

选自中共广东省委宣传部编：《彭湃文集》，北京，人民出版社，1981，第18~21页。

原注："载《晨光》第2卷第1号"。

6. 广东农会章程①

1923 年 7 月

纲领

一、谋农民生活之改造。

二、谋农业之发展。

三、谋农村之自治。

四、谋农民教育之普及。

第一章 会名

第一条 本会定名为广东农会。

第二章 会址

第二条 本会会址暂设海丰县。

第三章 会员

第三条 本会会员无男女姓氏之界别。凡属本省农民，赞成本会纲领，无违反左列各项者，均得随时加入为会员。

一、未满十五岁者。

二、不正当行为者。

三、有资产者。

第四章 组织

第四条 本会由广东农民组织之。

第五条 各乡会员十户以上五十户以下须选出委员一人，但每乡选出委员至多不得超过五人。

第六条 区委员大会选出区执行委员会，任期一年（任期内因特别事故缺职时，得由上级委员会派委之）。

第七条 县委员大会选出县执行委员会，任期一年（任期内因特别事故缺职时，得由上级委员会派委之）。

第八条 省委员大会选出中央执行委员会，任期一年。

第九条 中央执行委员会由全省委员大会选出十二人组织之，并选出候补委员五人。

第十条 中央执行委员会互选委员长一人，总理会务。

第十一条 中央执行委员会委员，得分任左列各部。

一、文牍部

二、会计部

三、交际部

四、教育部

---

① 原注：《广东农会章程》是彭湃起草的，他在 1923 年 7 月 7 日将这个章程寄给李春涛，并在给李春涛的信中加了一段说明。现将彭湃的这段说明一并附在"章程"后面。

五、宣传部

六、农业部

七、卫生部

八、调查部

九、庶务部

十、仲裁部

第十二条　县及区执行委员会之组织，按照中央执行委员会之原则组织之，但须经中央执行委员会认可。

第十三条　大会或中央执行委员会议决之各种议案，县区各分会须依案办理。

第五章　纪律

第十四条　全省委员大会为本会最高机关。

第十五条　在全省委员大会闭会期间，中央执行委员会为最高机关。

第十六条　大会或执行委员会之决议，须得该大会或执行委员会多数公意之通过，少数须服从之。

第十七条　下级委员会须服从上级委员会，否则上级委员会得取消或改组之。

第十八条　对于各下级执行委员会决议有抗议时，有五分之一赞成者，得提出上级委员会判决之。但在抗议时间，仍须服从各该下级委员会之决议。

第十九条　对于中央执行委员会决议有抗议时，得提出全省委员大会判决之。但在抗议期间，仍须服从中央执行委员会之决议。

第二十条　会员违背纲领章程或决议时，得由该区委员会报告上级委员会开除之。

第二十一条　会员无故连续三次不到会者，或不纳会费而无通告者，得由该区执行委员会直接开除之。

第六章　会议

第二十二条　各区分会每年须开委员大会一次。

第二十三条　各县分会每年须开委员大会一次。

第二十四条　全省每年须开委员大会一次。

第二十五条　中央执行委员会认为必要时，得召集全省临时会议。有过半数县分会之请求，中央执行委员会必须召集全省临时会议。

第二十六条　县分会及区分会临时会议，亦得照全省临时会议之办法召集之。

第七章　会务

第二十七条　本会应行会务分左列各项。

一、防止田主升吊，以免农民生活不安及对于耕地不加工作、肥料，致生产日下。

二、遇岁歉或生活程度过高时，本会应体察情形，向田主请减租额。

三、会员如有发生争执事件，得由本会极力和解以息讼累。

四、禁止会员吸食鸦片，赌博等事。

五、办理各乡农民学校、半夜学校、阅书报社、演说团及其他关于教育等事。

六、办理农桑、垦荒、造林，改良肥料、种子、耕法、农具及其他关于农业事项。

七、办理疏浚河流、湖塘，修筑坡圳及其他关于水利事项。

八、办理农民医院、育婴养老及其他扶助事项。

九、调查农村户口、耕地、收获及其他农村状况。

十、办理农业银行、消费组合及其他关于经济事项。

十一、饲养耕牛以供会员无力养牛耕作者之借用。

十二、办理农团以防盗贼劫掠及保护农产品。

第八章　经费

第二十八条　本会经费分左列各项。

一、由各县分会会员每年会费提出三分之一充作经常费。

二、由会员临时认定乐捐充作临时费。

三、由本会向各界劝捐充作办理公益费。

第九章　机关报

第二十九条　本会由中央执行委员会办一机关报，各会员有担认购阅及销售之义务。

第十章　附则

第三十条　本章程得由全省委员大会过半数之议决修改之。

第三十一条　本章程由本会第一次全省大会议决，自中央执行委员会公布日起，发生效力。从前各处农会章程，一律取消。

第三十二条　本会对于各处工会、学生会及其他无产阶级团体均与之联络。

第三十三条　本会得聘专门学家暨有识之士热心帮助农民者为顾问，及时常开会时得请其演说。

〔说明〕这章程第五条应当要修改一下。因为五十户得选一人，将来全省委员大会的到（时）候，那（哪）里有偌大的会场容人？所以应规定全区大会由几户以上选几人出席；县大会由几户以上选几人出席；省大会由几户以上选几人出席；才对。

此外未当的地方，想亦不少。……但是现在我们做事，是不能纯依章程的。章程不过是个形式耳（尔）。

这章程是完全仿社会主义青年团的。

选自中共广东省委宣传部编：《彭湃文集》，北京，人民出版社，1981，第33～38页。原注："载《晨光》第2卷第1号"。

7. 附：彭湃著《海丰农民运动》（节录）

1926 年

第一章

······ ······

第二节　海丰农民的经济地位

一、自耕农的堕落

海丰一县人口约四十余万人，约七万余户，其中五万六千属于农户，这些农户中的成份可分为以下几种：

（一）纯自耕农　约占百分之二十。

（二）半自耕农　约占百分之二十五。

（三）佃　　农　约占百分之五十五。

至于自耕农兼小地主及雇农极为少数，全县简直不上五百人。

自耕农兼小地主其地位比较颇为优越，而半自耕农之地位则次之，最苦者莫如大多数之佃农。自耕农兼小地主及自耕农这两种农民本可自给自足，自帝国资本主义侵入以来，中国的商业不能发展，而一般手工业又被其打得粉骨碎尸！为帝国主义的海关政策所束缚，同时一般物价日高一日，而农品之价格极其量只得保持原状。故农村的生活程度只有继长增高，农村日趋荒废。况且帝国主义者勾结军阀连年战争，于是农村对于这种种军费负担真是不胜枚举。苛捐杂税农民负担亦异常重大。农村生活日陷困难，结果收入不敷支出，不得不变卖其土地以应付目前生活之恐慌，遂至零落变成佃户——逐渐无产阶级化。

二十年前自耕农有十户之乡村，最近只有二三耳（尔）。

二十年前中许多贡爷、秀才、读书、穿鞋的斯文人，现在不但没有人读书，连穿鞋的人都绝迹了。

二、佃农之亏空

佃农向田主佃一石种田地（以中等为标准），每年中等年况两造可收获得二十七石，除了一半还田主的租（纳租额自百分之五十至七十五），所余十三石五斗算为一年中的收入，每石价额值银六元计银八十一元，又禾稾约三元，共合计收入银八十四元。但是此项里头有一部血本未扣除：

（一）肥料每年两造三十元；

（二）种子费约五元；

（三）农民工具消耗费约五元。

以上合共四十元，此外还有一件很重要的本银，是农民最易忘记的——或完全不知的，就是工钱。本来工钱的计算在农民的劳作的零碎状态和复杂状态中是很难把算学计算，但也可以找出一个标准，大约每个身体强壮的农夫的劳动能力至多仅可耕得八斗种宽的耕地，而一个农夫每年要用多少生活上必需的营养资料才能持续耕八斗种的田地呢？那禾就应该从一个农人的衣食三方面求之。现在别的不要说，单讲食每餐至少要用六个铜仙（即半角），一天就要一角半钱。以一年计就要五十四元。合计上述肥料费等共血本九十四元，再把来与收获所得八十四元相抵，不敷十元之多，表如下：

甲　收入之部

（一）一石种每年收获二十七石，除了一半还地租之后，剩十三石五斗，每石价值六元共得八十一元

（二）禾稾　三元

合共八十四元

乙　支出之部

（一）肥料　三十元

（二）种子　五元

（三）农具消费　五元

（四）工食　五十四元

合共九十四元

收支相抵不敷十元

难道除了食之外不用穿衣吗？房屋坏了不用修理吗？夜来不用点灯吗？都不用养父母妻子吗？自己老了无力耕作时，都不用养一个孩子来代替工作吗？我看起来样样都要紧的，既不能免，那就亏空得更厉害了。

……　……

第二章

第一节　农民运动的开始

一九二一年五月间我为海丰教育局长，还是发着梦的想从教育入手去实现社会的革命，因召集全县男女学生多数有钱佬的儿女在县城举行"五一"劳动节，这算是海丰有史以来的第一次，参加的绝无一个工人和农民。第一高等小学的学生高举着"赤化"二字的红旗去游街，实在是幼稚到了不得！海丰的绅士以为是将实行共产共妻了，大肆造谣，屡屡向陈炯明攻击我们，遂致被其撤差，县中所有思想较新的校长教员们也纷纷的（地）下台了。

此时我们曾和陈炯明的家乡报《陆安日报》开了一场思想的大混战。我和李春涛同志等出几期"赤心周刊"，自命是工农群众的喉舌，可是背后绝无半个工农，街上的工人和农村的农民也绝不知我们做甚（什）么把戏。有一天我刚从外边回到家里来，我的妹妹阻止我不好进去，说"母亲今日不知因何事哭了一场，说要打死你"。我初是以为我的妹妹是故意来骗我，跑进厅内，果然我的母亲在那边哭，查问起来，因我们在"赤心周刊"做了一篇告农民的话，出版后放一本在我的家里，我的七弟他把读出声来，适我的母亲也在旁听，七弟刚刚读完了那篇文章，我母亲的泪遂涔涔下而至放声的（地）哭起来说："祖宗无积德，就有败家儿。着祖父艰难困苦经营乃有今日，倘如此做法，岂不是要破家荡产吗？"我乃极力多方劝解始无事。此时我就想到这篇文章若是农民们看了心里必非常欢喜，并且要比我母亲的痛哭有相反的厉害。同时我也自信农民一定可以团结起来。我们乃放弃《陆安日报》无谓的笔战，而下决心到农村去做实际运动。此时在本地和我接近的朋友，都是站在反对的一边。他们说："农民散漫极了，不但毫无结合之可能，而且无知识，不易宣传，徒费精神罢了。"同时我的家庭在海丰县可以算做个大地主，每年收入约千余石租，共计被统辖的农民男老幼不下千五百余人。我的家庭男女老少不上三十口，平均每一人有五十个农民做奴隶。我家里的人听说我要做农民运动，除了三兄五弟不加可否外，其余男女老幼都是恨我刺骨，我的大哥差不多要杀我而甘心。此外同族同村的人都是一样的（地）厌恶我。我只有不理。

五月某日我即开始农民运动的进行，最初到赤山约的一个乡村。我去的时候，是穿着白的学生洋服及白通帽，村中一个三十多岁的农民，看我来了，一面在村前弄粪土，一面向我说："先生坐，请烟呀！你来收捐吗？我们这里没有做戏。"我答道："我不是来收戏捐的，我是来和你们做朋友，因为你们辛苦，所以到里来闲谈。"农民答道："呀！苦是命啊！先生呀请茶，我们不得空和你闲谈，恕罪！"他说完这句话便跑了。少顷又来了一个二十多岁的农民，样子比较清醒些。他问我道："先生属那（哪）个人营、当甚（什）么差事？来何事（事）？”我答：“我不是做官当兵的人。我是学生，今日特来贵村闲游，目的是要来和你们做好朋友……”他笑说：“我们无用人，配不起你们官贵子弟，好说了，请茶吧！”头也不回的（地）那边去了。我想再多说一句，可是他已听不到了。我的心头很不高兴，回想朋友们告诉我枉费精神这句话，心里更是烦恼。我就跑到第二个村，一跑进去，那犬儿向着我大吠特吠，张着牙齿对着我示威，我误认它是来欢迎，直冲入去，见门户都是锁着，去街的去了街，出田的出了田。再跑过第三条村，适太阳西下，天将晚了，恐怕村中农民疑我做甚（什）么事，不便进去，乃回家。我回家里没有一个人肯对我说话，好象（像）对着仇人一样。他们饮食完了，只剩的（得）饭汤一斗，食了点饭汤，再到我的房子去，把一部日记打开，想把今天的成绩记在里头，结果只有一个零字。一夜在床上想法子，想东想西，到了天亮，起身来，随便食了一餐早饭，就再到农村去了。在路上看着许多农民挑着芋或尿桶等到城里去，若在小路相逢的时候，我是很恭敬的（地）避在路边，让他们先过，因为城市的人每遇乡人是不让路的，只有负担的农人让那空手的城市人。所以农民至少必有一部分知道我是看重他们的一个城市人。

我又再到昨日所到的农村来，遇着一个四十多岁的农民，他问我：“先生呀！来收账呀？”我说：“不是！不是！我是来帮你收账的，因为人家欠了你们的数（账），你们忘记了，所以我来告诉你们。”他说：“呀！不欠他家的账还是好的，怎有账在别人处？”我说：“你还不知道吗？地主便是欠你们的大账者，他年年闲逸无做工，你们耕田耕到死，结果将租谷给他收去，他们一坵田多者不过值百元，他们耕了千百年，试计算一下，你们给他收了好多谷呢？我们想起来，实在是不平，所以来和你们磋商怎样和地主拿回这笔账！”他笑道：“有得拿就好了，我们欠他一升一合还要锁打呀！这是命中注定的，食租的久久是食租，耕田的久久是耕田！先生你请——我要出街去。”我问：“老兄，你是贵姓名？”他答道：“我是……我是在这个乡村，无事请来坐罢！”我知道他很不愿意告诉我，我也不再去问他。村中女子做工者颇多，男子则出田的出田去了，女子也不便和她说话，我徘徊了好久，就再过别村去了。是日跑了几个乡村，结果是和昨日同等于零。不过是日的日记比昨日多说了几句话。

是晚我忽然就想到一来我对农民所说的话，太过文雅了，好多我们说来农民都是不晓，所以就把许多书面的术语翻译做俗话，二来是我的面貌身体服装与农民不同，农民惯受了面貌服装不同者的压迫和欺骗，一见我就疑是他的敌人；二者表示阶级不同，格格不入，总不欢喜和我接近，所以乃改变为朴实的服装，并且想出明日进行的一个新计划，就是决定明日不到乡村去，专找在农民往来最多的十字路中去宣传。

次日就到一个龙山庙的面前的大路去，此路乃是赤山约、北笏约、赤岸约、河口约交通的孔道，每日都有无数农民在此经过，并且庙前休息，我就乘此机会，对他们开始谈话，大概是说些痛苦的原因及救济的方法，并举出地主压迫农民之证据及农民应有团结之必要。起初只与少数人谈话，但愈听愈众，遂变成演讲的形式，农民听者都是半信半疑。是日与我谈话的有四五人，听我演讲的有十余人之多，其成绩为最好。

第二节　六个人的团结与奋斗

……　……

第三节　由赤山农会至海丰总农会

这个时候，已经是一九二二年九月间了，加入的会员约五百余人，是属于赤山（二十八乡）为多，乃定于九月某日开赤山约农会成立大会，到会者全体会员，参加者有中学校长黎越廷、高小校长杨嗣震等演说，并推举黄凤麟等为会长，茶会后，各会员甚兴高彩烈而散。自这成立会开后，益加影响到各乡，请求加入者日渐加多，大约每日平均有十个人了。

加入农会之手续，是由其本人到农会申请入会，并交二角银为会费（本来入会是要入会金和年费或月费等，当时因为恐农民头脑不易明白，致使入会者发生疑问，故定每年收二毫，较为简单，而便其宣传，俟将来各农民加入后，有相当的训练，始为改变），并由我们与之谈话作宣传，再发给一会证，其原形如下（以名片纸印的）：

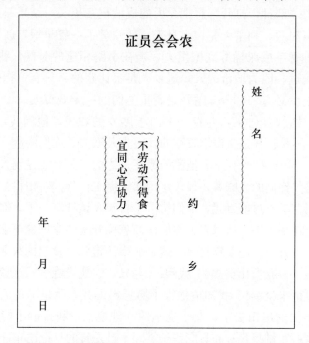

此时农会并发出有宣言（须待检查）及农会利益（须待检查），兼之无论何日何夜，我们必到乡村去宣传。到了十月份，加入农会会员每日平均有二十人了。由赤山约而平岗约、银镇约、青湖约、河口约、西河约、公平约、旧墟约……十余约，都成立了约农会，把县城东西南北都包围起来了。这个时候，我们就筹备成立海丰县总农会。

这个时候，农会就发起组织一个济丧会，由会员自由加入，约百五十余人，无论那（哪）个会员的父母或自己死了，由各会员拿出两毫钱来济丧。此方法宣布后，第一日即有某会员的父亲死了，各会员拿出两毫钱，共约三十余元，同时会友并往致祭，行送葬的礼节，农民益加欢喜。到了第五日，又有会员的父亲死了，这个时候，济丧会的会员无法负担，乃先由农会代出，另日由济丧会筹还。到了第七日，又有一个会员死了，再由农会代出三十元。这个时候，济丧会会员吃了一惊，成立未十天而死者五六人，倘继续下去，如何办法呢？乃开全体会员大会，宣告临时停办，俟农会财政充裕时，始继续办理。

又办了一间农民医药房，在海丰大街，由一热心农民运动之西医生某君担任医生，凡农会会员有病需药者，准由该会员执会员证到来领药，药价仅收一半，非会员则全收。请诊病者如为会员，不取诊费。并由该西医之老婆担任接生，凡遇会员不收接生费，仅取药费一半，大约二三角钱。自是领药接生者甚众。甚至有非会员而借会员证去领药者亦有之，乃在会员证中加数条规则以限制非会员借用，并规定会员证失落补领费二毫。

到了一九二三年，新历一月一日，海丰总农会开成立大会。此时加入农会会员已达二万户，以农会管辖下之人口计，有十万人，以全县人口比较，占全县人口四分之一。是日各乡代表到者共六十余人，开会次序：一、主席宣布开会理由；二、各代表报告；三、主席报告筹备经过；四、演说；五、选举；六、讨论章程；七、提议；八、欢宴。结果选出彭湃为正会长，杨其珊为副会长，蓝镜清为财政，林沛为庶务，张妈安为调查……（其余忘记）。总农会之组织图表如下：

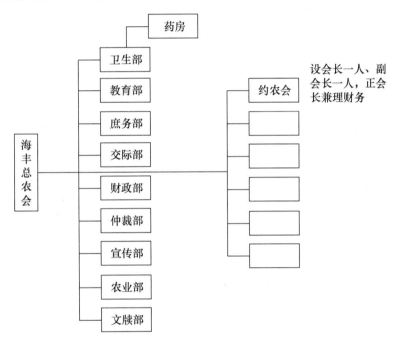

讨论的问题是：总农会成立后必须增会费。查番薯市、糖市、菜脯市、地豆市、牛墟菜市、米市、柴市、猪仔市、草市，通通是农民的出产，每一个市的权力皆绅士、土豪或庙祝所掌握。计番薯市每年至少亦有五百元之收入，倘各市算起来，每年收入可得三四千元，可否将各该市的权移在我们手里？决议我们欲握到市权，一定与绅士冲突，宜先与交涉，如绅士不肯将市权交出，我们就将番薯先移过别个地方，其余各市亦相机进行，并限三日内进行。进行的步骤，先由农会制出一枝（支）公秤，由农会派人到番薯市去管理。绅士大加反对。农会即布告全县农民，将番薯移过附近农会之处摆卖，绝对不准到原旧市摆卖，我们果得胜利，乃将该市收入，拨为农民医药房经费。

农会的会旗，是用黑赤两色分四联合。此是因海丰前日各乡各姓有黑红旗之分别，时常发生械斗，械斗杀人是很厉害的，他的岳父或兄弟等是黑旗，自己是红旗，也不客气把他杀死，所以我们不用黑，也不用红，用黑红旗联合当日械斗的勇敢奋斗的精神来干革命，所以农民黑红观念从此打消了，共用一农旗。农会的印是用圆形的，因农民很怕四方印——即官厅印，一印出来，就是剥削农民的告示，所以农会要使农民注意，乃用圆的。

此时农会渐渐得到城市的中学生高小学生及较为觉悟的知识分子的同情，多来帮忙，农会即给与（予）宣传工作，故此时之宣传工作亦进步。宣传之方法：一、定期演讲，即由各乡订定时期，由宣传部派员前往宣传；二、轮回宣传，由宣传员到各乡去轮回宣传；三、临时演讲，由农会通告各乡会员，如遇各乡有迎神赛会演戏等等，须于三日前报告农会，由农会派人前往宣传。故各乡来请求宣传者甚众，有应接不暇之势。

教育部的工作。农民怕新学如怕老虎，谈起新学就变色。何以呢？一、教育局系官厅性质，教育局下一训令到乡村去，农民先要敬奉局丁的茶钱，如教育局所限期间，该乡不办起来，就拿学董；二、教育局完全不会指导农民办教育；三、农民无钱，教员又贵；四、学年学费也昂；五、农民子弟多劳动，以生活为紧，无暇去享受教育。有这几个原因，迫他办教育，就把他弄怕了。所以农会对于教育，打出一个新口号，叫做"农民教育"，即是办农民学校。农民教育，是与新学不同，是专教农民会记数，不为地主所骗，会写信，会珠算，会写食料及农具的名字，会出来办农会，便够了。农民很赞成。而且农会替他们请便宜教员，指定校舍，规定学生，读书不用钱。他们多很喜欢。那末（么），学校经费从何而来呢？就是由该建立农民学校的乡村，指定相当的耕地，作为学田，由学校向地主批耕，种子肥料由农会出钱，农具、牛只、人工由各入学学生的父兄分配工作去犁去抓去种，及至刈草时，则由先生率学生到学田去，把学生分为甲乙丙丁四队，田草也分甲乙丙丁四段，每队担任刈一段来竞争，马上就把草弄完了，而且学生也可习耕种的方法。到了禾将成熟，再由学生父兄去收割，除还地主租外，余的送给先生做薪金。这方法实行之后不一月，而农民学校之成立者十余校，夜校也有数间，概由教育部指挥之监督之。自是与教育绝缘的农村儿童，有五百余人得入学校读书了。

农业部的工作。因为我们不是农业专门家，所以对农业是毫无把握，而且农民在未减租及未得到永佃权以前，农民对于农业的改良，只有为地主行孝耳（尔），看他们每因土地不是自己的东西，连肥料都不肯尽量放下去。有的肯下肥料的倒因弄好了田出多了谷，而惹起田主之加租，所以不如不下还好！海丰有一个蚕桑局每年花费了不少的钱，时时去劝农民种桑，农民皆因怕地主之干涉及恐怕失败无租谷交还田主之故皆不敢去种，即外洋的肥料也不敢试用。由这点看来地主的土地所有权是很妨碍农业的发展。至如要整理耕地等更是不容易的事了！但是我们要养成农民有公共的观念，乃由农会发起种山松，因各乡村前后都有大小的山，这些山是毫无树木的，城市的资本家想去种山，农民多不肯，而农民本身又无能力，乃决由农会出资买松苗，农会会员出工去种，将所有的山松，归为全县农民之公有财产，到有利可得的时候，那负担作工的得多分配一点。一举办之后，各乡有山的，都欢迎农会去种。并且种下去的山松，不要甚（什）么森林警察，因农民个个都是警察，如有遇火，附近农民便会去救，甚为得法。我们当时计划三年内就可把全县的童山变成绿色的树林，关于水患也可减少。

仲裁部的工作呢？就是做个和事老（佬），但是我们能够在和一件事的时候，来攻击现社会的私有财产制度之罪恶。据该部所报告的案件：

婚姻案　百分之三十

钱债案　百分之二十

业佃争议　百分之十五

产业争夺　百分之十五

命案　百分之一

犯会章　百分之一

迷信　百分之十

其他　百分之八

该部所统计，婚姻案为最多，如离婚入赘发生冲突，夫老妻少以致冲突，奸淫、拐带、嫁妻，其中又以入赘发生冲突为多。

卫生部的工作。即上述农民医药房接生等之事，据该部的报告所医之症如下：

因营养不良发生贫血症发冷者　　百分之六十

刀伤疮痫等　　　　　　　　　　百分之二十

崩脚赚者　　　　　　　　　　　百分之十

接生　　　　　　　　　　　　　百分之五

杂病　　　　　　　　　　　　　百分之五

该部所用的药料，以金鸡腊散为最多，次为皮肤病药。

海丰总农会在这个时期，已经入于极盛之状况，海丰此时期之执政者——县长为陈炯明最亲信之翁桂清，他不赞成农会，也不敢解散或禁止农会，所以我们得以比较自由发展，农会至此，亦有相到的力量。我们对内（农民）的口号：一、减租；二、取消"三下盖"；三、取消"伙头鸡""伙头鸭"，取消"伙头钱米"；四、不给陋规与警察。对外的口号：一、改良农业；二、增加农民知识；三、作慈善事业。但是我们对于实行减租一层，预备五年的训练之后实行，目前不能做到。……

海丰总农会既发展而改组惠州农民联合会，复不久而改为广东省农会。招牌虽是很堂皇，但是各县组织除了海丰、陆丰之外，是异常散漫的。省农会的执行委员，共十三人：

执行委员长——彭湃（知识界）；

执行委员——杨其珊（农民）、马焕新（知识界）、林甦（知识界）、余创之（知识界）、蓝镜清（农民）、黄正当（农民）、李劳工（知识界）、张妈安（农民）、彭汉垣（知识界）、万维新（农民）、万清味（农民）。

广东省农会设在海丰，同时兼摄海丰县农会职权。

省农会之组织系统

……　……

省农会执行委员会组织图表及担任者姓名：

庶务部——部长林朝宗　张妈安

卫生部——部长吕楚雄　部员刘恩泉（女子）

财政部——部长杨其珊　部员蓝镜清

仲裁部——部长余创之　部员彭　湃

宣传部——部长林　甦　部员彭　湃　李劳工　林务农　黄正当共三十余人

教育部——部长马焕新　彭　湃

文牍部——部长余创之

调查部——部长万维新　万清味　胡汉南

农业部——李劳工

交际部——胡汉南　彭　湃　林　甦　杨其珊

各县会员人数一览表（大概数目）

县名	户数	人数（以户数为单位每户约五人）
海丰县	12 000	60 000
陆丰县	7 000	35 000
惠阳县	4 000	20 000
紫金县	3 000	15 000
惠来县	300	1 500
普宁县	500	2 500
共户数 26 800		共人口 134 000

海丰县农会调查（一九二三年）

会员成份（分）表　凡农民如自耕农、佃农……以户为单位加入农会。学生、教员、工人、小商人及其他以个人为单位。地主绅士不得加入。

自　　耕　　农　　百分之二十

半　自　耕　农　　百分之三十

佃　　　　农　　百分之四十

雇　　　　农　　百分之十

学　　　　生　　三十余人

小　学　教　员　　十余人

工人半农工小工业　五百余人（盐町工人、理发工人、染布工人）

小　商　人　　三十人

失　业　者　　三百余人

自耕农兼小地主　十人

乡绅半教员　　十余人

陈炯明护弁　　三人

巫　　　者　　一人

船　　　夫　　四百余人

基督教（农民）　五十人〔自入会后叛教者甚多，如万清朱者系一长老会之长老，自入会后已反（叛）教了〕

海丰农民失业离去乡村所到区域及其职业：

地　名　人　数　职　业　备　考

南洋群岛　约十余万　种芭车夫小商人　到南洋者系因生活所迫去做猪仔，小部分与商业有关系而去者，其原因皆受失业灾荒之故。

香　港	五万千人	车夫泥工小买卖巡捕	
广　州	五千余人	车夫及其他小工	
澳　门	二千余人	车夫店工	
汕　头	五百余人	车夫及其他手工人	
宝　安	五百余人	渔业	因香港不能容生而移入宝安县者。

…… ……

1923 年 6 月暴雨成灾，农会讨论减租情况：

［执委会］议决以减租七成，为最低限度。收获不及三成者照数减之，如全无收获者则免交，多数通过。再提出代表大会表决。

［1923 年］七月二十日，开全县各约代表大会，到会者百余人，旁听者千余人，室为之满。

主席彭湃。先由主席报告灾后各区灾况，及农会救灾工作，执行委员会对于减租问题之讨论经过，报告完后，此时旁听者咆哮起来，摩拳擦掌，拥护第三派之免租运动。主席制止。在代表大会方面，主张"免租"者不能过半数，主张"至多三成交纳"者卒以过半数，表决通过之。

其余对于减租应付方法，悉由执行委员指挥，乃散会。

选自澎湃：《海丰农民运动》，广东农民协会编印，1926；北京，出版作家出版社，1960，第 6～57 页（选录）。

8. 中国共产党告农民书
——有关"耕地农有"和农民协会的规定①

1925 年 10 月 10 日②

我们人民自古就分为士农工商四个阶级。在这四个阶级当中，士是专门读书的人，他们是以知识擅长可以称他们是知识阶级。商人是拿金钱做买卖的，可以称他们是资本阶级。农工都是以劳力谋生的，本是四民中的劳动阶级。

从前只有读书的士人有知识，所以做官治民的都是士人。商人有钱，即便有势有钱可以在政府买得官做，有钱可以在城市雇工人开工厂做厂主、做资本家；有钱可以在乡间买田地雇佃户做地主。士人做官发了财也要到乡间买置田地做起地主来。最苦的只有劳动阶级的工人和农民。

世上吃的穿的用的一切东西那（哪）一样不是农民和工人劳力做出来的？然而工人农民自己的吃穿用却是很苦，完全为厂主地主做了牛马，这是世上第一不平的事。

工人农民在全国人数中差不多要占十分之九，若说人民应该享幸福便不该把工人农民

---

① 副标题是编者所加。

② "党史资料版"标为"1925 年 11 月"；"中央文件版"标作"一九二五年十月十日"，并于最后署名为"中国共产党中央委员会扩大会议"。

除外。在实际上全国享幸福的人只有少数资本家和地主，占国民最大多数的工农劳动阶级，不但为厂主地主做牛马，而且还要受其他各方面的压迫，几乎不能活命，还说什么享幸福！现在单就农民说，你们所受各方面的压迫待我们一一讲来。

第一个压迫农民的自然是地主。地主召佃户耕田，只是供给他若干亩田地，或者有几间茅屋，此外一无所有，所有耕牛犁锄稻麦种子肥料以及一切收获前所需食用都须佃户自备。此外立约承租时还要交地主若干银钱做押租。地主丝毫不费气力到收获时便向佃户收取租谷；无论是照约收取额租或是临时分租，每亩地主所得约占收成之半，即少也要三分之一，有些地方（如湖北汉川县）还要预收来年的租。非遇到水旱奇灾佃户没得吃，地主的租谷是不能减少的。佃户因为无力缴租，或是因为缴了租后吃用无着，便不得不向自己的地主或别人的地主重利借贷，冬春借谷一担，秋收时便须归还两担，最客气的也要一担半。农民一经这样的重利盘剥便永世不能翻身。现在许多军阀官僚到乡间去买置田地，这些地主也和别的地主一样是不耕不种的寄生阶级，土地由他们更集中了。集中的结果〔是〕农业上并不能改良进步，只是使农村中的佃业贫农增加，农业反而退步。地主绅士们所把持的民团局或团防局更是欺压农民的乡村军阀政府。

第二个压迫农民的要算外国资本家。自古道男耕女织，自从外国资本家把他们的洋货潮水般的输入中国以来，乡间手工的纺纱织布生意都被外洋机器制造的棉纱棉布夺去了。据海关报告洋纱洋布入口每年价值二三万万元，就是每年中国种棉纺纱织布的农民工人之损失。此外洋油、洋火、洋灯、洋针、洋肥皂、洋头绳等都一一运到乡间，成了农民的日用品，就是农民日用所需的本国货，如油盐纸张茶叶酱醋等，也因为厘金等捐税增加及别的洋货输入的影响，价钱日见高涨，尤其是盐税归外国人管理，因为偿还洋债，他们拚（拼）命增加盐税，盐价日渐高涨，农民生活因之更加困苦不堪了。更可恶的是法国资本家派人到中国传天主教，英国美国资本家派人到中国传耶稣教，这些教士在乡村庇护教民欺压良懦，真是无法无天。

第三个压迫农民的就是军阀。军阀们连年战争，一方面以筹饷为名增加各项间接税，如厘金盐税等，使一切物价无不高涨，又复巧立各种名目，直接勒捐，加之预征钱粮，增加田亩捐，强迫公债，逼得农民非典田卖地卖儿卖女无从活命。一方面军队经过的地方抢掳焚烧，更是悲惨，往往整个的农村都被这般野蛮的军队毁灭了。即在不受兵祸的地方，军阀们只顾筹款增兵，民间的水利农田从来不暇顾问，因此水旱灾荒遍于全国，最厉害的象淮河和洪泽湖一带，历年淹没田地总在一二万万亩以上，直隶山东沿黄河一带历年淹没田地一万万亩。其余若天津的白河，湖北的襄河，湖南的洞庭湖都久未疏浚，河身淤塞，泄水蓄水都不灵，屡成水旱奇灾。这些地方农民的困苦便可想而知了。

第四个压迫农民的是贪官和劣绅。各县征收的钱粮，除国家正项之外，另收陋规，至少也在正项一倍以上，譬如地丁银一两，至少须缴纳银元三元以上，此项陋规，国家丝毫得不着，乃用"赢（盈）余"的名义归县官房班以及征收人员私分了。此外催钱粮的差役下乡还要另外需索。印契税照地价收百分之九，也只有三分归国家，县官得三分，房班衙役共得三分。农民欠了钱粮欠了租课都要到官办罪。乡间的劣绅多半是地主，他们往往勾结贪官鱼肉农民，农民得罪了他们，他们就挑拨农民到官兴讼，于中取利，或者因欠税欠租借官势威吓农民，甚至诬告农民抗粮抗租，禀请县官派兵究办闹出大乱子来。劣绅们又仅借官势威吓农民，并且还要摊派亩捐，办理什么民团局或团防局作威作福，直接的（地）欺压农民。至于乡村自治机关和各县议会选举，更是劣绅们包办的了。

农民受上述种种压迫不但生活艰难，有些并不能在农村安居，只得弃农改业了。各地乡间充满了没有田地耕种的农民和有田种而吃穿不够的农民，再加上水旱兵灾便不得不去当兵随匪替军阀匪首充当炮灰，能跑到城市里做苦力的还算得法。

农民做了耕种粮食这样重要的工，又占了国民大多数，现在如此困苦流离，这不但是农民自身的不幸，并且是国家的损失和危险。解除农民的困苦，根本是要实行"耕地农有"的办法，就是谁耕种的田地归谁自己所有，不向地主缴纳租课，此外废止盐税和厘金关系农民生计也非常之大。可是要达到废止盐税厘金和实行"耕地农有"这些目的，那就非农民工人联合起（来）革命打倒军阀政府不可。因为军阀政府是断不肯把盐税和厘金废止的，至于"耕地农有"更须革命的工农等平民得了政权，才能够没收军阀、官僚、寺院、大地主的田地，归耕地的农民所有。为农民目前自救计，本党主张全国农民应该有下列几个最低限度的要求：

（一）政府须承认由农民组织的农民协会代替非农民的劣绅所包办的农会；

（二）乡村自治机关应以普通选举法直接选举之，不得由绅士包办；

（三）农民协会有会同乡村自治机关议定最高租额及最低谷价之权；

（四）由各乡村自治机关动用地方公款办理乡村农民无利借贷局；

（五）各乡村须禁止私人积谷居奇；

（六）反抗各种苛捐杂税及预征钱粮。应征之钱粮，无论地丁或槽（漕）米，均只按照实际市价缴纳，不得征收陋规；

（七）中央及地方政府均须专设治河局，政府预算均须指定治河专款，不得移作别用；

（八）由农民协会组织自卫军，并要求政府发给枪弹，以防土匪及兵灾。

这些都是农民目前急迫的要求。但是要想达到这些要求，非农民自己大家结起团体，来出力奋斗不可。

怎样的结团体呢？就是组织农民协会。或者有人以为农民一向这样涣散恐怕不容易结成团体。其实不然。我们根据广东的经验农民的团体是可以组织成功的。自从民国十二年七月本党第三次大会后，本党才起首在广东帮助农民组织团体，经过不到二年，农民组成了协会的有二十多县，各处协会会员现在已经有四十六万五千多人，并有几千的武装自卫军，和地主开了好几次战。这二十几县的农民协会代表于今年五一劳动节（每年五月一日是全世界的劳动节）在广东省城成立了广东全省农民协会。适逢这一天（五月一日）全国各工会代表也在广东省城开第二次全国劳动大会；这劳动大会的二百七十八个代表和广东全省农民协会一百二十五个代表开了一个联席会，喊出工农联合的口号，大家都十分亲密。在这些集会中，第一、我们可以看出农民可以组织协会和工人可以组织工会没有两样。第二、我们可以看出农人和工人同属以劳力谋生的劳动阶级，实有联合互助的必要。并且工人大半集中在大都会，如上海、天津、汉口、广州等处，都站在政治争斗之重要地位。尤其是五卅运动以来的上海广州工人都有了二十万人以上的工会组织，他们不断的经济争斗及政治争斗，使中外资本家都心惊胆裂，这更可以看出农民有了城市工人做有力的领导者。第三我们可以看出一向被厂主地主当做牛马的工人农民，一向被绅士们看不起的工人农民，现在都结成团体，便渐渐有抬头之一日了。

或者有人以为广东农民有国民党政府的帮助，所以能够组织起来，他省恐怕不行。这话一半对一半不对，广东国民党政府固然肯帮助农民，而同时广东各地方的地主商团勾结国民党中右派（国民党中官僚分子）的军队和县官破坏农会摧残农民的事，也不在少数，有时国民政府也无如之何，还是要靠农民自己的力量奋斗才行。现在除广东之外，湖南、湖北的农民也渐渐起来组织农民协会了。可见没有政府帮助农民也能够团体起来。

亲爱的农友们！你们要解除你们的困苦与压迫，只有大家起来结团体，组织农民协会，再由协会组织农民自卫军。各省各县现有的协会都是地东绅士们所组织的，他们的利益和真正农民的利益相反，非耕田的真正农民自己另组织农民协会，决（绝）不能保护农民的利益。本党是代表工人农民利益而奋斗的政党，不用说应该帮助你们，就是国民党左派（国民党中革命分子）也必须帮助你们，因为他们的国民革命运动，没有你们参加是不会成功的。

农民协会应该怎样组织呢？各地的农民协会章程，按照各地情形自然会有些小小的不同，至于主要的办法应一致如左：

一、农会会员以年满十六岁之佃农、雇农、自耕农及农村中手工业者体力劳动者为限。凡不耕田之地主，重利放债者，不耕田之宗教家，如神甫、牧师、僧道尼巫等，均不得为会员。

二、凡会员须缴纳入会费与月费若干。

三、各省协会须分为四级。

（甲）村农民协会以一村或合数村组织之，会员人数须在二十以上。由会员互选三人组织村执行委员会。

（乙）乡或区农民协会以本乡或区内三个以上村农民协会联合组织之，由全乡或区会员大会（或代表大会）选举五人组织乡或区执行委员会。

（丙）县农民协会以本县内三个以上乡或区农民协会联合组织之，由全县会员代表大会选举七人组织县执行委员会。

（丁）省农民协会以本省内五个以上县农民协会联合组织之，由全省会员代表大会选举九人组织全省执行委员会。

四、各村协会所收之会员费，百分之六十用于本村协会，百分之四十用于高级各协会。

五、非协会会员不得加入农民自卫军。

六、每年由省执行委员会召集全省会员代表大会一次，改选新执行委员及候补委员若干人。县及乡或区会员代表大会均每半年由该县及乡或区执行委员会召集一次，改选新执行委员及候补委员若干人。全村会员大会每月由村执行委员会召集开会一次，改选新执行委员。

七、村执行委员会每星期开会三次，乡或区执行委员会、县执行委员会每星期开会二次，省执行委员会每星期开会一次。

八、各级执行委员均互推委员长一人、副委员长一人，秘书一人为常务委员，驻会办事。

九、各级执行委员均得指定会员若干人组织特殊团体，办理自卫军、消费合作社、教育会、水利局、害虫检查会等公益事业。

十、各级执行委员会均得聘请非农民为顾问及各项技术人员，助理各种事务。

中国共产党中央委员会扩大会议

选自中共中央党校党史教研室编：《中共党史参考资料》（二），第一次国内革命战争时期，北京，人民出版社，1979，第 171 页。简称"党史资料版"。

互校版本：中央档案馆编：《中共中央文件选集》，第 1 册——九二——一九二五，北京，中共中央党校出版社，1982，第 432～439 页。简称"中央文件版"。

9. 中国共产党第三次中央扩大执行委员会关于农民运动决议案——"经济的与政治的要求"各六条

1926 年 7 月

经济的与政治的要求

广东的农民运动已需要一个最低限度的政纲；从全国来说或尚早一点，尚不能即订出一有组织的政纲。在这个决议案不是要有系统的（地）说明农民之要求，而只是找出全国最急切需要的那几项是马上就要行动的。至于整个的农民政纲之提出，须待至第五次大会时方能议及。

属于经济的：

（甲）限定最高租额，农民所得至少要占收获百分之五十；

（乙）限制高利盘剥，每月利息最高不能过二分五厘；

（丙）反对预征钱粮及苛捐杂税；

（丁）要求免除陋规，一切征收按市价计算；

（戊）统一度量衡；

（己）禁止囤积居奇，提倡农村消费合作运动。

属于政治的：

（甲）农民集合结社自由；

（乙）县长民选；

（丙）乡村自治机关及一切公益机关均由乡民开大会选举；

（丁）地方财政公开；

（戊）反对民团执行逮捕、审判等司法职权；

（己）剔除诉讼积弊，禁止差役需索。

选自中央档案馆编：《中共中央文件选集》，第 2 册，北京，中共中央党校出版社，1983，第 143 页。

10. 广东农民运动《目前最低限度的政纲》①

1926 年中共广东区委扩大会通过

本扩大会议乐受粤区以其经验所得提出对广东农民最低政纲的要求，认为农民运动在广东已有两年的长期奋斗，农民群众对于本党已有相当之认识，而表示其热烈的同情，但是不知道本党对于他们的政纲，因为我们还没有明确的（地）指示出来，虽然他们有感于我们同志奋斗的精神，然不明了我们党的主张，对于本党仍未十分了解而确定其趋向本党之决心。况且本党在广东农运奋斗之结果，已能引导农民实际参加政治经济的斗争，使他们因此奋斗的教训有感觉夺取一部份（分）政治经济的斗争，使他们因此奋斗的教训，有感觉夺取一部份（分）政权之需要，而本党在广东一向未有公开表示其自己主张；只在民校中提出笼统而不实行的条件，已令农民失望而不能激起其继续奋斗的精神，及提高其对革命的勇气，即在同志工作方面到了此时也感觉难于应付此种农运高潮而失其指导的能力。因此，本党为指示广东农运实际工作同志以活动的方向，及对农民群众目前要求指示其出路，均有订立目前最低政纲之必要，特决定如（甲）；并决定目前应付的策略如（乙）。

（甲）目前最低限度的政纲

一、关于经济的

（一）一般佃农的要求为佃租之减少。在广东已屡次发生减租运动，但口号必须切实而能行，并且要普遍，故主张分别依照向例纳税方法"减原租百分之二十五"。

（二）自耕农及小地主之苦痛苛捐杂税之繁苛。故满足自耕农及小地主之要求，应提出"废除一切杂捐附加税（不论是国家的及地方的）及不法苛抽（如民团团费之类非政府机关征收者），另定统一的单一的所得税"。

（三）规定借贷利率不得超过"二分"，如违以违法论罪。

（四）由国家设立农民银行，以最低的利息贷款与贫农。

（五）政府须扶助农村合作社之发展，禁止奸商垄断物价，囤积居奇。

（六）整顿水利，救济灾荒。

（七）统一度量衡。

（八）废除业佃间之不平等契约，如铁租、押租、上期租等；及种种苛例，如田信鸡、送租……由政府制定批耕条例，业主有不执行此项条例时，农民可向乡民公断处陈诉解决之。

（九）改良雇农经济地位，及注意农村中之妇女与童工。

二、关于政治的

（一）各地民团团员必须是有业的土著，团长必须由乡民大会公举。其经费之预算决算均应由乡民大会公决之。

（二）乡长由乡民大会选举充任。

---

① 此乃广东《农民运动决议案》的一部分。

（三）乡村财政绝对公开，管理财政人员由乡民大会选出充任。

（四）乡村裁判，应由乡民大会选举公断处执行之。

（五）主张县委员制（五人），县长民选，但在此过渡时期赞成政府指派，但人民有请求撤换权。

（六）各县人民武装自卫团体，可成立全县之连防，组织"县团部"。不受县长节制，省政府下组团务厅，管辖各县团部。

三、关于教育的

（一）普及乡村义务教育。

（二）以地方公款十分之五以上办乡村义务学校。

选自人民出版社编：《第一次国内革命战争时期的农民运动资料》，北京，人民出版社，1983，第344～346页。原注："《广东农民运动报告》第165～188页（1926年10月出版）。"

11. 广东省农民协会修正章程
1926年5月第二次全省代表大会通过

前文

农民协会为本三民主义解放劳动阶级之意旨，集合广东受压迫之贫苦农民而组织之。其目的在谋农民之自卫，并实行改良农村组织，增进农人生活。其会章如下：

第一章　总则

第一条　广东省农民协会，谨遵照民国十三年（一九二四年）孙先大元帅审定由中国国民党中央执行委员会农民部颁布之全国农民协会章程[①]各项原则组织之。

第二章　会员

第二条　凡居住广东之自耕农、半自耕农、佃农、雇农、农村中之手工业者，及在农村中为体力劳动者，不论男女，凡年满十六岁而行第三条所列入会手续者，皆得为本会会员。但有左列条款之一者得拒绝之。

（一）有田地百亩以上者；

（二）以重利剥削农民者；

（三）与农民处于利益相衡突之地位者；

（四）为宗教宣教教师者，如神甫牧师僧尼巫等类；

（五）受外国帝国主义操纵者；

（六）吸食鸦片及嗜赌者。

第三条　入会手续。

（一）填写入会志愿书；

---

① 1924年6月孙中山审准公布的《农民协会章程》，见本辑下篇。

（二）承认遵守本会章程；

（三）承认恪守本会纪律；

（四）缴纳入会金与月费。

第四条　凡农民入会时，须有会员三人之介绍，经所在地之乡农民协会执行委员会通过。若非农民而赞成农民协会请求加入者，必须会员全体大会四分之三通过，始能正式承认其会员资格。

第五条　凡农民协会会员须在所属农会领取会员证章，其证章由广东省农民协会制定之。

第三章　会员之权利与义务

第六条　会员在各级全体会员大会中均有发言权、表决权及控告权。（但所控告之案件无论书面或口头必须经过大会之审查始能向上级提出。又如控告该会职员或呈请查办军队骚扰官吏土豪专横等事亦必由大会讨论通过始能向上级提出。或遇特别情形未便召集大会时得由执行委员决定向上级提出。）

第七条　会员有依章选举、或被选举为农民协会职员及代表之权（如遇选兼上级或下级协会职员时，不得兼别协会之常务委员）。

第八条　会员须遵守本会章程与纪律，并须服从本会决议案，如有违背及破坏之者，均受纪律之制裁。

第四章　组织

第九条　凡一农村有成年农民三分之一以上之申请，由上级报告省协会经省执行委员会之认可，并派员至该乡召集全体会员大会，依法选举执行委员会组织乡农民协会（各级农民协会之成立须经省执行委员会审查核准后颁发旗印）。在各小乡会员不及三十人者，组织一小组，互选组长一人，受附近乡农民协会之管辖。其会员人数逾一千人以上者，亦须分组组织，以便训练。

第一〇条　各行政区之乡农民协会如占全区乡数三分之一以上成立，省执行委员会认为有组织区农民协会必要时，即派员到该区召集区代表大会或会员大会，选举执行委员组织区农民协会。如区之范围辽阔者，得在区之下组织分区。

第一一条　各县有三个行政区农民协会以上成立，省协会认为必要时，即派员到该县召集县代表大会，选举县执行委员，组织县农民协会。各级协会之组织手续另定之。

第一二条　本会以乡农民协会为基本组织，自区协会层级而上其组织系统如下：

（一）全省农民协会代表大会——全省执行委员会。

（二）全县农民协会代表大会——全县执行委员会。

（三）全区农民协会代表大会或会员大会——全区执行委员会。

（四）全分区农民协会代表大会或会员大会——分区执行委员会。

（五）乡农民协会会员大会——乡执行委员会。

第一三条　各下级协会执行委员会须受上级协会执行委员会管辖。

第一四条　各级协会代表大会或会员大会须选出执行委员组织执行委员会，执行会务，并选出候补执行委员。各级协会开执行委员会时，候补委员亦得列席，但只有发言权。各级协会之执行委员遇故缺席或离任时，即以候补委员依次充任。

第五章　省农民协会

第一五条　全省代表大会每年举行一次。但所辖县执行委员会三分之一以上请求，得召集临时全省代表大会。

第一六条　全省代表大会组织法、选举法及人数由省执行委员会审定之。

第一七条　全省代表大会接纳及采行省执行委员会及该委员会内各部之报告，决定本省会务进行之方策，选举执行委员及候补委员。

第一八条　省执行委员十三人，候补委员四人。

第一九条　省执行委员职权如下：

（一）互选常务委员五人，执行会务；

（二）设立全省各县、区、分区、乡协会，并指挥其活动；

（三）组织省执行委员会内各部；

（四）支配会费及财政；

（五）设立各路办事处，以便指挥各县协会工作。办事处设主任一人、书记一人、委员一人。办事处之主任须为省执行委员或候补委员。（办事处组织大纲另定之）

第二〇条　省常务委员会每星期至少开会一次，全体执行委员会至少三个月开会一次。

第六章　县农民协会

第二一条　县代表大会每半年举行一次，若遇省执行委员会训令或所属各区执行委员会三分之一以上之请求时，得召集临时全县代表大会，县执行委员会认为必要或有该县会员过半数之请求时，得召集临时全县代表大会。

第二二条　县代表大会之组织法、选举法及人数由县执行委员会审定后，经省执行委员会核准施行。

第二三条　县代表大会接纳及采行县执行委员会及该委员会内各部之报告，决定本县会务进行方策，选举县执行委员及候补委员，并选派赴省代表会议之代表。

第二四条　县执行委员九人，候补委员四人，并互选常务委员三人执行会务。

第二五条　县执行委员会设立全县各区、分区、乡协会，并指挥其活动，组织该委员会内各部（但须经省执行委员会之核准）支配会费及财政。

第二六条　县执行委员会须每两星期将其活动经过情形报告省执行委员会一次。

第二七条　县执行委员会每星期开会二次。

第七章　区农民协会

第二八条　区之高级机关为全区会员大会，但因乡离区太远或会员过多不能召集时，得召集全区代表大会，每三个月举行一次，若遇上级机关训令及所属执行委员会三分之一以上之请求时，得召集临时大会。

第二九条　区代表大会之组织法、选举法及人数，由区执行委员会审定后，经县执行委员会核准施行。

第三〇条　区会员大会或区代表大会讨论会务之范围如下：

（一）接纳及采行区执行委员会之报告；

（二）选举该区执行委员会委员及候补委员与选派赴县代表会议代表；

（三）核计及批准乡执行委员会之决算；

（四）训练会员之工作，并帮助农会设立各种学校及其他文化机关；

（五）讨论及批准乡农民协会本任期内之进行计划。

第三一条　区执行委员会之职权如左：

（一）指挥本区内各组织之活动；

（二）召集全区会员大会或全区代表大会；

（三）受省协会之委托或农民之请求，组织本区内之分区、乡农民协会及各种机关，报告省执行委员会认可之；

（四）保管本区会员之登记与履历；

（五）发给本区会员证章；

（六）支配会费及财政。

第三二条　区执行委员七人，候补委员三人。互选常务委员三人，执行日常会务。每星期开会二次，并将每星期内活动经过情形报告县执行委员会。

第三三条　分区农民协会隶属于区，由区报告各上级，经省协会之定核，始准组织。分区执行委员五人，候补三人。互选三人为常务委员，执行日常会务。每星期开会二次。

第八章　乡农民协会

第三四条　乡农民协会为本会最低最重要之基本组织。会员人数须在该乡成年农民三分之一以上，由省执行委员会或由省会委托其他代理机关，如各路办事处组织之。如果自行组织必须在（向）各上级协会报告，经省执行委员会之审查批准。

第三五条　乡农民协会为农民直接之机关，应亲向民间实行左列任务：

（一）实行协会之决议及口号；

（二）宣传三民主义之农民政策，并从事于三民主义建设的工作；

（三）说明农工业与商业之经济关系，及其在中国民族解放运动中之互相联络与利益；

（四）提倡各项建设事业，如举办农民学校、合作社、改良农业、水利交通之类。

第三六条　全乡会员大会每月由乡执行委员会召集开会一次。决定本乡会务进行计划，选举该乡执行委员，并选派出席代表大会之代表。

第三七条　乡执行委员会委员三人，候补二人。

第三八条　乡执行委员会之职权如左：

（一）互选书记、宣传、组织各一人；

（二）指挥乡会之活动；

（三）执行上级机关之命令；

（四）调查及统计乡中农民生活及教育之状况；

（五）征求新会员。

第三九条　乡执行委员会每星期开会二次，并将两星期内活动经过情形报告区执行委员会一次。

第四○条　乡农民协会遇有特别事件，得组织各部以处理之。其大要如下：

（一）军事部；

（二）农业改良部；

（三）雇农部；

（四）佃农部；

（五）手工业部；

（六）妇女部；

（七）青年农民部；

（八）教育部；

（九）合作部。

第九章　任期

第四一条　代表于开会期终了时，其任务即为终了。但须向所代表之该会报告大会之经过及结果。

第四二条　省执行委员任期为一年，县执行委员、区执行委员、分区执行委员任期均为半年，乡执行委员任期为三个月。

第十章　纪律

第四三条　农民协会各级大会或执行委员会之决议，经该大会或执行委员会多数公意之通过，会员须一致服从。

第四四条　下级委员会须服从上级委员会，否则上级委员会得解散或改组之。

第四五条　会员对于下级执行委员会决议有抗议，有五分之一赞成者，得联署提出于上级委员会判决之。但在抗议期间仍须服从各该下级执行委员会之决议。

第四六条　任何会员有破坏本会纪律者，均须受纪律之制裁。执行纪律之机关为会员大会、省执行委员会。关于破坏会中纪律可分下列数种：

（一）不能履行章程中各种规定者；

（二）不能奉行会中之命令者；

（三）赌博与吸鸦片者；

（四）破坏本协会之根本原则者；

（五）作反革命运动者；

（六）无故连续三次不到会者；

第四七条　关于处罚之方法如下：

（一）判词之宣布；

（二）警告；

（三）除名；

甲、在定期内除名；

乙、永远除名。

第十一章　经费

第四八条　农民协会经费如左：

（一）入会费最高不得过一元；

（二）会员月费最多不得超过一毫；

（三）会员所得捐；

（四）特别捐。

第四九条　会员入会费之多寡由省执行委员会议定之。贫苦会员费之减免，应由乡大会通过，区执行委员会之批准。

第五〇条　乡会收得之会费百分之六十用于本乡会。百分之四十以类推法用于其余高级各会。

第十二章　农民协会与他机关之关系

第五一条　农民协会对于行政机关、立法机关、教育机关、合作社等，应有相当的势力，以顾全农民协会之利益。

第五二条　农民协会会员在前条所列各机关中有三人以上者，应组织会员团，以拥护农民协会之利益。

第五三条　农民协会得派遣相当会员作代表，到行政官厅及各机关，以解决农民各种问题。

第十三章　章程之实施

第五四条　本章程自公布日施行。

第五五条　本章程有未尽妥善之处，得于全省农民协会代表大会时修正之。

选自人民出版社辑：《第一次国内革命战争时期的农民运动》，北京，人民出版社，1953，第244～256页。原注："原载农民运动丛书第七种《农民运动须知》，1926年9月广州出版。"

12. 中国共产党湖南区第六次代表大会宣言（摘录）
——关于农民的最低限度之政治经济要求

1926年10月2日

甲　政治的

一、农民有集会、结社、言论、出版、抗租之自由权；

二、农民有武装自卫之权；

三、制定农民保护法；

四、乡村自治权交乡民会议，自治机关及一切公益机关，均由乡民大会选举人员组织之；

五、铲除剥削压迫农民之贪官污吏、土豪劣绅。积极拥护农民利益；

六、扫除诉讼积弊，严禁差役敲索；

七、由乡民大会选举人员组织乡村公断处，评判乡村中之争执；

八、团防局、保护团、民团局、区董事务所、警察等机关，均不得执行逮捕、审判等司法职权；

九、团防改为县防军，驻扎县城；

十、地方财政绝对公开，管理人员由乡民大会或县民大会选举；

十一、县政府改委员制，由人民选举；

十二、各级农民协会完全统一于省农民协会，各县县农民协会向省政府备案，应由省农民协会转。

乙　经济的

一、减轻租额，佃农所得至少应佔收获百分之五十；

二、严禁增加租额；

三、佃户押金租谷每石至多不得超过二元，并须按照当地普通利息计息，押金外不得有赔租及其他剥削；

四、绝对禁止重利盘剥，限制最高利率，银钱借贷年息不得超过二分，借谷年息不得超过一成，如私自增息以违法论罪；

五、改良雇农待遇，斟酌当地情形，规定雇农工资至少应有的限度；

六、乡村中应有管理食粮之组织，调查当地食粮生产及消费之数目，以限制食粮出境；

七、不得预征钱粮；

八、田赋附加不得超过正粮，并须厘清用途；

九、办理清丈，以累进法征收地亩税；

十、废除苛税杂捐，剔除征收陋规；

十一、扫除厘金积弊，以一种厘金代替多种繁杂之厘金，使商民交纳一次厘金之后不再有二次之纳费；

十二、减轻盐税，废除引岸，取消盐税附加；

十三、一切征收皆按市价计算；

十四、整顿农田水利，培植森林，开辟交通；

十五、清理湖田，以其收入修堤疏河浚湖；

十六、设立机关统一（度）量衡；

十七、蠲免灾区钱粮及欠租；

十八、没收逆产赈灾；

十九、扩充社仓积谷，无利借给贫农；

二十、由政府筹款救济水旱灾；

二十一、举办农村社会救济事业；

二十二、救济贫农荒月饥寒；

二十三、促成农村生产、消费、信用各种合作社；

二十四、规定钱水概以光洋为本位，按时价计算。

丙　教育的

一、普及义务教育，免收学杂费；

二、由县政府拨款办理农民补习教育。

选自人民出版社辑：《第一次国内革命革命战争时期的农民运动》，北京，人民出版社，1953，第322～325页。原注："原载《战士周报》第二十二期，1926年10月31日。"

13. 湖南省第一次农民代表大会关于接受中国共产党湖南区第六次代表大会对于农民目前最低限度要求之主张决议案

1926 年 12 月

共产党为代表工农阶级利益的政党。中国共产党目前是一方面领导中国工农阶级，联合一切被压迫民众共同从事国民革命，反抗帝国主义，求中华民族之解放；一方面为实现工农阶级的利益而奋斗。

最近共产党湖南区第六次代表大会发表对农民目前最低限度要求的主张，本大会认为他们的主张确是依照农民客观的环境及主观的要求决定的，因此本大会对共产党这种主张，完全接受，并训令各级农民协会于最短期间切实遵照执行。

选自人民出版社辑：《第一次国内革命战争时期农民运动》，北京，人民出版社，1953，第 375～376 页。

14. 湖南省第一次农民代表大会关于乡村自治问题决议案

1926 年 12 月

（一）现在乡村自治区域，普通有三级，如长沙之都、团、牌甲；衡阳之都、区、甲；宝庆之区、保、庙；常德之镇、保、甲；慈利之都、团、甲；郴县之区、团、小团；湘潭之都、甲、团皆是。亦有分为二级或四级的。旧有各级自治机关之组织，原是一种封建性质的东西，近则完全成为地主阶级结托军阀、统治乡民之工具。现在省县政治，虽有改变，而他们把持乡政，鱼肉乡民如故。各级自治组织中，尤以高级组织（即接近县之一级）为此辈把持垄断之中心，利用团防，武装拥护其压迫良懦，刑杀无辜，侵蚀公款，勒派税捐之种种特权。其下各级组织，亦多为若辈之爪牙，使境内乡民，尤其是农民，全部受其箝（钳）制。农民视此种机关，谓为"头张衙门"，或谓之为"铁门坎"。此种封建阶级之组织，实帝国主义、军阀之真实的基础。现在的农民运动，就是民主革命势力，向这种封建势力攻击之一种运动，必须此种民主运动，汇合起来，推翻城乡特殊阶级，然后中国之国民革命，才算有相当的成功。

（二）现在乡村中农民的民主运动，已经普遍的起来，封建的特殊阶级基础，因此开始动摇。然这种特殊阶级，犹据其封建的阵线，作最后之挣扎。在这种形势之下，发生所谓"农村纠纷"问题，其实这是由封建秩序到民主秩序之必然的过程。若不经过目前的争斗，则决不能破坏旧的封建秩序，而达到建设新的民主秩序之目的；同时农村经济，亦将长期陷于封建经济状态，而不能达到一个新的发展。

（三）为保障民主运动的胜利，必须发展革命的民权，建设民主的自治。此种民主自治，属于乡村一般民众，封建余孽及一切反革命分子，当然不许其参与。而实现此种民主自治的方式，首在举行乡民会议，建立完备的乡村自治机关。

（四）乡民会议是乡村自治之最高权力机关，其使命在集合乡村各种民众势力，树立民主革命的真实基础，实现乡民之要求，发展农村之经济。乡民会议之组织，在最低级自治区域，当为乡民全体大会，在高级自治区域，当由低级自治区域之乡民全体大会选举之代表组织之。

（五）乡村自治机关，当由乡民会议产生，采委员制。高级机关应举办民食、财政、教育、农事、交通、水利、森林、自卫、救济、公断、调查等事业。以上各种事业，须按照地方情况，酌设专人主任。并在自治委员会下，设立各种事业之委员会，以为讨论之机关。低级机关，则斟酌地方情形，制定其组织。

（六）为实现新自治制，目前应由农民协会，邀集其他革命的民众团体，组织乡村自治筹备机关。

（七）旧有之各级自治机关人员，在新自治制实行以前，应由乡民开会改选，不得仍由劣绅包办。

选自人民出版社编辑：《第一次国内革命战争时期的农民运动资料》，北京，人民出版社，1983，第406～407页。

15. 湖南省第一次农民代表大会关于司法问题决议案

1926年12月

现时法律偏于保护特殊阶级。负债的乡村农民，尤其是佃农与贫农，因法律偏于保护债权及地权，所受痛苦最大。如父债子还、随意易佃等类。农民在此种法律之下，简直没有话说。在习惯上农民简直不能与地主立于平等诉讼地位。即〔使〕有诉讼，亦绝少胜诉之事。司法衙门黑暗已极，从来即有"衙门八字开，有理无钱莫进来"的俗话。至于诉讼手续的繁杂、讼费的苛重、差役的勒索、讼棍的卡骗，使农民畏官过于虎狼、视地主讼棍如恶煞，宁肯受屈，不肯兴讼。此种恶劣情形，急（亟）应改变。大会特决定关于司法问题之要项如下：

（一）民刑法律须全部改订，凡不利于农民的条文，须一律废除。

（二）农民协会有代表会员诉讼之权力。

（三）严禁法官收受地主、债主的贿赂。

（四）严禁讼棍挑拨是非。

（五）严禁差役违法苛索。

（六）取消歇家农民诉讼，由农民协会保证（以会员为限）。

选自人民出版社辑：《第一次国内革命战争时期的农民运动》，北京，人民出版社，1953，第355～356页。

16. 湖南全省总工会第一次代表大会关于
惩办土豪劣绅贪官污吏决议案

1926 年 12 月

土豪劣绅、贪官污吏在昔凭藉（借）残酷的军阀势力，狼狈为奸，无恶不作；现在革命势力虽然普遍了长江，于是一般土豪劣绅、贪官污吏乃变更了他们进攻的方式，专集全力的（地）来破坏我们工人阶级——革命的先锋队。他们一方面公然向我们进攻，如桂阳李容巨率众摧毁工会，扰乱县城秩序，醴陵彭志蕃破坏工会，益阳团防局枪毙工农等案是；而另一方面混入工会肆行破坏，使我们的革命力量分离，如新化、道县等处混入工会胁迫工众、把持会务。所以我们说一般土豪劣绅、贪官污吏仍然不懈地对我们进攻，不过仅将方式改变而已。我们为巩固北伐后防，完成国民革命，保障工农及民众的利益计，非严惩土豪劣绅、贪官污吏不可。现在是他们与我们短兵相接存亡攸关的时候。因此大会有下列决议：

一、审判土豪劣绅之特别法庭，现已由省政府省党部组织，全省总工会应派员参加。各县亦应有此项法庭组织，各县工会亦应派员参加。

二、各地发现土豪劣绅反动最力时，得由各该地总工会，会同公法团、党部及该地政府就地解决之。

三、催省党部迅将惩办土豪劣绅、贪官污吏条例公布。

选自人民出版社辑：《第一次国内革命战争时期的工人运动》，北京，人民出版社，1953，第 366 页。原注："原载《湖南全省总工会第一次代表大会决议案》一九二六年十二月出版"。

17. 湖南省惩治土豪劣绅暂行条例

1927 年 1 月

第一条　凭借政治力量经济力量或其他特殊势力（如团防等），在地方有左列行为之土豪劣绅，依本条例惩治之：

一、反抗革命或阻挠革命者；

二、反抗本党或阻挠本党及本党所领导之民众运动者；

三、勾结逆军盗匪蹂躏地方者；

四、杀害人民，及纵火、决水、强奸、掳掠者；

五、压迫平民因而致人有死伤，或损失者；

六、苛索民财，或假借名义敛财肥己者；

七、擅理民刑诉讼，或包揽讼词，压迫平民者；

八、破坏或阻挠地方公益者；

九、侵蚀公款者。

第二条　犯本条例第一条第一款至第四款之罪者，处死刑、无期徒刑或一等有期徒刑；其犯第一条第三款第四款之罪者，并得没收其财产。

第三条　犯本条例第一条第五款、第七款之罪者，处死刑、无期徒刑或二等以上有期徒刑。

第四条　犯本条例第一条第六款之罪者，处二等以上有期徒刑，并得没收其财产一部或全部。

第五条　犯本条例第一条第八款之罪者，处三等以上有期徒刑。

第六条　犯本条例第一条第九款之罪者，依左列处断：

一、十元以上未满五百元者，处四等或五等有期徒刑或拘役，并科千元以下之罚金；

二、五百元以上未满千元者，处二至四等有期徒刑，并科二千元以下之罚金；

三、千元以上未满三千元者，处一等或二等有期徒刑，并科六千元以下之罚金；

四、三千元以上者，死刑或无期徒刑，并没收其财产。

第七条　犯本条例之罪者，终身剥夺其公权。

第八条　本党党员犯本条例之罪者，加一等处断。

第九条　暂行新刑律总则与本条例不相抵触者，得适用之。

第十条　本条例最高之解释权属于省党部。

第十一条　本条例自省政府公布之日施行。

选自《湖南省志》，第 1 卷-湖南近百年大事记述，第 528 页。

互校版本：长沙《大公报》，1927-01-29，第 6 版。

18. 湖南省审判土豪劣绅特别法庭组织条例

1927 年 1 月 15 日国民党湖南省执行会通过　湖南省政府公布

（长沙特邀通信）湖南省党部昨十五号午前十一时开执委会议提出《湖南省审判土豪劣绅特别法庭组织条例》草案，逐条讨论修改，二读通过，省略三读。共为十二条，即日函送省政府公布施行。录修正条文如下：

第一条　凡犯《湖南省惩治土豪劣绅暂行条例》之罪者，适用本条例所规定之特别法庭审判之。

第二条　犯罪之土豪劣绅，由县组织审判土豪劣绅特别法庭为第一审判，省组织审判土豪劣绅特别法庭为第二审判。

第三条　第一审判后，五日内附具全案，报由第二审复核。

第四条　第二审核准后，交县署执行。但认为有疑义时，应提案复审。

第五条　第一审特别法庭委员会，依左列人员组织之：（一）县长；（二）县市党部联合选举一人；（三）县农民协会、县总工会、县商民协会、县教职员联合会、县学生联会联合选举一人。

第六条　第二审特别法庭委员会，依左列人员组织之：（一）湖南省政府二人；（二）中国国民党湖南省党部二人；（三）湖南省农民协会、省总工会、省教职员联合会、省学生联合会联合选举一人。

第七条　第一审开庭时，由县长主席，第二审开庭时，由各委员互推一人主席。

第八条　特别法庭委员会设常务委员一人，第一审由县长充任，第二审由省政府委员之一员充任。

第九条　各委员会之审判，第一审须委员二人，第二审须委员四人之同意，始得判决之。

第十条　犯罪之土豪劣绅，特由被害地方各级党部各公法团告诉之。

第十一条　本条例之修改权及解释权，属于中国国民党湖南省党部。

第十二条　本条例经湖南省政府公布施行。

选自汉口《民国日报》，1927-01-19，第二张新闻第一页。

19. 湖北省惩治土豪劣绅暂行条例

1927 年 3 月

第一条　凭借政治、经济、门阀身份以及一切封建势力，或其他特殊势力（如凭借团防勾结军匪①）、在地方有左列行为之土豪劣绅，依本条例惩治之：

（一）反抗革命或阻挠革命及作反革命宣传者；

（二）反抗②或阻挠本党及本党所领导之民众运动（如农民运动、工人运动、商民运动、青年运动、妇女运动）者；

（三）勾结军匪，蹂躏地方党部③或党部人员者；

（四）与匪通谋，坐地分赃者；

（五）借故压迫平民，致人于死亡者；

（六）借故压迫平民，致人有伤害或损失者；

（七）包揽④乡间政权，武断乡曲，劣迹昭著者；

（八）欺凌孤弱，强迫婚姻，或聚徒掳掠为婚者；

（九）挑拨民刑诉讼，从中包揽，图骗图诈者；

（十）破坏或阻挠地方公益者；

（十一）侵蚀公款，或假借名义敛财肥己者。

---

①　"铅印本"此处为"土匪"，"油印本"为"军匪"；"草案本"此处也是"军匪"。

②　"铅印本"此处为"反抗"，"油印本"此处为"反对"，"草案本"此处为"反抗"。

③　"铅印本"此处为"蹂躏地方或党部人员者"，"油印本"此处为"蹂躏地方□或党部□"，"草案本"此处为"蹂躏地方或党部及党部人员者"。

④　"铅印本"此处为"向揽乡间政权"，"油印本"此处为"□揽乡间政权"，"草案本"此处为"包揽乡村政权"。（"铅印本"将"包"字误排为"向"。）

第二条　犯本条例第一条一项至五项①之罪者，处死刑或无期徒刑，并得没收其财产。

第三条　犯本条例第一条六项、七项之罪者，处无期徒刑或一等有期徒刑，并得没收其财产。

第四条　犯本条例第一条八项、九项、十项之罪者，处一等有期徒刑或二等有期徒刑，并得没收其财产之一部或全部。

第五条　犯本条例第一条十一项之罪者，依左列处断：

（一）十元以上未满五百元者，处四等或五等有期徒刑，并科千元以下之罚金；

（二）五百元以上未满千元者，处二等至四等有期徒刑，并科二千元以下之罚金；

（三）千元以上未满三千元者，处一等或二等有期徒刑，并科六千元以下之罚金；

（四）三千元以上者，处死刑或无期徒刑，并没收其财产。

第六条　犯本条例之罪者，终身剥夺其公权。

第七条　《暂行新刑律·总则》与本条例不抵触者，得适用之。

第八条　凡触犯本条例各罪，另组湖北省审判土豪劣绅委员会审判，其条例另定之。

第九条　本条例之最高解释权属于中国国民党湖北省党部。

第十条　本条例经湖北省政府公布施行。

编者注：本条例根据以下版本进行校正：（1）《中国国民党第二届中央执行委员会第三次全体会议宣言训令及决议案》，中国国民党中央执行委员会1927年5月铅印出版（以下简称"铅印本"）。该版本有几处错字、丢字。

（2）1927年中央军事委员会总政治部印行的与前者同名文件，内容完全相同。

（3）武昌"毛泽东同志旧居纪念馆"收藏的《湖北省惩治土豪劣绅暂行条例》油印本（以下简称"油印本"），该版本有几处残缺，以□代之。

（4）1927年3月6日汉口《民国日报》登载的《惩治土豪劣绅条例草案》（以下简称"草案本"）。现以"铅印本"和"油印本"为主要依据，互有出入者，参照"草案本"互校注明，见前页的脚注。

另外，长期查不到这一条例的中文版。《第一次国内革命战争时期的农民运动》（人民出版社，1953，第397～399页）转载了日本人田中忠夫编写的对本条例的"图解介绍"，国内曾有多种版本的参考资料转录过这一介绍。但是田中氏的这一"图解介绍"与原文出入很大，错误百出，不宜作为可信的史料加以援引。现将田中氏的"图解介绍"附录于后，编者认为有问题的地方标上顺序号，做一简要说明，以供研究参考。

20．附：田中忠夫对《湖北省惩治土豪劣绅暂行条例》的"图解介绍"

将打倒土豪劣绅委诸农民自不能不有多大的牺牲，所以在湖北自三月二日起施行《惩

---

① "油印本"此处为"一项至五项"，"铅印本"误排为"一项至二项"。

治土豪劣绅暂行条例》了。①据该条例第一条所谓土豪劣绅是：凭藉（借）政治、经济、门阀身份及一切封建势力或其他特殊势力（如勾结团防军匪）在地方有下列行为的人：

（一）反抗革命，或阻挠革命，或作为反革命的宣传者；

（二）反抗或阻挠国民党所领导的民众运动者；

（三）勾结兵匪而蹂躏地方党部或党部人员者；

（四）通匪而坐地分赃者；

（五）藉（借）端压迫平民而致死伤或损害者②；

（六）包揽农村政权侵蚀公款③劣迹昭著者；

（七）欺凌孤弱强迫婚姻或唆嫁孀妇④聚众掳抢者；

（八）挑拨民刑诉讼，从中包揽骗诉者；

（九）破坏或阻挠地方公益者；

（十）侵蚀公款③或假借名义敛财肥己者。

犯上列的罪的由湖北省土豪劣绅审判委员会审判（第八条），农民无直接的审判行判权。如此的土豪劣绅于终身剥夺其公权（第六条）之外根据罪底轻重照下面那么处罚：

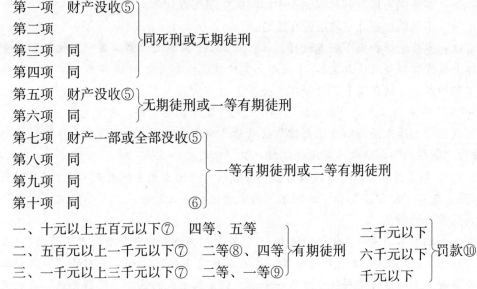

本条例发布后其实施权在农民协会等的掌握中，如此农村的斗争已由政治的而为经济的了；由于土豪劣绅的打倒没收其财产，由于财产的没收打倒大地主。

选自人民出版社辑：《第一次国内革命战争时期的农民运动》，北京，人民出版社，1953，第397～403页。原注："原载《国民革命与农民问题》（日本人田中忠夫编），1930年1月村治月刊社出版，《中国农业经济资料》1934年3月大东书局出版"。

编者注：田中忠夫之"图解介绍"中存在的主要问题有以下10点：

①"自三月二日起施行《惩治土豪劣绅暂行条例》了"。据查，"三月二日"是开会决定成立起草委员会的日子，不是实行条例的日子。据湖北历史文物部门考察，该条例公布日期是"三月十八日"，但尚未查到训令或布告原件，故仍标作"1927年3月"。

②关于条例第一条所列罪名田中氏是以草案为依据，但在定稿时已作修正。如第五项"借端压迫平民而致死伤或损害者"，定稿时分为两项，即第五项"借故压迫平民致人于死亡者"、第六项"借故压迫平民致人有伤害或损失者"，分别轻重规定不同刑罚。

③第一条第六项"图解介绍"是"包揽农村政权侵蚀公款劣迹昭著者"。其中，"侵蚀公款"与第十项中"侵蚀公款"重复，故在定稿时即将前项"侵蚀公款"删除。

④第一条第七项原草案中有"唆嫁孀妇"要处以刑罚，因与婚姻自由原则不符，在定稿时已删除。

以上②③④的错误是源于草案考虑不周，定稿已作删改。"图解介绍"中下列错误完全是田中氏的主观臆断，擅自改动原文。

⑤在"图解介绍"的"刑罚"部分自第一项至第十项都把"没收财产"放在前面，这既不符合条例原文，更违反刑法的常识，颠倒了主刑与从刑的顺序。

⑥"刑罚"第十项的划线不对，错划到与第七、八、九项一起，是不符合原意的。应将第七、八、九项划在一起，将第十项按条例规定注明"依左列处断"即可。

⑦第十项第一、二、三目中关于按贪污款数处刑的规定，对"以上""以下"的用法是不正确的，既违背法律常识，又不符合条例原文。

⑧第十项第二目原文是"处二等至四等有期徒刑"，"图解介绍"却写为"二等、四等有期徒刑"。将"至"字改成顿号，便把三等有期徒刑漏掉。

⑨第十项第三目原文是"千元以上未满三千元者处一等或二等有期徒刑"。"图解介绍"却改成"二等、一等"有期徒刑。可见，脱离了原文，颠倒了轻重刑的次序。

⑩最后的"罚款"应是"罚金"，可能是翻译的问题。

详情参见张希坡：《中华人民共和国刑法史》，北京，中国人民公安大学出版社，1998，第43～50页："田中忠夫'图解介绍'中存在的主要问题"。

人民出版社1983年出版的《第一次国内革命战争时期的农民运动资料》不再收入田中忠夫的"图解介绍。"

21. 湖北省审判土豪劣绅委员会暂行条例

1927 年 3 月

第一条　凡触犯《湖北省惩治土豪劣绅暂行条例》之各罪犯，依下列人员组织之审判委员会审判之：

（一）县，由县党部、县农民协会各选二人，县工会、县商民协会、县妇女协会、县学生联合会各选派一人，会同县长、司法委员，组织审判委员会。开庭时以县长为主席委员。

上举各人民团体有未成立者，其委员从缺。但无县党部及县农民协会之组织者，则不适用本条例。

（二）省，由省党部及省农民协会各选派二人，省商民协会、省总工会、省妇女协会、省学生联合会各选派一人，省政府委派二人，组织审判委员会，开庭时以政府委员一人为主席。

第二条　县、省审判委员会须设常务委员一人，县由县长、省由政府所派委员一人充任之。

第三条　县、省审判委员会得设书记一人，由县、省审判委员会委任之。

第四条　县、省审判委员如有事故不能出席时，得由原机关派人代理。

第五条　县、省审判委员会办事细则，由各该审判委员会自定之。

第六条　县、省审判委员会之公开审判须有过半数委员出席，其审判结果须有过半数出席委员同意，始得判决之。

第七条　不服县审判委员会判决者，得于五日不变期间内，向原审判委员会声请上诉，由原审判委员会录案详请省审判委员会复判之。如逾期不声请上诉者，即照判执行。

第八条　各县土豪劣绅有逃往他县逮捕者，如必要时，交由当地县审判委员会审判之。

第九条　本条例修改权、解释权，属于中国国民党湖北省党部。

第十条　本条例经湖北省政府公布施行。

选自《中国国民党第二届中央执行委员第三次全体会议宣言训令及决议案》，中国国民党中央执行委员会印行，中华民国十六年（1927年）5月出版，第41～42页。

22. 湖北省党部关于各县速设审判土豪劣绅委员会的训令
1927年3月

血光社云：湖北省党部，以土豪劣绅为封建势力基础，若欲建设真正民主政治巩固革命基础，非彻底铲除土豪劣绅实行农村自治不可，乃于日前拟定惩治土豪劣绅条例及审判土豪劣绅委员会条例，现已经中央执行委员会批准，特训令各县速组此项委员会，以便尽法惩治。其原文于下：

为令行事，本会前以各县土豪劣绅异常猖獗，亟应采取非常手段，迅予肃清，不能视同普通罪犯适用普通法律审判。特于第十二次常会议决关于办理土豪劣绅条例，由党部、政府及人民团体各派代表组织省、县审判土豪劣绅委员会。暂行条例各十条，呈奉中央执行委员会第三次全体会议批准施行。除函请政务委员会即予公布，并通令各县长、各司法委员一体遵照办理外，合亟检发原条例，令仰各该党部即便遵照，克日函知各人民团体，选委代表，会同县长及司法委员，赶将县审判委员会组织成立，随时具报备查，是为至要。此令！

湖北省党部

选自汉口《民国日报》，1927-03-22，第二张新闻第二页。

23. 江西省第一次全省农民代表大会会议规则

1927 年 2 月 21 日公布

第一条 本会议主席团五人，由大会推举之。

第二条 本会议秘书处，秉承主席团，办理本会一切会务，其办事细则另定之。

第三条 本会议事日程，由秘书处拟呈主席团核定之。

第四条 凡各代表，须得自县农民协会或县农民协会筹备处或各路办事处 ［之］证明，经审查委员会审查合格、发给出席证者，方有表决权。凡有过半数代表出席，则为正式会议。每一代表有一表决权。

第五条 各种议案，经出席代表过半数之通过，即为决议案。

第六条 凡临时提案，须有三人以上之附议，方得成立议案，由主席交大会讨论。

第七条 讨论某一议案时，每代表发言以三次为限，但每次不得过十分钟。

第八条 代表发言时，须起立报号呼主席，如有两人同时 ［发］言，由主席定其先后。

第九条 议案表决法，由主席临时定之。

第十条 会场秩序由主席维持，如有扰乱秩序者，由主席派人扶出会场，再提交大会惩戒。

第十一条 表决议案，如赞否人数相等时，则取决于主席。

第十二条 会议时间，每日上午九时至十二时，下午二时至五时，但遇必要时主席得延长之。

第十三条 会议时各代表非有要故不得离席。如离席时须经主席特准。

第十四条 省协筹备处执行委员得参加会议，但只有发言权。

第十五条 代表缺席，须向主席团请假；不请假继续三次缺席者，停止 ［其］代表资格。

第十六条 本规则经大会通过后即发生效力。

旁听规则：

一、旁 ［听］者须得各级农民协会或社会团体之介绍；

二、旁听者必须遵守会场规则；

三、旁听者不得有妨碍会场举动；

四、必要时主席团得令旁听者退席。

选自人民出版社编辑：《第一次国内革命战争时期的农民运动资料》，北京，人民出版社，1983，第 584～585 页。原注："原载《江西第一次全省农民代表大会会场日刊》1927 年 2 月 21 日第 1 期第 2 版"。

24. 附：江西省第一次全省农民代表大会代表履历调查表

一、姓名

二、年龄

三、籍贯

四、性别

五、经济地位（农民则填算①多少）

六、职业（是知识分子或工业工人或商人或佃农或雇农或自耕农或半自耕农或小地主）

七、是做内部工作的，抑做实际工作的

八、未做农民运动之前做何种工作

九、家中人口多少

十、受过何种教育

十一、在社会上占何种地位

十二、你是长于演说还是长于做文呢

选自人民出版社编辑：《第一次国内革命战争时期农民运动资料》，北京，人民出版社，1983，第585～586页。

25. 江西省第一次全省农民代表大会组织法
1927年2月21日公布

一、本代表大会以各县出席代表组织之。

二、本大会代表须经代表资格审查委员会审查，认为合格始能出席。

三、本大会预备推举五人，组织主席团。

四、主席团之下设秘书处及各种委员会。

五、秘书处设秘书长一人，指挥下列各股人员工作（其办事细则另定之）。

　　甲，编辑股　设主任一人干事二人。

　　乙，速记股　设主任一人干事二人。

　　丙，文书股　设主任一人干事一人。

　　丁，会计股　设主任一人干事一人。

　　戊，庶务股　设主任一人干事三人。

　　己，招待股　设主任一人干事五人。

---

① 原文如此。

庚，游艺股　设主任一人干事八人。

六、各种委员会内分：

甲，代表资格审查委员会□人。

乙，报告审查委员会五人。

丙，提案审查委员会五人。

丁，宣言起草委员会三人。

戊，决议案起草委员会三人。

己，预算决算审查委员会三人。

七、本代表大会组织系统如下：

……　……

八、除代表资格审查委员会委员、招待股干事由省农民协会筹备处推定人员担任外，其余概由本大会推举之。

九、本大会各股办事人得酌支津贴费。

十、本组织法经省农民协会筹备处常务委员会通过执行。

选自人民出版社编辑：《第一次国内革命战争时期农民运动资料》，北京，人民出版社，1983，第587～588页。原注："原载《江西第一次全省农民代表大会会场日刊》1927年2月21日第1期第2版"。

26. 江西省农民协会组织手续

1927 年 3 月 2 日

一、组织农民协会必须使每个农友明白农民协会的宗旨，及农民协会的利益，故此未着手组织之先，一定要做一番宣传功夫。

二、经过宣传之后，该地农友大致上都明白了，都愿意加入农民协会了，然后召集已经愿入协会的农友，再作进一步的宣传，此时已可同时举出该乡农民协会的筹备员（不限一人）。

三、筹备员举出来之后，将省协会所编的报告表（一）详详细细的（地）看过，再召集各农友一项一项的（地）征求公意，按照表的格式详细填写。填好了即以该乡筹备员的名义将会员名册、会员入会志愿书限在《申请书》之内，报告省农民协会（如该乡之上已有区县协会及办事处成立，即须由区县办事处转呈）。

四、省农民协会接到是项申请书之后，即时加以考虑。如认为不合时，自然不合之处逐点批驳。如此则该乡协会暂时不能成立了。如省协会认为妥洽，即有一《批准成立通知书》寄交该乡协会筹备员。

五、该乡协会筹备员接到省农民协会（或由办事处县区农民协会转至）批准成立通知书，知道该筹备会已经批准，于是择定日期召集该乡全体会员大会选举正式职员。职员选出后，筹备员名义即应取销（消）。选出之职员组织该乡协会执行委员会，以执行委员会名义，将成立大会详情（有式样）报告于省农民协会（有县区协会及办事处者由上级转）并附报告表（二）。

六、省农民协会接到该乡（成立农民协会）报告书及报告表（二）后，如认为章程为□谬之点，即着令修正，或收回以前之批准，取销（消）其成立。如此则该乡会虽然经第一度之批准及已开成立大会，如发觉不妥之处，仍然可以无效也。至省协会认为妥洽，即复有一《颁发旗印通知书》，交县协会，由县协会颁发旗印。

七、旗印颁发之后，该乡协会始得算正式成立。惟成立后，必须遵守本会章程，服从一切决议规例，执行命令，否则仍有改组或解散之虞。

八、该乡接到协会颁发之通知书，即往县协会领旗印，遵章启用，并将启用日期报告省农民协会（有上级者由上级转）备案。

九、区农民协会之组织必须经过一筹备期间，由各乡举出筹备员报告省协会察核，如准予组织，然后由各筹备员召集各乡代表选举职员成立区会。如该处已有县会成立，仍归县会主持，惟事前必须经过省协会之核准。

十、县协会之组织，必定该县行政区已有三个区农会之成立，经省农会之考虑认为有成立县协会之必要，即着各县推选筹备员若干人，由省协会加委，或由省协会直接委定若干人为该县筹备员，设立筹备处。经过至一个月的筹备期间，由省协会指导之下，定期召集该县会员代表选举职员正式成立。

十一、县协会之旗印由省协会颁发。

　　组织农民协会申请书

　　报告表（一）

　　成立农民协会报告书

　　报告表（二）

　　启用旗印报告书（以上五种省农民协会均已印备函索即寄）。

选自人民出版社编辑：《第一次国内革命战争时期的农民运动资料》，北京，人民出版社，1983，第588～590页。原注："原载《江西第一次全省农民代表大会会场日刊》1927年3月2日第10期第3至第4版。"

27. 江西省农民自卫军组织大纲

1927 年 3 月 2 日

江西省第一次全省农民代表大会认为广东省农协会所决定之农民自卫军组织大纲适于实用，故决议采用之。

宗　旨

一、为巩卫农民协会、保护农民利益、防御外来侵略起见，江西农民协会得根据政府第一次宣言，在一定计划之下，组织农民自卫军。

组　织

二、农民自卫军之组织，须依照各级协会而组成各级之农民自卫军。

三、农民自卫军组织的基本单位，为乡农民自卫军。

四、各乡农民自卫军联合组织区农民自卫军，其名称即以该区名名之。

〔说明〕为便利操练起见，凡有六个乡以上之区农民自卫军分为□个以上之区分队，但仍归该区指挥。

五、县农民自卫军，为综合该县各区农民自卫军组织之。

〔说明〕为操练及指挥上便利起见，凡包含八个区农民协会以上之县农民协会，可以按照当地情形组织两个以上之农民自卫军支队。

六、依照农民协会会员人数编制农民自卫军之基本组织，如乡农民自卫军、区农民自卫军及其区分队，县农民自卫军及其支队，其编制形式分为分队、小队、中队及大队、团：

（甲）每十人至十五人成一分队

（乙）每两分队至四分队成一小队

（丙）每两小队至四小队成一中队

（丁）每两中队至四中队成一大队

（戊）每两大队至四大队成一团。

〔说明〕以上编制的形式，必须注意估计农民协会现组织的实情，然后编定。

七、为便利农民协会调遣农民自卫军帮助邻县，或邻区起见，将农民自卫军每个基本组织中分为两组：第一组为农民自卫军警备队，专任留守防卫本乡本区本县；第二组为农民自卫军义勇队，得由各级农民协会调往本县他乡、他区，有必要时且可由省农民协会调往他县。第一组农民自卫军警备队有必要时，亦有作战之义务，但不得调往乡区及他县。为集中全省农民自卫军的工作起见，省农民协会应设立军事部，各县农民自卫军均受其指挥。第二组农民自卫军义勇队的经费由农民协会担任。

训　练

八、第二组农民自卫军义勇队，在平时每星期操练一次，每次以两点钟为限，并须规定操练课程；每月召集全区农民自卫军全体会操两次；战时各乡农民自卫军每星期会操一次，每次三点钟；全区每月一次。第二农民自卫军义勇队四个月全县会操一次，每次以四日为期。

九、各级农民自卫军之指挥者，由各级农民协会执行委员会任命之。

十、各级农民自卫军之指挥者，如该管之队对之大多表示不满意时，可向上级农民协会委员会请求撤换。

十一、各级农民自卫军之指挥者应为各级农民协会执行委员会委员。

十二、各级农民自卫军之下级干部由各级农民自卫军之指挥者直接任命之。

十三、各级农民自卫军队员限于农民协会之会员。

十四、各乡农会会员至少百分之十五的精壮男子须加入农民自卫军警备队，百分之五须加入农民自卫军义勇队。

选自人民出版社编辑：《第一次国内革命战争时期农民运动资料》，北京，人民出版社，1983，第 591～593 页。原注："原载《江西第一次全省农民代表大会会场日刊》1927年 3 月 2 日第 10 期第 3 版"。

28. 江西省第一次全省农民代表大会决议案

1927 年 2 月

（一）惩办土豪劣绅决议草案

土豪劣绅是与农民利益处于绝对相反的地位，是农民唯一的敌人。其有害于农协工作之进行固不待言。因此大会对于惩戒土豪劣绅特决议下列二种办法：

第一，各县农民协会应与县政府、县党部及各民众团体共同组织审判土豪劣绅的特别法庭。

第二，对于省党部现在所组织之审判土豪劣绅特别法庭，省农民协会应联合其他团体要求多推派代表参加。

（原载《江西第一次全省农民代表大会会场日刊》，第 9 期，1927-03-01，第 3 版）

（二）清除县政积弊草案

现在江西的军阀虽被革命军扫除，但是残留下的贪官污吏土豪劣绅仍旧盘据（踞）在各县作祟，一切县政积弊并未曾更改。因此农民所受弊欺的痛苦，还是和从前一样。本大会对于县政中一切积弊要求清除。特议决：

一、农民协会有代替会员诉讼之权，凡属传票，须由该地农民协会代转；

二、请求政府明令严禁钱粮征收局额外浮收；

三、规定衙门法警人数每县最多不得超过三十名，其薪饷由正款开支，不得藉（借）出票下乡敲索农民酒肉及草鞋钱、传票钱等；

四、征校钱粮应由钱粮局于传票上写已收钱数号码，不得藉（借）故再事勒索。

（原载《江西第一次全省农民代表大会会场日刊》，第 9 期，1927-03-01，第 3 版）

（三）促成省民会议草案

国民会议，就是使封建制度的统治权移交由人民自主的唯一方法。本大会根据孙中山先生的遗嘱议决：在最短期间内，省农民协会应邀集各民众团体发起省民会议筹备处，促成省民会议之从速召集，以为国民会议之基础。同时并须训令各级协会做促成县民会议、乡民会议之运动，将一切的政治权力交由革命的民众接收，务使反动派在政治上不能活动以破坏革命。

（原载《江西第一次全省农民代表大会会场日刊》，第 9 期，1927-03-01，第 3～4 版）

（四）取缔高利贷草案

现在江西各县普通的利息虽不算高，然三四分利息的亦复不少，有的竟高至七分、八分。尤其是到青黄不接或银根紧急之时，一般大地主及拥有资财的富翁提高利息到一倍以上。如象（像）印子钱，加一老利，借新谷等以图厚利。贫苦的农民因此债台高筑，拖累重重、典当器物、变卖家产、卖妻鬻子、逃走自杀者，不可胜计。我们为救济农友起见，一致决议：自民国十六年起，根据中国国民党最近联席会议〔禁止重利盘剥最高利率年利不得（超）过百分之二十〕之决议案，实行减息，取消息与租，并根据中国国民党江西第三次全省代表大会决议案，废除父债子偿制度。

（原载《江西第一次全省农民代表大会会场日刊》，1927-02-27，第 4 版）

（五）农村妇女问题草案

中国的妇女在封建社会之下受礼教纲常名分种种束缚，围困在重重压迫的地狱中。在法律上、政治上、经济上、教育上、社会上以及一切的权利尽被剥夺，尤以农村中的妇女更甚。他们每日在家道中除牛马般的炊爨、抚养儿女、料理家务以及一切繁（烦）琐事外，有许多的地方还要去打柴耕种，与男子操同等的工作。可是他们所享的权利连家政亦不敢过问，这种现象乃是在今日封建社会〔农业经济下的结果，不然农村妇女要（是）得到解放〕，必定要使现在的农业经济得到一个新的进展。本大会为使妇女得到解放起见，除督促政府实行中国国民党对于妇女的议决案外，更提出下列的几个具体的办法：

一、极力宣传农村中的妇女，使他们加入农民协会；

二、各级农民协会设立妇女部，以领导他们参加乡村中政治的、经济的各种斗争，引起他们要求本身的解放；

三、农民协会所办的学校应收纳妇女；

四、女工与男工操同样工作时，应得相等的工资；

五、严禁虐待童养媳妇，及溺毙女孩、穿耳、包脚等；

六、婚姻须得女子之同意，反对卖买制度，取消聘金制；

七、再婚妇在社会上须一律待遇，不得蔑视；

八、凡会员均不得虐待其妻子。

（原载《江西第一次全省农民代表大会会场日刊》，第 7 期，1927-02-27，第 4 版）

（六）改良雇农生活决议案

雇农自己得不到土地耕种，而售其劳力于他人，所以他们的痛苦比任何农民都更深切。他们每日的工作自早至晚至少要做十四、五小时以上，遇到假期又没有休息。而所得工资，除自己差足温饱外，丝毫不能赡养家室。本大会为使雇农减少痛苦起见，议决：

一、雇农每日工作时间不得超过十小时以上；

二、雇农工资按照各地方情形酌量增加；

三、凡在假期以及各种纪念日应照例休息，工资仍照发；

四、雇农如因有病疾时，药资应由东主供给，且在疾病时期中不得扣除工资；

五、东主不得无故辞退雇农，如有特别原因亦必须得农民协会之同意。

（原载《江西第一次全省农民代表大会会场日刊》，第 8 期，1927-02-28，第 3 版）

（七）合作社草案

农民散居在各乡村间，他们购买日常用物及卖售农产品必须到城市中去，不特受商人之垄断盘剥，而且耗费时日；又因缺乏资本，必须向地主富翁告贷，受他们的高利榨取。合作社是一种经济组织，对于上说各种弊害均可使之免除。如组织贩卖合作社及消费合作社，确能收集零售农产品，直接运往市场上贩卖，免去奸商垄断物价之损失，直接由市场上购回货物到乡间去廉价卖给于农民，不被商人赚去钱。又如信用合作社，农民确能用微小的利息借得资本，不致被地主富翁高利之盘剥。本大会为使农民减少受经济压迫之痛苦议决：对于各种合作社应极力对各农友宣传，使每个农友都能明白合作社的利益，热心去提倡实行，一方将地方积□及□款，请求政府拨给农民协会作各种合作社之基金。

（原载《江西第一次全省农民代表大会会场日刊》，第 9 期，1927-03-01，第 4 版）

（八）减轻田租议决案

现在各地租率虽没有一个精确的统计，但被地主剥削夺去的至少在一半以上。农友一年牛马一般的（地）工作，连粗衣淡饭也不得温饱。本大会为提高农友生活及减少农友痛苦，议决：

一、自民国十六年起，依照中国国民党联席会议决议案，一律减轻佃农佃租百分之二十五；

二、水旱虫灾等荒年概行免付田租；

三、佃农除依规定租额还租外，对于地主一切陋规，如押租、预租及供给酒肉等苛例一概废除；

四、地主不得任意收回佃农田地，如有特别原因亦必须得农民协会的同意。

（原载《江西第一次全省农民代表大会会场日刊》，第 9 期，1927-03-01，第 4 版）

（九）开垦荒地荒山决议案

各地官荒、荒山、荒州、野塘及荒地等，应归农民协会接收，分配于无地贫农开垦。如有业主管理者，限其在半年以内开垦，否则农民协会得派人收管开垦之。

（原载《江西第一次全省农民代表大会会场日刊》，第 9 期，1927-03-01，第 4 版）

（十）严禁烟赌决议草案

自北洋军阀包烟贩土聚赌包标之结果，以致社会上烟馆赌厂（场）触目皆是。农民因此而倾家荡产，流为匪盗者，实不知凡几。一方面因许多的农民沉醉于烟赌，无形中减少了农村的生产；又一方面更促成农民迅速的（地）破产，增加了失业流氓，以扰乱社会安宁。大会对此特决议请求省政府通令各县切实的（地）严禁烟赌，并规定具体办法，严厉执行：

一、准各农民协会直接捉拿烟赌犯，送各该处行政机关究办；

二、督促政府从速制定处罚烟赌犯条例颁布施行；

三、限期禁绝全省烟赌，违期科以重罚。

（原载《江西第一次全省农民代表大会会场日刊》，第 9 期，1927-03-01，第 3 版）

以上 10 个草案均选自人民出版社编辑：《第一次国内革命战争时期农民运动资料》，北京，人民出版社，1983，第 571～580 页。

29. 广西省农民部工作报告（选录）

1927 年 3 月

前引

广西农民运动在一年来颇有进展，所以能有现在农运的材料拿来报告。

第一，因为农民有自谋解放之要求。

第二，是受了广东农运的影响。

有许多人说："广西自耕农多没有多大痛苦"，似乎需要农民运动不是迫切。甚至说：

"可以不用甚（什）么农民运动，以扰乱秩序"。他们的意思以为现在是党政府，农民的利益可以由政府给他，这是很错误的观念。至于说到农民的痛苦，其实不亚于他省。

（一）他们在政治上过去有历年之陈、陆、沈、唐①大小军阀拉夫勒饷、流离死亡，现在的有小部分之军队及县长绅士民团明的或暗的尽量剥削，东兰、桂平、平南、怀集等处都很明显的（地）表现出来。

（二）在经济上，南宁、田南、镇南②一带自耕农多，苍梧一带佃农多，桂林、柳江一带佃农与自耕农约莫参半，除苍梧方面及桂林、柳江一部是耕者没其田，纳租已成了重大问题外，尚有下面感受很普遍的痛苦：

（1）外资之侵入，龙州与梧州两个漏卮（厄），倘若切实调查，当有一个可惊的数目。

（2）土地分配的不足，有很多的荒地，农民为能力所限，不能设法垦植。

（3）农民借贷多在每月息三分以上，青黄不接之际，唯有借贷谷花，每百斤大率须偿百五十斤至二百斤之谱，至通常借贷，佃农、雇农竟是没有资格。

（4）农民粮食常起恐慌，近因工业品侵入，付（副）业日暂减杀。

（5）农产品价格低落，农家收入很浅。

（6）用旧制耕种，肥料、技术都不敌新法，致土地日削。

（7）水旱、兵灾、病害、虫害，几乎循环不息。

（8）地方上附加税及各种杂捐没有统一与限制，给农民负担颇重。

广西农民有了上面的痛苦，那（哪）能不找一个出路？他们在没有觉悟组织起来，他们只有：

（一）努力于别业。

（二）借债及典当。

（三）节省家庭生活费。

（四）卖妻鬻子溺女。

（五）死亡等路。

自从广东农民运动发展以来，由西江、苍梧、桂平而南宁、田南都受了农潮的波动，以一年以来这个初期农运，没有具体的策略，没有健全的指导机关，经费亦形缺乏，现时各地尚没有严密的调查系统详细的数目报告前来，这都是遗给本报告的缺憾。

兹将报告目次列左：

一、本部之组织及工作概要

二、农民运动讲习所

三、各道办事处及各县特派员

四、各地农协会之组织

五、农运被摧残事件

六、东兰惨案之经过

---

① 原注：陈、陆、沈、唐，分别是指广东军阀陈炯明，桂系军阀陆荣廷、沈鸿英，云南军阀唐继尧。

② 原注：南宁道包括武鸣、马山、邕宁及南宁东部各县；田南道包括右江各县和东兰、凤山一带；镇南道包括左江流域各县。

七、反动分子之破坏农运

第一章　本部之组织及工作概要

1. 去年二月间，广西省执行委员会成立，在省执行委员会下，设立本部。成立时部内职员如下：

部长一人，秘书一人，干事一人，录事一人。

2. 现因部务日繁，干事增加三人，又助理员五人。

3. 现时负责同志如下：

部长俞作柏，秘书张胆，干事宁培瑛①、黄同仇、陈洲，助理员莫亮贤、古尚奎、刘第中、宋英、赵明德，录事潘光宇。

（甲）组织省农民协会筹备委员会。

本部在初成立时，为襄助组织农民协会起见，曾组织一个省农民协会筹备委员会。

此委员会成立数月觉无甚成绩，且进行诸多不便，至七月即由省执行委员会决议取销（消）。

（乙）组织各县农民协会筹备处

省农民协会筹备委员会成立之后，并就各县组织农民协会筹备处，由各县党部推举委员五人或七人组织之，其职责为主持各该县之农民运动；后又将筹备处改为办事处，作为农民运动之辅助机关。

（丙）委派农民运动名誉委员

本部最初进行农民运动，以农民散处田间，非得各地方与农民接近素有声望者多辈赞助农运工作，恐不免惹起种种惊疑，故选委各地有声誉之人士，每县三人以上，为农民运动名誉委员，以为农民运动之助，此为农运中这一种方策。计前后共委出此种名誉委员百余人，后因无大成绩，有时反为农民运动之障碍，亦经取销（消）。

（丁）制定农仓组织纲要

本部为农民预防水旱天灾计，制定农仓组织纲要，条目经省执行委员会通过、宣传后，亦有效法设立者，但成效尚未有若何之表现。

（戊）制定买卖合作社组织纲要

此纲要亦经省执行委员会通过执行，内容太简略，非科学的组织，不敷计划之初衷。

（己）编辑农民运动丛刊

为求本党主张、政纲及农民运动的方案、农民协会章程及组织手续等，得大多数之了解同情及遵照起见，本部特将本党及党政、政府的重要宣言及农民协会章程、各种组织纲要及革命同志对于农民运动的言论编辑一册，定名为农民运动丛刊第一期，共印二万册，于七月底出版，第二期内容略有增减，共印二万册，现在印刷中。

（庚）组织全省农民运动委员会

省农民协会筹备委员会取消后，本部为求农民运动之辅助机关，特组织全省农民运动委员会，惟此会计划、组织大纲虽制定，终因别种关系，未能实行设立。

（辛）编印农民补习所课本

---

① 原注：张胆、宁培瑛是中共党员，"四·一二"时被捕牺牲。

课本制定后，并由省执行委员会组织审查委员会加以审定。课本内容，第一册三十课，第二册十二课，第三册十七课，第四册十课，第五册十课。理论空泛又欠兴趣，对于乡间农民似不适合，但己（已）费一番功夫也。此课本制定后，己（已）印二千部，分发各地乡农民协会及平民学校。

（壬）制定农民运动第一步实施方案

六月间会（曾）制定省农民运动第一步实施方案内容如下：

（一）为谋全省农民运动使之尽量发展及为有秩序、有纪律的纯粹健全起见，将广西六道，除南宁道直接由省农民部指挥外，其余各道各设办事处一所，以便指导各县农民运动的进行。

（二）为考虑经济、人才问题，各道办事处不能同时设立，先择其压迫较甚地方，而在政治、军事上较为重要之区及农民运动已有根底之苍梧、田南二道，先行设立，其余即斟酌各道需要之缓急，而依次设立之。

（三）调查全省农民状况。

（四）编定农民运动宣传大纲

（五）出版关于农民运动之各种刊物。

（六）编定农民补习课本。

（七）编制农民歌曲。

（八）组织农村教育委员会计划，及设施关于农村教育事宜。

（九）农民协会成立之地方，应先设立下列各种教育机关：

（1）设立农民训练班，以养成农会骨干人才。

（2）设立农民夜学及冬期学校。

（3）设立农村书报社。

（十）组织农村巡回演讲团。

（癸）组织南宁市郊农民运动委员会

南宁近郊农村与省农民部近在咫尺，直接进行以为试验模范区域，委员会委员四十余人，初分头下乡宣传颇著成效，后委员多因事离南宁，现已停顿，惟市郊农民协会则已依照组织大纲成立矣。

（子）组织北伐义勇队

去年十月间在北伐的紧张时期，前方军队之补充需要孔亟，本部曾于此时协同北伐后援会进行农民北伐义勇队的组织此种组织。系在农民协会会员中征求愿意之份子合成，以第一届农民运动讲习所毕业学生数十人，派为北伐义勇队特派员，并制定宣传大纲，本年一月十五日通令取消。

（丑）各种宣传品之印发

本部宣传品除农民运动丛刊，尚有数种，分述于下：

（1）寓意画，一次共五种，计五千份。

（2）传单，共二十一次，二十四种，计四万余份。

（3）标语，一次共十三种，计七千份。

（4）农民协会之利益，共三万八千份。

（5）农民协会组织手续，共一万一千份。

（6）苏俄农民状况（此为俄顾问达而汉洛夫在农民运动讲习所之讲演词），印发二次，共二万册。

（7）北伐义勇队宣传大纲，共四万份。

（8）农运消息（无定期刊），每期二页或四页，印一千份，已出版四期。

第二章　农民运动讲习所

本省农民运动之人才，只有在中央农所毕业者数人，实不能担负全省农民运动之工作，故在省党部筹备处成立后，即有筹设农民运动讲习所之拟议。省党部成立本部设置后，首即进行筹设农民讲习所之工作，五月间第一届开学，现已办至第二届，兹将两届办理之经过分述如下：

一、第一届农民运动讲习所

（1）章程

第一条：本所定名为中国国民党省立广西农民运动讲习所，直隶于广西省党部执行委员会，设所长一人，教务主任一人，教职员若干人，由所长酌定聘请。

第二条：本所以养成农民运动及组织各级农民协会之人才，以期改进农民生活为宗旨。

第三条：本所分期招生，第一期一百三十名，共一班。就南宁道属各县分配名额：邕宁县三十名、横县十六名、永淳县十名、扶南县十名、隆安县十名、绥渌县六名、武鸣县十名、宾阳县十二名、隆山县五名、都安县五名、那马县五名、果德县五名、上林县六名。由各县党部按照资格按区党部分配名额，加倍选送，本所复试，以备甄录，如不足额由本所直接考取。

第四条：入学者须四十岁以下，二十岁以上，并具备下列资格：

1. 中国国民党党员；

2. 高级小学以上毕业，或有相当程度之农民；

3. 确实热心且确能长作农民运动者，入所后并须具志愿书。

第五条：修业期间定为六个月。

第六条：本所设寄宿舍，不收膳宿费及学费、堂费、讲义等费。

第七条：所修科目如下：1）孙文主义；2）本党史略及党章党纲之释义；3）帝国主义侵略史；4）国民革命运动史；5）对农民运动方法；6）中国农民现况及工人现况；7）现代经济组织；8）现代政治概要；9）社会学概要；10）农民团体之实状及农民改良；11）农业常识；12）临时演讲及演讲实习；13）军事训练。

第八条：毕业后试验及格由本所发给毕业证书，并由省党部派回原地组织农民协会，及协助各地农民运动之进行。

（2）招生开学及毕业

①三月一日开始招生，投考者共二百四十五人，录取者一百四十人。

②三月二十四日开学。

③十一月一日毕业，毕业学生共一百一十九人。

二、第二届农民运动讲习所

第一届学生毕业后，继续办第二届，并预定将学额扩充增设一班，共两班。入学试验之结果，不能照原定学力取录，特分为正班、补习班两班。

（甲）招生及开学

①十一月二日通函各县知事、各县党部选送学生二名至七名，于十一月十二日以前到邕复试。

②十一月二十九日举行第一次复试。

③十二月三日举行第二次复试。

④以后随到随试。

⑤学生的分配：

怀集二名、信都一名、武宣二名、北流四名、玉林五名、桂平四名、兴业一名、藤县六名、岑溪五名、陆川九名、容县十一名、贵县八名、博白三名、平南五名、苍梧八名。

以上苍梧道

荔浦五名、贺县三名、永福二名、修仁六名、义宁一名、桂林五名、蒙山九名、灌阳六名、全县六名、平乐五名、兴安七名、古化五名。

以上桂林道

榴江四名、融县一名、河池三名、柳城二名。

以上柳江道

靖西八名、万承二名、镇边一名、崇善四名、镇结六名、养利七名、凭祥四名、左县二名、龙州七名、同正一名、龙茗七名、太平州二名。

以上镇南道

凤山十三名、向都六名、西隆四名、凌云十一名、恩隆十一名、东兰七名、奉议八名。

以上田南道

另贵州省一名。

男生二百三十一名、女生九名。

（乙）政治训练

（1）学科及钟点

科目	钟点
农民运动	八〇
三民主义	三六
帝国主义	三六
社会主义	二四
各国革命史	二〇
工人运动	二〇
社会科学概论	三六
中国民族革命史	二四
经济常识	一八
统计常识	八
苏俄状况	一二
中国国民革命运动史略	八
党史	一六
政治状况	二〇
农业常识	一八
组织	一〇
法律常识	一八

（2）校内实习

1）演讲

2）讨论

（3）校外实习

1）出队演讲

2）参加群众大会

3）参加农会开会

4）实施组织农民协会

（丙）军事训练

（1）学科

1）操点十八小时

2）野外勤务十五小时

3）陆军礼节四小时

4）射击教范五小时

5）军队内务四小时

6）惩罚令二小时

（2）术科

A. 制式教练

1）集合解散

2）各个教练

3）连之准备教练（班）

4）连之准备教练（排）

5）连教练

B. 敬礼演习

C. 体操

D. 距离测量

E. 野外演习

1）准备演习

2）各个教练

3）警戒勤务

4）战斗教练

F. 行军

G. 夜间演习

…… ……

选自《左右江革命根据地资料选辑》，北京，人民出版社，1984，第147～158页。原注："原载《中国国民党广西第二次代表大会日刊》"。

30. 长沙市关于近郊农民决议案

1927 年 3 月 21 日长沙市第一次代表大会通过

国民革命的中心问题是农民问题。湖南省会近郊农民，在整个国民革命前进的过程中，农民问题的解决，虽然必须在全国及全省农民问题解决之下，但是省会近郊农民生活的痛苦，及农民关于要求解决其痛苦的急迫，需要本大会亦必须与（予）以相当的解决，兹特议决于下：

（一）禁止土豪劣绅反动派参加政治。

（二）近郊农民关于本身之自卫，及保障革命基础，必须组织农民自卫军。自卫军之枪支，请政府从速发给，自卫军之经费，由市政府确定并供给之。

（三）农民缺乏土地实为农民中的严重问题。虽然土地问题之根本解决，要在全国及全省对于土地问题解决之下。但是此时必须实行没收的反动派及土豪劣绅的土［地］及近郊荒地，交给无地耕种的农民。将近郊的土地作一个整个的丈量，废除一切浮租。而目前急须（需）执行的，就是减租额百分之二十五，每担租谷押金不得超过二元，增加雇农工资百分之三十。

（四）农民缺乏资本，对于购办种子、肥料、农具等，无处借贷，致为高利借贷者所盘剥。本市极宜开办市银行，农民得以低息向银行借贷。

（五）近郊农民教育宜特别注重农民补习教育——每一乡至少一校，为农妇就学，时间上之便利。于补习学校，男女兼收外，并宜单设农妇补习半日学校，农村讲习所宜即开始设立，由党部及农协市政府轮流派人出席讲演，又标语及画报等宜设法普遍张贴于农村。

（六）近郊农民的粮食，市政府应设法统筹并供给之。

（七）农村妇女有集会结社言论等等自由之权。

（八）为谋农民正当之娱乐，即须创设农民俱乐部。

湖南长沙市民第一次代表大会

民国十六年三月二十一日

选自《湖南民报》，1927-05-21。

31. 平江县农民协会布告

1927 年 4 月

为布告事案奉：

湖南省农民协会省字第六四二号训令开为令行事：查各县洗会运动的报告，竟是纷至沓来，甚至有借政府的势力来打击失业农民的。这真是想要革命，却开倒车，并且不知不觉的（地）中了反动派的圈套了。查湖南的失业农民起来在湖南的农运中实在是最勇敢的先锋队。他们猛烈的（地）向压迫阶级进攻，如戴高帽子、游团、罚钱、罚酒饭、殴打、清算账目等事，这完全是革命的行动。在这些行动中间，的确把乡村的封建阶级动摇了。我们从经验中可以知道，若是没有这些行动，乡村的封建势力是不会推翻的，乡村的民主政治就没有方法实现了。所以农运和平的地方，封建阶级必鼓其最后的余威，向农民猛烈的（地）进攻。如益阳、湘阴等处皆是。农民向封建阶级进攻猛烈的地方，农民的组织愈好，农协中建设的工作也就愈多。如浏阳、湘潭等处皆是。凡此种种便可以证明失业农民是农运中最勇敢的不可少的先锋队。因为他们的生活过于困苦，在社会上已到了落伍的地位，早已有革命的需要。就是在没有农运的时候，也间有反抗封建阶级的行动。所以农运起来，自然反抗封建阶级不遗余力了。现在封建阶级已起了极大的恐怖，四处宣传说湖南农运是"惰农运动"，是一些"流氓地痞"干的。并且以农运足以减少税收来挑拨政府；以农运足以阻滞军饷来挑拨军队；以农运非国民革命来挑拨国民党。希图政府、军队和国民党对农运发生恶感。把一般失业农民镇压下去，他们好有反抗和破坏的〔余〕地。前左社所拟的农运计划便是个很好的例子。他们所说"暴动纠纷"自然是指农民进攻封建阶级的一切行动了。他们所说"流氓地痞"自然是指最革命的一般失业农民了。失业农民既居落伍的地位自然有流于坠落的行动。封建阶级便加以"流氓地痞"的名词。所以"流氓地痞"四字纯粹是封建阶级骂人的口吻。我们根本不承认有此等名词存在。但是失业农民在过去农运中也有不免左稚行动的毛病，这不过是关于农协纪律和训练的问题。若我们竟行使洗会运动，那末（么）不是中了他们的圈套吗？现在本会特规定关于农协办法七条于左：

（一）不得以政治势力打击失业农民；

（二）区乡协会失业农民可当选执委；

（三）要注意农民的政治和教育训练，使他们了解现在的环境，及对小资产阶级的联合战线，停止他们对一般小资产阶级的进攻；

（四）严整"会的纪律"，免除群众自由行动和左稚行动；

（五）罚款游团等事，如豪劣罪有应得，不能强抑农民对封建阶级的革命行动；

（六）各地土豪劣绅如向农民进攻，须决绝地对他们施以打击；

（七）土豪劣绅还没有推翻的地方，农民仍须起来作推翻封建努力的斗争。

以上七条，仰该会迅即遵照办理，并即更正省字第二十六号训令中不适当之各点。所有办理情形仍着随时具报为要。此令！等因奉此，除分令外，合行布告。此布！

执行委员会常务委员

余本健　徐礼钧

中华民国十六年四月□日

选自人民出版社辑：《第一次国内革命战争时期的农民运动》，北京，人民出版社，1953，第268页。

32. 中国共产党第五次全国代表大会决议案
——"国民革命中的农民政纲"七条

1927 年 5 月

土地问题决议案——国民革命中的农民政纲

按照上面的分析农民运动客观的条件与主观的力量，都已经可以知道。中国共产党第五次大会决议，在目前的革命阶段中，为农民问题之解决，须要以下的策略：

（一）没收一切所谓公有的田地以及祠堂、学校、寺庙、外国教堂及农业公司的土地，交诸耕种的农民，此等没收的土地之管理应付诸土地委员会。此等土地的管理形式是否采用公有制度，或分配于耕种者的农民，皆由土地委员会决定之。

（二）（甲）无代价地没收地主租与农民的土地，经过土地委员会，将此等土地交诸耕种的农民。（乙）属于小地主的土地不没收。（丙）革命军人现时已有的土地可不没收。（丁）革命军士兵中没有土地者，于革命战役完终后可领得土地耕种。

（三）耕种已没收的土地之农民，除缴纳累进的地税于政府外，不纳任何杂税。未没收的土地之租率，应减至于累进的田税相当的程度。耕种未没收的土地之农民，只缴纳确定的佃租，不纳其他杂税，并永久享有租佃权。

（四）取消地主绅士所有的一切政权及权利。建立农民的乡村自治政府，对农村各被压迫阶级所组织的乡民会议负责。农民协会并当参加民权的县政府之创造。

（五）解除乡村中反动势力的武装组织，农民自卫军保障自治政府及革命的胜利。

（六）建立国家农业银行，及农民的消费、生产、信用合作社，改良水利。

（七）取消重利债务的利息。限制重利盘剥，规定最高限度的利率。

选自中央档案馆编：《中共中央文件选集》，第 3 册，北京，中共中央党校出版社，1983，第 54～55 页。

33. 中华全国农民协会对湘鄂赣三省农协重要训令（选录）

1927 年 5 月

中国人口百分之八十以上皆为农民，其受政治经济的压迫与剥削最为酷烈（田租苛捐之负担往往占具收获百分之六十五以上），所以他们的革命要求也最为迫切。过去的事实已经充分证明：农民因求解除剥削而热烈参加革命成为国民革命的主力军。农民协会的职任，即在领导此主力军以完成农民的解放，亦即国民革命的成功。因为国民革命的意义在于打倒帝国主义及封建势力的统治，以建立民主政权。欲达到此目的，客观上最后必须实现耕者有其田，始能推翻帝国主义剥削中国乡村的经济基础，及军阀政治基础，而解放全中国民众，使中国经济之生产力及工商业得有自由充分发展之可能。

　　自从民国十三年国民党改组确定扶助农工之政策以后，国民党及国民政府历次之训令、议决案及宣言对于此种政策屡经厘定，承认农民减租及乡村自治的主张，更日见其具体化。因此全国农民，尤其是湘鄂赣等省的农民，尽力拥护国民党及国民政府，与一切反革命势力作战，革命势力乃得由珠江流域发展到长江流域，更将发展到黄河流域，及中国全部。国民革命势力的发展，湘鄂诸省农民获得相当的自由，更认识打倒军阀不仅在打倒拥兵自卫、勾结帝国主义、压迫民众之个人，而在根本消灭军阀之基础——农村的土豪劣绅。农村之土豪劣绅在一乡之中，不管小军阀其常为大军阀之爪牙，尤为人所共晓。故当国民革命军与吴赵军阀搏战于沙场之际，亦即农民与豪绅搏战于乡村之时。农民之向土豪劣绅猛烈攻击，实所以尽其国民革命主力之主要任务。土豪劣绅深知此种争斗为其生死关头，亦即用尽各种残忍手段竭力反抗。于是各省农民之鲜血，不（布）满溅于土豪劣绅之手。农民欲求自存，欲求保障国民政府所付与（赋予）之自由，乃迫不得已用革命的方法回答土豪劣绅的反攻，此实为农民解放运动初步的必要手段，亦即国民政府实行初步民权之必要手段。此与国民革命军在革命战争时的军事紧急行动相同，实属无可非难。

　　革命势力愈发展，革命与反革命的斗争愈激烈，帝国主义新旧军阀等更尽力扶植土豪劣绅以摧残农民运动。农民方面反因未能即时得到国民政府之强有力的帮助而受残酷的袭击。加以蒋介石及土豪劣绅等挑拨离间，造谣中伤无所不用其极，遂愈益激起农民的忿（愤）怒，使其不能不采取更激烈的手段，以谋反抗而图自存。同时过去的斗争只是限于一个地方，未与全中国的革命过程发生密切的关系，所以革命战钱（线）大形纷扰。国民政府及国民革命军过去未及时实行对于农民的宣言、决议，使每个农民皆知政府和革命军实际代表农民利益而奋斗。因此在国民政府保护军人财产之命令未颁布以前，少数农民的行动有时不免侵犯革命军人之利益。蒋介石辈及土豪劣绅更乘时造谣挑拨离间，或且故为右倾之煸（煽）动，随又抵（诋）毁农民运动。原军事式之紧急战斗行动至革命势力确有优势之时，理应开始新的建设时期农民运动，亦是如此，否则长此以往，反将障碍农民运动的发展，而被反动派所利用，以危害革命的联合战线之巩固。

　　中国农民运动到了现在，已有相当的发展，尤其湖南湖北必须采用新政策始能适合新环境。此新政策首要的即为继续发展农协组织，及创设区乡县的自治机关，建立区乡县的民主政府。以乡而论，此种民主政府虽以大多数农民为中心，其他中等阶级小地主、中小商人、知识分子及一切非土豪劣绅非反革命派的群众，均得充分参加乡民会议及乡村政府，余则可以类推。

　　此种乡村民主自治机关建设之过程中，第一，必须严厉对付一切反革命派及其挑拨离间政策。各使农民政权可以完全由此种机关行使，举凡逮捕罚款等事，均由此各真正能够代表大多数人民利益的自治机关建立司法机关，按照国民政府的法令办理。第二，关于小地主及革命军官的家属——至多也不过是小地主在经济上应与农民一致获得解放，在政治上与农民同立于打倒反革命之战线，自然他们理应赞助农民之建设民主政权，所以农民协会应当指导农民力求与之合作，而乡村自治机关对之更能切实保护。第三，乡村民主自治机关之成立，为唤起农民保障已得的革命胜利之有效方法。因为一方面可以由此种自治机关在国民政府指挥之下，继续与土豪劣绅斗争，并辖治压迫剥削农民之土豪劣绅，使不得逞其凶残。他方面则此种乡村自治机关，既在国民政府机关系统之下，必可以使国民政府得到更深厚更广大的社会基础。第四，欲农民民主政权之确立，必须解除土豪劣绅之武装，武装农民群众，统一其指挥，以保卫其利益。而乡村自治机关之建立，更可以使农民自卫军成为国民政府所承认所管辖之保护村间治安的唯一武装势力，其他民团团防等组织均不应任其存在。第五，改良贫农生计，为乡村自治机关成立后之主要任务。自乡村自治机关至国民政府均须竭其全力以求得此项问题之解决。其具体办法为设立农民协作社及农民银行，无土地者及土地少者，设法使之得有生计与（予）以田地，并使农民得到资本及工具，以冲破反革命派的经济封锁，振兴农村生产。关于设收土豪劣绅及大地主之土地的规定则须遵照国民政府政策执行。第六，食米问题。从前因为设（没）有良好的办法，又有奸商土豪从中操纵，农民为保障自己不致饥饿起见，往往不得不阻谷出境。今后则须由乡村自治机关解决，或由乡村生产合作社，消费合作社共同解决。因为此等机关对于乡村的需要容易精详计算。对于革命军之军米尤须尽量供给。并可在不妨害民食的范围内，尽可能的（地）使谷米流通，以活动乡村之金融，购买必须（需）的物品。第七，在乡村自治政府成立后，尤须切实施行佃农雇农保护法，以保障佃农雇农之生活。

要使这些工作完全实现出来，在目前必须严密农民协会的组织，整肃农民运动的步骤，使地方农民运动与全国革命过程合而为一，巩固革命的联合战线，造成整个的打倒帝国主义及一切反动势力之森严的革命壁垒，以保障已得的革命胜利，力求耕地农有之实现，而达到解放全国中国民众的目的。不然革命初期农民运动的原始现象如果继续下去，则农民已得的胜利不惟不能保障，而且有被反动派利用而摧毁之可能，或将因而大受挫折。

上述各事，关于农民运动的前途至为重大，为此训令该省农民协会切实遵照办理，并录令通告各县区乡各处，使农民群众彻底了解目前的新政策，以便努力工作。并将执行情形具报本会是为至要！此令。

中华全国农协临时执行委员会常务委员

谭延闿、谭平山、邓演达、毛泽东、陆沉

选自汉口《民国日报》，1927-05-30，第一张新闻第一、二页。

34. 中华全国农民协会临时执行委员会
"临字第四号"训令

1927年6月13日

为令遵事。农民运动过去因为发展甚速，组织未能健全，加以土豪劣绅猛力反攻，遂使乡村斗争日趋急剧；上级机关之指导偶有不周，即不免发生无组织之行动。已经本会临字第一号训令及第二号训令，明令各级农民协会极力纠正，务使各地农民俱在农民协会指挥之下，有组织有计划的（地）继续与一切土豪劣绅反动封建势力斗争，以尽我农民在革命过程中推翻帝国主义剥削中国乡村的经济基础，及军阀统治的政治基础之职责；并指出各地农民目前的斗争目标，应为建立乡村自治而奋斗。现据各方报告，在湘、鄂、赣三省中，土豪劣绅进攻农民非常猛烈。在江西六月五日，当局遣散党务政治工作人员后，各地土豪劣绅纷纷乘机蠢动。吉水劣绅则勾结流氓进攻农民协会，下乡捉人；南昌一区劣绅则拘捕执行委员；新建土豪劣绅则逮捕农协会员，牵去农民耕牛；铜鼓革命团体均被捣毁；弋阳反动军队更大行残杀农协职员；泰和四区农协不但为反动派所捣毁，并被捕去执委二人。在湖南五月二十一日事变，许克祥即屠杀省农协、省工会、工人运动讲习所、党校等处同志及农民、工友共三十余人。事变以后更派兵袭击湘潭、常德各县民众，农民死伤枕藉者将及万人；并将湘潭总工会委员长斩决，而以脚踢其头，更用洋油注其腹内而焚之；傍（旁）睹民众莫不愤怒万状。在湖北尤为凶猛。湖北各县土豪劣绅不但勾结土匪及会党的腐败领袖惨杀农民（如阳新土豪劣绅用洋油烧死农民九人；沔阳土豪劣绅勾结"硬肚会"惨杀农民五十余人；天门土豪劣绅勾结土匪惨杀农友二十余人；钟祥土豪劣绅勾结"硬肚会"惨杀农友十余人；汉川土豪劣绅勾结流氓杀伤农友十余人；麻城土豪劣绅勾结"红枪会""黑枪会""白枪会"残杀农友百余人、烧毁民房数十村皆是）；他们更利用反动军队力量，以图根本扑灭农运，因以动摇革命根据地。夏、杨、许、张、于诸逆相继叛变，每到一处，即将在押土豪劣绅释放，使之率领逆军到处屠杀。嘉鱼杀死农民三十余人；咸宁、武昌均杀死五十余人；天门烧农民房屋三百余间，杀二十余人，公安烙死数十人；枣阳残杀五百余人；沔阳残杀二十余人；宜都残杀数十人；麻城沿乡捕杀烧毁房屋奸淫妇女共杀死五百余人；随县前后杀死一千人以上；罗田惨杀六十余人；黄安惨杀一百余人；钟祥劣绅王恕堂更占领县城，挨户搜索惨杀二百余人。其他夏口、黄冈、应山、应城、圻春、江陵等县的豪绅亦莫不闻风兴起向农民进攻。挖眼拔舌，剖肠斩首，刀割沙磨，洋油焚烧，红铁火烙，均为豪绅对待革命农民的残酷刑罚。对待妇女则以绳穿贯其乳而趋其裸体游行，或零碎割死。农民之死难者已达四五千人，而荆门、松磁、宜昌等县仍在继续屠杀中；即〔使〕国民政府首都武汉仅距汉阳县城十余里之地，亦不免发生土豪劣绅围杀农民之事实。湖北全省完全为白色恐怖所笼罩。总计湘、鄂、赣三省党员、农民、工人之牺牲者不下一万数千人；其挑拨革命军人与农民感情之毒计，亦正积极进行。往往捏造事实，指鹿为马，故甚其辞，希冀军人向民众团体发生剧烈之冲突，离间军民感情，分裂联合战线，破坏三大政策；有以推翻党国，虽人民痛苦亡国灭种亦所不惜。同时贪官污吏起而与土豪劣绅互相响应，共同捏辞诬蔑农民，以图离间政府与人民之关系。如黄冈（冈）农民协会本无剖挖烟苗事项，而贪官污吏竟蒙呈中央予以解散即其著例。现在国民政府军事委员会固以明悉帝国主义、军阀、贪官污吏、土豪劣绅、买办洋奴以及一切反动派乘我军北伐与奉军战斗剧烈之际，向我国民政府联合进攻之毒计，而训令全体武装同志对于指鹿为马过甚共词之传言，谨慎调查，毋堕反动派之阴谋。然日来各地土豪劣绅勾结土匪、溃军屠杀农民之事实仍有愈演愈烈之势。贪官污吏离间政府与人民之阴谋亦复屡出不穷。各机关近来接得诬控农民之状纸每日不下数起。在此种严重情形之下，各级农民协会极应一致请求国民政府：（一）明令保护工农组织及工人纠察队、农民自卫军，并惩办一切屠杀工农、扰乱后方之反动派，使工会、农会、共产党等革命组织享有完全自由，更团结革命势力实行讨伐蒋介石。（二）肃清湖北各县勾结逆军土匪屠杀农民、工人之土豪劣绅，严惩造谣离间的蒋介石奸细，及一切反动分子，以巩固武汉。（三）明令惩办许克祥、仇鳌、彭国钧、萧翼鲲，解散其救党委员会、清党委员会等反动机关，恢复湖南省政府、省党部、省工会、省农协及一切被摧残之革命团体，接受湖南请愿代表团之请愿，并令湖南省政府唐主席从速镇压湖南之反革命派。（四）明令制止江西驱逐共产党及工农领袖之行动，并严惩屠杀民众之反动派。农民协会本身尤应更加努力团结农民，严密组织武装自卫，以反抗土豪劣绅武装袭击，而镇压一切反动封建势力之挑拨离间。因为土豪劣绅之气焰不灭，则创设乡村自治建立民主政权终属不可能之事；经济上之建设更无从可以实现，而国民政府之基础亦未由巩固也。此令。

中华全国农民协会临时执行委员会常务委员

谭延闿　谭平山　邓演达　毛泽东　陆沉

六月十三日

选自汉口《民国日报》，1927-06-15，1927-06-17。

编者注：汉口《民国日报》1927年6月18日所载《全国农协呈请国民政府保护农工组织》的主要内容与本训令基本相同。

五、上海市民代表会议政府的政纲法规

1. 中国共产党上海市执行委员会告上海市民书
1927 年 2 月 20 日

全上海革命的市民们！

上海是全世界大都市之一，是全中国第一个大都市，是全中国工商业和文化发达的大都市，全市居民在二百万以上，超过了欧洲小国的人口，超过了十三州独立战争时的美国人口。我们的上海市民是应该如何自负的。可是各国帝国主义者，视上海为他们共管的殖民地，压迫剥削肆无忌惮；国内各系军阀则视上海为他们的筹饷地，为他们的私产，此争彼夺，兵祸连年；这岂非我全上海市民之奇耻大辱！

近者，国民政府出师北伐，为国家主权人民政权而战，奄有鄂、赣以及浙江。帝国主义的英国及直系军阀余孽孙传芳，犹复狼狈为奸，厚集兵力于上海，以为彼等最后之抗斗。

自"五卅"以来，我上海市民不断地和帝国主义与军阀血战苦斗，将及两年了。兹当帝国主义与军阀伙同向中国人民最后抗斗之际，我上海市民更应加紧奋斗，革命的上海市民更应和革命的国民政府军队结合起来，推翻帝国主义及军阀的统治势力，建立民众政权的市政府，解放各界市民多年的苦痛，创造独立自由的新上海，一洗八十年来上海市民之奇耻大辱！

上海的工人已开始政治的总同盟罢工，向统治上海的帝国主义与军阀奋斗了。各界革命的市民起来！一致起来协同工人奋斗！以打倒统治上海统治中国的帝国主义与军阀为奋斗之最终目的。

战斗已经开始了，本党以为全上海各界市民应联合在一共同政纲之下，共同前进。兹提出一目前最低限度的共同政纲如下，本党即依此政纲而参加奋斗。

一、由上海市临时革命政府召集市民代表大会，成立正式上海市民政府，直辖于国民政府。

市民代表大会由工、商、学、兵、自由职业者（教职员、医生、新闻记者、律师、会计师等）以各职业机关（如各项工会各马路商会各学校学生会等）为单位，按人数比例选举代表若干人，各政党各派代表若干人组织之。每年召集常会四次，每年末次常会改选其执行委员会；其执行委员会中之主席团即为市民政府。

二、市内一切人民之集会、结社、言论、出版、罢工皆绝对自由，非经市民代表大会的执行委员会之紧急法令，不受任何限制。

三、撤退各国海陆军，收回租界，统一市政。

四、不分国籍的（地）征收市内一切居民财产（土地在内）累进税，及所得累进税，免除纸烟、染缸、菜场、保卫团等一切苛税杂捐。

五、确定发展市政（尤其是贫民住所马路与自来水），及教育之经费。

六、颁布劳动保护法，中外工厂商店均须一律强制执行。

劳动保护法须规定八小时工作制，规定依物价而增高的必需工资，限制童工年龄，女工产前后之优待，改良工厂卫生，改良童工女工工作条件，规定死伤疾病的抚恤，及保险办法，承认雇人解雇之团体契约权等。

七、成立失业救济机关。

八、限制自由加增房租。

九、现有的保卫团改归市民政府直接管辖，并扩大到市的各区，分区组织武装人民的保卫团，保卫各市治安。

十、改善本市警察及驻沪军队的兵士生活，按月发饷。

十一、由市民政府设立粮食管理局，严格管理粮食之输出入及其价格，以裕民食。

十二、由市民政府募集交通公债，以发展邻市间的交通事业，如汽车、小轮、航船等，以充分供给商业及军事运输。禁止军队自由拿船扣车，妨害商业及交通。

中国共产党上海市执行委员会

选自《向导》，第 189 期，1927-02-28。

2. 中国共产党为上海总罢工告民众书

1927 年 2 月 25 日

全国工人们及革命的民众们！

全中国工人阶级不避牺牲率先和黑暗势力奋斗不只一次了，此次上海工人反抗孙传芳的总罢工也是这样。

此次上海工人总罢工五日，不但说明了工人阶级的集体势力，并且表现了出工人阶级为全民族利益，为全上海市民自由，而不畏艰难，不避牺牲，奋勇先进的精神，而且证明了国民革命军是有广大的民众同情与援助，不象（像）军阀只有独立的横暴武力。所以此次上海的总罢工在中国革命上是有重大意义的。

帝国主义者尤其是英国最近聚集兵力于上海，在上海各马路列队游行示威，如入无人之境，并且简直是对于国民政府武装谈判。直系军阀余孽孙传芳因在浙江兵败，犹拟在上海勾结英国作困兽之斗，摧残工会，大捕工人，压迫舆论，甚至勾结帝国主义者在租界逮捕国民主义的新闻记者与商人，全上海的市民对于这样残暴的统治者——帝国主义的英国及直系军阀孙传芳无不切齿愤怒，革命阶级的工人群众已至忍无可忍地位，怎能不计成败利钝而起来宣告总罢工，以表示对于内外黑暗势力之反抗。

在总罢工五日中工人、学生及其他市民的热血，点点滴滴的（地）洒遍了上海南北市，横在街路上的烈士血尸到处都可以看见，许多烈士的头颅都挂在电杆上。全上海市民们！我们永远不能忘记孙传芳的刽子手李宝章之残暴，我们也不能忘记国民党右派（即西山会议派所号召的什么国民本党），教唆李宝章放手屠杀工人及革命民众之狠毒！将来应该再没有人能够拿任何理由反对革命的工人与市民"以革命的恐怖回答反革命的恐怖"！

全国工人们！全上海的工人们！此次上海的总罢工流血争斗，只是你们全部罢工流血争斗史中之一员，前途正复辽远。即以上海一隅而论，乃各帝国主义者最后根据地，亦即彼等最后奋斗地，同时也是奉直军阀死力争得海关附税和鸦片收入之目的地。这两种内外黑暗势力复相互勾结起来，对付革命的民众，以保持彼等在上海之统治地位；李宝章未走，鲁军的毕庶澄又回来了；各国海军也已经公然联合行动，干涉中国海军对于军阀之表示反抗了，各国陆军也侵入华界了；全上海的工人，全上海革命的市民，必须有不断的巨大努力与牺牲，才能够获得最后胜利。

此次总罢工之复工，诚如总工会复工宣言所说："非因退让而复工，乃为准备更大的争斗而复工"。换句话说，即是以宣告复工而开始另一新的形式之争斗，求得最后胜利之争斗。

全上海市民们！工人是革命的市民中最急进的先锋，你们须继续与这最急进的先锋携着手前进。这最急进的先锋不但为自己的利益奋斗，而且是为全市民的利益而奋斗。每个革命的市民都不可因为国民党右派的造谣而摇动自己的革命意志，而离散革命势力之联合右派的，一向是站在帝国主义及军阀那边而企图离散革命势力的。

全上海革命的市民应该在上海市民公会、上海总工会领导之下，立刻全体动员！

反抗孙传芳的刽子手李宝章！

反抗直鲁联军南下！

反抗外国海陆军和军阀联防，干涉中国革命。帝国主义者以武力干涉中国革命，则中国的武装市民及将来的北伐军必进入租界"以武力回答武力"！

工人及一切革命的市民起来夺取武装，响应北伐军，拥护国民政府！

由市民公会召集全上海市民代表大会，一切权力归市民代表大会，实现国民政府之北伐目的——市民会议的政权！

中国共产党中央执行委员会

一九二七年二月二十五日

选自《向导》，第 189 期，1927-02-28。

3. 附：施英（赵世炎）[①]：上海总同盟罢工的记录（选录）

1927 年 2 月 28 日

罢工宣言与总要求

罢工开始，总工会发布宣言与政治经济总要求十七条，其文如下：

总罢工宣言

国民革命的运动，自五卅运动以来愈益高涨。统治东南的军阀孙传芳，现在以至于失败，这是革命军健儿奋勇战斗之力，尤其是我们革命民众不断的反抗之力。上海是上海市民的上海，我上海市民受军阀压迫之痛苦历数十年，帝国主义列强以上海为侵略中国的根据地，今更欲以武力威吓我国民运动。我上海市民人人欲推翻军阀的黑暗统治，抵抗帝国主义者的侵略，我全上海工人自五卅以来即勇往前驱，为国民之自由与解放而奋斗。现当军阀孙传芳势力溃败之时，又正是帝国主义者以枪炮威吓我屈服之时，黑暗与反动的势力若不推倒，我人民永无自由解放之日。欲推倒此黑暗与反动势力，惟有人民起而罢工、罢市、罢课以抗议。我工人阶级今为此抗议之前驱，革命民众必须表现其行动，以行动迫促军阀势力的消灭，帮助北伐军的胜利。本总工会特号召全上海工人，以有组织的有秩序的手段，即日宣告总同盟罢工，以为革命民众权力的抗议之开始。下列十七条为全上海工人政治与经济的最低限度总要求：

一、继续反对帝国主义运动；

二、消灭军阀黑暗势力政治；

三、肃清一切反动势力；

四、建立真正保护人民利益的政府；

五、人民有集合、结社、言论、出版、罢工自由；

六、承认工会有代表工人权；

七、增加工人工资，规定最低工资额；

八、限制物价高涨，保障工人生活；

九、要求八小时工作制；

十、星期日、节日休息，工资照给，不休息工资加倍；

十一、恢复失业工人工作，雇主不得借罢工关厂抵制工人；

十二、不准打骂工人，滥罚工资；

十三、不得任意开除工人，开除工人须得工会同意；

十四、规定因工作而死伤的抚恤金；

十五、工人在疾病时厂主须负责医治，并须发给半数以上之工资；

---

① 赵世炎（1901—1927）是上海工人三次武装起义领导人之一，时任中共上海区委组织部长兼上海总工会党团书记、上海工人武装起义副总指挥，1927 年 7 月被国民党反动派杀害。

十六、男女工人同工同酬，改良女工和童工之待遇，女工在生产前后休息六星期，工资照给，童工不得作过重的工作；

十七、改良工厂之设备，如增设门窗、天窗、厕所等。

以上各条为我全上海工人目前行动之目标。在消灭军阀残余势力之共同作战中，愿与社会各阶级民众协同奋斗，愿新政府容纳我工人之要求，谨此宣言。

上海总工会
二月十九日

为政权而战

但是，上海工人的总罢工与武装斗争究竟为了什么？不明了革命情势且畏惧工人势力的右倾分子，很易于疑惑上海工人要组织工人政府，这是错误的。上海工人现在的目的并不是工人政府，而是市民政府——民主主义的市民政府，属于国民政府的市民政府。但是上海的工人很确实的此次是为政权而战。

在半殖民地被压迫民族中的革命，在被帝国主义与军阀统治下的上海市民革命，没有工人的战斗，即没有市民的战斗；没有工人的革命，即没有市民的革命；没有工人的政权，即没有市民的政权。因此而上海工人的口号是："建立市民代表政府"。因此而上海工人同盟罢工与武装斗争之目的是直接为夺取政权，领导一切被压迫的市民建立市民的民主主义政权。

当罢工之第四日，武装斗争已开始，突有海军炮击高昌庙的行动，这已表示革命的兵士与工人之联合，这都证明兵士与工人之必须且可能夺取政权。恰在同日，上海各社会阶级（商人、工人、学生）与各革命政党（国民党与共产党）代表，已成立"上海市民临时革命委员会"。这更足证明市民政权之可能，且必须建立。二十二日夕，临时革命委员会已发布海陆军动员令，决［定］解除军阀的武装。这一动员令至今犹在行动的时期里。这一革命委员会是过渡到"市民代表政府"之革命的参谋部。这一革命委员会的历史的与革命的价值，由这次总同盟罢工与群众的革命行动中产生出来，将永垂于不朽！

上海工人阶级已走到为政府而战的战场上，敌人在前，光荣亦在前，上海工人的奋斗是全上海被压迫市民的奋斗，亦即是全中国被压迫民众的奋斗。

群众的革命裁判

从五日总罢工的战斗里，武装斗争与政权奋斗的开始，固是最可纪念的历史记录。而在群众行动中，还有值得纪念的便是群众的革命裁判。

二十二日上海杨树浦区的工人群众示威，集合全区群众到者近万人。适有走狗绰号"小滑头"者，素者勾结包探巡捕，逮捕工人领袖，竟到场意欲侦查工人领袖行动。群众见"小滑头"到场，用众力执捕，交主席台前，付诸大众裁判。大多数人高呼"打死"。主席顺众意以付表决，全体举手通过，遂当场将"小滑头"处死。

这便是群众的革命裁判。这亦正是以恐怖答复恐怖，以革命答复反革命。处死一个工贼走狗的判决，经过群众的判决，这便是革命的法律。反动派反革命派一定反对这种裁判，认为是群众的残忍行为，但这正是极有理的革命行为。即以此事本身而论敌人杀死了我们数十人，我们现在才裁判敌人一人。在革命群众的权力之下，此次屠杀工人的主使者李宝章便应受同一的裁判。

选自《向导》，第 189 期，1927-02-28。

互校版本：赵世炎：《赵世炎选集》，成都，四川人民出版社，1984，第 539～550 页。

4. 中国共产党为此次上海巷战告全中国工人阶级书

1927 年 3 月 28 日

全中国工人同志们：

三月二十一日，从今成了中国革命史上最有价值的一个纪念日。此次上海八十万工人就在这一日举行总同盟罢工，并暴动起来，反对直鲁军阀的统治。整整经过二日一夜的巷战，工人终于解除直鲁军的武装，并自己武装起来了。正因工人武装暴动响应北伐军，始不经战斗完全占领全上海，而上海各界民众亦得避免数千直鲁军抢劫之惨剧。

上海工人阶级此次英勇的胜利的战斗，真可为全国工人阶级之模范。上海本来是全国产业最发达的城市，上海工人阶级中数量最多、组织最好、奋斗历史最长久的一部分。

轰动全世界的五卅运动，就是由上海工人首先发难的。自从五卅运动以后，上海工人时时刻刻都站在最急进的地位，为全国工人阶级之先驱，因此更为全国革命运动之先驱。

此次武装暴动起来并胜利以后，上海工人就以自己的血和肉，从事实上证明工人阶级的确是全国最革命的阶级，能够切实担负起革命的使命，能够领导其他压迫阶级摧残军阀的武力，并建立新的革命的民主政权。

可是，上海工人此次的奋斗及其胜利，却惹起敌人——帝国主义者、军阀、买办、官僚、土豪、劣绅及其他反动分子——大大的恐惶。他们在中国无产阶级面前发抖，他们认识了工人阶级是他们的劲敌，尤其是数量最多、组织最好、行动最革命的上海工人阶级，尤其是现在暴动胜利并自己武装起来的上海工人阶级。所以他们尽力注定目标向上海工人进攻。他们除直接的（地）公开的（地）用尽种种方法进攻工人之外，又用挑拨离间之诡计，诱惑国民革命中右倾的势力，他们以此诡计，使本在同一战线上的革命武装势力之一部分，怀疑更进而敌视工人阶级。革命战线之分裂，正是反革命的利益啊！所以上海工人现在虽然驱除了直鲁军阀，虽然一部分武装起来，虽然联合各被压迫阶级建立了革命民主的上海市政权之基础；然而这些革命的胜利品，时时刻刻都在危险状态，时时刻刻都有被内部妥协分子葬送，即被敌人夺回之可能。而上海革命势力失败上海工人牺牲白费，即足以摇动全中国的革命潮流，全国工人的势力自然因之受重大的打击。所以全中国工人同志应该崛起，视上海工人暴动的胜利即是中国工人阶级的胜利；应该自信工人阶级的力量能够解除军阀的武装，并建立新的政权，上海工人的武装就是国民革命胜利之保证。起来！

学习上海工人暴动巷战的教训！

拥护上海工人的武装——总工会纠察队！

拥护上海革命民主的新政权——上海市民代表政府！

拥护武汉国民政府，继续并扩大革命的斗争！

中国共产党中央执行委员会

一九二七年三月二十八日

选自人民出版社辑：《第一次国内革命战争时期的工人运动》，北京，人民出版社，1953，第488~490页。原注："原载《向导周报》第195期1927年4月6日出版"。

5. 上海特别市临时代表会议组织法

1927年3月7日上海特别市市民公会通过

上海特别市市民公会于昨日（七日）下午召集各团体代表会议，讨论市民代表会议组织法。出席团体有总工会、学联会、学总会、三省联合会、各马路商总联合会等五团体，当经决定市代表会议组织法如下：

一、市民代表会议分两级：

（1）全市代表会议；

（2）区代表会议。

二、上海市分为八区：（甲）闸北、（乙）南市、（丙）沪西（小沙渡、曹家渡）、（丁）沪东（杨树浦、引翔港）、（戊）浦东、（己）公共租界、（庚）法租界、（辛）吴淞。

三、各区代表会议及全市代表会议之代表，均须由各工厂、各手工业工会、各店员工会、各农会、各商会、各学校、各自由职业团体（如律师公会、医师公会、会计师公会等）之全体群众开会，直接选出区代表及市代表，同时选或分二次选均可。慈善团体及一切非职业团体均不得派选代表。

四、代表会议之代表人数。由各职业团体按照其所属人数比例选出之。（甲）区代表会议之代表，每五百人选出一人，不满五百人者亦得选出一人。（乙）市代表会议之代表，每千人选出一人，不满千人者亦得选出一人。

五、市代表会议之职权如左：

（甲）议决特别市市制；

（乙）选举市执行委员；

（丙）议决市捐税、市预算及决算；

（丁）议决市立法、工资、粮食、房租、失业救济、教育等事项；

（戊）议决执行委员会交议及市民请议事件。

六、区代表会议之职权如左：

（甲）选举区执行委员；

（乙）议决本区一切应兴应革事件；

（丙）议决本区市民请议事件。

七、市代表会议选出执行委员五十人，组织市执行委员会，由执行委员选出常务委员十五人，组织常务委员会，总揽全市政务，执行市代表会议议决案，并分局办事。区代表会议选出执行委员会十人至三十人，组织区执行委员会；由区执行委员会选出常务委员五人至九人，组织常务委员会，处理全区事务。

八、各级代表会议须有代表总额的三分之一以上出席始得开议；出席代表过半数之同意，始得决议。

九、各级代表会议之议事及办事细则，由各代表会议自定之。

十、各级代表溺职时，得由原选举团体召集大会议决撤回之，另选他人为代表。

选自《申报》，1927-03-08，第10版。

6. 上海市第一次临时市民代表会议宣言

1927年3月12日

吾上海市民久处于帝国主义与军阀统治之下，无参予（与）市政之权，生命财产全无保障，苛政百出，民不堪命，隐忍苟且，徒长其残忍气焰，无以达苟安偷生之望。加以军阀互争，连年战祸，创痛之深，无以复加。夫民主政治主权在民，上海市民以政权旁落，致受宰割朘削之痛。今幸军阀势力已溃，吾上海市民正应乘时崛起，消灭军阀残余势力，夺取政权，解除疾苦，保障利益。况上海为亚东第一商埠，人口繁众，交通便利，工商发达，文化进步，均居全国之首，而列于世界大都会之林。故帝国主义既视为侵掠之大本营，而各军阀亦目为筹饷之金库，地位之重，更无待再述。而自五卅以后，我上海市民之觉悟与力量，已为全世界所认识。今北伐军已扫除军阀之武力，全国革命潮流亦汹涌继涨。吾上海之革命民众，今亦一致奋起，从帝国主义与军阀铁蹄之下，图民主政治之实现，询谋佥同。爰本民主国主权在民之原则，以全市农工商学军警各职业团体，公举代表，组织市民代表会议，受国民政府之节制，建设民选市政府，为全市市民利益之保障。今全市市民以求民选政府之实现，爰有本会之组织。故本会之责任，即在执行全市市民之意旨，接受上海政权，建设民选市政府，而对于军阀之走狗官僚土豪劣绅之流，当依国民政府颁布之条例行之，为民除害，决不宽容。兹当成立之始，爰布微意，愿我全市市民共起图之。谨此宣言。

选自《新闻报》，1927-03-12，第四张新闻第1版。

7. 关于起草市民代表会议组织法的四项原则

1927年3月12日上海临时市民代表会议第一次会议通过

上海临时市民大会，于昨日（三月十二日）召开会议。推举市民正式代表组织法起草委员会，负责起草市民代表会议组织法。议决由大会推举三人充任，计推定孟心史、汪寿华、林钧三人为大会组织法起草委员，负责起草。次议决组织法原则四则，为起草员起草组织法之目标：

（一）代表以职业团体为单位，但革命政党团体亦得参加，不在职业团体代表之限制。

（二）人数一千人以下之团体，得推举代表一人。人数在一千人以上，则推举二人。

（三）确定上海市范围，但不得以区域之名义而推代表。

（四）依据市民公会组织法十一条为精神。

次议限制选举〔权〕及被选举权案，议决凡贪官污吏、土豪劣绅、工贼、学阀、洋奴、土贩以及曾效忠帝国主义者与一切反革命分子，均无选举权与被选举权。

选自《申报》，1927-03-13，第9版。

8. 上海临时市民代表会议执行委员会常务委员会 发布总同盟罢工罢课罢市的紧急命令

1927 年 3 月 21 日

我上海全市市民：北伐军将到上海，我市民急当起来，响应北伐军，消灭军阀残余势力，建立民众政权——国民政府指挥下之民选市政府。兹由本会全体常务委员会议决，定〔于〕三月二十一日正午十二时起，各界市民一致动作，宣布总同盟罢工、罢市、罢课。专特飞报，仰全体市民一律遵照执行，不得迟延。此令！

上海临时市民代表会议执行委员会常务委员会

三月二十一日

选自《时报》，1927-03-22。

9. 上海临时市政府复工命令

1927 年 3 月 23 日

上海特别市临时市政府执行委员会，于二十三日下午二时开第一次临时会议，除讨论接收政权诸问题外，又以国民革命军已将直鲁残余军队完全消灭，所以罢工、罢市、罢课各界民众，遂应即日恢复原状。因特函致上海总工会、商总会、学联会，请通令所属，于二十四日上午八时一律复工。

复工之命令：上海刻已底定，所有残余之直鲁军队，已完全肃清，革命工作可告一段落。特从明日（二十四日）八时起，一律复工。此令！

上海特别市临时市民代表会议常务委员会印

选自《申报》，1927-03-24，第9版。

10. 上海临时市政府致市总工会复工函

1927 年 3 月 23 日

敬启者：

此次贵会七十万工友总同盟罢工响应北伐军，在闸北血战二昼夜，消灭直鲁残余军队，此种革命行为，奋斗精神，殊堪嘉奖。对于地方治安更能竭力维持。尤深钦佩贵会提出之二十二条要求，经本政府临时会议详加考虑，认为合理，全部接受，自当竭力设法使之实现。现在反动军队业已完全消灭，社会秩序亟应回复原状。用请贵会通令各工会，自明日（三月二十四日）起，一律复工，以安各业，而资结束。抑本临时政府有希望于贵会各工友者，当此国内军阀未尽消灭，帝国主义尚未打倒，仍应继续努力，求革命完全成功，斯则尤所企祷者也。专此函致

市总工会

上海特别市临时市民代表会议常务委员会印

选自《申报》，1927-03-24，第 9 版。

11. 上海市临时市政府《关于政治经济总要求》

1927 年 3 月上海总工会提出，3 月 23 日市政府委员会第一次临时会议通过，
作为市政府的临时施政纲领

（一）继续反帝国主义运动。

（二）消灭军阀黑暗政治势力。

（三）肃清一切反动势力。

（四）拥护武汉国民政府及上海市民代表会议，促成民选市政府之实现。

（五）反对南北妥协，继续革命。

（六）人民有集会、结社、言论、出版、罢工自由。

（七）工人武装自卫。

（八）要求政府制定劳动保护法，举行社会保险。

（九）承认工会有代表工人之权。

（十）增加工人工资，规定最低工资额。

（十一）限制物价高涨，保障工人生活。

（十二）要求实现八小时工作制。

（十三）废除包工制。

（十四）修改厂规及雇佣契约。

（十五）星期日、节日休息，工资照给；不休息工资加倍。

（十六）恢复失业工人工作，雇主不能借罢工关厂抵制工人。

（十七）不准打骂工人、滥罚工资。

（十八）不准任意开除工人，开除工人须得工会同意。

（十九）规定因工作而死伤的抚恤金。

（二十）工人在疾病时厂主须负责医治，并须发给半工以上之工资。

（二十一）男女工人同工同酬。改良女工、童工之待遇，限制童工年龄。女工在生产前后休息六星期，工资照给。童工不得做过重工作。

（二十二）改良工厂之设备，如增设门窗、天窗、厕所等。

选自《时事新报》，1927-03-28。

12. 上海临时市民代表会议呈汉口国民政府电

1927 年 3 月 23 日

国民政府钧鉴：

上海工商学各职业团体，为应合时势要求，组织上海特别市临时市民代表会议，于三月十二日开第一次大会，宣告成立。选举执行委员三十一人，业经就近函呈中央政治会议上海分会暨上海特别市党部在案。兹于三月二十二日开第二次大会，到会团体十余，代表四千余人，秉承政治分会暨上海市党部意旨，组织上海临时市政府委员会。公选白崇禧、钮永建、杨铨、王晓籁、虞和德、陈光甫、罗亦农、汪寿华、林钧、何洛、丁晓先、侯绍裘、王汉良、陆文韶、郑毓秀、谢福生、李泊之、王景云、顾顺章等十九人为委员，除函告中央政治会议上海分会暨上海特别市党部外，理合呈请钧府鉴核示遵。

上海临时市民代表会议叩　漾①印

选自《申报》，1927-03-24，第 9 版。

13. 附：上海总工会告上海民众书
（拥护上海市民代表政府）

1927 年 3 月 24 日

工人们！一切革命民众们：

这次上海工人和许多革命战士竟革命暴动成功了。上海的工友及其他革命的战士曾经与军阀作过多少恶战，并牺牲多少性命，现在总算得到了第一步的胜利了。山东土匪军松江败归后，尚欲盘据（踞）淞沪顽强抵抗，并乘势打枪。上海的工人先用极少数武器与他们搏战，夺取武装后，即正式与他们开战，结果闸北南市的山东土匪军都先后被武装工

---

① "漾"即 23 日的电报代号。

人完全肃清了。北伐军可以顺利进行并且已来到上海了。特别是在闸北武装工人竟与军阀军队激战至三昼夜之久，昼夜不息，枪炮之声就好比放鞭炮一样，一秒钟也不停，这是何等壮烈的举动啊！上海的工人把土匪军驱逐后，立刻就维持市面治安，防止反动派扰乱，及宵小乘（趁）火打劫。外兵及鲁军大炮机关枪所引之宝山路大火，工人竟在敌人的枪林弹雨中救熄了，这又是何等壮烈的举动啊！所以这次上海的革命斗争，要算是中国向来历次革命运动中最英勇的，第一个最有意义的。好了，凶恶军阀在上海的统治已被打倒了，北伐军也来了。从此我们要革命的武力与人民深相结合。拥护工人的武装，实行工兵大联合，解除一切反革命的武装，打倒一切反动派，拥护上海市民代表政府。这个市民代表政府已经由上海市民代表大会组织起来，并开始实行政务了。这是中国民众以自己的力量奋斗而得来的结果。这是中国民众破天荒的创造。这个市民代表政府是工人学生及其他革命的战士几经流血所换来的，一切反动派不能染指。如反动派想坐由工人及其它（他）革命战士用生命换来的太平江山，盘据（踞）上海政权，或破坏我们的市民代表政府，我们即与他们决一死战。我们必须保存这个工人、农民、学生、商民及其他各职业者之代表政府，我们才可以保障集会、结社、言论、出版、罢工之自由，保障工农之生活及其他职业的安全，并在国民政府领导之下，收回租界，完成中国的革命。

上海总工会启

三月二十四日

选自《申报》，1927-03-26，第9版。

14. 附：苏联职工中央给上海总工会的贺电

1927 年 3 月 24 日

国民社二十四日莫斯科电：苏联总工会中央执行委员会今日发出致上海电。
上海总工会亲爱的同志们：

听得上海已被攻下，我们代表全体苏联工人致中国无产阶级及上海无产阶级以热烈的庆祝！中国无产阶级与其他工人，对国外的反革命派作了英武的斗争，你们的热烈争斗，你们的牺牲精神，使我们回想到我们从前与国内反动派及帝国主义之争斗。苏联工人与中国工人的敌人是一样的。现时派战舰与军队到中国来的帝国主义，从前在十月革命之后也对俄国的工农争斗，俄国的无产阶级把外国的将军与帝国主义资产阶级击退。现在帝国主义者又以同样手段施之东方，以武力欲毁灭中国民众的大革命运动。帝国主义在拼命结成对付苏联与中国革命之联合战线。他们想团结国际的反动势力，以与中国及全世界的革命运动争斗。但上海工人之兴起，及国民革命军之胜利，表现中国革命之不能压制。而帝国主义之奸计将被工农革命所战胜。苏联全体工人闻上海已得自由，非常喜悦。我们代表苏联九百五十万工人，对你们致热烈的友爱的庆贺。苏联工人（会）与中国工会皆在赤色国际工会之下，我们将继续携手与国际帝国主义及一切压迫与剥削战斗。你们与我们一直似兄弟般的（地）团结着，互相扶助，不论你们失败或胜利，我们一直与你们团结的。中国工人阶有与农民群众万岁！革命的中国职工运动万岁！打倒帝国主义与其走狗！中国革命万岁！

苏联总工会中央会议书记　独卡特夫

选自上海市档案馆编：《上海工人三次武装起义》，上海，上海人民出版社，1983。

15. 上海特别市临时市政府布告（第一号）

1927 年 3 月 25 日

本临时市政府，根据上海特别市临时市民代表会议第二次大会之议决，本委员等为应时势之要求，业于三月廿三日成立临时会议，开始办公。除呈报国民政府外，特此布告。

临时政府委员（署名略）
三月二十五日

选自《时报》，1927-03-26，第 1 版。

16. 上海特别市临时市政府布告（第二号）

1927 年 3 月 25 日

吾上海市民，当国民革命军逼近上海之际，奋起响应，业将封建军阀统治势力推翻，成立本临时市政府，为上海革命之中心。本委员等深维本临时市政府之成立，以实现民众政权为鹄的，因于临时会议中议决，应行设施之两大原则：

（一）凡久受压迫者之痛苦，必力求解除，工商学各界所提关于自身利益，及社会公共之要求，必力谋实现。

（二）革命工作不容稍停，上海市民应承受国民党之监督指导，努力进行。

合亟布告通知，俾全市市民共喻，此致。

选自《时报》，1927-03-26，第 1 版。

17. 上海市政府致法租界当局的警告信

1927 年 3 月 25 日

兹据上海总工会代表报告：该会已于三月廿四日上午十时下令一律复工。下令之后，各方报称：贵当局有阻止复工事情。现在该总工会主张以三月廿七日下午四时为期，静待贵当局正式表示，不复阻止复工，否则将取消复工命令，再行总同盟罢工。

该工会现在的主张，本市政府认为［是］合理的。如果贵当局不允所请，而所发生总同盟罢工时，则贵当局应负完全责任。兹特提出具体要求：

（一）即日恢复交通，并撤除各种障碍物；

（二）即日允许工人复工；

（三）不得因此次罢工而开除工人。

选自《解放日报》，1957-03-24。

编者注：原信附在前上海法租界公董局关于法商水电公司的罢工卷宗内。

18. 附：上海总工会致英租界工部局函

1927 年 3 月 25 日

敬启者：此次上海总罢工纯属对内之政治运动，无与外人或厂方为难之处。事实俱在，人所共晓。不料近来贵工部局屡次非法逮捕邮务工人，华租交界处且遍扎铁丝网，断绝交通，致工人多不得到厂工作，上海秩序日趋危险；今日又非法逮捕南市金银工会慰问队工人，益使工人愤激，而贵工部局电气厂又不容许工人复工。此种行为，本会认为处置失当，殊不满意。望贵工部局审察情形熟加考虑。关于拒绝复工及无端逮捕诸事，限本星期日（按：三月二十七日）下午四时前，切实圆满答复，否则本会惟有取消复工命令，重行总同盟罢工，为最后之对待。设有不幸事件发生，当由贵工部局负其全责。此致
英工部局爱德华总办大鉴

上海总工会执行委员会委员长汪寿华启
三月二十五日

选自《新闻报》，1927-03-26。

19. 中国国民党中央执行委员会致电上海临时市政府

1927 年 3 月 25 日

上海临时市政府鉴：

电悉，本日中央政治委员会第五次会议决议，电复承认上海市民代表大会通过之白崇禧、纽永建、杨杏佛、罗亦农、汪寿华、虞洽卿、陈光甫、王晓籁、林钧、侯绍裘、郑毓秀、谢福生、王汉良、李泊之、何洛、丁晓先、陆文韶、王景云、顾顺章等十九人为上海特别市临时政府委员，即由国民政府任命，特闻。

中国国民党中央执行委员会　有①

选自《新闻报》，1927-03-27，第三张新闻第 1 版。

---

① "有"即 25 日的电报代号。

20. 上海特别市市民代表会议政府组织条例草案

1927 年 3 月 26 日上海市民代表会议第三次大会通过

第一条　上海特别市，以市民代表会议为全市最高权力机关，定名市民代表会议政府（简称上海市政府）。

第二条　上海特别市市民代表会议政府须受特别市党部之指导与监督。

第三条　上海特别市市民代表会议政府直隶于国民政府，不入省县行政范围。

第四条　上海特别市暂以淞沪商埠公署原管区域及原有租界为范围，全市暂分八区。闸北、江湾等处为第一区；南市、城内等处为第二区；沪西、小沙渡、曹家渡等处为第三区；沪东、杨树浦、引翔港等处为第四区；浦东、高桥为第五区；公共租界为第六区；法租界为第七区；吴淞为第八区。

第五条　上海特别市区域以内之从前原于上海及宝山县一部份（分）行政范围内之民政、财政、教育、司法、行政事宜，均由上海特别市市民代表会议政府管辖之。

第六条　市民代表会议分两级：（一）全市代表会议；（二）区代表会议。

第七条　各区代表会议及全市代表会议之代表，均须由各工厂、各手工业工会、各店员工会、各农民协会、各商会、各兵营、各学校学生会、各自由职业的团体（如新闻记者联合会、律师公会、医师公会、会计师公会、教职员联合会等）之全体群众，分别开会直接选出。区代表及市代表同时选出或分二次选均可。右列各职业机关或团体群众有左列各项之一者，均不得有选举权、被选举权；（一）非中华民国国籍者；（二）曾为帝国主义或军阀效力者；（三）受国民政府刑事上之宣告剥夺公权尚未复权者；（四）曾倡言反对革命者；（五）洋权；（六）工贼；（七）土豪劣绅；（八）贪官污吏；（九）学阀；（十）土贩。

第八条　凡学术团体、慈善团体、红十字会、教育研究团体、宗教团体及同乡会等一切非职业团体，不得选派代表。

第九条　代表会议之代表人数，由各职业机关或团体各按照其所属人数比例选出之。（甲）区代表会议之代表，每五百人选出一人；不满五百人之正当职业团体亦得选出一人。（乙）市代表会议之代表，每一千人选出一人；不满一千人之正当职业团体亦得选出一人。

第十条　区代表会议选出执行委员二十人至三十人，组织执行委员会。由区执行委员会选出常务委员五人至七人，处理全区事务。市代表会议选出执行委员五十人，组织市执行委员会。此执行委员会即市政府委员会。由市政府选出常务委员十三人，组织常务委员会，总揽全市政务。由市民代表会议选出监察委员七人，监察市行政及会计，如有溺积舞弊，得搜集证据，控告于市代表会议。

第十一条　区代表会议、市代表会议均每月召集一次；有紧急事故时，应由执行委员会随时召集临时会议。

第十二条　各代表均任期一年，但得连选连任。代表溺职时，得由原选举机关或团体召集大会议决撤回之。同时另选他人为代表，补足其任期。

第十三条　在革命战争时期，各革命的政党得派代表，特别参加各级执行委员会。

第十四条　市代表会议之职权如左：（甲）选举市执行委员；（乙）议决全市一切应兴应革事宜；（丙）议决市立法、工资、粮食、房租、失业救济、教育、市政工程等事件；（丁）议决市税、市公债及市预算决算；（戊）议决各代表提议其所代表之团体群众对于市政之意见；（己）议决发展市有产业事件；（庚）议决市内各区管辖区域变更事件；（辛）议决市执行委员会之报告及提议事件；（壬）议决向国民政府建议事件。

第十五条　区代表会议之职权如左：（甲）选举区执行委员；（乙）议决本区一切应兴应革事宜；（丙）议决市执行委员会交议事件；（丁）议决本区执行委员会之报告及提议事件。

第十六条　市代表会议开会时，全体代表分设财政、军事、经济、市政、外交五组，各组开会讨论议决分别提交大会议决执行；或由大会建议于国民政府采择施行。市执行委员会设置财政、公安、教育、建设、卫生、土地、司法、劳动八局。各执行委员或分任各局政务，或不兼各局政务，惟各局局长必须执行委员任之。

第十七条　区代表会议之议决，区执行委员会须绝对执行；市代表会议之议决，市执行委员须绝对执行之。

第十八条　本条例由临时市民代表会议议决（即公布施行）。

选自《新闻报》，1927-03-29，第三张新闻第2版。

互校版本：上海市档案馆编：《上海工人三次武装起义》，上海，上海人民出版社，1983，第430～433页；《上海特别市市民代表会议政府组织条例草案》（1927年3月）。

21. 上海特别市临时市政府通告
（关于接收行政机关的规定）

1927年3月28日

为通告事，按照本临时政府第二次临时会议决议：在市区内各行政机关，须先呈请本临时政府核准，会同派员监视，方准接收；其已接收者，亦须呈报本临时政府核夺，仰即遵照，特此通告。

上海特别市临时市政府秘书处

选自《申报》，1927-03-29，第1版。

22. 上海特别市临时市政府委员举行就职典礼通告

1927年3月28日

各界各团体各报馆钧鉴：

兹奉汉口中央党部有电开："……（编者注：电文略即上文之有电）"等因，当此地方初复百端待理用，于本月廿九日下午二时假九亩地新舞台举行正式就职典礼。各职业团体推派代表五人至十人，携带证明书，准时出席。并请各界人士莅临参观是荷！

上海特别市临时市政府秘书处

三月二十八日

选自《申报》，1927-03-29，第1版。

23. 上海特别市临时市政府对全国通电

1927 年 3 月 29 日

全国各界同胞钧鉴：

我上海工商学各界革命市民与帝国主义封建军阀不绝奋斗，屡仆屡起，卒达驱除奉鲁军，响应北伐军之目的。军事既定，各界一致要求民众政权，即由市民代表大会选举委员十九人，组织上海特别市临时市政府。呈报中央党部承认，即由国民政府任命。于本日召集各界代表举行就职典礼。从此全沪革命民众力量更得集中，将益奋发努力以完成国民革命。各地同胞，尚其鉴诸。

上海特别市临时市政府叩　艳[1]印

选自《时报》，1927-03-30，第3版。

24. 上海特别市临时市政府给各国领事的照会

1927 年 3 月 29 日

为照会事，本政府业经组织成立，电奉国民政府任命……等十九人，为临时市政府委员，遵于本月二十九日宣誓就职，除呈报国民政府暨分别函令各机关知照外，相应照会贵总领事，即烦查照，须至照会者。

选自《新闻报》，1927-04-01。

25. 上海特别市临时市政府呈国民政府电文

1927 年 3 月 29 日

汉口国民政府钧鉴：

接奉中央党部有电开：上海市民代表大会所选出之市政府十九委员，即由钧府任命等因，委员等谨于本日召集各界代表举行就职典礼，临时蒋总司令来函谓："在军事时期，一切行政，处处与军事政治统系攸关，恐起纠纷，嘱暂缓办公，静待解决。"当将此意请各

---

① "艳"，即29日的电报代号。

代表讨论，众以地方初复，亟得整理，一致热烈要求即日就职。委员等不敢重违公意，当即对众宣誓：恪遵总理遗嘱，信守民众意志，努力于革命的建设。理合肃电陈报，仰祈鉴核。

上海特别市临时政府委员会叩　艳印

选自《时报》，1927-03-30，第3版。

附：蒋介石致上海市临时政府函

敬启者，顷阅报载，尊处通告于本月二十九日行正式就职典礼。查上海市之政治建设，实为当今要图，欲谋市政之建设，在此军事期内，一切行政，处处与军事政治统系攸关，若不审慎于先，难免纠纷于后。中正为完成政治统系，及确定市政制度计，已另电中央熟商办法，务望暂缓办公，必待最后之决定。此致
上海特别市临时政府

蒋中正启

选自《申报》，1927-03-30，第9版。

26. 上海临时市民代表会议执行委员会呈国民政府电
1927年4月2日

国民政府钧鉴：

上海临时市政府十九委员，奉中央党部有电核准，由钧府任命，讯传出后，全上海民众纷纷督促刻日就职，以便早日实现民众政权。属会经于三月二十九日，召集全市市民代表大会提付表决，一致通过，市政府委员当即正式宣誓就职。正当万众热烈欢呼踊跃之中，忽接蒋总司令来函，谓在军事时期请暂缓办公。全场代表群起表示，以市民政府系全上海民意所要求，已有合法手续，且当此绝续之交，非有一集中领导机关，不能进行。政务稍一停顿，势必陷于无政府状态，请该委员等仍按序进行就职典礼。惟经此波折，该委员等对于政务殊有不能积极进行之苦衷。应请钧府迅赐电饬该委员等，依法行使职权，以免庶政丛脞，而负民众希望，至深祷祝。

上海临时市民代表会议执行委员会叩　冬①午印

选自《新闻报》，1927-04-03，第四张新闻第1版。

27. 上海市政府秘书长林钧答周突击胡忠书
1927年4月3日

周突击、胡忠二君鉴：

惠书敬悉，上海市民政府委员，系由全上海各职业团体推派代表，组织市民代表会

---

① "冬"，即2日的电报代号。

议，选举侯（候）选委员三十五人，由国民党中央执行委员会政治会议上海分会，暨上海特别市党部指定十九人后，经市民代表大会通过。电过中央党部批准，国民政府任命，方始正式就职。可谓完全出于民众之意思，受政府之指挥。乃君等谓为伪选民意，窃取政权，不知何所见而云然。夫全市代表自由集合，公选者而可谓为伪，则袁世凯之唆使爪牙劝进，可谓不伪矣。中央批准政府任命者，而可谓窃，则西山派之盗用名义反抗中央，可谓不窃矣。孰则为民众谋幸福，孰则为个人图私利，孰则谨遵总理遗嘱，孰则违背本党党义，此则还请自思，无烦喋喋为也。当此中央批准任命就职、市民要求执行政务之际，适有军事当局从缓办公之请，且不料君等有此胡闹捣乱之举，何不谅之甚也。至于要求声明取消，此则委员甚众，当以民意为进退，非个人所可自由处置。恐吓之言，尤不值一笑。吾辈自五卅已（以）来，久在帝国主义者及军阀刀锋枪刺之下度生活，所谓以吃官司为家常便饭，枪毙杀头为告老还乡，若民众福利所在，则捐顶糜踵万死不辞。此非仅个人为然，凡在真革命党，莫不皆然。君等乃欲以区区之恐吓信使人畏避，适见其不知量耳，甚亦可以休矣！

林钧谨启

选自《新闻报》，1927-04-03，第四张新闻第 1 版。

28. 上海临时市民代表会议执行委员会呈请国民政府更委委员文——呈为委员续有辞职由大会补选请赐令行政府更委事

1927 年 4 月 3 日

窃上海特别市临时市政府委员，奉钧会有电核准，由国民政府任命在案。除钮委员永建、陈委员光甫函请辞职，经第四次代表会议通过，另选孙科、薛岳递补，具呈请予更委外，兹郑委员毓秀、谢委员福生续请辞职，经于四月三日提交市民代表会议通过，另选叶惠钧、赵南公等委员。理合具呈陈报，仰祈鉴核，俯赐批准，并令国民政府更委，实为公便。谨呈
中国国民党执行委员会

上海临时市民代表会议执行委员会
四月三日

选自《新闻报》，1927-04-04，第四张新闻第 2 版。

29. 上海各界之总要求（上海市民总要求）

1927 年 4 月 4 日上海市政府委员会通过

一、建立人民市政府。

二、拥护武汉国民政府。

三、帮助北伐军继续北伐。

四、收回租界，撤退驻华外兵。

五、充分发展民众政权及民众组织。

六、人民集会、结社、言论、出版、罢工绝对自由。

七、统一及发展上海市政。

八、废除苛捐杂税，减轻人民痛苦。

九、提高教育事业，确定教育基金。

十、颁布劳工法，保护劳苦人民。

十一、设立失业救济机关。

十二、改善士兵与警察生活。

十三、发展市乡交通。

选自《新闻报》，1927-04-05，第四张新闻第 1 版。

附：上海妇女总要求

一、妇女与男子一律平等，得参加一切市政。

二、上海市政府应颁布保护女工童工法律。

三、上海市政府应为妇女设立育儿院，保护私生子，使无力养育儿女或母亲因工作关系须暂寄儿女者，得享此社会育儿院之权利。

四、政府应扩充教育经费，创办普及男女的义务学校。

五、保障女学生之书信、言论、结社、集会等自由。

六、废止男女间不平等的一切法律和习惯，保障结婚离婚之自由，及女子之承继权，男女职业平等，教育平等，保护私生子等等。

七、废止童养媳制度，及奴婢纳妾制度，改良济良所，确定逐渐废娼之办法。

选自《新闻报》，1927-04-05，第四张新闻第 1 版。

30. 上海特别市临时市政府关于恢复民众自由权利之布告

1927 年 4 月 7 日

为布告事，照得集会、结社、言论、出版、罢工为人民天赋自由权利，各国宪法均郑重揭载条文，力予保护。诚以此项自由权利不能实现，即不足以表示民治精神。我上海市民向处军阀资本家帝国主义者数重压迫之下，所谓集会结社言论出版罢工种种权利，丝毫不得享受。其因此而骈首就戮者更不知其反几。兹幸我民众先觉者，努力奋斗于铁蹄之下，不惜绝大牺牲，解除束缚，夺还民政权。本临时政府为民众之代表，受党国之委任，对于民众自由权利自当尽量恢复，竭力保护。此后我市民集会结社言论出版罢工诸自由权，非经市民代表会议执行委员会通过之市政府紧急命令，不受任何限制。特此布告，俾众周知。凡我市民，其体斯旨，共循主义之中，毋踰正轨之外，接世界革命先声，□吾国市民模范，本临时政府有厚望焉。此布！

选自《新闻报》，1927-04-08，第四张新闻第1版。

31. 上海特别市临时市政府政纲草案

1927年4月10日第七次政府委员会通过

过去的上海，乃一军阀与帝国主义者勾结，以暴力统治市民的黑暗局面。我全上海市民都不过是军阀与帝国主义者之刀下肉樽上脍，谈不到什么理法与人权，一任他们宰割拷剥，而未由申诉。今幸我上海革命的工人与市民，已以其自己团结的力量，打倒残暴的军阀。同时以全上海二百万民众的代表选出委员，组织市政府，真正民选的政府。并经以代表民众利益而革命的国民政府之批准。这是何等伟大光明的表现也。足见本政府所负责任之重大。目前上海的局势，残暴的军阀虽已消灭，但帝国主义方运其最后余威，向我猛攻；许多投机分子及反革命势力也都乘机勃发，力谋捣乱。本政府为挽救革命危机，确定改造方针起见，除总的策略坚决拥护武汉国民政府，以革命的民众力量与革命的武力合作，继续国民革命外，特再规定对于上海地方的具体政纲如下：

一、关于政治者：本市政府为发扬及充分实行民治的革命政府，因此本市政府的政治方针如左：（一）竭诚拥护武汉国民政府；（二）肃清军阀残余贪官污吏土豪劣绅洋奴等一切反动势力；（三）充分发展民众政权及民众组织；（四）收回租界，撤退外国海陆军；（五）帮助北伐军继续北伐；（六）人民有集会结社言论出版罢工等绝对自由；（七）继续扩大反帝国主义运动，废除不平等条约；（八）法院取陪审制由各界陪审；（九）上海治安由上海人民自己武装维持，如商人保卫团、工人纠察队等。

二、关于建设者：本政府为建设的革命政府。本市政府今后之建设方针，在总的方面，努力实现孙总理将上海改良为世界港的计划。至于目前的方针如下：（一）统一上海市政；（二）改良并发展各区交通及港务；（三）设立失业介绍所，并准备失业救济费；（四）办理户口登记；（五）添设公共卫生场所；（六）取缔不良的游戏场；（七）维持并提倡慈善事业；（八）广设市立医院；（九）建立大规模的图书馆体育场及公园；（十）限期禁绝鸦片；（十一）严禁赌博；（十二）严禁卖淫业，现有妓女准其自由择配；（十三）严惩拐匪及贩买人口；（十四）设立平民工厂，收养无业贫民；（十五）建筑廉价房屋，开行早晚廉价车辆；（十六）减轻房租，并禁止小租及转租。

三、关于教育者：本政府为革命的政府，对于教育力求普及，尤其注意于平民教育之发展，其方针如左：（一）提高教育事业，确定教育基金；（二）劳苦人民子弟得有免费入学的权利；（三）劳苦人民得有免费受补习教育之机会；（四）广设公共教育机关，施行平民教育；（五）统一学制；（六）学校经济公开；（七）学校不准驻扎军队；（八）改善并增加学校设备、养病所、运动场、图书馆、试验仪器、浴室、厕所等；（九）教会学校及私立学校须在教育局立案；（十）教会学校废止读经及做祷告；（十一）收回教育权办法另定之；（十二）统一体育指导机关——体育会由学生会办理；（十三）市内各校得男女同学。

四、关于财政者：本政府为民众政府，对于财政方针，务求减轻人民负担，统一财源计划如左：（一）废除苛捐杂税，减轻人民痛苦；（二）重捐外国纸卷各烟，及各种奢侈品（指非国货）；（三）将市内有独占性之营业一律收归市有；（四）统一上海货币；（五）统一上海度量衡；（六）减少菜场税捐，添设菜场检验所；（七）重征烟酒税，减少米麦捐；（八）奖励本国实业及国货；（九）市政府财政绝对公开，市民有稽核之权。

五、关于商界者：（一）取缔不正当之营业；（二）限制房租（一、租价不能超过原本利息；二、单幢及双幢之市房住屋尤当特别限制）；（三）平定米价，查禁粮食出口；（四）减轻市上存放款利率；（五）限制典当息金；（六）限制物价高涨；（七）压抑地价不使增高；（八）厘定码头及车站搬运费额。

六、关于工界者：（一）颁布劳动法，举行社会保险；（二）工会有代表工人之权；（三）增高工资规定最低工资额；（四）实行八小时之工作制；（五）废除包工制；（六）修改厂规及雇佣契约；（七）星期日节日休息，工资照给，不休息工资加倍；（八）恢复因政治而失业工人工作，雇主不得藉（借）故关厂压制工人；（九）不准打骂工人，滥罚工资；（十）不准任意开除工人，开除工人须得工会同意；（十一）规定因工作而死伤的抚恤金；（十二）工人在疾病时，厂主须负责医治，并须发给半数以上之工资；（十三）男女工人同工同酬，改良女工童工之待遇；女工在生产前后休息六星期，工资照给；童工不得做过重工作；（十四）设立工人消费合作社、工人宿舍、工人饭堂、工人医院、工人浴堂等；（十五）改良工厂之设备，如增设门窗、天窗、厕所等；（十六）十六岁以下的青年工人每日工作不得过六小时；（十七）禁止雇用十三岁以下的童工工作，孤苦儿童由政府设法养育；（十八）禁止青年工人做夜工，危险及有害身体之工作；（十九）青年工人与成年工人同工同酬；（廿）病伤死亡之抚恤及一切待遇，青年工人与成年工人平等；（廿一）不准虐待及侮辱青年工人，尤其不得打骂学徒，使其为私人服役；（廿二）改良学徒制，缩短期限，至多不得过二年，师傅应授以完全的技术，并须酌给工资；（廿三）每年至少应有继续两星期以上的长期休息；（廿四）改良青年工人及学徒的卫生；（廿五）厂主应供给青年工人及学徒以免费教育（学校书报室等）及娱乐体育会等。

七、关于农民者：（一）限定最高租额，农民取得至少要占收获百分之六十；（二）限制高利盘剥，每月利息最高不得过八厘；（三）不得预征钱粮糟粮；（四）剔除诉讼积弊，禁止差役需索；（五）禁止土豪劣绅破坏农民运动；（六）不耕种而拥有多数田地者不得加入农民协会。

八、关于学生者：（一）减轻学费（由教育局会同该校学生会斟酌该校经济情形减轻之，惟至少须减轻原有学费三分之一）；（二）参加校务——学生得派代表参加学校最高行政机关会议，并有表决及保留权；（三）学生择师自由；（四）废止定期的机械考试（如月考、通考、期考等）采用平时积分制；（五）女学生通信、社交、婚姻自由。

九、关于教职员者：（一）增加教员俸给；（二）遇疾病婚丧及本身生育期间（六星期）支原俸；（三）在特别市内，中小学教职员继续服务满六年，得休养一年，支原俸（不愿休养者支双俸）；（四）因公残废及衰老应得养老金（照原俸之半每月发给）；（五）确定抚养之标准（由教职员会临时定之）；（六）工作时间，中学每周不得过 900 分，小学不得过 1080 分；（七）每教室不得过 50 人；（八）膳宿由校供给。

十、关于妇女者：（一）妇女与男子一律平等，得参加一切市政权；（二）在最短期间内颁布保护女工法律；（三）设立育儿院，保护私生子，并使无力养育儿女或母亲因工作关系须暂寄儿女者，得享此社会育儿院之权利；（四）废止男女间不平等的一切法律和习惯，保障结婚离婚之自由，及女子之承继权，男女职业平等，教育平等；（五）废除童养媳制度，及奴婢纳妾之制度；改良济良所。

十一、关于新闻记者者：（一）废除一切束缚言论出版之苛法；（二）新闻记者不受军法裁判；（三）公共交通机关新闻记者得免费使用；（四）公共机关应请规定时间接待记者，公共场所记者自由出入采取新闻。

本草案经本政府委员会第七次会议决议通过，兹特披露各界，如认为尚有须加补充或修正者，务请于三日内将意见提交本政府，根据增改，再行提付市民代表大会讨论通过，以便呈请国民政府批准施行。

选自《新闻报》，1927-04-11。

32. 上海临时市政府为英兵捣毁大夏大学致武汉国民政府电

1927 年 4 月 10 日

上海特别市临时市政府昨电国民政府云：英帝国主义者，挟其武力经济向我着着进攻，今且施其最后手段，直以印度南非待我。近日来租界内外，密布铁网，遍驻兵士，晚间未及十时即断决交通。戒备情形无异〔于〕两国已入交战状态。乃犹以为不足，于本月九日晨五时突派数百武装兵士越界，将大夏大学包围搜查，学生睡中惊醒，被迫离床，稍迟即拳棍交加，如待奴囚，并侵入办公室、图书馆、实验室及各寝室内，倾箱倒箧，任意蹂躏门窗校具，并被捣毁。学生现洋、书物，损失不赀。似此行为，直视我政府人民如无物。是而可忍孰不可忍。委员等今日已全体议决：领导全上海市民一致对英经济绝交，并要求撤除铁网，撤退驻华外兵，及收回租界，切祈我政府立即严重交涉，务达目的。我上海市民誓努力为政府后盾，临电不胜迫切之至。

选自《新闻报》，1927-04-12，第四张新闻第 1 版。

编者注：上海临时市政府为抗议英兵捣毁大夏大学于同日曾发布宣言内容基本相同。

33. 上海特别市临时市政府通告（汉口中央执行委员会电告"安心行使职权"）

1927 年 4 月 10 日

顷接汉口中央执行委员会来电，内开："临时市政府转上海临时市民代表大会鉴：江电悉，本会政治委员会七日临时紧急会议决定，上海临时市政府安心行使职权。除电照蒋总司令外，特此电知。中国国民党中央执行委员会　虞"① 等因，特此布闻。

上海特别市临时市政府

　　选自《新闻报》，1927-04-10，第一张新闻第2版。

34. 上海总工会致国民党中央执行委员会、国民政府呈文

1927 年 4 月 15 日

　　敬呈者：呜呼！我上海工人流无量数的血，牺牲无量数生命，与北洋军阀艰苦奋斗所欢迎来的革命军蒋"总司令"，不料即是屠杀我上海工人的刽子手。其居心之阴毒，手段之残酷，竟较北洋军阀犹过十倍，是诚我上海工人痛定思痛所意料不到者也！四月十二日，搜缴纠察队枪械之惨变，四月十三日包围请愿群众之屠杀，四月十四日以后，军队、流氓仍在到处捕人杀人。帝国主义从而给以若辈种种的便利，上海现时已完全陷入较张宗昌、孙传芳统治时更恐怖的局面当中。工人被杀者三百余人，被捕者五百余人，逃亡失踪者五千余人，失业者更不可数计。上海总工会委员长汪寿华及纠察队总指挥顾顺章②均同遭杀害，上海总工会会所完全为蒋介石所任命之流氓占领，各区工会联合会无不出于捣乱、封闭、占领三途。工人拥护总工会之行动与经济要求，不问其正当与否，概照戒严法认为"扰乱后方"，认为"反革命"，以军法从事，压迫上工，甚至工人集会之权也被剥夺。帝国主义者尽量助成蒋之反动政策，容许蒋之军队及所组织之流氓自由携带武装，到租界各处搜捕工人及革命分子。外国厂家大批开除历次参加革命运动的活动工人分子。上海的新闻舆论完全被蒋的权势封锁了。一切有革命历史的革命机关和民众组织，如上海特别市党部、上海学生联合会、上海市政府等，皆随着工人纠察队缴械之后，由军事当局自由封闭，或派人改组了。一切革命分子，不问其平日言论、工作如何，概指为共产党，凡共产党皆以为在可杀之列。一切反革命分子，如李宝章、周凤歧（孙军部下）、黄金荣（流氓首）、北洋长警等，皆成总司令所认为国民党之忠实同志而委以重任。对于帝国主义，则日颁保护外人之明令，对于工人经济要求，则日以"罢工即反革命"相诏语。自此次惨变发生后，我全上海八十万工友，即宣布总同盟罢工，以为援助，但残酷阴狠的蒋介石早有准备，一面依据戒严法，认罢工即是捣乱后方私通敌人，命令白崇禧、周凤岐任意屠杀，一面又有蒋与帝国主义会同组织之流氓团体为蒋鹰犬，到处搜捕工人领袖，同时示意中外厂家尽量开除工人革命分子。同情工人之团体，概受军事机关摧残，新闻舆论亦为蒋所封锁，拍寄各处之邮电亦不能发出。本会痛念我上海工友，在此一切反动势力围攻之下，孤军奋斗，一时又不能将新军阀打倒，徒然增多牺牲，因劝告各工友于十五日追悼委员长大会后，暂时忍痛复工，以听候国民政府及国民党中央党部之处置。蒋介石现时已完全变为较奉鲁军阀更反动的反革命者，彼口虽日言革命，而所行完全是反革命。约举其在上海最大罪状十端：

---

　　①　"虞"即 7 日的电报代号。

　　②　顾顺章后来投敌叛变。此处说他被害是误传。

一、勾结帝国主义，压迫罢工出卖上海工人阶级。

二、勾结帝国主义，雇用流氓骗缴工人纠察队武装，惨杀响应革命军有功的工人。

三、屠杀徒手请愿的群众数百人。

四、暗杀上海总工会委员长汪寿华。

五、收买流氓捣毁各工会，并占据上海总工会。

六、封锁舆论、邮电，禁止民意表现。

七、军事机关擅自封闭孙中山先生所号召、国民政府所批准之上海市民政府。

八、军事机关擅自改组上海特别市党部。

九、尽量容纳一切反革命分子，如屠杀上海工人的李宝章、武汉被驱逐的反动派孙传芳过去所用的走狗侦探等，畀以重用。

十、勾结帝国主义，利用流氓四处搜捕一切革命分子。

蒋之反动，不独对于上海如是，即在杭州、宁波、南京、无锡、苏州等处，同样发现军队帮同流氓反动派捣毁并占据工会、农会、省市党部，及惨杀革命领袖，屠戮徒手游行群众之事。呜呼！中山先生之三民主义只是蒋借以欺骗民众之招牌，中山先生之联俄、联共、拥护工农利益三大革命政策，早为蒋之实际行动破坏无余；国民党、国民政府与国民革命军在民众中之信仰，亦因蒋之反动而使民众怀疑愤怒。想我中央党部及政府诸领袖必不容于革命旗帜之下，有此反革命的叛徒，且付以军事重任，自堕政府、党部在群众中之声望，伏祈迅将蒋介石免职查办，明正典刑，以平民众之愤怒，恢复党部与政府之革命声誉。一切附和蒋逆之反动分子，也祈彻（彻）底肃清，勿稍宽纵。本会工友一息尚存，当竭力拥护中央党部及国民政府，以和此叛党叛国之奸贼斗争。兹特派代表王恩鲁前来呈报此次惨变经过，恳求中央党部及政府，对此上海八十万忠实革命被压迫的工友和东南数省陷于水深火热的民众，迅速予以援助。不胜迫切待命之至。为此谨呈

国民党中央执行委员会

国民政府

上海总工会谨呈

四月十五日

选自中华全国总工会中国职工运动史研究室编：《中国工会历史文献》（1）（1921.7—1927.7），北京，工人出版社，1958，第385～387页。原注："原载《蒋逆铁蹄之下东南》1927年6月出版"。

编者注：以下两个附件，是当时对上海政权组织体制另一种建议草案，刊印于此，供研究参考。

35. 附件（一） 上海市民代表会议之组织法 及其职任拟案（稼祥）

1927 年 3 月 6 日

以下这个拟案寄给各地作省民会议、县民会议、乡民会议的参考。

稼祥

三月六日

上海市民代表会议之组织法及其职任拟案

一、市民代表会议应有二种：一是市内各区代表会议，一是全市代表会议。上海市可分为闸北、南市、沪西（小沙渡、曹家渡）、沪东（杨树浦、引翔港）、浦东、公共租界、法租界、吴淞等八区。

二、各区代表会议及全市代表会议之代表，均须由各工厂、各手工业工会、各店员工会、各农会、各商会、各兵营、各学校、各自由职业的团体（如新闻记者联合会、律师公会、医师公会、会计师公会等）之全体群众开会，直接选出区代表及市代表，同时选或分二次选均可。学术研究、慈善机关、红十字会、宗教团体及同乡会等一切非职业团体，均不得选派代表。

三、全市代表会议之代表人数，应和全市二百余万居民为千与一之比，应选出市代表二千余人。每个职业机关或团体均按照人数比例，每千人选出一人，不满千人者亦得选举一人。区代表会议之代表人数，应照市民代表加倍。每个职业机关或团体均按照人数为比例，每五百人选出一人，不满五百人者亦得选出一人。

四、全市代表会议及各区代表会议，各选出三十人至五十人，为执行委员会，再由执行委员会选出九人至十三人为主席团。总揽全市政务。（如图甲）

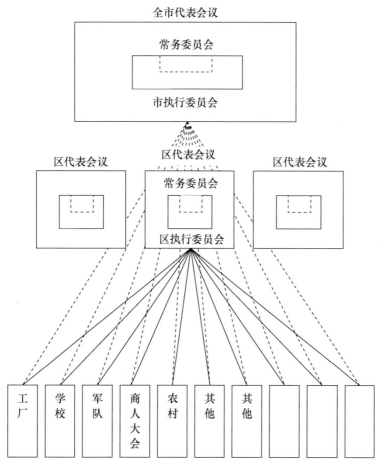

图甲

五、各主席团均每二日开会一次，各执行委员会均每星期开会一次，各代表会议均每月开常会一次。在革命战争时期，应由执行委员会随时召集临时会，以讨论、议决紧急问题及工作。

六、各代表均任期一年，但得连选连任。代表溺职时，得由原选机关或团体召集大会，撤回另行选派他人为代表，补足任期。

七、在革命战争时期中，各革命的政党应，有派代表特别参加各级执行委员会之权。

八、各级代表会议各代表之职任如下：（一）选举执行委员会。（二）报告所代表的群众意见。（三）讨论决议和战、增减税捐、市政兴废、工资、粮食、房租、对美、对日①、失业救济、教育等重大问题。全体代表分组研究财政、经济、军事、市政、外交等，提交大会或执行委员会采择施行。（四）开会后回到选出他的群众中，开会报告大会的意见及议决，并在群众中执行大会所议决的工作。

九、市执行委员会之各委员，分任财政、外交、军事、公安、教育、劳动、建设、司法等局政务。（如图乙）

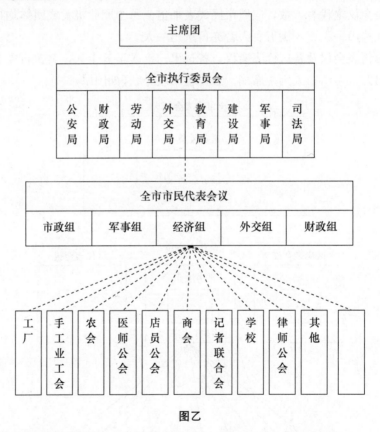

图乙

十、关于本市选举国民会议及全省省民会议之代表人数及办法另订之。

（附）：图甲、图乙

…… ……

选自上海市档案馆编：《上海工人三次武装起义》，上海，上海人民出版社，1983。

----

① 原文如此。

36. 附件（二） 上海特别市临时公约草案

1927 年 4 月

第一章 总纲

第一条 本公约于国民政府未颁布统一市制以前适用之。

第二条 本公约暂以淞沪商埠公署原管区域为其施行区域。

第三条 本公约所称市民，为上海全埠之中国人民，所称住民为上海居住之中外人民。

第二章 市民及住民

第四条 市民有言论、出版、集会、结社、罢工完全之自由。

第五条 市民依一定规律有选举及被选举权，对于市法律有提案权及表决权，对于市议员有撤回权，[对于]市官吏有罢免权。

第六条 住民不分中外国籍，有居住、营业、置产之完全自由。

第七条 住民有服从市法律及市政府一切命令之义务。

第八条 住民有负担市捐税之义务。

第三章 市政府

第九条 上海特别市设临时市议会，以议员五十人组织之。

第十条 临时市议员由下列各团体代表组织选举会，依无记名单记投票法，投票选举之，以得票多数者为当选，次多数者为候补当选。

甲、职业团体。

乙、地方团体。

凡总商会、商会、农会、律师公会、会计师公会、日报公会、新闻记者公会、学生联合会所属各学生会及总工会所属各工会，各行各邦依职业分别所组织之团体，皆为职业团体。

凡各马路联合会、市议会、乡议会、县市乡教育会、各同乡会及各妇女团体，皆为地方团体。

第十一条 各团体有会员百人以上者，得选代表一名，三百人以上者选代表二名，五百人以[上]者选代表三名，千人以上者选代表四名。

第十二条 上海特别市市民公会设立选举事务所，办理下列事宜：

（一）职业团体、地方团体之调查及注册；

（二）注册团体之审查及当选人名额之分配；

（三）团体代表选举及市议员选举会之筹备，当选证书之颁给；

（四）市议会地点之勘定，及议场之布置；

（五）市行政委员选举会之筹备。

第十三条 临时市议会有下列职权：

（一）议决市法律；

（二）选举市行政委员；

（三）议决市预算及决算；

（四）议决市行政委员会交议事件；

（五）议决市民请议事件。

第十四条　临时市议会互选主席一人、副主席一人，执行会内事务，会议时为主席。

第十五条　临时市议员为名誉职，但开会时得支公费。

第十六条　临时市议［会］须议员过半数列席始得开会，须列席议员过半数同意，始得决议。

第十七条　上海特别市设临时行政委员九人，组织行政委员会。由临时市议会依无记名连记投票法投票选举之，以得票过投票之半数者为当选。

第十八条　临时行政委员会有下列职权：

（一）执行临时市议会议决案及法律案；

（二）任免市政府所属官吏；

（三）保管市有财产及款项；

（四）承办国民政府委办事件。

第十九条　驻在本市地面别无何种正当任务之海陆军及司法官署，在国民政府未有统一办法以前，市行政委员会得收管之。

第二十条　临时行政委员会对于市议会之议决案认为不能执行者，应于一星期内声明理由，交临时市议会复议。倘临时市议会仍执前议，行政委员会须执行之。临时行政委员会对于提交复议仍执原议之议决案，认为确难执行时，得附具理由提交第十条各团体代表大会投票复议。倘各团体代表大会赞成临时市议会之决议，则行政委员会应即解职，否则改选临时市议会。

第二十一条　市行政设总务处及下列七局分管之：

（一）土地局：掌本市地亩之丈量及估价登记事宜；

（二）公安局：掌本市公共安宁之维护事宜；

（三）财政局：掌本市财政之出纳及保管事宜；

（四）教育局：掌本市教育事宜；

（五）工程局：掌本市建筑工程事宜；

（六）劳动局：掌本市劳工保护事宜；

（七）卫生局：掌本市消防卫生及救助事宜。

凡不属各局专管之事项由总务处掌管。

第二十二条　各局局长得由行政委员分任之。

第二十三条　各局设官分职及办事章程由行政委员会提交临时市议会议决之。

第四章　监察院

第二十四条　上海特别市设监察委员五人，组织监察院，行使下列职权：

（一）监察临时市议会之议决是否违背现行政策；

（二）监察临时行政委员会之议决及其行政是否违背现行政策；

（三）监察市议会及行政委员会所属官吏之行为有无违法或舞弊。

监察委员由各团体代表依第十七条之投票方法选举之。

第二十五条　监察委员得各别行使职权。

第二十六条　监察委员得出席市议会及行政委员会之会议，但不加入表决，并得随时调阅各机关文件及查询事件之经过。

第二十七条　监察委员发见（现）市议会或行政委员会议决及其行政有违背现行政策情事，得提出意见附所理由，请其改正。发见（现）市议会议员有违法舞弊情事，得通知第十条各团体代表大会撤消（销）其议员。发见（现）市行政委员有违法舞弊情事，得通知市议会撤消（销）其委员。发见（现）其他官吏有违法舞弊情事得通知行政委员会撤消（销）其官职。无论何人除撤消（销）其职位外，如有余罪，仍送法庭查究。

第五章　附则

第二十八条　本公约由各团体代表大会议决同时施行。

选自《上海工人三次武装起义》，上海，上海人民出版社，1983。

下 篇

第一次国共合作时期的联合政府
——广州、武汉国民政府的法律法规

一、中国国民党改组后的宣言政纲确立了国共合作的政治基础和国民政府的立法原则

1. 中国国民党第一次全国代表大会宣言[①]

1924 年 1 月 23 日

一、中国之现状

中国之革命发轫于甲午以后，盛于庚子，而成于辛亥，卒颠覆君政。夫革命非能突然发生也。自满洲入据中国以来，民族间不平之气，抑郁已久。海禁既开，列强之帝国主义如怒潮骤至，武力的掠夺与经济的压迫，使中国丧失独立，陷于半殖民地之地位。满洲政府既无力以御外侮，而钤制家奴之政策，且行之益厉，适足以侧媚列强。吾党之士，追随本党总理孙先生之后，知非颠覆满洲，无由改造中国，乃奋（愤）然而起，为国民前驱；激进不已，以至于辛亥，然后颠覆满洲之举始告厥成。故知革命之目的，非仅仅在于颠覆

---

① 中国国民党第一次全国代表大会于 1924 年 1 月 20 日在广州开幕，大会确立了孙中山的"联俄，联共，扶助农工"三大政策，承认共产党员和社会主义青年团员以个人资格加入国民党，通过以反帝反封建为主要内容的宣言和政纲以及新的中国国民党总章和改组的各项具体办法。大会选出了有共产党员参加的中央执行委员会。这次大会标志着第一次国共合作关系的正式建立。

满洲而已，乃在于满洲颠覆以后，得从事于改造中国。依当时之趋向，民族方面，由一民族之专横宰制过渡于诸民族之平等结合；政治方面，由专制制度过渡于民权制度；经济方面，由手工业的生产过渡于资本制度的生产。循是以进，必能使半殖民地的中国，变而为独立的中国，以屹然于世界。

然而当时之实际，乃适不如所期，革命虽号成功，而革命政府所能实际表现者，仅仅为民族解放主义。曾几何时，已为情势所迫，不得已而与反革命的专制阶级谋妥协。此种妥协，实间接与帝国主义相调和，遂为革命第一次失败之根源。夫当时代表反革命的专制阶级者实为袁世凯，其所挟持之势力初非甚强，而革命党人乃不能胜之者，则为当时欲竭力避免国内战争之延长，且尚未能获一有组织、有纪律、能了解本身之职任与目的之政党故也。使当时而有此政党，则必能抵制袁世凯之阴谋，以取得胜利，而必不致为其所乘。夫袁世凯者，北洋军阀之首领，时与列强相勾结，一切反革命的专制阶级如武人官僚辈，皆依附之以求生存；而革命党人乃以政权让渡于彼，其致失败，又何待言！

袁世凯既死，革命之事业仍屡遭失败，其结果使国内军阀暴戾恣睢，自为刀俎而以人民为鱼肉，一切政治上民权主义之建设，皆无可言。不特此也，军阀本身与人民利害相反，不足以自存，故凡为军阀者，莫不与列强之帝国主义发生关系。所谓民国政府，已为军阀所控制，军阀即利用之结欢于列强，以求自固。而列强亦即利用之，资以大借款，充其军费，使中国内乱纠缠不已，以攫取利权，各占势力范围。由此点观测，可知中国内乱实有造于列强；列强在中国利益相冲突，乃假手于军阀，杀吾民以求逞。不特此也，内乱又足以阻滞中国实业之发展，使国内市场充斥外货。坐是之故，中国之实业即在中国境内，犹不能与外国资本竞争。其为祸之酷，不止吾国人政治上之生命为之剥夺，即经济上之生命亦为之剥夺无余矣。环顾国内，自革命失败以来，中等阶级频经激变，尤为困苦；小企业家渐趋破产，小手工业者渐致失业，沦为游氓，流为兵匪；农民无力以营本业，至以其土地廉价售人，生活日以昂，租税日以重。如此惨状，触目皆是，犹得不谓已濒绝境乎？

由是言之，自辛亥革命以后，以迄于今，中国之情况不但无进步可言，且有江河日下之势。军阀之专横，列强之侵蚀，日益加厉，令中国深入半殖民地之泥犁地狱。此全国人民所为疾首蹙额，而有识者所以傍（彷）徨日夜，急欲为全国人民求一生路者也。

然所谓生路者果如何乎？国内各党派以至于个人暨外国人多有拟议及此者，试简单归纳各种拟议，以一评骘其当否，而分述于下：

一曰立宪派。此派之拟议，以为今日中国之大患在于无法，苟能借宪法以谋统一，则分崩离析之局庶可收拾。曾不思宪法之所以能有效力，全恃民众之拥护，假使只有白纸黑字之宪法，决不能保证民权，俾不受军阀之摧残。元年以来尝有约法矣，然专制余孽、军阀官僚僭窃擅权，无恶不作，此辈一日不去，宪法即一日不生效力，无异废纸，何补民权？迩者曹锟以非法行贿，尸位北京，亦尝借所谓宪法以为文饰之具矣，而其所为，乃与宪法若风马牛不相及。故知推行宪法之先决问题，首在民众之能拥护宪法与否。舍本求末无有是处。不特此也，民众果无组织，虽有宪法，即民众自身亦不能运用之，纵无军阀之摧残，其为具文自若也。故立宪派只知求宪法，而绝不顾及将何以拥护宪法，何以运用宪法，即可知其无组织、无方法、无勇气以真为宪法而奋斗。宪法之成立，唯在列强及军阀之势力颠覆之后耳。

二曰联省自治派。此派之拟议，以为造成中国今日之乱象，由于中央政府权力过重，故当分其权力于各省；各省自治已成，则中央政府权力日削无所恃以为恶也。曾不思今日北京政府权力初非法律所赋予、人民所承认，乃由大军阀攘夺而得之。大军阀既挟持暴力以把持中央政府，复利用中央政府以扩充其暴力。吾人不谋所以毁灭大军阀之暴力，使不得挟持中央政府以为恶，乃反欲借各省小军阀之力，以谋削减中央政府之权能，是何为耶？推其结果，不过分裂中国，使小军阀各占一省，自谋利益，以与挟持中央政府之大军阀相安于无事而已，何自治之足云！夫真正的自治，诚为至当，亦诚适合吾民族之需要与精神；然此等真正的自治，必待中国全体独立之后，始能有成。中国全体尚未能获得自由，而欲一部分先能获得自由，岂可能耶？故知争回自治之运动，决不能与争回民族独立之运动分道而行。自由之中国以内，始能有自由之省。一省以内所有经济问题、政治问题、社会问题，惟有于全国之规模中始能解决。则各省真正自治之实现，必在全国国民革命胜利之后，亦已显然，愿国人一思之也。

三曰和平会议派。国内苦战争久矣，和平会议之说应之而生。提倡而赞和者，中国人有然，外国人亦有然。果能循此道而得和平，宁非国人之所望，无如其不可能也。何则？构成中国之战祸者，实为互相角立之军阀，此互相角立之军阀各顾其利益，矛盾至于极端，已无调和之可能。即使可能，亦不过各军阀间之利益得以调和而已，于民众之利益固无与也。此仅军阀之联合，尚不得谓为国家之统一也，民众果何需于此乎？此等和平会议之结果，必无以异于欧战议和所得之结果。列强利益相冲突，使欧洲各小国不得和平统一；中国之不能统一，亦此数国之利益为之梗也。至于知调和之不可，而惟冀各派之势力保持均衡，使不相冲突，以苟安于一时者，则更为梦想。何则？盖事实上不能禁军阀中之一派不对于他派而施以攻击，且凡属军阀莫不拥有雇佣军队，推其结果，不能不出于争战，出于掠夺。盖掠夺于邻省，较之掠夺于本省为尤易也。

四曰商人政府派。为此说者，盖鉴于今日之祸由军阀官僚所造成，故欲以资本家起而代之也。虽然军阀官僚所以为民众厌恶者，以其不能代表民众也，商人独能代表民众利益乎？此当知者一也。军阀政府托命于外人，而其恶益著，民众之恶之亦益深；商人政府若亦托命于外人，则亦一丘之貉而已。此所当知者二也。故吾人虽不反对商人政府，而吾人之要求则在于全体平民自己组织政府，以代表全体平民之利益，不限于商界。且其政府必为独立的不求助于外人，而惟恃全体平民自己之意力。

如上所述，足知各种拟议，虽或出于救国之诚意，终究为空谈；其甚者则本无诚意，而徒出于恶意的讥评而已。

吾国民党则夙以国民革命，实行三民主义为中国唯一生路。兹综观中国之现状，益知进行国民革命之不可懈。故再详阐主义，发布政纲以宣告全国。

二、国民党之主义

国民党之主义维何？即孙先生所提倡之三民主义是已。本此主义以立政纲，吾人以为救国之道，舍此末由。国民革命之逐步进行，皆当循此原则。此次毅然改组，于组织及纪律特加之意，即期于使党员各尽所能，努力奋斗，以求主义之贯彻。去年十一月二十五日孙先生之演说，及此次大会孙先生对于中国现状及国民党改组问题之演述，言之綦详。兹综合之，对于三民主义为郑重之阐明。盖必了然于此主义之真释，然后对于中国之现状而谋救济之方策，始得有所依据也。

（一）民族主义

国民党之民族主义，有两方面之意义：一则中国民族自求解放；二则中国境内各民族一律平等。

第一方面：国民党之民族主义，其目的在使中国民族得自由独立于世界。辛亥以前，满洲以一民族宰制于上，而列强之帝国主义复从而包围之，故当时民族主义之运动，其作用在脱离满洲之宰制政策与列强之瓜分政策。辛亥以后，满洲之宰制政策已为国民运动所摧毁，而列强之帝国主义则包围如故，瓜分之说变为共管，易言之，武力之掠夺变为经济的压迫而已，其结果足使中国民族失其独立与自由则一也。国内之军阀既与帝国主义相勾结，而资产阶级亦眈眈然欲起而分其馀余，故中国民族政治上、经济上皆日即于憔悴。国民党人因不得不继续努力，以求中国民族之解放。其所恃为后盾者，实为多数之民众，若知识阶级，若农夫，若工人，若商人是已。盖民族主义对于任何阶级，其意义皆不外免除帝国主义之侵略。其在实业界，苟无民族主义，则列强之经济的压迫，自国生产永无发展之可能。其在劳动界，苟无民族主义，则依附帝国主义而生存之军阀及国内外之资本家，足以蚀其生命而有余。故民族解放之斗争，对于多数之民众，其目标皆不外反帝国主义而已。帝国主义受民族主义运动之打击而有所削弱，则此多数之民众，即能因而发展其组织，且从而巩固之，以备继续之斗争，此则国民党能于事实上证明之者。吾人欲证实民族主义实为健全之反帝国主义，则当努力于赞助国内各种平民阶级之组织，以发扬国民之能力。盖惟国民党与民众深切结合之后，中国民族之真正自由与独立始有可望也。

第二方面：辛亥以前，满洲以一民族宰制于上，具如上述。辛亥以后，满洲宰制政策既已摧毁无余，则国内诸民族宜可得平等之结合，国民党之民族主义所要求者即在于此。然不幸而中国之政府乃为专制余孽之军阀所盘据（踞），中国旧日之帝国主义死灰不免复燃，于是国内诸民族因以有杌陧不安之象，遂使少数民族疑国民党之主张亦非诚意。故今后国民党为求民族主义之贯彻，当得国内诸民族之谅解，时时晓示其在中国国民革命运动中之共同利益。今国民党在宣传主义之时，正欲积集其势力，自当随国内革命势力之伸张，而渐与诸民族为有组织的联络，及讲求种种具体的解决民族问题之方法矣。国民党敢郑重宣言，承认中国以内各民族之自决权，于反对帝国主义及军阀之革命获得胜利以后，当组织自由统一的（各民族自由联合的）中华民国。

（二）民权主义

国民党之民权主义，于间接民权之外，复行直接民权，即为国民者不但有选举权，且兼有创制、复决、罢官诸权也。民权运动之方式，规定于宪法，以孙先生所创之五权分立为之原则，即立法、司法、行政、考试、监察五权分立是已。凡此既以济代议政治之穷，亦以矫选举制度之弊。近世各国所谓民权制度，往往为资产阶级所专有，适成为压迫平民之工具。若国民党之民权主义，则为一般平民所共有，非少数者所得而私也。于此有当知者：国民党之民权主义与所谓"天赋人权"者殊科，而唯求所以适合于现在中国革命之需要。盖民国之民权，唯民国之国民乃能享之，必不轻授此权于反对民国之人，使得借以破坏民国。详言之，则凡真正反对帝国主义之个人及团体，均得享有一切自由及权利；而凡卖国罔民以效忠于帝国主义及军阀者，无论其为团体或个人，皆不得享有此等自由及权利。

（三）民生主义

国民党之民生主义，其最要之原则不外二者：一曰平均地权；二曰节制资本。盖酿成经济组织之不平均者，莫大于土地权之为少数人所操纵。故当由国家规定土地法、土地使用法、土地征收法及地价税法。私人所有土地，由地主估价呈报政府，国家就价征税，并于必要时依报价收买之，此则平均地权之要旨也。凡本国人及外国人之企业，或有独占的性质，或规模过大为私人之力所不能办者，如银行、铁道、航路之属，由国家经营管理之，使私有资本制度不能操纵国民之生计，此则节制资本之要旨也。举此二者，则民生①主义之进行，可期得良好之基础。于此犹有当为农民告者：中国以农立国，而全国各阶级所受痛苦，以农民为尤甚。国民党之主张，则以为农民之缺乏田地沦为佃户者，国家当给以土地，资其耕作，并为之整顿水利，移殖荒徼，以均地力。农民之缺乏资本至于高利借贷以负债终身者，国家为之筹设调剂机关，如农民银行等，供其匮乏，然后农民得享人生应有之乐。又有当为工人告者：中国工人之生活绝无保障，国民党之主张，则以为工人之失业者，国家当为之谋救济之道，尤当为之制定劳工法，以改良工人之生活。此外如养老之制、育儿之制、周恤废疾者之制、普及教育之制，有相辅而行之性质者，皆当努力以求其实现。凡此皆民生主义所有事也。

中国以内，自北至南，自通商都会以至于穷乡僻壤，贫乏之农夫，劳苦之工人，所在皆是。因其所处之地位与所感之痛苦，类皆相同，其要求解放之情至为迫切，则其反抗帝国主义之意亦必至为强烈。故国民革命之运动，必恃全国农夫、工人之参加，然后可以决胜，盖无可疑者。国民党于此，一方面当对于农夫、工人之运动，以全力助其开展，辅助其经济组织，使日趋于发达，以期增进国民革命运动之实力；一方面又当对于农夫、工人要求参加国民党，相与为不断之努力，以促国民革命运动之进行。盖国民党现正从事于反抗帝国主义与军阀，反抗不利于农夫、工人之特殊阶级，以谋农夫、工人之解放。质言之，即为农夫、工人而奋斗，亦即农夫、工人为自身而奋斗也。

中国为农业的国家，故军队多由农民征集补充而成，乃不为民利捍卫，又不助人民抵抗帝国主义，而反为帝国主义所操纵之军阀，以戕贼人民之利益；国民党于此，认为有史以来莫大之矛盾。其所以然之故，在于中国经济落后，农民穷苦，不得已而受佣于军阀，以图几微之生存。其结果，乃至更增贫困，加人民以压迫，使流为土匪而不顾。欲除此种矛盾，使军队中农民真实之利益与其现在所争之利益无相妨之弊，国民党将于一般士兵及下级军官中极力宣传运动，使知真利所在，立成革命的军队，为人民利益而奋斗。

凡助国民党奋斗以驱除民贼，建设自卫的革命政府之革命军，国民对之当有特殊待遇。每革命军人于革命完全成功之后，愿意归农，革命政府行将给以广田，俾能自给而赡家族。

国民党之三民主义其真释具如此。自本党改组后，以严格之规律的精神，树立本党组织之基础，对于本党党员，用各种适当方法施以教育及训练，使成为能宣传主义、运动群

---

① "光明日报版"为"民生主义"，《孙中山全集》误排为"民主主义"。

众、组织政治之革命的人才。同时以本党全力，对于全国国民为普遍的宣传，使加入革命运动，取得政权，克服民敌。至于既取得政权树立政府之时，为制止国内反革命运动及各国帝国主义压制吾国民众胜利之阴谋，芟除实行国民党主义之一切障碍，更应以党为掌握政权之中枢。盖惟有组织、有权威之党，乃为革命的民众之本据，能为全国人民尽此忠实之义务故耳。

三、国民党之政纲

吾人于党纲固悉力以求贯彻，顾以道途之远，工程之巨，诚未敢谓咄嗟有成；而中国之现状危迫已甚，不能不立谋救济。故吾人所以刻刻不忘者，尤在准备实行政纲，为第一步之救济方法。谨列举具体的要求作为政纲，凡中国以内有能认国家利益高出于一人或一派之利益者，幸相与明辨而公行之。

甲、对外政策

（一）一切不平等条约，如外人租借地、领事裁判权、外人管理关税权以及外人在中国境内行使一切政治的权力侵害中国主权者，皆当取消，重订双方平等、互尊主权之条约。

（二）凡自愿放弃一切特权之国家，及愿废止破坏中国主权之条约者，中国皆将认为最惠国。

（三）中国与列强所订其他条约有损中国之利益者，须重新审定，务以不害双方主权为原则。

（四）中国所借外债，当在使中国政治上、实业上不受损失之范围内，保证并偿还之。

（五）庚子赔款，当完全划作教育经费。

（六）中国境内不负责任之政府，如贿选、僭窃之北京政府，其所借外债，非以增进人民之幸福，乃为维持军阀之地位，俾得行使贿买侵吞盗用。此等债款中国人民不负偿还之责任。

（七）召集各省职业团体（银行界、商会等）、社会团体（教育机关等）组织会议，筹备偿还外债之方法，以求脱离因困顿于债务而陷于国际的半殖民地之地位。

乙、对内政策

（一）关于中央及地方之权限，采均权主义。凡事务有全国一致之性质者，划归中央；有因地制宜之性质者，划归地方。不偏于中央集权制或地方分权制。

（二）各省人民得自定宪法，自举省长，但省宪不得与国宪相抵触。省长一方面为本省自治之监督，一方面受中央指挥，以处理国家行政事务。

（三）确定县为自治单位。自治之县，其人民有直接选举及罢免官吏之权，有直接创制及①复决法律之权。

土地之税收，地价之增益，公地之生产，山林川泽之息，矿产水力之利，皆为地方政府之所有，用以经营地方人民之事业，及应育幼、养老、济贫、救灾、卫生等各种公共之需要。

各县之天然富源，及大规模之工商事业，本县资力不能发展兴办者，国家当加以协助。其所获纯利国家与地方均之。

---

① "光明日报版"为"及"，《孙中山全集》误排为"反"。

各县对于国家之负担，当以县岁入百分之几为国家之收入，其限度不得少于百分之十不得超过于百分之五十。

（四）实行普通选举制，废除以资产为标准之阶级选举。

（五）厘订（定）各种考试制度，以救选举制度之穷。

（六）确定人民有集会、结社、言论、出版、居住、信仰之完全自由权。

（七）将现时募兵制度渐改为征兵制度。同时注意改善下级军官及兵士之经济状况，并增进其法律地位。施行军队中之农业教育及职业教育，严定军官之资格，改革任免军官之方法。

（八）政府当设法安置土匪游民，使为社会有益之工作。而其所以达此目的之一法，计可以租界交还中国国民后所得之收入充此用途。此之所谓租界，乃指设有领事裁判权之特别地区，发生"国中有国"之特别现象者而言。此种"国中有国"之现象，当在清除之列。至关于外人在租界内住居及营业者，其权利当由国民政府按照中国与外国特行缔结之条约规定之。

（九）严定田赋地税之法定额，禁止一切额外征收，如厘金等类当一切废绝之。

（十）清查户口，整理耕地，调正（整）粮食之产销，以谋民食之均足。

（十一）改良农村组织，增进农人生活。

（十二）制定劳工法，改良劳动者之生活状况，保障劳工团体，并扶助其发展。

（十三）于法律上、经济上、教育上、社会上确认男女平等之原则，助进女权之发展。

（十四）励行教育普及，以全力发展儿童本位之教育。整理学制系统，增高教育经费，并保障其独立。

（十五）由国家规定土地法、土地使用法、土地征收法及地价税法。私人所有土地，由地主估价呈报政府，国家就价征税，并于必要时依报价收买之。

（十六）企业之有独占的性质者，及为私人之力所不能办者，如铁道、航路等，当由国家经营管理之。

以上所举细目，皆吾人所认为党纲之最小限度，目前救济中国之第一步方法。

选自孙中山著，广东省社会科学院历史研究所编：《孙中山全集》，第9卷，北京，中华书局，1986，第114～126页。原注："据《中国国民党第一次全国代表大会宣言》（大会秘书处一九二四年二月印发本）。"

互校版本：荣孟源主编：《中国国民党历次代表大会及中央全会资料》，北京，光明日报出版社，1985，第11～22页。简称"光明日报版"。

2. 孙中山《对于中国国民党宣言旨趣之说明》[①]
1924年1月23日

现在本党大会宣言已经表决，这是本党成立以来破天荒的举动。但是我们表决宣言之

---

① 原注：这是《中国国民党第一次全国代表大会宣言》通过以后，孙中山在大会上的发言。

后，大家必须依宣言而进行，担负此项实行责任。此次宣言，不只在场代表共同负责，就是各省及海外的同志，均有负担此项革命的责任。我们从前革命，均未收到好结果，就是因为革命没有彻底成功，其原因大都是我们同志负担责任没有始终如一，所以不能贯彻革命主义。现在本党召集此次代表大会，发表此项宣言，就是表示以后革命与从前不同。前几次革命，均因半路上与军阀官僚相妥协、相调和，以致革命成功之后，仍不免于失败。当袁世凯做皇帝的时候，本党的同志在山东、在广东、在四川、在福建、在长江一带的纷纷起事，用种种力量来抵抗袁氏的帝制，那时候并不用鲜明的革命旗帜。以后袁世凯自毙，总算我们反对袁世凯的成功，但是按之革命的真精神，仍是失败。后来护法之役，也没把革命旗帜竖起，做了五六年的护法工夫，最后曹锟、吴佩孚也赞成护法，弄得护法的问题又归调和妥协。大抵我们革命在起初的时候，奋斗均极猛烈，到后结果无一次不是妥协。即举排满、倒袁、护法三役而言，我们做革命都是有头无尾，都是有始无终，所以终归失败。

此次我们通过宣言，就是从新担负革命的责任，就是计划彻底的革命。终要把军阀来推倒，把受压的人民完全来解放，这是关于对内的责任。至对外的责任，有要反抗帝国侵略主义，将世界受帝国主义所压迫的人民来联络一致，共同动作，互相扶助，将全世界受压迫的人民都来解放。我们有此宣言，决不能又蹈从前之覆辙，做到中间又来妥协。以后应当把妥协调和的手段一概打消，并且要知道，妥协是我们做彻底革命的大错。所以今天通过宣言之后，必须大家努力前进，有始有终，来做彻底成功的革命！

选自孙中山著，广东省社会科学院历史研究所编：《孙中山全集》，第9卷，北京，中华书局，1986，第125～126页。原注："据《中国国民党全国代表大会会议录》第八号《总理对于宣言旨趣之说明》"。

3. 国民政府建国大纲①

孙总理手拟，1924年1月23日国民党第一次全国代表大会通过，
同年4月12日公布

一、国民政府本革命之三民主义、五权宪法，以建设中华民国。

二、建设之首要在民生。故对于全国人民之食衣住行四大需要，政府当与人民协力，共谋农业之发展，以足民食；共谋织造之发展，以裕民衣；建筑大计划之各式屋舍，以乐民居；修治道路、运河以利民行。

三、其次为民权。故对于人民之政治知识能力，政府当训导之，以行使其选举权，行使其罢官权，行使其创制权，行使其复决权。

四、其三为民族。故对于国内之弱小民族，政府当扶植之，使之能自决自治。对于国外之侵略强权，政府当抵御之，并同时修改各国条约，以恢复我国际平等、国家

---

① 原注：本件由孙中山起草后提交代表大会，与大会宣言并案审议。今所收录的是孙中山事后手写件。

独立。

五、建设之程序分为三期：一曰军政时期；二曰训政时期；三曰宪政时期。

六、在军政时期，一切制度悉隶于军政之下。政府一面用兵力，以扫除国内之障碍，一面宣传主义，以开化全国之人心，而促进国家之统一。

七、凡一省完全底定之日，则为训政开始之时，而军政停止之日。

八、在训政时期，政府当派曾经训练考试合格之员，到各县协助人民筹备自治。其程度以全县人口调查清楚，全县土地测量完竣，全县警卫办理妥善，四境纵横之道路修筑成功，而其人民曾受四权使用之训练，而完毕其国民之义务，誓行革命之主义者，得选举县官以执行一县之政事，得选举议员以议立一县之法律，始成为一完全自治之县。

九、一完全自治之县，其国民有直接选举官员之权，有直接罢免官员之权，有直接创制法律之权，有直接复决法律之权。

十、每县开创自治之时，必须先规定全县私有土地之价，其法由地主自报之，地方政府则照价征税，并可随时照价收买。自此次报价之后，若土地因政治之改良、社会之进步而增价者，则其利益当为全县人民所共享，而原主不得而私之。

十一、土地之岁收，地价之增益，公地之生产，山林川泽之息，矿产水力之利，皆为地方政府之所有，而用以经营地方人民之事业，及育幼、养老、济贫、救灾、医病与夫种种公共之需。

十二、各县之天然富源与及大规模之工商事业，本县之资力不能发展与兴办，而须外资乃能经营者当，由中央政府为之协助；而所获之纯利，中央与地方政府各占其半。

十三、各县对于中央政府之负担，当以每县之岁收百分之几为中央岁费，每年由国民代表定之；其限度不得少于百分之十，不得加于百分之五十。

十四、每县地方自治政府成立之后，得选国民代表一员，以组织代表会，参预（与）中央政事。

十五、凡候选及任命官员，无论中央与地方，皆须经中央考试铨定资格者乃可。

十六、凡一省全数之县皆达完全自治者，则为宪政开始时期。国民代表会得选举省长，为本省自治之监督；至于该省内之国家行政，则省长受中央之指挥。

十七、在此时期，中央与省之权限采均权制度。凡事务有全国一致之性质者，划归中央；有因地制宜之性质者，划归地方。不偏于中央集权或地方分权。

十八、县为自治之单位，省立于中央与县之间，以收联络之效。

十九、在宪政开始时期，中央政府当完成设立五院，以试行五权之治。其序列如下：曰行政院；曰立法院；曰司法院；曰考试院；曰监察院。

二十、行政院暂设如下各部：一、内政部；二、外交部；三、军政部；四、财政部；五、农矿部；六、工商部；七、教育部；八、交通部。

二十一、宪法未颁布以前，各院长皆归总统任免而督率之。

二十二、宪法草案当本于建国大纲及训政、宪政两时期之成绩，由立法院议订，随时宣传于民众，以备到时采择施行。

二十三、全国有过半数省份达至宪政开始时期，即全省之地方自治完全成立时期，则开国民大会，决定宪法而颁布之。

二十四、宪法颁布之后，中央统治权则归由国民大会行使之，即国民大会对于中央政府官员有选举权、有罢免权，对于中央法律有创制权、有复决权。

二十五、宪法颁布之日，即为宪政告成之时，而全国国民则依宪法行全国大选举。国民政府则于选举完毕之后三个月解职，而授政于民选之政府，是为建国之大功告成。

民国十三年四月十二日　孙文书（印）

选自孙中山著，广东省社会科学院历史研究所编：《孙中山全集》，第9卷，北京，中华书局，1986，第126~129页。原注："据上海《民国日报》一九二四年四月十二日《追悼专号》影印手迹原件"。

4. 中国国民党总章

1924年1月28日国民党第一次全国代表大会通过

中国国民党第一次全国代表大会为促进三民主义之实现，五权宪法之创立，特制定中国国民党总章如左。

第一章　党员

第一条　中国国民党不分性别，凡志愿接受①本党党纲，实行本党议决，加入本党所辖之党部，依时缴纳党费者，均得为本党党员。

第二条　党员入党时，须有本党党员二人以上之介绍，填具入党志愿书，经向所请求之区分部党员大会之通过，区党部执行委员会之认可，方得为本党党员。

第三条　凡本党党员须在所属党部领取党员证书，其证书由中央执行委员会制定之。

第四条　党员移居时，须即时在原住地方区分部报告，向所到地方之区分部登记，同时即为所到地方之党员。

第二章　党部组织

第五条　范围包括一个地方之党部，为上级机关；范围包括该地方一部分之党部，为下级机关。

第六条　各党部以全国代表大会、地方代表大会、地方党员大会为各该党部之高级机关。

第七条　地方党员大会、地方代表大会及全国代表大会须各选出执行委员，组织执行委员会，执行党务。

第八条　本党党部之组织系统如下：

（甲）全国　全国代表大会——中央执行委员会。

（乙）全省　全省代表大会——全省执行委员会。

（丙）全县　全县代表大会——全县执行委员会。

（丁）全区　全区党员大会或代表大会——全区执行委员会。

---

① "光明日报版"为"接受"，《孙中山全集》误作"接收"。

（戊）区分部　区分部党员大会区分部执行委员会——区分部为本党基本组织。

第九条　本党之权力机关如下：

（甲）全国代表大会；但闭会期间为中央执行委员会。

（乙）全省代表大会；但闭会期间为全省执行委员会。

（丙）全县代表大会；但闭会期间为全县执行委员会。

（丁）全区党员大会或代表大会，但闭会期间为全区执行委员会。

（戊）区分部党员大会，但闭会期间为区分部执行委员会。

各权力机关对于其上级机关应执行党之纪律及决议，但得提出抗议。

第十条　中央执行委员会得分设各部，执行本党之通常或非常党务。各部受中央执行委员会之管理。各部之职务及组织法，由中央执行委员会决定之。省及等于省之党部应设各部，由中央执行委员会决定之。

第十一条　各下级党部执行委员会须受上级党部执行委员会管辖。

第十二条　各下级党部之成立、启用印信，须经上级机关之核准。

第三章　特别地方党部组织

第十三条　热河、察哈尔、绥远三特别行政区域及蒙古、西藏、青海等处之党部组织与省同。

第十四条　各地关于党务有设置特别区之必要者，由最高党部决定之。

第十五条　特别区党部之组织，与省党部同等，直接受最高党部之指挥监督。

第十六条　重要市镇党部之组织，与县党部同等，直接受省党部之指挥监督。

第十七条　重要市镇党部之设置，由各该省党部开具计划，经中央执行委员会之许可，方得设立。

第十八条　国外党部组织，总支部等于省，支部等于县，分部等于区，通讯处等于区分部。

第四章　总理

第十九条　本党以创行三民主义、五权宪法之孙先生为总理。

第二十条　党员须从总理之指导，以努力于主义之进行。

第二十一条　总理为全国代表大会之主席。

第二十二条　总理为中央执行委员会之主席。

第二十三条　总理对于全国代表大会之议决，有交复议之权。

第二十四条　总理对于中央执行委员会之议决，有最后决定之权。

第五章　最高党部

第二十五条　本党最高机关为全国代表大会，常会每年举行一次，但中央执行委员会认为必要，或有省及等于省三分之一以上请求时，得召集临时全国代表大会。

第二十六条　全国代表大会常会开会日期，重要议题，须于两个月前通告各党员。

第二十七条　全国代表大会之组织法及选举法，及各地方应派代表之人数，得由中央执行委员会规定之。

第二十八条　全国代表大会之职权如下：

（甲）接纳及采行中央执行委员会及其他中央各部之报告。

（乙）修改本党政纲及章程。

（丙）决定对于时事问题应取之政策及政略。

（丁）选举中央执行委员、候补执行委员与监察委员、候补监察委员。

第二十九条　中央执行委员及监察委员之人数，由全国代表大会决定之。

第三十条　中央执行委员会委员遇故离任时，由候补委员依次充任。

第三十一条　中央执行委员会之职权如下：

（甲）代表本党对外关系。

（乙）组织各地方党部并指挥之。

（丙）委任本党中央机关报人员。

（丁）组织本党之中央机关各部。

（戊）支配本党党费及财政。

第三十二条　在政府机关、俱乐部、会社、工会、商会、市议会、县议会、省议会、国议会等内部特别组织之国民党党团，中央执行委员会得指挥之。

第三十三条　中央执行委员会每两星期至少开会一次；候补委员得列席会议，但只有发言权。

第三十四条　中央执行委员会互选常务委员三人，组织秘书处，执行日常党务。

第三十五条　全国代表大会闭会期间，中央执行委员会应召集各省执行委员会及其他直辖党部之代表，开全国会议一次。

第三十六条　中央执行委员会须将其活动经过情形，通告各省执行委员会及其他直辖党部，每月一次。

第三十七条　中央执行委员会得派遣中央执行委员于指定地点，组织执行部；其组织及职权由中央执行委员会另定之。

第三十八条　中央监察委员会之职权如下：

（甲）稽核中央执行委员会财政之出入。

（乙）审查党务之进行情形及部员之勤惰；训令下级党部，审核财政与党务。

（丙）稽核在党中央政府任职之党员，其施政之方针及政绩是否根据本党政纲及本党制定之政策。

第六章　省党部

第三十九条　全省代表大会六个月举行一次；但遇中央执行委员会训令，或县执行委员会三分之一以上请求时，得召集临时全省代表大会。

第四十条　省执行委员会认为必要，或全省党员半数请求时，亦得召集临时全省代表大会。

第四十一条　全省代表大会组织法、选举法及人数，由省执行委员会规定之。

第四十二条　全省代表大会接纳及采行省执行委员会及本党省机关各部之报告，决定本省党务进行之方策，选出执行委员并监察委员。

第四十三条　省执行委员会之职权如下：

（甲）互选常务委员三人组织秘书处。

（乙）设立全省各地方党部，并指挥其活动。

（丙）任命该省党机关报人员。

（丁）组织本省机关各部。

（戊）支配党费及财政。

第四十四条　省执行委员会每月须将其活动经过情形，报告中央执行委员会一次。

第四十五条　省执行委员会每星期至少开会一次；候补委员得列席会议但只有发言权。

第四十六条　省执行委员会委员遇故离任时，由候补委员依次充任之。

第四十七条　省监察委员会稽核省执行委员会财政之收支；及审查省执行委员会之党务及部员之勤惰；稽核在党省政府任职之党员，其施政方针及政绩是否根据本党政纲及本党制定之政策。

第七章　县党部

第四十八条　县代表大会每三个月举行一次；若遇省执行委员会训令及各区执行委员会三分之一请求时，得召集临时全县代表大会。

第四十九条　县执行委员会认为必要、或有该县党员半数请求时，亦得召集临时全县代表大会。

第五十条　县代表大会之组织法、选举法及人数，由县执行委员会审定后，经省执行委员会核准决定之。

第五十一条　县代表大会接纳及采行县执行委员会及其他本党县机关各部之报告，决定本县党务进行之方策，选举县执行委员、候补委员及监察委员。

第五十二条　县执行委员会选举常务委员一人，执行日常党务。

第五十三条　县执行委员会设立全县各地方党部而指挥其活动；任命该县党部机关报职员，但须经省执行委员会之核准；组织全县性质之事务各部，支配县内党费及财政。

第五十四条　县执行委员会须每两星期将其活动经过情形报告省执行委员会一次。

第五十五条　县执行委员会每星期会议一次，候补委员得列席会议，但只有发言权。

第五十六条　县执行委员会委员遇故离任时，由候补委员依次充任之。

第五十七条　县监察委员稽核县执行委员会财政之收支及审查县执行委员会之党务，稽核在党县政府任职党员之政绩。

第八章　区党部

第五十八条　区之高级机关为全区党员大会或代表大会。区以下为乡、为村。全区党员大会包括乡村党员在内；但因乡村离市区太远或党员太多，不能召集党员时，得召集全区代表大会，此全区代表大会即作为该区高级权力机关，但于可能时须召集全区党员大会。

第五十九条　区党员大会或代表大会每月举行一次，讨论党务其范围如下：

（甲）接纳及采行区执行委员会之报告。

（乙）代表大会之代表及党员大会之党员，在会议内报告区内党务之进行，解决党务之困难，及发表关于政治经济之意见。

（丙）训练党员问题、党员补习教育问题。

（丁）征求党费问题、讨论县执行委员会决议案之实行方法。

（戊）选举该区执行委员会委员。

第六十条　区执行委员会之职权如左：

（甲）指挥区内各区分部或其下各特别党务机关之活动事宜。

（乙）召集全区党员大会或全区代表大会。

（丙）组织区分部；但须得县执行委员会核准。

（丁）支配党费及财政。

第六十一条　区执行委员会互选常务委员一人，执行日常党务，每两星期须将活动经过情形报告县执行委员会。

<h2 style="text-align:center">第九章　区分部</h2>

第六十二条　区分部为本党之基本组织，由区执行委员会或其他代理机关组织之、或自组织之；但须经县执行委员会之核准。区分部人数无定，但须在五人以上。

第六十三条　区分部作用，为党员间或党员与本党主要机关间之联络，但在只有区分部成立之地方，区分部可作为主要机关。其职务如下

（甲）执行党之决议。

（乙）征求党费。

（丙）帮助区执行委员会进行党务。

（丁）分配本党宣传品。

（戊）收集党捐、分售本党印花、本党纪念相片、本党表记等。

（己）选派出席区大会、县大会之代表及初选省大会、全国大会之代表。

（庚）执行上级机关之命令。

第六十四条　区分部党员大会，至少两星期开会一次。

第六十五条　区分部须选举执行委员三人，组织区分部执行委员会，由执行委员会中互选常务委员一人，执行日常党务。每两星期须将其活动经过情形，报告区执行委员会一次。

<h2 style="text-align:center">第十章　任期</h2>

第六十六条　代表于会期终了时，其任务即为终了；但须向新代表之党部报告大会之经过及结果。

第六十七条　中央执行委员、省执行委员、县执行委员、区执行委员任期定为一年，区分部执行委员任期定为六个月。

第六十八条　中央及各省各县监察委员任期定为一年。

第六十九条　各省、各区、各县执行委员人数，与各省、各县监察委员人数，由中央执行委员会规定之。

第七十条　党部执行委员、监察委员不得兼任其他党部执行委员、监察委员。

<h2 style="text-align:center">第十一章　纪律</h2>

第七十一条　凡党员须恪守纪律，入党后即须遵守党章，服从党义；其在本党执政地方及在军事时期，尤须严行遵守。党内各问题，各得自由讨论；但一经决议定后，即须一致进行。

〔注意〕本党为历史的使命而奋斗，我国领土之完全自由及和平，全赖本党奋斗之成

功；欲求此次成功，必赖纪律之森严。党之成败，全系于此，望共勉之。

第七十二条　凡不执行本党决议者、破坏本党章程者、违反本党党义及党德者，须受以下处分：党内惩戒；或公开惩戒并在党报上详细登出原委；及暂时或永久开除党籍。已开除党籍之党员，不得在本党执政地方之政府机关服务。如地方全部有上述行动者，须受以下处分：

（甲）全部党员再行登记，分别去取。

（乙）全部解散，并在党报上登出原委。

第七十三条　凡党员个人或全部被弹劾时，须由该部监察委员会详细审查后，由该部执行委员会判决处分。对于执行委员会之处分，如认为不当时，得上控于上级执行委员会以及全国代表大会；但未得全国代表大会表示意见以前，此处分仍须执行。全国代表大会得判决个人或全部恢复党籍；但中央执行委员会尚未执行时，此判决仍不发生效力。

第十二章　经费

第七十四条　本党党费由党员所纳之党费、党之高级机关之补助及其他收入充之。

第七十五条　党费每月每人应缴银二角。党员遇失业、疾病等事故时，经在所属党部登记后，得免缴党费，但该部须将此情由，报告上级执行委员会。

第七十六条　党员未得允许而不缴纳党费至三个月者，即停止其党员资格。

第十三章　国民党党团

第七十七条　在秘密、公开或半公开之非党团体，如工会、俱乐部、会社、商会、学校、市议会、县议会、省议会、国议会之内，本党党员须组成国民党党团，在非党中扩大本党势力，并指挥其活动。

第七十八条　在非党团体中，本党党团之行动，由中央执行委员会详细规定之。

第七十九条　党团须受所属党部执行委员会之指挥及管辖，例如省议会内之党团，受该省党部执行委员会之指挥及管辖；国议会内之党团，受中央执行委员会之指挥及管辖；俱乐部等团体内之党团，受该地党部执行委员会之指挥及管辖。

第八十条　执行委员会各党团间意见有不合时，须开联合会议解决之；不能解决时，得报告上级委员会决定之；未得上级委员会决定时，党团须执行所属党部执行委员会之议决。

第八十一条　党团内党员个人得党团允许时，得于所在活动之团体内受职，并得调任他职。国会内党团之委员受委阁员时，必须先得所属党团及中央执行委员会之允许。

第八十二条　党团内须选举职员，组织干部执行党务。

第八十三条　所在活动之团体一切议题，须本本党政策政略，先在党团内讨论，以决定对各问题应取之方法。所定方法并在该团体议场上一致主张及表决。党团在所在活动之团体内，须有一致及严密之组织，各种意见可在党团秘密会议中发表；但对外须有一致之意见行动；如违反时，即作为违反党之纪律，须受党之处分。

第八十四条　党员在议会者，须先自具向议会辞职书，贮在所属党部执行委员会处；如与党之纪律大有违反时，其辞职书即在党报上发表，并且须本人脱离该议会。

附　则

第八十五条　本章程解释之权在最高党部。

第八十六条　本章程由全国代表大会议决，及公布之日起，发生效力。

选自孙中山著，广东省社会科学研究院历史研究所编：《孙中山全集》，第 9 卷，北京，中华书局，1986，第 152～162 页。原注："据《中国国民党第一次全国代表大会宣言及决议案》（一九二四年二月中央执行委员会版）"。

互校版本：荣孟源主编：《中国国民党历次代表大会及中央全会资料》，北京，光明日报出版社，1985，第 22～34 页。

5. 中国国民党第一次全国代表大会
暨一中全会决议案（选录）

1924 年 1 月 20 日—30 日

（一）组织国民政府之必要提案

（总理交临时中央执行委员会提出）

1924 年 1 月 20 日第一次全国代表大会通过

一、国民党当依此最小限度政纲为原则，组织国民政府。

二、国民党当宣传此义于工商实业各界，及农民、工人、兵士、学生与夫一般之群众，使人人知设统一国民政府之必要。

（二）第一届中央执监委员名单

1924 年 1 月 30 日第一次全国代表大会通过

中央执行委员 24 人

胡汉民　汪精卫　张静江　廖仲恺　李烈钧　居　正　戴季陶　林　森　柏文蔚

丁惟汾　石　瑛　邹　鲁　谭延闿　覃　振　谭平山　石青阳　熊克武　李守常

恩克巴图　王法勤　于右任　杨希闵　叶楚伧　于树德

候补中央执行委员 17 人

邵元冲　邓家彦　沈定一　林祖涵　茅祖权　李宗黄　白云梯　张知本　彭素民

毛泽东　傅汝霖　于方舟　张苇村　瞿秋白　张秋白　韩麟符　张国焘

中央监察委员 5 人

邓泽如　吴稚晖　李石曾　张继　谢持

候补中央监察委员 5 人

蔡元培　许崇智　刘震寰　樊钟秀　杨庶堪

（三）中央执行委员会各部组织问题案

1924 年 1 月 31 日第一届中央执行委员会第一次全体会议通过

原编者说明：中国国民党第一次全国代表大会闭幕后的第二日（31 日），即在广州召开第一届中央执行委员会第一次全体会议。会议主要通过推定中央执行委员廖仲恺、戴季陶、谭平山三人为常务委员，处理日常事务；确定中央各部部长人选；决定派遣中央委员分赴上海、北京、汉口等地组织执行部，指挥监督当地党务等议案。2月6日全会闭幕。

本资料据中国国民党中央执行委员会训练委员会1941年编印的训练丛书：《中国国民党历次会议宣言及重要决议案汇编》；另据中国革命博物馆党史研究室编的《党史资料研究》中有关部分，作为附录，供研究参考。

一、决议案

中央执行委员会各部组织问题案

民国十三年一月三十一日第一届中央执行委员会第一次全体会议通过

决议：

中央执行委员会应设下列各机关：一、秘书处；二、组织部；三、宣传部；四、工人部；五、农民部；六、青年部；七、妇女部；八、调查部；九、军事部。

说明：中央执行委员会所在地应设一秘书处及八部。上海、北京、汉口三处执行部不设军事部，关于军人军事事项，应由调查部秘密处理之。其余四川、哈尔滨两地，应分设各部，俟中央执行委员到该地体察情形后，报告于中央执行委员会决定之。

（四）对外问题态度案

1924年2月1日第一届中央执行委员会第一次全体会议通过

甲、收回租界问题；

乙、取消领事裁判权问题；

丙、自管关税问题；

丁、庚子赔款问题。

理由：

本党宣言中对于以上四个问题已有明白表示，各地党部应该如何宣传及运动，亟须预备进行方法，并应如何整齐各地党员之行动。

决议：

（一）先搜集以上四个问题之沿革，及现在中国所受之影响，编成各种出版物，向全国人民宣传，使之了解本党宣言所以规定四个问题之原因，并本党在国民革命中所负之责任，且使人民知道欲解决以上四个问题之困难，必要国民党成功方有希望。

（二）组织对外委员会，担任（一）项责任，同时推定邹鲁、于树德、廖仲恺三同志为对外委员会委员。

（三）对外委员会用对外委员会名义聘请专门家，为对外委员会委员，共同组织对外委员会。

（四）关于以上四个问题之出版，限一个月内编成。

（五）对广东政治财政统一问题案

1924年2月1日第一届中央执行委员会第一次全体会议通过

广东为最高党部所在地，与全国革命有极大关系。目下广东政治、财政未能统一，亟应设法统一，使吾党革命根据地趋于巩固，方能全力以策全国革命之进行。

决议：

以中央党部名义建议于本党总理。

附：中国国民党中央党部组成人员

1924 年 2 月

一、据《中国国民党十三年改组史料》：国民党一大闭幕后的第二天，即一九二四年一月三十一日，孙中山主持召开了国民党一届一中全会，推举廖仲恺、戴季陶、谭平山为中央执行委员会常务委员，并决定设立下列机构，组成中央党部，其组成如下：

（一）秘书处

（二）组织部　部长：谭平山；秘书：杨匏安（谭、杨均为中共党员）。

（三）宣传部　部长：戴季陶；秘书：刘芦隐。

（四）青年部　部长：邹鲁；秘书：孙甄陶。

（五）工人部　部长：廖仲恺；秘书：冯菊坡（中共党员）。

（六）农民部　部长：林祖涵；秘书：彭湃（林、彭均为中共党员）。

（七）妇女部　部长：曾醒；秘书：唐允恭。

（八）调查部　部长：（未定）

（九）军事部　部长：许崇智。

以上转录自荣孟源主编：《中国国民党历次代表大会及中央全会资料》，北京，光明日报出版社，1985，第 34～67 页。

6. 第二届农民运动讲习所简章[①]

1924 年 7 月中国国民党中央执行委员会制定

本党中央执行委员会开办第二届农民运动讲习所，简章录之如下：

一、名称：中国国民党中央执行委员会第二届农民讲习所。

二、宗旨：为养成农民运动之指导人材（才），以实现本党救济农民之政策。

三、管理：本所一切事务由中央执行委员会农民部管理，其组织及课程则与宣传部、组织部商定之。

四、科目：

（甲）讲演：

第一类：关于本党之主义——如三民主义、五权宪法及政纲解释等；

第二类：关于农民运动之理论；

第三类：关于农民运动之事实——如各国农民运动情形等；

第四类：关于农村组织及农民生活——政治、经济、法律、教育等之涉及农村者；

第五类：关于农民运动实施方略——如农民协会组织法、农村调查法等；

---

① 原注：原题为《农民讲习所之简章》。

第六类：公民常识。

（乙）军事训练。

（丙）体育训练。

（丁）宣传实习。

（戊）农民运动实习：

第一类：调查广州近郊农村组织及农民状况；

第二类：协助近郊农民组织广州市郊农民协会。

五、名额：二百名。

六、时期：两个月毕业——八月三日至十月三日。

七、地点：广州越秀南路五十三号中国国民党中央执行委员会。

八、投考须知：

（甲）投考资格：凡中国国民党党员志愿从事农民运动者，皆得投考，但必须具有下列之资格：

（一）文字通顺，能演说者；

（二）二十岁以上三十岁以下、身体强壮、能忍苦耐劳者；

（三）无家庭生活重大之牵累者；

（四）不事奢华而态度诚恳者。

（乙）考试科目：（一）验党证；（二）口试；（三）笔试（1、作文，2、算术）；（四）验体格。

（丙）报名时期：自七月二十日起至七月底止，每日上午十时至下午五时。

（丁）考试时期：八月一日上午九时至下午五时。

（戊）报名地点：越秀南路五十三号三楼中国国民党中央执行委员会农民部。

（己）考试地点：广东大学。

（庚）始业：八月三日下午二时在中国国民党中央执行委委员会。

九、学费：免收学费、膳宿费，并由本所供给或酌量津贴杂费若干。

十、毕业试：九月二十九至十月二日为毕业试期，以验所员心得，十月三日下午二时举行毕业礼，并给予毕业证书。

十一、奖励：毕业成绩最优者，选充农民部农民运动特派员，指导其在各地活动。

选自林锦文编：《广州农民运动讲习所资料选编》，北京，人民出版社，1987，第60～62页。原注："原载《广州民国日报》1924年7月24日"。

7. 孙中山：北上宣言[①]

1924 年 11 月 10 日

本年九月十八日，本党对于出师北伐之目的曾有宣言，其主要之意义，以为国民革命

---

① 原注：孙中山于11月13日离粤北上，与冯玉祥等讨论国事。这是行前三天在广州发表的宣言。

之目的，在造成独立自由之国家，以拥护国家及民众之利益。此种目的，与帝国主义欲使中国永为其殖民地者，绝对不能相容。故辛亥之役，吾人虽能推倒满洲政府，曾不须臾，帝国主义者已勾结军阀，以与国民革命为敌，务有以阻止国民革命目的之进行。十三年来，军阀本身有新陈代谢，而其性质作用，则自袁世凯以至曹锟、吴佩孚，如出一辙。故北伐之目的，不仅在复（覆）灭曹吴，尤在曹吴复（覆）灭之后，永无同样继起之人。换言之，北伐之目的，不仅在推倒军阀，尤在推倒军阀所赖以生存之帝国主义。盖必如是，然后国民党革命之目的，乃得以扫除障碍之故而活泼进行也。

国民革命之目的，在造成独立自由之国家，以拥护国家及民众之利益。其内容如何，本党第一次全国代表大会宣言已详述之。盖以民族、民权、民生三民主义为基本，而因应时势，列举救济方法，以为最少限度之政纲。语其大要，对外政策：一方在取治一切不平等之条约及特权；一方在变更外债之性质，使列强不能利用此种外债，以致中国坐困以次殖民地之地位。对内政策：在划分中央与省之权限，使国家统一与省自治，各遂其发达而不相妨碍；同时确定县为自治单位，以深植民权之基础；且当以全力保障人民之自由，辅助农工实业团体之发达，谋经济教育状况之改善。盖对外之政策果得实现，则帝国主义在中国之势力归于消灭，国家之独立自由可保；对内政策果得实现，则军阀不致死灰复燃，民治之基础莫能摇动。此敢信于中国之现状，实为对症之良药也。

北伐目的宣言，根据此旨，且为之说明其顺序："（一）中国跻于国际平等地位以后，国民经济及一切生产力，方得充分发展。（二）实业之发展，使农村经济得以改良，而劳动农民之生计有改善之可能。（三）生产力之充分发展，使工人阶级之生活状况，得因团结力之增长，有改善之机会。（四）农工业之发达，使人民之购买力增加，商业始有繁盛之动机。（五）文化及教育等问题，至此方不落于空谈。以经济之发展，使知识能力之需要日增，而国家富力之增殖，可使文化事业及教育之经费易于筹措；一切知识阶级之失业问题、失学问题，方有解决之端绪。（六）中国之法律，更因不平等条约之废除，而能普及于全国领土；一切租界皆已废除，然后阴谋破坏之反革命势力无所凭借。"[①] 以上诸端，凡属国民，不别其为实业家，为农民，为工人，为学界，皆无不感其切要，而共同奋斗，以蕲其实现者也。

国民革命之目的，其内容具如此。十三年来，帝国主义与军阀互相勾结，以为其进行之障碍，遂使此等关系民国存亡国民生死之荦荦诸端，无由实现。为谋目的之到达，不得不从事于障碍之扫除，此北伐之举所以不容已也。

自北伐目的宣布以后，本党旗帜下之军队在广东者，次第集中北江，以入江西。而本党复从种种方面指示国民，以帝国主义所援助之军阀，虽怀挟其"武力统一"之梦想，而其失败终为不能免之事实。今者吴佩孚之失败，足以证明本党判断之不谬矣。

军阀所挟持之武力，得帝国主义之援助而增其数量。此自袁世凯以来已然。然当其盛时，虽有帝国主义为之羽翼，及其败也，帝国主义亦无以救之。此其故安在？二年东南之役，袁世凯用兵，无往不利，三、四年间，叛迹渐著，人心渐去，及反对帝制之兵起，终至众叛亲离，一蹶不振。七年以来，吴佩孚用兵亦无往不利，骄气所中，以为可

---

① 原注：此引文与 9 月 18 日《中国国民党北伐宣言》略有出入。

以力征经营天下，至不恤与民众为敌，屠杀工人学生，以摧残革命之进行，及人心已去，终至于一败涂地而后已。犹于败亡之余，致电北京公使团，请求加以援助。其始终甘为帝国主义之傀儡，而不能了解历史的教训如此。由斯以雷，帝国主义之援助，终不敌国民之觉悟。帝国主义惟能乘吾国民之未觉悟以求逞，军阀亦惟能乘吾国民之未觉悟以得志于一时①，卒之未有不为国民觉悟所屈服者。愿我友军将士暨吾同志，于劳苦功高之余，一念及之也！

吾人于此，更可以得一证明：凡武力与帝国主义结合者无不败；反之，与国民结合以速国民革命之进行者无不胜。今日以后，当划一国民革命之新时代，使武力与帝国主义结合之现象，永绝迹于国内。其代之而兴之现象：第一步使武力与国民相结合，第二步使武力为国民之武力。国民革命，必于此时乃能告厥成功。今日者，国民之武力固尚无可言，而武力与国民相结合则端倪已见（现）。吾人于此，不得不努力以期此结合之确实而有进步。

欲使武力与国民深相结合，其所由之途径有二：

其一，使时局之发展能适应于国民之需要。盖必如此，然后时局发展之利益归于国民，一扫从前各派势力瓜分利益及垄断权利之罪恶。

其二，使国民能自选择其需要。盖必如此，然后国民之需要，乃得充分表现，一扫从前各派包揽把持隔绝群众之罪恶。

以上二者，为国民革命之新时代与旧时代之鸿沟划然。盖旧时代之武力，为帝国主义所利用，新时代之武力，则用以拥护国民利益而扫除其障碍者也。

本党根据以上理论，对于时局，主张召集国民会议，以谋中国之统一与建设；而在国民会议召集以前，主张先召集一预备会议，决定国民会议之基础条件及召集日期、选举方法等事。

预备会议，以下列团体之代表组织之：一、现代实业团体；二、商会；三、教育会；四、大学；五、各省学生联合会；六、工会；七、农会；八、共同反对曹吴各军；九、政党。

以上各团体之代表，由各团体之机关派出之；人数宜少，以期得迅速召集。

国民会议之组织，其团体代表与预备会议同，惟其代表须由各团体之团员直接选举，人数当较预备会议为多。全国各军，皆得以同一方法选举代表，以列席于国民会议。于会议以前，所有各省的政治犯完全赦免，并保障各地方之团体及人民有选举之自由，有提出议案及宣传讨论之自由。

本党致力国民革命，于今三十余年。以今日国内之环境而论，本党之主张，虽自信为救济中国之良药，然欲得国民之了解，亦大非易事。惟本党深信国民自决，为国民革命之要道；本党所主张之国民会议实现之后，本党将以第一次全国代表大会宣言所列举之政纲，提出国民会议，期得国民彻底的明了与赞助。

本党于此，敢以热诚告于国民曰：国民之命运，在于国民之自决；本党若能得国民之援助，则中国之独立自由统一诸目的，必能依于奋斗而完全达到。凡我国民，盍兴

---

① "中华书局版"此句印作："帝国主义惟能乘吾国民之未觉悟以得志于一时"。

乎来！

中华民国十三年十一月十日

中国国民党总理　孙文

　　选自孙中山著，广东省社会科学研究院历史研究所编：《孙中山全集》，第 11 卷，北京，中华书局，1986，第 294～298 页。原注："据上海《申报》1924 年 11 月 18 日《孙中山对于时局之宣言》"。简称"中华书局版"。

　　互校版本：中国人民大学中共党史系资料室编：《中共党史教学参考资料》，第 2 辑，1979，第 89～93 页。简称"人大党史版"。

8.　孙中山《国事遗嘱》

1925 年 3 月 11 日

　　余致力国民革命凡四十年，其目的在求中国之自由平等。积四十年之经验，深知欲达到此目的，必须唤起民众，及联合世界上以平等待我之民族，共同奋斗。

　　现在革命尚未成功，凡我同志，务须依照余所著《建国方略》、《建国大纲》、《三民主义》及《第一次全国代表大会宣言》，继续努力，以求贯彻。最近主张开国民会议及废除不平等条约，尤须于最短期间促其实现。是所至嘱！

中华民国十四年二月二十四日

孙　文　三月十一日补签

笔记者　汪精卫

证明者　宋子文　邵元冲　戴恩赛

孙　科　吴敬恒　何香凝

孔祥熙　戴季陶　邹　鲁

　　选自孙中山著，广东省社会科学研究院历史研究所编：《孙中山全集》，第 11 卷，北京，中华书局，1986，第 639～640 页。原注："据北京《晨报》一九二五年三月十四日影印遗嘱原件（同生照相馆摄影）"。

9.　孙中山《致苏俄遗书》①

1925 年 3 月 11 日

苏维埃社会主义共和国大联合中央执行委员会亲爱的同志：

　　我在此身患不治之症，我的心念此时转向于你们，转向于我党及我国的将来。

　　你们是自由的共和国大联合之首领。此自由的共和国大联合，是不朽的列宁遗与被压迫民族的世界之真遗产。帝国主义下的难民，将藉（借）此以保卫其自由，从以古代奴役

---

　　① 原注：原稿为英文，孙中山于 3 月 11 日签字。

战争偏私为基础之国际制度中谋解放。

我遗下的是国民党。我希望国民党在完成其由帝国主义制度解放中国及其他被侵略国之历史的工作中，与你们合力共作。命运使我必须放下我未竟之业，移交与彼谨守国民党主义与教训而组织我真正同志之人。故我已嘱咐国民党进行民族革命运动之工作，俾中国可免帝国主义加诸中国的半殖民地状况之羁缚。为达到此项目的起见，我已命国民党长此继续与你们提携。我深信，你们政府亦必继续前此予我国之援助。

亲爱的同志，当此与你们诀别之际，我愿表示我热烈的希望，希望不久即将破晓，斯时苏联以良友及盟国而欣迎强盛独立之中国，两国在争世界被压迫民族自由之大战中，携手并进，以取得胜利。

谨以兄弟之谊，祝你们平安！

孙逸仙（签字）

选自孙中山著，广东省社会科学院历史研究所编：《孙中山全集》，第11卷，北京，中华书局，1986，第641页。

10. 中国国民党第二次全国代表大会决议案① （选录）

1926年1月1日—20日

一、关于财政决议案

1926年1月19日

本党之财政计划，在创立巩固之财政及经济之基础，以为实行本党一切政治计划之根据。惟使国家有良好之财政基础，方能增进国家之经济，而离去帝国主义之侵略。但欲巩固财政经济之基础，必须改善现有之国家财政制度。改善国家财政制度之最要事项，在统一财政，建立一收支相符之国家及地方的预算，改善国家之租税制度，改良银行政策，创立良好币制，及利用国家公债，厉行关税政策等。兹条例如下：

（一）统一财政

统一国家财政，实为发展国家之唯一基础。本党应以坚决之态度，将所有之各种收入集中于政府之财政部。其他一切国家及军事之费用，均由国库支出。

（二）建立预算

（1）国家预算，所有国家之收入及支出均须包括在国家预算之内。此预算须经国民政府之批准。国民政府须将国家及地方之各种之税项之收入及支出，详细划分清楚。若无政府特许之明令，各机关及团体不能增多其由国家预算所准许之费用。在建立预算时，须将各种收入从长计较，并须限制国家支出，俾得收支相符，而无不敷之弊。

（2）地方预算应呈缴国民政府，国民政府可以决定其支出及收入，并得限制其税项之征收。若有不敷时，以国家款项资助之。

（3）当决定收入预算时，国民政府宜注意税项外之收入，因税项为人民之负担，实不

---

① 中国国民党第二次全国代表大会于1926年1月1日—20日于广州召开，大会通过宣言及各种决议案。

宜加重也。此税项外之收入，如物质及天然之富源，山林之利益，铁路及水道之收入，国家之工业及专利品之利息，邮政电报之赢（盈）余等。造币厂及国家之不动产（国家所不需用之产业），均可施诸实用。预算若有不敷时，与其加增税收，实不如发行国内公债，非于万不得已时决不举行。若因一时急用，收入不足以济之时，可发行短期国库债券。

（4）现在广东已由纷乱的内争时代达到和平建设时代，本党对于国家之支出预算，宜从事整理。关于预算一层不宜减少，如关于国防之费用，实宜增加，使平定内乱防卫国家之陆军得有完备之组织。国家收入增加时，对于民政事宜须特加注意，以供和平之经济建设。初等中学及高等之教育，及国家卫生之事宜，须于国家支出预算中得到相当地位。筑路及市政之发展，亦于人民之福利大有关系，政府亦宜注意及之也。至于较大之建设，于国家之政治及经济发生极大之关系者，如建筑黄埔商港，此种计划完成之后，能由外人手中取回南中国所应有之权利，是亦须计在和平建设之支出预算中者。

（5）为使政府之支出预算得宜，各机关须有定额之职员。此等职员之数目，由国民政府决定之。即陆军之人员亦须有定额。各机关若无政府之特许，不得增加其人员。各政府机关之各级人员的薪金亦须有定额，各人员之薪额不得超过其定额。

（三）租税政策

（1）现在国家税收情况之下，本党以直接税为最公平之征收。然亦不可遽废间接税（如货物税等）。因间接税之征收方法实简单而易为，且又容易管理，而人民亦鲜知有此担负。但仍须逐渐趋重直接税，以达公平征收之目的。

（2）为发展本国实业起见，对于本国及外国货物之税律须有分别。外国货物之税律应较本国为重。

（3）关于直接税一层，本党以为凡一切扰商害民之苛捐杂税应同时废除之。此多数之税项已废除之后，仅以少数基本之税项，如农税、商业税、工业税、手工业税以代之，或有收入骤减之患，但无论如何，其扰害人民之税项必逐渐废除之。

（4）至种种不良之征收应即取消，并涤除昔日不论民政军政人员皆得征收税项之陋习，惟使政府之财政部为唯一之设立及征收税项机关。政府宜保护已完纳法定税项之人民，使不至再缴纳不法之税项。

（5）除法定之税项外，各地方之人员无增加税项及附加税之权。

（6）各种供特别用途之特别税捐，须缴纳国库而依预算支取。

（7）现在之厘金制度，实足以病国害民而于商业之危害为尤大。因同一货物之运输，每被征收厘金至十余次，商人将所交纳之厘费计入货价之内，因而货价昂贵，人民之购买力已减，商业之周转自然下降，而本国之实业家因而无从发达。厘金对于国家之收入亦无利益，因征收厘金后，其他之商业及工业之税收亦必致低减也。而国库所收得之厘金费实为其小部分，其大部分之收入则多归诸私囊，及供厘务机关之费用。在此过渡期间，本党应以一种厘金以代多种繁杂之厘金，使商人交纳一次厘费以后，不至再有第二次之纳费。此后则此种集一之厘金亦当废除之，而代以一种不同税率之货物捐，以防外货之侵入，为增进土货之畅销为主旨，而同时又可免去在本省及邻近各省间多立门户之弊。

（8）税项已归简单之后，征收税项之方法亦须同时归于简单。各地之独立征收税项机关宜取消之。财政部所派出之各属财政所，宜管辖所属之税收事宜。各属财政所之人员均为财政部所派出之负责人员，与各地方之人员互相联络。财政所负有直辖该属税收之责。

（9）商人承买饷税之制度，与国家及人民均无利益，宜逐渐废除之。

（10）本党依据各独立国家之成法及权利，凡在国内之一切人民，不论其为本国及外国之国籍，不问其与中国曾立下何种条约，不论在租界内外铁路界线内外，及中国各部之中外国人民，均应缴纳国家法定之税项。各项人民（银行、债务及燕梳各公司）均应缴纳同一之法定税收。政府不宜将侵略中〔国〕之企业，在同一之基础上，而负担同一之负担。

（11）为防止及改正种种税项弊端起见，须设立税项之特别委员会，以考察民间之痛苦。此委员会须加入人民之代表。

（12）政府对于征收税项之财政之人员，须特加注意。为免除弊端起见，此等人员之薪金须使能维持彼等生活，若仍有作弊等情事，当严格处罚之。

（13）征收税项之方法已经改善之后，政府宜特别注意款项之用途，使所有之用度皆能增进国家之福利。外国帝国主义者及本国之军阀所酿成之继续的内争，已使国家贫困，国民政府对于款项之应用，须以最经济之方法行之。凡现在所未能之计划，均不宜施诸实行。即最不能少之费用，如关于改良税项一层，与其设法增加税项之收入，不如设法完成现在之税项制度，使国库管理得宜，而不致浪费款项，至无踪迹可寻。宜使本国之富源得自由发展，而不致为他人所侵略，宜使新由叛党手中得回之领土得到良好之收入。

（四）银行政策

为集中所有政府之款项起见，政府须以国家之中央银行及其分行为收入及支出之总机关。各机关及各公众之团体，须以其无需动用之金钱，储蓄于国家之中央银行。为此故中央银行宜在广东各处及各省重要地方设立支行。

（五）改良币制

1. 广东人民因币制纷乱所受之痛苦，实深且大。国家既未定币制之标准，因而伪银及轻银充斥市面。而又（有）大洋、小洋银两种不同之计算，因而银市更为纷扰。同时外国殖民地之银行，又极力在本国商场宣传使用彼等之纸币。广东币制已若斯纷乱，本党非急图改良之不可。此纷扰之币政，使国民于找换时受莫大之损失，因而货价高涨，而外国殖民地之银行则坐收其利。为改善不良之币制起见，国民政府宜从新铸造新币。铸造大洋之成分为纯银九百分、杂质一百分，辅币（小洋）则纯银七百分，杂质三百分。新币已为中国之标准货币，宜于币之一面印铸总理之像，则其他一面为党旗及国旗。

2. 以上之币制改革，宜逐渐进行，以免人民之损失及市面之纷扰，在改革之初步，宜使新币及旧币同时在市面使用。至人民对于新币之信仰加深，而旧币之价格下降时，则当令旧币依其所含之纯银之价值在市面通用；又其次则以新币为政府之标准银币，而旧币则仅依其所含之纯银价值由中央银行收回。在改革之第一期中，宜使旧币得与新币及中央银行之纸币自由交换，以免使人民蒙其损失。

3. 政府宜令中央银行之纸币为标准货币，银币则仅为其辅币，以便零售之交换。除中央银行之纸币外，不能令他种纸币（外国殖民地银行之纸币）在内地之商场使用。惟国民政府所发行之纸币及银币方得用以交纳国家之税项。如有使用外国货币及拒用国币者，宜惩办之。

4. 为拒除外国（香港）纸币在内地通用起见，政府对于现在之发行纸币制度宜加改良。中央银行宜施行短期借款，以满足国内商场周转和对于该行纸币之需求，及使该行之币得散布于内地各商场。在发行新纸币时，中央银行可以此等借款之单据、金银及外国纸币等为发行新纸币之担保。发行新纸币须有充分之毫洋、银砖、外国纸币及兑换券为其担保。中央银行须依市面所需之数目发行纸币，市面之纸币若多于需求时，宜将多余之数目收回。中央银行可于本国出口物盛多，而外国纸币价值低下时，收买外国纸币，以为调剂该银行所发行纸币的找换律之用。

5. 凡在中国境内所设立之各银行，不论其总行设于外国殖民地内，铁路之界线内，或中国之各部，均须向政府领取特许证，及将其银行之性质、活动及权力等与政府订立合同。此等银行若能得政府之特准，亦得发行纸币，惟应与政府以相当之抵押。其所发行之纸币须由政府管理之，以维持国民之福利。虽根据国际公法及中国与外国所订立之条约，亦无准许外人在中国内地设立银行及发行纸币者。外国银行不得以曾得其殖民地及其故国之准许为辞，而在中国境内设立银行及发行纸币。本党以此为侵犯中国之国权，而决定取缔外国在我国所自由设立之银行。

（六）公债政策

为发展国家之经济及完成重大之计划（如建筑黄埔商港）起见，本党宜应用国内公债办法。最初次发行之公债债额宜为一千万元。此公债须以政府所有之产业为其担保，及以加增之收入为归还此债额之用，此公债宜为短期之有奖公债，抽签发奖之次数须多；此公债成功之时，政府可以发行较为长期之公债，但非于万不得已时决不举行。

（七）关税政策

根据本党第一次全国代表大会对于关税之自主及由政府分配关税收入之议决案，本党以关税税律之自主为中国人民所应有之权利。国民政府应管理各水陆关卡之收入，而将此等收入存放中央银行。关税之行政人员应由国民政府委派，并采用特殊之关税税律，以发展国内之工商业，及增加国内原料及物产之输出，而同时又能增加政府之收入。为清除种种中国内地商埠之商业障碍起见，政府宜取消不良之关税税律。同时政府宜征收船只入口之种种税收（如码头及载重等征收）。

二、关于军事决议案
1926 年 1 月 18 日

本大会依照第一次全国代表大会所决定之对内政策第八条，及关于感化游民土匪和殊遇革命军人之决议案，决定军队中必须之工作及改良士兵经济生活各条，交国民政府议定办法，于最短期间切实施行。

一、注意政治训练，使革命军人完全受革命教育，并宜明定党代表职权。

二、统一军需，设立中央军需局，使军需独立。

三、确定国家军事预算，务使国民革命各军教育平均、经济平均。

四、严禁肉刑，改良军法，注意士兵待遇。

五、改良兵士生活，一方面务使经济生活之安全，一方面注意正当娱乐之设备。

六、注意伤兵之医治，及残废官兵之安置，确定抚恤之条例。

三、工人运动决议案

1926 年 1 月 16 日通过

一、本党参加工人运动之意义

本党自改组后即已注意于工人运动，在第一次全国代表大会宣言中，曾反复说明其重要的意义。并且在对内政策中明白规定："制定劳工法，改良劳动者之生活状况，保障劳工团体，并扶助其发展"之条文。盖以本党之国民革命事业，原以唤起民众，团结民众，树立民众之基础为根本要图。工人群众在各界民众中最为重要，若舍此不图，则所谓民众基础必无从巩固，甚至无从取得。况工人群众因其所处之地位与所感之痛苦，受现社会制度下之经济的、政治的压迫特甚，其要求解放之情实至迫切，则其趋于革命亦必至为强烈。本党革命目的原为解除民众痛苦，为贯彻此目的计，对此受压迫最深革命性最强之工人群众，一方面宜加以深切的援助，使其本身力量与组织日臻强大，一方面须用种种方法取得其同情，与之发生密切的关系。使本党在工人群众中树立伟大的革命基础。此先总理及第一次全国代表大会对于工人运动之所以特别注意。大会认为吾党应遵守总理遗训，及第一次全国代表大会宣言中之规定，对于各种工人运动均须切实努力参加之。

二、过去工作之批评

大会观察过去二年中本党关于工人运动之工作，已日有发展，工人群众之同情于本党者已日益众多。惟在工作中所发现的缺憾亦不少，兹举其大者三点述于下：

（一）本党工人运动，尚未能将改良工人生活状况之政纲向工人群众切实宣传，亦未能设法使之实现。

（二）有少数党员不明了党与工会在组织上之关系，常将党的组织与工会的组织混而为一。一方面丧失党的活动之特殊意义，一方面使工人群众对党与工会观念模糊不清。

（三）各级工人部组织皆不甚健全，且工作缺乏经验，以致全部缺乏有系统之工作。

三、关于改良工人状况之具体事件

（一）制定劳动法。

（二）主张八小时工作制，禁止十小时以上的工作。

（三）最低工资之制定。

（四）保护童工、女工。禁止十四岁以下之儿童作工，并规定学徒制。女工在生育期内应休息六十日，并照给工资。

（五）改良工厂卫生设置，劳动保险。

（六）在法律上工人有集会、结社、言论、出版、罢工之绝对自由。

（七）主张不以资产及知识为限制之普遍选举。

（八）厉行工人教育，补助工人文化机关之设置。

（九）切实赞助工人生产的、消费的合作事业。

（十）取消包工制。

（十一）例假休息照给工资。

为求上列条件之实现，凡本党参加工人运动之党员，皆应切实负宣传之责，本党指挥下之政府更应渐次实行。在本党政府之下，得设由工人代表参加之检查机关，检查上列条件之执行。倘党政府下之企业机关对于上列条件之执行或有所违背时，本党有时应立于工人群众利益方面纠正其错误，不应因其措施之失当而不顾工人群众之利益。若在党政府势力范围外，则号召工人群众提出上列各项之要求条件，以为工人奋斗之目标。并应切实解释上列要求，非在国民革命成功之后，不能具体实现，以促工人彻底觉悟。

四、党与工会之关系

（一）党为政治目的相同的组织，工会为经济目的相同的组织。本党对于工会在政治上立于指导地位，但不使工会失其独立性。

（二）工会中之党员应做成工会之中心。其组织与党的组织不应混合，其经济尤须划分。

（三）党之政策可以影响于工会之政策，但不能使工会全无政策，失却民众之主张地位。

五、本党工人部之工作

（一）各级工人部之组织须亟促其健全。于工人运动工作重要之地方，遇有必要时可由党部选派负责工作党员，在党的工人部指导之下，组织工人运动委员会，以为研究工人运动方法之机关。

（二）关于工人之各种问题，中央工人部须制定进行计划，指定各级工人部执行。各级工人部须于接到中央工人部指令后，转令各负责工作之党员执行。

（三）中央工人部须出版一定期刊物及各种小册子，供给各地工人运动负责党员以各项资料，并得借以互相讨论。

（四）各地工人部须向中央工人部作经常之报告，使中央工人部明了全国各地工人运动状况，并得以考察各地工人部工作情形。

六、目前工人运动应注意之点

大会观察目前国内之工人运动状况，以为本党目前关于工人运动之工作，除了根据上列各项努力进行，以求其实现外，下列各点亦须注意：

（一）自五卅运动后，国内工人群众已由本身经济斗争进到政治斗争，各地（特别是上海、广州）的反帝国主义运动，都有广大的工人群众参加，并且处于重要的地位。本党应善用此种机会在工人群众中努力于革命宣传的工作，使国内工人群众明了政治斗争非一时的，乃长期的，以养成工人群众在政治斗争中的持久性。

（二）国内工人群众经过五卅运动，已得到相当之教训与经验。以全国观察已有相当之进展。半年来各地工人运动之勃兴，及各地工人总组织之发现，皆为中国工人群众团结力扩大之表征。吾党应趁此时机予以伟大的帮助，促其发展格外加速，使全国工人的总组织中华全国总工会及各产业的各地方的总组织成为健全的、独立的且有系统的组织。

（三）帝国主义者及其工具（军阀与大商买办阶级等）目睹工人群众日趋觉悟，遂用种种惨酷方法压迫，及摧残工人群众及其团体，甚至无故残杀工人领袖。此种事实，已激起工人群众更激烈的反抗运动，吾党于此应极力扶助之。

四、青年运动报告决议案
1926 年 1 月 16 日通过

青年具有勇敢牺牲的特性，实为国民革命的先锋军。在目前旧家庭制度束缚之下，封建军阀压迫之下，旧礼教思想统驭之下，买办厂主剥削苛待之下，帝国主义者经济、政治、文化种种侵略之下，青年的生活教育各方面都感受特殊的痛苦，所以青年革命的要求比其他民众更为热烈。本党为求革命势力的充实，与扩大对青年运动有特别注意的必要。大会审查过去两年间之青年运动虽有相当成绩，然亦不少缺点，兹分述于下：

（一）广东在国民政府统治之下，一切革命运动都得着政府的提倡和帮助，青年运动自应和工农群众同样有长足的进步。但事实上，每次民众示威运动都由工农群众公开领导，不独没有多的青年学生出来参加，就是本党学生党员亦多未与闻其事。在一方面看来，固然是工农运动进步的神速，在另一方面却不能不承认青年运动的落后。

（二）在军阀势力下之各地方工农群众受更严重的压迫，一切民众示威运动，多半在青年学生领导之下。青年运动成绩较好的要算北京、上海、湖北、湖南、四川等处，惟共通的毛病就是仅仅限于学生青年运动，而学生运动又多半只取得学生总会、学生联合会的职员成为学生领袖运动。在地域上又只限于大都会。各县市乡村更十之八九还在睡眠状态中。

（三）海外各地党部多半没有单独的青年运动，更说不上缺点所在了。

（四）一般青年运动仅仅在偶发的政治问题中有所结合，没有持续性，没有在青年本身利益上促成其永久的强固的组织。

（五）关于青年宣传刊物绝少，教育方面亦没有顾及，致狭隘的国家主义、麻醉的基督教及封建时代的各种言论把持教育界，浸入到一般平民脑海中，而没有指正的工具。

（六）中央青年部与各地青年部没有发生关系，各地高级党部所属地方之青年运动，亦未能尽力领导致一切青年运动，都是零碎而不统一，力量亦不集中。根据上项缺点，大会议决以后青年运动方案如下：

（1）在工农群众已经能够公开领导民众运动的地方，应极力促成工、农、学的联合组织，使学生青年赞助工农运动，不至脱离工农群众成为落伍的形势。

（2）因青年与成年利益各不相同之故，各地青年部应分别与工人、农民、商人各部商酌，促成青年农民、工人、店员、学徒之单独组织，而与青年学生团体发生关系，使青年运动不至成为单独的学生运动。

（3）对于学生青年，应注意各县各学校普遍的基础的组织，同时为求青年力量的集中与运动的一致，应促成全国青年的统一组织，并与各国青年革命党联络，与反帝国主义之少年国际发生关系。

（4）除对于政治斗争须设法保存其持续性外，应特别注意青年本身利益的要求，使其在实际利益奋斗中与本党接近。

（5）应设法引导学生青年，使成为社会工作之一员，不使成为特殊的知识阶级。

（6）在教育方面应使其革命化与平民化，并注意于平民学校的扩充。

（7）各地党部应有专门青年宣传刊物，在此类刊物中特别注意反动思想的驳斥，及革命的文化之建设。

（8）一切反基督教运动，应站在反帝国主义的观点上与教会学校学生联合，不应站在反对宗教的观点上与教会学生分离，在国民政府势力范围内尤应积极设法收回教育权。

五、农民运动决议案

1926 年 1 月 19 日通过

中国尚在农业经济时代，农民生产占全生产百分之九十，其人数占全人口百分之八十以上，故中国之国民革命，质言之，即是农民革命。吾党为巩固国民革命之基础，惟有首先解放农民，无论政治的或经济的运动，均应以农民运动为基础。党之政策首须着眼于农民本身之利益，政府之行动亦须根据于农民利益而谋其解放。因农民苟得解放，即国民革命大部分之完成，而为吾党三民主义实现之根据。

吾党在广东作农民运动的工作为期不过七月，已有农民协会组织的有三十七县，会员六十二万人，有组织之农军达三万人。前次讨伐杨刘，此次统一广东，农民皆能以实力参加，此可证明吾党对于农民运动之进步。农民为谋本身解放之急切，故参加国民革命亦努力。现在广东以外在珠江流域的如广西，在长江流域的如湖南、湖北、安徽、四川，在黄河流域的如山东、河南、直隶，乃至热河、察哈尔、绥远等特别区，均有农民运动之兴起。惟组织尚小，成效不著。吾党欲使全国农民参加政治斗争，对于中、北两部农民运动，自当特别注意。而在实际运动中尤须确定全国统一的计划，并确定经费，使此种计划得以完成。

基于上述理由，大会对于农民运动应分为政治的、经济的、教育的三方面决议：

一、政治的——

甲、引导农民，使成为有组织之民众，以参加国民革命。

乙、排除妨碍农民利益之军阀、买办阶级、贪官污吏、劣绅土豪等。

丙、解散压迫农民之武装团体。

丁、明定农民以自力防御侵害之原则。

戊、制止土豪劣绅垄断乡政，扶助农民之自治团体。

己、无论何时，本党应站在农民利害方面奋斗。

庚、制定农民保护法。

辛、实行公用度量衡。

二、经济的——

甲、严禁对于农民之高利贷。

乙、规定最高租额及最低谷价。

丙、减少雇农作工时间，增加雇农工资。

丁、取消苛捐杂税及额外征收，制止预征钱粮及取消无地钱粮。

戊、废止包农制。

己、从速设立农民银行，提倡农民合作事业。

庚、从速整理耕地，并整顿水利，改良农业。

辛、清理官荒，分配于失业之贫农。

壬、取缔奸商垄断物价。

癸、改良青年雇农及女雇农待遇。

子、注意农民救济事业。

三、教育的——

甲、厉行农村义务教育及补习教育。

乙、利用地方公款兴办各种农民补习学校。

丙、尽力宣传，使农民自动的筹办各种学校。

本党为求解除农民痛苦，使其成为有组织之民众，以促革命之成功，故对于内部之组织尤须有严紧缜密之筹划，兹规定如下：

1. 各省党部均应设立农民部，并与中央农民部发生密切关系，实行中央党部之统一运动计划。

2. 在中央党部领导之下，于本国中北两部选择相当地点，各设农民运动讲习所，以培养农民运动人材（才）。

3. 确定并扩大农民运动经费。

4. 各省、区、市党部之宣传部，须与各该省、市之农民部发生密切关系，尤须与中央农民部发生密切关系，使此种运动成为本党之整个的统一的运动。

六、商民运动决议案

1926 年 1 月 18 日通过

本党为谋全国各阶级民众之共同利益，全国民众均应使之参加国民革命共同奋斗。商民为国民中之一部分，其受帝国主义与军阀直接之压迫较深，故商民实有参加国民革命之需要与可能。本党对于商民运动向未重视，故商民运动之进行，较农工运动之进行为缓。商民运动又属创始，其进行亦较农工运动为难。然本党自十三年十一月设立商民部以后，经一年来运动之结果，在本党统治下之广东商人大多数已能打破其不问政治之心理，起而与农工群众一致联合，努力参加打倒帝国主义与打倒军阀之运动。但以前本党同志对于商民运动之理论，多未明了，商民运动之范围，只限于广东一省，未能普及全国，故商民运动之进行，未能有伟大之发展。兹根据一年来商民运动工作之经验，与夫观察国内外商民之情势，特制定商民运动之决议案如下：

（一）对于商民运动之对象，应就经济关系分析商民为两种：其一为与帝国主义立于共同利害之地位者，其一为与帝国主义立于利害相反之地位者。本党对于前一种反革命之商人，当揭举其勾〔结〕帝国主义者之事实，以引起其他革命商人之监视。对于后一种革命的商人，则当以特殊利害向之宣传，更扶助其组织，使之参加国民革命。

（二）对于旧式商会之为买办阶级操纵者，须用适当方法逐渐改造。一面并帮助各地中小商人组织商民协会，一洗从前绅士买办阶级把持旧商会恶习。

（三）对于曾受外国经济势力压迫之新兴工业，须将帝国主义压迫本国工业之事实及本党反帝国主义之政策向之宣传，一面扶助其组织各地团体，使全国新工业家有一致之团结，以从事于反帝国主义之运动。

（四）对于与帝国主义相勾结之工商业家，在本党势力之下，不得许其充当一切公共机关之职员，不得享有本党所给予民众之一切权利。一面并积极向民众宣布其卖国的罪恶，打破一般人羡慕买办的心理。

（五）对于海外侨商运动之方法，本党应派人赴各国担任宣传工作，并在国内扶助归国侨商组织侨商团体，以保障其本身利益及参加革命运动。

（六）对于各地商团，其在本党势力之下者，除已成立者外，应不准从新设立。本党一面应运用军队力量、政治力量以肃清土匪恶吏，保障商场之治安，则商人便无设立武装团体之必要。其在本党势力之外者，可利用之以为反抗苛捐杂税、反抗军阀之武器。总之，则本党应使一切商团成为真正小商人之武器。而不可使变为资本家所利用以成压迫革命民众之武器。

（七）对于商民协会扩大之进行，应辅助革命的商人组织全国商民协会，使成为组织严密的、辅助国民革命的及代表大多数商民利益的大团体，以促进国民革命的成功。

（八）对于商民运动与农工运动之关系，须令两方明白各阶级在国民革命工作中有联合战线之必要，处处须以国民大多数利益为前提，须以为被压迫的民众而革命为目的，以防止两方冲突之发生。

七、妇女运动决议案

1926 年 1 月 16 日通过

（一）本党今后应特别注意妇女运动之理由如下：

①大会接受全国妇女运动报告之后，知道自五卅惨案发生以来，中国妇女的革命运动渐渐有发展之势。本党为扩大革命势力起见，应趁此时期向妇女群众中去从事组织与训练。并团结此种力量在本党旗帜之下，从事革命的活动。

②根据此次妇女运动报告，又知道反革命派已向妇女群众开始进攻。本党为防止妇女群众为反动分子所利用，应从速努力参加各种妇女组织，去领导她们加入革命战线。

③中国妇女群众虽有一部分渐渐倾向革命，但尚有最大多数的妇女依然围困在重重压迫的牢狱中，他（她）们离开社会太远，一般的政治宣传不能深入他（她）们的队〔伍〕里，故妇女运动应当特别注意。

（二）妇女运动之方针，领导妇女群众参加国民革命外，同时尤应注意妇女本身的解放。

（三）各地各级党部，均应设立妇女部，以谋妇女运动之发展。

（四）各地各级党部，应根据各该地妇女运动发展情形所需要的经费，列入预算案。

（五）中央及各级党部的妇女部，应发生密切的关系。

（六）设立妇女运动讲习所，以造就从事妇女运动的人才。

（七）各地各级党部应注意促进各种妇女团体的组织和发展，并须在各种组织中使本党妇女同志多多加入。

（八）应刊行专向妇女群众宣传的出版物。

（九）应督促国民政府从速依据党纲对内政策第十三条"于法律上、经济上、教育上、社会上确认男女平等之原则，助进女权之发展"之规定，实施下列各项：

甲、法律方面——

1. 制定男女平等的法律。

2. 规定女子有财产承继权。

3. 从严禁止买卖人口。

4. 根据结婚离婚绝对自由的原则，制定婚姻法。

5. 保护被压迫而逃婚的妇女。

6. 根据同工同酬、保护母性及童工的原则，制定妇女劳动法。

乙、行政方面——

1. 切实提高女子教育。

2. 注意农工妇女教育。

3. 开放各行政机关，容纳女子充当职员。

4. 各职业机关开放。

5. 筹设儿童寄托所。

（十）中央妇女部扩大组织，其办法另定。

（十一）妇女运动适用的口号：

1. 男女教育平等。

2. 男女职业平等。

3. 男女在法律上绝对平等。

4. 男女工资平等。

5. 保护母性。

6. 保护童工。

7. 赞助劳工妇女的组织。

8. 打破奴隶女性的礼教。

9. 反对多妻制。

10. 反对童养媳。

11. 离婚结婚绝对自由。

12. 反对司法机关对于男女不平等的判决。

13. 社会对于再婚妇不得蔑视，应一律待遇。

14. 女子应有财产权与承继权。

15. 妇女应急起参加国民革命。

八、附：中国国民党第二次全国代表大会始末记要（摘录）

1926 年 1 月 18 日大会决议通过何香凝的动议

何香凝同志动议，请大会令国民政府将议决之依照党纲修改法律案，于半年内修改完竣案。理由谓：敝代表等提议，请令政府依照党纲修改法律案虽已通过，但恐修改期迁延过长，则妇女之希望难达到，谨请令饬国民政府从速修改，至迟是半年内将法律修改完竣。决议：众无异议，通过。

九、对外政策进行案

1926 年 1 月 13 日通过

我们知道中国的问题，要放在世界问题中才能解决。我们又知道世界的问题，要世界各国被压迫阶级自己联合组织起来，彼此互助才能解决。我们总理在民族主义演讲中说："自俄国新变动发生之后，就我个人观察已往的大势，逆料将来的潮流，国际间的大战是免不了的。但是那种战争不是起于不同种之间，是起于同种之间白种与白种分开来战，黄种与黄种分开来战。那种战争是被压迫者和横暴者的战争，是公理和强权的战争。"我们总理观察世界的大势是何等深刻，何等高明。所以他为本党定了对外的三个大政策：第一，就是联合世界上以平等待我之民族；第二，就是联合世界上被压迫的弱小民族；第三，就是联合世界上一切被压迫阶级的革命党。总括来说就是团结一切被压迫民众来和帝国主义者拼命。这种伟大的政策，应该如何进行才能达到目的，是本党党员应当深为考虑，而尤其是我们第二次全国代表大会接受总理遗教之时，所应当决定进行方略，以实行总理政策的。玉章以为本大会应决定以下三个进行方法：（一）与苏俄切实联合。俄国自从十月革命以来，成立了世界上一个最新的国家，他的政策和本党一样是要联合世界上被压迫阶级，推翻一切强权，打倒一切帝国主义。所以总理为本党定下了联俄的政策，是想得到很好一个帮助，来谋我们中国民族的解放和世界被压迫民族的解放。我们继承总理联俄的政策，应该更进一步由本党政策与苏联政府作更密切的联合，切实进行本党的主义。（二）扶助弱小民族。联合弱小民族的口号久已遍传各地，但是空空洞洞说联合两个字是不中用的，必定要切实扶助，并且要使他们自己觉醒，自家奋斗，去图解放才有效力。本党应于广东设一孙文大学，罗致弱小民族的革命份（分）子加以训练，使有自动的能力；并且由侨寓各弱小民族地方的党人努力于该地的联合运动，并派专员负调查联络的责任。（三）联合世界上的革命民众。帝国主义者国内的民众，有压迫与被压迫的两个对抗壁垒，他们被压迫的民众也是时时要革命的，他们常常表同情于我们，大家都是知道的。不过我们中国的情形他们是很隔膜，并且有帝国主义者的报纸淆乱是非，妨害我们的联络。所以本党应该办各种各国文字的报纸来做宣传，尤望我华侨诸同志特别努力，一方面由本党派出专员，从事运动，积极进行，才能收联络的效果。

以上所提三事是否有当，请大会公决。

提出者：吴玉章。连署者：陈公博、朱克靖、唐际盛、邓懋修、刘詠闿、路友于、陈其瑗、许甦魂。①

以上选自荣孟源主编：《中国国民党历次代表大会及中央全会资料》，北京，光明日报出版社，1985，第120～150页。

11. 中央执行委员会政治委员会组织条例案

1926 年 1 月 23 日第二届中央执行委员会第一次全体会议通过②

一、政治委员会为中央执行委员会特设之政治指导机关，对于中央执行委员会负其责任。

二、政治委员由中央执行委员会推任之。

三、政治委员会认为必要时，得推任同志在某地方组织分会，其权限由政治委员会定之。

四、政治委员会设委员若干人、候补委员若干人。政治委员有缺席时，由出席之候补委员依次递补，有临时表决权，余只有发言权。

五、中央执行委员会得聘任政治委员会顾问，在政治委员会只有发言权。

六、政治委员会设秘书主任一人，秘书、办事员、书记若干人，由主席任命并指

---

① 这一议案于 1926 年 1 月 13 日通过。

② 中国国民党第二届中央执行委员会第一次全体会议于 1926 年 1 月 22 日至 25 日在广州举行。会议通过了《中央执行委员会政治委员会组织条例》，选举成立了中央执行委员会常务委员会和监察委员会常务委员会。监察委员会常务委员会 5 人分别是张静江、高语罕、邓泽如、古应芬、陈璧君。

挥之。

选自荣孟源主编：《中国国民党历次代表大会及中央委员会资料》，北京，光明日报出版社，1985，第225～226页。

12. 中央执行委员会特派员规程案

1926年1月25日第二届中央执行委员会第一次全体会议通过

一、中央执行委员会特派员，依据本党总章第三十八条之规定，由中央执行委员会指定区域派出之。

二、特派员之职权如下：（1）于所指定之区域内有指导及执行党务之权。（2）有出席所指定之区域内各级会议之权。（3）特派员认为必要时，得召集所指定之区域内各最高党部执行委员联席会议。（4）特派员在指定之区域及特定任务之范围内，如各最高党部遇有临时紧急事宜，不及呈请中央时，得直接取决之，但事后应呈报中央党部，得其核准。

三、特派员每一月将所指定区域内之党务报告中央党部一次。

四、特派员之公费，由中央党部规定之。

附录：二届一中中央领导机构

据刘绍唐《民国大事日志》民国十五年一月二十二日国民党二届一中全会推举：

蒋中正、汪兆铭、谭延闿、谭平山、林祖涵、胡汉民、陈公博、甘乃光、杨匏安九人为中央执行委员会常务委员。[①] 在常务委员会之下，设一处八部，组成中央党部。其机构和名单如下：

一、秘书处　秘书：谭平山（中共党员）、林祖涵（中共党员）、杨匏安（中共党员）

书记：刘芬（中共党员）

二、组织部　部长：谭平山（中共党员）

秘书：杨匏安（中共党员）

三、宣传部　部长：汪精卫（不到差）

代理部长：毛泽东（中共党员）

秘书：沈雁冰（中共党员）

四、青年部　部长：甘乃光

秘书：黄日葵（中共党员）

五、工人部　部长：胡汉民

秘书：冯菊坡（中共党员）

六、农民部　部长：林祖涵（中共党员）

秘书：彭湃、罗绮园（均为中共党员）

---

① 原注：据国民党《党史月刊》第十期所载，同时选出监察委员会常务委员五人：张静江、高语罕、邓泽如、古应芬、陈璧君。

七、外事部　部长：彭泽民（中共党员）

秘书：许苏魂（中共党员）

八、商业部　部长：宋子文

秘书：黄乐裕（中共党员）

九、妇女部　部长：何香凝

秘书：邓颖超（中共党员）

选自荣孟源主编：《中国国民党历次代表大会及中央全会资料》，北京，光明日报出版社，1985，第226～227页。原注："选自《党史研究资料》（五），中国博物馆党史研究室编，1979年6月20日。"

13. 中国国民党第二届中央执行委员及
各省区联席会议宣言[①]

1926年10月14日

自从本党第二次全国代表大会以后，中国的国际关系及国内情形都发生了很多与很大的变动。这些变动都是表现中华民族的敌人——帝国主义与军阀迅速地日趋于灭亡之路，而中华民族解放的希望的实现，则日见明显。世界帝国主义自从受了欧洲大战的致命打击后，继续向崩溃的道路上奔走。帝国主义的走狗根据了帝国主义各国中有几个国家兴盛之事实，硬要证明世界帝国主义已强固起来了，已恢复欧战以前的兴盛了，他们想以此消灭被压迫民族的革命勇气。但事实上，世界经济虽然有部分的兴盛，就一般的观察，帝国主义者仍旧是日趋于衰落与崩溃。例如全世界每月产煤的平均数，在欧战前一九一三年是九千二百万吨，在一九二四年是八千七百万吨，在一九二五年则减至八千一百万吨。全世界每月产煤（铁）的平均数，在一九一三年是六百万吨，在去年是四百八十万吨。煤、铁业是帝国主义时代的首要工业，尚且如此，其他工业更不言而喻了。就算其他有局部的兴盛也不是长久的，而且可以促进一般的衰落。例如德国、波兰曾用人为的方法使他们的金融勉强平稳起来，于是表面上工业亦表示兴旺的样子，但是不久也发生了最厉害的经济恐慌。德国工业的兴盛，使法国的工业受了打击，于是法国又发生了金佛郎（法朗）的猛烈的跌价。法国今年上半年不断地发生倒阁的风潮，简直是朝成立而夕倒的现象，这就是法国财政上、政治上日趋衰败的铁证。世界帝国主义崩溃之最显著的现象，即世界帝国主义的大本营——英国帝国主义之衰落。英国帝国主义此种衰落趋势，在最近半年最为明显，五月开始的煤矿大罢工一直延长到现在，英国工业的基本——煤的生产，半年内已经完全停止了。虽然五月间的全国总罢工，不幸没有能转变为全国大革命，而被帝国主义者走狗之破坏，因此失败了，然而英帝国主义已发生了根本上的摇动。世界各殖民地或半殖民地

---

① 中国国民党中央执行委员及各省、各特别区、市、海外各总支部代表联席会议［简称"中央及各省（区）联席会议"］于1926年10月15日至26日在广州举行，通过宣言、政纲和各种决议案。

上民族解放运动又已勃起，如摩洛哥、埃及及中国最近的革命运动，更减少了帝国主义在殖民地及半殖民地上的势力，而特别是英国帝国主义的势力。英国的世界帝国主义领袖的资格的摇动及美国帝国主义之日益发达，使英美中间的冲突日盛一日。日美在远东各自膨胀而生的冲突，亦日益剧烈。欧战的战债问题，非但是得不到个解决，反日益促进英、美、法、德等国间之冲突。世界帝国主义因各帝国主义间之冲突及殖民地的解放运动日益衰弱；苏俄之日益强盛，及其与各国被压迫民众之亲密关系，更震动了帝国主义压迫下之世界。

帝国主义本身的衰弱，及其互相间的剧烈冲突，同一表现于中国。在过去的一年中帝国主义在中国从没有象（像）这样的恐慌与手足无措的现象。中国民族解放运动，自从去年五卅以后一直到现在，不但没有消沉下去，而且在种种形式之下更猛烈地前进。在这种民族运动的高潮中，英帝国主义受的打击最为厉害，因为英国在中国之势力范围总占有中国土地三分之二以上，而且在此范围内之民族运动亦最剧烈。革命的广东十五个月，对英的斗争使英国帝国主义在中国政治上、经济上受了很大的损失。日本眼见得危险，因为去年郭松龄的倒戈与国民军的进展，所以拼命想趁早强固其在中国之势力，欲取英国在中国之领袖地位而代之。美国虽然惧怕中国赤化，但眼见得英国在中国之势力范围之打破，未尝不以为自己在中国发展的机会已到。英国在中国势力之衰落，增加了日美取而代之之心，因此美（英）国与日美间的政策，非特不能一致，更因此而发生剧烈的冲突。日美互相觊觎英国的地盘，当然不免互生嫉忌之心，况日本现时在长江以北势力之膨胀，尤为美国所惊骇。帝国主义势力在中国愈膨胀，则其冲突亦愈烈，帝国主义间冲突愈烈，则其在中国的势力亦日益衰弱。帝国主义者特别是英帝国主义者知道他们在民族主义的中国造成后的命运，所以他们眼见着本党领导下之民族运动一日千里的发展，不由得万分恐慌起来，于是想竭力地破坏这种运动。他们在中国发起了一个"反赤"运动，想用这"反赤"运动一方面来破坏中国民族革命的联合战线，一方面团结一切反革命势力于他们旗帜之下。他们这种"反赤"运动固然有了一定成功，这一点的成功不足以补偿他们的损失（但是他们所损失的比成功要多）。中国民族革命的势力并因此而格外团结起来，革命势力与反革命势力的界限亦格外显明。"反赤军"与"反赤派"的行为已完全暴露其丑态于民众之前，而所谓"赤军"与"赤党"的旗帜已被民众所拥戴了。帝国主义认为这种依赖中国国内反革命势力已不足以维持其在中国的优越地位，他们认为非自己出马不可了。于是有英国重新再用炮舰政策之事，一试于万县数千人民的大屠杀，一试于广州强占中国人的码头，英国又已添派许多兵舰来华，以实行其炮舰政策。帝国主义这样直接干涉中国的政策，一方面反激起了中国民众反帝国主义运动的高潮，一方面触起了帝国主义者间的忌妒，其结果亦必失败，决（绝）不能挽救帝国主义在华势力之衰亡。

中国国内军阀自从袁世凯殁落后，亦从没有象（像）今天这样的衰败的。自从五卅运动以后，中国的军阀就开始分化了。在本党第二次代表大会后的十个月中，此种分化的速度更厉害了。在初除掉了广东的国民革命军之外，还只有北方的国民军及后有广西、湖南，至今则贵州、湖北、四川、江西、福建、河南、浙江等处的军人都站在反帝国主义旗帜之下来了。这是因为中国反帝国主义运动高起及民众的势力膨胀的结果。另一方面中国反革命的北洋军阀统治下的军队，因为受了中国革命潮流及本党宣传的影响，已完全腐化，真所谓不堪一击了。此次国民政府出师北伐所以能实现总理之遗志，一击而倒吴佩孚，再击而踣孙传芳，一方面固然是因为革命军的勇进与民众的帮助，但是军阀自己之腐朽实为此次北伐易于成功之最大原因。袁世凯系的北洋军阀从吴、孙倒后已无再起之希望。现在所余之奉系军阀，虽由日本竭力的帮助得以从新恢复其势力，又得日英的介绍，借吴佩孚之力压迫国民军退去京津，继又退出张家口，于是奉军奄有中国东北全部（虽然如此但是其内部尚有问题），不过他们内部已有了不可消灭的裂痕，所以时局仍是乐观。由此更证明中国军阀自身的分化与腐败，距灭亡之日期当在不远。

帝国主义与军阀在中国的势力既然这样一天一天地衰败下去，中国民族运动即在此帝国主义与军阀衰败的基础上日复一日的发达起来。自从今年正月间本党第二次全国代表大会时起，当年革命策源地的广东既已统一了，国民政府即着手准备推广其势力于全国，以救全国人民于水火之中。有了半年的准备后，正当吴佩孚受帝国主义之命令，企图侵略湘粤之时，国民政府于是毅然出师北伐。北伐军出师不到两月即克复武汉，打倒军阀吴佩孚之势力，再一个月而击退孙传芳。西北国民革命军已攻下了陕西，河南军队已来归附。本党党旗已插遍中国，国民政府已奄有大多数之省份。在这过去十个月中，国民政府已自两粤的基础而扩大到中国扬子江以南，及中国的西北部，国民政府在中国的领域上已成为最有势力的政府了。

国民政府及北伐军所以能在这短期间中有此种长足的进步，在积极方面说，实在是因为中国民众运动的发展。自五卅以来，全国的民众特别是南方的民众都开始组织起来了，民众的势力已一天大似一天。北伐军能在战场上有勇往直前牺牲的精神，这是因为他的官长与士兵知道他们是为民众的利益而奋斗，为本党主义而奋斗，他们确信为民众与主义是值得牺牲的，他们的牺牲是终久能换得中华民族解放的代价的。北伐军能进行得如此之神速，能遇危得到解救，是因为各地民众的协助。农工愿为向导，愿集众截击敌军；工人以罢工及其他手段断绝敌军交通；商人愿出军饷及愿接受国民政府之纸币；学生愿设法慰劳革命军及为革命军宣传。北伐军所以能无后顾之忧，及得到后方的经济与军火之接济，这实在是由于省港罢工工人及广东农、工、商、学、兵大家团结一致，各尽所能，以赞助北伐军之结果。没有民众的帮助，本党决不能领导其军队以获得今日之胜利，而达到总理所屡次企图实现之目的。这次北伐胜利之结果，使本党益信总理主义之实现必须依靠民众。盖总理之主义，即民众之主义，故欲实现民众主义，必须依靠民众自己。

自从本党第二次代表大会闭会到本联席会议开会，这十个月中，帝国主义与军阀虽然表示他们是这样地崩溃，中国民族解放运动虽然表示这样进展，但是中国人民的压迫与痛苦是否已减少呢？本党的主义是为中国人民谋解放的主义，本党责任是为解除中国人民的压迫与痛苦，假使中国人民的痛苦一日未除去，则本党的主义一日未实现，而本党的责任就一日未能完了。本党决不眩耀于目前一些少的胜利而遗忘其主义与责任。当本党主义在未实现以前，本党应当继续指出人民的痛苦，并于其政权所在地力图实行其政纲。那末（么）现在中国人民所受压迫与痛苦情形又如何呢？帝国主义强迫中国缔结的一切不平等条约继续压迫中国四万万人民，帝国主义者仍旧占据了中国的各通商口岸，以租界为握扼中国咽喉之用，外国银行仍旧操纵中国的金融，帝国主义的学校及报纸仍在中国为帝国主义宣传，以恶化中国的人民，帝国主义的军队与炮舰仍在中国土地与江河内驻扎及行驶，并不断的（地）屠杀中国人民，帝国主义仍旧掌握我国的海关。总之帝国主义在中国政治上、经济上、教育上及军事上的特权，仍旧是丝毫未动地存在着，就是说中国人民所套着的一条帝国主义束缚中国人民的锁链，还是依然存在。北洋军阀虽说是已经倒了，但是其他的军阀还正多呢。到真正完成打倒军阀的日子尚非目前事。至于全国的土匪如麻，焚村劫城，日有所闻，因此商旅不安，居民受害。贪官污吏、劣绅土豪到处皆是，根深蒂固，鱼肉人民，更为不堪言状。买办阶级专代帝国主义者做操纵金融、垄断市场、压迫商民及剥削工人之事，洋奴化的学者及走狗式的政客仍然从事勾结帝国主义与军阀以破坏民众运动，及剥削民众。因此中国工业无发达之望。中国工业家对于已设立的工厂随时有倒闭之危险，而对于新的营业又不敢冒昧投资，因为海关操之外人，关税不足保护其与外国工业之竞争。反之外国人在中国所开之工厂，有中国工厂所不能享之特权。又因为中国大多数人民之贫苦不能供给中国工业发展之市场，国内工业既不发达，商业当然因此消沉。虽然在各租界口岸上之商业似甚发达，其实只是使全国内地商业衰落而集中帝国主义势力范围下之口岸耳。内地商人受兵灾匪祸，因此金融紊乱、纸币低折、厘金苛税之痛苦，就不能一概废除。中国工人所受之苛酷剥削非不见减轻，反日益加重，他们不仅受经济上最重的剥削，并且须受政治上最重的压迫。在租界上外国工厂内之工人更要受绝无人道的虐待。因为工业的不发展，中国工人失业的太多，因此使工人要更低价地卖他们的劳力，因此使中国工人运动中发生了互相殴斗自相残害的事情。

中国大多数的人民是农民，亦就是中国的主要生产者，他们所受的压迫简直没有听见过的。他们仍旧在中国古时代的苛刻的剥削之下，日夜工作，不得一饱，非但要受军阀、劣绅、地主的剥削，还要受兵匪天灾的祸害；他们被剥夺受教育的机会，使他们永远无知识，不懂得自己所受剥削的原因。他们的压迫者是由绅士、地主、官僚、政客一直到军阀与帝国主义这一班人。

中国的教育界及其他知识分子，因为中国工商业不发达及大多数人民贫苦的原（缘）故，所过的生活是最可怜的生活：或是失业，或是所得不够养家，或是因生活上不能不受卑贱的待遇。

这些是中国民众所受的痛苦呵，这些痛苦是仍旧存在而没有改善的呵！本党是没有一刻把这些人民的痛苦忘掉的。以前在广东本党政权所在地，本党所以没有能对于人民的痛苦完全除去，而只能给与（予）民众政治上的自由，使他们能自己起来为经济改善而奋斗，对于这种奋斗本党都是竭力赞助的，这是因为本党在广东的基础未固，正在争自存的斗争中，一切力量都要用到这种斗争中去，因此一时不能达到除去人民一切痛苦的目的。这不是因为本党忘掉了人民的痛苦，实是因为本党及广东当时没有这种能力使本党达其目的。到了现在，当本党指挥下的国民政府已到了长江流域，势力雄厚，虽然我们仍要用力准备统一中国，但是我们已有余力以谋在本党政权所在地之人民生活之改善。所以本联席会议依照现时的情势与人民的紧急需要，制定与通过一目前的政纲，希图在最近的将来，能由本党的努力使之完全实现。不过大家要知道中国人民的痛苦全部除去，必须在国民革命成功以后，即本党主义完全实现时。所以本党一方面力图满足统治下人民目前的要求，一方面更努力以求中国政治上经济上之完全统一，及完全脱离帝国主义军阀及一切封建制度之压迫与剥削，要达到中国民族完全解放的目的，一定要打倒帝国主义、军阀、贪官污吏、走狗政客、卖（买）办阶级、土豪劣绅、残酷地主及其他一切反革命势力，一定要团结中国农民、工人、实业家、商人、兵士、学生、教员及其他知识分子。

中国的农、工、商、学、兵等各界人民，在过去已大致能认识本党是能为人民谋利益的党，本党主义是为人民谋幸福的主义。现在本联席会议通过了本党目前的政纲，并决意率领本党党员努力做去，以图达到实现的目的。不过这政纲的前面有很多的障碍，所以要实现这政纲不是本党单独的努力所能做到的，一定要各界人民大家起来，帮助本党以除去妨害种种障碍，使本党目的得以实现。所以本党高呼：中国国内一切革命阶级联合在本党旗帜之下，一齐为本党目前政纲而奋斗，务期于最短时期使其实现。本党愿对全国人民重复声明：本党将以全力保障人民的一切自由，及扶助民众组织起来，使民众能建立自己的势力。因为这样，国民革命才能有成功，国民革命的胜利才能有正当的保障。

本党更向全国人民宣言：本党将继续遵照总理的主义与本党第一次与第二次全国代表大会之决议，依照总理的遗嘱及其对内、对外政策，联合国内一切革命分子及世界上以平等待我之民族，与帝国主义、军阀及一切反革命的势力相搏战，以求达到完成国民革命之目的，废除一切不平等条约，建立统一的、廉洁的政府，及解除人民的一切痛苦，使人民进于福利之道路。

农工商学兵大联合万岁！

中国国民革命成功万岁！

中国国民党万岁！

选自荣孟源主编：《中国国民党历次代表大会及中央全会资料》，北京，光明日报出版社，1985，第266～274页。

14. 中国国民党中央及各省区联席会议决议案（选录）

（一）国民政府发展决议案
1926年10月16日

（一）国民政府地点应视其主要工作所在之地而决定之。现在国民政府之主要工作在巩固各省革命势力之基础，而此种主要工作，以首先由广东省实施最为适宜，故国民政府仍暂设于广州。

（二）国民政府按照现在发展之情况，应扩张其组织如下：（甲）国民政府委员会中，须有能代表在国民政府统治下各省之人员充任委员；（乙）国民政府应添设军事、交通、司法三部，原有之军事委员会仍应存在。

（二）国民会议召集问题决议案
1926年10月18日

一、本党应继续主张开国民会议，以此号召全国。

二、召集国民会议之预备方法，须先发起人民团体之联合会。此联合会须包含农、工、商、教职员、学生、自由职业者、军队及妇女团体之代表。

三、此联合会须普及，分为全国联合会、省联合会、县及市联合会及海外各地华侨联合会。

四、各联合会应由党部发起组织之。

五、联合会之政纲应包含下列各点：①谋县或市安宁幸福之纲领；②谋省安宁幸福之纲领；③谋全国安宁幸福之纲领；④谋海外各地华侨安宁幸福之纲领；⑤国民会议之纲领。

六、各县市联合会可常常联合而开一省联合会。其政纲包含下列三点：①谋全省安宁幸福之纲领；②谋全国安宁幸福之纲领；③关于国民会议之纲领。

七、县市联合会将来为召集国民会议选举之基础，县市联合会应立即预备将来选举代表至国民会议。

八、中央党部须委派一委员会负指导各联合会工作之责；地方党部须委派一委员会负指导地方联合会工作之责；县市党部现不甚完备，可由省党部委派县市党部数人，并委派以外数人合组一委员会。

九、县市联合会之纲领，应由省党部批准。

十、省联合会纲领，应由省党部起草；海外各地华侨联合会纲领，应由海外各地总支部起草，经中央党部批准。

十一、全国联合会纲领，应由联席会议决定。

十二、本党党部应努力使本党所主张之纲领在各联合会通过。

十三、在各联合会中，本党党员应组织党团，以此方法集中党之势力及宣传党之纲领，而成为一有力之指导者。

十四、关于国民会议之宣言，应将所决定之纲领包括在内。

十五、各联合会应注意本党政府对内、对外政策，用为议决或其他宣传方式，使其意见可以表示。

（三）省政府、地方政府及省民会议、县民会议议决案
1926 年 10 月 19 日

（一）省政府之形式，采用委员制，组织省政府委员会。委员额数由七人至十一人，其中有兼厅者，亦有不兼厅者（与现行厅长制不同）。产生之法，由中央执行委员会指定数人，会同省执行委员组织省政府。

（二）省政府下设民政、财政、建设、军事、司法、教育各厅，于必要时得增设农工、实业、土地、公益等厅。

（三）县市政府之组织，亦采用委员制。由省政府任命委员若干人，分掌教育、公路、公安、财政，于必要时设农工、实业各局，由省政府指定一人为委员长，但特别市组织另定之。

（四）省民会议、县民会议、乡民会议，用职业选举法选举代表。其性质、组织法由省党部起草，呈由中央党部决定之。省民会议、县民会议皆为咨询机关。省民会议每年召集一次，以两星期为限。乡民会议每年①立即预备将来选举代表至国民会议。

---

① 原文如此，疑有遗漏。

（四）省政府对国民政府之关系议决案

1926 年 10 月 20 日

（一）凡关于一省之事，归省政府办理。

（二）凡两省以上有关系之事，或全国有关系之事，归国民政府办理，决议通过。

（三）省政府组织法另定之。

（四）外交之事归国民政府办理。

（五）国民政府与省政府之财政，须划分明白之界限。

（六）财政划分后，省财政归省政府管理，国家财政归国民政府管理。

（七）省军队与国家军队须划分之。省军队为维持省法及秩序（治安）而设，但亦可由国民政府调遣为国防之用。省军队之数额由中央决定之。不可超过建设和平、维持治安必要之数。县政府不得用任何名义组织军队。国民政府得按照政治、外交、军事及战略上之需要，设立国家军队，并决定其数量、质量及驻防地点。

（八）省政府之厅，须受国民政府性质相同之部之监督指挥。

（九）地方司法划归省政府办理，但省高级法院仍隶属于国民政府司法部。

（十）省监狱归省政府司法厅管理，但国民政府司法部得因必要在省之地方设国立监狱。

（十一）大理分院得由国民政府司法部酌定，各省适当地点设立之。

（十二）省内国立大学归国民政府办理，省之小学、中学、大学皆归省政府办理，但教育方针由中央定之。

（十三）各省设国民政府监察分院。

（五）省党部与省政府之关系议决案

1926 年 10 月 20 日

省党部与省政府之关系问题：一、各省情形不同，可分为三种办法：（1）省政府在省党部指导之下；（2）省政府在中央特别政治委员及省党部指导之下；（3）省政府与省党部合作。某省应用某种办法，由中央执行委员会决定之。二、由省党部与省政府合办一党校，以训练地方行政人才，先训练行政与财政人员，再依其次重要训练其他人员。

（六）本党最近政纲决议案

1926 年 10 月 21、22 日

一、关于一般政治的三十二条

甲、政治

1. 实现全国政治上、经济上之统一。

2. 废除督军、督办等军阀制度，建设民主政府。

3. 保障人民集会、结社、言论、出版等之完全自由。

4. 国内各小民族应有自决权利。

5. 严惩贪官污吏，建设廉洁政府。

乙、外交

6. 废除一切不平等条约（取消领事裁判权）。

7. 重新缔结尊重中国主权之新条约。

8. 规定外人投资中国之普通条件（外资非用殖民地政策剥削中国者）。

丙、经济

9. 关税自主。

10. 废除厘金。

11. 制定新税则，废除苛捐杂税。

12. 统一全国财政。

13. 建筑铁路，特别注重粤汉铁路之完成。

14. 修筑道路。

15. 修治河道。

16. 建筑新港，特别注重黄埔商港之完成。

17. 统一币制。

18. 画一度量衡。

19. 设立国家银行，以最低利息借款，开发农工商业。

20. 征收累进所得税

21. 改良地税。

丁、教育

22. 教育改良。

23. 指定教育经费。

24. 一切教会及外人私立学校，须经教育行政机关立案。

25. 普及强迫义务教育，及提倡职业教育。

26. 励行平民识字运动。

戊、行政

27. 实行户口调查，及生育、死亡、婚姻等登记。

28. 实行土地测量及土地登记。

29. 各省应有特别市与普通市之设立（各省省会，通商大埠及人口在二十万以上之都市，设特别市）。

30. 实行乡村自治。

31. 切实与有计划剿匪。

32. 限期禁止吸食贩卖及种植鸦片。

二、关于军事的十一条

1. 党代表制必须实行，凡军、师、旅、团部必须派有党代表。

2. 党代表人才，须设立一学校训练之。

3. 凡党员有服兵役之义务，其服兵役法另定之。

4. 军事、政治学校除黄埔外，可于其他各省地方设立之。

5. 设立一中央军事政治大学。

6. 设军事委员会及军事部，其委员会与部之关系，由政治会议决定之。

7. 军政、民政应划分权限。军政不得以任何方式干涉民政，但在战争时期中，于戒严地带，民政方受军政之指挥。

8. 国防军及省军之预算，应详细严格规定，以不侵中央政府及省政府之行政需要为宜。

9. 中央党部规定革命勋章，授与（予）革命军有功将领及兵士，不分等级。

10. 普及国民军事教育。

11. 发展军事航空事业。

三、关于妇女的二条

1. 妇女在法律上、政治上、经济上、教育上及社会上一切地位与男子有同权制。

2. 凡服务各机关之妇女在生育期间，应给与（予）两个月休息，并发薪金。

四、关于工业家的七条

1. 力求实行海关保护税政策。

2. 政府公用品应尽先向本国工厂定购。

3. 政府须帮助新工业之发展。

4. 政府对于本国工业，应给以税则上的优越权利。

5. 设立工业协会，并于最短时间内召集本国工业大会，及国货展览会于广州或武汉。

6. 取消在中国之外国工业之特殊权利（此等权利使中国工业立于竞争不利之地位）。

7. 设立工业学校。

五、关于商人的五条

1. 政府应保障交通之安全及保卫商旅。

2. 禁止征收不正当附加税。

3. 力除低价纸币。

4. 重订适合一般商人利益之商会法。

5. 禁止奸商操纵金融垄断粮食。

六、关于学校教职员的四条

1. 提高教职员薪金标准，特别提高小学校教职员薪金。

2. 薪金按月发给，不得拖欠。

3. 例假及病假期中应受薪金。

4. 规定教职员疾病、死亡、保险及养老年金。

七、关于各机关职员及雇员的五条

1. 规定各机关职员及雇员薪金。

2. 薪水按月发给，不得拖欠。

3. 规定疾病、死亡之保险。

4. 服务过一定年限应受养老年金。

5. 一年应有半个月之休假，假期内仍受薪金。

八、关于农民者二十二条

1. 减轻佃农田租百分之二十五。

2. 统一土地税则，废除苛例。

3. 遇饥荒时免付田租，并禁止先期收租。

4. 改良水利。

5. 保护森林，并限期令各省童山、荒山造成森林。

6. 改良乡村教育。

7. 设立省县农民银行，以年利百分之五借款与农民。

8. 省公有之地，由省政府拨归农民银行作基金。

9. 荒地属省政府，应依定章以分配与（于）贫苦农民。

10. 禁止重利盘剥，最高利率年利不得超过百分之二十。

11. 政府应帮助组织及发展垦殖事业。

12. 政府应帮助农民组织各种农民合作社。

13. 政府应设法救济荒灾，及防止荒灾之发生。

14. 不得预征钱粮。

15. 政府应组织特种委员会，由农民协会代表参加，以考察农民对抗不正当租税，及其他不满意事。

16. 禁止租契及抵押契约等之不平等条件。

17. 乡村成年人民公举一委员会，处理乡村自治事宜。

18. 农民有设立农民协会之自由。

19. 农民协会有保障农民之权力。

20. 农民协会有组织〔农民〕自卫军之自由。

21. 禁止对农民武装袭击。

22. 禁止包佃制。

九、关于工人者十条

因中国工业（非外人所办者）现状之落后，及其发展之迟缓，由于中国在半殖民地状况，及大多数人之经济落后，所以就现在工业之可能范围内应施行下列十条：

1. 制定劳动法，以保障工人之组织自由及罢工自由，并取缔雇工过甚之剥削，特别注意女工童工之保护。关于兵工厂及其他政府军用事业并于军事有关之交通，须另定劳工待遇条例，以不妨国民革命运动为标准。

2. 修正工会法，改善工会之组织，免除工会间之冲突。

3. 限制工作时间，每星期不得超过五十四小时。

4. 例假休息照给工资。

5. 废除包工制。

6. 制定劳动保险法，并设工人失业保险、疾病保险及死亡保险机关。

7. 设劳资仲裁会，以调处雇主与雇工间之冲突，务求满足工人之正当要求，特别注意规定适合之工资。

8. 改良工人住居，并注重其卫生。

9. 设立劳工补习学校及工人子弟学校，以增进工人之普通智识及职业技能。

10. 奖励及扶助工人消费合作事业。

十、关于军人者六条

1. 实行第二次全国代表大会决议，提高及改良士兵生活。

2. 优定退伍军人待遇条例。

3. 优定残废军人待遇条例。

4. 从优规定阵亡将士之家族抚恤金。

5. 在兵营中应授予职业教育，俾退伍后得资以谋生。

6. 按月十足发给下级官长与士兵薪饷，军官之侵蚀拖欠兵饷者，严惩之。

十一、关于华侨者三条

1. 设法使华侨在居留地得受平等待遇。

2. 华侨子弟归国求学须予以相当便利。

3. 华侨回国兴办实业须予以特别保护。

（七）党员服务兵役法议决案

1926 年 10 月 2 日

第一条　本党党员由二十岁起至满四十岁止，均有服兵役之义务。

第二条　服兵役现役年限一年至二年，但在战时或际事变，得延长之。又本人志愿延长者，亦酌量允许。

第三条　躯干未满规定及病中或病后不堪劳役者，得延其开始服役期。但伤病永不堪服役者，得免其兵役。

第四条　党员之体格及学术程度，由党部调查汇送军事部备案。

第五条　召募用抽签法行之。其陆海空军之分配，由军事部规定；各军中各科之分配，由各该当局者依各人志愿酌定。

第六条　召募细则另定之。

第七条　规避服役，服役中逃亡，或犯罪革除兵役者，永远革除其党籍。

（八）中央派赴新成立各军工作特派员条例

1926 年 10 月 18 日

第一条　中央派赴新成立各军工作之特派员，以中国国民党党员、曾经表示忠实为党工作、成绩优良者为合格。

第二条　特派员之派遣分下列二种：

一、凡师以上之特派员，由中央执行委员会主席署名，及军人部部长副署派遣之。

二、凡团以下之特派员，由军人部委任后，呈报中央执行委员会备案。

第三条　特派员负党代表条例第四条诸项所规定之职责。

第四条　特派员有党代表条例第七条至第十条所规定之职责。

第五条　特派员每一月须将该军或该军事机关之党务及政治工作，分别报告中央党部、军人部及组织部一次。

第六条　特派员之任务，于该军或军事机关设置党代表时终了。

第七条　特派员有违反本党党义、策略之言论及行动时，受党代表任免条例第四条之制裁。

第八条　特派员之服务细则另订之。

第九条　本条例自中央执行委员会议决公布日施行。

（九）党代表任免条例

1926 年 10 月 20 日

第一条　为实行三民主义，灌输革命精神，提高战斗力量，巩固党纪、军纪起见，特任命党代表于国民革命军及各军事机关。

第二条　党代表以中国国民党党员、曾经表示忠心于国民革命，政治程度优良及严守纪律者为合格。

第三条　党代表之任命分荐任、委任二项：

一、自师以至更高级之党代表，由本部部长提出，经中央执行委员会通过后任命之；但遇紧急时，除由中央执行委员会主席之署名及本部部长之副署先行任命，然后依上项手续办理之。

二、凡团以下及其相当军事组织之党代表，由军人部委任后呈报中央执行委员会备案。

第四条　党代表有违反本党言论及行动时，军人部部长得以部令直接罢免，然后呈报中央执行委员会处分之。

第五条　党代表条例另定之。

第六条　本条例自公布日施行。

（十）国民革命军党代表条例

1926 年 10 月 26 日

第一章　国民革命军部队之党代表

第一条　为贯输国民革命之精神，提高战斗力，巩固纪律，发扬三民主义之精神起见，于国民革命军中设置党代表。

第二条　党代表在军队中为中国国民党之代表，关于军队中之政治情形及行为，党代表对党员负完全责任；关于党的指导及高级军事机关之训令，相助其实行，辅助该部队长官巩固并提高革命的军纪。

第三条　党代表为军队中党部之指导人，并施行各种政治、文化工作，军队中一切普通组织之工作如俱乐部、体育会等均受其指导；并指导其所辖各级党代表及政治部。

第四条　党代表应深悉所属部队中各长官及该部中一切日常生活情形，研究并考查官兵之思想及心理。

第五条　党代表于工作中应设法改革其所发现之各种缺点及障碍，如改革此种缺点及障碍不可能时，得报告于其上级党代表。

第六条　党代表应推行党及政治势力于所属部队，并按上级党代表之意旨指导其政治工作。此项工作党代表应与其所属部队官长协商规定，以免时间上之冲突。

第七条　党代表为所属军队之长官，其所发命令与指挥官同，所属人员须一律执行之。

第八条　党代表有会同指挥官审查军队行政之权。

第九条　党代表不干涉指挥官之行政命令，但须副署之。

第十条　党代表于认为指挥官之命令有危害国民革命时，应即报告上级党代表，但于发现指挥官分明变乱或叛党时，党代表得以自己的意见自动的（地）设法使其命令不得执行，同时应该报告上级党代表、中央军人部及军事委员会主席。

第十一条　在战争时，党代表须以自己无畏勇敢的精神感化官兵，为官兵之模范。

第十二条　党代表应注意该部队之经济生活，监查兵士能否按时得到给养，此项给养之性质是否清洁适宜，教导士兵节用国家之物力，并注意报纸杂志如时到达部队，以及分配之适当。

第十三条　党代表于行军时应随地注意民众，毋令其受骚扰。并向士兵解释革命军人之目的，在解除人民受帝国主义者、军阀、贪官污吏、土豪劣绅等之压迫。

第十四条　凡军队所驻之地，党代表须与该地党部及农工等团体发生密切之关系，务使军队与人民接近。

第十五条　党代表之工作应以党部为中心，指导党部施行一切巩固军队之工作。

第十六条　党代表之意见如与该部队之党部有歧异时，有停止该党部决议之权，但同时应将理由通行报告于上级党部及上级党代表及中央军人部。

第十七条　党代表须明了国民革命军之一切法规，尤须明了对该所属部队一切有关之命令。

第十八条　党代表须每月至少报告其自己工作于上级党代表一次，此外于官长及政治工作人员会议上亦得报告其工作及其所属部队之政治情形。

第十九条　本章全部规条仅适用于国民革命军各部队之党代表、各团、营、连队、军舰等，至国民革命军其他各机关党代表之职权另于第二章规定之。

第二章　国民革命军其他各机关之党代表

第二十条　各司令部、各局、处、兵工厂及其他各军事机关党代表之权力，与该部、局、处、厂及机关长官所有之权力相等。

第二十一条　党代表有监督其所属部局中军事、政治及军需之权。

第二十二条　党代表与主管官共同听阅各下级军官之报告呈文，并决议问题；与主管官共同署名一切命令及发出之公函。凡未经党代表之共同署名者，概不发生效力。

第二十三条　党代表与主管官意见不同时，必须签署命令，并同时报告于上级党代表。如主管官有违法行动时，党代表当依第一章第十条办理。

第三章　党代表之任免

第二十四条　党代表以中国国民党党员、曾经表示忠心于国民革命、政治程度优良及严守纪律者为合格。

第二十五条　自营以下及其相当组织之党代表，由军人部提出，经中央执行委员会任免之；但遇紧急时得由上级党代表先行派员代理或停职，然后提出于中央执行委员会。

第二十六条　自团以至更高级军事组织之党代表，由中央执行委员会任免之。

附则

第二十七条　本条例自公布日施行。

（十一）最近外交政策决议案

1926 年 10 月 26 日

一、第一次、第二次全国代表大会所议决之外交政策，应继续进行。此政策之实现，在得中国之完全自由，及取消一切不平等条约，而重新订立双方利益互尊主权之条约。本党认为当在中国统一及建立一国民会议所产生之全国国民政府之后。

二、本党外交政策之成功，全赖本党党员之团结，及在本党党旗领导下之革命势力与广大群众之联合。

三、在为中国谋统一而建立民主政治，及为从半殖民地地位解放斗争之过程中，国民政府对于各帝国主义者可以有不同之应付方法。其目的在达到增加或促进各帝国主义间之冲突，及防止其联合实行武装干涉中国，并防止其采取他种侵略形式及赞助军阀之行动。

四、本党此种政策，并非对于解放中国于半殖民地之外交政策有所修改或根本变更。

五、本党党员对于外交政策，应于中央执行委员会政治会议之下一致主张，并应由外交部专责办理。对于办理外交及指导外交政策之职权，不能授予其他任何机关及个人行使之。此外无论何党与政府机关如有与任何帝国主义者直接或间接之协商，其结果只能对外交政策损失其效力，且反为帝国主义者所利用，而不能达到本党政府利用外交政策促进各帝国主义间之冲突，以谋中国解放之目的。现在正当本党从事宣传时期进入全国实际政治时期，本党党员如微有破坏此政策之处，应以违背党纪论。

（十二）关于民团问题议决案

1926 年 10 月 26 日

旧有之民团、团防局或保卫团等组织，在事实上多属土豪劣绅及不法地主之武力。此等武力常为帝国主义、军阀及反动派所利用，破坏农民运动，摇动本党及国民政府之基础，于党及政府之前途危险实甚。兹为防制此危险起见，大会决议如下：

一、民团团防局或保卫团之团长或局长，须由乡民大会选举之，禁止劣绅包办。

二、民团团防局或保卫团之团丁，须以本乡有职业之农民充当。

三、民团团防局或保卫团，由党部派人施行政治训练。

四、民团团防局或保卫团之惟一职任，在于防御土匪，除与土匪临阵交战外，无对任何人自由杀戮之权。

五、民团团防局或保卫团不得受理民刑诉讼。

六、民团团防局或保卫团之经费，除由乡民会议公认外，不得巧立名目擅自抽收。

七、民团团防局或保卫团之用费，须有预算决算并公开保卫。[①]

八、已有农民自卫军之地方，不得重新设立民团团防局或保卫团。

九、凡摧残农民之民团团防局或保卫团，政府须解散并惩治之。

以上选自荣孟源主编：《中国国民党历次代表大会及中央全会资料》，北京，光明日报出版社，1985，第 277～296 页。

---

① 原文如此。

二、广州国民政府的前身

——广州军政府时期孙中山以大总统大元帅名义颁布的
法律法规[①]

1. 中华民国军政府组织大纲

1917 年 8 月 31 日国会非常会议第三次会议通过[②]

第一条　中华民国为戡定叛乱恢复临时约法，特组织中华民国军政府。

第二条　军政府设大元帅一人，元帅三人，由国会非常会议分次选举之，以行票过投票总数之半者为当选。

第三条　临时约法之效力未完全恢复以前，中华民国之行政权由大元帅行之。

第四条　大元帅对外代表中华民国。

第五条　大元帅有事故不能视事者，由首次选出之元帅代行其职权。

第六条　元帅协助大元帅筹商政务，元帅得兼任其他职务。

第七条　军政府设立各部如左：

一、外交部	二、内务部	三、财政部
四、陆军部	五、海军部	六、交通部

---

① 此为往前引申的史料，因为国共合作之后有些法律仍然继续适用；有些是在国共合作形成后、广州国民政府成立前颁布的（1924 年 1 月至 1925 年 7 月 1 日）。

② 原件未署日期，据查 1917 年 8 月 31 日国会非常会议第三次会议通过《中华民国军政府组织大纲》。

第八条　各部设总长一人，由国会非常会议分别选出，咨请大元帅特任之。前项选举以得票过投票总数之半者为当选。但遇总长缺位，未经选举以前，大元帅得为署理之任命。

第九条　各部总长辅助大元帅执行职务。

第十条　元帅府及各部之组织以条例定之。

第十一条　军政府设都督若干员，以各省督军赞助军政府者任之。

第十二条　本大纲至临时之约法完全恢复，国会及大总统之职权完全行使时废止。

第十三条　本大纲自公布之日施行。

选自陈旭麓、郝盛潮主编：《孙中山集外集》，上海，上海人民出版社，1990，第587~588页。原注："据《军政府公报》第1号（1917年9月17日）"。

2.　军政府公报条例

1917 年 9 月 26 日

大元帅令

　　兹制定军政府公报条例，公布之。此令。

大元帅（印）

中华民国六年九月二十六日

军政府公报条例

第一条　军政府公报为公布法律命令之机关，凡法令及应行公布之文电，统由军政府公报发行。

第二条　军政府所属各官署通行文书，已由军政府公报公布者，可毋庸再以文书传达。但未便公布之件及非通行之件，仍由各官署自用文书传达。

第三条　凡军政府一切文电，均以军政府公报公布之文为准；至其他报纸或印刷品抄录或传闻者，不得援据。

第四条　凡法令除有专条别定施行期限者外，军政府所在之地以刊行军政府公报之日起，各地以军政府公报递到该官署之日起，即生一体遵守之效力。其各地先期接有官发印电或文书者不在此限。

第五条　各官署送刊之件，如抄录字迹难于辨认，以致错误或原抄稿有错误者，概由各官署自负其责。

第六条　本条例自公布日施行。

选自中国社会科学院近代史研究所中华民国史研究室等编：《孙中山全集》，第4卷，北京，中华书局，1985，第198~199页。原注："据《军政府公报》第七号"。

3. 军政府布告——对德奥宣战

1917 年 9 月 26 日

军政府为布告事，查我国前因德国宣布潜艇战略，曾由政府提出抗议。抗议无效，复由政府国会之赞同与德断绝邦交。未几复以宣战案提出国会请求国会同意，未及议决，不幸倪逆嗣冲等倡乱，国会中断，致此重要案至今未得合法之解决。迩者段祺瑞矫托大总统命令，擅组政府，对于德奥实行宣战。揆之国法自属不合，按之事实我国之与德奥实处于敌对地位。今军政府成立伊始，关于对外大计亟宜决定，以利进行。当于本月二十八日①具文咨询国会非常会议，应否承认对于德奥两国交战状态。旋经国会非常会议于本月二十二日开会议决，承认交战状态，具文答复前来。查解决内政与国际战争，本属两事，既经国会非常会议议决承认交战状态，本军政府本应依议执行。对于德奥两国，一切依据战时国际法规办理。特此布告中外，咸使闻之。

九月二十六日

选自上海《民国日报》，1917-10-05，第 6 版。

4. 大元帅批准撤销行政长官监督司法

1918 年 2 月 23 日

上海《民国日报》3 月 3 日报道《军政府撤销行政长官监［督］司法权实行司法独立》指出：各省区行政长官监督司法，本系袁政府时代一种稗政，遂使法治精神扫地殆尽。讵共和恢复后，段祺瑞当国，又复授意于前司法总长某某竟尤效之，以致司法黑暗达于极点。军政府内政部有鉴于此，已呈孙大元帅明令撤销，暂由内政部管理，以维持司法独立精神。闻内政部于奉命后，除已咨行本省都军、省长查照办理外，并已训令本省高等地方审检各厅遵照矣。兹将大元帅令原文录下：

大元帅令

内政部呈请明令撤销行政长官监督司法，以维司法独立。查三权分立，约法上具有明文。以行政长官监督司法，实为司法独立之障碍。军政府以护法为职志、自宜遵守约法上之规定。所请撤销地方行政长官监督司法，应即照准。至司法行政及筹备司法事务，应暂由内政部管理。此令。

大元帅（印）
中华民国七年二月二十三日

选自上海《民国日报》，1918-03-03，第 3 版。

互校版本：中国社会科学院近代史研究所中华民国史研究室等编：《孙中山全集》，第 4 卷，北京，中华书局，1985，第 352 页《批内政部呈令》。

---

① 疑为"十八日"或"二十日"之误。

5. 军政府内政部关于审定律师与甄别法官的规定[①]

1918 年 4 月 3 日上海《民国日报》报道

审定律师资格。军政府内政部以粤省司法机关现由军政府直接收管，其关于颁发律师证书一事，亦须由本部核办，方合手续。现拟办法是：所有北京方面新颁到粤之律师，概由本部审定资格，发给证书，始得招待公务，以表示与北京政府完全脱离关系云。

任用法官之慎重。内政部对法官任用，亦非常慎重，所有新发表人员概系代理，须俟三个月试用期满后，再行切实甄别，准予（补）署，以定去留云。

选自上海《民国日报》，1918-04-03，第 7 版。

6. 军政府通告各友邦书

1918 年 4 月 17 日

中华民国为通告事，民国不幸，叛督称兵陈师近畿，胁迫元首，于民国六年六月十二日遂以非法命令解散国会，继以复辟之废黎大总统出走。而中华民国根据法律，由国会组织之政府忽然中断，各省兴师讨逆，兵未及发，而段氏乘机窃据北京自称总理。黎大总统尚在北京，尚未向国会辞职，亦非不以视事，乃不迎之复位，而擅召冯国璋于南京，使以副总统而代理大总统。国之重器，私相授受，又不恢复非法解散之国会，而任意指派数十人开会，职权终止之临时参议院，参照《临时约法》第二十九条，坏法乱纪予智自雄，泯泯棼棼莫知底止。洎袁世凯称帝以后，以武力乱国实行武人专制，第二之奇变矣。共和之根本在法律，而法律之命脉在国会。中华民国元年临时约法（以后简称约法）为民国最高之法律。在宪法未施行以前，其效力与宪法等（参照约法第五十四条）。凡为国民之人皆当遵守，无敢或违者也。按照临时约法，大总统无解散国会之职权，国会亦无可解散之规定，绳诸命令抵触，当然无效。国会虽被阻遏不能在北京继续开会，然国会之本体依然存，在此民国，全国人民所承认为应恢复国会原状之理由也。本届国会，厥为民国第一次国会，中经袁世凯、段祺瑞两次以武力阻遏开会，不能行使职权，议员任期，实未终止，此又国会继续开会，仍应召集旧议员集会之理由也。国人痛大法之陵替，惧民国之沦亡，一致要求取消非法解散国会之命令，俾国会继续开会，而国之大事，一依法律解决。乃北京非法政府置若罔闻，而非法之代理总统、非法之国务员、叛乱之督军团，以及非法参预（与）国政之私人，公然以北洋派号召，视民国为私有，思以武力征服全国，非法缔结借外债及军

---

① 本标题是编著所拟。

火之契约。参照约法之第十九条四款、第三十五条，以遏其残杀国人之毒焰，乃对川湘首先用兵，粤桂滇黔不得已而起护法之军，宣布自治。海军第一舰队亦宣言以恢复约法、恢复国会、惩办祸首三事，为救国之要图。国无政治中心，护法讨逆之功，莫由建立。于是国会应广东省议会之请求，遂开非常会议于广州。于民国六年八月三十一日，由国会非常会议公布《中华民国军政府组织大纲》，爰自主各省，组织一戡定叛乱恢复临时约法之军政府（参照本大纲第一条）。自此以后自主各省，莫不宣言护法。川湘逆军次第荡平，其他各省闻风倾响，凡我国内及外国之人，乃莫不晓然于护法战争之大义。而本军政府之职志，遂以大白。北京非法政府曾不悔祸，虽长岳之战，北方募义军人不甘为私人效命，相弃退却，又重以长江三督军之联名，要求暂免段祺瑞之职。而段祺瑞方且利用特殊之参战督办名义，阳托对外参战，实行对内用兵，不惜欺蒙协约各国，而自亏人格。乃冯国璋者，又思自树势力，一面以停战议和，缓义军之进攻武汉，一面命令曹锟、张怀芝、张敬尧南下，积极备战，仇视义军，行同鬼蜮（参照冯国璋青电）。此和议之所以拟终而复出于战也，惟冯段各具私心遂生内讧。段派督军团会议再现，而张作霖、徐树铮领兵入关，自由行动。段派叛督之横暴，虽段莫能制，长此不振，民国将成为无法纪、无政府、无人道之国。一任不法之武人割据称雄，分崩离析，其将何以为国。今段祺瑞复任非法总理，遥恣长岳，怂兵烧杀淫掳，绝无和议之可言。此则本军政府因护法而救国救民，不得已而用兵之苦衷，当为环球共谅者也。国家一日无政府，国会非常会议鉴于现以暴力强掳北京者，为非法政府，是以有军政府之组织。故军政府于约法未恢复前，实有执行中华民国行政权之唯一政府（参照军政府组织大纲第三条）。易言之，则为约法上行使用统治权存亡续绝之机关（参照大纲第十二条）。现在本军政府行使昔时北京政府之职权，与昔时北京政府无异，并非新发生之别一建设。诚恐友邦各国尚未了解，自应即日通告友邦各国，并郑重声明，本军政府切实履行中华民国六年六月十二日国会解散前中华民国与各国所缔结之国际及其他一切条约，并承认各条约国人在中华民国内享有条约所许，及依国法并成例准许之一切权利。惟北京非法政府违背约法而与各国缔结之一切契约、借款或其他允行之责任，本军政府概不承认。谨布于友邦各国驻华公使，请烦转达于各贵国政府，尚望维持正义，承认本军政府，共敦睦谊，永固知交，实所厚幸。谨此通告。

中华民国军政府海陆军大元帅

署理外交总长

中华民国七年四月十七日

原注：军政府成立以来，对于外交本应早日有所进行，惟因伍总长尚未就职，故迟至现在，尚未举我护法救国之主旨，布告天下。近月以来世界风云益急，我护法政府自不能不有所表示，而国会正式开会之期已定，军政府基础亦已巩固，外交上之进行更不容缓。大元帅因特任林子超君署理外交总长，戴季陶君代理次长，两君就职以来，部务组织旋即就绪，因于本月十七日正式通告各国，述明我军政府尊重法律，尊重人道，及爰自由好和平之主旨，以求各友邦承认军政府为中华民国继绝扶危之中心机关，俾吾国与各国之友谊

得以继续，而益增美善。本通告书，在广州有驻扎领事之国则送由领事转呈公使，其余直寄驻北京之各国公使转达各国政府。通告原文已于昨日发行之军政府公报第七十五号公布之，各报亦均同时登载矣。计本通告共十七份，日本、英吉利、法兰西、意大利、俄罗斯、美利坚、葡萄牙、荷兰、挪威、瑞典、丹麦、比利时、墨斯哥、日斯巴尼亚、巴西、古巴①等国是也。其他无约国及德奥，则当然不能通告云。闻通告发生后，在广州有驻在领事之国，如英、日、意、俄、美、葡、法、荷、瑞、丹诸国，均已收受，其他各件计日亦当达到北京矣。

选自上海《民国日报》，1918-05-01，第 3、6 版。

7. 大理院暂行章程

1918 年 4 月 22 日大元帅孙中山公布

大元帅令

兹制定大理院暂行章程公布之。此令。

大元帅（印）

中华民国七年四月二十二日

大理院暂行章程

第一条　大理院为最高审判衙门，于护法期限内，依法院编制法之规定，暂行设于广州。

第二条　大理院置院长一人，推事五人，候补推事二人。

第三条　大理院暂设一庭，审理民刑诉讼，由院长指定推事一人为庭长。

第四条　总检察厅设检察长一人，检察官一人。

第五条　大理院及总检察厅置书记官长、书记官、录事、承发吏各员，视事之繁简定之。庭丁、司法警察名额临时约定。

第六条　大理院、总检察厅各员之职务、权限及办事方法，依法院编制法及各级审判厅试办章程，并按诉讼律管辖各节及其他法令所定办理。

第七条　关于大理院所辖案件，其讼费、抄录费、送达费、传票等，均照现行章程，加倍征收。

附则

第八条　本章程施行期间，自大元帅核准大理院开办之日为始，俟国会正式开会议决大理院组织大纲颁行后，本章程即停止施行。

选自中国社会科学院近代史研究所中华民国史研究室等编：《孙中山全集》，第 4 卷，北京，中华书局，1985，第 461～462 页。原注："据《军政府公报》第七十五号"。

---

① 原件少列一国名。

8. 废止袁世凯之《惩治盗匪法》①

1921年1月5日军政府政务会议通过，
1月8日军政府司法部通令公布

上海《民国日报》1921年1月14日"国内要闻"：

惩治盗匪法废止。五日军政府开政务会议，是为今年第一次开会。孙总裁以事不暇出席，委托胡汉民代表。其余伍、唐二总裁及各部总次长均出席。是日司法部长徐谦提出废止袁世凯公布之惩治盗匪法案，已经政务会议：可决云。

选自上海《民国日报》，1921-01-14，第6版。

上海《民国日报》1921年1月9日"本社专电"：

司法部通令：废止袁世凯之惩治盗匪法。（八日广州电）

选自上海《民国日报》，1921-01-09，第2版。

9. 废止《治安警察条例》②

1921年1月19日广州军政府明令宣布

军政府命令：

废止治安警察条例。

选自上海《民国日报》，1921-01-23，第2版"本社专电"。

10. 贩运人口出国治罪条例

1921年5月4日广州军政府公布施行

第一条　意图营利或其他目的，以强暴胁迫或诈术拐取二十岁以上之男子，移送于中华民国外者，处一等至三等有期徒刑。以其他方法而犯前项之罪者，处二等至四等徒刑。

第二条　意图营利或其他目的，而预谋收受藏匿前条之被害人者，依该条一、二项之例处断。未预谋者，依左例处断：

一、收受藏匿第一条一项之被害人者，三等或四等有期徒刑。

二、收受藏匿第一条二项之被害人者，四等或五等有期徒刑。

第三条　犯第一条之罪，而移送至十人以上者，分别该条一二项情形，加本刑一等。

---

① 《惩治盗匪法》系袁世凯于1914年11月27日公布施行。
② 《治安警察条例》系袁世凯于1914年3月2日公布的限制人民集会结社及"劳动工人之聚集"的反动法令。

第四条　预谋收受藏匿第一条之被害人至十人以上者，依前条之例处断；未预谋者，依第一条一、二项之例处断。

第五条　检察警察官吏或其佐理人，知有犯前四条之罪人而不予以相当处分者，以刑律第一百四十五条之罪论。

第六条　除第五条外，本条例之未遂犯罪之。

第七条　犯第一条第二条第三条第四条之罪，褫夺公权；犯第五条之罪，得褫夺之。

第八条　本条例自公布日施行。

选自吴经熊编辑：《中华民国六法理由判例汇编》，第 4 册·刑法。

11．废止《暂行新刑律补充条例》

1922 年 2 月 17 日大总统孙中山命令公布

大总统命令

暂行刑律补充条例应即废止。此令。

选自上海《民国日报》，1922 年 2 月 26 日《公布废止刑律补充条例》。

编者注：上海《民国日报》1922 年 2 月 26 日第 6 版报道："公布废止刑律补充条例"。16 日上午 10 时，总统府开国务会议。各部总次长均出席。是次议决各案中，以废止补充刑律案为最要。此案前由徐（谦）大理院长呈请，并由国务会议批交法律审查委员会核复。经该会呈复以为可行故遂由国务会议通过照办。此后犯重婚罪者，失此保障，实于人道正谊（义）关系甚大，云云。（按：补充刑律系袁世凯颁布，承认妾之地位及和奸无夫之妇女有罪，等等）。

12．废止《暂行新刑律》第二百二十四条罢工处罪律

1922 年 3 月 14 日广州国会非常会议通过
4 月 5 日内政部公布

上海《民国日报》1922 年 3 月 8 日第 3 版及 3 月 9 日第 6 版报道标题是：《徐院长修正新刑律之提案——取消罢工处刑条文，骚扰罪亦连带废止》。

大理院长徐谦在国务会议废止暂行新刑律妨害秩序罪第十六章内关于同盟罢工处刑之条文第二百二十四条，及其他相关条文。兹觅得徐氏理由书全文，亟为登载如下：

近闻世界各国劳工问题日益紧张，各种业务工人同盟罢工之事，层见叠出。惟各国刑法从未有对于罢工之人并无其他犯罪行为而规定处刑者，即前俄帝国刑法及日本现行刑法亦无之。可见世界各国皆不认同盟罢工为犯罪。其认为犯罪者，独吾国暂行新刑律而已。

查该律第十六章妨害秩序罪第二百二十四条条文如下：

"从事同一业务之工人同盟罢工者，首谋处四等以下有期徒刑、拘役或三百元以下罚金。余人处拘役或三十元以下罚金。聚众为强暴、胁迫或将为者，依第一百六十四条至一百六十七条之例处断。"①

此条除第二项已涉及其他犯罪各该条已有规定无（毋）庸重复外，其不合之理由有四：

第一，不合刑法主义。近今世界各国刑法皆取人道主义，无取资本主义者。此条极端保护资本家，以经济之压迫犹以为未足，又济之以政治之压迫，使劳动者对于资本家无所抵抗，并不得主张自身之利益，实属违反人道。

第二，不合犯罪观念。犯罪之意义本以侵害公私法益为成立要素，至同盟罢工不过为工人之自卫行为，并无侵害资本家之事，苟能谨守秩序，即无侵害国家之事，自不得认为犯罪。此条对于同盟罢工即处刑事，实属违反法理。

第三，不合世界刑法通例。世界各国刑法渐趋大同。虽处罚之轻重不无差别，而罚与不罚极端相反者，殆无之。同盟罢工在无论东西各国均不处刑，此条独加刑罚制裁，实属违反通例。

第四，不合时势趋向。国家之刑法必须适合时势趋向，始能合于人心，而又协于事实。现在社会经济困难，劳动者艰于生活，是以罢工之事风起云涌，其甚者合一地方团体罢工，或联合他处工人为之响应，故虽欲处罚，亦不可能。则愈处罚则消极抵抗愈甚。此条不论首谋、余人概处以刑，实属违反事实。

据上理由，暂行新刑律第十百二十四条应即废止。

另据上海《民国日报》1922 年 3 月 22 日第 3 版报道粤函云："国会非常会议十四日在省会议场开会。审查委员会报告之政府咨请议决废止暂行新刑律第二百二十四条一案，结果决议如下：查暂行新刑律二百二十四条，认为侵害人民自由，应停止其效力。"

选自上海《民国日报》，1922-04-05，第 2 版《内政部咨各省废止暂行新刑律第二百二十四条（按即罢工处罚律)》。

13. 严行禁止蓄婢令

1922 年 2 月 24 日大总统孙中山公布

大总统命令：

蓄婢之风，前清末造业已成为厉禁，凡买卖人口者科重刑。民国成立，人民一律平等载在约法。所有专制时代之阶级制度，早经完全废除。乃查私家蓄婢，至今未已，甚至买卖典质，视同物品，贱视虐待，不如牛马，既乖人道，尤犯刑章。兹特明令严行禁止。嗣后如再有买卖典质人为婢蓄婢者，一经发觉，立即依法治罪。着内务部、大理院分别咨令各省行政司法长官，令饬所属，一体举行。并着内务部通行各省，妥筹贫女教养办法，以

---

① 即按第九章"骚扰罪"判刑，"首魁，无期徒刑或二等以上有期徒刑"。

资救济。此令！

选自上海《民国日报》，1922-03-05，第2版，《大总统命令》。

14. 暂行工会条例
1922年2月24日大总统孙中山公布

大总统令

　　兹制定暂行工会条例，公布之。此令。

　　选自上海《民国日报》，1922年3月5日《大总统命令》

暂行工会条例

　　第一条　凡从事于同一职业之劳动者，有五十人以上，得依本条例组织工会。

　　第二条　工会为法人。

　　第三条　工会之区域以省或县之区域为准，其合两区域以上设立工会者，须经省之主管官署认可。

　　第四条　组织工会，须由发起人连署提出注册请求书，并附职员履历书及章程各三份，于地方官署。请求注册后，始得受本条例之保护。注册之地方官署在市为市政厅，在其他地方为县公署。

　　第五条　地方公署于工会注册后，应以其职员履历书及章程各一份，呈送中央及省立之主管官署。

　　第六条　工会章程内，须证明左列各事项：一、名称及业务种类；二、目的及其职务；三、区域及所在地；四、会员入会、出会之规定；五、职员之职权，并选任、解任之规定；六、会议之规定；七、经费惩（征）收额惩（征）收法及会计等之规定；八、关于调查及统计编制之规定。

　　第七条　工会之职务如左：一、图工业之改良发展；二、关于工业法规之制定、修改、废止，及其他有关系之事项，得陈述意见于行政官署及议会；三、以工人之公共利益为目的，得设立共济会、生产、消费、住宅、保险等各种合作社，并管理之；四、以工人公共利益为目的，得设立图书馆、研究所、试验所、科学教育、社会教育、职业教育、印刷出版等业，并管理之；五、以共同的条件得与其他合作社、公司、商店、工场、官营事业之管理局所，得缔结雇佣契约；六、同业者之职业介绍；行五、六两款之职务时，不得以任何名义分取就业者之利益。七、主张并防卫同业者之利益，但不得有强暴胁迫情事；八、凡遇雇主与佣人有争执事件后，对于各当事者发表或征集意见，并调处之；九、调查同业者之就业、失业，制成统计；十、调查劳动者之经济及生活状况。

　　第八条　工会之职务由委员会处理之。委员会由名该工会会员以投票法，于会员内选举七人以上之委员组织之。委员得因事之繁简互选若干人为职员，执行事务。

　　第九条　成年之男女劳动者，得自由为工会会员，且得自由退会。

　　第十条　非从事于各该工会所属之业务一年以上且现从事于其业者，不得为该工会职员。

第十一条　工会对于会员不得设有等级之差别。

第十二条　工会经常会费之征收，不得超过会员收入百分之三，但会员自愿多纳者不在此限。

第十三条　工会之基金及关于第七条第三四款所定事业之经营，除该工会会员自愿认捐外，得受省、县及其他公共团体之补助。

第十四条　工会所有之下列各项财产，非依法律不得没收：一、基金；二、集会所、图书馆、研究所、试验所、学校以及关于共济、生产、消费、住宅、保险等合作事业之动产与不动产。

第十五条　工会每年应将该工会下列各事项造具统计表册，报于所注册之地方官署：一、职业（员）姓名及其履历；二、会员之人数、入会、退会及其就业、失业、死亡、伤害之状况；三、财产状况；四、事业之成绩；五、争执事件之有无及其经过。

第十六条　地方官署对于所辖区域内之各工会报告每年一次，应汇编统计表册及状况说明书，呈报中央及省之主管官署。

第十七条　依本条例所设立之工会，得以两工会以上之结会（合）组织工会联合会，计（适）用本条例之规定。

第十八条　违反本条例之工会职员，审判厅因检察厅之论告，得科以五元以上五十元以下之罚金，并得其资格职员之取消。（疑为"并得取消其职员之资格"的误排）。关于本条例第四条、第十五条所规定之事项，工会发起人及职员为虚伪之呈报，或不呈报者，审判厅因检察厅之论告，得科以十元以上百元以下之罚金。

第十九条　关于工会之解散及清算，准遵用商会法第三十二条至三十八条之规定。

第二十条　本条例自公布之日施行。

二月二十四日

选自上海《民国日报》，1922-03-06，第 3 版。

编者注：（1）1922 年 3 月 6 日上海《民国日报》第 3 版报道："新政府公布工会条例""粤函云：日前内务部以近年国中工会陆续成立，非速编订工会条例，无以为成立工会之标准。因是特编订条例二十条，提交国务会议，复由国务会议发交法律审查会郑重核议。二十三日国务会议已据法律审查会核议原文，略加修正，即予通过公布。此为吾国破天荒之条例。将来正式国会当再有工会法之编订也。兹照录如左……"。

（2）这一条例收入《孙中山集外集》（上海人民出版社 1990 年版），有几处文字上的错漏。

15．人身保护条例（附施行细则）
1922 年 3 月 15 日国务会议审议通过

上海《民国日报》1922 年 3 月 15 日报道：二日大理院长徐谦在国务会议提出人身保

护条例，此举于民治精神及人道主义所关甚巨。自入民国以来，不独官僚军阀未闻此理，即民党中人能实践之者，亦如凤毛麟角。今徐院长突然□出此□条例，洵为西南各省之民治放一异彩。兹觅得人身保护条例原文，录之于下：

第一条　人民之身体非依法律而被捕禁者，得委托代理人向该管地方审判厅声请提审。前项声请应由合议庭受理。

第二条　地方审判厅收受前条声请，应于二日内为左列决定：第一，有理由者，决定提审。第二，其无理由，决定驳回。不服驳回决定者，得抗告一次。

第三条　提审以提审票行之。前项提审票无论何人不得违抗。

第四条　行政官、军队、警察及其他人员收受提审票，应于四十八小时内，将被捕者连同捕禁原因说明书，解送该管地方审判厅。但距离厅署在十里以上者，第五里得扣算行程一小时。

第五条　地方审判厅于被捕禁者提到后，应于二日内审讯〔问〕明后，依左列各款裁判之：一、依法应捕禁者，解送原禁处所或有管辖权之机关。二、捕禁不适法者，即应释放。

第六条　收受提审票故为违抗者，该管上级官厅即将受票人停职惩处，仍令即时依本条例第四条办理。

第七条　依第五条释放者，不得以同一事由再行捕禁。但别经发现犯罪证据者，不在此限。

第八条　被捕禁者因捕禁不适法经释放后，得对于加害人提起损害赔偿之诉。

第九条　本条例自公布之日施行。

附：人身保护条例施行细则

第一条　被捕禁者委托代理人，得由本人或其亲属用委任状托亲友或律师为之。

第二条　提审之决定，得不附理由仅记于诉讼笔录，并对声请代理人以口头谕知。

第三条　不服驳回决定之抗告，以高等审判厅为抗告法院。其抗告之期间及程序，适用刑事诉讼律之通常规定。

第四条　解送被捕禁者第（时），应缴销提审票。

第五条　声请提审应用大理院兼理司法行政事务处颁行之人身保护状，其格式如左：……

第六条　提审票之格式如左：……

第七条　送达提审票应另备公函，格式如左：……

第八条　声请书应向该管地方审判厅纳诉讼费用二元。但实系无力缴纳者，得声请救济。

第九条　被捕禁者所在地如距应管地方审判厅在十里以外者，应于声请时附缴解送费用每里征银二角。

选自上海《民国日报》，1922-03-15，第6版。

16. 废止《暂行新刑律》第一百六十四条
聚众意图强暴胁迫罪律

1922 年 4 月

上海《民国日报》1922 年 4 月 18 日载：《国会保障人民自由权——停止新刑律一六四条》。

国会议员彭养光等，以暂行新刑律一百六十四条与约法所规定人民有集会结社之自由互相抵触，实无存在之余地，故特依院法提出，大会议决：咨请政府令行各省停止其效力。兹录原案于下：

查暂行新刑律第一百六十四条，不适用于中华民国，特依院法第五章第三十条提出大会议决，咨请政府令行各省，停止其效力，是否有当，敬请公决。

原文第一百六十四条："聚众意图为强暴胁迫，已受该管官员解散之命令仍不解散者，处四等以下有期徒刑、拘役或三百元以下罚金。附和随行仅止助势者，处拘役或五十元以下罚金。"

（理由）人民有结社集会之自由，民国约法所规定。比十年来，新潮澎湃，人群进化，农会工党风起泉涌，非聚众会议不足征多数之民意，断不得认为意图强暴胁迫，遽令解散。倘官员恣意下令人民不受解散亦有何罪？如其别有犯罪行为自别有犯罪专条，故此条实无存在之余地。使不速于停止，不惟侵犯约法上人民之自由，亦且障阻社会上人群之进化。且意图二字，尤不成为条文。法律重在行为，不仅在意思。有是意而尚无是行，法律且不及焉。况未必有是意，而由官厅臆断之曰意图，人民尚得倖（幸）免乎？此等文字著之于法律，则无人不可以入罪，无事不可以成狱。洛民乞籴可谓之意图谋反，郑人游校可谓意图作乱，予官吏以周内陷人民于网罟，未有甚于此者。故即以此二字论，亦不能不停止其效力也。

选自上海《民国日报》，1922-04-18，第 6 版。

另据徐谦提出的修正新刑律之提案中，其第二项之规定，已见第九章骚扰罪各条，亦无（毋）庸重复规定。因废止该条即第一百六十四条（骚扰罪），以连带关系亦有废止之必要。其条文如下……〔详见下注〕。此条为同盟罢工必然之情形。同盟罢工必须聚众，现在各种职业皆有工会，既罢工即可既为意图为强暴胁迫，既有工会即为有受解散命令而不解散之事。倘第二百二十四条废止而此条不废止，则资本家仍可利用此条为武器，使该管官员为之解散罢工之人，否则为之处罚，则其将与不废同盟罢工处刑条文等法律，本不罚意思，今日意图云云，近于莫须有之词。此条尚有其他情形，如饥民聚众亦所时，有专制时代恒以闹振（赈）目之。于是官僚对于饥民亦可作威作福，亦此等条文阶之厉也。

据上理由，暂行新刑律第一百六十四条因第二百二十四条废止之理由，亦应连带废止。

选自上海《民国日报》，1922-03-08，1922-03-09。

编者注：《暂行新刑律》第九章骚扰罪共4条。第164条规定："聚众意图为强暴、胁迫已受该管官员解散之命令仍不解放者，处四等以下有期徒刑、拘役或三百元以下罚金。附和随行仅止助势者，处拘役或五十元以下罚金。"第165条规定："聚众为强暴胁迫者，依左列处断：一、首魁，无期徒刑或二等以上有期徒刑。二、执重要事务者，一等至三等有期徒刑或一千元以下一百元以上罚金。三、附和随行仅止助势者，处四等以下有期徒刑、拘役或三百元以下罚金。"第166条规定："于前条所列情形内犯杀伤、放火、决水、损坏其他各罪者，援用所犯各条，分别首魁、教唆、实施依第二十三条之例处断（即按'俱发罪'处断）。"第167条规定："犯第一百六十五条之罪宣告二等有期徒刑以上之刑者，褫夺公权，其余得褫夺之。"

17. 附：广州特约通信员燧石之评论
《正式法院进步之趋势》
1922年4月7日

广州特约通信员燧石四月五日评论：

广州自粤军返旆，以行司法方面颇有急激进化之势。当时如治安警察法、惩治盗匪法，均袁世凯一人箝（钳）制舆论侵害自由屠杀善良之工具。自徐谦君回司法部时，即提出政务会议以命令废止。又如贩卖猪仔为广东社会唯一恶俗，刑律反无治罪明文，特设贩运人口出国治罪条例八条。又将民刑诉讼草案依据南京临时参议院之决议公布施行，适用为民国法律。于是法院办理诉讼案件始有井然之程序，不复如前此之东鳞西爪矣。及正式政府成立，徐君调任大理院长，司法行政暂仿美制，改由大理院兼管于内部，大加改造。院长下设主任办事员、书记官，专办司法行政事务。人少而事举，费减而功半，成尤显著。就中如颁布民事刑事羁押被告人条例、废止刑律补充条例、停止刑律中同盟罢工治罪文，乃至提出人身保护条例草案、禁止蓄婢命令等，尤其荦荦大者。又就广东一省而论，筹设司法独立，未及一年，全省各县法院完全成立。于原有高等审判厅检察厅及广州、澄海两地方审检厅及顺德、东莞、新会、香山、台安、潮阳①等七分庭外，复增设高要、惠阳、曲江、合浦、茂名、琼山等六地方审检厅，并增城等县78分庭。全省司法经费原额为40万元。现已增至百十余万元。且此类法官俸给并不甚丰，而谨慎奉公、案无留牍，狱无久羁待决之犯，实为广东司法界之特色。新政府大理院实行统辖权，原来只广东一省，自援桂告终，对广西全省法院遂实行管辖矣。近则对于湖南法院亦实行管辖矣。其他如川云贵诸省，我因道途梗阻送案维艰，或因政变叠生未暇及此，然近力谋统一。据最近消息不久亦可实行管辖。此次当海员罢工正剧之时，竟将会长陈炳生立即归案，尤见法权实现之一斑。此外职清理前清所遗刑事未决监犯，斟酌减刑，亦甚协乎舆情合乎法理。而桂系政治犯徐傅霖于判决后即蒙特赦，尤见用法

---

① 原文少一县。

宽大、刑期无刑之微意也。

选自上海《民国日报》，1922-04-07，第 2、3 版。

18. 大元帅训令
——严查抢劫案犯
1923 年 4 月 2 日大元帅孙中山发布

大元帅训令第五十九号

令广州卫戍总司令杨希闵、广东省长徐绍桢

查广州市内竟有白昼抢劫事情，甚至日有数起，惊扰闾阎，妨害自安，殊堪痛恨。着由该卫戍总司令、省长督饬所属，一体严防密查，遇有抢劫案犯，一经拿获讯明，即依军法从事，以儆效尤，而清匪患。除训令卫戍总司令、广东省长遵照外，合行令仰该卫戍总司令、省长即便遵照办理。切切此令。

中华民国十二年四月二日

选自《陆海军大元帅大本营公报》，1923 年第 6 号。

19. 大元帅训令
——严查擅入民家劫财伤人案犯
1923 年 4 月 6 日大元帅孙中山发布

大元帅训令第六十三号

令广州卫戍总司令杨希闵

查广州市内地方，近有假冒军人擅入民家，以搜查为名借端掠取财物，并有军人擅入民家劫财伤人情事，殊堪痛恨。仰该总司令转知各军并通饬所属，一体严密查拿，遇有此等案犯，审讯明确，即以军法从事。以安闾阎，而肃军纪。切切此令。

中华民国十二年四月六日

选自《陆海军大元帅大本营公报》，1923 年第 7 号。

20. 大本营军政部军法处组织条例
1923 年 4 月 24 日大元帅孙中山核准公布

第一条　军法处设处长一人，委员三人，直隶军政部长，专管本处事务。

第二条　凡陆海军军官、军属、士兵犯罪，以及人民触犯军法之逮捕、审问、判决执行事项，概归军法处办理。

第三条　军法处适用《陆海军审判条例》及《陆海军刑事条例》各法令。

第四条　凡因被告人之身分（份），有必须高等军法会审时，得临时呈请组织之。

第五条　书记官、录事因事务之繁简设置之。

第六条　本条例自呈请大元帅核准公布日起实行。

中华民国十二年四月十四日

选自《陆海军大元帅大本营公报》，1923 年第 1 号。

21. 大元帅关于清理监狱整顿司法的训令三则

1923 年 4 月 6 日、5 月 21 日、

5 月 30 日大元帅孙中山公布

大元帅训令第六十二号

令广东省长徐绍桢、大本营军政部长程潜、大理院长赵士北

案查十年十月五日曾经明令清理庶狱，以普惠泽。旋值粤乱发生，此令迄未实行，甚非本大元帅慎重庶狱之意，亟应重申前令，切实办理。应即由大理院督率广东高等审检两厅及所属各厅庭，各派专员清查现在监狱中执行刑罚之罪犯，择其情有可原者，呈请减刑。至羁押民事被告人，无论有无保人应一律释放。其刑事被告人证据不充分，或系应处五等有期徒刑以下之刑者，及案经上告卷宗于上年变乱损失，一时难结者，均应取保释出候审。仍督所属以后务遵刑事审限，并依法励行缓刑、假释、责付保释。此外，军事犯及受行政处分被羁押，或因犯已废止之治安警察法被惩治者，并应由各军事长官及广东省长遵照前令分别办理，统限三个月办理完竣具报。勿稍延玩。此令。

中华民国十二年四月六日

大元帅指令第一九二号

令大理院长兼司法行政事务赵士北

呈悉。此次申令清理庶狱，重在平反冤狱，省释无辜。凡在疑狱，从宽免刑；轻罪可原，迅予开释。至于减刑一节，除真正命盗要案外，宜详加审查，视其情罪之轻重与在监执行刑罚久暂，分别等差呈请减免，以副本大元帅哀矜庶狱之至意。有厚望焉。此令。

中华民国十二年五月二十一日

大元帅指令第二一九号

令大理院院长兼管司法行政事务赵士北

呈悉。及清折所陈尚属可行，应予照准，仰即遵照办理。此令。

中华民国十二年五月三十日

附：赵士北呈

呈为呈请核示事。窃士北猥以轻材谬承知遇，擢充今职深惧弗克负荷。就任以来，无日不以整顿司法为职志。兹于博访司法人材（才），以宏登进考察司法官吏以励廉隅

而外，更以清厘庶狱及清理积案为根本要图，自应先行由此着手。庶狱之清厘业经遵奉大元帅第六二号训令及第一九二号指令，转行认真办理在案。积案之清理，实对于人民之生命财产有莫大之关系，进行不容或缓。伏查近年司法腐败，以粤省为最，于事实上无可讳言。以云改良其道正多，而急治其标则尤以除弊、考绩二者为先务。窃谓推事之贪贿手段不一，然大要必先将案搁置予诉讼人以运动之时机，诉讼人知其志在索贿，势必生一种败诉恐慌，由是争相贿托惟恐居后。欲除此弊莫若使之将案速结，俾无时日以相关说。又恐该推事急其轻微之案，以图塞责；至有贿可求之案，仍复搁置不理，虽长官亦莫可如何，应即责成各厅长或监督推事限令每员每月结案若干件，则先交与十件，俟其结一件再续交一件，结两件再续交两件。无论新旧案件概归长官保存，不使积压于推事手中。其在推事手中之案，通常不过十件左右而已。时间既促，运动斯难。至发交各案中如确有特别情形不能依限办结者，准由该推事于限期届满时附以理由将案送还长官。如长官认为正当仍将该案交与该推事再限于若干日内判结。如认为未甚正当即将该案改分他推事审理。倘若任意延滞则由该长官开列职名呈请惩戒，以儆其余，此就推事一方面而言者也。至于检查官之贪贿其手段正复相同。亦先将案内人留押以为要挟以表示其诬为有罪者固押；既无犯罪证据者，亦指为有犯罪嫌疑而押之，动辄羁押至累月经年之久然后为起诉或免诉之处分。其自问无罪之在押人欲求一审而不可得。其自问有罪欲求速审速判甘受法律上之惩罚，冀早期满省释者，亦复不易。于是在押人之亲属于无罪者恐其迳（径）付预审于有罪者转望其准予免诉。因而极力搜括（刮）多方运动以满填其欲壑。欲除此弊无论其所拟为如何罪名，倘于侦察期限满后尚不能搜获罪证者，应即将在押人交保候审。盖既无罪证则所拟罪名必非确实，况罪证之为物于在押人被押三五日内尚不能设法搜得，日久必且湮没，非投诸水即投诸火，愈久而愈无可寻。故拟于侦察期满无论所拟罪名大小轻重，概准先行保释，此又就检查官一方面而言者也。然此乃只足限制各法官之贪贿，仍未能使之不敢作如是之倾向。此外尚有一最简易之考成法，即推事之考成应以翻案之多少为标准。例如所结之案例有十件上诉，此十件中如有五件为上诉审所推翻者，去之；不及五件者留之。其去之也非谓其必贪贿，即非贪贿而其法律之智识亦必不足矣。昔人谓：不贪不明尤甚于贪而不明，诚非苛论。国家亦何贵有此法官哉？至于检查官之考成则应以其起诉意见书与审庭判决书相比较，以视二者之符合否，其去留之例，略与推事同。以上系专就除弊考绩，陈其大要，依此进行，即可为清理积案之地步。谨拟具先行整顿司法十条，缮附清折呈请鉴核。此外应兴应革者尚多，除再督饬所属筹画（划）进行，以仰副我大元帅励精图治之至意外，管见所及是否有当，理合具文呈乞训示祇遵实为公便。谨呈

大元帅

大理院院长兼司法行政事务赵士北印

中华民国十二年五月二十五日

选自《陆海军大元帅大本营公报》，1923 年第 7、13、14 号。

编者注：《整顿司法十条》公报未附。

22. 临时军律（六条）

1923 年 6 月 27 日大元帅孙中山公布

大元帅训令第二一五号

令广东省长廖仲恺、兼卫戍总司令杨希闵

前因广州市内竟有白昼抢劫情事，惊扰闾阎妨害治安，经令行该省长兼卫戍总司令督饬所属一体严防密查。遇有抢劫案犯一经拿获讯明，即依军法从事在案。近闻更有冒充军人擅自逮捕商民，或入民居搜索，或滥封渡船，或强拉伕（夫）役等类情事，愈堪痛恨。兹颁发《临时军律》六条开列于后，合行令仰该省长转饬公安局兼卫戍总司令执行，并出示布告，俾众周知。除分令外，仰即遵照办理，以安闾阎，而清匪患。切切此令。

临时军律

一、抢劫财物者，枪决。

二、冒充军队，及不知会警察擅自拉伕（夫）者，枪决。

三、未奉长官命令，不知会警察擅自逮捕商民，或入人铺屋搜索者，枪决。

四、不经由兵站，擅自封用船渡者，枪决。

五、强占商民铺屋者，枪决。

六、掳人勒索，及打单吓诈者，枪决。

中华民国十二年六月二十七日

选自《陆海军大元帅大本营公报》，1923 年第 18 号。

23. 修正律师暂行章程

1923 年 7 月 19 日大元帅孙中山核准公布

给赵士北的指令

1923 年 7 月 19 日

大元帅指令第三三一号

令大理院长兼管司法行政事务赵士北

呈为修正律师暂行章程请审定公布由。

呈悉。准如所拟办理。此令。

中华民国十二年七月十九日

附：赵士北呈

呈为摺呈事：律师章程经前院长徐修正公布在案，惟内漏去律师公会一章并资格各条，间与现在南方政府情形不合者，经职院删改增加重行修正。都为八章共三十八条，颇为完备。近日迭接各方请领律师证书纷至沓来，亟宜规复旧制，准其照章请

285

领。除将修正律师章程另册缮呈外，理合具摺呈请鉴核，审定公布，并祈指令祗遵。
谨呈
大元帅

大理院长兼管司法行政事务赵士北印
中华民国十二年七月十六日

修正律师暂行章程

第一章　职务

第一条　律师受当事人之委托或法院之命令，得在通常法院执行法定职务，并得依特别法之规定，在特别审判机关行其职务。

律师受当事人之委托，为契约、遗嘱之证明，或代订契约等法律文件。

第二章　资格

第二条　律师应具左列资格：

（一）中华民国人民，满二十岁以上之国民。

（二）依律师考试合格，或依本章程有免试之资格者。

第三条　有左列资格之一者，不经考试得充律师：

（一）在外国或本国大学修业三年以上、得有毕业文凭，并专修法律之学得有学位者，或在外国修法律之学得有律师文凭者。

（二）在外国或本国大学，或经政府认可之公立、私立法律或法政学校修业三年以上，得有毕业文凭，并曾充司法官一年以上，或办理司法行政事务三年以上者；

（三）具前项上段之资格，曾充国立或经政府认可之公立、私立大学或专门学校之法学教授三年以上者。

（四）依本章程充律师后，经其请求撤销律师名簿之登录者。

（五）在本章程施行前领有司法律师证书者。但在护法政府成立之后如领有北京司法部律师证书者，须另领证书，照章纳费。

第四条　有左列情形之一者不得充律师：

（一）曾处法定五等有期徒刑以上之刑者，但国事犯已复权者不在此限。

（二）受破产之宣告确定复（后）尚未复权者。

第三章　证书

第五条　考试合格者，或有免考试之资格者，得依本章程请领律师证书，但应纳证书费一百元，印花税费二元。

第六条　领证书者应具声请书并证书费呈请司法总长，或经由高等检察厅检察长转呈司法总长发给之。前项声请应附具相当之证明书，证明其资格。

第四章　名簿

第七条　司法总长发给律师证书时，应将该律师列入总名簿。律师名簿内应载明左列各款事项：

（一）姓名、年龄、籍贯、住址。

（二）律师证书号数。

（三）事务所。

（四）登录年月日

（五）惩戒

第八条　高等审判厅置律师名簿。

第九条　领有证书之律师，得声请指定一高等审判厅管辖区域行其职务。但京师、直隶两高等审判厅不在此限。前项声请应具声请书呈该高等审判厅长验明后，登录于律师名簿，并依法缴纳登录费。

第十条　律师经登录于律师名簿后，得在大理院行其职务。

第十一条　高等审判长应将登录名簿之律师，随时呈报司法总长，并分别知照所属法院。

第五章　义务

第十二条　律师执行职务时，不得兼任官吏或其他有俸给之官职；但充国会、地方议会议员，国立、公立、私立学校讲师，或执行官署特命之职务者不在此限。

第十三条　律师非证明其有正当理由，不得辞去法院所命之职务。

第十四条　律师受诉讼事件之委托而不欲承诺者，应通知委托人。律师不发前项通知或通知迟延者，应赔偿因此所生之损害。

第十五条　律师不得收买当事人之权利。

第十六条　律师应以诚笃及信实行其职务，对于法院或委托人不得有欺罔之行为。

第十七条　律师对于委托人所约定公费报酬应由律师与委托人依契约关系自由订立，但不得利用委任关系别为利益自己，损害委托人之法律行为。

第十八条　律师以善良管理者之注意，处理委托事物。如因懈怠过失或不谙习法令程式致委托人受损失时，负赔偿之责。

第十九条　律师不得故意延滞诉讼之进行。

第二十条　律师对于左列事件不得行其职务：

（一）曾受委托人之相对人之商告而为之赞助，或受其委任者。

（二）任推事或检察官时，曾经处理之案件。

（三）依公断程序，以公断人之资格，曾经处理之事件。

第二十一条　律师应于执行职务之法院所在地置事务所。置前项事务所后，应即报告于所在地之法院。

第六章　公会

第二十二条　律师应于地方审判厅所在地设立律师公会。律师非加入律师公会不得执行职务。

第二十三条　律师公会受所在地方检察长或高等分厅监督检察官之监督。

第二十四条　律师公会置会长一人，并得置副会长一人。

第二十五条　律师公会每年开定期总会，并得开临时总会。

第二十六条　律师公会得置常任评议员。

第二十七条　律师公会应议定会则，由地方检察长经高等检察长呈请司法总长核准。

第二十八条　律师公会会则，应规定左列各款事项：

（一）会长、副会长、常任评议员之选举方法及其职务。

（二）总会、常任评议员会之会议方法。

（三）维持律师德义方法。

（四）公费之最高额。

（五）其他处理会务之必要方法。

第二十九条　律师公会随时将左列各款事项布告于所在地地方检察长：

（一）会长、副会长、常任评议员选举之情形。

（二）总会、常任评议员会之日时、处所。

（三）提议、决议之事项。

地方检察长受前项之报告后，应即经由该管高等检察长报告于司法总长。

第三十条　律师公会于左列事项外，不得提议、决议：

（一）法律命令及律师公会会则所规定之事项。

（二）司法总长或法院所谘（咨）询之事项。

（三）关于司法事务或律师共同之利害关系，建议于司法总长或法院之事项。

第三十一条　地方检察长得随时出席于律师公会总会及常任评议员会，并得命其报告会议详情。

第三十二条　律师公会或常任评议员会之会议，有违反法令及律师公会会则者，司法总长或高等检察长得宣示其决议无效，或停止其会议。

第七章　惩戒

第三十三条　律师有违反本章程及律师公会会则之行为者，律师公会会长应依常任评议员或总会之决议，声请所在地方检察长将该律师付惩戒。地方检察长受前项声请后，应即呈请高等检察长提起惩戒之诉于该管高等审判厅。

律师之惩戒，地方检察长得以职权呈请之。

第三十四条　被惩戒人或高等检察长对于惩戒裁判有不服者，得向司法总长提出复审查之请求。

第三十五条　惩戒处分分为左列三种：

（一）训戒（诫）。

（二）停职一月以上，二年以下。

（三）除名。受除名处分者，非经过四年不得再充律师。

第八章　附则

第三十六条　本章程于律师法及其施行法公布后，即行废止。

第三十七条　本章程关于司法总长之职权，由兼管司法行政事务之大理院长行使之。

第三十八条　本章程自呈准公布日施行。

选自孙中山著，中山大学历史系孙中山研究室编：《孙中山全集》，第8卷，北京，中华书局，1986，第42~48页。原注"据《大本营公报》第二十一号"。

24. 广东全省经界总局规程

1923 年 8 月 7 日财政厅制定　大元帅孙中山核准公布

给叶恭绰廖仲恺的训令
1923 年 8 月 7 日

大元帅训令第二五六号

令大本营财政部长叶恭绰、广东省长廖仲恺

据广东财政厅长邹鲁呈称："窃维裕国之道莫如清理土地。日本得台湾后，即先编制田土台帐（账），成绩昭然。粤省辽阔，延袤千里，衡宇枨比，阡陌连云，然考每年土地税收不过五百万元，究厥原因，皆缘迄未清理所致，故侵占飞洒，流弊百出，豪强胥吏因缘为奸。甚至乡族互争酿成械斗，法庭涉讼累及无辜，经界不明流弊实大。查民国十年曾奉令行设立土地局，原为整理田土起见，惜规则未成，旋复裁撤。现在大局渐定，为清理田土、整顿税收起见，拟请特设全省经界总局，先从沙田清丈登记，次及繁盛都市陆续举办。并就局内先行设立测绘养成所，以最短期间养成多数测绘人材（才），一俟大局敉平，全省各属自可分途并进，必使此疆彼界图册分明，且民业一经确定，即与官产公产不能混淆，既可杜绝奸人捏报之烦，并免日后彼此纷争之弊，便民裕国莫善于此。所有拟设全省经界总局清丈屋宇田亩缘由是否有当，理合拟具规程十三条，呈请察核令遵。俟奉核准再行拟具本局预算书及施行细则，呈伏鉴定施行"等情附呈经界总局规程一扣前来。据此查该厅所拟设立广东全省经界总局清丈屋宇田亩，事属可行。核阅规程亦尚妥协，应予照准。合行令仰该部长、省长转饬该厅遵照办理，仍将预算及施行细则呈转候核。经界总局规程抄发。此令。

中华民国十二年八月七日

广东全省经界总局规程

第一条　本局以厘正经界确定民业为宗旨。

第二条　本局隶属财政厅，秉承财政厅长办理。

第三条　本局局长由财政厅委任，局员由局长委任。

第四条　全省屋宇、田土均由本局次第清丈。

第五条　屋宇、田土、典当、买卖应税契登记事项，概归本局办理。司法官厅已设有登记局，地方仍由该局登记，未经派员清丈各县，该县税契事宜暂由该县长办理。

第六条　屋宇、田土未经税契验契者，清丈后均责令补税、补验并登记，始得管业。

第七条　屋宇、田土已税验契未测量登记者，清丈后应补登记。

第八条　屋宇、田土已税验契测量登记者，仍应复加清丈，如有错误即更正，另发图照管业。

第九条　第六、第七两条之清丈及登记费，均各照价值百分之一计算，契税率及附加等概照向章办理。

第十条　第八条之清丈费豁免之，图照费每张二元。

第十一条　经界确定及登记后，即为完全民业之证据。

第十二条　本局施行细则另定之。

第十三条　本规程如有应行更改事宜，由财政厅长随时呈报省长更定之。

选自孙中山著，中山大学历史系孙中山研究室编：《孙中山全集》，第 8 卷，北京，中华书局，1986，第 89~90 页。原注"据《大本营公报》第二十四号"。

25. 管理医生暂行规则

1923 年 9 月 13 日大本营内政部公布

大本营内政部令第九号

兹制定《管理医生暂行规则》公布之。此令。

中华民国十二年九月十三日

管理医生暂行规则

第一条　在《医师法》及《医师、药剂师考试章程》未颁布以前，关于医生之认许，暂适用本规则。

第二条　凡具有医生资格者，应由内政部分别中医、西医，发给医生开业执照。其未经核准给照者，不得执行医生之业务。

第三条　凡年在二十岁以上具有左列资格之一者，准发给医生开业执照，但七、八两项资格得于本规则施行一定期间后，以部令停止之。

一、在本国国立或经部认可之公私立医科大学及医学专门学校毕业，领有毕业文凭者。

二、在外国官立、私立医科大学及医学专门学校毕业，领有毕业文凭者。

三、在本规则施行以前，在外国人私立之医学堂肄业三年以上，领有文凭者。

四、外国人曾在该国政府领有医术开业证书，经外交部证明认为适于执行医业者。

五、曾经各地方该管官厅考试及格，领有证明文件者。

六、在经部认可之中医学校或中医传习所肄业三年以上，领有毕业文凭者。

七、曾任官公立医院医员三年以上，确有成绩及证明文件者。

八、有医术知识经验，在本规则施行前行医五年以上有确实证明，并取具给照医生三人以上之保证者。

第四条　犯左列各项之一者，不得发给医生开业执照：

一、曾因业务上之犯罪，被处三等以上有期徒刑者。

二、被褫夺公权尚未复权者。

三、聋者、哑者、盲者、精神病者。

第五条　凡具领医生执照应备执照费二十元、印花税二元，并半身相片一张、履历书一纸，连同毕业文凭、资格证明文件，呈请内政部或由该管地方官厅转呈内政部核发。

第六条　医生所领执照如有毁坏、遗失等情，应缴照费二元、印花税二元呈请补发。

第七条　医生在本规则未公布以前曾在各地方该管官厅注册领照，未经领有部照者，须将原件呈验，并缴纳照费十元补领部颁执照。

前项补领部照期限及施行细则，由内政部另定之。逾限未领部照者，不得再执行医生业务，违者照第十六条处罚。

在本规则未公布前各地方官厅所发布之《管理医生单行条例》，除与本规则抵触者外，仍属有效；惟地方官厅发给医生执照，应自本规则施行后一律停止，以昭划一。

第八条　部颁医生执照效力可通行全国，惟医生欲在某处开业，仍须向该管地方官厅呈验所领部照，请求注册，违者处一百元以下之罚金。

地方官厅对于前项请求注册者，得征相当之注册费。

第九条　医生如有歇业、复业或迁移、死亡等事，应于十日内向该管地方官厅报告。医生由甲地移至乙地执业，除遵照前项规定向甲地方该管官厅报告外，并应遵第八条之规定，向乙地方该管官厅请求注册。

各地方该管官厅应置医生名簿，将前条及本条事项，详细登载随时报部。

第十条　医生领照后，如犯第四条各项之一时，应由该管地方官厅随时查明，呈请内政部将执照取消，但该条第二、三两项之原因消失时，得再请给照开业。

第十一条　医生非亲自诊察不得施行治疗，或开给药方及交付诊断书。

第十二条　医生诊治遇有传染病或疑似传染病及中毒者，应即据实向该管地方官厅呈报。

第十三条　医生不得因请托贿赂伪造证书或用药及其他方法堕胎，违者按刑律治罪。

第十四条　医生关于其业务，不得登载及散布夸张、虚伪之广告。

第十五条　医生关于公务上有应遵从该管官厅指挥之义务。

第十六条　本条例颁布后，凡未领部颁医生开业执照，及执照取消与停止执业者，概不准擅自执行医务，违者处二百元以下之罚金。

第十七条　医生违反本规则第九条第一项、第十一条、第十二条、第十四、第十五条之规定者，处以五十元以下之罚金，并得令于一年以内之停止执业。

第十八条　本规则颁布后，各地方中、西医生得分别或联合组织医生公会拟定章程，由该管地方官厅转报内政部核准备案。

第十九条　本规则如有应行修改及未尽事宜，由内政部随时增订公布之。

第二十条　本规则自公布日施行。

中华民国十二年九月十三日

选自《陆海军大元帅大本营公报》，1923年第31号。

26. 暂行工艺品奖励章程

1923年9月24日建设部制定，10月4日大元帅孙中山核准公布

给林森的指令
（1923年10月4日）

大元帅指令第四九二号

令大本营建设部长林森

呈缴拟订暂行工艺品奖励章程请鉴核明令施行由。

呈及章程均悉。准如所拟办理。此令。

中华民国十二年十月四日

附：林森呈

呈为拟订《暂行工艺品奖励章程》仰祈鉴核事：窃富国之道工商为重，改良商品工艺为先。吾国工业方在萌芽，提倡奖励责在政府。本部设有工商局，关于奖励工业事项，不可无章程规定，以资奖励而策进行。兹拟订《暂行工艺品奖励章程》十八条，理合缮具清摺呈请鉴察，伏祈明令施行，实为公便。谨呈

大元帅

附呈《暂行工艺品奖励章程》一扣。

大本营建设部长林森（印）

中华民国十二年九月二十四日

暂行工艺品奖励章程

第一条　关于工艺上之物品及方法首先发明及改良，或应用外国成法制造物品著有成绩者，得按照本章程呈请奖励。

第二条　享有奖励权利者，以中国人民为限。

第三条　奖励之类别分列于下：

（一）凡关于工艺上之物品及方法首先发明或改良者，得呈请专利，其年限定为三年、五年二种，由建设部核准。此项限期均由批准之日起算。

（二）凡应用外国成法制造物品著有成绩者，呈请给予褒状。

第四条　下列之工艺品不得呈请奖励：

（一）有紊乱秩序妨害风俗之虞者。

（二）业有同样发明或改良呈请核准在先者。

第五条　下列之工艺品不得呈请专利：

（一）饮食品。

（二）医药品。

工艺品之发明或改良有关公益须普及者，得不予专利或加以限制。

第六条　呈请文受理后，经审查准予专利者，由部发给执照准予褒奖者，由部发给褒状。

第七条　呈请奖励者，应于呈文外将详细说明书及图式、制品、模型等件呈部审查。

第八条　呈请奖励者，应按下列照费、褒状费随同呈文缴纳。

（一）专利三年者，五十元。

（二）专利五年者，一百元。

（三）褒状五元。

以上照费、褒状费如不准奖励时，仍将原费发还。

第九条　已经核准奖励之制造品，其呈请人之姓名、商号、制品名称、种类、专利年限、专利执照或褒状之号数，均应于公报公布之。

第十条　工艺品之发明或改良为军事上应守秘密者，得依主管官署之请求不予专利，

或加以限制，但应由主管官署给与（予）相当报酬。

第十一条　已得专利者，于专利期内复将其专利物品所有发明改良者，再呈请核准专利。

第十二条　呈请人所发明或改良之物品有一部分与先行呈请之物品相同者，其相同之部分应准先行呈请者，享有专利权。

第十三条　专利权得承继或转移之，但须呈请建设部核准换给执照。

第十四条　在专利年限以内如有他人私自仿造防（妨）害专利权时，享有专利权者得呈请禁止。

第十五条　已得专利者，如有下列情事之一，其专利权应即取消：

（一）已得专利权自给照之日起，满一年尚未实行制造营业者。

（二）贩运外国货品冒充自制专利品发行者。

（三）所制物品与说明书所载或与各样模型不符者。

（四）专利期内无故休业一年以上者。

（五）违反本章程第四条所规定者。

（六）以诈伪方法曚（蒙）请核准者。

在专利年限内建设部认为必要时，得遴派专员检查专利品之制造事项。

第十六条　专利年限期满或取消，应于公报公布之。

第十七条　《暂行工艺品奖励章程施行细则》由大本营建设部定之。

第十八条　本章程自公布之日施行。

选自孙中山著，中山大学历史系孙中山研究室编：《孙中山全集》，第8卷，北京，中华书局，1986，第251～253页。原注："据《大本营公报》第三十二号"。

27．暂行工艺品奖励章程施行细则

1923年10月19日大元帅孙中山核准公布

给林森的指令
（1923年10月19日）

大元帅指令第五三七号

令大本营建设部长林森

呈拟暂行工艺品奖励章程施行细则请备案由。

呈及细则均悉，准予备案。此令。

中华民国十二年十月十九日

暂行工艺品奖励章程施行细则
第一章　总则

第一条　呈请奖励者其呈文及说明书等件须用中国文字记之；如说明书内有科学专门名词，必须用外国语者，亦当附加译文。

第二条　呈请专利之呈文图说等件，由邮局寄送者必须挂号。本部即据发寄地邮局戳记之时日，认定呈请人之先后。

第三条　如呈请专利之说明书、图式样本、模型不明晰或不完备者，本部应令原具呈人详细补呈。此项补呈须于批示之日起三个月以内投递到部，过期不补呈者，前呈之优先权作为无效。

第四条　凡呈文有下列各款之一者概不受理：一、违背奖励章程第一、第二、第四、第五等条规定者；二、未附缴考验费、照费、褒［状］费及呈文公费者。

第二章　呈请

第五条　随呈文呈送之说明书应详载下列事项：一、发明或改良之名称；二、发明或改良之主旨；三、如系机械品应详载机械之构造及运用方法（按照图式符号详细说明）；四、如系化学品应列举所用原料之名称与产地，及其制造方法；五、请求专利之范围；六、请奖之类别（专利或褒状）；七、呈请专利之年限。前项第三及第四款之说明应用密封呈递，于封面注明由考验专员开拆字样。

第六条　凡以机械品呈请奖励者，应将模型或机械呈送到部，并须附呈机械图式。其图式应按下列各图分别绘之：一、正面图；二、平面图；三、侧面图；四、请奖各部分之详细图。以上各图式均须注明符号、尺寸，并用墨水绘画。

第七条　凡以化学品呈请奖励者，应将发明或改良之物品送呈到部，以凭考验。

第八条　机械模型或发明及改良之物品如于邮送时有损坏应饬令呈请人补送之。

第九条　呈请人须按照下列各款随呈文缴纳公费：一、请给专利（五元）；二、请给褒状（二元）；三、请求专利权之转移（十元）；四、请求专利之继承（五元）；五、专利执照遗失补发（十元）；六、褒状遗失请补发（二元）；七、专利权妨害之呈请禁止（十元）。

第三章　审查

第十条　关于奖品之审查承认为必要时，得令原具呈人自行来部当面试验，考验费依照工业试验所试验章程征收之。

第十一条　关于奖励品之审查终了后，应由审查员出具审查书，记载下列事项：一、制品之名称；二、呈请人之姓名、商号；三、请奖之类别（专利或褒状）；四、给奖之类别（专利或褒状）；五、审定之主文及理由；六、审定之年月日。

第四章　奖励

第十二条　呈请案既经核准，当即发给奖励执照或褒状，并将审查书抄给阅看。

第十三条　奖励注册底簿当载下列事项：（一）专利执照或褒状之号数；（二）准与奖励之工艺品名称；（三）呈请人之姓名、住址、商号；（四）如系专利之无效取消者，则载其事由及事由发生之年月日；（五）如系专利之转移或继承，则载其事由；（六）如系专利执照之补发，则载其事由及补发之年月日；（七）如系褒状之补发则载其事由及补发之年月日；（八）注册之年月日。

第十四条　专利执照及褒状如有遗失及毁失时，得于登载公报及当地新闻纸一月以后，取得资本殷实并经本部注册之公司、商号证明书，请求补发。

第五章　继承或转移

第十五条　专利权之移转呈请换给执照时，应由当事人连署，并附呈移转之合同契约，由部核准。

第十六条　因继承移转而取得专利权者，于呈请换照时，应将原有执照缴还本部注销之。专利权移转或继承后，仍依原有专利年限计算。

第六章　取消

第十七条　已给专利执照之制品届专利年限期满时，本部应将专利者姓名、制品、名称及专利执照号数登载公报，公布取消之。

第十八条　已得专利者如因工艺品奖励章程第十五条规定之情事取消其专利权时，应由本部将取消理由、专利者姓名、制品名称及专利执照号数登载公报，公布取消之。前项专利权取消时，应令将专利执照缴还本部注销之。

第七章　查禁

第十九条　凡依奖励章程第十四条规定呈请禁止者，应详细记载发觉私自仿造之实在情形，并将私自仿造物品呈部查验。

第廿条　前条呈请经本部审查结果认为证据确实者，即由部饬令地方官厅严行处罚。

第八章　公布

第廿一条　专利之准许批驳、满期及取消，均按日于公报逐件公布之。

第九章　附则

第二十二条　本细则自公布日施行。

选自孙中山著，中山大学历史系孙中山研究室编：《孙中山全集》，第8卷，北京，中华书局，1986，第311～314页。原注："据《大本营公报》第三十四号"。

28. 广东都市土地税条例

1923年10月18日大元帅孙中山核准公布

大元帅指令第五三六号

令广东省长廖仲恺

呈及草案均悉。所编《广东都市土地税条例》尚属妥善，应准予公布，即先由广州市试办，余并如所拟办理。此令。

中华民国十二年十月十八日

附：廖仲恺呈

呈为呈请事。窃维都市土地价值日昂，其影响于工商事业至矩，非以一种土地税法调剂参互于其间，断不能保市民负担之公平，而弥经济制度之缺憾。当经考查状况编为《都市土地税条例草案》详著理由。在民生主义尚未实施之前，苟能行此税法，慰情亦当聊胜。拟请明令颁行，先由广州市试办，并拟请设立土地局，隶省长公署直辖，由省长派员办理，以专权责。理合将理由书及条例汇列清折，呈请陆海军大元帅。

计呈《广东都市土地税理由书》及条例清折一扣

广东省长廖仲恺印

中华民国十二年十月十二日

广东都市土地税条例草案理由书

　　土地为生产之要素，而又有限之物也。工业商务发达之区，人口繁殖欲望增进，需用土地以为生产日益多，求过于供，则地价自然腾贵，无待人工之改良，是以土地增价，实为社会之产品。地价贵则地租随之，地主不劳坐收增益，而商贾劳工勤劳终岁，反博得负担之增加，物之不平孰有过于此者？前英国财务大臣雷佐治之言曰：现在我国土地制度之最，缺点在使社会不能自收人民合作之利益，而反自处高抬地价之罪，以谢地主，言之可慨也。此种现象随处皆是，岂独英伦一隅已哉？我广州市自拆城辟路后，数年之间，地价骤增数倍，地租之贵决（绝）非一般人民之力可能负担者。虽曰出诸自然趋势，岂非社会经济制度之不良有以致之哉？我孙大元帅目睹社会失序，贫富悬殊，阶级战争其端已肇，慨然以改革社会为己任，创平均地权之说，以为改良社会经济之方，整理国家租税之具，其要旨系土地皆有税，且重课其不劳而获之收益。夫地价税，良税也。重征之，不以为苛。由社会道德方面言之，重税土地则地价贱，地价贱则地租低落，而使用土地之权得以平均。请申言之：地价者，土地收益以普通利率还完之数也。地税者，不能转嫁之负担也。地税不能转嫁，自当向土地收益扣除，土地收益之减少，还完之数亦随之小。埃尔兰学者巴氏谓：经营土地不过求收益而已。凡减少其收益者，即减少其售价，是土地价税减少地价之具也，地价未税之值也。地价既减，人人得以贱租使用土地，故曰平均地权。不宁惟是，税重而不能转嫁，则繁庶区内向无收益之空地，当变为有建筑地以求收益。有建筑地如逐渐增加，而需求居常不改，地租降落可立而待也。由国家理财方面讨论之，土地为适宜课税之物，理由有数端：（一）土地为有形不动之物，按物征收，无可逃避。（二）地价易于考定，以相邻间土地之买卖价格，及其本身状态评定之，估价无过高或过低之弊。（三）土地不能伸缩，地价涨落比较别物为有常税，收额可预定。（四）我国田亩有赋，其它（他）土地不征租税，原贵普及。彼税而此免，岂得谓平？且纳税能力，宅地远胜于田亩。（五）我国近来国用浩大，杂税繁兴，制度紊乱，苛扰人民，亟待整理，以舒民困，而裕国计。倘土地价税全国举办，以四百万方英里之土地，其间名城大邑何止千百，每年收入当以百兆计。行之有效，则所有不良之税，自可一律废除，舍繁归简，即整理税制之道也。

广东都市土地税条例

第一章　总则

　　第一条　条文所用名词之解释：

　　一、宅地　凡都市内人烟稠密处所，可作建筑、住居、营业或制造场所之用之土地，即为宅地。

　　二、无建筑宅地　宅地区域内之空地，或虽设有临时建筑物之宅地，均称为无建筑宅地。

　　三、农地　在都市内除宅地区域外，所有农田、菜地、果园、苗圃、鱼塘、桑基及其它（他）种植之土地均包括之。

　　四、旷地　都市区域内除宅地或农地外，均属旷地。

　　五、土地改良　于都市土地上建筑、增筑、或改筑房屋、道路、沟渠及其他工作物等，有使土地增加效用而能耐久者，谓之土地改良。

　　六、土地改良费　改良土地有形之资本，谓之土地改良费。

七、地税　包括普通地税、土地增加税而言。

八、地价　指地价评议会判定之地价。

九、土地增价　凡土地现时价额超出于前判定之地价，其超出之价数即为土地增价。

十、关系人　指有土地权利关系者而言。

十一、铺底顶手　指限于经领有登记局之铺底顶手登记完毕证者。

十二、铺底权利人　即铺底顶手所有人。

第二条　城市、商埠、乡镇其人口在五万人以上者，均适用本条例，但须依照第三条之规定行之。

第三条　各都市施行本条例之时期，由广东省长斟酌地方情形，随时以命令定之。

第四条　有税地分为左列三种：

一、宅地。甲、有建筑宅地。乙、无建筑宅地。

二、农地。

三、旷地。

第五条　施行本条例都市之行政长官，应依都市之情形，酌拟宅地区域，呈由省长核定公布之。

都市行政长官认为有变更宅地区域界线之必要时，得将情形及酌拟变更界线绘图附说，呈由省长核定公布之。

第六条　都市内未经公布为宅地区域之土地，而有建筑房屋能作住居、营业或制造场所之用者，作有建筑宅地论，但栅厂蓬寮不在此限。

第二章　普通地税

第七条　每年征收普通地税之令（定）率如左：

一、有建筑宅地　征收地价千分之十。

二、无建筑宅地　征收地价千分之十五。

三、农地　征收地价千分之八。

四、旷地　征收地价千分之四。

第八条　全年普通地税依左定期限征收之：

第一期：一月一日至一月三十一日。

第二期：七月一日至七月三十一日。

地方遇有特别情形，不能依前项所定期限纳税时，都市行政长官须将情形具报，由省长核明展期征收之。

第九条　都市行政长官认为地方情形有必要时，得请求省长将第七条第二款定之税率加重或减轻之。

第十条　免税土地依左列各款定之：

一、关于教育慈善使用之土地；

二、寺庙、庵观、福音堂；

三、公立免费之游戏公园；

四、公共墓地；

五、公立劝业场；

六、其他土地得省长或都市行政长官指定免税者。

前项之规定，限于自己所有或承典及永租土地适用之。

第十一条 前条所列一、二、三、五、六各款之土地，如有以一部或全部为有偿的或赠与他人作营利事业者，不得享受第十条规定之待遇。

第三章 地价之判定及登记

第十二条 凡关于土地权利成立所有之书据，无论已未经登记局登记，限于本条例施行之日起四个月内，连同抄白书据一份、申报地价书一纸，呈缴土地局查验登记。

第十三条 缴验书据每件应征费银一元。

第十四条 申报地价书须依式填报左列事项：

一、姓名（土地所有人、永租人、典主或铺底权人），书据如系用堂名，须加该堂代表人名；如系店名，加该店主事人名；如系二人以上共有，则用第一人之名。

二、通信处所（处所如变更时须即申报）。

三、土地种类。

四、座（坐）落。

五、面积。

六、每井价值。

七、全段地价。

八、改良费额。

九、前项投资时期。

十、年租。

十一、如有永租、典当或铺底关系须详细报明。

十二、土地现充何用。

第十五条 各种地价当事人依限申报后，由地价评议会审查其申报地价之当否，分别判定之，但有铺底顶手关系者，须照第二十四条之规定办理。

第十六条 地价判定后，地价评议会即将判定之地价通知土地所有人、永租人或典主。

第十七条 土地所有人、永租人或典主认判定地价为不合时，得自收到通知书之日起，三十日内向地价评议会申述异议，请求复判。

地价评议会对于当事人申述异议所为之复判，为最终之判决。

第十八条 土地所有人、永租人或典主认复判地价为不满意时，得自收到通知书之日起十五日内，申请都市税务官署，将土地征收之，其征收地价之标准规定如左：

一、复判地价与申报地价相差百分之一十或以下者，由税务官署照复判地价征收之。

二、复判地价与申报地价相差超过百分之一十者，由税务官署照申报地价加百分之一十征收之。

第十九条 各有税地变更其种类时，土地所有人及关系人应于变更前，将变更事由呈由地价评议会核准，并于变更程序完毕后十日内呈报土地局登记。

第二十条 凡有税地变为无税地或无税地变为有税地，其土地所有人、关系人应于变更前将变更事由申请土地局核准，并于变更程序完毕后十日内呈报登记。

第二十一条　无税地变为有税地，其土地所有人限于变更程序完毕后十日内，应将地价申报，由地价评议会，依于申报价额与土地状况及相邻土地价格之比例判定登记。

第二十二条　凡土地之让与、永租或典当须于契约成立时呈报登记。

第二十三条　永租权、典当权、铺底权及其他土地之地租如有变更或修改时，关系人限自变更或修改之日起十日内声请土地局修正登记。

第二十四条　有铺底关系宅地之地价，以全年租金之十二倍及铺底顶手金额合成计算之。

第二十五条　土地改良费于地税征收时，应由地价项下扣出半数免除之，但以经地价评议会核定登记者为限。

第二十六条　土地局地价评议会规则及登记规则另定之。

第四章　普通地税之纳税人

第二十七条　有铺底关系宅地之普通地税，其土地所有人应照年租十二倍缴纳，其铺底权利人应照铺底顶手金额缴纳。

第二十八条　有典当关系土地之普通地税，由典主缴纳。

第二十九条　永租地税由永租人缴纳之。

第三十条　其他地税概由土地所有人缴纳之。

第五章　土地增价税

第三十一条　土地增价税率列左：

一、土地增价超过百分之一十至百分之五十者，课百分之一十。

二、超过百分之五十至百分之一百者，课百分之十五。

三、超过百分之一百至百分之一百五十者，课百分之二十。

四、超过百分之一百五十至百分之二百者，课百分之二十五。

五、超过百分之二百者，课百分之三十。

第三十二条　土地增价免税之定率列左：

一、土地增价在百分之一十或以下者。

二、农地或旷地每亩地价二百元以下者。

三、宅地全段地价在五百元以下者。

第三十三条　土地增价税之征收办法列左：

一、土地转卖时，出卖人照现时地价扣除原价，或最后经纳增价税之地价额，及改良费之半数所余之额依率缴纳。

二、土地继承时，继承人照现实地价扣除被继承人原价，或最后经纳增价税之地价额及改良费之半数所余之额依率缴纳。

三、土地权或永租权经十五年未有移转时，土地所有人或永租人照时地价扣除前十五年地价及改良费之半数，所余之额依率缴纳。

第三十四条　土地所有人于土地典当满期赎回时，或典主于期满断典取得土地所有权时，应照现时地价扣除典产原契成立时所值地价，及典当后土地改良费之半数所余之额依率缴纳。

第三十五条　违背第十二条、第十九条至第二十三条之规定者，处以五元以上百元以下之罚金。

第三十六条　本条例如有未尽事宜得随时修改之。

第三十七条　本条例由大元帅核准公布施行。

附说明：

一、土地税分为普通地税、土地增价税二种。前种按值抽税，凡价值相等之同种土地，一律受同等之待遇，办法本甚公平，但未足以对付不劳增益，是以普通地税之外，复设土地增价税以补其罅漏。土地增价既系社会之产品，不劳之增益不应全入私人囊中，政府征收一部以办社会事自无不合之理。

二、土地亦有因人工改良而增价者，此种增价不得谓之不劳而获，地主之功亦有足纪者，拟免除改良费之半数，借以奖励良好建筑。

三、繁庶都市中，无建筑宅地为最适宜之投机物，税率应较他种为重，以防止投机并迫促弃地变为有用之地。惟地方有时而衰落，衰落之地其租必贱，无建筑物者应减轻税率，以昭平允。

四、旷地征收普通地价千分之四，表面上似过轻，恐为投机家所利用。究其实，所谓旷地，大抵未经改良不能使用，难求近利。千分之四已属太重，过此恐难担负。

查英国旷地每磅征半个边士，未及千分之三，有税无收，已不适于投机，而况另有土地增价税以取缔之。

五、政府征收土地，其权利关系人直接或间接必受有一种损失，应照申报地价增加些少，以为弥缝。

六、有铺底顶手关系之土地，其地租不得任意增加，若以相邻间无铺底顶手土地之价值为纳税之标准，则殊非平允，故以年租十二倍计之。

铺底顶手权已视为土地权，其金额亦应视为地价。

选自《陆海军大元帅大本营公报》，1923 年第 34 号。

29. 《中央陆军教导团条例》及 《中央陆军教导团军官候补生入团考验章程》

1923 年 10 月 21 日大元帅孙中山核准公布

中央陆军教导团条例

一、陆军教导团为统一军队教育起见，养成各师旅各兵科模范下士及军官候补生，而施以最新之军事教育。

二、陆军教导团依陆军步兵团编制，编成步兵一团，及炮、工、交通、辎重兵各一连。

三、陆军教导团于团本部加设炮、工、辎重、交通科长各一员，担任各科教员。

四、陆军教导团士兵，由军政部招募身体强壮、粗识文字、年龄在十八岁以上二十二岁以下者充补外，并咨令各军师旅长选送上等兵来团（细则另定）训练六个月，发还原队。

五、军官候补生由军政部考试各省中学毕业以上之学生（考试细则另定），取其合格者发交陆军教导团训练六个月，升入陆军军官学校。

六、陆军教导团学、术两科以表定之。

中央陆军教导团军官候补生入团考验章程

一、资格　中学校毕业以上之学生，经军政部派员考试合格，发交陆军教导团练习者，称为军官候补生。

二、报名　自某月某日起至某月某日止，至某处填具履历一份，带有证书者，缴验证书，听候示期考试。

三、身体之检验　视力、听力、握力、肺量、高矮、体重、疾病之有无。

四、学科之考试　国文、英文、数学、小代数、平面几何、平面三角、物理、化学、中国历史、中外地理。

五、揭晓取录者，听候示期入团。

选自《陆海军大元帅大本营公报》，1923 年第 35 号。

30.《广东田土业佃保证章程》
及《广东全省田土业佃保证局组织简章》
1923 年 11 月 6 日大元帅孙中山核准公布

给邹鲁的指令
（1923 年 11 月 6 日）

大元帅指令第五八一号

令广东财政厅长邹鲁

呈请设置广东田土业佃保证局拟具章程及组织简章，请鉴核令遵由。

呈及章程、简章均悉。所请设置广东田土业佃保证局，系为保障农民业佃双方利益起见，事属可行，应予照准。章程第七条间有未妥之处，经予修正，合行抄发，仰即遵照办理可也。此令。

中华民国十二年十一月六日

附：邹鲁呈

呈为呈请事：窃为政之道无讼为要，而诉讼之案争执之端多起于田土。买卖之争以契据为断；租赁之争以批约为断。惟契据则有税验可查，批约并无保证可问，甚非止讼息争之道也。且吾国以农立国，经济之运用，赋税之征收，亦以田土为多。现拟整理财政必先从田土入手。职厅前经呈请设立经界局，为清丈准备，而业佃关系于田土亦极重要，亟应设置田土业佃保证局，以期相辅而行。迩来物价腾贵，田价因以日昂，业主无故加租，及佃户藉（借）端霸耕之事，时有所闻，一经设局为租赁批约之保证，则此等讼案无由发生，既可消颂（讼）端于无形，自易得业佃之同意，而政府可酌收照费。以粤省田土三十五万顷，每亩租银五元计之，则于财政收入亦不无小补。兹经拟定《广东田土业佃保证章程》十二条，及《保证局组织简章》七条，并附说明理由具呈帅座鉴核。是否有当，仍候指令祗遵，谨呈

大元帅

附呈《广东田土业佃保证章程》及《保证局组织简章》二扣。

广东财政厅长邹鲁

中华民国十二年十月二十七日

广东田土业佃保证章程

第一条　本章程为保证田土业佃租赁批约切实履行，增进双方之利益而设。

理由：查粤省田土多批给佃户耕种，每有业主易批或佃户踞耕等事发生，致起诉讼。推原其故，皆由租赁批约订定后，未得官厅保障所致。兹为保障农民承佃权利，及维持业主所有权之安全起见，特设本章程保证之。

第二条　凡租赁沙田、海田、潮田、山田、围田、基塘、果围、葵围、晒地，以种植、畜牧农产、水产等品者，不论向业主直接承租，或向批家间接转租，皆由田土业佃保证局转发执照，以资保证。

理由：田土名目繁多，除自业自耕应免领照外，其他田土凡为种植、畜牧之用者，无论直接承租或间接转租，及以一田分批辗转数手，所有批约均由政府设局给照，互相证明，以资保证。

第三条　执照分为四联，除一联存查一联缴验外，发给业佃各执一联为据，并由局注册保证双方租约上之效力及左列之利益：

甲、租项无论上期下期，分年分季，佃户须依批约缴交，不得拖欠霸佃。

乙、佃户承租田土，除另有特约外，凡租期届满解约时，须将原址丘段亩数点还业主，不得移换侵匿。

丙、业主非俟佃户批租期满，不得易佃及加租。

丁、批租期满由业主另定租项召佃时，如原佃租价相等，应由原佃优先批赁，如无前项执照，护沙局、自卫局、沙夫等不得发给收获运放各票据。

第四条　无论业佃何方违反前条规定时，得由相对人摘录执照号数，函请该管田土业佃保证局查册核明，转函主管机关究追负其保证之责。

第五条　业佃串同短匿租额者，其所持租约不得认为有效证据，遇有佃户欠租、霸佃、加租等事项发生，官厅概不受理；其假托自业自耕图免领照者，一经发觉，即照应缴费加一倍处罚。

第六条　请领执照应由佃户将左列事项开报，携同原批约缴交该管田土业佃保证局核办，原批约验毕，即编号盖戳发还。

一、业主与佃户之姓名、籍贯、住址。

二、田土所在地及亩数丘段。

三、佃作种别及其租额数量。

四、抄白原约全文。

第七条　执照费以一次过为限，按照租额值百收三，业二佃一，分两年缴纳。第一年业主缴纳百分之二，第二年佃户缴纳百分之一，并得一次缴足。其业主应缴之款，先由佃户代缴，俟交租时于原租额内扣回。如以佃物为租，而无租额可计者，即以所交收之佃物照时价估算为租额。

凡属围田有围底、围馆、禾场、顶手者，准照前项按值缴费附记证明。

理由：此项执照系保障业佃双方利益，故照费由业佃分别负担，欲使农民易于筹措，故分两年征收。现在田土租价奇昂，每亩自四五元至数十元不等，更有达至百元以上者。今值百抽三，业二佃一为数极微，业主应缴纳之二元，由佃户先垫后扣，收费较为便利。至不计租项，订定特约，取偿于佃作之物者〔如业主批塘收鱼或批田收禾之类〕，是即按时值估计，又各属围田之有围底顶手者，准依章程办理，系为保护农民普及起见。

第八条　田土业佃保证局收受佃户报告及第一年照费时，应即通知业主，限十日内将佃户领约或租部缴验相符，再通知佃户持收条到局换给执照。如属伪冒，即行撤销。倘业主逾期不将批约或租部缴验，又不声明故障时，作为默认。一经给照，无论何人不能提出异议。缴纳第二年照费时，只须（需）持呈原领执照覆验注明，即准发给收条。若由业主请领执照，将领约租部呈验缴纳照费时，所有程序准用前项及本章程第六条、第七条之规定。

理由：广东承佃田土习惯，由业佃互立字据交执，业户所立名曰"批约"，佃户所立名曰"领约"，或曰"批领"文义大致相同。间有无批无领只立租部或用口头者，倘由业主或佃户开报缴费，均须通知相对人提出所持之证据，以资印证而别真伪。若隐匿默认，是为甘自抛弃权利。

第九条　本章程公布后，限一个月内由佃户缴费领照，逾限一个月罚二成缴纳，两个月罚加四成缴纳。以后每逾一月递加二成至一倍为止。但由业主缴费领照时，不受加罚之拘束。向用口头契约者，自本章程实行之日起，限十五日一律改为书面契约领照。

理由：近来田土租价日昂，贪租易佃及欠租霸佃者比比皆是。本章程系调剂业佃利害，增进社会和平，故须于章程实行后分别定限缴费领照，然租项系由佃户缴交，业主故责由佃户先垫，以俟届交租时按数扣回；或稍玩延，酌予处罚，亦不为过。如业主自请领照保证，自当免予处罚，以示优异。至租约虽有口头、书面之分，但适用书面者达十分之七八，如鹤山种植烟叶及各县僻乡小部分田土亦有用口头契约者，殊不足以杜争端。本章程实行后，概应改为书面，以资保障，系为采取证主义起见。

第十条　执照遗失或损坏时，得向该管田土业佃保证局补领，但每张须缴照费五角。

第十一条　本章程施行细则，由田土业佃保证局体察各该地方情形，拟呈核定施行。

第十二条　本章程公布后，自各田土业佃保证局成立之日实行，如有未尽事宜得随时增订之。

广东全省田土业佃保证局组织简章

一、广东田土业佃保证总局，隶属广东财政厅，监督所属分局管理全省田土业佃给照、保证等事项。

二、总局设于省城，除南番两县给照、收费、保证各事项由总局直接办理外，其余各县均设分局，隶属总局，并得因当地情形由分局设置分所。

理由：查省外各县习惯互异，除南番两县附近省城，可直接由总局办理外，其余各县设置分局或更添设分所，委托地方公共团体办理，务以因地制宜易收速效为主旨。

三、总局局长由广东财政厅委任，分局局长由总局委任。

四、总分局应设置人员，各因事务繁简，分别设置，各由本局委任之。

五、总分局应支一切经临费用，准于收入照费项下提扣二成分配，总分局各占一成，以应支需。

理由：总分局及分所均属创设开办之始，事务纷繁，需费尤巨，所需经常、临时各费用，即于收费项下提扣二成分配，不另请领。

六、农会或公共团体，护沙局、乡局等佐理催收照费，准于收入照费项下提扣一成为补助费。

理由：田土租赁给照保证，关系农民利益颇巨，而征收此项照费手续，亦极繁（烦）琐，隐匿瞒报在所不免。惟农会及公共团体，护沙局、乡局等，素与农民亲近，若由其稽查劝导，自易进行，而地方公益事业，亦可藉（借）资补助，实属一举两得。

七、本简章自核准之日施行。

选自孙中山著，中山大学历史系孙中山研究室编：《孙中山全集》，第8卷，北京，中华书局，1986，第370～375页。原注："据《大本营公报》第三十七号"。

31. 国有荒地承垦条例

1923年11月26日大元帅孙中山核准公布

给林森的指令

（1923年11月26日）

大元帅指令第六六〇号

令大本营建设部长林森

呈缴国有荒地承垦条例三十条乞鉴核施行由。

呈及清折均悉。准如所拟施行。此令。

中华民国十二年十一月二十六日

附：林森呈

呈为拟订《国有荒地承垦条例》仰祈鉴核事：窃查吾国地大物博、人口繁多，惜民众集中都市，地利废而不治，童山荒野所在皆是，亟宜提倡开垦，以辟土地，而厚民生。兹拟订《国有荒地承垦条例》三十二条，缮具清折随文呈请鉴核，伏祈明令施行，实为公便。谨呈

大元帅

谨呈《国有荒地承垦条例》一扣。

大本营建设部长林森

中华民国十二年十月三十一日

国有荒地承垦条例

第一章 总纲

第一条 本条例所称之国有荒地，指江海、山林、新涨及旧废无主未经开垦者而言。

第二条 凡国有荒地除政府认为有特别使用之目的外，均准人民按照本条例承垦。

第三条 凡承领国有荒地开垦者，无论其为个人或为法人均认为承垦权者。

第四条 前条之个人或法人之团体员，非有中华民国国籍者，不得享有承垦权。

第二章 承垦

第五条 凡欲领地垦荒者，须具书呈请该管官署核准报部立案。

第六条 呈请书须记载左列各项：

一、承垦人之姓名、年龄、籍贯及住所，若系法人，则发起人及经理人之姓名、年龄、籍贯住所，其设有事务者，并记其设置之地点。

二、承垦地形及规划堤渠、疆里之图。

三、承垦地面积计若干亩。

四、境界：东西南北各至何处，与某官地或民地交界；若指定该荒地之一部分者，并记其方隅。

五、种类：江、河、湖、海、涂滩地、草地或树林地。

六、地势：平原、高原、山地、干地或湿地。

七、土壤：土质、土色并沙砾之多寡。

八、水利：距离江海河湖远近，一切堤岸沟渠规划建设之概要。

九、经营农业之主要事项：种谷或畜牧或种树。

十、开荒经费若干。

十一、预拟建辟隄渠疆里工程及竣垦年限。

第三章 保证金及竣垦年限

第七条 承垦人提出呈请书经该管官署核准后，须按照承垦地亩每亩纳银一角，作为保证金。

前项保证金得以公债票及国库券缴纳。

第八条 承垦人缴纳保证金后，即由该管官署发给承垦证书。

第九条 承垦证书须记载左列各事项：

一、第六条第一款至第十一款之事项。

二、承垦核准之年月日。

三、保证金额。

第十条 承垦地除建辟隄渠画分疆里工程外，因亩数多寡预先竣垦年限如左：

一、草原地：

一千亩未满者	一年
一千亩以上二千亩未满者	二年
二千亩以上三千亩未满者	三年
三千亩以上四千亩未满者	四年
四千亩以上五千亩未满者	五年

五千亩以上一万亩未满者	六年
一万亩以上者	八年

二、树林地：

一千亩未满者	二年
一千亩以上二千亩未满者	三年
二千亩以上三千亩未满者	四年
三千亩以上四千亩未满者	五年
四千亩以上五千亩未满者	六年
五千亩以上一万亩未满者	七年
一万亩以上者	九年

三、斥卤地：

一千亩未满者	四年
一千亩以上二千亩未满者	五年
二千亩以上三千亩未满者	六年
三千亩以上四千亩未满者	七年
四千亩以上五千亩未满者	八年
五千亩以上一万亩未满者	九年
一万亩以上者	十一年

第十一条　承垦人受领承垦证书后，一个月内须设立界标或开界沟。

第十二条　承垦人受领承垦证书后，每年度之初，一月内须报告其成绩于该管官署。如满一年尚未从事堤渠疆里工程或开垦者，即撤销其承垦权，但因天灾地变及其它（他）不可抗力曾经申明而得该管官署之许可者，不在此例。

第十三条　已满竣垦年限尚未全垦者，除已垦地外即撤销其承垦权，但因天灾地变及其他不可抗力而致此者，得酌量展期。

第十四条　本于第十二条之规定而撤销其承垦权者，应追缴其承垦证书，其保证金概不返还；本于十三条之规定而撤销其一部承垦权者，当更换其承垦证书，其被撤销部分之保证金亦不返还。

第十五条　承垦人对于前三条之处分有不服者，准其提起行政诉讼。

第十六条　承垦权得继承或转移之，但须呈请该管官署核准。

第四章　评价及所有权

第十七条　承垦地给承垦证书后，即由该管官署勘定地价分别登记。

第十八条　承垦地之地价除认为有特别价值应公开投承外，分为五等，其别如左：

产草丰盛者为第一等　　每亩一元五角

产草稀短者为第二等　　每亩一元

树林未尽伐除者为第三等　　每亩七角

高低干湿不成片段者为第四等　　每亩五角

斥卤砂碛未产草之地为第五等　　每亩三角

第十九条　地价按每年竣垦亩数缴纳。

第二十条　缴纳地价时，得以所缴纳之保证金抵算。

第二十一条　于竣垦年限内提前竣垦者，得优减其地价，其别如左：

提前一年者　　减百分之五

提前二年者　　减百分之十

提前三年者　　减百分之十五

提前四年者　　减百分之二十

提前五年者　　减百分之二十五

提前六年者　　减百分之三十

第二十二条　承垦者依十九条之规定缴纳地价后，该管官署应按其缴纳之亩数给以所有权证书。

第二十三条　承垦地于竣垦一年后，按竣垦亩数一律照各该地之税则升税。

罚则

第二十四条　本条例施行后，凡未经该管官署之核准私垦荒地者，除将所垦地收回外，每地一亩处以三元之罚金。

第二十五条　违背第十一条、第十二条报告成绩之规定者，处以五十元以上二百元以下之罚金。

第二十六条　违背第十六条之规定，除将承垦权撤销外，并处以一百元以上二百元以下之罚金。

第二十七条　呈报升科之亩数不实者，每匿报一亩处以三元之罚金。

附则

第二十八条　本条例除边荒承垦条例所定区域外，均适用之。

第二十九条　本条例于公布三月后施行。

第三十条　本条例施行前私垦荒地未经缴价者，须于本条例施行后六个月内补缴地价，前项地价每亩均缴一元五角。

选自孙中山著，中山大学历史系孙中山研究室编：《孙中山全集》，第 8 卷，北京，中华书局，1986，第 446～451 页。原注："据《大本营公报》第三十九号"。

32. 内政部侨务局章程

1923 年 12 月 26 日大元帅孙中山核准公布

大元帅指令第七五四号

令大本营内政部长徐绍桢

呈悉。准予备案章程存。此令。

中华民国十二年十二月二十六日

附：徐绍桢呈

呈为呈报事。窃本部于十二年十二月十九日，准大本营秘书处公函开：奉大元帅发下内政部拟呈《侨务局章程》一份，奉批可行。但须筹的款而后举行。此批。等因。相应函达查照。　此致。等由。准此，查此次侨务局建立，原系附设本部之内，所有办事人员拟暂派部员兼办，其经费务期撙节，无（毋）庸另行筹备，俾节糜费而速进行。兹谨将议定《侨务局章程》十五条并设立各缘由，具文呈请钧核备案。谨呈

大元帅

　　附《侨务局章程》一扣

大本营内政部部长徐绍桢印

中华民国十二年十二月二十二日

内政部侨务局章程

第一条　内政部设侨务局，掌管事务如左：

一、关于保护回国华侨事项。

二、关于华侨子弟回国就学事项。

三、关于保护旅外华侨之内地家属及财产事项。

四、关于提倡奖励华侨回国兴办实业事项。

五、关于导引华侨回国游历内地及其招待事项。

六、关于襄办华侨选举国会议员事项。

七、关于奖励华侨举办慈善公益事项。

八、关于介绍华侨为中外出产贸易事项。

九、关于华侨教育及学校注册事项。

十、关于海外华侨设立商业会所及其他公共团体之监督保护事项。

第二条　侨务局关于下列各事得斟酌情形呈由内政部长咨商外交部，令饬交涉员及驻外使领协助办理之：

一、关于调查保护华侨工商业事项。

二、关于劳工海外移殖及应募事项。

三、关于调查华侨生活及工作状况事项。

四、关于调解华侨争执事项。

五、关于华侨户口调查及国籍事项。

第三条　内政部设侨务委员会为评议机关，遴选回国华侨之学识优裕者充任，其组织权限及办事细则另定之。

第四条　内政部设侨务顾问若干人，由部长聘请熟悉侨务、名望素孚者任之。

第五条　侨务局设局长一人，由大元帅简任之。

第六条　侨务局设科长、科员、办事员若干人，分科办事。科长由部长荐请大元帅任命之，科员由部长委任之。其员额因事之繁简酌定。

第七条　侨务局设参议若干人为名誉职，由局长就回国及居留海外华侨之热心国事著有劳绩者，呈请部长委任，借备谘（咨）询。

第八条　侨务局于必要时得增设驻外侨务官及调查员，呈由部长委任，但其处务规则以不与驻外使领权限抵触者为限。

第九条　凡华侨回国及出外时，须向侨务局注册，以便照章保护。其注册章程另定之。

第十条　经在侨务局注册之华侨，其本人或其家属遇有事故须向政府请求时，得直接呈由侨务局办理。

第十一条　关于华侨举办公益、创办实业、销募公债及赞助政府有功人员，应颁荣典，由内政部另定褒扬条例，呈请大元帅颁布给奖，以资鼓励。

第十二条　侨务局经费由内政部另编预算，向国库请领，如有特别收入及华侨个人或团体捐助之款，应将收支账目交侨务委员会审核，除本局正当开销外，不得移作他用。

第十三条　保护华侨专章及办侨务局办事细则另定之。

第十四条　本章程未尽事宜得增订修改之。

第十五条　本章程自公布日施行。

选自《陆海军大元帅大本营公报》，1923 年第 42 号。

33. 内政部侨务局《保护侨民专章》

1924 年 1 月 11 日大本营内政部公布

第一条　中华民国人民旅居外国及回国者，统称侨民。

第二条　凡回国侨民均须向侨务局注册领取证明书，以便侨务局照章保护〔注册手续本人亲到或委托戚友或迳（径）用信函申请均可〕。

第三条　已在侨务局注册之回国侨民遇受欺凌冤抑情事，得直接呈报侨务局，侨务局当为之保障或申雪。

第四条　已在侨务局注册之回国侨民有意兴办实业，得申请侨务局指导及扶助。

第五条　已在侨务局注册之旅外侨民回国居住或游历内地，得呈请侨务局知会地方官保护招待。

第六条　凡旅外侨民均须向侨务局注册领取证明书，以便侨务局一律保护〔注册手续与第二条同〕。

第七条　已在侨务局注册之旅外侨民，其在内地家属、财产均受侨务局绝对的保护，如有被人欺凌及霸占情事，得直接向侨务局申诉。

第八条　凡旅外侨民之子弟回国就学，得请侨务局给予证明书，并按照程度送入相当学校肄业。

第九条　凡前赴外国之人民，无论工商，如须（需）领取出洋护照时，得请侨务局介绍之。

第十条　凡前赴外国之人民，除注册外，由侨务局加给公函，交由各该侨民于抵埠时呈递驻在地公使或领事，妥予照料保护。

第十一条　凡旅外侨民有争执等事，当由侨务局转请驻在地领事及商会调解，或派员前往会同办理。

第十二条　凡旅外侨民有被虐遇灾事故发生，须与该国政府交涉者，当由侨务局商请外交部或驻在地商会交涉保护拯救之。

第十三条　侨民选举议员事，得呈请侨务局襄助之。

第十四条　凡旅外侨民遇有变故回国者，由侨务局知会各地方官分别护送回籍安置。

第十五条　凡旅外侨民经入他国籍而未脱离中华民国国籍者，回国时均应报明侨务局注册，以便考核。

第十六条　凡侨民系在未与中国立约之国侨居，或该地尚无领事驻在者，其保护事宜当由侨务局委托在该国商会或派侨务官办理之。

第十七条　凡回国侨民曾经在该国政府领有复准入境证书者，于复往时亦须报明侨务局注册，以资籍考保护。

第十八条　凡在侨务局注册及领有证明书者，每人应缴注册费二元。

第十九条　本章程如有未尽事宜，得随时增订修改之。

第二十条　本章程自公布日施行。

选自《陆海军大元帅大本营公报》，1924 年第 1 号。

34. 内政部侨务局《侨务局办事细则》

1924 年 1 月 11 日内政部公布

第一条　侨务局依侨务局章程之规定附设于内政部内，其职务分配按照本细则办理。

第二条　侨务局设会办一员，佐理局务。

第三条　侨务局暂设三科：

一、总务科。

二、第一科。

三、第二科。

第四条　总务科掌事务如左：

一、综核各科文件及校对。

二、撰辑、保存、收发及公布文件。

三、典守印信。

四、编制统计及报告。

五、编订章程条款及翻译。

六、记录职员之进退。

七、管理本局庶务及会计。

八、其它（他）不属于各科之事项。

第五条　第一科掌事务如左：

一、关于保护回国华侨事项。

二、关于保护旅外华侨之内地家属及财产事项。

三、关于导引华侨回国游历内地及其招待事项。

四、关于襄办华侨选举国会议员事项。

五、关于华侨子弟回国就学事项。

六、关于华侨教育及学校注册事项。

七、关于奖励华侨举办慈善公益事项。

第六条　第二科掌事务如左：

一、关于提倡奖励华侨回国兴办实业事项。

二、关于介绍华侨为中外出产品贸易事项。

三、关于海外华侨设立商业会所及其它（他）公共团体事项。

四、关于劳工海外移殖及应募事项。

五、关于调查保护华侨工商业事项。

六、关于调查华侨生活及工作状况事项。

七、关于华侨户口调查及国籍事项。

八、关于华侨争执事项。

第七条　每科置科长一人主管一科事务，科员二人助理本科事务。但事繁时其科员员额得每科增至四人。

第八条　侨务局因缮写文件及其它（他）特别事务，得酌用雇员。

第九条　侨务一切寻常文件悉用局长名义行之，盖用本局关防。如遇重要之件，应呈局长呈请内政部长核示办理。

第十条　侨务局对外一切护照、单照、证书按照其它（他）法令之规定。应用部印由部长署名者，由内政部钤盖空白颁发本局填用。

第十一条　每日收到文件由收发拆封后，每件摘出简明事由，登列号簿，并分别该件应归何科承办，于该件加盖第某科字样，先呈局长会办阅后，送科办理。

第十二条　一切文件由科员拟稿送由主管科长及总务科长复核后，转呈局长会办核定。若遇重要之件，得由科长拟稿迳（径）呈局长。

第十三条　本局处理事务以迅捷为主。各职员遇有公事应随到随办，不得积压。除本细则别有规定或奉局长命令外，关于文件之处置悉照《内政部办事细则》办理。

第十四条　本局每星期至少召集局务会议一次。凡属本局职员均得提出议案。如有特别要事时，则临时召集之。

第十五条　局务会议以局长为主席。列席人员以左列为限：

一、局长。

二、会办。

三、科长。

四、特别指定人员。

五、提出议案人员。

第十六条　凡提出议案如非前条一、二、三各项所列人员，应先期具案送由局长核阅后，认为有提议之价值，始于开会时提出之。并通知提案者列席。

第十七条　每期局务会议情形，由局长派员记录，随时呈报部长查核。

第十八条　侨务局关于请假、考勤及办公时间，均照《内政部办事细则》及通例办理。

第十九条　本规则如有未尽事宜由，内政部随时修改，以部令公布之。

第二十条　本细则自公布日施行。

选自《陆海军大元帅大本营公报》，1924年第1号。

35. 财政委员会章程

1924年1月8日大元帅孙中山核准施行

第一条　本会以统筹整理财政为宗旨。

第二条　本会会员由大元帅任命左列各员组织之，统称为委员：

（一）财政部部长。

（二）财政部次长。

（三）广东省长兼筹饷局督办。

（四）禁烟督办。

（五）船民自治督办。

（六）两广盐运使。

（七）广州市市长。

（八）广东财政厅长。

（九）公安局局长。

（十）造币厂长。

（十一）广州市财政局长。

（十二）广东沙田清理处处长。

第三条　本会会议由财政部长、广东省长轮流主席。部长、省长均缺席时，由出席委员公推临时主席。

第四条　本会会议事项如与其它（他）机关或各法团有关系时，得由本会函邀该机关或法团派员出席会议。

第五条　本会会议事项，如须（需）各委员所管机关之职员出席说明时，得随时由该管机关委员饬令该职员出席说明。

第六条　本会事务员由各委员调所管机关中相当职员充之。

第七条　本会会议事项，以关于中央及地方财政为限。

第八条　本会议案范围如左：

（一）大元帅交议事项。

（二）本会委员提议事项。

（三）人民条陈事项。

第九条　本会会议须有过半数委员出席方能行之。

第十条　本会会议日期分为常会、特别会两项。

（一）常会每星期一次，以每星期一日行之。

（二）特别会由大元帅临时召集，或委员四人以上之陈请。

第十一条　本会议决之案，应由各主管委员呈请大元帅核准施行。

前项议决案之呈请，如属中央财政交财政部，属地方财政交省长分别办理。仍应函复本会备案。

第十二条　本会委员及事务员，除有职务之薪俸外，概不另支薪津。

第十三条　本会办事细则另定之。

第十四条　本会章程经政务会议议决，呈请大元帅公布施行。

选自《陆海军大元帅大本营公报》，1924 年第 1 号。

36. 禁烟条例
1924 年 1 月 16 日大元帅孙中山核准施行

大元帅指令第六二号

令禁烟督办杨西岩

呈为拟具《禁烟条例》二十二条业经政务会议通过请予核准施行由。

呈及条例均悉。应准如拟施行，仰即知照。条例存。此令。

（中华民国陆海军大元帅之印）

中华民国十三年一月十六日

禁烟条例

第一条　本条例以厉行禁烟、澌除烟毒为宗旨。

第二条　本条例施行后，所有一切禁烟事宜，由禁烟督办会同各该地方军民长官办理，并得随时派员分赴各省、各属严密稽查，其地方文武官员有执行不力者，由禁烟督办呈请大元帅，或咨会各省军民长官分别惩处。

第三条　凡吸食、制造、贩运或存储鸦片烟或栽种罂粟者，照本条例办理。

第四条　凡有鸦片烟瘾人民，应由各地方官切实限期查明人数、姓名、年龄、籍贯、列表呈报。统由禁烟督办汇案核定减瘾办法，勒限戒断。

第五条　凡烟土不得私自运销、存储。其有在本条例未施行以前购存者，数量无论多寡均由禁烟督办酌定期限及价格，一律收买。

第六条　凡田地栽种罂粟，自奉本条例施行之日，应由各该县长及驻在之军警长官督令该种罂粟人铲除净尽。如有聚众抵抗者，即行剿办。铲除后仍敢再种者，照本条例加一等治罪。

第七条　戒烟药品须经禁烟督办署施行检验粘贴检验证，始准发售。

第八条　制造及贩卖鸦片烟者，处无期徒刑或科五千元以下之罚金。

第九条　贩卖或自外国贩运鸦片烟者，处三等以下有期徒刑，并科三千元以下之罚金。对于吗啡、高根有同等之行为者，亦同。

意图贩卖而收藏鸦片烟者，照前项减一等治罪。

第十条　税关官员或其佐理人自外国贩运鸦片烟或串同他人贩运者，处二等以下有期徒刑并科五千元以下之罚金。对于吗啡、高根有同等之行为者，亦同。

第十一条　制造鸦片烟或栽种罂粟者，处三等以下有期徒刑，并科二千元以下之罚金。

第十二条　凡自有土地或租借土地栽种罂粟者，除依前条治罪外，并将其土地没收之。但业主确不知情者，查明宽免。

第十三条　吸食鸦片烟者，处三等以下有期徒刑，或科三千元以下之罚金。

第十四条　开设馆舍供人吸食鸦片烟者，处二等以下有期徒刑，并科三千元以下之罚金。

第十五条　凡有缉私职务人员自行查拿或带同长警捕获烟犯者，视其获案多寡、情节分别奖励。

第十六条　军民长官或警官或其佐理员当施行职务时，知有犯本条例第八条至第十四条之罪犯而不即为相当之处分者，亦照各该条例处断。

第十七条　犯本条例第八条、第九条、第十四条之罪，其房屋没收之。但业主确不知情者，查明宽免。

第十八条　凡缉获之烟土、烟膏估价以三成充公，以四成奖给线人，以三成奖励在事出力人员。

第十九条　本条例未施行以前之各种禁烟章程及新刑律第二十一章各条与本条例无抵触者，继续有效。

第二十条　本条例施行之日起，凡犯本条例之罪犯，无论何人拿获，必须连同证物一并解由禁烟督办署，或禁烟总分局，移送司法机关适用本条例之规定审讯治罪。

第廿一条　本条例如有未尽事宜，得由禁烟督办署呈请修正。

第廿二条　本条例自公布日施行。

选自孙中山著，广东省社会科学院历史研究所编：《孙中山全集》，第9卷，北京，中华书局，1986，第77～79页。原注："据《大本营公报》第二号《指令》"。

37. 大元帅指令——核准《权度法》及《权度法施行细则》

1924年2月14日大元帅孙中山核准
6月1日广州市区施行

大元帅指令第一三九号

令大本营建设部部长林森

呈悉。划一权度以杜侵欺，洵属国家要政，而广州市乃政府所在地，尤为中外观瞻所系，应准如所请，将《权度法》《权度营业特许法》《权度法施行细则》及《官用权度器具颁发条例》，均定自民国十三年六月一日于广州市区内施行，并将《权度法施行细则》第五十二条权度器具之暂准行用期限，定为于广州市区内得缩短为一年，以期首善之区积习先革，次第推行，渐及各省。仰即由部录令布告广州市市民一体周知，并将应行筹备各事上紧筹备，以便届期实行。附件存。此令。

中华民国十三年二月十四日

附：林森呈

呈为呈请事。窃查权度划一，所以便民利用。《虞书》美舜政绩曰：同律度量衡。《周礼》：质人一职，同其度量，壹其淳制。而《管子》亦曰：权度平正，不可以欺轻重，差以短长。近观欧美各国亦莫不以划一权度视为国家要政。我国法治不修，典章废弛，而权度不独省自成风，抑更县自为制，参差不一，欺诈日生。往者，民国四年有鉴于此，曾经善后公布权度各法规以期廓清积弊，乃迄未推行尽利，固由积重难返，更始维艰，而百政丛脞亦可概见。我帅座建造邦国，革故鼎新，凡所设施，中外属望。广州市为护法政府所在地，尤宜法治昌明，为全国模范。兹据关于权度法令先由广州市区施行，次第及于各省。惟查《权度法》《权度营业特许法》《权度法施行细则》及《官用权度器具颁发条例》各法令施行日期，均规定以教令定之。理合拟订《权度法》及其附属法令在广州市区内施行日期，缮具令文恭呈，仰祈鉴核公布施行，实为公便。谨呈

大元帅

附呈《权度法》及其附属法令在广州市区内施行日期令文一纸

大本营建设部部长林森印
中华民国十三年一月十日

拟订《权度法》及其附属法令在广州市区内施行日期令

第一条　《权度法》《权度营业特许法》《权度法施行细则》及《官用权度器具颁发条例》，自民国十三年六月一日于广州市区内施行。

第二条　《权度法施行细则》第五十二条，权度器具之暂准行用期限，于广州市区内得缩短为一年。

选自《陆海军大元帅大本营公报》，1924年第5号。

编者注：上述《权度法》等之条文公报未附。

38. 商标条例

1924年2月14日大元帅孙中山指令建设部将原拟《商标法》
改为《商标条例》
2月27日核准《商标条例》

大元帅指令第一七七号

令大本营建设部部长林森

呈为遵令拟呈商标条例及施行细则请予核准施行由。

呈悉。所拟商标条例四十条暨施行细则三十二条，均尚妥协，应准如拟施行。仰即知照。附件存。此令。

中华民国十三年二月二十七日

附：林森呈

呈为遵令修改缮正恭呈仰祈。

钧鉴事。窃职部呈请核准施行商标法及施行细则一案，本年二月十四奉钧座第一四零号指令开：呈悉。所拟商标法四十条及施行细则三十二条，均尚妥协。惟此项法规均未经议会议决，自应改称条例，以符名实。仰即遵照将标题及条文内所用法字一律修改，缮写二份，另文呈送，以凭核准施行，附件存。此令。等因奉此自应遵照办理。谨将所拟商标法及施行细则，分别修改，缮写二份，备文呈请鉴察，伏乞俯赐核准，明令施行，实为公便，谨呈

大元帅

计附呈商标条例及施行细则二份。

大本营建设部长林森
中华民国十三年二月二十三日

选自《陆海军大元帅大本营公报》，1924 年第 6 号。

商标条例
1924 年 2 月 27 日大元帅孙中山核准施行

第一条　因表彰自己所生产、制造、加工、拣选、批售或经纪之商品，欲专用商标者，须依本条例呈请注册。商标所用之文字、图形、记号，或其联合法式，须特别显著，并须指定所施颜色。

第二条　左列各款之一，不得作为商标呈请注册：

一、相同或近似于中华民国国旗、国徽、国玺、军旗、官印及勋章者。

二、相同或近似于红十字章，或外国之国旗、军旗者。

三、有妨碍风俗秩序，或欺罔公众之虞者。

四、相同或近似于同一商品习惯上所通用之标章者。

五、相同或近似于世所共知他人之标章，使用于同一商品者。

六、相同或近似于政府所给奖章，及博览会劝业会所给奖牌褒状者。但以自己所受奖者作为商标之一部份（分），不在此限。

七、有他人之肖像、姓名、商号或法人及其它（他）团体之名称者。但已得其承诺时，不在此限。

八、相同或近似于他人注册商标失效后未满一年者。但其注册失效前已有一年以上不使用时不在此限。

第三条　二人以上于同一商品，以相同或近似之商标，各别呈请注册时，准实际最先使用者注册。其呈请前均未使用，或孰先使用无从确实证明时，准最先呈请者注册。其在同日呈请者，非经各呈请人协议妥洽让归一人专用时，概不注册。

第四条　本条例未施行之前以善意继续使用五年以上之商标，于本条例施行后六个月

内，依本条例呈请注册时，得不依第二条第五项第三条规定之限制准予注册；但商标注册所认为必要时，得令其将形式使用之地位加以修改或限制。

第五条　同一商人于同一商品使用类似之商标，得作为联合商标呈请注册。

第六条　外国人民依商标互相保护之条约，欲专用其商标时，得依本条例呈请注册。

第七条　凡在中华民国境内无住所或营业所者，非委托在中华民国境内有住所或营业所者为代理人，不得为商标注册之呈请，及其他程序，并不得主张商标专用权，或关于商标之一切权利。

第八条　前条代理人，除有特别委任之权限外，于本条例及其它（他）法令所定关于商标之一切程序及诉讼事务，均代表本人。

代理人之选任、更换或其代理人之变更、消灭，非呈请商标注册所核准注册，不得以之对抗第三人。

第九条　商标注册所于商标有关系之代理人认为不适当者，得令更换代理人。

既令更换后商标注册所得将其关于商标所代理之行为作为无效。

第十条　商标注册所于住居外国及边境或交通不便之地者，得以职权或据呈请延展其对于商标注册所应为程序之法定期间。

第十一条　凡为有关商标之呈请及其它（他）程序者，延误法定或指定之期间，其呈请及一切之程序，得作为无效。但认为确有事故或障碍时，不在此限。

第十二条　凡声明以事由呈请关于商标之证明、图样之摹绘及书件之查阅或抄录者，商标注册所除认为须守秘密者以外，不得拒绝。

第十三条　商标注册之日起，由注册人取得商标专用权。商标专用权以呈请所指定之商品为限。

第十四条　凡以普通使用之方法而表示自己之姓名、商号或其商品之名称、产地、品质、状形、功用等事者，不为商标专用权之效力所拘束。但自商标注册后，以恶意而使用同一之姓名、商号时，不在此限。

第十五条　商标专用期间，自注册之日起，以二十年为限。

依第六条所定以外国注册之商标呈请注册者，其专用期间以该注册国原定之期间为准，但不得逾二十年。

前两项之专用期间，得依本条例之规定，呈请续展但仍以二十年为限。

第十六条　因商标注册呈请所生之权利，得与其营业一并移转于他人，并得随使用该商标之商品分析移转。但联合商标之商标权，不得分析移转。

承受前项之权利者，非呈请更换原呈请人之名义，并商标注册所核准注册者，不得以之对抗第三人。其以商标专用权抵押时亦同。

第十七条　商标专用权，除得由注册人随时撤销外，凡在注册后有左列情事之一，商标注册后，得以其职权或据利害关系人之呈请撤销之：

一、于其注册商标自行变换，或附记以图影射而使用之者。

二、注册后并无正当事由，迄未使用已满一年，或停止使用已满二年者。

三、商标权移转后已满一年未经呈请注册者。但因继嗣之移转，不在此限。

前项第二款之规定，于联合商标仍使用其一者，及以兼在外国注册之商标于注册国已使用或未停止使用者不适用之。商标注册所为第一项所定撤销之处分，应于先期六十日以前示知商标专用权者，或其代理人因受第一项所定撤销之处分有不服者，得于六十日以内，依法提起诉愿于建设部。

第十八条　商标专用期间内废止其营业时，商标专用权因之消灭。

第十九条　商标专用或其专用期间续展之注册违背第一至第五条之规定者，经商标注册所评定作为无效。

第二十条　商标注册所应备置商标簿册，注录商标专用权，或关于商标之权利及法令所定之一切事项。凡经核准之商标分别注录之于商标簿册，并发给注册证。

第二十一条　凡经核准注册之商标，及关于商标之必要事项，商标注册所应登载于政府公报或商标注册所刊行之公报。

第二十二条　商标专用或其专用期间续展之注册，应由呈请人于呈请时照缴规定之注册费。但经商标注册所核驳时，应发还之。

第二十三条　呈请注册者，应就各商品之类别，指定其所用之商标之商品。

前项商品之分类方法，另以施行细则定之。

第二十四条　商标注册所于呈请商标专用，或其专用期间续展之注册时，由审查员审查之。审查后认为合法者，除以审查书通知呈请人外，应先登载于政府公报或商标注册所所刊之公报，俟满四个月，别无利害关系人之异议，或经辩明其异议时，始行核准。

第二十五条　商标呈请人对于核驳有不服者，自审定书送达之日起三十日之内，得具不服理由书，依法诉愿于建设部。

第二十六条　左列事项得由利害关系人请求评定：

一、依第十九条之规定其注册应无效者。

二、应认定商标专用权之范围者。

违背第一条或第二条第一款至第六款规定，其注册应无效者，审查员得请求评定。

注册之商标违背第二条第七款、第八款、第三条至第五条规定者，自登载公报之日起已满两年时，概不得请求评定。

第二十七条　请求评定时，应呈请求书于商标注册所。凡关于评定事项各当事人所呈之书状，商标注册所应抄示对手人，令依限具书互相答辩，并得发诘问书令之陈述。

第二十八条　评定依评定委员三人之合议，以其过半数决之。评定委员由商标注册所所长就各该事件指定之。评定委员于该事件有利害关系或曾参与者，应行回避。

第二十九条　评定得就书状评决之。但认为必要时，应指定日时传集当事人口头辩论。关于评定之各当事人延误法定或指定之期间时，评定不因之中止。

第三十条　关于评定事件时，有利害关系者，得于评定终结以前呈请参加，其准驳应询问当事人，并由评定委员合议决定之。参加人为关于评定之行为与其所辅助当事人之行为相抵触者无效。

第三十一条　对于评定之评决有不服时，自评定书送达之日起，六十日以内得依法提起诉愿于建设部。

第三十二条　关于商标专用权之事项，有提出民事或刑事诉讼者，应依评定之评决确定后，始得进行其诉讼程序。

第三十三条　凡非营利之商品有欲专用标章者，须依本条例呈请注册。

前项之标章，准用关于商标之规定。

第三十四条　商标注册费及其它（他）关于商标事件应缴之公费，其数额于施行细则定之。

第三十五条　犯左列各款之一者，处一年以下之徒刑或五百元以下之罚金，并没收其物件：

一、使用他人注册商标于同一商品，或使用附有他人注册商标之容器包装等于同一商品，或以此种商品交付或贩卖者。

二、意图令人使用于同一商品，而以他人注册之商标，或以附有他人注册商标之容器包装等，交付或贩卖者。

三、意图自行使用或令人使用于同一商品，而伪造或仿造他人之注册商标者。

四、以伪造或仿造之注册商标使用于同一商品，或意图令人使用于同一商品，而以之交付或贩卖者。

五、以使用伪造仿造商标之同一商品，交付或贩卖者。

六、以使用与他人注册商标相同或近似之商标之商品交付贩卖，而自外国输入者。

七、关于同一商品以与他人注册商标相同或近似之商标，使用于营业所用之广告、招牌、单票及其它（他）交易字据者。

前项第一、第二款及第五、第六款交付或贩卖之罪，意图交付或贩卖而持有之者，亦同。第一项各款之罪，须被告人告诉乃论。

第三十六条　犯左列各款之一者，处六个月以下之徒刑，或二百元以下之罚金：

一、以诈欺取得商标专用权者。

二、以未经注册而冒称注册之商标使用于商品，或以此种商品交付贩卖，或意图交付贩卖而持有之者。

三、以未注册而冒称注册之商标，表示于营业所用之广告、招牌、单票及其它（他）交易字据者。

第三十七条　依第三十五条应没收之物件，于判决前经被害人之请求，仍估计相当价值，宣告交付被害人。被害人之损害额超过前项交付物之估价时，其不足之数，仍得诉请赔偿。

第三十八条　证人鉴定人及通译对于商标注册所及其嘱托之行政或司法官署为虚伪之陈述者，处六个月以下之徒刑，或二百元以下之罚金。

犯前项之罪者于该案之审定或评定之前自首者，得减轻其刑或免除之。

第三十九条　依第三十五条至第三十八条所定关于商标之罪罚，及赔偿损害，其审理及执行关于外国人民时，有条约特别规定者，依现行条约办理。

第四十条　本条例自公布之日施行。

选自《陆海军大元帅大本营公报》，1924年第6号。

39. 商标条例施行细则

1924 年 2 月 27 日大元帅孙中山核准施行

第一条　凡以商标专用呈请注册者，应依本细则第三十一条所定商品之类别，缮具呈请书，并附呈商标图样五纸，及商标印板一枚。但印板得在呈请后六十日内续呈。

第二条　商标图样应用坚韧光洁之纸料以墨笔绘之。长及宽以新定营造尺计，均不得过五寸（即十六公分）。商标图样并应依所指定之颜色附着颜色。

第三条　商标印板应用木板或金属细网板及其它（他）活板宜于印刷者，长及宽以新定营造尺计，均不得过四寸（即十二公分八公厘）厚不得过八分（即二公分五公厘六）。

第四条　商标注册所认为必要时，得令商标注册之呈请人另呈关于商标之说明书，及续呈商标图样。

第五条　以商标条例第二条第六款至第八款所定商标呈请注册者，应证明依各该款但书规定，得准注册之事实。

第六条　依商标条例第三条之规定呈请注册者，倘于呈请前业经使用时，应证明使用该商标之事实及其年月日。

第七条　依商标条例第三条之规定，须经各呈请人协议者，商标注册所应指定相当期间通知各呈请人议定呈报。

已逾前项期间尚未议定呈报时，视为未经妥洽者。

第八条　以与注册商标相似之商标作为联合商标呈请注册者，应附呈其注册商标之原注册证。

前项呈请之商标已经注册时，应于附呈之原注册证填列其注册号数，由商标注册所盖印发还。

第九条　商标专用权因让与或其它（他）事由而移转，呈请注册者应由关系人连署，并附呈左列之件：

一、原注册证。

二、合法移转之证明字据。

三、营业一并转移之证明字据。

第十条　依商标条例第九条第一项令代理人更换时，应并通知该代理人。

第十一条　呈请商标专用期间续展之注册者，应于期满三个月前呈请，并附呈原注册证。

凡在商标专用期满前虽已逾前项期限，仍得加缴另定之公费为前项之呈请。

第十二条　以商标专用权之分析移转呈请注册者，应声明使用其移转商标之商品。

第十三条　以联合商标中一种商标专用权之移转呈请注册者，更应同时呈请他种商标专用权移转之注册。

第十四条　因废止营业撤销其商标专用权时，惟注册名义人得呈请之。撤销其注册之一部分者，应声明业经废止其营业之商品。

第十五条　凡有关于商品注册或其它（他）程序之各项书状定有程式者，应各依其程式。

第十六条　凡由代理人为关于商标之呈请，或其他程序者，应附呈其代理权之证明字据。但法人之经理或代表人以其法人名义为之者，不在此限。

第十七条　凡由外国人为关于商标之呈请或其他程序者，应并呈国籍证明书，及在中国境内现有确实于商业营业所之证明书。如为外国法人应附呈其为法人之证明字据。

第十八条　代理凭证或国籍证明书及其他为须附呈之字据，原系外国文者应用华文译呈。凡以书状为关于商标之各项呈请有对待人或关系人者，应添具副本。

第十九条　本细则所规定之期间，及依商标条例或本细则所指定之期日与期间，商标注册所得以职权或据请求变更之。

请求期日与期间之变更于有对待人或关系人之事件，非经询据同意或有显著之理由，不得核准。

第二十条　依商标条例第十一条声明窒碍者，应详载事实，与其发生及消灭之年月日，并应补呈其延误之程序。

第二十一条　凡请求人或其代理人之姓名商号住所或印章有更换时，应从速呈报商标注册所。

无住所者，更换其寓所或营业所时，或商标专用权者更换其印章时亦同。姓名或印章之更换，应附呈证明书。

第二十二条　关于商标之呈请所呈之书状或其他物件，应注明商标名称及呈请人姓名。已注册者，应并注明其商标号数。

第二十三条　书状或物件之呈递均以商标注册所收到日时为准。

第二十四条　商标注册所之审定评定及其他书件，应送达于呈请人及其关系人。

商标注册所无从送达之书件，均于公报公示之。自刊登公报日起，满六十日视为送达者。

商标注册所于代理人之选任未经注册者，所有书件之送达，以付邮之日起为准。

第二十五条　呈送关于商标之证据及物件，由呈请人预行声明请领者，应于该案确定后六十日以内领取。

第二十六条　凡由商标注册所抄给之书件，应由主管人员注明与原本无异字样，并加盖名章。

第二十七条　商标注册证应依一定书式粘附商标图样，由商标注册所盖印发给。

第二十八条　商标注册证有遗失及毁损时，商标专用权者得声叙事由加以证明，呈请补给。

依前项规定补给注册证时，其旧注册证以公报宣示无效。

因商标无效之评定确定，或经裁决及其他事由消灭其商标专用权者，应令邀还商标注册证，并以公报宣示之。

第二十九条　关于商标之注册应邀之注册费如左：

一、商标专用权之创设或商标专用期间之续展，每件银四十元。

二、商标专用权之移转，每件银二十元。但因于继续之移转者，每件银十元。

三、注册各事项已变更或涂销，每件银二元。

前项各款注册费，联合商标均减半数。

第三十条　依商标条例或其它（他）法令为关于商标之各项呈请，应邀之公费如左：

一、呈请商标之注册，每件银五元。

二、更换商标注册原呈请人名义，每件银五元。

三、请求补给注册证，每件银三元。

四、呈请商标欲专用期间续展之注册，每件银五元。

五、商标专用期满前已逾定限呈请展期之注册，每件银十元。

六、请求撤销他人商标之注册，每件银五元。

七、请求发给证明，每件银一元。

八、请求摹绘册样，每件一元至二十元。

九、请求抄录书件，每百字二角，不满百字者亦同。

十、请求查阅书件，每件银二角。

十一、请求评定，每件银五元。

十二、请求参加，每件银五元。

前项第一款第二款及第四款之公费联合商标，均减半数。

第三十一条　商标注册之呈请人应依左列各类指定使用其商标之商品。如其类别未能指定者，得由商标注册所指定之：

第一类　化学品、药料、药品及医治用品、树脂、胶磷、石灰、矿泉、食盐（各种药材及丸散膏丹、绷带海绵等均属之）。

第二类　颜料、油漆及涂染用料。

第三类　香料、香品及不属别类之化粧（妆）品。

第四类　胰皂

第五类　不属别类之洗刷膏沃料品〔洗粉、牙粉其它（他）洗刷膏液等属之〕。

第六类　不属别类之金属及其粗工品（金属之条索板片银镍汞及合金等均属之）。

第七类　不属别类之金属制品〔镕铸雕镂打压编缀之物均属之〕。

第八类　钢锋利器（针钉刀削等属之）。

第九类　贵金属或其仿造物铅镍制品及雕镂品之不属别类者（合金镀金等属之）。

第十类　珠玉宝石类或其仿造物及制品或雕镂品之不属别类者。

第十一类　矿物类。

第十二类　石质或其仿造物及其制品之不属别类者。

第十三类　灰泥土沙及三合土类（水门汀、石膏、土沥青、土砂、火山灰等属之）。

第十四类　陶器、磁（瓷）器、土磁（瓷）、砖瓦类。

第十五类　玻璃及其制品与珐瑯（琅）质品之不属别类者（搪瓷、景泰蓝等属之）。

第十六类　树胶及其制品。

第十七类　不属别类之机械器具及其各附件（蒸汽机、发电机、风力水力等机、缝纫机、印刷机、消火器等属之）。

第十八类　物理、化学、医术、测量、照像（相）、教育等用之器械器具及其各件（电信、电话机件、化学试验器械、外科用器械、留声机、眼镜、算数器类属之）。

第十九类　农工器具。

第二十类　运送用机械器具及其各件。

第二十一类　钟表与其附属品及其各件。

第二十二类　乐器。

第二十三类　军用火器、猎枪、花焰、爆竹及其他炸裂物。

第二十四类　蚕种及茧。

第二十五类　绵葛麻苎羽毛类及其粗制品。

第二十六类　蚕丝。

第二十七类　棉纱。

第二十八类　毛纱。

第二十九类　麻纱及不属前三类之丝纱类。

第三十类　丝织品。

第三十一类　棉织品。

第三十二类　毛织品。

第三十三类　麻织品。

第三十四类　不属于前四类之织品。

第三十五类　丝类中不属别类之编捻绣品及缝带须线。

第三十六类　冠服领袖巾钮及其他服御（饰）品。

第三十七类　床榻及不属别类之室内装置品。

第三十八类　各种酒品及面酿。

第三十九类　汽水果汁清暑饮料。

第四十类　酱油酱及醋。

第四十一类　糖蜜。

第四十二类　茶及咖啡。

第四十三类　乾（干）点及面包。

第四十四类　不入别类之食料食品熏渍腌腊及罐装食品。

第四十五类　兽乳及其制品或其仿造品。

第四十六类　谷蔬果品种子谷粉淀粉及其制品〔曲种葛粉冻豆腐等属之〕。

第四十七类　烟草。

第四十八类　烟具及袋物。

第四十九类　纸及其制品〔邮筒帐（账）册纸燃等属之〕。

第五十类　文具。

第五十一类　皮革及不入别类之制品（鞄类属之）。

第五十二类　燃料。

第五十三类　火柴。

第五十四类　油蜡。

第五十五类　肥料。

第五十六类　竹木及竹木皮。

第五十七类　不入别类之竹木藤竹木皮等制品及其涂漆藻绘品。

第五十八类　骨角牙介类不入别类之制品及其仿造品。

第五十九类　草蒿及其制品之不入别类者（绳笠席草帽编等属之）。

第六十类　伞扇杖履及其附属品。

第六十一类　灯及其各件。

第六十二类　刷子及发。

第六十三类　玩具及游戏具。

第六十四类　图画照片书籍新闻杂志。

第六十五类　不入别类之商品。

第三十二条　本细则自公布日施行。

选自《陆海军大元帅大本营公报》，1924 年第 6 号。

40.　孙中山与大本营法制委员的谈话

1924 年 4 月 18 日

现在我要诸君组织法制委员会的目的，是要上紧做三件事：

第一，要把现在广东各机关的组织条例全部拿来审查。整理行政的系统，改善行政的组织。将来诸君关于审查这种案件的时候，应该要求各该机关的人列席，求事实的明瞭（了）和理论的贯彻。

第二，要把一切现行的法律全部拿来审订。和民国建国精神相违背的地方通要改过，并且一方〔面〕要求适合于革命时期中的行使，一方面要求适合于国家和人民的需要。

第三，要审定法院编制和司法行政的组织。我们一个着眼在除弊，一个着眼在便民。能除弊方能确立司法的尊严；能便民方能完成司法的效用。至于法官和律师的考试，也是一件要紧的事情。委员会要制定考试的通则和法官律师考试的专则。

选自孙中山著，广东省社会科学院历史研究所编：《孙中山全集》，第 10 卷，北京，中华书局，1986，第 85～86 页。原注："据《广州民国日报》一九二四年四月十九日《法制改革之帅座政见》"。"这是孙中山在大元帅府与廖仲恺、戴传贤、林云陔、吕志伊等谈话的大意"。

41.　陆海军审计条例

1924 年 4 月 20 日大元帅孙中山核准公布

大元帅令

兹核定陆海军审计条例公布之。此令。

（中华民国陆海军大元帅之印）

中华民国十三年四月二十日

陆海军审计条例

第一条　军政部审查手续，依本法施行。

第二条　军政部对于陆海军各种经费出纳，及军用物品与军有产业之保管处理，应行审定之事项如左：

一、各陆海军及机关会计年度之预算、决算；

二、各陆海军及机关每月现金之收支概算、计算；

三、陆海军特别会计之收支概算、计算；

四、各陆海军及机关军用品之收支概算、计算；

五、军有产业之保管、处理及买卖建筑事项；

六、命令特定应经军政部审定之收支概算、计算。

第三条　军政部审定各陆海军及机关之计算、决算、编制、审计报告书呈报大元帅，必须记载之事项如左：

一、各陆海军及机关呈报预算、决算之金额，与发款机关报告支付之金额是否相符；

二、各陆海军及机关岁出之支用，并官有物品之买卖及利用，是否与帅令之核定及预算相符；

三、有无超过预算及预算外之支出；

四、有无不经济之支出。

第四条　军政部审定各陆海军及机关之计算、决算，应将其审计之成绩呈报大元帅。其认为法令上或经理上有应行改正事项者，得并呈其意见于大元帅。

第五条　中央军需处及其他发款于陆海军及机关之官署，于每月经过后，应将上月支付各陆海军及机关之金额列表，送军政部审核备查。

第六条　各陆海军及机关于每月五号以前，编造本月份预算，送军政部备核。

第七条　军政部审核各陆海军及机关月份计算书，如有疑义，得行文查询之。

第八条　各陆海军及机关遇有前项之查询，须迅速答复。

第九条　军政部审计局之审查，由部长核定之。

第十条　军政部审计支出款项认为应负赔偿之责者，须分别呈报大元帅核夺，或由军政部行知该机关主管长官限期追缴。除大元帅特免外，该主管长官不得为之减免。

第十一条　军政部关于审计事项，得编定关于审计上之各种证明及书式，分别呈报大元帅核定，或分行之。

第十二条　军政部审查完竣事项，自议决之日起，五年内发见（现）其中有错误、遗漏、重复等情事者，得为再审查，若发见（现）诈伪之证据，虽经过五年后，亦得为再审查。

第十三条　军政部对于审查事项认为必要时，得行委托审查。受委托之军官须将其审查情形报告备核。

第十四条　军政部之审计报告书，随时呈报大元帅，发交审计院存查。

第十五条　本条例自奉大元帅核定之日施行。

选自孙中山著，广东省社会科学院历史研究所编：《孙中山全集》，第10卷，北京，中华书局，1986，第99～101页。原注："据《大本营公报》第十一号《命令》"。

42. 革命政府对于农民运动宣言①

1924 年 6 月 19 日公布

本政府为代表全国［国］民之利益，贯彻三民主义，实行国民革命。故在革命期间，本政府有督促全国［国］民加入国民革命运动之使命，而其特别之任务，尤在于督促占全国［国］民百分之八十的农民，使之加入国民革命运动。

中国自开国以来，以农业经济为立国之基础。自国际帝国资本主义侵略以来，农业经济之上层建筑物、小商店、家庭手工业等，皆为之破坏净尽，而代以外国之大工厂、大商店，输进外国货物于全国各商埠市场，而吸收中国之现金；同时又以关税政策阻碍中国国内出产品之输出，使中国产业界陷于萎靡不振之状态，而对于居中国出产品最大宗之农产品，更日见零落衰微，故农产品价格，平均几不能保持原状。一切物价突飞增涨，农民以有限之收入，应生活程度无限之增高，结果收入不敷支出，使自耕农、佃农相继沦落而为兵匪、流氓，贫困日甚，骚扰日多，中国国家根本遂以摇动。而国际帝国主义者欲达其以经济灭亡中国之目的，复笼络北洋军阀以延长中国之战祸，北洋军阀更藉（借）此勾结国际帝国主义，企图以武力统一中国，而完成其万世家业之野心。十数年来，兵灾遍于全国，一切军费负担无非直接、间接取之于农民，于是农民益陷于水深火热。而乡绅之把持乡政，为富不仁者之重利盘剥，贪官污吏横征暴敛，盗贼土匪之焚杀掳掠，无时不闻，祸国殃民一至于此。

本政府根据农民目前所受之痛苦，认为应督促一般农民之自觉，引导其团结于国民革命旗帜之下，为全国国民一大联合之奋斗。兹对农民运动有应为规定者如左：

（一）农民欲达到解除上述种种压迫，应即时组织农民协会，此种农民协会之性质，为不受任何拘束完全独立之团体。

（二）农民协会在目前战争过渡期间之重要工作，为防御土匪兵灾起见，特许在一定计划之下，组织农民自卫军。其办法如下：

一、得按照军队纪律义务办法组织之。

二、非农民协会会员，不得加入为农民自卫军。

三、农民自卫军得解除村中非会员之武装。

四、农民自卫军当受政府之绝对的监督，但政府不得以农民自卫军充作别种攻击非本村直接防御行动之用。

（三）农民协会与其各级中之各部，均有警告、控告以及管理地税之征收，及解决地税问题（如平均问题、分任问题、交付问题、额外征收问题等），但无直接行政之权。在控告时，村农民协会及区农民协会得控告于区官署，县农民协会得控告于县官署，省农民协会得控告于省长，全国农民协会得控告于大元帅。他如向军事长官控

---

① 原注：此件系国民党农民部起草，经国民党中执会第 38 次会议决议修正通过，并呈请孙中山以大元帅名义发表。

告，亦得按此程序行之。至于各农民协会（村、区、县、省）各该地之官厅有问题不能解决时，该农民协会应请托其较高一级之农民协会，与其所在地方官厅解决之。

（四）各级农民协会及农民自卫军有使用农旗之特许权，农旗之制式为青天白日满地红之国旗，复于红幅上绘一犁，旗之正幅上另备一黄幡，上书中华民国某省、某县、某区、某村农民协会字样。

（五）各村中之农民协会为基本组织，每一村农民协会须有十六岁以上之会员二十人以上方能成立。如（但）农民入会之时，有左列条款之一者，皆得拒绝其为会员：

一、有田地百亩以上者。

二、以重利盘剥农民者。

三、为宗教宣传师者，如神甫、牧师、僧道、尼姑类。

四、受外国帝国主义操纵者。

五、吸食鸦片及嗜赌者。

（六）各级农民协会之组织对于契约承受财产等贸易，均得享有法律保护权。

（七）农民协会对于横暴官吏有请示罢免之特权。但此等请示如反抗行政官、司法官或军官个人等，必须经过会员全体大会四分之三之通过，地方或中央审查委员会之审查，始能执行。审查委员会之主席为检察官，委员为农民协会代表二人，工会、教育会、商会、国民党代表各一人。此审查委员会之判决，应由政府机关执行之。

（八）农民协会得派代表至各地方或中央政府之各机关之农务会议，讨论各种之农业问题，如整理水利、救济灾荒、信托贷款及农民教育等。

（九）农民协会之章程，须根据三民主义，由会员自己定之。

以上各举，均为中国农民目前所应努力之点，亦为农民运动所应注意之点，本政府唯有根据正义作切实之辅助及诚恳之指导，使全国农民从痛苦压迫之中达于自治、自立之地位，以完成三民主义之工作。特此宣言。

选自王耿雄等编：《孙中山集外集》，上海，上海人民出版社，1990，第515～517页。原注："据《广州民国日报》1924年7月15日《政府对农民运动宣言》"。

43. 农民协会章程

1924年6月24日中国国民党中央农民部提出

经中央执行委员会呈大元帅孙中山核准公布于《大本营公报》

中国国民党中央执行委员会呈文

为建议事，本会以为欲实现本党对内政策所列举之农民政策，一方〔面〕固应由政府以政治之设施，为贫苦之农民实行解放；一方面尤赖贫苦之农民能建立有组织有系统之团体，以自身之力量而拥护自身之利益。爰为拟订农民协会章程，建议于政府批准施行，期

使全国农民得悉在一个主义、一个组织之下而奋斗，则本党农民政策之实施，可以于此筑基础矣。此呈

大元帅

　　附农民协会章程一份

中国国民党中央执行委员会
中华民国十三年六月二十四日

此件由大本营秘书处公函第 344 号函达："奉批照准"。

选自《陆海军大元帅大本营公报》，1924 年第 18 号（未附章程全文）。

农民协会章程
第一章　总则

第一条　本章程所称为农民者如左：

自耕农、半自耕农、佃农、雇农、农村之手工业者，及在农村中为体力的劳动者。

第二条　各级协会组织之程序。

先由任何农民联合同居一县之有会员之资格者五十人以上，发起临时县农民协会。各发起人最先须依章填写志愿书，开一发起人会，共同审查资格，得发起人总数之过半承认者，方得为会员。开组织会选举本章程所列县农民协会各项职员，成立临时县农民协会。临时县农民协会成立后，即着手分别组织本县各乡农民协会。有三个乡农民协会成立，即组织区农民协会。三个区农民协会成立后，即组织县农民协会，接收临时县农民协会之任务。五个县农民协会成立后，即组织省农民协会。最先成立之省农民协会兼摄全国农民协会职权。俟三个省农民协会成立时，即组织全国农民协会。

第二章　农民协会会员

第三条　凡居住中国之人，不论国别、性别，凡年满十六岁而愿履行第四条所列入会手续者，皆为本会会员。但有左列条款之一者拒绝之：

一、有田地百亩以上者。

二、以重利盘剥农民者。

三、为宗教宣教师者，如神甫、牧师、僧、道、尼、巫等类。

四、受外国帝国主义操纵者。

五、吸食鸦片及嗜赌者。

第四条　入会手续：

一、填写入会志愿书。

二、承认遵守本会章程。

三、承认恪守本会纪律。

四、缴纳入会金与月费。

第五条　凡农民入会之许可，应由该乡会员全体大会过半数之通过。若非农人请求入会，必须会员全体大会四分之三通过。但无论何种新会员入会，均须经区农民协会执行委员会之批准，始能正式发生效力。

第六条　开除会员，须由所属乡农民协会之纪律裁判委员会判决，经本乡农民协会全

体会员大会四分之三通过行之。

第三章　会员之权利与义务

第七条　农民协会会员在各级全体会员大会中，均有发言权、表决权、及控告权。但所控告之案件，无论文书或口头必须经过大会之审查，始能向上级提出。又控告该会职员或呈请查勘军队骚扰官吏土豪专横等事，亦必由大会讨论通过，始能向上级提出。

第八条　会员于大会缺席时，不得由他人代表发言。

第九条　会员对于自己提出之议案，不得参加表决。

第十条　会员有依章选举或被选举农民协会职员及代表之权。

第十一条　会员须遵守本会章程与纪律，并须服从本会之决议案。如有违背及破坏者，均受纪律裁判委员会之审判。

第四章　农民协会之组织

第十二条　本会以乡农民协会为基本组织。自区协会层级而上其组织系统如下：

一、全国农民协会代表大会——中央执行委员会。

二、全省农民协会代表大会——全省执行委员会。

三、全县农民协会代表大会——全县执行委员会。

四、全区农民协会代表大会或会员大会——全区执行委员会。

五、乡农民协会会员大会——乡执行委员会。

第十三条　本会之权力机关如下：

一、全国代表大会。但闭会期间为中央执行委员会——管理全国。

二、全省代表大会。但闭会期间为全省执行委员会——管理全省。

三、全县代表大会。但闭会期间为全县执行委员会——管理全县。

四、全区代表大会或会员大会。但闭会期间为全区执行委员会——管理会区。

五、乡会员大会。但闭会期间为乡执行委员会——管理全乡。

第十四条　各下级会执行委员会须受上级会执行委员会管辖。

第十五条　各级会代表大会或会员大会须选出执行委员，组织执行委员会，执行会务，并选出候补执行委员。

第十六条　各级会开执行委员会时，候补委员亦得列席，但只有发言权。

第十七条　各级会之执行委员遇故缺席或离任时，即以候补委员依次充任。

第十八条　各级会执行委员会均得聘请专门家为顾问。但区会以下不得过三人。

第五章　全国农民协会

第十九条　本会最高机关为全国代表大会。常会每年举行一次。但中央执行委员会认为必要或有省会三分之一以上之请求时，得召集临时全国代表大会。

第二十条　全国代表大会常会日期及重要议题，须于三个月前通告各会员。

第二十一条　全国代表大会之组织法、选举法及各地方应派代表之人数，由中央执行委员会规定之。

第二十二条　全国代表大会之职权如下：

一、接纳及采行中央执行委员会及其他中央各部之报告。

二、修改本会章程。

三、决定对于农民运动之计划。

四、选举中央执行委员及候补委员，并决定其员额。

第二十三条　中央执行委员会之职权如下：

一、对外代表本会。

二、组织各下级会并指导之。

三、组织中央机关各部。

四、支配会费及财政。

第二十四条　中央执行委员会每星期至少开会一次。

第二十五条　中央执行委员会互选委员长一人，副委员长一人，秘书一人，执行日常会务。

第二十六条　中央执行委员会得分设各部。分配职务及组织法由中央执行委员会决定之。

第二十七条　全国代表大会闭会期间，中央执行委员会应召集各省执行委员会，及其他直辖县区乡执行委员会开联席会议，或代表会议一次。

第二十八条　中央执行委员会须将其活动经过情形，通告各省执行委员会及直辖县乡会，每月一次。

第二十九条　中央执行委员会得遣派中央执行委员，于指定地点，帮助该地农民组织农民协会。

第六章　省农民协会

第三十条　全省代表大会每年举行一次，但遇中央执行委员会训令，或所辖县执行委员会三分之一以上请求时，得召集临时全省代表大会。

第三十一条　全省代表大会组织法、选举法及人数，由省执行委员会审定后，经中央执行委员会核准施行。

第三十二条　全省代表大会接纳及采行省执行委员会，及该委员会内各部之报告，决定本省务进行之方策，选举执行委员及候补委员，并选派赴全国代表会议之代表。

第三十三条　省执行委员及候补委员之人数，由中央执行委员会规定之。

第三十四条　省执行委员会之职权如下：

一、互选委员长一人、副委员长一人、秘书一人。

二、设立全省各县区乡会，并指挥其活动。

三、组织省执行委员会之各部。

四、支配会费及财政。

第三十五条　省执行委员会每月须将活动经过情形，报告中央执行委员会一次。

第三十六条　省执行委员会每星期至少开会一次。

第三十七条　全省代表大会闭会期间，省执行委员〔会〕应召集各县执行委员会及其他直辖区乡执行委员会开联席会议，或代表会议一次。

第七章　县农民协会

第三十八条　县代表大会每半年举行一次。若遇省执行委员会训令或所属各区执行委员会三分之一请求时，得召集临时全县代表大会。

第三十九条　县执行委员会认为必要或有该县会员半数之请求时，亦得召集临时全县代表大会。

第四十条　县代表大会之组织法、选举法及人数，由县执行委员会审定后，经省执行委员会核准施行。

第四十一条　县代表大会接纳及采行县执行委员会内各部之报告，决定本县会务进行之方案，选举县执行委员及候补委员，并选派赴省代表会议之代表。

第四十二条　县执行委员及候补委员之人数，由直辖上级机关执行委员会规定之。

第四十三条　县执行委员会互选委员长一人，副委员长一人，秘书一人，执行会务。

第四十四条　县执行委员会设立全县各区乡会，并指挥其活动，组织该委员会内各部（但须经省执行委员会之核准），支配会费及财政。

第四十五条　县执行委员会须每两星期将其活动经过情形，报告省执行委员会一次。

第四十六条　县执行委员会每星期开会二次。

第四十七条　县代表大会闭会期间，县执行委员会应召集本县内各区执行委员会，及其直辖乡执行委员会开联席会议，或代表会议若干次。

第八章　区农民协会

第四十八条　区之高级机关为全区会员大会。但因乡离区太远或会员多不能召集时，得召集全区代表大会，每年举行一次。若遇上级机关训令及所属乡执行委员会三分之一请求时，得召集临时大会。

第四十九条　区代表大会之组织法、选举法及人数，由区执行委员会审定后，经县执行委员会核准施行。

第五十条　区会员大会或区代表大会讨论会务之范围如下：

一、接纳及采行区执行委员会之报告。

二、选举该区执行委员会委员及候补委员，与选派赴县代表会议之代表。

三、核计及批准乡执行委员会之决算。

四、训练会员之工作，并帮乡会设立这种学校及其他文化机关。

五、讨论及批准乡农民协会本任期间之进行计划。

第五十一条　区执行委员会之职权如左：

一、指挥本区内各组织之活动。

二、召集全区会员大会或全区代表大会。

三、组织与批准本区内之乡农民协会及各种机关。

四、保管本区会员之登记与履历。

五、发给本区会员证书。

六、支配会费及财政。

第五十二条　区执行委员及候补委员之人数，由直辖上级机关执行委员会规定之。

第五十三条　区执行委员互选委员长一人，副委员长一人，秘书一人，执行日常会务。每星期开会二次，并将每星期内活动经过情形报告县执行委员会。

第五十四条　区代表大会或会员大会闭会期间，区执行委员会应召集本区乡执行委员会或区执行委员会或乡执行委员会委员长开联席会议若干次，解决重要问题。

第九章　乡农民协会

第五十五条　乡农民协会为本会最低最重要之基本组织。会员人数须在二十人以上。

第五十六条　乡农民协会为农民直接之机关，应亲向民间实行左列任务：

一、实行协会之议决及口号。

二、宣传三民主义之农民政策，并从事于三民主义建设的工作。

三、说明农民与工商间经济之关系，及联络扶助之方法。

四、提倡合作事业。

五、励行禁止烟赌。

第五十七条　全乡委员大会每月由乡执行委员会召集一次，决定本会会务进行计划，选举该会执行委员，并选派出席区大会县大会之代表。

第五十八条　乡执行委员会委员至多不得过三人。

第五十九条　乡执行委员会之职权如左：

一、互选委员长一人、副委员长一人、秘书一人。

二、指挥乡会员之活动。

三、执行上级机关之命令。

四、创设农民学校或冬季学校、夜校及其他文化机关。

五、调查及统计乡中农民生活及教育状况。

六、征求新会员。

第六十条　乡执行委员会每星期开会二次。并将两星期内活动经过情形，报告区执行委员会一次。

第六十一条　在小乡会员不及二十人者得组织一小组，互选组长一人。受附近乡农民协会之管辖。其会员有千人以上之大会，得设特别区会。

第六十二条　农民协会遇有特别事件，得组织特殊团体以处理之。其大要如下：

一、农民自卫团。

二、农业改良部。

三、雇农部。

四、佃农部。

五、手工业部。

第十章　纪律裁判委员会

第六十三条　为增加农民协会团结之实力，及维持内部之纪律与秩序起见，在各乡农民协会中应有纪律裁判委员会之组织。

第六十四条　纪律裁判委员会对于任何会员有破坏纪律者，均得审判之，并审查该级执行委员会之勤惰及财政之出入。

第六十五条　关于破坏会中纪律，可分下列数种：

一、不能履行章程中各种规定。

二、不能奉行会中之命令。

三、赌博与吸鸦片。

四、破坏本协会之根本原则者。

五、作反革命运动者。

第六十六条　关于处罚之方法如下：

一、判词之宣布。

二、警告。

三、除名。

甲、在定期内除名。

乙、永远除名。

丙、执行犹豫。

第六十七条　纪律裁判委员会之判决，须经乡会全体会员大会过半数之通过乃执行之。有不服判决者准其上诉。上诉机关为区执行委员会。

第六十八条　纪律裁判委员会如经两造愿意，得受理会员与非会员之仲裁案。

第六十九条　纪律裁判委员会裁判本乡案件或两乡争执案件之细则，由省执行委员会订定之。

第十一章　任期

第七十条　代表于会期终了时，其任务即为终了，但须向所代表之该会报告大会之经过及结果。

第七十一条　中央执行委员、省执行委员、县执行委员任期为一年，区执行委员、乡执行委员任期为半年。

第七十二条　纪律裁判委员任期为半年。

第十二章　纪律

第七十三条　农民协会各级大会或执行委员会之决议，经该大会或执行委员会多数公意之通过，会员须一致服从。

第七十四条　下级委员会须服从上级委员会。否则上级委员会得取消或改组之。

第七十五条　会员对下级执行委员会决议有抗议时，有五分之一赞成者，得联署提出于上级委员会判决之。但在抗议期间，仍须服从各该下级委员会之决议。

第十三章　经费

第七十六条　农民协会经费如左：

一、入会费。

二、会员月费。

三、会员所得捐。

四、特分捐与借款。

选自手抄单行本（未注明史料来源）。

44.《军人宣誓词》及《军人宣誓条例》

1924 年 6 月 28 日大元帅孙中山核准施行

给程潜的指令

（1924 年 6 月 28 日）

大元帅指令第六五五号

令大本营军政部长程潜

呈为拟具《军人宣誓词》及《军人宣誓条例》请核定公布施行由。

呈悉。军人以服从命令、捍卫国家为天职。非经宣誓实不足表示至诚。所拟宣誓条例暨宣誓词均尚妥协，应准如拟施行。仰即由部通行遵照可也。条例及誓词均存。此令。

（中华民国陆海军大元帅之印）

中华民国十三年六月二十八日

军人宣誓词

某誓以至诚，实行三民主义，服从长官命令，捍卫国家，爱护人民，克尽军人天职。此誓。

军人宣誓条例

第一条　军人宣誓礼节及方法，依本条例施行。

第二条　军政部、各级司令部及各军事机关，由各该长官先行宣誓，然后监督所属各员依次行之。

第三条　各部队每团或每营、连为一组，由团长或营、连长先行宣誓，然后监督各员兵依次行之。

第四条　军人宣誓时，向国旗、军旗脱帽行三鞠躬礼，高声宣读誓词，宣毕行一鞠躬礼退下。

第五条　部队宣誓时，整队向国旗及军旗脱帽行三鞠躬礼，由右翼第一名起，依次高声宣读誓词，宣毕行一鞠躬礼退下。

第六条　各部队宣誓后，将宣誓日期并造箕斗名册，报告直属长官。

第七条　各级司令部及各军事机关长官，于所属全部宣誓完毕后，将箕斗册汇送军政部存案。

第八条　军政部长于全体宣誓完毕后，将办理情形呈报大元帅。

第九条　本条例自公布日施行。

选自孙中山著，广东省社会科学院历史研究所编：《孙中山全集》，第 10 卷，北京，中华书局，1986，第 347～348 页。原注："据《大本营公报》第十九号《指令》"。

45. 中国国民党对于中俄协定宣言

1924 年 7 月 14 日

本党领有历史的使命，为中国之独立与自由而奋斗；三十年来，努力欲使中国脱离殖民地的地位，以与各国平等共存于世界。本年第一次全国代表大会宣言确定政纲，其对外政策第一条，一切不平等条约——如外人租借地、领事裁判权、外人管理关税权以及外人在中国境内行使一切政治的权力，侵害中国主权者——皆当取消，重订双方平等互尊主权之条约。第二条，凡自愿放弃一切特权之国家，及愿废止破坏中国主权之条约者，中国皆将认为最惠国。本此对外政策，以与各国周旋，强御非所畏，艰难非所恤。

俄国自革命以来，君主专制时代之帝国主义，已根本摧破，故对于中国尝明白表示，自愿放弃一切特权，及废止破坏中国主权之条约。倘使当时北京政府不为非法军阀官僚所窃据，则必能代表民意，开诚相见，新约早成邦交早复。无如此辈军阀官僚，惟知把持政府以遂其私，国事非其所恤。且对于俄国革命真相，既熟视无睹，对于各国对俄态度，复首鼠两端，故对于俄国所提议，竟茫然昧然不知所措。以致与国家及国民利益极为关系之中俄交涉，竟无从进行。蹉跎荏苒，以至今年春间，始有协定成立之讯；而又因当事者间嫉妒之私，忽然停顿，必待当事者私人间嫉妒既已平复，协定才得成立。其儿戏国事，一至于此！夫中俄协定之成立，其中俄国对于中国放弃其从来获得之特权，及废止从来破坏中国主权之条约，皆俄国根据其革命主义所自愿抛弃，绝非伪北京政府所交涉而获得；此皆经过之事实，国人所共喻者。故就中俄协定而论，对于俄国一方面，国人诚当感其正义与友谊。盖自数十年来，中国与外国所结条约，皆陷于侵害中国主权及利益之厄境。此固由中国当局愚弱所致，亦由列强怀抱实行帝国主义，实使之然。

此次中俄协定，则能适合于双方平等互尊主权之原则。故当协定将成，俄国驻广州代表鲍罗廷君，自北京致电本党总理，称此协定之精神，实准依本党政纲之对外政策，洵非虚语也！对于北京伪政府，一方面则虽目前盗窃名器，未为国民所搏击以去，犹处于国际间被承认之地位，因得以承受此中俄协定；惟此协定在北京伪政府存在期内，决（绝）无实行之希望。盖北京伪政府，惟知谄事列强，仰其鼻息，以偷生苟活；欲责以保持国家主权，及维护国民利益，不特非其所能为，亦非其所愿闻。如此，则实行中俄协定，尚何能望！证之近事，对俄使馆之交还，怯懦无能，不敢有所主张；对于庚子赔款之退还，全国舆论皆主张全数拨作教育经费，而彼独奉承军阀颐指，巧立导淮筑路诸名目，谋攫此款，以饱私囊，至于悍然违反民意而不恤。凡此皆足证明欲实行中俄协定，非具有决心，努力致中国于独立自由者，必不能负荷；北京伪政府，徒足为实行中俄协定之阻梗而已。然则俄国此次与北京伪政府成立协定，与其谓俄国承认不能代表公理及民意之北京伪政府，以增进其国际的地位，无宁谓北京伪政府得俄国之承认，愈足以暴其恶劣于国民及世界也！

故本党以为国民关于中俄协定，对俄一方面当感其厚意。此后两国人民益当互相了解，以共同努力于互尊主权互助利益之途。对北京伪政府一方面当知名器之不可久假，大任之不可虚悬，此后益当以国民之力，锄而去之。本党总理在中俄协定未签字前，曾对于广州通讯社员有所解答，关于此意已极明显。当时党员尚有观察未周之谬误者，而国民对于中俄协定亦不免仍其漠视之常态，与放弃责任之故智，皆非所宜。本党有指导党员实行政纲之责；有主张正论，为国民向导之责；故秉承总理意旨发此宣言。

选自王耿雄等编：《孙中山集外集》，上海，上海人民出版，1990，第522～524页。原注："据《总理遗教·宣言》"。

46. 大学条例

1924 年 8 月 13 日大元帅孙中山训令公布

大元帅令

兹制定《大学条例》公布之。此令。

（中华民国陆海军大元帅之印）

中华民国十三年八月十三日

大学条例

第一条　大学之旨趣，以灌输及讨究世界日新之学理、技术为主，而因应国情，力图推广其应用，以促社会道义之长进，物力之发展副之。

第二条　大学之规模、实质须相称。其只适于设一单科者，得以一单科为大学；其适于并设数分科者，得合数分科为一大学。

第三条　大学得设研究院。

第四条　大学除国立外，并许公立及私立。

第五条　私立大学须设定财团，有大学相当之设备，及足以维持该大学岁出之基金。

第六条　公立及私立大学之设置及废止，须经政府认可。分科之增设或废止亦同。

第七条　公立及私立大学均受政府监督。

第八条　大学得授各级学位。

选自孙中山著，广东省社会科学院历史研究所编：《孙中山全集》，第 10 卷，北京，中华书局，1986，第 530 页。原注："据《大本营公报》第二十三号《命令》"。

47. 中央督察军组织条例

1924 年 8 月 13 日大元帅孙中山公布

大元帅令

兹制定《中央督察军组织条例》公布之。此令。

（中华民国陆海军大元帅之印）

中华民国十三年八月十三日

中央督察军组织条例

第一条　本军定名为中央督察军，以巩固中央威信为主旨。

第二条　本军由滇、湘、粤、桂、豫五军，各派兵一团（每团计枪一千杆）编成之。

第三条　本军直隶于军事委员会。

第四条　大元帅所有命令，本军负监督各机关及各军队严切奉行之责。

第五条　本军择定广州市附近为驻扎地点。

第六条　本军给养即就各军指派各团之原有给养费给与（予）之。

第七条　本军识别，除各军指派各团原有识别外，加一识证（用蓝色布制成四生的径长之圆形青天白日章，于白日上缀一红色字，佩于右臂）。

第八条　各军所指派之团，其管理、教育、勤务各事，仍由各该团各级官长负责。

第九条　各军所派出之团，各级官长应绝对服从军事委员会之节制调遣。

选自孙中山著，广东省社会科学院历史研究所编：《孙中山全集》，第 10 卷，北京，中华书局，1986，第 531 页。原注："据《大本营公报》第二十三号《命令》"。

48. 中国国民党中央执行委员会
第二次全体会议关于容纳共产党员之决议[①]

1924 年 8 月 21 日

本党中央执行委员会第二次全体会议，关于容纳共产党员之决议其要如下：

一、现在中国处于半殖民地之下，各阶级中自有力求解放中国，要求独立，脱离帝国主义压迫之共同倾向，中国国民党即为代表此等阶级之共同倾向，从事于国民革命运动之三民主义政党。故凡属一切真正的革命分子，不问其阶级的属性为何，吾党皆应集中而包括之。

二、本党章程规定："凡志愿接收本党党纲，实行本党议决，加入本党所辖之党部，依时缴纳党费者，均得为本党党员"。故凡党员之行动，并未违反此章程之规定者，本党殊无干涉之必要。至于行动违反党纲章程，不愿积极从事于三民主义之革命运动，既不反对军阀及帝国主义，又不赞助劳动平民者，则不问其思想上属何派别，概当以本党纪律绳之。

三、中国共产党，并非出于何等个人之空想，亦非勉强造作，以人力移植于中国者。中国共产党，乃中国正在发展之工业无产阶级自然的阶级斗争所涌现之政治组织。中国共产党之组织，暨系如此，则自不能不为国际无产阶级政治组织之一部。即使吾人能以人力解散现存之中国共产党，中国无产阶级必不能随之消灭，彼等必将另行组织，故中国国民党对于加入本党之共产主义者，只能问其行动是否合于国民党主

―――――――――

① 原注：中国国民党第一届二中全会自 1924 年 8 月 15 日至 23 日在广州举行，21 日中央全体会议讨论中央监察委员邓泽如、张继、谢持"检举共党不法案"，会议决定按照孙中山主持中央政治委员会所拟《国民党内之共产派问题》及《国民党与世界革命运动的联络问题》两草案通过的决议，经孙中山裁可。

义、政纲，而不问其他。因本党无论在任何地点、任何时间只应就本党政纲与章程以
管理一切党员。共产主义者之接受本党党纲，而加入本党，即当视为本党党员以管
理之。

选自王耿雄等编：《孙中山集外集》，上海，上海人民出版社，1990，第877~878页。
原注："据《中国国民党重要宣言集》"。

49. 考试院组织条例
1924 年 8 月 26 日大元帅孙中山公布

大元帅令

兹制定《考试院组织条例》公布之。此令。

（中华民国陆海军大元帅之印）

中华民国十三年八月二十六日

考试院组织条例

第一条　考试院直隶于大元帅，管理全国考试及考试行政事务。

按五权宪法精神，考试权系与行政权分离独立，宜特设机关掌理该项事务。

第二条　考试院置左列各员：

一、院长一人，特任；

二、副院长一人，简任；

三、参事六人至十人，简任；

四、秘书长一人，荐任；

五、秘书三人，荐任；

六、事务员若干人，委任。

按考试院系掌理考试之机关，且系直隶于大元帅，故院长宜由大元帅特任；副院长以
下各员，系辅佐院长办理试政之人，亦应分别设置。

第三条　院长综理考试行政事务，并监督指挥所属各职员。

按院长所掌者，限于考试行政事务。至考试事务，则由考试委员会掌理；监试事务则
由监试委员会掌理。故特设本条以明其权限。

第四条　副院长辅助院长办理院务，院长因故不能执行职务时，副院长代理之。

按副院长为院长之佐，应受院长之指挥监督，赞襄试政，故特设本条以明其旨。

第五条　参事计划考试科目，审议考试程序及考试标准。

参事组织参事会，处理其职务。

按计划考试科目、审议考试程序及考试标准，均属重要事务，故特设参事会掌理之。

第六条　秘书长承院长之命，掌理秘书厅事务。

秘书厅置左列各科：

第一科　掌文牍、印信及职员任免考成事项；

第二科　掌试卷制作、资格审查、统计、保管事项；

第三科　掌会计、庶务、考册及其他不属各科事项。

第七条　秘书承长官之命，分掌秘书厅各科事务，每科以秘书一人为主任。

第八条　事务员承长官之命，佐理秘书厅各科事务。

第九条　考试院于举行考试时，分别设置左列考试委员会，掌理考试事务，考试完竣即行裁撤：

一、荐任文官考试委员会；

二、委任文官考试委员会；

三、外交官及领事官考试委员会；

四、司法官考试委员会；

五、律师考试委员会；

六、法院书记官考试委员会；

七、荐任警官考试委员会；

八、委任警官考试委员会；

九、监狱官考试委员会；

十、中等学校教员考试委员会；

十一、小学校教员考试委员会；

十二、医生考试委员会；

十三、其他特种考试委员会。

按考试委员会所掌者为考试事务，于举行考试时始有设立之必要，故特设本条以明其旨。

第十条　前条各种考试委员会置左列各员：

一、委员长一人，特任；

二、委员若干人，简任。

按考试委员会应设委员长一人，以总其成。委员额数则视考试事务之繁简定之。

第十一条　考试院于举行考试时，置监试委员会，掌理监试事务，考试完竣后即行裁撤。

按考试关防宜严，故特设监试委员会掌理监试事务。

第十二条　监试委员会置左列各员：

一、委员长一人，特任；

二、委员若干人，简任。

第十三条　各省区置考试分院，管理各该省区之考试及考试行政事务。

按我国地方辽阔，交通不便，若各种考试均在中央举行，窒碍殊多，故在各省区设置考试分院，掌理各种考试及考试行政事务。

第十四条　考试分院得就各该省区酌划区域，组织各委员会，巡回考试。

巡回考试章程由各分院拟订，呈请考试院核定。

按各省区管辖区域亦甚辽阔，如中小学校教员考试等均在省会举行，窒碍仍多，故特设本条以资救济。

第十五条　考试分院关于考试行政，受考试院之监督指挥。

按考试分院关于考试行政，宜受考试院之监督指挥，期收统一之效，故特设本条以明其旨。

第十六条　考试分院置左列各员：

一、分院院长一人，简任；

二、参事若干人，简任；

三、秘书长一人，荐任；

四、秘书三人，荐任；

五、事务员若干人，委任。

第十七条　考试分院院长掌理各该省区之考试行政事务，并监督指挥所属各职员。

考试分院院长委任事务员时，应呈报考试院备案。

第十八条　考试分院参事，适用本条例第五条之规定。

第十九条　考试分院秘书厅，适用本条例第六条至第八条之规定。

第二十条　考试分院于举行考试时，分别设置本条例第九条第二款第六款及第八款至第十三款之考试委员会，掌理其考试事务，考试完竣后即行裁撤。

第二十一条　前条各种考试委员会置左列各员：

一、委员长一人，简任；

二、委员若干人，荐任。

第二十二条　考试分院于举行考试时，置监试委员会，掌理监试事务，考试完竣后即行裁撤。

第二十三条　考试分院监试委员会置左列各员：

一、委员长一人，简任；

二、委员若干人，荐任。

第二十四条　考试院、考试分院为缮写文件及办理庶务，得酌用雇员。

第二十五条　考试院、考试分院办事细则，由考试院、考试分院自定之。

第二十六条　本条例自公布日施行。

选自孙中山著，广东省社会科学院历史研究所编：《孙中山全集》，第10卷，北京，中华书局，1986，第578～582页。原注："据《大本营公报》第二十四号《命令》"。

50.《考试条例》及《考试条例施行细则》

1924年8月26日大元帅孙中山公布

大元帅令

兹制定《考试条例》及《考试条例施行细则》公布之。此令。

（中华民国陆海军大元帅之印）

中华民国十三年八月二十六日

考试条例

第一章 总纲

第一条 凡考试除法令有特别规定外，依本条例之规定。

按《考试条例》系规定考试之种种法则，各种考试除其他法令有特别规定外，应适用本条例之规定。

第二条 考试分类如左：

一、荐任文官考试；

二、委任文官考试；

三、外交官及领事官考试；

四、司法官考试；

五、律师考试；

六、法院书记官考试；

七、荐任警官考试；

八、委任警官考试；

九、监狱官考试；

十、中等学校教员考试；

十一、小学校教员考试；

十二、医生考试；

十三、其他特种考试。

按考试分类，宜有一定，庶办理试政人员事前易于筹划，而人民应试，亦得依类研求，本条之设以此。

第三条 前条第一款、第三款至第五款及第七款考试，每三年举行一次；第二款、第六款、第八款及第九款考试，每二年举行一次；第十款至第十二款考试，每一年举行一次。

前条第二款、第六款及第八款至第十二款考试，得在考试分院举行。

前条第十三款考试，其举行时期及地点，由考试院酌定，或由考试分院呈请考试院核定。

第四条 考试日期在中央举行者，应于四个月前由考试院公布。在各省区举行者，应于三个月前由考试分院公布。

按我国地方辽阔，考试事务甚繁，考试日期应预先公布，俾应试人易于齐集；而办理试政之人亦得为种种筹备，本条之设以此。

第五条 凡中华民国人民具有本条例所定各种考试资格者，得与各种考试。

第六条 有左列各款情形之一者，不得与各种考试：

一、褫夺公权尚未复权者；

二、有精神病者；

三、亏欠公款尚未清结者；

四、吸食鸦片者；

五、为宗教之宣教师者。

第七条　应试人违背考试规则者，不得与试。

考试及格后，于六个月内发现有前项情弊经证明者，其及格无效，并追缴证书。如有贿托嫌疑，移送法院审理。

第八条　考试委员与应试人有亲属关系者，于口试时应声明回避，违者其口试无效。

第二章　考试办法

第九条　考试分第一试、第二试、第三试。

按考试科目种类纷繁，性质亦异，故有第一试、第二试、第三试之区分。

第十条　第一试之科目为国文、三民主义、五权宪法。

第十一条　应试人非经第一试及格后，不得与第二试及第三试。

按第一试系甄别试性质，非经及格不得应第二试、第三试，以省劳费。故特设本条，以示制限。

第十二条　第一试、第二试以笔试行之，第三试以口试行之。

第十三条　笔试、口试应用中国文字、言语作答。但关于特种考试，或专门科学，得以外国文字、言语作答。

第十四条　本条例规定各种考试之第二试科目，应由考试院或考试分院选定六科以上考试，于考试日期前两个月公布之。

考试院或考试分院认为必要时，得于本条例规定之外，增加其他科目与前项选定之科目同时公布。

第十五条　各科试题应由考试委员拟订，于考试日期前一日召集委员会议决定之。

前项会议应严守秘密，除列席委员外，无论何人不得参与。

第三章　成绩评定

第十六条　考试成绩应由考试委员评定，无论何人不得干涉。

按本条规定，所以明考试权独立之精神。

第十七条　第一试以考试各科目平均满六十分者为及格。

第二试、第三试之考试，各科目合计平均满六十分者为及格。但第二试有一科不满五十分者不录。

第四章　及格待遇

第十八条　考试及格人员，由考试院或考试分院给与（予）及格证书。

第十九条　考试及格人员，由考试院呈报大元帅，发交各主管官署分别任用，或注册。

第五章　荐任文官

第二十条　凡年满二十二岁以上有左列各款资格之一者，得与荐任文官考试。但应考医科者，依本条例第五十九条之规定：

一、本国国立大学或高等专门学校习各专门学科三年以上毕业者；

二、经政府认可之外国大学或高等专门学校习各专门学科三年以上毕业者；

三、经政府认可之本国公、私立大学或高等专门学校习各专门学科三年以上毕业者；

四、委任文官考试及格后，经在行政官署服务三年以上者；

五、习政治、经济、法律之学，与第一款至第三款各学校毕业，有同等之学历，并有荐任以上相当资格，经考试院甄录试验及格者。

第二十一条　荐任文官第二试之科目如左：

一、政治科

比较宪法　政治学　经济学　社会政策　经济学史　行政法　国际法　财政学　政治史

二、经济科

经济学　财政学　统计学　经济政策　社会政策　经济史　民法　商法　银行学　货币学　经济学史

三、法律科

比较宪法　行政法　民法　商法　刑法　国际法　民事诉讼法　刑事诉讼法　国际私法　比较法制史　社会学

四、哲学科

论理学　心理学　伦理学　哲学　哲学史　美学　科学方法论　生物学　宗教学　社会学　人类学及人种学

五、史学科

史学原理　地理学　史学研究法　社会学　史学史　中国史　世界史　考古学　言语学　人类学及人种学

六、文学科

文学　论理学　心理学　伦理学　美学　文字学　文学史　言语学　修辞学　词章学　学术史　哲学概论

七、教育科

论理学　心理学　伦理学　教育学　教育史　教授法　社会学　学校管理法　教育行政　教育测验法　教育统计学

八、数学科

代数　三角　几何　微积分　物理学　函数论　解析几何　微分方程式　数学史

九、物理学科

代数　三角　几何　微积分　解析几何　微分方程式　力学　物理化学　热学　光学　电学　声学　原子论　相对论　电子论　物理学史

十、化学科

代数　三角　几何　微积分　解析几何　无机化学　有机化学　卫生化学　应用化学　物理化学　化学史　物理学　分析化学

十一、地质科

代数　三角　几何　解析几何　微积分　地质学　矿物学　古生物学　地文学　测量学　结晶学、地质学史

十二、土木工科

代数　三角　几何　解析几何　微积分　力学　测量学　水力学　图法力学　河海工学　卫生工学　桥梁学　道路学　建筑材料学　铁筋三合土混合构造学　铁路学

十三、机械工科

代数　三角　几何　解析几何　微积分　力学　机械制造学　机关车学　热力学　热机关学　机械学　水力学　电气工学　蒸汽学　图法力学

十四、采矿科

代数　三角　几何　解析几何　微积分　地质学　矿物学　矿山机械学　采矿学　矿床学　岩石学　测量学　分析化学　矿山法规　选矿学

十五、冶金科

代数　三角　几何　解析几何　微积分　分析化学　冶金机械学　燃料学　冶金学　试金术　选矿学　采矿学　冶铁学　金组学　矿山法规

十六、电工科

代数　三角　几何　解析几何　微积分　力学　机械构造学　电工学　电气学　电气化学　电报电话学　热力学　热机械学　无线电学

十七、建筑工科

代数　三角　几何　解析几何　微积分　力学　建筑学　各国建筑法　建筑材料学　建筑意匠学　配景法　装饰法　图法力学　铁筋三合土混合构造学

十八、织染科

物理学　化学　工艺学　漂染法　纺织法　染色学　电气工学　绘画法　染料制造法　机织及意匠学

十九、医科

解剖学　生理学　病理学　药物学　诊断学　医化学　外科总论　内科概要　细菌学　卫生学

二十、药科

药化学　药用植物学　细菌学　制剂学　分析化学　生药学　植物化学　药品工业　动植物成分研究法　卫生化学　裁判化学

廿一、农科

地质学　气象学　动物生理学　植物生理学　肥料学　园艺学　昆虫学　植物病理学　蚕桑学　兽医学　细菌学　农艺化学　农艺物理学　土壤学　畜产学　有机化学

廿二、林科

森林化学　森林工学　森林测量　森林动物学　森林植物学　土壤学　气象学　林政学　树病学　造林学　昆虫学　森林保护及管理法　植物生理学

廿三、蚕桑科

气象学　害虫学　细菌学　蚕体解剖学　养蚕学　蚕体病理学　桑树栽培法　制丝学　桑树病理学　蚕体生理学　蚕种改良学

廿四、水产科

水产动物学　水产植物学　气象学　海洋学　远洋渔业论　养鱼法　捕鱼论　水产化制品论　鱼病论

廿五、兽医科

解剖学　生理学　组织学　胎生学　病理学　动物学　寄生动物学　细菌学　蹄铁学及蹄病学　内科学　外科学　动物疫论　乳肉检查法　药物学及调剂法

廿六、商业科

商业史　商业通论　经济学　部［簿］记学　银行学　货币学　商法　关税学　保险

学　财政学　统计学　商业地理　商业数学　国际法

第二十二条　除前条各科考试外，其他各科考试第二试之科目于考试日期前由考试院临时定之。

第二十三条　荐任文官第三试就应试人曾经笔试之各科目口试之。

第六章　委任文官

第二十四条　凡年满二十岁以上、有左列各款资格之一者，得与委任文官考试：

一、有第二十条第一款至第三款资格之一者；

二、经政府认可之技术专门学校毕业者；

三、习政治、经济、法律之学与专门学校毕业，有同等之学历经甄录试验及格者；

四、曾任委任文官一年以上者。

第二十五条　委任文官第二试，令（分）行政职与技术职两种。行政职之科目如左：

法制大意　经济大意　行政法规　现行法令解释　文牍　历史　地理

技术职就考试所需技术，按照应试人之学业，分别考试之。

第二十六条　委任文官第三试，就应试人曾经笔试之各科目口试之。

第七章　外交官及领事官

第二十七条　凡年满二十二岁以上、有左列各款资格之一者，得与外交官及领事官考试：

一、第二十条第一款至第三款毕业学生之习政治、经济、法律、商业各科者；

二、在外国语专门学校三年以上毕业，兼习政治、经济、法律、商业之学者。

第二十八条　外交官及领事官第一试之科目，除依本条例第十条规定外，加试外国语。

第二十九条　外交官及领事官第二试之科目如左：

国际法　国际私法　经济学　各国政府论　政治学　政治史　外交史　国际组织论　商法　商业史　商业学　民法　商业地理　统计学　税则论

第三十条　外交官及领事官第三试，就应试人曾经笔试之各科目口试之。但除第一试之外国语外，应兼试第二种外国语。

第八章　司法官

第三十一条　凡年满二十二岁以上，有左列各款资格之一者，得与司法官考试：

一、本国国立大学或高等专门学校习法政学科三年以上毕业者；

二、经政府认可之外国大学或高等专门学校习法政学科三年以上毕业者；

三、经政府认可之本国公、私立大学或高等专门学校习法政学科三年以上毕业者；

四、在外国大学或高等专门学校习速成法政学科一年半以上毕业，曾充推事、检察官一年以上，或曾在第一款或第三款所列各学校教授法政学科二年以上，经报告政府有案者。

第三十二条　司法官第二试之科目如左：

比较宪法　民法　刑法　民事诉讼法　刑事诉讼法　行政法　法院编制法　商法　国际私法　经济学　社会学

第三十三条　司法官第三试，就应试人曾经笔试之各科目口试之。

第三十四条　司法官考试及格人员，分发地方以下审检各厅或法官学校学习。

学习规则及法官学校规程另定之。

第三十五条　前条学习人员于学习期满后，由该管长官或校长呈报上级官厅咨送考试院再试，但在法官学校毕业成绩在七十分以上者，以再试及格论。

第三十六条　司法官再试，分笔试、口试两种。

第三十七条　司法官再试之笔试，以二件以上诉讼案件为题，令应试人详叙事实及理由，拟具判词作答。

第三十八条　司法官再试之口试，就应试人学习期内所得之经验口试之。

按司法官与一般之官吏不同，非经一番实地练习，则于手续上多未谙练，贻误匪浅。故各国考试司法官均分两次，名曰初试、再试。于初试后练习若干时期，然后再试。本条例于第一、二、三试及格后，分发各厅或法官学校，即仿各国初试之例，其练习后之考试，即仿其再试之例也。

第九章　律　师

第三十九条　律师之应试资格，准用本条例第三十一条之规定。

第四十条　律师第二试及第三试，准用本条例第三十二条、第三十三条之规定。

第十章　法院书记官

第四十一条　凡年满二十岁以上、有左列各款资格之一者，得与法院书记官考试：

一、有应司法官考试之一者；

二、在本国或外国大学或高等专门学校预科毕业者；

三、在本国或外国中等以上学校毕业者；

四、有与委任职以上相当资格，曾办理行政或司法行政事务一年以上，或曾习法政学科一年以上者；

五、曾办理各级审检厅书记官事务一年以上者。

第四十二条　法院书记官第二试之科目如左：

法学通论　民法概要　刑法概要　民事诉讼法概要　刑事诉讼法概要　公文程式　统计学

第四十三条　法院书记官第三试，由考试委员口演，令应试人速记之。

第十一章　荐任警官

第四十四条　凡年满二十二岁以上、有左列各款资格之一者，得与荐任警官考试：

一、经政府认可之本国或外国警察学校三年以上毕业者；

二、第二十条第一款至第三款毕业学生之习法政学科者；

三、在本国或外国军官学校毕业，曾在本国军队服务二年以上者；

四、警官传习所一年以上毕业，曾受委任办理警察事务二年以上者；

五、曾充委任警官五年以上者。

第四十五条　荐任警官第二试之科目如左：

行政法　警察学　户籍法　刑法　刑事诉讼法　国际法　统计学　军事学　市政论

第四十六条　荐任警官第三试，就应试人曾经笔试之各科目口试之。

第十二章　委任警官

第四十七条　凡年满二十岁以上、有左列各款资格之一者，得与委任警官考试：

一、有应荐任警官考试资格之一者；

二、在警官传习所毕业，或在警官传习所相当之学校毕业者；

三、曾充委任警官一年以上者；

四、在中等以上学校毕业者；

五、在警察教练所毕业，曾在警察官署服务二年以上者。

第四十八条　委任警官第二试之科目如左：

警察学　违警罚法　卫生行政　消防行政　勤务要则　统计学

第四十九条　委任警官第三试，就应试人曾经笔试之各科目口试之。

第十三章　监狱官

第五十条　凡年满二十岁以上有左列各款资格之一者，得与监狱官考试：

一、经政府认可之本国或外国监狱学校或警监学校毕业者；

二、在本国或外国法政学校毕业者。

第五十一条　监狱官第二试之科目如左：

监狱学　刑法　刑事政策　监狱统计学　刑事诉讼法　现行监狱法规　指纹法

第五十二条　监狱官第三试，就应试人曾经笔试之各科目口试之。

第十四章　中等学校教员

第五十三条　凡年满二十二岁以上，有左列各款资格之一者，得与中等学校教员考试：

一、有第二十条第一款至第三款资格之一者；

二、经政府认可之中等学校毕业，曾任中等以上学校教员一年以上者；

三、曾在优级师范学校选科速成科或同等学校一年半以上毕业者；

四、曾任中等以上学校教员五年以上者。

第五十四条　中等学校教员第二试之科目如左：

教育学　教育史　教授法　伦理学　历史　地理　论理学　心理学　应试人志愿担任教授之学科

第五十五条　中等学校教员第三试，就应试人曾经笔试之各科目口试之。

第十五章　小学校教员

第五十六条　凡年满二十岁以上、有左列各款资格之一者，得与小学校教员考试：

一、有第五十三条所列各款资格之一者；

二、曾在初级师范学校本科速成科或同等学校毕业者；

三、经政府认可之中等学校毕业者；

四、曾充小学校长或教员三年以上者；

五、曾受小学校教员检定者。

第五十七条　小学校教员第二试之科目如左：

公民学　历史　地理　数学　教授法　学校管理法　教育学　儿童心理学

第五十八条　小学校教员第三试，就应试人曾经笔试之各科目口试之。

第十六章　医生

第五十九条　凡年满二十五岁以上，有左列各款资格之一者，得与医生考试：

一、本国国立医科大学或高等医学专门学校毕业者；

二、经政府认可之外国医科大学或高等医学专门学校毕业者；

三、经政府认可之本国公、私立医科大学，或高等医学专门学校毕业者。

第六十条　医生第二试之科目，准用本条例第二十一条第十九款关于医科考试之规定。

第六十一条　医生第三试，就应试人曾经笔试之各科目口试之。

第十七章　其他特种考试

第六十二条　其他特种考试之应试资格及考试科目，由考试院定之。

第十八章　附则

第六十三条　本条例施行细则及考试规则另定之。

第六十四条　本条例自公布日施行。

考试条例施行细则

第一条　举行考试前，考试院或考试分院应遵照《考试条例》第四条之规定，以考试之种类及日期电知各省区长官及驻外公使，分别通告。

第二条　举行考试条例所规定之甄录试验时，其科目由考试院或考试分院定之。

第三条　应试人于考试前，应赴考试院或考试分院领取履历书、志愿书及保证书，并缴纳卷费，其费额由考试院定之。

第四条　前条之履历书应填二份，详写年岁、籍贯、履历，并粘连应试人最近之四寸像（相）片。

前条之志愿书应填明愿受何种何科考试，或何种外国语。

前条之保证书应声明所具履历书确无虚伪，并确无本条例第六条所列之各种情形，其保证书须由现任官吏或学校校长、教员署名盖章。

第五条　应试人如有虚冒，或前条之保证有不实时，在考试前发觉者，应予扣考。在考试及格后于六个月内发觉者，除撤销及格证书外，其保证不实之保证人，由各该主管机关分别惩戒。

第六条　应试人于报名时，应分别呈验左列各项文书：

一、履历书；

二、志愿书；

三、保证书；

四、学校毕业文凭或证明书；

五、成绩证明书；

六、曾任官吏之公文书；

七、其他证明资格之文件。

第七条　举行考试时，其预备试验日期依左列次第行之：

一、应试人领取履历书、志愿书及保证书截止期，以第一试前十日为限；

二、报名截止期，以第一试前七日为限；

三、宣布与试合格人名［日］期，以第一试前三日为限。

第八条　每试入场时间及考试时间，由考试院或考试分院先期公布。

第九条　所有试卷概于卷角编号弥封，在卷面上另贴浮签一纸，书明应试人姓名及坐号。

卷面浮签于交卷时由监试委员揭去。

应试人姓名编号册应送监试委员会严缄保管，非经评定试卷后，无论何人不得拆阅。

第十条　所有试卷均由监试委员会就弥封及骑缝处加盖印章。

第十一条　《考试条例》第九条规定之第一、第二、第三各试，每试为一场，如一场不能考竣时，得分场考试。

第十二条　举行口试如应试人过多时，准用前条之规定。

第十三条　举行口试时，考试人与应试人有亲属关系声明回避者，由考试委员长易员考试。

第十四条　口试问答，应派员笔录，当场由应试人及考试委员，监试委员署名盖章。

第十五条　考试委员、监试委员应于考试三日前迁入试场，不得与外人交通，发榜后始行迁出。

第十六条　考试委员会评定试卷后，应汇送考试院长或考试分院长，会同监试委员会开封，填名造册发榜。

第十七条　各种考试及格者，于领取及格证书时，应缴证书费，其费额由考试院定之。

第十八条　本细则自公布日施行。

选自孙中山著，广东省社会科学院历史研究所编：《孙中山全集》，第 10 卷，北京，中华书局，1986，第 583～599 页。原注："据《大本营公报》第二十四号《命令》"。

51. 孙中山为平定商团叛乱事件发布的
宣言和电函（选录）

1924 年 9 月 1 日——11 月

为广州商团事件对外宣言

1924 年 9 月 8 日

自广州汇丰银行买办①开始公然叛抗我政府后，我即怀疑他的叛国行动是得到英国帝

———————————

①　原注：广州汇丰银行买办指陈廉伯。

国主义支持的。但我看到工党在英国登台执政，因而迟疑不能深信这一点，该党在其会议上和政纲中，曾屡次表示对被压迫民族的同情。工党政府既已政权在手，我仍希望他们至少会以抛弃从前使中国饱受祸害和屈辱的老一套炮舰政策之举，来证实其表白。也希望他们在中国并创一个国际公正的时代，国际公正一般被认为是英国工党政治理想的原则。

八月二十九日，英国总领事向我政府发来紧急公文①，声称沙面领事团"抗议对一个无防御城市开火的野蛮行动"，公文最后几行的威胁语气无异于宣战："现接英国（驻粤）海军长官通知，云他已奉香港海军司令之令，如果中国当局向城内开火，则所有可动用的英国海军部队将立即采取行动来对付他们。"

我政府坚决驳斥关于它可能犯有"对一个无防御城市开火的野蛮行动"之说，因为我政府不得已而采取行动者，仅为广州之一部分，即西关郊区，该处乃陈廉伯武装叛乱之基地。上述无耻之说，与星加坡之屠杀事件及阿姆利则②、埃及、爱尔兰等地的残杀行为出自同一帮人，这是帝国主义伪君子的典型，在我国，情形亦如是，我仅须指出英国最近在万县的暴行。这个无防御的城市，是在我国两位同胞牺牲之后，才得仅免英国海军炮击之祸的。为满足帝国主义者的凶残，这两位同胞未经审讯而立即被处决。

如今在广州河面，英国海军又发出要炮轰另一中国城市当局的威胁，莫非以为对一个孱弱、不统一的国家，可以如此逞凶肆虐而不受惩罚！我看出在英国帝国主义的这项挑战中，还有更深远、更险恶的用意。从十二年多的时间里，帝国主义列强一贯给予反革命以外交、精神上的支持并给以数以百万计的善后及其他名目的借款可以明白，对帝国主义的行动，除了是摧毁以我为首的国民党政府的蓄谋而外，不可能有别的看法。因为此间就有一场反对我政府的公开叛乱，其首领是英帝国主义在华最有势力的机构的一名受到信任的代理人，而一个所谓的英国工党政府则威胁要打倒广州的中国当局，如果它采取唯一有效的行动方式来对付意图推翻它的叛乱行动的话。

帝国主义企图加以摧毁的这个国民党政府是什么呢？它是我国唯一的力求保持革命精神使之不致完全灭绝的执政团体，是抗击反革命的唯一中心。所以英国的大炮对准着它。

曾有一个时期，其时要办的是推翻满洲征服者；而扫除完成革命历史任务的主要障碍——帝国主义对中国的干涉，以此为其议事日程的时期已经到来。

孙逸仙

一九二四年九月一日于广州

［原注：据香港《孖剌西报》（The Hong Kong Daily Press）一九二四年九月五日《孙逸仙与"英帝国主义"："时候已经到来"》（Sun Yat–Sen and "Imperialist England"："The Time is Come"）英文影印件译出（陈斯骏译，金应熙、吴开斌校）。］

---

① 该公文由英国驻广州总领事贾尔斯（B. Giles）送致陆海军大元帅大本营外交部广东特派交涉员傅秉常。

② 阿姆利则（Amritsar）：印度旁遮普省一城市。

致麦克唐纳电①

1924 年 9 月 1 日

伦敦拉姆齐·麦克唐纳阁下：

汇丰银行广州支行买办近来在组织一个所谓中国法西斯蒂的团体，其倾覆我政府之目的现已被揭露。待叛党得以用"哈佛"轮载运的、由欧洲输入的军械装备他们后，拟即着手实现其目的。

该"哈佛"轮已于八月十日抵达广州，当即被我政府扣押。此后，由于叛党及其他反革命以发动罢工为幌子，叛乱状态已在广州出现。

正当我决定采取必要措施以平定叛乱时，英国总领事致函我政府，其中包含如下内容："现接英国（驻粤）海军长官通知，云他已奉香港海军司令之令，如果中国当局向城内开火，则所有可动用的英国海军部队将立即采取行动来对付他们。"

鉴于英国历届政府一贯在外交和财政上支持中国的反革命，以及我政府事实上是现在抗击反革命的唯一中心，我只能断定，这份最后通牒的真义是要倾覆我政府。

对于帝国主义干涉中国内政的这一最新行动，我不得不提出最强烈的抗议。

孙逸仙

〔原注：据香港《孖剌西报》一九二四年九月五日《孙逸仙与"英帝国主义"；致英国首相电》（Sun Yat-Sen and "Imperialist England"：A Cable to British Prime Minister）英文影印件译出（陈斯骏译，金应熙、吴开斌校）。〕

复廖行超函②

1924 年 10 月 11 日—14 日

品卓兄鉴：

代电悉。既知商团之叵测，实大局之幸。查商团本多安分，不幸其中有一二十人甘为某国鹰犬，通番卖国，图倾覆革命政府；多数商人无知，为其愚弄而不觉。吾同志军人初亦失察，不奉行政府意旨，杀一警（徽）百，遂致养成其祸。今商团竟敢开枪屠杀庆祝革命纪念之学生与工人，残忍无法，举世所无。此可忍孰不可忍！对此野蛮举动实非法律所能收效。

今授全权于革命委员会，使之便宜行事，以勘定祸乱。望兄等革命旗帜下之军人，务要竭力拥护革命委员会，俾得命令历行，斯反革命之祸可望消熄也。此致。

小泉兄同此不另。

孙文

以上选自孙中山著，广东省社会科学院历史研究所编：《孙中山全集》，第 11 卷，北京，中华书局，1986，第 1～3、193 页。

---

① 麦克唐纳（R. Mac Donald）时任英国首相。底本未录发电时间，今据孙中山 9 月 24 日致莫达电云"我在九月一日到麦克唐纳先生的抗议电"确定。

② 原函未署日期。今据函内"今商团竟敢开枪屠杀庆祝革命纪念之学生与工人"判断，可知此函写于 1924 年 10 月 10 日以后。又据孙中山 1924 年 10 月 15 日致范石生、廖行超函称"两兄近已尽悉商团之阴谋，毅然与政府一致，以图挽救"等内容判断，此函应在 10 月 15 日以前，今暂作 10 月 11 至 14 日。

52. 修正工会条例

1924 年 10 月 1 日大元帅孙中山公布

大元帅令

　　兹修正《工会条例》公布之。此令。

中华民国陆海军大元帅之印

中华民国十三年十月一日

工会条例

　　第一条　凡年龄在十六岁以上，同一职业或产业之脑力或体力之男女劳动者，家庭及公共机关之雇佣，学校教师职员，政府机关事务员，集合同一业务之人数在五十人以上者，得适用本法组织工会。

　　第二条　工会为法人工会。会员私人之对外行为，工会不负连带之责任。

　　第三条　工会与雇主团体立于对等之地位，于必要时得开联席会议，计画（划）增进工人之地位，及改良工作状况，讨论及解决双方之纠纷或冲突事件。

　　第四条　工会在其范围以内，有言论、出版及办理教育事业之自由。

　　第五条　工会组织之区域范围，如有超过现行之行政区域者，须呈请高级行政官厅指令管辖机关。

　　第六条　工会以产业组织为主，但因特殊之情形，经多数会员之同意，亦得设职业组织。

　　已设立之同一性质之工会有两个或两个以上者，应组织工会联合会，以谋联合或改组。

　　工会或工会联合会，得与别省或外国同性质之团体联合或结合。

　　第七条　发起组织工会者，须由从事于同一之业务者五十人以上之连署，提出注册请求书，并附具章程及职员履历各二份，于地方官厅请求注册。

　　注册之管辖，为县公署或市政厅。

　　未经呈请注册之工人团体，不得享有本法所规定之权利及保障。

　　第八条　工会之章程内须载明下列各款：

　　一、名称及业务之性质；

　　二、目的及职务；

　　三、区域及所在地；

　　四、职员之名称、职权，及选任、解任之规定；

　　五、会议组织及投票之方法；

　　六、经费征收额及征收之方法；

　　七、会员之资格限制及其权利义务。

　　第九条　工会每六个月应将下列各项造具统计表册，报告于主管之地方行政官厅：

　　一、职员之姓名及履历；

二、会员之姓名、人数、加入年月、就业处所及其就业、失业、变更职务、移动、死亡、伤害之状况；

三、财产状况；

四、事业经营成绩；

五、有无罢工或别种冲突事件，及其事实之经过或结果。

第十条　工会之职务如左：

一、主张并拥护会员间之利益；

二、会员之职业介绍；

三、与雇主缔结团体契约；

四、为会员之便利或利益而组织之合作银行、储蓄机关及劳动保险；

五、为会员之娱乐而组织之各项娱乐事务、会员恳亲会及俱乐部；

六、为会员之便利或利益而组织之生产、消费、购买住宅等各种合作社；

七、为增进会员之智识技能而组织之各项职业教育、通俗教育、劳工教育、讲演班、研究所、图书馆、及其他定期不定期之出版物；

八、为救济会员而组织之医院或诊治所；

九、调解会员间之纷争；

十、关于工会或工会会员对雇主之争执及冲突事件，得对于当事者发表并征集意见，或联合会员作一致之行动，或与雇主之代表开联席会议，执行仲裁，或请求雇主方面共推第三者参加主持仲裁，或请求主管行政官厅派员调查及仲裁；

十一、对于有关工业或劳工法制之规定、修改、废止等事项，得陈述其意见于行政官厅、法院及议会，并答复行政官厅、法院及议会之咨询；

十二、调查并编制一切劳工经济状况，及同业间之就业、失业暨一般生计状况之统计及报告；

十三、其他种种之有关于增进会员之利益、改良工作状况、增进会员生活及智识之事业。

第十一条　工会职员由工会会员按照本工会选举法选出之职员充任之，对外代表本会，对会员负其责任。

第十二条　工会会员无等级之差别。但对于会费之收入，得按照会员之收入额而定征收之标准。

会员对工会负担之经常费，其额不得超过该会员收入百分之五。但特别基金及为会员利益之临时募集金或股份，不在此限。

第十三条　工会会员于必要时，得选派代表审核工会簿记，并调查财政状况。

第十四条　工会在必要时，得根据会员多数决议，宣告罢工。但不得妨害公共秩序之安宁，或加危害于他人之生命财产。

第十五条　工会对于会员工作时间之规定、工作状况，及工场卫生事务之增进及改良，得对雇主陈述其意见，或选出代表与雇主方面之代表组织联席会议，讨论及解决之。

第十六条　行政官厅对于管辖区域内之工会对雇主间发生争执或冲突时，得调查其冲突之原因，并执行仲裁，但不为强制执行。

关于公用事业之工人团体与雇主冲突状况扩大或延长时，行政官厅经过公平审慎之调查及仲裁手续以后，如双方仍相持不下者，得执行强制判决。

第十七条　工会中关于拥护会员利益之基金、劳动保险金、会员储金等之存贮于银行者，该银行破产时，此类存款得有要求优先赔偿之权利。

第十八条　工会及工会所管理之下列各项财产不得没收：

一、会所、学校、图书馆、俱乐部、医院、诊治所以及关于生产、消费、住宅、购买等之各项合作事业之动产及不动产；

二、关于拥护会员利益之基金、劳动保险金、会员储蓄金等。

第十九条　关于本条例第八条、第九条之事项，工会发起人及职员之呈报不实不尽、或不呈报者，该主管之行政官厅，得命令其据实呈报或补报；在未据实呈报或补报以前，该工会之行动不受本法之保障。

第二十条　凡刑律违警律中所限制之聚众集会等条文，不适用于本法。

第廿一条　本条例自公布日施行。

选自孙中山著，广东省社会科学院历史研究所编：《孙中山全集》，第 11 卷，北京，中华书局，1986，第 125～129 页。原注："据《大本营公报》第廿八号（广州一九二四年十月十日版）《命令》"。

53. 大元帅孙中山公布《赣南善后条例》等令

1924 年 10 月 10 日

大元帅令

兹制定《赣南善后条例》《江西地方暂行官吏任用条例》《赣南善后会议暂行细则》《赣南善后委员会各职员之职责及公费暂行细则》《赣南征发事宜细则》公布之。此令。

（中华民国陆海军大元帅之印）

中华民国十三年十月十日

赣南善后条例

第一条　赣南区域由军政时期至训政时期，设赣南善后委员会，直隶于大元帅，办理赣南全区一切善后事宜。

第二条　赣南善后委员会委员长，由大元帅任命之。

第三条　赣南善后委员会得于所辖区域十七县内，每县遴选委员一人，由委员长呈请大元帅任命之。

第四条　关于赣南善后委员会议决各行政事项，由委员长督率各委员分别处理。

第五条　关于善后重大事件，得随时呈请大元帅核示遵行。

第六条　善后会议议决各事项，以到会委员过半数之决定，由委员长分别执行。遇有紧急事件，委员长得径以命令行之。

第七条　任用知事及关税厘卡各员，遵照《江西地方暂行官吏任用条例》办理。

第八条　关于征发各事项，由委员长督率各委员分别负责处理。

第九条　关于应办一切善后行政事宜，须经委员会议议决，再行斟酌缓急，次第施行。

第十条　委员会会议规则及施行细则另定之。

第十一条　本条例自公布之日施行。

赣南善后会议暂行细则

第一条　本会未到赣城以前，以委员长所在地为善后会议地点，先由秘书通知左列人员均得列席：

一、善后委员；

二、县知事；

三、各县各乡法定团体之代表；

四、本地声望素著之正绅。

督催员、宣传员、调查员及关系人，均得到会声明事实。

第二条　凡有左列资格之一者，得呈请为善后委员会委员：

一、地方声望素著、曾在高等专门大学毕业者；

二、曾任省议会议员者；

三、曾任县知事以上无劣迹者。

第三条　善后会议由秘书处先列议题，会议时由书记官作议事大略。

江西地方暂行官吏任用条例

第一条　江西地方大小官吏除简任职外，由江西善后委员会就左列人员中选择资格相当者，分别荐请大本营委署：

一、大元帅发交任用者；

二、各军从军官佐有相当资格、学力（历）劳绩者，但现职军官不得兼任；

三、在江西地方素著声望，曾在高等专门大学毕业，情殷为本军效力者。

第二条　凡官吏之不称职者，委员会得随时呈报大本营撤换。

第三条　官吏任期以十个月为一任。

第四条　官吏有贪赃枉法者，以军法惩治。

第五条　本条例如有未尽事宜，得随时呈请修正。

第六条　本条例于公布日施行。

赣南善后委员会各职员之职责及公费暂行细则

第一条　大军未到赣州以前，各军分道出发路线太多，由委员长先行选定各级人员，开单咨呈建国军北伐总司令部分送各军，以便与地方接洽。其普通勤务：

甲、宣传大元帅之建国主义；

乙、宣告借垫之必要及偿还之担保；

丙、调查经过该地军队若干，与地方商定何处设征发所，何处转运所，夫役若干，米食若干，运至何处等事；

丁、调查该段地丁、杂税总额，及被征发之总额；

戊、地方与军队设有言语隔阂致生误会，速行调解；

己、该段地点如给养不足，速向无敌兵处之附近各乡赶办征发所、运转所，以资补助；

庚、每日作详细笔记，随时报告大略。

第二条　无论何县知事，如有藉（借）端规避、办事不力、延误军机情节，善后委员会得随时呈报委员长，听候审查。

第三条　无论何级职员，如有藉（借）端骚扰、舞弊中饱各不法情节，被害人得随时控告于知事或委员长。

督催员、调查员、宣传员如有以上情弊，县知事得先行拘留呈请查办。

征发所所长、运转所所长及其职员如有上二项情节，各级职员随时声请县知事查办。

第四条　各级职员如有贪赃枉法及关于军事之犯罪，县知事先行拘押，呈请委员长咨呈大本营总执法处处治。

第五条　出发之夫马费，以道里之远近为标准。二级、三级职员每百里不得过十元，四级之督催员、调查员、宣传员每百里不得过四元，均先自垫。各县法团以下及五级、六级无夫马费。

职员阶级表

一级	委员长		公费	据实开报
二级	善后委员		公费	据实开报
三级	县知事		公费	据实开报
四级	督催员、调查员、宣传员	各县法定团体会长、各保卫团团长	公费	每员每日不得过一员（元）
五级	各征发所所长、运转所所长		公费	每员每日不得过八角
六级	征发员、督察员及该所之干事各员		公费	每员每日不得过五角

赣南征发事宜细则

第一条　此次大军北伐，大元帅既有军令，令各军保卫地方秩序，不准直接拉夫、筹款，骚扰人民。所有行军必需之夫役、米食等件，凡军队经过之地方，绅商先行办妥，方不贻误军机，并可维持地方秩序；军队不经之地，预筹款项，以裕军饷。所有一切征发事宜，悉照左则办理。

第二条　此次征发之物品，均系有偿性质，其种类如左：

甲、现洋；

乙、夫役；

丙、米食；

丁、草鞋、柴木、厨具、房舍等，因地方之力量妥为预备。

第三条　上列各种之征发物品，除现洋外，由经过之军队长官与地方知事或法定团体代表、正大绅耆、征发所所长、运转所所长及赣南善后委员长派出之督催员、调查员等，当时估定价格，填三联单以昭信用。必须现洋给付之处，由法定团体代表、正大绅耆、征发所所长、运转所所长先向公款公堂或借商民私款垫付，务使劳力小民踊跃从公，地方秩序实深利赖。

第四条　此次征发之现洋及垫款，指定民国十四年度、十五年度赣南十七属之地丁、钱粮、关厘、税卡各项收入以为担保，分四期匀数清偿，不足之数由赣南善后委员会设法筹足。

第五条　征发票由大元帅印刷，交付各军长官及赣南善后委员长遵照下开手续办理。但由军队自办者，只征发夫役、米食，其他物品，不征现金。

大元帅发官印刷所用此式：

〔收据〕　由征发、运转所所长交债权人收执。

〔存查〕　由征发、运转所所长登记于部，两所长另立登记部之后，原票交县署保存。

〔存根〕

甲、由各军办理者，由该军队呈交该军总部转交赣南善后委员会保存；

乙、由赣南善后委员长交各知事办理者，仍由该知事呈送赣南善后委员会保存。

格上左侧填"某军总司令部"字样者，大元帅将征发票交各军总部，各军总部先盖某军字样，再发交该军前方长官。

由知事办理者不填。

骑缝中

甲、交各军自办者，各军总部于收到此票，先盖"某军"字样，再行发下。

乙、由知事办理者，填各县县名（如定南县则填定南二字）。

骑缝中县知事印及县知事名章，可于收到后补盖。

某地征发运转所所长名章，临时签盖。

未收之物品栏内，当时圈破（如仅收现洋一种，其余三种未收，当时圈破）。一栏中未收之数格，当时圈破（如仅收二元，则元上之百千字、元下之毫字上一格，当时圈破）。

凡赔偿损害之物品价格，皆在其他栏内。

知事私章既经存有印鉴，凡未盖县印先盖私章之征发票，概生效力。但以后必须补盖县印。债权人收到收据，有要求征发所所长、运转所所长将其收据号码登记之权利，该所长有必须登记之义务。如该票遗失，债权人（本人或其直系亲属，别人无效）到所长处声明其票即作无效，债权人之债额仍属有效。

征发、运转所所长保全登记部至全数偿清为止。

存查、存根万一有一联遗失，只存一联，其号码、债额与登记部相符者，仍有效力。

存查、收据两联，连同交付征发、运转所所长。

第六条　各军前线长官、赣南善后委员会委员、各县知事、各督催员、调查员（统称"甲方"）等初到一地，先将大元帅布告、各军布告、赣南善后委员长布告同时张贴一方，速觅商会、教育会、农会、保卫团（自治局等地方团体名义均同）、正绅殷富（统称"乙方"）商定经过军队前后共约若干，该县该区设征发所几处，运转所几处，预备长夫若干名，短雇若干名，谷米若干斤，运交何处，行李送至何处。其征发所、运转所即时成立，不得延误。

上述各军前线长官、善后委员、知事、督催员、调查员等，不必同时皆到，但有一军队长官（不限阶级）或一委员、一知事、一督催员、一调查员到时，即可遵章行使全部职权。

上述商会、教育会、农会、保卫团（自治局等同）、正绅殷富等，不必同地皆有，但有一商会或一教育会、一农会、一保卫团、一正绅、一殷富，甚至一村、一族、一家以上，皆有遵章组织征发所、运转所之义务，无商量延宕余地。

军队过多，地方居民太少之地，各军队自当特别原谅，不使求过于供。但（甲方）须急派人向军队附近之五十里内促其急设征发所、运转所（乙方），有将四围五十里内之（乙方）姓名、住址开示于（甲方），及派人同去寻觅之义务。

（甲方）如已两次派人至各（乙方）催促成立征发所运转所（乙方），尚怀疑延宕，不即照章成立，（甲方）可要求派军队同往催促。

第七条　督催员、调查员初到一地照上办理之后，即归其地之征发、运转所所长负责照约办理。该员速分向五十里内之地方催促成立；五十里内既成立，速向百里以内之地催促成立；至该县境全体成立为止。

第八条　离军队经过地点之五十里内，对于夫役、米食两种征发居多，不另征现洋；百里以内对于米食、现洋两种居多，百里以外现洋居多；便于运输之处略征谷米，务使全县平均负担。所征之现洋，悉数缴解于善后委员长所在地（或待提解），夫役悉数送于军队经过之要地（何处居民较多由甲乙两方临时指定）。如派定之米谷军队过尽尚有余存，责成征发、运转所所长运至赣城；交赣南善后委员会查收。

凡派垫之数悉合现洋价格。

甲、现洋自一元以上者，皆填征发票，均以毫洋为本位，大洋照时价升水。

乙、夫役一名，每日不得过五角。

丙、五十里内来往以一日计算，五十里以上百里以内来往，以二日计算。

运输之长夫名额及时期，由征发所所长酌定。军队过尽即须裁撤。伕（夫）站设置地点，由前方军队长官酌定，通知于督催员及征发所、运转所所长照办〔伕（夫）站即伕（夫）住宿处〕。

伕（夫）站距离，由四十里至六十里为度，按照指定地点递送，不与军队同行，由输送队长督责。如有遗失，惟输送队长是问。

各军用品、行李等件为数过多，可分次运送，至运完为止。

军队自雇之长夫，不得扯夫役代运。士兵之一枪一炮不得勉强拉运或搭载。

凡甲站运至乙站，须即时放回，不得扣留阻碍。如军队违章所长可不负责任。

因军事变化须将征发所、运转所、伕（夫）站徙至他处时，军队长官须先一日通知。

丁、米谷。

子、米每百斤之价不得过八元。

丑、谷每百斤之价不得过四元。

米谷之价由督催员、调查员斟酌地方米谷时价定之。

送米挑力照上五十里内百里内之夫价办理。

运米船费及押运人员之公薪据实开报。

如须（需）军队保护同行，所长得请求驻扎该地之军队长官，或请求县知事转请派相当兵数保护。

第九条　地方设备招待长官之一切器具及兵士暂用之锅甑、水桶、铺板等零星物件，不得任意搬去，致损军队名义。

第十条　住屋之门窗、户壁，兵士不得拆作焚具。

第十一条　草鞋一双不得过二角，能力可及则代办。

第十二条　柴木定价，由所长酌量本地情形定之。

第十三条　本细则未定之损失，非经县知事查验属实，不得擅请赔偿。

第十四条　各军领取夫役米食等，由现经过军队长官开具人数，官佐士兵、夫每员每日领米一斤，夫役若干。地方力量不及借办之物品，不得强索。

第十五条　善后委员、知事、督催员等，可先与军队长官商定大军必由之地，何处设征发所，何处设转运（运转）所，何处设伕（夫）站，以便上站、下站一气联络。

第十六条　因战事变化，军队至未立征发所等之地，又无善后委员、知事、督催员在场，该军队长官得照章邀同乙方办理。

第十七条　非大军通过之县，照章同一办理。地方如有藉（借）端延宕情节，知事得请驻扎该县之军队派兵协同催促，如期成立，如额征发。

第十八条　宣传员所到之地，即时聚众（不拘人数）演说，务使群众知革命有益于己，富者出钱，贫者出力，以助革命事业之成功。每日至少演说二次，地点自行酌定。

第十九条　征发所所长一人，干事如庶务、会计、征发员（现金）、催伕（夫）员（派定夫役必使到所）、催粮员（派定米数速使运所）、运粮队长（押送米谷）、输送员（如有多数米谷必间数人，不使夫役逃走，米谷遗失）需若干员，由所长酌定。并可指派某人为某员。所长之产出，公推（二人以上公推有效）、自任均可。其姓名、年岁、乡里、有无出身经验之履历，以一份自交县知事注册，以一份交督催员转交赣南善后委员会注册。一切人员之公费，不得超过六级职员之数（即每日公费不得超过五毫，其公费或由自垫或向人借垫，由所长填征发票为凭）。一切部记由所长负责保存。

征发所所在地点，由所长布置一切。

第二十条　运转所所长一人，公推（二人以上有效）、自任或由征发所长指定均可。干事如输送队长（押运行李负收交之责）、督伕（夫）员（每队行李必间数人，以防行李遗失，夫役逃走）若干，由所长酌定，并可指定每人为每员。

一切人员之公费，一切部记，照上条办理。

运转所及伕（夫）站所在地，或由军队长官指定，或由运转所长酌量地势，报告于军队长官均可。

运转所长之履历，照上条办理。

运转所长办理运转各事，可要请征发所长协助。

第廿一条　应加添夫役或裁减夫役，两所长可先向军队长官或县知事或督催员请示办理，不得擅自添减。

第廿二条　两所至何时裁撤，应俟最后经过军队长官之命令，及赣南善后委员会最后派出之督催员到时，方准裁撤。

第廿三条　善后委员会收到各军、各县交呈之票已填额者，照额核计数目榜示各县；未填额者，截角备案。

第廿四条　甲所夫役愿再至乙所应役，乙所所长愿承受。甲乙两处所长可随时协商。

第廿五条　征发员〔专管征发现洋、夫食（役）、米食等事〕、监察员（专催各所现洋、夫役、米食）、县知事随时酌定名额。

第廿六条　善后委员会无论在何县境，与知事同处办事。遇特别情形，不妨分任一方。县知事一切布置，事先禀（秉）承善后委员之意处理，事后报告情节。

第廿七条　善后委员无论经过何县，有纠察一切并防范流弊权限。

第廿八条　善后委员关于征发事宜交办之事，县知事随时执行。

第廿九条　各县及各乡、区商会会长、保卫团团长等，县知事可委为该县一等督催员；未受督催员名义者，县知事得随时呈请发本会各名义（参议、谘议）。

第三十条　凡各所及各级人员公费、夫马概先筹垫。填征发票时，填明某县某区某所职员姓名、办公日期、合计洋若干，不得与现洋、夫役、米食等混填，致难稽核。

第卅一条　预计必须作战之地，由军队长官先通知该地之知事，或督催员、征发、运转所所长，将两所及伏（夫）站预移于离作战若干里之地。

第卅二条　征解得力之各级人员酌分升奖：

甲、呈请传令嘉奖；

乙、呈请奖给徽章；

丙、最得力者（上述督催员及商会会长等皆在内），以尽先派署知事税差存记；次得力者，以候补知事税员存记，再次得力者，记大功一次；大功三次者，保候补知事税差存记。小功三次者，为一大功。

第卅三条　征解不力或办理不善人员，分别惩戒：

甲、撤差；

乙、记过。

如有卷逃、侵吞中饱各情弊，照《江西地方官吏任用暂行条例》办理外，仍照数追缴。有保证人者，并向保证人追缴。

各上级人员发现各下级人员以上情弊，得随时报告知事、委员或委员长查办。

第卅四条　本细则未尽事宜，善后委员及县知事得随时因地制宜酌定细则，但不得与本细则相抵触，并随时呈报。

选自孙中山著，广东省社会科学院历史研究所编：《孙中山全集》，第11卷，北京，中华书局，1986，第154～166页。原注："据《大本营公报》第三十号（广州一九二四年十月三十日版）《命令》"。

54. 附：《我们所要的国民会议是什么？》

1925年1月10日上海国民会议促成会编印出版

国民会议有三个意义：第一应该是国民的会议，第二应该是国民所推举的代表会议，第三应该是为国民的利益而会议。由第一个意义，这个会议便不是任何形式的军阀官僚会议可以代替的；由第二个意义，这个会议便应该由各城市各乡村人民的团体中无性别财产教育的限制选出一定人数的代表参加之，一切军民长官省县议会均不应有派选代表权利，一切绅士学者名流及什么有勋劳于国家者均不应以个人资格参加此会议；由第三个意义，这个会议便应该讨论议决并且执行对内对外拥护国民经济上的政治上的利益与权利之提议，若有违反国民的利益与权利，而希图拥护外国帝国主义的利益与权利，或国内军阀个人地位者，便是国民之公敌。必须实现这样一个国民会议，才是中国国民从帝国主义的列强及军阀宰割之下解放出来的道路。

但是，国民会议在现在及将来的趋势是怎样呢？

英美日法各帝国主义者，一向在中国横行无忌，最怕中国国民觉悟起来，和他（它）们算账，所以总是扶助中国最反动的军阀（如袁世凯、段祺瑞、曹吴等）统治中国，压得中国国民不能抬头。现在帝国主义者已经看见中国国民有点觉悟了，并且看见中国民众中起实际的国民运动——要求国民会议来救护自己的国家，他（它）们对付此次中国国民运动的方法，十分巧妙：他（它）们在表面上不但不反对，并且赞成中国要有一个国民会议，而在实际上，一面抑制中国国民各个实际行动，如在天津阻止孙中山演讲，及搜查国民党省党部；在上海拘留欢迎孙中山的人民，为查禁反对帝国主义的报纸而搜查国民党的上海大学；在北京天津上海各西文报上每天宣传"国民党赤化""孙中山是过激派""废约是过激思潮"等无稽妄语，中伤国民运动者，以图引起中国国民间的疑惧与分离，一面扶助宣言"外崇国信"的段祺瑞政府做他（它）们的工具，来抵制孙中山之废除不平等条约运动，来压抑一切民众的活动，来召集一个军阀官僚政客及买办阶级之代表，对于帝国主义者在华权利决（绝）无危险性的"国民会议"，以愚弄中国人民。这是帝国主义者所要的中国国民会议，也就是帝国主义者对付此次中国国民运动的巧妙方法。

军阀派的段祺瑞，他的临时执政政府完全是由于军人拥戴，绝对没有法律的根据，也未经国民承认，他本来只相信他们北洋派的传统政策——武力进攻，而不承认在前清民国都没有一官半职的"小百姓""小民"竟有干预政治的资格，又加以仰体洋大人不顾中国国民真有抬头干政的"过激"举动，于是阻止北京学生欢迎孙中山，阻止京汉铁路工人恢复曹吴所封禁的工会，以及准备续办国民痛心的参战借款，准备承认曹锟所不敢承认的金佛郎案，要求起用国民痛恨的曹汝霖、陆宗舆辈，这些事由章士钊所谓"革命政府"做出来了。段祺瑞入京前，马电所主张的国民会议乃是欺骗国民以掩饰他非法专政的手段，请看他公布的善后会议条例就知道。照这个条例有参加资格的只不过军阀官僚及御用的学者政客，把国民关在门外，和袁世凯时代的政治会议约法会议是同样的把戏；而这个会议竟有"解决时局纠纷筹议建设方案""改革政制""整理财政"等职权，这些职权都是国民会议的职权，而却不许国民参加。这些国家根本问题都由善后会议议决了，这召集国民会议议什么问题？此外只有一个日常重要的问题，便是由这国民会议选举段祺瑞为正式执政或大总统！他们为了要达到这个大选之目的，必然要拿出"过激"的罪名和维持治安的面孔，来尽力钳制人民参加政治的活动，剥夺人民集会结社言论出版之自由，好使国民会议官僚化政客化市侩化，成为他们御用的工具。这乃是军阀派所要的国民会议。

国民中有一部分财阀派，即银行和买办阶级，他们也别有怀抱。他们一向勾结军阀政府，以重利盘剥国家；他们是勾引军阀卖国之中间人；他们原来是依靠洋人势力发财；国民的利益是和他们的利益冲突的。他们虽然是中国人，每逢外国帝国主义的利益和本国国民的利益不相容时，他们自觉的（地）或不自觉的（地）站在外人方面，为外人的工具，或明或暗的（地）帮着外人，造谣攻击本国的国民运动者卖掉自己的国家。他们因为海关担保内债之故，遂至反对从外人手中收回中国海关，致影响他们荷包里的债票跌价。他们近来并且雇佣一班无志的留学生，在中国组织一些美国的商业机关，做中美间亲善的桥梁，想把外国的金子由这条桥梁送进来，把中国国家主权和国民经济命脉由这条桥梁送进去。他们既然不顾国民的利益，何以也要参加国民会议？这是为了他们自己特殊的经济要求，不是为了普通的国民利益；所以他们是向军阀政府要求自己参加会议，且和半中国人的英国爵士何东合作，而不和工人农民学生等人民团体合作，并不和普通人合作参加其运动。他们对于国民会议之特殊的经济要求，便是在帝国主义和他们自己两利之下的"输入外资兴办实业"，这样的兴办实业便是丧权卖国之别名。他们对于国民会议之态度，不是为了国家主权与国民利益，要反抗帝国主义者与军阀而参加国民会议，反是为了和帝国主义者及军阀妥协而参加的，这乃是财阀派所要的国民会议。

至于占国民最大多数的我们商人、工人、农民、知识阶级（教职员、学生、著作家等）、公私机关职员、自由职业者（医生、律师、艺术家等）等所要的国民会议，不是一个空洞的抽象名词，也不仅仅是一个政治集合的形式，是要一个实际内容上是国民的、是由国民推举的、是为国民最大多数利益的国民会议。这样的国民会议，其内容和帝国主义者军阀财阀所要的国民会议绝不相同，而且是他们要来极力破坏的；因为真正人民的国民会议是不会承认帝国主义者及军阀的利益与特权的，是不能容忍财阀和帝国主义者及军阀妥协政策的。

现在的问题，就是真正人民的国民会议怎样才能够实现呢？我们没有理由可以希望军阀政府愿意召集真正人民的国民会议，只有我们商人、工人、农民、知识阶级、公私机关职员、自由职业者等各自充实各个团体的内容，并集中我们各个团体的力量，在一个组织——由各地国民会议促成会而组织全国国民会议促成会，万众一心抵抗帝国主义者及军阀的干涉，由人民团体自动的（地）在北京召集国民会议。这样的国民会议才是真正人民的国民会议；那时段祺瑞的政府服从这个国民会议还是蹂躏这个国民会议，都听他自便。

现在全国真正的人民团体都异口同声的（地）要求国民会议，并同声相应组成了国民会议促成会的已有上海、北京、天津、徐州、湖北、湖南、九江、芜湖、彭泽、无锡、苏州、杭州、宁波、绍兴、镇海、邳县、睢宁、广州、韶州、福建、安徽、山东、萧山、宜兴、江西、永修、厦门、象山、南京、梧州、青州、博山、济南、温州等三十余处；真正人民的愿望已经表现出来了，真正人民的力量已渐渐集合起来了，只须（需）准备日见强大的力量和帝国主义者及军阀财阀奋斗！

现在我们综合全国人民团体所提出的具体要求，省去其重复者，条列于左：

一、废除一切不平等条约，收回海关权、教育权及租界，取消领事裁判权。

二、保障人民的言论出版结社等绝对自由权，废除治安警察条例，及罢工刑律。

三、民选省长市长县长，及乡村自治机关。

四、废除督军、巡阅使、宣抚使、护军使、镇守使、军长、师长等军权；全国非战时之常备军以旅长为最高军权职。

五、旅团司令部采用委员制，军饷公开。

六、惩办穷兵黩武之军阀、历年祸国之安福系、外交系及一切卖国贼。

七、解散国会，取消伪宪，严办贿选议员。

八、没收此次战争祸首的财产，赔偿东南北各地被兵灾民之损失，赈济北方水灾，战地内被灾农户，免纳钱漕三年。

九、整理财政，停止借债，发展教育实业。

十、废除厘金及一切苛税杂捐，禁止预征钱粮及其陋规。

十一、增加海关进口税，整理国有企业之收入，征收遗产税，及城市土地税，以补废止旧税之损失。

十二、实行裁兵移民殖边。

十三、改善现役兵士之生活及教育，退伍兵须给以土地及农具，或他种可靠的生活。

十四、改良农民生活，规定最高限度租税，取消田赋以外的附捐。

十五、帮助职业团体（农民协会等）及武装自卫团体（乡团农团等）的发展。

十六、制定劳动法，规定：（一）八小时工作制；（二）最低限度工资；（三）童工工作种类及时间的限制；（四）女工的特殊保护；（五）男女工资平等；（六）劳动保险；（七）失业救济及职工介绍；（八）工人团体参与工厂行政；（九）工人享有团体契约权。

十七、设法安置游民兵匪的生计，使为社会做有益的工作。

十八、救济各处失业工人，使得相当的生活。

十九、限制都市房屋加租，多建设平民住宅。

二十、限期禁绝鸦片及其类似毒品。

二十一、妇女在经济上、政治上、教育上、职业上一切与男子平等。

二十二、禁止蓄婢纳妾及童养媳，废除娼妓，并禁止溺女。

二十三、确定教育基金不得拿作军政费用，各国退还庚子赔款应一律充教育经费。

二十四、切实保护华侨，力争取消取缔华侨教育条例及移民律。

二十五、教育机关独立，不得受政治军事的影响摧残。

二十六、实行中小学之义务教育，并推广平民教育，使全国人民有受平等教育之机会。

二十七、规定优待小学教员条例，广设图书馆及阅报社。

二十八、取缔一切反动的、复古的、专制的、有害学生身心发达的、违反进化原则的教育。

全国的同胞！这是我们全国大多数人民的要求，大家快快联合于一个旗帜——国民会议促成会——底下，集中力量，为上面的要求努力奋斗！

选自上海国民会议促成会编辑：《我们所要的国民会议是什么？》，1925年1月10日出版。

55. 附：赵世炎：国民会议促成会全国代表大会之经过与结果

1925 年 5 月 3 日

一、全国民众代表之集合

此次国民会议促成会全国代表大会，在北京开会前后一月有余，到会代表二百余人，代表二十余省区一百二十余个地方的国民会议促成会。在这些促成会旗帜之下集合的是：工农群众、知识界、教职员、学生、商人、实业家、新闻记者、律师及各种有职业的平民。到会各代表虽不能将各地团体人数作确切的报告，但所代表的民众当在数十万以上。这个民众性的大集合在北京开会一月有余，而全国知者尚少，其原因是：在安福派政府高压之下，该会于开会时，常不能自保安危；该会所寄出的会报多被政府劫留；该会所发表的新闻，在北京占大多数的反动报纸多不予以登载，而对于安福系、政学系、研究系、联治派及军阀代表所组的善后会议消息，则逐日连篇累幅的（地）予以登载。

这是一个民众的会议！从会议之经过与结果看来，是颇良好的。这样从民间产出的会议，在我国实不易见，或者竟是真正的国民会议之先声。本报代表民众利益，并曾屡次勉勖此会之成功，对于此次会议实有不惜篇幅介绍之必要。记者曾觅得该会各种材料，并曾到会旁听，特作此篇以告本报读者，并盼本报读者特别注意于该会议之各种议案与宣言。

二、会议时期与政治环境

当大会开幕之日，段政府的善后会议正在积极进行之中。各方面的"人物"段政府竭力网罗，从无政府主义者以至于新官僚"社会党"领袖，都被召应试，与此会议之各地人民代表纷纷到京，遥相对应。北京城于安福派统治之下早已在恐怖的状态之中，人民不仅集会不得自由，而且言论也遭政府罗织。但在当初孙中山先生尚存一息于病榻之上，段祺瑞还不敢马上撕破面具，人民的活动还勉强自由。及至孙先生去世骨尚未寒，而孙先生主义庇护下的《民国日报》被封嗣，后连续压迫各报馆与通信社，无端逮捕新闻记者，无数侦探鹰犬大形（型）活动。中山灵柩之停放，政府最初不允在中央公园，而指定远离民众之城外荒坛。中山遗体之移往西山，也是政府所欣愿的。北京城日堕于恐怖，反动势力日益增长，民众不能抗争。

军阀角逐而要造成的未来大战，自张作霖来京忽而离去之日，其局面已经开始。从而以后段张之间的明争暗斗日益加多。然而执政府谋臣甚多，能奔走者尤众，善后会议或连续或间断，日以金钱与交换条件，贿买务期成功。自中山逝世分裂国民党的计划便自执政府而出；政府的机关报与附属于政府的各党系报纸，都扶掖国民党右派，宣传国民党之分裂。

但在这个时期的全国民众反对善后会议之声，遍于各地。哀悼中山誓愿继续革命的表示，来自大小城市与村庄。然而政府对此充耳不闻，只图应付，军阀手忙脚乱急谋成功。

三、反帝国主义与反军阀的工作

各地民众代表在这种政治环境中集会，自然感觉到人民自身责任之所在。因此大会决定否认段祺瑞所提出善后会议之国民代表会议条例，又以为趁人民代表聚集的机会，应该详细讨论中国衰弱祸乱之真因，并提出具体的救济方案，以宣告于民众，民众应从此继续努力国民革命运动，以求得真正的国民会议之产生。真正的国民会议之成立，必然是反帝国主义与反军阀的重要工具，因此大会决定讨论各种国际与国内的问题，而定出下列的范围：（一）国际问题，其中包含：（1）帝国主义侵略中国史；（2）不平等条约及特权；（3）租界地与租借问题；（4）关税问题；（5）外人在华驻兵问题；（6）外人在华航行权问题；（7）外人在华传教及教育问题；（8）外资与其势力问题；（9）华盛顿会议；（10）临城案件；（11）金佛郎案；（12）鸦片会议；（13）无线电问题；（14）外国银行团；（15）上海租界焚书问题；（16）沪西日本纱厂罢工问题。（二）国内问题，其中包含：（1）军阀军队与内乱；（2）联省自治问题；（3）人民自由问题；（4）实业问题；（5）教育问题；（6）商业问题；（7）工人问题；（8）农民问题；（9）妇女问题。（三）财政问题，其中包括内外债务问题；并详细审查中国的财政与提出救济方法。（四）国民会议运动之方针，其中包含：（1）批评并否认善后会议之国民代表会议条例；（2）国民会议组织大纲；（3）促成国民会议与厉行民众组织。

大会的责任，既是促成真正的国民会议，而此国民会议之产生，非打倒帝国主义与打倒军阀不足为功，所以该会议开会后，于发行会刊时便宣言说：

"最近国民会议之运动弥漫全国。此种运动孕育于反帝国主义怒潮之中，且产生于中国最强之直系军阀推倒之后，其使命乃为客观情势所确定无疑，质言之，它将代表人民向帝国主义作战，取消不平等条约，以达到解除终身所束缚的锁链之目的。它将继续打倒直系军阀，进而打倒一切军阀，解除其武装。它的方法是不妥协的群众运动。今日之一粒种子，他日必结为最大果实。我们必须努力栽培灌溉，扫除其周围之蔓草荆棘。此工作最初虽不免于艰难困苦，牺牲流血，然吾人之责，实无旁贷"。

四、国际问题与国内问题之决议

大会自决定讨论各项问题后，经过半月余的工作，便整理出各种问题之报告与其决议方案。报告的内容是十分繁多的，这绝不是豢养的善后会议议员甚至国会议员所能作（做）的事，而惟有革命的民众代表才能做到。各种内容该会将另出专册印行，下面所述乃简略指出决议案中之重要者：

（甲）国际问题之决议——最初说明欲谋中国民族之独立与自由，须将已经为帝国主义及本国军阀所攫夺以去的国家权力完全收在集体的人民手里。其次说明帝国主义侵入中国的经过，历述自最初的商业政策以至为鸦片贸易扩张道路的英帝国主义之侵入，而南京条约是不平等条约压迫中国民族史的第一页。马关条约为资本主义侵入中国开一新时代，割地赔款保护外货的关税制度由此而生。马关条约外辛丑条约更是不平等条约中最酷烈者之一，这个条约是对中国民族的反抗外力的惩罚，把中国军事、经济的国防完全打破，将中国民族的自由独立尊严蹂躏无余。鸦片战争以来，中国对外关系史是一部帝国主义侵入史。中国自从堕入这个历史里就变为国际的殖民地。中国国民欲求恢复民族独立与自由，即在依国民会议产生国民革命政府宣告"废除一切不平等条约！！"

不平等条约中所包含的外国帝国主义在中国之特权，大会决议案中曾一一指明：（1）领事裁判权；（2）租借地、租界及中国境内其他的外国行政权；（3）协定关税制，及其他保护外国商品，保护在中国境内经营产业等规定；（4）外正〔人〕管理财政权；（5）庚子赔款；（6）外国人在中国内地驻兵权，及内河航行权；（7）外人在中国境内传教及教育设施。此外又指明帝国主义列强于近数年对中国之进攻有下列诸事实：（1）华盛顿会议；（2）临城案件；（3）鸦片会议；（4）金佛郎案；（5）无线电问题；（6）上海租界焚书问题；（7）上海日本纱厂华工罢工问题。对于以上诸问题，都分析其内容，而提出严重之抗议。本决议案之结论是：恢复国家权力在废除不平等条约，国民会议就是恢复国家权力的机关，故大会决以全力促成真正的国民会议之实现。

五、"打倒军阀!""排斥联治!"

（乙）国内问题之决议——在国内问题中包括九个重要问题已如上述。决议文中一再申述打倒军阀的口号，在军阀军队与内乱之决议里，说明全国民众在打倒军阀的旗帜之下，应当勇猛的（地）以人民要求民治为前提，对于一切军阀实行总攻击，尤其要反对的是军阀的武力主义，因为它是军阀否认人民力量的标语（志），与人民所期望的和平与统一绝对背道而驰。同时又说明广大的士兵群众本身并没有什么罪恶；在国民革命中兵士应该为国家利益战，不要为军阀官僚战，应该为国家利益做捍卫，准备为国家幸福而牺牲。此次关于联省自治问题，大会决议痛斥联省自治论者之误国，其理论即幼稚，其所根据事实更错误。大会以为在此封建残局之下，决不能由制宪而获得自治。真正的自治，必待国民革命成功，中国民族获得独立与自由之后，始能实现。

关于人民之自由，大会要求废除一切警治与军治。人民应有绝对的集会结社言论出版之自由。警察不得任意逮捕、羁押或搜索人民住宅，非军人决不受军治。工人应有罢工的自由。惩治盗匪法、陆军审判条例等均当废除。复次对于实业、商业、教育诸问题均各有确切之决议。最后关于工人、农人、妇女三问题，更一面分析在被压迫各阶级中此三大群众的痛苦，一面提出具体的要求。大会尤注意广大的工农群众与妇女界应速起急谋团结，促进国民革命运动之成功。

在各项国内问题中，且提出各自的切实主张或要求，大会为注重国家财政问题起见，又单独讨论财政问题。

六、"十年的外债停付!"

大会特别讨论财政问题，为求详细探索财政紊乱之情形，与国家财政破产之根源。据财政委员会讨论报告之结果，其结论就是："十年的外债停付，留待国民会议解决其用途!"这种主张是关系严重的，帝国主义的列强一定畏惧，因为这种主张之结果，绝对有利于中国国民而无利于列强，列强听到这种主张一定要惊惶（慌）失措，指我们人民为"过激"。殊不知这种"过激"的办法，在列强各自的国家里，在他们的祖先的历史上早就实行。法兰西曾要求过外债停付，比利时也要求过外债停付。停付（或缓付）这个名词这个办法，是他们自己当初想出的。论到"过激"的办法并不这样。"过激"——假使指的是布尔塞维克在布尔塞维克的俄罗斯，自从革命以后并不是停付，而是不付了。

中国的财政问题并不困难，难在帝国主义之继续侵略。一国的财政破产并不是稀奇的事，所奇在［于］无救济的办法。中国的财政家梦昧终日，只学算帐（账），不知清帐（账），即有清帐（账）的办法，又都是有利于列强的，如主张再借外债，以救财政的，便是一例。

大会同时感觉借债之危险，故发出公开宣言两种，一给外国银行团，一给国内各银行，警告不得再借债与政府。

七、宪法是人民收回政权的证书

大会于各种问题之外，又特别注意宪法问题。

"中国国家的权力现在不在国民手中，而在国际帝国主义者及其使者——军阀手中；一切不平等条约，即是保障此等权力的明文。

所以吾中国全民众应集中其精力，以求于最近期内废除不平等条约及召集真正国民会议。目前中国国民所要求于此国民会议的职任，不在制定一部空文无力的宪法，而在为实现废除不平等条约而战斗的人民机关。"

这是国际问题决议案中评宪法问题之一段。在国内问题决议案里也有同样的说明：

"宪法不是别的东西，只是一国国民保持主权的一部证书。这部证书必须国民自己得了政权以后才能产生出来。向统治的军阀要宪法，与奴隶要求主人严订管理法一样，结果反让统治阶级强奸民意，任意造作。政权的取得是由于革命的力量；必须国民革命成功才有国民自己的宪法可言。……真正的国民会议之目的，就是要求政权收归人民，以解决一切外患与内忧。"

八、"敌人软化不了工人（农）阶级！"

孙中山先生逝世前有两种政治的遗嘱：一为国内的，一为国际的（即致苏俄之遗书），笔记而出，为全国民众所普知。在这两种遗嘱传授之时，中山先生警告其同志说："你们不怕敌人之软化吗？"记者曾于本报通信中述过。现在这一句话全国的民众还没有公开的（地）答复，惟有国民会议促成会全国代表大会中工农代表团早就答复了："敌人软化不了工农阶级！"

工农代表团在这次大会中人数虽少，且偏于南方，但在大会中仍产出良好的工作。大会会刊中，我们看到农民代表某君的论文，充分表示工农阶级在国民革命中之使命。大会反帝国主义反军阀的工作，关切于大多数被压迫工农阶级最深。此次各种的决议，一方面证实民众代表工作之良好结果，一方面也可断言将受全国民众有力的拥护。

九、第二安福国会与人民的国民会议运动

当大会闭会之时，安福部的善后会议也闭会了。国民会议促成会全国代表大会闭会以后，是要召集预备会议；善后会议闭会之后，是要召集第二安福国会。后者也许是可能的，可能则必是较快的，因为"政权"在段祺瑞之手。

然而大会指示了人民以国民会议之性质，指示了人民以奋斗的方法，并指示了人民对于各种问题之确切方案。素来藐视民众无组织的，将由这次人民代表的实际工作中证明其为恶势力所迷，现在促成真正国民会议的民众代表大会闭幕了，段祺瑞的善后会议也闭幕了，我们需要一个第二安福国会呢？还是需要一个真正的国民会议呢？

全国革命的民众应当答复这个问题！

选自《赵世炎选集》，成都，四川人民出版社，1984，第278～287页。原注："原载《向导周报》第113期1925年5月3日。署名：罗敬。"

三、广州国民政府制定的法律法规

1. 政府改组大纲

1925 年 6 月中国国民党中央执行委员会议决

一、设置国民政府，掌理关于全国之政务，以委员若干人组织会议，并于委员中推定常驻委员五人，处理日常政务，并设政军各部，每部设部长一人，以委员兼任；如将来有添部之必要，经委员会议决行之。

二、设置军事委员会，掌理全国军务，以委员若干人组织会议，并于委员中推定一人为主席。凡关于军事之命令，由军事委员会主席及军事部长署名。在军事委员会内，设军需等处，分掌职务。

三、设置监察部，以委员若干人组织之，监察政府各种机关官吏之行动，及考核款项之收支状况。

四、设置惩罚〔吏〕院，以委员若干人组织之，专治官吏之贪赃不法，及不服从政府命令者。

五、设置省政府，掌理全省政务，分为内政、外交、财政等厅，每厅设厅长一人，并由各厅长联席会议推定主席一人。

六、设置市政府委员会，在现在职业集团、农会、工会、商会、教育会、自由职业团体六种团体中，各举委员三人，合十八人，以组织市政委员会，并任命委员长一人，为市政委员会主席。设置财政、工务、公安、教育、卫生五局，每局委任局长一人。

选自谢振民编著：《中华民国立法史》，正中书局，1937，第 240～241 页。

互校版本：谢振民编著：《中华民国立法史》，上册，北京，中国政法大学出版社，1999，第209～210页。

2. 中华民国国民政府宣言

1925 年 7 月 1 日

先大元帅逝世之后，全国政治上军事上丧失唯一之统率指导者。中国国民党既以至诚接受先大元帅之遗嘱，以继续努力于国民革命，同时复于政治上军事上谋适宜之组织，期于集中同志之心力，以共同负荷先大元帅所托而贯彻国民革命之志事，爰有国民政府之组织。国民政府对于成立之始，敢敬谨昭告于吾同志暨吾国民。国民政府之唯一职责，即在履行先大元帅遗嘱。凡遗嘱所叮咛告语者，即国民政府悉力以赴，而期其实现者国民革命之最大目的，在致中国于独立平等自由。故其最先著（着）手，即在废除不平等条约，先大元帅以毕生心力尽瘁于此，无论所遇若何困难，曾不少扰其志。而凡倚赖帝国主义以龋龁国民革命者，虽暂得跳梁于一时，终必为国民革命之势力所摧锄以去。民国以来，自袁世凯以至曹锟，其失败之迹如出一辙。先大元帅去岁北上之际，欲自此以后永无倚赖帝国主义以龋龁国民革命之人，故主张以废除不平等条约为统一之条件。盖惟废除不平等条约然后可以言统一，非是则无统一之可能也。先大元帅虽赍志以没，而其所主张则无时不显其效力。凡违背此主张者，终必为国民所唾弃。证之近事，陈炯明、杨希闵、刘震寰之徒，其始皆当尝隶于先大元帅旗帜之下，及中道叛去，欲脱离国民革命而依附帝国主义以求自存，则皆不旋踵而败亡。而自五月三十日以来，上海汉口等处反抗帝国主义之运动，日以剧烈。帝国主义者虽欲与其暴力抑国民革命方新之气，而自保其残喘，曾不知适足以自暴其罪恶而促其灭亡。六月二十三日广州沙面惨杀事件，尤足使此等征象更为明显。故中国国民党六月二十二日及二十八日关于立即废除不平等条约之宣言，实为仰体先大元帅之遗志，而激励国民革命之进行。国民政府之对外方针，必受成于此，而不少变。

先大元帅既提倡废除不平等条约，同时复发起国民会议以为议决执行之枢机。盖中之主权，久已操于帝国主义及依附帝国主义以求生存之军阀之手。开国民会议，即欲自帝国主义及军阀之手中收已失之主权，而还之民，以符主权在民之旨。且帝国主义及军阀所加于国民之苦痛，惟国民知之最深，去之之念亦最切。故废除不平等条约之实行，不能不有所望于国民会议也。国民会议虽为北京临时执政者所阻挠，然国民若能以自动的集会而行使其职权，则国民政府必尽其力所能至以为种种之保障。此则中国国民党既有宣言于前，国民政府必将履行之而不敢辞者也。

于此尚有言者，比年以来，丧乱频仍，中国国民党之党纲及政策往往受环境之挟制，而不能实施。目击人民之痛苦颠连而不能救，骄兵悍将横行跋扈而不能去，贪官污吏因缘为奸利而不能惩，此皆同志所引为深疚者。故夙夜黾勉，思所以扫除障碍，俾得著（着）手于建设。最近东江及近郊两役肘腋之患，稍得清除。决当乘此时会以往事于政治军事之整理。然国民革命前途之障碍，往往伴国民革命之进步而发生。惟建设之念愈切，则从事于扫除愈不容懈。终必举一切障碍摧陷廓清之，使国民革命之进行得以活泼而无所濡滞。愿我国民深念今日孰为能代表国民利益，孰为能为国民利益而奋斗者，对于国民政府务有以督责而维护之，是所望也。

中华民国十四年七月一日

选自《工人之路》，1925-07-04，第 2、3 版。

3. 中华民国国民政府组织法

1925 年 7 月 1 日中国国民党中央执行委员会议决

广州国民政府公布

第一条　国民政府受中国国民党之指导及监督，掌理全国政务。

第二条　国民政府以委员若干人组织之，并于委员中推定一人为主席。

第三条　国民政府设置常务委员五人，处理日常政务；常务委员于委员中推定之。

第四条　公布法令及其它（他）关于国务之文书，由主席及主管部部长署名；其不属于各部者，由常务委员多数署名，以国民政府名义行之。

第五条　国务由委员会议执行之。委员会议出席委员不足半数时，由常务委员行之。国民政府委员会议于国民政府所在地行之。

第六条　国民政府设置军事、外交、财政各部，每部设部长一人，以委员兼任之（有添部之必要时经委员会议议决行之）。

第七条　各部长依其职权得发部令。

第八条　国民政府所属各机关官制另定之。

第九条　国民政府设秘书处，受常务委员之指挥。其规制另定之。

第十条　本法自公布日施行。

选自国民政府法制局编：《国民政府现行法规》，1928，第 2 页。

4. 省政府组织法

1925 年 7 月 1 日广州国民政府公布

第一条　省政府于中国国民党指导监督之下，受国民政府之命令，处理全省政务。

第二条　省政府以民政、财政、教育、建设、商务、农工、军事各厅组成之。

第三条　省政府各厅各设厅长一人，联合组省务会议，并举一人为主席。各厅长至少每月一次以书面报告其职务经过于省务会议。

第四条　关于省行政之命令，经省务会议决定之后，由主席及主管厅长署名，以省政府名义公布之。

第五条　省政府于不抵触国民政府命令之范围内，得发布省单行规程。

第六条　省政府得任免荐任官吏，各厅长得任免委任官吏。省政府认省内官吏之命令为违背法令，逾越权限，或妨害公益时，得停止或撤消（销）之。

第七条　省政府设秘书处，承省政府命令，掌理秘书事务。

第八条　省政府之各厅官制另定之。

第九条　省务会议规则另定之。

第十条　本法自公布日施行。

选自《近代中国立法史》，上海，商务印书馆，1936，第 432 页。

5.　中华民国国民政府军事委员会组织法

1925 年 7 月 5 日广州国民政府公布

第一条　军事委员会……受中国国民党之指导及监督，管理统帅国民政府所辖境内海陆军、航空队及一切关于军事机关。

第二条　军事委员会以委员若干人组织之，并于委员中推举一人为主席。

第三条　军事委员会中一人，由国民政府特任为军事部长。

第四条　军事委员会设政治训练部、参谋团、海军局、航空局、军需局、秘书厅、兵工厂等机关，分掌事务，其组织及规则另订之。

第五条　军事委员会内各重要机关，由各委员分任直接监督之责。

第六条　军事委员会所议决之件，由主席署名，以军事委员会名义用命令式行之。其关于政治训练部及军需局者，除呈主席署名外，须有该管机关长官副署。

第七条　关于国防计划实施、军事动员、军制改革、高级军官及同级官佐任免、陆海军移防、预算决算及高等军事裁判等，暨其它（他）与国民政府之政策有关之事项，其文告及命令应由军事委员会主席及军事部长之署名行之。

第八条　军事委员会之议决事项，须经出席委员三分之二之通过方为有效，如多数委员不在军事委员会所在地时，主席与委员一人有决定处置之权。

第九条　军事委员会设在国民政府所辖地，于必要时得以决议迁移之。

第十条　本会会议规则另定之。

第十一条　本法自公布日施行。

选自《国民政府现行法规》，1928，第 52 页。

6.　国民政府军事部组织法

1925 年 7 月 11 日广州国民政府公布

第一条　依据国民政府组织法，在国民政府内设军事部。

第二条　军事部设部长一人，于国民政府委员及军事委员会委员中推定，由国民政府特任之。

第三条　军事部部长在国民政府对外的军事关系上为国民政府之代表，并为国民政府各种军事问题议决案之代表说明者。

第四条　国民政府关于一切军事文件，须由国民政府委员会主席及军事部长共同署名，方生效力。

第五条　在国民政府委员会内关于军事范围以内之工作，如军需预算案等，及军事方面与政府其它（他）各部工作关系上之联络诸问题，由军事部长代表发言。

第六条　军事部长在军事委员会中，除以军事委员资格服务外，军事委员会关于国防计划实施、军事动员、军制改革、高级军官及同级官佐任免、陆军移防、预算决算及高等军事裁判等，暨其它（他）与国民政府之政策有关之事项，其文告及命令应由军事委员会主席及军事部长共同署名行之。

第七条　军事部长在军事委员会中，要有监督参谋团工作之专责，对于各种作战计划应按时督促起草，并指授机宜，对于军队之教育及组织等事项应按时监督并指导之。

第八条　军事部长在战时之职权及任务另定之。

第九条　省政府军事厅受军事部长之指挥。

第十条　军事部长负责设法于民间普及军事教育，如于各学校中暂时不能设施专门军事训练，则提倡体育以为军事训练最低限度之准备。此种最低限度之准备须行之各高小中大学校，以养成一般青年之军人精神，而减少将来施行专门军事教育之困难。

第十一条　军事部长得设参谋、副官、秘书若干人，以处理部务。其服务人数及职责由军事部长按实际上之必要规定之。

第十二条　军事部办事规则另定之。

第十三条　本法自公布日施行。

选自《中华民国国民政府公报》，1925 年第 2 号。

7. 中华民国国民政府训令第三号
——令广东省政府支援省港罢工运动
1925 年 7 月 8 日广州国民政府公布

中华民国国民政府训令第三号

令广东省政府

自五月三十日上海惨杀案发生以来，汉口、青岛、九江、广州等处继续发生同样之惨剧，且愈演愈烈愈推愈广。沙面英法兵既杀我群众于前，香港殖民政府复绝我交通于后，吾民为抵制强权压迫，推倒帝国主义，及维持国家民族独立之自由，保障人民生命财产之故，不得已有省港同时罢工之举，欲以和平正当之手段，抵御帝国主义者之侵凌，不惜牺牲一切生活以赴之，其志气弥厉，其用心良苦。政府为维持此种正义之行为，并促其进行迅速收效宏远起见，经常务委员七月七日会议议决如下：

一、着广东省政府令行广州市政厅，即饬广州市公安局饬区暂拨借东园为省港罢工委员会办事处。

二、着广东省政府令行广州市政厅饬市公安局，将征收半月租捐缴交中央银行，专为援助省港罢工委员会之用。

三、着广东省政府分别饬令三水、河口、九江、江门、容奇、香山、石岐、澳门、前山、湾仔、下栅、墟下、新宁、广海、陈村、虎门、太平、宝安、南头、深圳、沙头角、沙鱼涌、澳头、汕尾、坪山、淡水、大鹏、海口、北海、广州湾等口岸，禁止粮食出口。

四、着广东省政府令行广东建设厅，筹筑黄埔石井两公路，并与省港罢工委员会协商筹筑办法。

五、着广东省政府令行广东建设厅，计划黄埔开筑商港事宜。

六、着广东省政府令行广东商务厅，劝谕商民援助省港罢工委员会。

七、着广东省政府令行广东商务厅，责成各华商烟公司酌拨赢利捐助省港罢工委会员。

仰即遵照办理，切切此令。

中华民国十四年七月八日

委员会议主席　汪兆铭

常务委员　汪兆铭

常务委员　胡汉民

常务委员　谭延闿

常务委员　许崇智

常务委员　林　森

······　······

选自《中华民国国民政府公报》，1925年第3号。

编者注：《政府公报》所刊各件，皆有政府主席及常务委员署名，以上仅列举数人，余皆省略。

8. 《禁烟条例》
1925年7月21日广州国民政府公布

第一条　国民政府决定自本条例公布施行之日起，限四年内将鸦片烟完全禁绝。

第二条　国民政府特设禁烟督办署，管理一切禁烟事宜。

第三条　鸦片烟在未完全禁绝期内，由禁烟督办署专卖之。

第四条　国民政府所属人民，自本条例公布施行之日起，不得栽种、购运、制造、贩卖或藏收鸦片烟。但鸦片烟为疗病制药之用，经政府注册之医生证明负责，并禁烟督办署给有特准证书者，不在此限。

鸦片烟系包括罂粟、烟土、烟膏、烟灰、烟丸及其它（他）与鸦片同类之吗啡、高根、海洛等药品而言。

第五条　国民政府所辖各属土地，在本条例未公布施行以前种有罂粟者，由该属地方长官于三个月内，派员清查督令一律铲除。

第六条　藏有烟土烟膏者，不论何人或何机关，及有无粘贴印花，限于该地专卖处成立之后十日内，将鸦片烟种类、量数，据实报明专卖处或分处，由禁烟督办署以相当价值收买之。

第七条　谈话处或招人吸食鸦片烟馆舍，自本条例施行之日起一律禁绝。

第八条　人民须请领得吸烟牌照，方准吸食鸦片烟。

第九条　在本条例未施行以前制售戒烟药品者，应于施行日起十五日内，将药品呈准禁烟督办署验明不含有鸦片烟质而适宜于戒烟之用者，发给准售凭照，方得发卖。在本条例施行后制售戒烟药品者亦同。

第十条　违犯第四条第六条之规定者，除将鸦片烟及其运船或制具等没收或铲除外，科以所值二倍以下之罚金，并得处以五年以下之监禁。

第十一条　违犯第七条之规定者，除将所有鸦片烟及一切物品没收外，科以三千元以下之罚金或五年以下之监禁。

第十二条　本条例［自］公布日施行。

选自《中华民国国民政府公报》，1925年第3号。

9.《禁烟督办署组织章程》

1925年7月21日广州国民政府公布

第一条　禁烟督办署依据禁烟条例第二条组织之。

第二条　禁烟督办署受财政部之监督指挥，管理禁烟专卖及稽核事务。

第三条　禁烟督办署设左列各处：

一、查禁处；

二、专卖处。

查禁处设以下各课所：

一、侦缉课；

二、宣传课；

三、牌照课；

四、戒烟留医所。

专卖处设左列各课：

一、采办课；

二、制造课；

三、保管课；

四、发行课；

五、总务课。

第四条　禁烟督办署设督办一人，由财政部呈请国民政府任命之。查禁处处长一人，专卖处处长一人，检验员、稽核员、医士若干人，课长、课员若干人，由督办呈请财政部分别荐任或委任之。

第五条　查禁处承长官之命，掌管左列事项：

一、办理查缉私种、水陆私运、私制、私藏烟土、烟膏、烟灰事项。

二、办理宣传鸦片毒害戒烟方法，及制止一切诱人吸食之广告。

三、办理新领更改牌照事项。

四、办理无牌吸烟被拘入所戒烟，及请愿入所戒烟之事务。

第六条　专卖处承长官之命，掌理左列事项：

一、办理采买输运本署烟土烟膏烟灰事务。

二、办理配制烟膏事务。

三、办理保管烟土烟膏烟灰事务。

四、办理发卖烟膏事务。

五、办理本署会计、收支、庶务、文书、预算、决算、统计及其它（他）杂务。

第七条　检验员直接承督办之命，检查烟土及制造烟膏分配成色事务。

第八条　稽查员直接承督办之命，稽查烟土烟膏烟灰量数发卖存贮数目及款项会计事务。

第九条　禁烟督办得禀（秉）承财政部长，于国民政府所辖各属地方设立禁烟局或分局，办理禁烟事务。

第十条　本章程自公布日施行。

选自《中华民国国民政府公报》，1925 年第 3 号。

10.《国民政府财政部组织法》
1925 年 7 月 24 日广州国民政府公布

第一条　国民政府财政部直属于国民政府，管理国民政府财务行政，处理政府预算决算，及监督所辖各机关。

第二条　财政部设部长一人、秘书三人、国库主任一人、办事员若干人、书记官若干人。

第三条　部长综理本部一切事务。

第四条　秘书承长官之命，掌理左列事务：

（一）起草各种关于财政之法案。

（二）撰核交稿及收发公布保管文件。

（三）典守本部印信。

（四）办理本部出纳会计庶务及预算决算报告等事。

（五）监督稽核国家地方赋税及其它（他）收入。

（六）管理各种印花税及监制印花税票事项。

（七）管理造币及监督国立及私立银行。

（八）办理国家公债。

（九）编制国家预算决算财政统计事项。

第五条　国库主任管理左列事项：

（一）国家款项之出纳。

（二）出纳之逐日报告及会计。

（三）库款之保管。

第六条　办事员及书记官承长官之命，助理各项事务。

第七条　财政部因缮写文件及办理事务，得酌用录事及雇员若干人。

第八条　财政部办事细则另定之。

第九条　本法自公布日施行。

选自《中华民国国民政府公报》，1925 年第 3 号。

11. 广东省人民代表大会筹备委员会通则

1925 年 8 月 14 日筹备会通过

第一条　本委员会由广东省农民协会、广东省教育会、中国青年军人联合会、商民协会、女权运动大同盟会、中华全国总工会各派代表一人，及国民党中央执行委员会代表五人组织之。

第二条　本委员会以筹备广东人民代表大会为职责。大会正式开会时，本会职责即已终了。

第三条　本会设文书、宣传、交通、会计、庶务五部，各部办事细则由各部门自定之。

第四条　本会办事时间由上午九时至十二时下午二时至五时。

第五条　本委员会分常务会议、临时会议二种。常务会议定每星期二、四、六下午二时至四时开会。临时会议如遇重大事件发生不能候至常务会议开会时，由文书部召集之。

第六条　本委员会不设主席，开会时临时推定。

第七条　常务会议、临时会议均须有半数之委员出席，方得开会。

第八条　议案须有出席委员过半数之表决，方生效力。

第九条　常务会议各部须将所做工作提出报告。凡稍重大之事均须先经会议议决。

第十条　本会因处理事务得酌用雇员。

第十一条　本会委员有中途解职时，由该团体派人补充。

第十二条　本通则有不适用时，须经过会议议决后始能修改之。

选自《工人之路》，1925-08-16，第2版。

附：广东省人民代表大会第三次筹备会议纪

广东省人民代表筹备会议于1925年8月14日召开第三次会议，到会者八人：郭威白、谭植棠、吴荣楫、黎沛华、李汉藩、蒋寿石、黄一鸣、温仲良。

讨论事项：

一、通过本会通则。由文书部拟稿提出，照拟通过。

二、草定召集代表大会通告。甲、通告的内容：（一）缘由。（二）大会开始日期及闭会时间。（三）代表选举法。（四）招待。（五）川资由会社与廖部长磋商后再定办法。（六）代表接洽处在中央党部。乙、主稿人：郭威白、温仲良。丙、脱稿日期：限本月十六日上午十时脱稿提出本会通过。

三、本星期六的常会改星期日上午十时开会。

四、召集代表通告，请政府通令各县署转行各团体。

五、请求政府公函，由吴荣楫拟稿。

选自《工人之路》，1925-08-16。

12. 《兵工厂组织法》
1925年9月11日广州国民政府公布

第一条　兵工厂直接属于国民政府军事委员会之直接监督。

第二条　兵工厂负制枪炮弹药及一切军械之责任。

第三条　兵工厂制造之军械弹药，由军事委员会分配之。

第四条　兵工厂之经费，由军事委员会议决饬令军需局照发。

第五条　兵工厂设少将厂长一员，由国民政府简任之，负监督指挥全厂职员工人之责任。

第六条　兵工厂设中校总务处长一员，负厂务行政之责任；中校督工处长一员，负工务行政之责任；中校监察长一员，负监察及审核收支之责任，由厂长呈请军事委员会任命之。

第七条　兵工厂设总工程师一员、工程师一员、制药技师一员，由长厂聘任之。设工程技士、化验技士、制药技士各一员，由厂长委任之，并酌设技佐及见习生。

第八条　总务处设军需、采办、书记、料械、庶务、副官、医务、训育各股，共八股，每股设主任一员。因事务之繁简酌设股员、办事员、司事、司书，并设驻省办事处主任一人、办事员二人，由厂长委任之。

第九条　督工处长以下设处员一员、督工员二员，管辖无烟药厂、黑药厂、枪厂、机器厂、机关枪厂、机关弹厂、无烟弹厂，共七厂，每厂设厂员一员，司事司书若干员，由厂长委任之。

第十条　监察长以下设监察官、核算官、办事员各一人，由厂长委任之。

选自《中华民国国民政府公报》，1925 年第 9 号。

13.《修正商标条例》与《修正商标条例施行细则》
1925 年 9 月 12 日广州国民政府公布

中华民国国民政府令

兹修正商标条例第四、第八、第九、第十、第十二、第十六、第十七、第十九、第二十一、第二十二、第二十四、第二十五、第二十七、第二十八、第三十一、第三十八等条，公布之。此令。

中华民国十四年九月十二日

中华民国国民政府令

兹修正商标条例施行细则第四、第八、第十九、第廿一、第廿三、第廿四、第廿六、第廿七、第三十一等条公布之。此令。

中华民国十四年九月十二日

选自《中华民国国民政府公报》，1925 年第 9 号。

编者注：上述修正条文省略。其主要修正点是改变商标主管机关及其诉愿机关，即将 1924 年的主管机关商标注册所改为广东省商务厅，将诉愿机关由建设部改为广东省政府。

14.　法制委员会组织法
1925 年 9 月 29 日广州国民政府公布

第一条　法制委员会直隶于国民政府，掌理拟订或审定一切法制事宜。

第二条　法制委员会置委员七人，由政府派充之，事务员四人，由本会委充之。

第三条　会务由委员会议议决行之。

第四条　关于法制之起草及审查，由委员分任之。

第五条　事务员承委员之指挥，分掌本会纪（记）录、交牍、会计、庶务等事项。

第六条　法制委员会得酌用雇员，司缮写校对及其它（他）杂务。

第七条　法制委员会处务规则另定之。

第八条　本法自公布日施行。

选自《中华民国国民政府公报》，1925 年第 10 号。

15. 修正统一广东财政及惩办盗匪奸宄特别刑事条例

1925 年 9 月 30 日广州国民政府公布

同年 12 月 14 日修正公布　1926 年 3 月 27 日再次修正公布

中华民国国民政府令

　　兹修正统一军民财政及惩办盗匪奸宄特别刑事条例，公布之，此令。

中华民国十五年三月二十七日

修正统一军民财政及惩办盗匪奸宄特别刑事条例

　　第一条　本条例为统一军民财政及惩办盗匪奸宄之特别规定。

　　第二条　本条例于凡在政府所辖地内犯罪者，不问何人适用之。其在政府所辖地之中华民国船舰内犯罪者亦同。

　　第三条　本条例与凡在政府所辖地外犯罪者，不问何人适用之。

　　第四条　海陆军军人意图利己或危害政府而反抗上官之命令，或不服从者处死刑、无期徒刑或一等有期徒刑。其情轻者处二等以下有期徒刑、拘役。

　　第五条　无论何人不待命令，无故为战斗，或自相残杀者，刑同前条。

　　第六条　擅委文武官吏者，处二等以下有期徒刑、拘役，并科三千元以下罚金；其被委就职者处以三等以下有期徒刑、拘役并科三千元以下罚金。

　　第七条　官吏调任或撤差而抗不交代者，处三等以下有期徒刑、拘役或一千元以下罚金。教唆他人使之实施犯本条之罪者，依正犯之例处断。

　　第八条　擅自征收或截留租税及各项入款者，处三等至五等有期徒刑、拘役。

　　第九条　犯前条之罪所征收或截留之租税及各项入款没收之。若全部或一部不能没收时，追征其价额。

　　第十条　犯内乱罪者，依刑律第一百零一条至第一百零七条处断。

　　第十一条　聚众械斗者，依左列处断：

　　（一）首魁，无期徒刑或二等以上有期徒刑。

　　（二）执重要事务者，一等至三等有期徒刑，或一千元以下一百元以上罚金。

　　（三）附和随行仅止助势者，四等以下有期徒刑、拘役或三百元以下罚金。

　　第十二条　于前条所列情形内犯杀伤、放火、决水、损坏及其它（他）各罪者，援用所犯各条，分别首魁、教唆、实施，依刑律第二十三条之例处断。

　　第十三条　犯刑律第三百七十三条之罪者，得处死刑。

　　第十四条　犯左列各罪者处死刑：

　　（一）刑律第三百七十四条之罪。

　　（二）刑律第三百七十六条之罪。

　　（三）犯强盗之罪故意放火者。

　　（四）掳人勒赎者。

打单勒索者，处一等有期徒刑。

第十五条　无政治目的而犯左列各款之罪者，处死刑、无期徒刑或二等以上有期徒刑：

（一）意图妨害公安，而制造收藏或携带爆烈品者。

（二）聚众掠夺公署之兵器弹药船舰钱粮及其它（他）军需品，或公然占据都市城寨及其它（他）军用地者。

第十六条　犯刑律第二百二十九条之罪者，得处死刑。

第十七条　于禁止粮食或其它（他）必要品出口之际，未受政府允准而运输出口者，处无期徒刑或一等以下有期徒刑、拘役或一千元以下罚金。

前项之品物没收之。

第十八条　以破坏爱国运动为目的，而反抗群众一致之举动者，处无期徒刑、一等以下有期徒刑、拘役或一千元以下罚金。因而酿成不利益与国家者，处死刑。

第十九条　除前二条所列以外以，其它（他）行为将政治上之利益于外国，或酿成政治上不利益于国家者，得处死刑或无期徒刑。其情轻者，处一等以下有期徒刑、拘役或一千元以下罚金。

第二十条　犯本条例之罪宣告二等有期徒刑以上之刑者，褫夺公权；宣告五等有期徒刑以上之刑者，得褫夺之。

第二十一条　意图陷害而诬告他人犯本条例之罪者，处死刑、无期徒刑或三等以上有期徒刑。犯前项之罪未至确定判决而自白者，得减轻或免除其刑。

第二十二条　死刑得用枪毙。

第二十三条　凡死刑、无期徒刑非经司法行政委员会覆准，不得执行。司法行政委员会认为有疑义者，得咨由特别刑事审判所再审。

第二十四条　本条例自公布日施行，其期限至军民财政统一盗匪肃清时为止。

附：统一军民财政及惩办盗匪奸宄特别刑事补充条例
1926 年 3 月 23 日广州国民政府公布

第一条　未受政府之命令允准，而组织或扩充军队者，处一等至三等有期徒刑，或五万元以下五百元以上罚金。

第二条　对政府有公然诬蔑之行为者，处一等至三等有期徒刑，或一万元以下一百元以上罚金。

第三条　凡涉有统一军民财政及惩办盗匪奸宄特别刑事条例第十条第十三条第十四条第十六条各罪之重大嫌疑者，得因处罚被告人施以三年以下二月以上之监禁处分。

第四条　本条例自公布日施行。

选自《中华民国国民政府公报》，1925 年第 28 号。

编者注：几次修正情况分别参见《中华民国国民政府公报》，第 10 号、第 19 号、第 28 号。

16. 特别刑事审判所组织条例

1925 年 9 月 30 日广州国民政府公布

第一条　凡统一广东军民财政及惩办盗匪奸宄特别刑事条例所揭各罪者，由特别刑事审判所审定之。

军人犯统一广东军民财政及惩办盗匪奸宄特别刑事条例所揭各罪者，亦由特别刑事审判所审判之。

第二条　特别刑事审判所以政府所辖地为管辖区域。

第三条　特别刑事审判所为合议制，其审判权以审判员三人之合议庭行之。合议审判以所长或资深审判员为审判长。

第四条　开庭审理时得禁止旁听。

第五条　特别刑事审判所置左列各职员：

（一）所长一人　简任

（二）审判员三人以上 荐任

（三）检察员二人以上 荐任

（四）主任书记员一人 委任

（五）书记员四人以上 委任

第六条　审判员检察员以在法政大学或法政专门学校毕业曾充推事或检察官三年以上者，为合格。

第七条　所长总理全所审判事务，并监督其行政事务。

第八条　审判员掌理审判案件。

第九条　检察员掌理起诉莅庭执行及其它（他）代表公益之事务。

第十条　主任书记员承所长之命，掌理指挥监督书记室事务，并处理全所行政事务。

第十一条　书记员承长官之命，分掌诉讼记录会计文牍及庶务。

第十二条　特别刑事审判所为缮写文件及其它（他）事务，得用雇员。

第十三条　特别刑事审判所得设司法警察若干人，由长官指挥执行职务。

第十四条　法院编制法与本条例不相抵触者，与特别刑事审判所准用之。

第十五条　本条例自公布日施行。

选自《中华民国国民政府公报》，1925 年第 10 号。

17. 特别刑事诉讼条例

1925 年 9 月 30 日广州国民政府公布

第一条　特别刑事审判所之事务及土地管辖，依特别刑事审判所组织条例之规定。

第二条　一人犯数罪，其中有不属于特别刑事审判所之管辖者，应将该无管辖权之事件移送于有管辖权之审判机关受理。

第三条　审判员检察员书记员回避或拒却之声请，应由特别刑事审判所所长裁决之。所长回避或拒却之声请，由司法行政事务处裁决之。前二项裁决不得声明不服。

第四条　告诉人或告发人得为原告迳（径）行起诉。

检察员发现犯罪时，虽无告诉人或告发人亦应起诉。

第五条　告诉人告发人应于诉状内填明住址，并具保状保证随传随到，但官公吏为告发人时不在此限。

保证人为虚伪之保证者，处二百元以上之罚锾。

第六条　告诉人或告发人得勾摄之。

第七条　被告人所在地系在外县时，得向该县县长为告诉告发。县长接受告诉告发时，应即调查事实，如无犯罪嫌疑时应即将被告人释放，并录案呈请特别刑事审判所核定。

县长调查事实之结果认为有犯罪嫌疑时，应即勾摄被告人，连同卷证于二十四小时内解送于特别刑事审判所，不得擅行审判。但犯统一广东军民财政及惩办盗匪奸宄特别刑事条例第十一条、第十二条、第十四条、第十五条、第十六条、第十七条之罪者，得由该县县长进行审判。

勾摄被告人遇有必要时，应由被告人所在地警察会同军队协助执行。

第八条　驻在各地之军队长官发见（现）犯特别刑事条例所揭各罪时，应送由县长办理。

第九条　公判准备程序由审判长指定审判员一人行之。

公判准备程序应于被告人到场后二十四小时内开始。

公判准备程序准用刑事诉讼律关于侦查预审之规定。

第十条　审判员办理公判准备程序，应于二十四时内终结，并报告所得结果于公判庭。

公判庭接受前项之报告应于二十四小时内开始公判。

第十一条　公判庭非左列各员出席不得开始审判；

（一）审判员。

（二）书记员。

（三）检察员。

（四）告诉人或告发人，但检察员为原告时不在此限。

（五）被告人。

（六）辩护人。

被告人如无委任辩护人时，应由审判长依刑事诉讼律第三百十八条之规定选任之。

第一项第四款之告诉人告发人如系官公吏，或年老疾病及未成年者，得委任代诉人。

第十二条　审判长对于被告人为人的讯问后，原告人应即陈述案件要旨。

第十三条　告诉人或告发人为原告时，检察员应于言词辩论终结前陈述意见。

第十四条　辩论应于可能之限度内迅速终结。

第十五条　宣告判决时发见（现）该案件不属于特别刑事审判所管辖者，应即移送于有管辖权之审判机关办理。

第十六条　宣告判决于辩论终结后，即日为之。

第十七条　宣告死刑或无期徒刑时，应即日将卷证呈报司法行政事务处核办。

第十八条　执行死刑应将犯罪事实及理由公布。

第十九条　本条例无规定时，适用刑事诉讼律之规定。

第二十条　本条例自公布日施行。

选自《中华民国国民政府公报》，1925 年第 10 号。

18. 附（一）：特别刑事诉讼补充条例

1925 年 11 月 11 日广州国民政府公布

第一条　被告案件经办理公判准备程序，审判员认为情节轻微，应科四等以下有期徒刑或拘役罚金，未委任辩护者，得不经辩护人出席迳（径）行公判。但公判中发现案情重大应科三等有期徒刑以上刑者，仍须经辩护人出席始能判决。

第二条　办理公判准备程序遇有案情重大，或其他重要原因不能依限终结者，得为适当之延长，延长期间由办理准备程序审判员呈请所长核定之。

第三条　辩论终结后不能即日宣告判决者，得延长之，但不得逾三日。其宣告死刑或无期徒刑案件应呈司法行政事务处核办。不能即日办理者亦同。

第四条　告诉人告发人如籍隶外省或外县，于政府所在地无亲友可以保证者，得由检察员审察案情，如所诉事实确无虚伪，准其免其保状，但须经所长许可。

第五条　本条例自公布日施行。

选自《中华民国国民政府公布》，1925 年第 15 号。

附（二）：中华民国国民政府令
——修正特别刑事诉讼补充条例第三条

1925 年 12 月 24 日广州国民政府公布

第三条　辩论终结后不能即日宣告判决者得延长之，但不得逾三日。其宣告死刑或无期徒刑案件应咨由司法行政事务处核办，不能即日办理者亦同。

选自《中华民国国民政府公报》，1925 年第 19 号。

附（三）：中华民国国民政府令
——修正特别刑事诉讼条例第三条第二项及第十七条
1925 年 12 月 24 日广州国民政府公布

第三条第二项　所长受回避或拒却之声请时，由资深之审判员代行审判长职权。

第十七条　宣告死刑或无期徒刑时，应即日将卷证咨由司法行政事务处核办。

选自《中华民国国民政府公报》，1925 年第 19 号。

附（四）：中华民国国民政府令
——修正特别刑事诉讼条例第七条
1926 年 8 月 26 日广州国民政府公布

第七条　被告人所在地系在外县时得向该县县长为告诉告发。

县长接受告诉告发时，应即调查事实，如无犯罪嫌疑时，应即将被告人释放，并录案呈请特别刑事审判所核定。县长调查事实之结果认为有犯罪嫌疑时，应即勾摄被告人，连同卷证于二十四小时内解送于特别刑事审判所，不得擅行审判。但犯统一军民财政及惩办盗匪奸宄特别刑事条例第十一条、第十二条、第十四条、第十五条、第十六条、第十七条之罪者，得由该县县长进行审判。

勾摄被告人遇有必要时，应由被告人所在地警察会同军队协助执行。

选自《中华民国国民政府公报》，1925 年第 43 号。

19. 陆军刑律
1925 年 10 月 9 日广州国民政府公布

第一编　总则

第一条　本律施行后，凡陆军军人犯罪者适用之。

第二条　虽非陆军军人犯左列各罪者，战时亦适用本律：

一、第十八条、十九条、二十条、二十一条、二十二条、二十三条之罪；

二、第二十六条、二十七条、二十八条、二十九条之罪；

三、第四十八条、四十九条、五十条、五十一条、五十二条、五十三条之罪；

四、第五十六条、五十七条之罪；

五、第五十八条之罪；

六、第五十九条、六十条之罪；

七、第六十一条、六十二条、六十四条之罪；

八、第七十条、七十一条、七十二条、七十三条之罪；

九、第七十七条之罪。

第三条　陆军军人在政府所辖区域外犯本律所列各罪者，照本律第一条之规定办理；陆军军人犯他种法令之罪者，依其法令办理。

第四条　虽非陆军军人在政府所辖区域外犯本律第二条所列各款之罪者，照本律第二条之规定办理。

第五条　凡与陆军共同作战之他种军队犯罪者，照陆军军人一律办理。

第六条　陆军现役人员及召集中之在乡军人服陆军勤务或履行服役义务之在乡军人，均为陆军军人。

第七条　陆军军属及陆军所属之学员、学生、服陆军勤务之海军军人、地方设立之警备队等之官兵，均为陆军军人。

第八条　服陆军勤务之海军官佐军士之阶级，视同陆军官佐军士之阶级。

第九条　称在乡军人者，谓陆军现役以外之续备、后备等兵役及退役陆军准尉以上之官佐。

第十条　称陆军军属者，谓陆军文官现服勤务之人，但预备或退职者不在此限。

第十一条　称上官长官者，谓有命令关系之军官，有下命令权者，或无命令关系而官阶在上者。

第十二条　称哨兵者，谓军队驻在地为卫戍或任警戒之军人。

第十三条　称部队者，谓陆军军队、官署、学校及一切之特设机关。

第十四条　凡执行死刑时，依管辖陆军刑律之长官所定处，枪毙之。

第十五条　宣告徒刑者，于陆军监狱执行之，无陆军监狱之处，得以其它（他）之监狱或禁闭室执行之；但法律别有规定者，不在此限。

第十六条　镇压极大之暴行或战时部队警急为保持军纪之故，而有不得已之行为不为罪；但超过必要程度者，以其情节酌量处罚，而犯他种法律之罪者亦同。

第十七条　暂行刑律总则与本律不相抵触者，均得适用其规定。

第二编　分则

第一章　叛乱罪

第十八条　叛乱本党主义而聚众谋叛乱之行为者，依左列处断：

一、首魁处死刑；

二、参与谋议或为群众之指挥者，处死刑或无期徒刑；

三、其它（他）任各种职务或附从者，处二等至四等有期徒刑。

第十九条　意图谋乱、掠夺兵器、弹药及其他军用物品者，刑同前条。

第二十条　意图叛乱而有左列行为之一者，处死刑：

一、以军械或军用物品资助敌人；

二、泄漏（露）军事上之机密；

三、胁迫长官；

四、阴谋不轨；

五、私通敌人。

第二十一条　意图利敌而有左列行为之一者，处死刑：

一、毁弃要塞；

二、阻碍交通；

三、解散队伍；

四、诈传命令；

五、煽惑军心；

六、自损军实。

第二十二条　意图使军队暴动而煽惑之者，处死刑。

第二十三条　预备或阴谋犯第十八条、十九条、二十条、二十一条、二十二条之罪者，处三等至五等有期徒刑。

第二十四条　预备或阴谋犯前条所载之罪于事前自首者，得免除其刑。

第二章　擅权罪

第二十五条　不遵命令擅自进退，或无故而为战斗者，处死刑；但有不得已之事由，或敌人开衅而为正当防卫者，不在此限。

第二十六条　未受长官允许私自募兵者，处三等至五等有期徒刑。

第二十七条　强占民房或私卖公物者，处三等至五等有期徒刑。

第二十八条　把持各种机关或截留款项者，处三等至五等有期徒刑。

第二十九条　强拉人民充当夫役或强封其舟、车者，处三等至五等有期徒刑。

第三十条　干预他人民刑诉讼事件者，处三等至五等有期徒刑。

第三章　辱职罪

第三十一条　不尽其所应尽之责而率队降敌，或临阵退却，或托故不进者，处死刑。

第三十二条　故意纵兵殃民者，处以死刑。

第三十三条　无故不就守地或私离守地而失误军机者，处死刑。

第三十四条　冒功、诿过及赏罚不公者，处二等至四等有期徒刑。

第三十五条　意图利己而有左列行为之一者，处三等至五等有期徒刑：

一、收受贿赂；

二、侵吞粮饷；

三、缺额不报；

四、得枪不缴；

五、扣饷激变。

第三十六条　当部下多众有犯罪行为，不尽弹压之方法者，处四等有期徒刑；如因此扰害地方者，处一等有期徒刑。

第三十七条　哨兵及卫兵无故离去守地者，依左列各款处断：

一、敌前，死刑；

二、军中或戒严地域，三等有期徒刑；

三、其余，五等有期徒刑。

第三十八条　哨兵及卫兵因睡眠或酒醉怠其职务者，依左列各款处断：

一、敌前，三等有期徒刑；

二、其余，五等有期徒刑。

第三十九条　卫兵巡查、侦探及其任警戒或传令之职务，无故擅离勤务所在地，或应到之处不到者，依左列各款处断：

一、敌前，死刑或无期徒刑；

二、军中或戒严地域，三等有期徒刑；

三、其余，五等有期徒刑。

第四十条　无故不依规则使哨兵交代，或违反其它（他）之哨令者，依左列各款处断：

一、敌前，三等有期徒刑；

二、军中或戒严地域，四等有期徒刑；

三、其余，五等有期徒刑。

第四十一条　在军中或戒严地域掌传达关于军事之命令通报，或报告而无故不为传达者，处三等有期徒刑，因而失误军机者，处死刑或无期徒刑。

在军中或戒严地域服侦探巡察，或侦探勤务而报告不实者，处四等有期徒刑，因而失误军机者，处二等有期徒刑。

第四十二条　保管军事机密之图书物件，当危急时，不能尽其委弃于敌之方法，致委于敌者，处三等有期徒刑。

第四十三条　在军中或戒严地域，掌支给或运输兵器、弹药、粮食、被服及其它（他）供军用物品无故使之缺乏者，处四等有期徒刑，因而失误军机者，处死刑或无期徒刑。

第四十四条　因取用兵器或弹药之不注意伤毁他人之身体者，处五等有期徒刑；致死者处三等有期徒刑。

第四十五条　不守军纪而为左列之一者，处三等至五等有期徒刑：

一、借势勒索；

二、调戏妇女；

三、包庇烟赌；

四、吸食鸦片。

第四章　抗命罪

第四十六条　反抗上官命令，或不听指挥者，处死刑。

第四十七条　伙党犯前条之罪者，依左列处断：

一、首谋，处死刑；

二、余众，处无期徒刑或二等以上有期徒刑。

第五章　暴行胁迫罪

第四十八条　对于上官为暴行胁迫者，依左列各款处断：

一、敌前，死刑或无期徒刑；

二、其余，一等有期徒刑。

第四十九条　伙党犯前条之罪者，依左列各款处断：

一、敌前首谋死刑，余众死刑或无期徒刑；

二、其余首谋死刑或无期徒刑，余众一等有期徒刑；如生重大变故者，得依敌前处断。

第五十条　对于哨兵为暴行胁迫者，依左列各款处断：

一、敌前，二等有期徒刑；

二、其余，三等有期徒刑；

第五十一条　伙党犯前条之罪者，依左列各款处断：

一、敌前首谋无期徒刑，余众二等有期徒刑；

二、其余首谋二等有期徒刑，余众三等有期徒刑。

第五十二条　对于上官或哨兵以外之陆军军人当执行职务时，为暴行或胁迫者，处三等有期徒刑。

第五十三条　伙党犯前条之罪者，依左列各款处断：

一、首谋，一等有期徒刑；

二、余众，三等有期徒刑。

第五十四条　滥用职权而为凌虐之行为者处，四等有期徒刑。

第五十五条　第四十八条、第五十一条之未遂犯，罪之。

第六章　侮辱罪

第五十六条　对于上官面加侮辱，或直接以文书侮辱者，处五等有期徒刑。

其以图书、文书、偶象、演说或其他方法公然侮辱上官者，处四等有期徒刑。

第五十七条　对于哨兵面加侮辱者，处五等有期徒刑。

第七章　强奸罪

第五十八条　强奸妇女者，处死刑。

第八章　掠夺罪

第五十九条　抢夺财物者处死刑；其情节轻者处无期徒刑或一等有期徒刑。

第六十条　盗取财物或强迫买卖者，处二等至四等有期徒刑。

第九章　诈伪罪

第六十一条　捏报军情或伪造关于军事上之命令者，处死刑。

第六十二条　意图免除兵役、勤务为虚伪之报告者，处三等至五等有期徒刑。

第六十三条　军医有伪证之行为者，处三等至五等有期徒刑。

第六十四条　冒用陆军制服徽章，或构造谣言以淆惑听闻者，处三等至五等有期徒刑。

第十章　逃亡罪

第六十五条　无故离去职役，或不就职役者，依左列各款处断：

一、敌前，一等有期徒刑；

二、军中或戒严区域过三日者，四等有期徒刑；

三、其余过六日者，五等有期徒刑。

第六十六条　伙党犯前条之罪者，依左列各款处断：

一、敌前首谋死刑或无期徒刑，余众一等有期徒刑；

二、军中或戒严地域过三日者，首谋一等有期徒刑，余众二等有期徒刑；

三、其余过六日者，首谋三等有期徒刑，余众四等有期徒刑。

第六十七条　犯第六十五条之罪携带兵器马匹及其它（他）重要物品，依左列各款处断：

一、敌前，死刑或无期徒刑；

二、军中或戒严地域，一等有期徒刑；

三、其余，三等有期徒刑。

第六十八条　伙党犯前条之罪者，依左列各款处断：

一、敌前首谋死刑，余众死刑或无期徒刑；

二、军中或戒严地，首谋死刑或无期徒刑，余众一等有期徒刑；

三、其余首谋，一等有期徒刑，余众三等有期徒刑。

第六十九条　投敌者，处死刑。

第十一章　军用物损坏罪

第七十条　烧毁或炸毁军用仓库、工场、船舶、汽车、电车、桥梁及其它（他）战斗用之建造物者，处死刑或无期徒刑。

第七十一条　损坏前条所列各物及军用铁道、电线、水陆通路或使之不堪使用者，处一等有期徒刑。

第七十二条　烧毁露积兵器、弹药、粮食、被服、马匹及其它（他）军用物品者，依左列各款处断：

一、军中或戒严地域，死刑或无期徒刑；

二、其余，一等有期徒刑。

第七十三条　毁弃或伤害兵器、弹药、粮食、被服、马匹及其它（他）军用物品者，处三等有期徒刑。

第七十四条　本章之未遂犯，罪之。

第十二章　违背职守罪

第七十五条　监视或护送俘虏使之逃亡者，处二等有期徒刑；出于疏忽者，处四等有期徒刑。

第七十六条　在乡军人无故逾召集之期限者，处三等至五等有期徒刑。

第七十七条　欺蒙哨兵通过哨所，或不服哨兵之禁令者，依左列各款处断：

一、敌前，三等有期徒刑；

二、军中或戒严地域，四等有期徒刑；

三、其余，五等有期徒刑。

前项之外对于哨兵犯哨令者，亦同。

第七十八条　发礼炮号炮及其他空炮时，装填弹丸或瓦石者，处五等有期徒刑。

第七十九条　军中或戒严地域闻急呼之号报而不集合者，处三等至五等有期徒刑。

第八十条　意图违背服从之义务而结私党，或以图书散布者，处三等至五等有期徒刑。

第八十一条　违背职守而秘密结社集会，及入非政府所许可之党者，处三等至五等有期徒刑。

第八十二条　哨兵或卫兵无故发枪炮者，处五等有期徒刑。

附则

第八十三条　本律自公布日施行。

选自《国民政府现行法规》，1928。

20. 文官官等条例

1925 年 10 月 10 日广州国民政府公布

第一条　凡国民政府所属之文官及司法官，均依本条例附表所定等级，照文官俸给表内所定月俸数目支俸例。如国民政府秘书长列在一等三级，每月即应支俸给六百元，余可类推。

自本条例施行后，各机关人员支俸应一律依照前项之规定办理。从前各机关自行拟定职员食俸等级，无论已否呈准有案，均属无效。

第二条　各机关职员有为本条例附表内所未列者，及以后新设各机关，均应由该管长官将各职员应叙等级及应支俸给数目详细拟定，呈报国民政府委员会核准，始能开支。

各机关间有雇用外国人员，为合同所拘束实难遵照本条例办理者，准由该管长官声叙理由，专案呈候核示。

第三条　各机关人员无论从前在职久暂，现在均只能各依等级开支本级最低俸额，须俟国民政府成立一年后始能按年递增，现在一律不能请支加俸。

第四条　各机关人员月俸在六十元以下者，得由该管长官体察情形自行酌定，以期适当。其月俸在六十元以上者，则应一律照表开支，不得自由增减，以归划一。

第五条　广州市政厅各职员以及广东省各县县公署职员支俸章程，应由广东省政府斟酌地方情形另行拟定，呈候核准施行。

第六条　本条例自民国十四年十一月一日施行。

附：文官官等表

…… ……

选自《中华民国国民政府公报》，1925 年第 10 号。

21. 宣誓令

1925 年 11 月 2 日广州国民政府公布

第一条　文武官员及其他依国家法令执行职务之人，须设誓后始得任事。任事在前者，于本令公布后，即补行宣誓。

第二条　文官宣誓词式如左：

余敬宣誓，余将恪遵

总理遗嘱，服从党义，奉行国家法令，忠心及努力于本职，并节省经费，余决不雇佣无用人员，不营私舞弊及授受贿赂。如违背誓言，愿受本党最严厉之处罚。

第三条　武官宣誓词式如左：

余誓以至诚，实行三民主义，服从长官命令，捍卫国家，爱护人民，克（恪）尽军人天职，此誓。

第四条　宣誓之仪式如左：

一、宣誓于就职地公开行之。

二、面对国旗党旗，举右手宣誓。

三、宣誓时，最少须有国家职员一人在场作证。

第五条　本令自民国十四年十一月一日施行。

选自《中华民国国民政府公报》，1925 年第 14 号。

22. 政府职员给假条例

1925 年 11 月 2 日广州国民政府公布

第一条　职员非因疾病及确系不得已事故不得请假。

第二条　请假者须亲笔填具请假书，呈请上级长官批准后，方得离职。但遇急病得临时由医生或其亲友代行之。

第三条　告病假者，须将医生之证明书呈缴上级长官核阅。

第四条　凡请假逾原定期限者，应即续假。

第五条　凡请假人员须将经办事件委托同僚一人代理，但须得长官之许可。

第六条　凡未经请假而擅离职守，或假期已满仍未销假回署服务者，作旷职论。

第七条　凡旷职未满一星期者，应按日扣除薪俸。在一星期以上者应行撤换。

第八条　职员因事请假，每年合计准给事假二星期。逾限应按日扣除薪俸。但因特别事故经长官核准者，不在此限。

第九条　职员因病请假，每年准给病假三星期，逾限得以所准事假抵销。不足抵销时，应按日扣除薪俸。但确罹重病非短时间能治愈者，得以长官之核准，再延长五星期。

第十条　凡职员因重病经延长假期尚无治愈希望者，应即辞职，或由政府或其长官派人代理。

第十一条　凡职员满足一年之任务，经该上级长官认为勤劳称职者，准给休息假一月，其假期内薪俸作照常发给。

第十二条　凡职员服务二年以上绝少请假，经该上级长官认为勤劳称职者，准给休息假二月至三月，其假期内之薪俸照常发给。

第十三条　凡职员请假至二星期以上者，应由所属机关随时报告监察院备案。

第十四条　凡遇婚丧大事，得由政府或其长官酌路程之远近，给假若干日。

第十五条　本条例自公布日施行。

选自《中华民国国民政府公报》，1925年第14号。

23. 中华民国国民政府令
——成立司法调查委员会

1925年11月11日广州国民政府公布

中华民国国民政府令

司法职责在保障人民身体财产及种种权利至为重要。现查广东人民对于司法极不满意，本政府目的在造成廉洁政府，行政方面查有积弊，业已次第剔除。司法机关亟应查明整顿。兹特派伍朝枢、林翔、卢兴原、甘乃光、钱树芬为司法调查委员，以伍朝枢为主席。该委员等务须将现在广东司法状况，详细调查并拟具改良方法，以备采择施行，用副政府慎重保障人民之至意。此令！

中华民国十四年十一月十一日

选自《中华民国国民政府公报》，1925年第15号。

24. 特别陪审条例

1925年11月24日广州国民政府公布

第一条　本条例专适用于特别刑事审判所，审判关于特别刑事条例第十八条第十九条之案件。

第二条　特别刑事审判所公判前条所称案件时，须召集陪审员三人出席。陪审员席次设在辩护人席次之左。

第三条　陪审员由罢工委员预选出三倍之人数，具报特别刑事审判所注册，遇有陪审案件，由审判长按照名册次序通知出席。

第四条　左列人等不得被选为陪审员：

一、非中华民国国籍者。

二、未成年者。

三、褫夺公权尚未复权者。

四、有精神病者。

五、吸食鸦片烟者。

六、不识文义者。

第五条　陪审员如有事故不能出席时，须预将不能出席日数报告特别刑事审判所。

第六条　陪审员有缺员时，罢工委员会应即补选，报告特别刑事审判所。

第七条　召集陪审员用通知书应记载左列事项：

一、陪审员之姓名住址。

二、审理案件之案由。

三、应到之日时处所。

四、发通知书之官署。

审判长应于通知书签名。

第八条　通知书应于出席日期二十四小时送达。

当场由审判长告以下次应出席之日时处所者，以已经送达通知书论。

第九条　关于司法官之回避拒却各规定，于陪审员适用之。

第十条　陪审员于公判日期不出席，或出席不足定数者，特别刑事审判所得迳（径）行判决。

第十一条　陪审员于公判开始后，须为事实之陈述及证明其真实，并陈述对于本案之意见，但不得干预审判。

第十二条　陪审员于陈述前，应向总理遗像宣誓：对于该公诉事件为本于良心之诚实陈述。

第十三条　特别刑事审判所于陪审员陈述之事实，仍须依职权调查判决。

第十四条　陪审员于出席时，非得审判长许可不得离席。

第十五条　本条例自公布日施行。

选自《中华民国国民政府公报》，1925 年第 16 号。

25.　修正法院编制法

1925 年 11 月 28 日广州国民政府公布

中华民国国民政府令

　　兹修正法院编制法第一百二十一条公布之。此令！

中华民国十四年十一月二十八日

修正法院编制法

第一百二十一条　推事及检察官在职中不得为左列事宜：

一、于职务外干预政事。

二、为中央议会或地方议会之议员。

三、为报馆主笔及律师。

四、兼任非本法所许之公职。

五、经营商业及官吏不应为之业务。

选自《中华民国国民政府公报》，1925 年第 16 号。

编者注：孙中山在 1923 年建立大元帅大本营时任命赵士北为大理院院长。后因赵士北主张"司法不党"与孙中山的"以党治国"原则不相符合，故于 1924 年 4 月 1 日以大元帅令免去赵士北的大理院院长兼司法行政事务各职。根据上述原则广州国民政府于 1925 年 11 月 28 日公布《修正法院编制法》时，主要删除了原法院编制法第一百二十一条第二项中的"为政党员政社员"不得担任推事及检察官的规定。

26. 审计法
1925 年 11 月 28 日广州国民政府公布

第一条　监察院关于审计事项应行审定者如左：

（一）国民政府总决算。

（二）国民政府所属各机关每月之收支计算。

（三）特别会计之收支计算。

（四）官有物之收支计算。

（五）由政府发给补助费或特与保证之收支计算。

第二条　监察院审定各种决算，应就左列事项编制审计报告书，呈报国民政府：

（一）总决算及各主管机关决算报告书之金额，与财政部金库出纳之计算金额是否相符。

（二）岁入之征收、岁出之支用、公有物之买卖让与及利用，是否与预算相符。

（三）有无超过预算及预算外之支出。

第三条　监察院应将会计年度审计之成绩呈报国民政府，其认为法令上或行政上有应行改正事项得并呈其意见。

第四条　各行政机关应将经常预算送财政部或财政厅审查，呈民政府或省政府核定后，由部或厅送监察院备案。

第五条　经管征税或他项收入之各机关每月经过后，应编造上月收入计算书，送监察院审查。

第六条　各机关每月经过后，应编上月支出计算书，连同凭证单据送监察院审查。但因国家营业之便利其他有特别情事者，其凭证单据得由各该机关保存，而监察院得随时检查之。

第七条　监察院审查各机关计算书如有疑义，得行文查询限期答覆（复）。

第八条　监察院随时派员亲赴各机关审查账项，如遇怀疑及质问，无论任何高级官吏应即予以完满之答覆（复）。

第九条　监察院审查各机关之支出计算书及证明单据认为正当者，应呈报国民政府准予核销；认为不正当者，应由监察院通知各该主管长官执行处分。但出纳官吏得提出辩明书，请求监察院再议。

第十条　监察院认定为应负赔偿之责者，应通知该主管长官不得为之减免，此项赔偿事件之重大者，应由监察院起诉于惩吏院惩办之。

第十一条　监察院得编定关于审计上之各种证明规则。

第十二条　各机关故意违背监察院所定之送达期限及答覆（复）期限，应即通知该主管长官或上级机关执行处分。其故意违背监察院各种证明规则者亦同。

第十三条　各机关现行各种会计章程应送监察院备案，其会计章程有与审计法规抵触者应通知各机关修正之。

第十四条　各机关所用簿记，监察院得派员检查，其认为不遵守监察院所定之方式者，应通知各机关修正之。

第十五条　监察院对于审查完竣事项，从议决之日起五年内发现其中错误遗漏重复等情事者，得为再审查。若发现诈伪之证据，虽经过五年后亦得为再审查。

第十六条　关于国债用途之审计程序，依特别规则行之。

第十七条　本法自公布日施行。

选自《中华民国国民政府公报》，1925年第16号。

27．审计法施行规则

1925年11月28日广州国民政府公布

第一条　各机关应于每月一日以前依议决预算定额之范围编造本月支付预算书，送监察院审核。

第二条　各机关如有新委职员，须随时报明其姓名俸给于监察院，以便稽核。

第三条　凡代理省库国库出纳之机关，应将每日收支实数造成日计表，送监察院审核。不得并日汇报。

第四条　经管征税及他项收入之各机关，应每月编造上月收入计算书，送监察院审核。

第五条　各机关应每月编造上月支出计算书，连同证凭单据送监察院审查。其有该管上级机关者，应每月编成上月收入计算书、支出计算书送由该管上级机关核阅，加具按语，送监察院审查。

第六条　机关所管事务有涉及数部主管者，其收入支出按照性质分别编造计算书。

第七条　财政部除依前三条外，应于年度经过后三个月以内，编造全年度国库出纳计算书，送监察院审查。

第八条　凡关于公有财产之变卖，其办理手续须报告监察院审核。如有单据合同应一并送监察院审查。

第九条　凡关于国债事项，如偿还方法及抵押物品等，如单据契约，均须送监察院审查。遇有收到债款或收回债券，均应报告监察院以备查核。

第十条　监察院审核各机关报销卷册收支数目有未适合时，应即发还原报销机关，限期缮送，不得逾限。

第十一条　监察院审查各机关之计算书如有疑义时，得行文查询，限文到后七日内答覆（复）。

第十二条　监察院因审计上之必要，得向各机关调阅证据，或该管主管长官之证明书。

第十三条　各机关储藏簿记内所载收支数目与现存之款项及其单据，监察院得随时派员检查是否相符。

第十四条　各机关应将出纳官吏姓名履历及如有保证金者，注明保证金额，送监察院备查。遇有交代时亦同。

第十五条　出纳官吏交代时，应将经营款项及物品详列交代清册，点交接管人员，由该管长官报明交代情形于监察院，此项交代清册监察院得随时调查之。

第十六条　经管物品傢（家）私等之官吏，应每年两次造具傢（家）私物品出纳及存毁等表，送由主管长官署名负责，转送监察院审查。

第十七条　倘经监察院查出舞弊情事，应即起诉于惩吏院，依法办理之。

第十八条　本规则自公布日施行。

选自《中华民国国民政府公报》，1925 年第 16 号。

28. 监察院单据证明规则
1925 年 11 月 28 日广州国民政府公布

第一条　依审计法第十一条议定各种单据证明规则。

第二条　本则之规定，以收据凭单为证明收支数目之准确。

第三条　收据须由受款人直接出具，不得由会计员庶务员或其他承发人代造。但一次支出不及一元或无法取其凭证者，由承发人开单证明。

第四条　收据上须有收款人署名签字或盖章。但商号收据以商号印章代之。

第五条　因商号习惯于发货单外不另具收据者，须令商号于发货单上证明实收若干，加盖印章为凭。

第六条　各购置物品所有一切发货单据，均须粘存簿内附送本院，以凭审查。

第七条　单据以受款人之收据为主体，其他参考证凭作为附件，应均附粘于主体单据，以便对查。

第八条　各机关应特备单据粘存簿，将各项单据及附件粘存，并编列号数。

第九条　粘存簿内之收据号数须与决算册内备考栏内之号数相符。

第十条　各单据有杂列各种货币者，应注明折合率及折合银元总数。

第十一条　华洋商店发货单据有用印就格式者，须另盖印章或署名签字为凭。

第十二条　洋文单据，应由经手人译成汉文，附粘于背面。

第十三条　原单据所列名目价值数量等有不甚明晰之处，又不能使受款人填补完备者，应由经手人另加注明于单据上，并加盖印章。

第十四条　各商店发货单上须写明某机关字样，以免混用私人货单，搪塞之弊。

第十五条　凡收据均须填明核收之数某种货币，及收款日期。

第十六条　各项单据均应由出纳官吏签字及盖章，并将用途简章注明。

第十七条　按照印花税法则应贴印花之单据，均须粘足。

第十八条　凡出差人员支领旅费及出差经费，如系定有日额者，应开明出差事由、起讫日期、停留地点，或因故延滞期限之事，每日定额若干，由本员出具收据加盖印章或签字。如系实支实销者，应开列详细用途清单，并将所有舟车膳宿因公发电暨杂费等单据，连同该员之领款收据，一并送核。

第十九条　凡工程经费除单据外，应加具工程估计书，连同各项图说，监工官吏技师等之证明书。其订有合同及招商投票者，并抄送一份备案。

第二十条　以上规则未能完全包括者，由本院随时行文查询。

选自《中华民国国民政府公报》，1925 年第 16 号。

29. 中华民国国民政府令
——民律草案提交法制委员会审查修正

1925 年 12 月 15 日广州国民政府公布

中华民国国民政府令第二四一号

令代理大理院长兼管司法行政事务林翔、法制委员会

为令行事，现据司法调查委员会呈称：为呈请事，窃以司法官员以依据法律为唯一之职责，现我国法律诸待编制，其中尤以民律为关系重要。现在民律未布，司法官根据前清不完不备之现行律，引律既穷，则据该法官之所谓条理者以行武断，以此确定人民权利，至为危险。查前清法律编查馆所编之民律草案，选择各国民律至精之法理，又派员调查各省之习惯，审慎周详，始成此律。民国元年本经南京临时议会通过。十年三月二日，军政府复修正而颁布之。其时高等审判厅长陈融以其中数条有不适用，呈由前大理院长徐谦呈奉大总统，命令交大理院核议，延期施行，延至今日，延期已久，而大理院并未核议。夫恶法胜于无法，况该草案系经中外法律大家编订，精良如前所述，本会为民律急待颁布起见，用特具文呈请钧府，准予将民律草案发交法制委员会迅予审查。如果有修改之必要，限一月之内修正完毕，呈请政府令行颁布，俾法官有所拘束，人民得所保障。是否有当，理合呈请察核施行等情。据此当批：呈悉候令行大理院将该民律草案提交法制委员会审查，于两个月内修正完毕，呈请颁布，仰即知照，此批等语。除批示印发外，合行令仰遵照，该会迅行依限审查修正，呈候核定公布。此令！

中华民国十四年十二月十五日

选自《中华民国国民政府公报》，1925 年第 18 号。

30. 各机关及学校放假日期表

1925 年 12 月 18 日广州国民政府公布

放假日期	一月一日	一月二日三日	三月五日	三月十二日	三月廿九日	五月一日	十月十日	十一月十二日	星期日	阴历岁首	阴历四时令节及清明重阳日	
放假事由及天数	为南京政府成立纪念日放假一天	为新年放假二天	为植树节放假一天	为大元帅逝世纪念日放假一天	为祭黄花冈（岗）志士殉国纪念日放假一天	为世界劳动节各公私工厂放假一天	为国庆纪念日放假一天	为孙总理生辰纪念日放假一天	放假一天	放假三天	放假一天	右表所列为在职人员普通假期，至学校之暑假寒假另由主管机关核定公布

选自《中华民国国民政府公报》，1925 年第 19 号。

31. 中华民国国民政府令
——嗣后华人与外人订契约概以华文为标准

1925 年 12 月 31 日广州国民政府公布

中华民国国民政府令第二五九号

　　令外交部长胡汉民

　　为令遵事，现据广州市市商会主任董事陈铁香等呈称：现据敝会董事杨远荣等提议，我国自通商以来，华人之与外人交易者，往往受其欺侮。此虽由于法律习惯之不同，而文字之偏重实为一大原因。查华人与外人订立契约，无论成立于何地，概以西文为标准语。当其立约之初，华人因不识外国文字，全赖通译为之解说。为通译者，又非精于外国文学法学之人，只能依照字面述其大概，其中细微曲折之处，不能一一剖释。华人之立约者，见其字面无甚妨碍，遂亦盲从签押。迨有争议发生，彼则咬文嚼字，以相责难，我则忍气吞声而受损害，天下事之不平熟有过于是者。拟由本会呈请政府令行交涉员照会各国领事官，通告各该国在华商一体知照：嗣后华人在国内与外人订立契约，概以华文为标准语。其不通华文者得以其本国文译作副本。但有争讼发生，则当根据华文原本以为解释，其外国文副本只可留供自己参考，不能为适法之凭证。似此一转移间可以保全华人权利不少，即于国体上亦有重要关系，愚昧之见是否有当，理合提议敬候公决等语。当经敝会提出会议，金谓此举有关国体商权，一致表决转呈政府核办。为此具文呈请察核，俯赐照准，布告施行，并恳转令外交部交涉署照会通商各国、广州各国领事官通告各该国侨商一体遵办，无任盼祷等情。据此除批准外，合行令仰该部即便遵照转令广东交涉员照会驻广州各国领事，通告各该国侨商一体遵办。此令。

中华民国十四年十二月三十一日

选自《中华民国国民政府公报》，1925 年第 19 号。

32. 违反印花税法案审理委员会章程

1926 年 1 月广州国民政府财政部公布

第一条　印花税处为防杜滥罚起见，所有关于违反印花税法案，特设审理委员会审理之。

第二条　审理委员会附设于财政部印花税处，内设委员若干人，由部长指派，处内职员一人至三人，监察院指派一人，广州四商会轮派一人，共同组织之。

第三条　省河支处各检查员专员及各区长警检获，或人民告发之违反印花税法案，应将违反事实及商店名称管辖区域所在地方，切实填注于报告单内，连同证物送会审理，不得私自交区执行处罚。

第四条　各属支处辖内商民，如有关于各支处审理违反印花税法案处罚不公者，得由被罚人呈请本处将案发交委员会覆（复）审之。

第五条　审理结果主张互异时，以多数表决之。

第六条　审理时间除星期及例假外，每日由下午一时起至五时止。

第七条　审理委员会接到报告单及证物时，应即会同审理。认为确属违反税法者，由委员会以书面判定罚金数目。其非违反印花税法者，仍以书面判决之。前项判决书式样另订之。

第八条　前项判决书应由各委员联同署名送处长核定，再行分别函送管辖警区执行，就近追缴罚金或发还单据将案注销。

第九条　各区接到前项判决书时，应即票传当事人到区，宣示罚金数目着令缴纳。如即时不能缴纳者，准由当事人具保限日呈缴。但不得逾三日以外。倘三日外仍不遵缴，应由该区函请本处派员会同拘案押追。

第十条　各区收到罚金时，应将本处所发之罚金收据填给当事人收执，除照章提四成为办公费外，其余六成每五日一结汇案连同判决书及单据一并送处核收，不得截留。

第十一条　各检查员专员如发觉违反印花税法之现行案件，不得不连同当事人解处以作证据时，仍由审理委员会同审理。应否处罚，立即判决，送处长核定后，由处发交省河印花税支处执行。前项罚金应由处填给收据交当事人收执。其警区应得之四成办公费，如系某区派警会员检获，则拨归某区领取。

第十二条　各当事人如有认为处罚不公者，得于三日内将充分理由详细声叙，呈请本处再行审理。如审理结果仍主张处罚时，应照案送区执行追缴罚金。

第十三条　本章程如有应增改之处，得随时呈请修正之。

第十四条　本章程于呈奉国民政府核准后施行。

选自《中华民国国民政府公报》，1926年第22号。

33. 司法行政委员会组织法

1926年1月21日广州国民政府公布

第一条　司法行政委员会直隶于国民政府，管理民事、刑事、非讼事件、人（口）户籍登记、监狱及出狱人保护事务，并其他一切司法行政。

第二条　司法行政委员会置秘书处及左列各司：

民刑事司。

监狱司。

第三条　秘书处掌理事务如左：

一、关于法院之设置废止及其管辖区域之分划变更事项。

二、关于司法官及其它（他）职员之考试任免事项。

三、关于律师事项。

四、关于稽核罚金赃物事项。

五、关于本会经费并各项收入之预算决算及会计事项。

六、关于司法经费及稽核直辖各官署之会计事项。

七、管理本会所管之官产官物。

八、撰辑保存收发文件。

九、编制统计及报告。

十、记录职员之进退。

十一、典守印信。

十二、管理本会庶务及其它（他）不属于各司之事项。

第四条　民刑事司掌理事务如左：

一、关于民刑事事项。

二、关于非讼事件事项。

三、推检民刑事诉讼审判及检察之行政事项。

四、关于公证事项。

五、关于人（口）户籍登记事项。

六、关于赦免、减刑、复权及执行刑罚事项。

七、关于国际交付罪犯事项。

第五条　监狱司掌理事务如左：

一、关于监狱之设置废止及管理事项。

二、关于监督监狱官事项。

三、关于假释、缓刑及出狱人保护事项。

四、关于犯罪人异同识别事项。

第六条　司法行政委员会置委员五人，由国民政府特派之。承国民政府之命，管理本会事务，监督所属职员所辖各官署。

第七条　司法行政委员会对于省政府及各地方最高级行政长官之执行本会主管事务，有监察指示之责。

第八条　司法行政委员会于主管事务，对于省政府及各地方最高级行政长官之命令或处分，认为违背法令或越权限者，得呈请国民政府停止或撤消（销）之。

第九条　司法行政委员会置秘书二人，综理秘书处事务。

第十条　司法行政委员会置司长二人，承长官之命分掌各司事务。

第十一条　司法行政委员会置办事员若干人，承长官之命分掌会内事务。

第十二条　司法行政委员会置书记官若干人，承长官之命分掌会内事务。

第十三条　司法行政委员会因缮写文件或其他特别事务，得酌用技士或雇员。

第十四条　司法行政委员会办事细则另定之。

第十五条　本组织法自公布日施行。

选自《中华民国国民政府公报》，1926 年第 22 号。

34. 国民政府惩吏院组织法

1926 年 1 月 23 日广州国民政府公布

第一条　国民政府惩吏院，受中国国民党之指导监督，与国民政府之命令，掌理惩治官吏事件。惩治官吏法另定之。

第二条　惩吏院置委员若干人，并互选一人为主席委员。

第三条　惩吏院审理案件，以委员三人至五人组织之合议庭行之。

合议庭以主席委员为庭长，主席委员缺席时，以主任该案之委员代理之。

第四条　全院事务由委员组织院务会议公决行之。前项会议以主席委员为主席，主席委员缺席时，由出席委员临时推举一人代理之。

第五条　院务会议非有委员过半数之出席不得开议，非有出席委员过半数之同意不得议决。可否同数时，取决于主席。

第六条　惩吏院设秘书处，掌管机要文书统计会计庶务及其他事项。

第七条　惩吏院置秘书长一人，科长若干人，由院呈请国民政府任命之，科员书记若干人，由院委任之。

第八条　惩吏院得酌用雇员，司缮校及特定事务。

第九条　惩吏院各种办事细则由院另定之。

第十条　本组织法自公布日施行。

选自《中华民国国民政府公报》，1926 年第 22 号。

35. 国民政府财政部有奖公债条例

1926 年 1 月 23 日广州国民政府公布

第一条　国民政府为改进国民经济及兴办左列各项事业起见，特由财政部发行有奖公债票一百万张。每张票面五元，共为五百万元，定名为国民政府财政部有奖公债：（一）选币厂、（二）士敏土厂、（三）制革厂、（四）其他应行兴办之实业。

第二条　此项有奖公债由财政部以国家收入拨交中央银行为还本给奖之担保，并由中央银行负完全责任。

第三条　此项有奖公债之还本办法分为三期，每十个月为一期。第一期每一个月还本百分之二，第二期每一个月还本百分之三，第三期每一个月还本百分之五，至第三十个月全数偿清。每届还本由财政部抽签定之。

第四条　此项有奖公债之利息定为每月五万元，即以此项利息全数提充奖金，不再另行给息。

第五条　此项有奖公债之奖金分等规定如左：

（一）一等奖一张，计给奖金二万元。

（二）二等奖三张，各给奖金二千元。

（三）三等奖四张，各给奖金五百元。

（四）四等奖十张，各给奖金一百元。

（五）五等奖二十张，各给奖金五十元。

（六）六等奖五十张，各给奖金十元。

（七）七等奖一百张，各给奖金五元。

（八）八等奖三百张，各给奖金二元。

（九）九等奖六百张，各给奖金一元。

（十）十等奖除前列九等奖外，其余每次中签之债票均各给奖金五毫。

第六条　此项有奖公债募集之款项，政府用以兴办第一条列举各事业。每年所得举益利得提出二成充作此项有奖公债之特别奖金，其支配办法由财政部临时规定之。

第七条　此项有奖公债于中签给奖时，即连债本一并发还。自定期给奖还本之日起，如逾期三个月仍不领款者，该债票即作无效。

第八条　此项有奖公债每月抽签还本一次，即于应行还本各票中再行开奖，其开奖办法另定之。

抽签日期定为每月五日，还本发奖日期定为每月十日。

第九条　每届抽签开奖之期，应由财政都会同监察院派员办理，并邀同地方各法团推举代表临场监视，仍任人参观。

第十条　此项有奖公债由财政部公债科主管，并设立有奖公债局，经理发行事宜。其发行规则另由财政部以部令定之。

第十一条　此项有奖公债之还本给奖，由财政部委托中央银行及其他殷实商号按期支付。

第十二条　此项有奖公债票为无记名式，得自由买卖抵押，并得作公务上缴纳保证金之担保品，中央银行抵押放款之抵押品。

第十三条　此项有奖公债得为银行之保证准备金。

第十四条　经理此项有奖公债之官吏或其他商民，对于此项公债如有损毁信用之行为，按照刑律治罪。

第十五条　本条例自公布日施行。

选自《中华民国国民政府公报》，1926 年第 22 号。

36. 购料委员会章程
1926 年 2 月 11 日广州国民政府公布

第一条　政府为集中各机关，如各铁路、海陆军、兵工厂、造币厂、电报局等大批物料之供给及购买起见，设置购料委员会。

第二条　购料委员会直隶国民政府。

第三条　购料委员会以委员五人组织之，由军事委员会（海军局在内）、财政部、国营实业管理委员会、广东建设厅、商务厅各推荐一人，由国民政府派充并指定其中一人为主席。

第四条　购料委员会得酌用事务员，至多不过五人。

第五条　必须由购科委员会购买之物料，及得由各机关自购之物料，其范围以国民政府命令定之。此项命令由购料委员会拟呈国民政府核定发表。

第六条　左列各种物料之定购及其契约，须经购料委员会议决：

（一）关于铁路方面　铁轨、木料、铁桥之金属料、煤、火油、车、机器等。

（二）关于陆军方面　制服、枪弹、粮食、专门设备及运输器具等。

（三）关于海军方面　煤、火油、军器、机器、粮食及专门设备等。

（四）关于兵工方面　车机、各种设备、各种金属、煤及爆炸品等。

（五）关于造币方面　各种贵重金属、钢、机器、火油等。

（六）关于电报方面　各种电报及无线电报之设备、金属、化学物品、纸等。

于必要时，购料委员会得呈请政府将前项范围扩充之。

对于特别急需之物料，各该机关长官得由个人负责自行购买，但须于三日内报告购料委员会，并附送一切单据。

政府之各种企业与其他团体订立借款或他种契约，如有特别情形须变通本章程时，应由该企业将其意见报告购料委员会，由购料委员会拟议办法呈请政府核准。

第七条　购料委员会与商人订立关于购货物料之合约，须用国民政府名义由该委员会主席署名并由委员二人副署。

第八条　购料委员会代各机关购买之物料运到时，由该机关派员点收。但购料委员会得派员监视及查验。

第九条　购料委员会购买物料务须采用投票方法，取其品质最良索价最低之货购之。未开投前须在本省及香港上海各报广登告白，将所欲购物料之质量及一切情形详细载入告白中，凡商人愿缴纳相当之现金或证券（如国民政府公债票）于中央银行以作押金者，均可参与投票。

第十条　国家预算所准许各机关购买物料之费用，均由购料委员会经理之。购料委员会将此款存于中央银行作为暂时存款，俟至交付物价时，始能向中央银行支取。

第十一条　各机关须依其预算之数，将其每一年度或半年所需之物料详细开列报告购料委员会。

第十二条　购料委员会研究各机关之购料报告后，应造成全年度购料总表，将各机关所需用之同一物料如煤金属木材火油之类汇集购买之。

第十三条　购料委员会须将前条之购料总表呈请政府批准施行之。

第十四条　购料委员会办事细则另定之。

第十五条　本章程自公布日施行。

选自《中华民国国民政府公报》，1926年第24号。

37．惩治官吏法

1926年2月17日广州国民政府公布

第一章　总则

第一条　本法所称官吏以文官司法官及其他公务员为限。

第二条　官吏非据本法不受惩治，但其他法令有特别规定者不在此限。

第三条　惩吏院接受惩戒事件后认为必要时，呈请国民政府或通知该监督长官先行停止其职务。

前项停止职务之官吏，应并停止其俸给。

停止职务之官吏未受褫职处分，或科刑之判决者，得依第一项程序，命其复职。

第四条　惩吏院委员有应回避者，应依刑事诉讼律之规定。

第二章　惩戒事件

第一节　惩戒行为

第五条　官吏有左列之行为者，应付惩戒：

一、违背誓辞（词）。

二、违背或废弛职务。

第二节　惩戒处分

第六条　惩戒处分如左：

一、褫职。

二、降等。

三、减俸。

四、停职。

五、记过。

六、申诫。

第七条　褫职，褫夺其现任之官职。

第八条　降等，依其现在之官等降一等改叙。

受降等之处分无等可降者，减其月俸三分之一。

第九条　减俸，依其现在之月俸减额支给，其数为十分之一以上三分之一以下。

第十条　停职，停止一月以上六月以下职务之执行，并停止俸给。

第十一条　记过，由该管长官登记之，如一年以内受记过处分至三次者，由该管长官依前条之规定减俸。

第十二条　申诫，由惩吏院呈请国民政府或通知该管长官以命令行之。

第三节　惩戒程序

第十三条　监察院对于官吏认为应付惩戒者，应备文声叙事由连同证据咨送惩吏院惩戒之。各监督长官对于所属官吏认为应付惩戒者，应备文声叙事由连同证据请监察院咨送惩吏院惩戒之。

第十四条　记过申诫处分，国民政府或该管长官得迳（径）予行之。

第十五条　惩吏院接受惩戒事件分配后，应将原送文件抄交被惩戒人，并指定日期令其提出申辩书，或令其到院面加询问。但有正当事故不能到会时，得委托代理人到会答辩询问。

被惩戒人对于指定日期不到会又不委任代理人，或不依限期提出申辩书者，惩吏院得迳（径）为惩戒之议决。

第十六条　惩吏院应制作议决书，并呈报国民政府。

前项议决书除咨送监察院并传知被惩戒人外，并将其主文或全文登政府公报公示之。

第十七条　惩戒事件认为有刑事嫌疑者，应交法庭办理。

第三章　附则

第十八条　本法施行细则由惩吏院另定之。

第十九条　本法自公布日施行。

选自《中华民国国民政府公报》，1926年第24号。

38. 周恩来：《东江行政会议近日召开》
——致汪精卫①、蒋介石②等
1926 年 2 月

广州国民政府汪主席、蒋总监、省政府钧鉴：

职以训政开始，头绪纷繁，徒恃一纸公文，终嫌隔阂，爰定于二月二十日在汕头举行行政会议，召集所属各县长、各教育局长，届时亲自出席，农工商学妇女各界之有组织者，每县得各派代表一人参加。会期预定一星期，膳宿费由职署供给。其议题概举如下：

市长对于市政交通计划、工程布施、财政统计、户口调查、警政改良，县长对于县政财政统计、户口调查、生产概额、行政计划、治安急务、警察扩充、土地登记、农工生活、造林计划；教育局长对于教育方针、经费确定、学龄儿童调查、改良私塾；农工会对于农工状况之调查、生活之改良、新知识之灌输；商会对于商务之发展、商品出入口之调查、商业知识之灌输、外国奢侈口入口增减额之调查；妇女协会对于妇女入学调查、生活改良等案。除叶电③所属先事准备，俾开会时提出切实讨论外，谨电呈。

周恩来叩

选自《周恩来书信选集》，北京，中央文献出版社，1988，第14~15页。原注："根据1926年2月17日广州《民国日报》刊印"。

39. 广东国民会议促成会章程
1926 年 2 月 17 日④

第一条　本会以促成国民会议，由人民掌握政权，统一中国，取消不平等条约为宗旨。

第二条　本会由广东各界人民团体组织之。

第三条　本会以代表大会为最高机关，代表大会开（闭）会后，以执行委员会为最高机关。

第四条　本会代表大会由各界人民团体各派代表二人至三人组织之。执行委员会由代表大会推举27团体各派代表一人组织之。

第五条　本会执行委员会内部职务分配如左：

---

① 原注：汪精卫（一八八三——一九四四），原籍浙江山阴（今绍兴）生于广东番禺。一九二六年时是国民党中央执行委员会常务委员、广州国民政府主席。抗日战争爆发后，任国民党副总裁。一九三八年年底公开投降日本帝国主义，后任日本帝国主义扶植的南京傀儡政府主席。

② 蒋介石，时任国民党中央执行委员会常务委员、国民革命军总监等职。

③ "叶电"即16日之电报代码。

④ 此为《工人之路》公布日期。

一、总务部　　总理各部事务下设文书股、庶务股。

二、组织部　　下设调查股、统计股。

三、宣传部　　下设编辑股、演讲股、新闻股。

四、外交部　　下设交际股、翻译股。

五、财政部　　下设会计股、筹款股。

每部设正副部长各一人，每股设股主任一人，必要时得增设副主任若干人。

第六条　本会会议分三种：（一）代表大会由执行委员会召集之。（二）执行委员会。（三）部长会议，由总务部长召集之。开会时由总务部长为主席。

第七条　本会办公费由各团体自由认捐，必要时得向外募捐。

第八条　本会章程经代表大会通过即发生效力。如有未尽善时，得由代表大会修改之。

选自《工人之路》，1926-02-17，第1版。

40. 国民政府教育行政委员会组织法

1926年2月20日广州国民政府公布

第一条　教育行政委员会掌管中央教育机关，并指导监督地方教育行政。

第二条　教育行政委员会得随时呈准国民政府设置临时必要机关，并得派委或调用各地教育机关人员担任所设临时机关事务。

第三条　教育行政委员会以国民政府所委教育行政委员为干部，下设行政事务厅，依干部会之议决，处理本委员会所管事务。

第四条　干部会由干部委员中推举常务委员二人，处理常务，并得以本委员会名义对外接洽交涉事件。

第五条　行政事务厅以左列三处构成之：

秘书处。

参事处。

督学处。

第六条　秘书处，设秘书科员各若干人，掌理事务如左：

一、秘书，整理及准备干部会会议材料，掌理干部会会议记录，襄助常务委员处理所管事务。

二、科员，承秘书之指挥，处理关于文书会计庶务各科事务。

第七条　参事处设参事若干人，掌理事项如左：

一、关于教育施设计划之预备调查，及各计划之原则制定事项。

二、关于教育统计作业之指导，统计资料之搜集调查，及统计之编制事项。

第八条　督学处，设督学若干人，掌理事项如左：

一、关于教育诸法规之编订，及诸法规实施状况之监督视察事项。

二、关于教育行政上人事财务之监督审核事项。

第九条　本委员会得置雇员若干人，助理所属事务。

选自《中华民国国民政府公报》，1926 年第 24 号。

41. 缉私卫商管理委员会组织法

1926 年 2 月 14 日广州国民政府公布

第一条　缉私卫商管理委员会附设于财政部，管理盐务、沙田、银币、印花、税票、烟酒、禁烟、煤油类，爆烈品及其他违禁物品之私铸、私运、私售、私制，暨匿税瞒厘之侦缉事宜，并保卫航运厂肆各商。

第二条　缉私卫商管理委员会之职权如左：

一、关于私铸、私运、私售、私制之侦缉事项。

二、关于举报各案之受理及侦查事项。

三、关于水陆之检查事项。

四、关于违法违章之惩罚处分事项。

五、关于处置充公货物事项。

六、关于侦缉水面及市乡之走私匪类事项。

七、关于派遣军队兵舰警察协缉事项。

八、关于水陆商运之保护事项。

九、关于商运之保险及赔偿事项。

十、关于缉私人员之任免及奖惩事项。

十一、关于缉私卫商各项章程之编订事项。

第三条　缉私卫商管理委员会设委员长一人，由财政部长兼任。委员四人至八人，由政府特派。委员长总理本会事务，各委员会同委员长处理会务。

第四条　缉私卫商管理委员会设干事处及左列各局分掌会务：

一、保卫局。

二、运输局。

三、经理局。

四、侦缉局。

五、执法处。

第五条　缉私卫商管理委员会置职员如左：

总干事一人，干事若干人，承委员长之命管理本会事务。局长每局一人，处长一人，承委员长之命分任本会事务。办事员若干人，承长官之命，助理本会事务。

因缮写文件及记录议案等事，得酌用雇员。

第六条　缉私卫商管理委员会因缉私卫商之职务，得分设缉私卫商管理局于各属，并得设置各舰队及外勤职员如左：

一、缉私护商舰。

二、缉私护商队。

三、侦缉长及侦缉员。

前项职员由委员长分别会同各委员委任，其编制办法及分驻各属区域另定之。

第七条　对外文件视其事务性质以委员会名义行之，由委员长署名发行，并由委员一人副署。

第八条　本会办事规则及职务规程另以会令定之。

第九条　本组织法自公布日施行。

选自《中华民国国民政府公报》，1926 年第 23 号。

42. 缉私卫商暂行条例

1926 年 2 月 24 日广州国民政府公布

第一条　国民政府为体恤商艰维护饷源起见，组织缉私卫商管理委员会，办理缉私卫商各事宜。

委员会由财政部会同陆海各军组织，其组织法另定之。

第二条　缉私卫商之区域暂以广东全省为起点，但得因商民之请求，对于国民政府所辖各区域次第推行。

前项区域得依办事上之便利，先从广州及西江东江试办，俟有成效再分别推行于南路北江及琼崖各属，其次序由委员会定之。

第三条　缉私卫商分为水路陆路两种办法如左，其所辖区域及编制另以附表定之。

水路　指定各军舰编制舰队，分段常驻或梭巡。

陆路　指定各军队择扼要地方，分区驻防巡护。

委员会对于前项舰队军队有指挥调遣之权责，所有各舰长及所辖部队长官，得由委员会考查成绩，随时任免或升降，并依法处分或奖励之。

第四条　关于缉私事宜除各主管机关陈请外，得由委员会随时指派军舰军队照章查缉，如遇侦查报告委员会得受理之。

辑获违禁充公物品，委员会得会同主管各机关处分之。

第五条　关于卫商事宜，得据商民之请求，酌量情形征收各费，解交国库，以备支发委员会及其所辖舰队军队之经费及饷项之用，其征收章程另定之。

前项收入得提出若干成拨充各军各舰队之奖金，由财政部支配之。

第六条　因缉私卫商之必要，遇查有土匪图劫及违法私运违禁物品等情事，委员会得命令各军舰或军队分别搜剿逮捕之。

该处驻防军队等如奉委员会命令，或其出发之军舰部队临时请求，应速予以实力协助，违则以违令论。

第七条　委员会所设备属缉私卫商舰队，为执行缉私职务起见，无论何项船只或官商所运货物，均须受其检查不得抗拒。如查有违章走私及抗拒实据，即准其将船货及当事人扣留，转运至省呈报委员会照章处分。但检查时仍须示以委员会所发之检查证为据。

第八条　无论商店民居及公共处所，如窝藏匪类及违禁物品，委员会据有负责报告，得发手令前往检查拘捕。

第九条　委员会成立后，所有各江缉私舰队差遣轮船及保商卫旅营部队，一律归委员会分别裁汰改编，统受委员会节制调遣。

各主管机关所辖缉私人员及检查员等，自本条例公布委员会成立以后，均一律归委员会节制调遣，其报告关于缉私之文件应改归委员会核办。但有监办性质之机关或委员仍由各主管机关管理。

第十条　委员会对于缉私之处分办法，仍适用主管各机关各项缉私规章之规定，或请主管各机关会同办理。遇有奖惩时亦同。

第十一条　本条例自公布日施行。

本条例如有修改之必要时，得由委员会呈请核示。

选自《中华民国国民政府公报》，1926 年第 25 号。

43. 国民政府财政部税务总处组织章程

1926 年 2 月 24 日广州国民政府公布

第一条　税务总处隶属于财政部，掌理税务行政及各关输出入关税之征收事宜，监督所属各关卡。

第二条　税务总处置左列各课：

第一课。

第二课。

第三条　第一课掌理事务如左：

一、关于税务行政及交涉事项。

二、关于审核各关之设立废止及征收区域事项。

三、关于税务人员之任免及考绩事项。

四、关于核定税务机关薪费及编制预算决算事项。

五、关于处分缉获充公货物及支配奖金事项。

第四条　第二课掌理事务如左：

一、关于整理税则税率统一事项。

二、关于拟订征收规章及改良手续事项。

三、关于考核税收比较及征解事项。

四、关于筹画（划）加税免厘事项。

第五条　税务总处置处长一人，承部长之命总理本处事务，指挥监督本处职员及所属各关，监督暨税务人员。

第六条　税务总处置秘书一人，承部长之命辅助处长办理税务，审核一切文件，撰拟机要文牍。

第七条　税务总处置课长二人，承长官之命分掌各课事务。

第八条　税务总处置办事员若干人，承长官之命，分掌各课事务，视事务之繁简得酌用雇员，分任缮校等事。

第九条　对外文件均以财政部名义行之。

第十条　本处办事规则另以部令定之。

第十条　本章程自公布日施行。

选自《中华民国国民政府公报》，1926年第25号。

44. 国民政府财政部盐务总处组织章程

1926年2月24日广州国民政府公布

第一条　盐务总处隶属于财政部，掌理盐务行政与场产运销及征税与稽核一切事宜。

第二条　盐务总处置左列各课：

第一课。

第二课。

第三条　第一课掌理事务如左：

一、关于盐务行政及交涉事宜。

二、关于盐务人员任免薪费事项。

三、关于改良盐场仓栈建筑事项。

四、关于调查考核盐类之制造及产额事项。

五、关于核定盐务机关之存废事项。

六、关于调查改良运盐手续及保护事项。

七、关于筹画（划）支配销盐区域事项。

第四条　第二课掌理事务如左：

一、关于编制盐务收支预算决算事项。

二、关于编制盐务收支统计事项。

三、关于调查审订场产运销一切费用事项。

四、关于调查整理销盐数目事项。

五、关于考订盐税税率事项。

六、关于考核税收比较事项。

七、关于征解盐税款项事项。

第五条　盐务总处置处长副处长各一人，承部长之命指挥所属职员办理本处事务。

第六条　盐务总处置秘书若干人，承部长之命辅助处长办理事务，并审核一切文件撰拟机要文牍。

第七条　盐务总处置课长二人，承长官之命主管各课事务。

第八条　盐务总处置办事员若干人，承长官之命分掌各课事务，视事务之繁简得酌用雇员分任缮校等事。

第九条　对外文件均以财政部名义行之

第十条　盐务总处之办事规则另以部令定之。

第十一条　本章程自公布日施行。

选自《中华民国国民政府公报》，1926年第25号。

45. 国民革命军党代表条例

1926年3月19日[①]广州国民政府军事委员会公布

第一章　革命军部队之党代表

第一条　为贯输国民革命之精神，提高战斗力，巩固纪律，发展三民主义之教育起见，于国民革命军中设置党代表。

第二条　党代表在军队中为中国国民党之代表，关于军队中之政治情形及行为，党代表对党负完全责任。关于党的指导及高级军事机关之训令相助其实行，辅助该部队长官巩固并提高革命的军纪。

第三条　党代表为军队中党部之指导人，并施行各种政治文化工作。军队中一切普通组织之工作，如俱乐部、青年军人联合会、孙文主义学会、体育会等，均受其指导，并指导其所辖各级党代表及政治部。

第四条　党代表应深悉所属部队中各长官及该部中一切日常生活情形，研究并考查官兵思想及心理。

第五条　党代表于工作中应设法改革其所发现之各种缺点及障碍，如改革此种缺点及障碍不可能时，得报告于其上级党代表。

第六条　党代表应推行党及政治势力于所属部队，并按上级党代表之意旨指导政治工作。此项工作党代表应与其所属部队官长协商规定，以免时间上之冲突。

第七条　党代表为所属军队之长官，其所发命令与指挥官同，所属人员须一律执行之。

第八条　党代表有会同指挥官审查军队行政之权。

第九条　党代表不干涉指挥官之行政命令。[②]

第十条　党代表于认为指挥官之命令有危害国民革命时，应即报告上级党代表。但于

---

① 《政府公报》所载军事委员会令为"民国十五年三月十九日"。"贵州史学版"误作"1926年3月15日"。

② "贵州史学版"加有"但须副署之"5字。

发现指挥官分明变命或叛党时，党代表得以自己的意见自动的设法使其命令不得执行，同时应报告上级党代表及军事委员会主席。

第十一条　在战争时党代表须以自己无畏勇敢的精神感化官兵，为官兵之模范。

第十二条　党代表应注意该部队之经济生活，监查兵士能否按时得到食料，此项食料之性质是否清洁适宜。教导士兵节用国家之物力，并注意报纸杂志于时达到部队以及分配之适当。

第十三条　党代表于行军时，应随地注意民众，毋令其受骚扰，并向士兵解释革命军人之目的在解除人民受帝国主义者之困迫。

第十四条　凡军队所驻之地，党代表须与该地党部及农工等团体发生密切之关系，务使人民与军队接近。

第十五条　党代表之工作应以党部①为中心，指导党部施行一切巩固军队之工作。

第十六条　党代表之意见如与该部队之党部有歧异时，有停止该党部议决之权，但同时应将理由速行报告于上级党部及政治部。

第十七条　党代表须明了国民革命军之一切法规，尤须明瞭对所属部队一切有关系之命令。

第十八条　党代表须每月至少报告其自己工作于上级党代表一次，此外于官长及政治工作人员会议上亦得报告其工作及其所属部队之政治情形。

第十九条　本章全部规条仅适用于国民革命军各部队之党代表，如团、营、连队、军舰等。至国民革命军其他各机关，如军司令部、师司令部、海军局、参谋团、军需局、军医监、兵工厂等党代表之职权，另于第二章规定之。

第二章　国民革命军其他各机关之党代表

第一条　各司令部各局及其他各军事机关党代表之权力，与该部局及机关长官所有之权力相等。

第二条　党代表有监督其所属部局中军事政治及军需之权。

第三条　党代表与指挥官共同听阅各下级军官之报告、呈文并决议问题，与指挥官共同署名一切命令及发出之公文。凡未经党代表共同署名者，概不发生效力。

第四条　党代表与指挥官意见不同时，必须签署命令，并同时报告于上级党代表，如指挥官有违法行动时，党代表当依第一章第十条办理。

第三章　党代表之任命

第一条　党代表以中国国民党员曾经表示忠心于国民革命，政治程度优良及严守纪律者为合格。

第二条　自团以下及与其相当组织之党代表，由政治训练部任命之，任命状须有军事委员会主席之署名，及政治训练部主任之副署，但遇紧急时，得由上级党代表先行派员代理，然后报告于政治训练部。

第三条　自师以至更高级军事组织之党代表，由政治训练部提出经中国国民党中央执行委员会之通过，军事委员会任命之。但遇紧急时，得由军事委员会主席之署名及政治训

---

①　《政府公报》为"党部"，"贵州史学版"印作"党务"。

练部主任之副署，先行任命，然后依上项手续办理之。

选自《中华民国国民政府公报》，1926 年第 28 号。

互校版本：中国人民大学书报资料中心编辑出版：《中国现代史》，1986（3），第 29 页，转印《贵州史学丛刊》1985 年 1 期所载《黄埔军校国民革命军党代表条例制度考释》附录三："一九二六年三月颁布的《国民革命军党代表条例》"，简称"贵州史学版"。虽注明"原载《国民政府公报》第 28 号"，但与公报核对发现上述各种讹误。

编者注："贵州史学版"所载该文之后还附有 1926 年 8 月厘定的《国民革命军党代表条例》12 条，1927 年元月修正的《国民革命军党代表条例》28 条与本条例在内容上有所增删。

46. 军事委员会政治训练部组织大纲

1926 年 3 月 9 日广州国民政府军事委员会公布

第一章　总则

第一条　政治训练部以指导国民革命军之党务政治及文化工作为职责。

第二条　政治训练部受军事委员会之指挥，秉承其批准之计划及决议而工作之。

第三条　军事委员会主席同时为国民革命军总党代表，指导政治训练部处理日常工作。

第四条　政治训练部承中国国民党中央执行委员会及其政治委员会之指导，处理军队中之党务事宜（如特别区党部之组织党员入党及开除党籍党员之教育等）。

第五条　政治训练部设立主任一员，同时为军事委员会委员。

第六条　政治训练部在军队及其他军事机关之工作，经过相当之党代表及政治部而为间接之施行。

第七条　本部直辖机关如左：

（一）各军党代表及独立师师党代表。

（二）海军局及航空局党代表。

（三）中央政治军事学校党代表。

（四）参谋团及军需局党代表。

原注：现时某某军党代表及中央政治军事学校党代表由军事委员会主席兼任，但在此某某军中及中央学校中设代理党代表（或副党代表），以普通党代表之职权为根据，受政治训练部之指挥。

第八条　政治训练部对于前条直辖机关所发命令，须有军事委员会主席之署名及政治训练习部主任之副署。

第九条　军队中一切党务政治及文化工作，一律接受政治委员会之指导及计划而实施之。

第十条　军队中之一切社会组织，如孙文主义学会，青年军人联合会等，均承政治训练部及相当党代表暨政治部之指导而工作。凡在政治训练部之监督及指导范围以外之各种组织，一律禁止其存在。

第十一条　军队中之一切党务工作员及其他政治工作员，仅受政治训练部及其所属政治机关之指挥，未得政治训练部之许可及同意，上示各种工作人员均不得委以职务离职或调往他处工作。

第十二条　政治训练部掌管军队中政治人员之选择及任命，关于党代表之任命法详载于"党代表之职权"中。

第二章　政治训练部之组织

第十三条　本部之组织分科如下：

（一）总务处

（甲）文书科。

（乙）财务科。

（丙）收发科。

（二）宣传处

（甲）宣传科。

（乙）文化教育科。

（丙）统计调查科。

（丁）编辑科。

（三）党务处

（甲）党务科。

（乙）组织科。

第三章　政治训练部所辖各处之职责

第一节　总务处

第十四条　总务处为政治训练部总务行政之机关。

第十五条　文书科掌管关于本部撰录通报，登记保管事宜。

第十六条　财务科掌管关于本部财政之出纳及材料之供给，编制本部预算决算，并审核本部所辖各政治部之预算事宜。

第十七条　收发科掌管关于本部收发分配文书命令出版品等事宜。

第二节　宣传处

第十八条　宣传处编辑关于理论指导之材料，以作军队中党员及政治宣传员对士兵学生与官长政治文化教育之材料，且为讨论军队中政治工作问题，得召集各种大小会议。

第十九条　宣传科拟定关于政治教育及各种定期政治宣传之计划方针宣传大纲等，并指导军队中之政治工作员施行之。

第二十条　文化教育科编撰关于识字学校俱乐部及其他文化机关之教材，并掌管图书馆、体育会及其他游艺会、辩论会之组织，并指导此项工作在军队中之实施。

第二十一条　统计调查科掌管军队中政治工作员及党员之登记，并研究军队中政治工作发展之情形。

第二十二条　编辑科掌管本部一切之出版物，如报纸、书籍、图书、小册、标语等之编辑并发行。此项出版品之分发由宣传科长施行。

第三节　党务处

第二十三条　党务科掌管关于军队中党务之组织指导，及计划指导孙文主义学会及其他一切党的组织并召集大小党务会议。

第二十四条　党务科编拟关于党的工作及教育与各种定期宣传进行之计划及材料。

第二十五条　组织科掌管凡与军队中政治军事党务及文化教育有关之一切规程条例并指导之。

第四章

第二十六条　政治训练部之下附设军法委员会，其组织法及职权另定之。

政治训练部人员编制表（略）

选自《中华民国国民政府公报》，1926 年第 28 号。

47. 军法委员会组织大纲

1926 年 3 月 19 日广州国民政府军事委员会公布

总则

第一条　为维持国民革命军之军法军纪秩序，制止财政上之舞弊，消灭间谍谋叛，反对政府反对长官，及其他罪恶等行为，特于国民革命军政治训练部之下设军法委员会。

第二条　军法委员会之责任在提高士兵之普通政治智识，对国民革命及政府之军队之一切敌人为严厉之惩罚机关。为此军法委员会之行为应以最明了公开为原则。

第三条　军法委员会根据国民政府所颁之法令，承政治训练部之指导，处理职务。

军法委员会之组织

第四条　军法委员会设主席一人，副主席一人，委员三人，副委员二人，秘书长一人，由政治训练部推荐于中国国民党中央执行委员会政治委员会任命之。

第五条　军法委员会主席为理论之指导者，并统率该委员会所属人员，指挥处理一切行政事宜。

第六条　军法委员会全体委员及副委员组织军法委员会之军法会议，解决各问题，如增减及免刑再审等。

军事法庭

第七条　军事法庭由军法委员会主席或副主席为主席，及二委员组成之。若军法委员缺席时，由副委员充任之，秘书则任审判之记录，法庭人员须经军法委员会主席之批准。

第八条　军事法庭于各项问题决议中，须仅以有益于国民革命为原则。

第九条　对于犯人之刑罚，由委员多数同意决定之（即主席一人，委员二人）。

检察所

第十条　军法委员会设检察所，置检察长一人，检察员四人，其任命方法与军法委员会同。

第十一条　检察所长承军法委员会主席或副主席之命，而执行检察事务。

第十二条　被告人之罪状不成立时，其消案权在军法委员会之军法会议

军法会议对于已检察案件认为欠明显时，有要求检查所再行检查之权。

第十三条　检察所长得分配各种案件于各检察员检察之，其检察之结果，须提交军法会议审定之。

检察所由军法委员会主席或副主席负责监督之。

总务处

第十四条　总务处管理关于军法委员会及检察所和卫队（直隶总务处长）等机关及人员之经济事宜。

第十五条　卫队负保护本会委员，守护本会屋宇财产维持之责。卫队长管辖本会卫队，并为维持秩序起见，得出席各种审判会议。

拘留所

第十六条　军法委员会设立拘留所，监禁各种犯人。

第十七条　拘留所长或副所长及卫队长，秉承政府政治训练部主任及军法委员会主席或委员命令，而执行逮捕任务。

第十八条　所长或副所长在未受军法委员会主席或副主席之书面命令前，不得释放监押人犯。

第十九条　拘留所长只服从军法委员会主席或副主席之命令。

附则

（甲）军法委员会委员或检察员对于有直接或间接亲属关系及其他关系之犯人，不得参加审理。

（乙）卫队长工作细则另定之。

（丙）拘留所内之秩序，及其职员任务与守卫勤务之细则另定之。

国民革命军军法委员会人员编制表（略）

选自《中华民国国民政府公报》，1926 年第 28 号。

48. 筹议两广政治军事财政统一委员会议决事项

1926 年 3 月 19 日广州国民政府公布

（一）关于政治者

一、广西省政府于中国国民党指导监督之下，受国民政府之命令，处理全省政务。

二、凡应归中央直辖之机关，如交涉员、高等审判厅等，由国民政府直接管辖之。

三、依照国民政府所颁布之省政府组织法，成立广西省政府。

各厅组织法，由广西省政府斟酌参照订定之。

（二）关于军事者

一、广西现有军队全部改编为国民革命军，其应编地方军与否及其数量，呈军事委员会决定，及由改组委员会拟具办法呈军事委员会决定。

二、广西现有军队按国民革命编制法，编为两军。

三、此两军编为国民革命第八军、第九军。

四、任李宗仁、黄绍竑为军长。

五、根据军事委员会组织法任八九两军长为军事委员会委员。

六、八九两军受军事委员会之指挥，但经过下列军事委员会所辖各机关参谋部政治训练部及军需部。

七、关于军事及政治教育计划及各种军实上之补充给与（予），均按照国民革命军现定章程实施之。

八、八九两军之驻扎地点，由该两军长呈报军事委员会核准之。

九、为指挥及改编现有广西军队起见，指定李宗仁为主席，黄绍竑、白崇禧、胡宗铎、俞作柏、黄旭初、夏威及中央特派员，为委员组织改组委员会。

（三）关于财政者

一、凡两广之财政机关及财政计划，均应受国民政府财政部之指挥监督。

二、凡两广财政上之税率及税捐制度，应由国民政府财政部核定施行。

三、凡两广财政上之收入，均应归国民政府财政部征收，交国民政府之国库。

四、凡两广财政上之支出，由国民政府所委之财政长官会同地方长官拟具预算，呈请国民政府核准。

五、凡两广财政官吏均由国民政府委任。

六、两广省政府根据国民政府财政部所定之原则及计划，对于各该省财政厅施行指挥监督。

选自《中华民国国民政府公报》，1926 年第 27 号。

49. 中华民国国民政府令
——为确定修正民律草案方针令法制编审委员会
1926 年 3 月 25 日广州国民政府公布

中华民国国民政府令第一四七号

令法制编审委员会

为令遵事，现据司法行政委员会呈称：呈为呈覆事奉钧府秘书处第一七一号函开，法制委员会委员林翔等呈请指定修正民律草案方针一案，经国民政府常务委员二月六日议决，交司法行政委员会议复，计送原呈一纸，等因奉此，按原呈分甲乙两主张：甲主张该草案系上稽我国历代法例，旁参德日民法，荟萃中外名流讨论数载，纵有小疵，不无可取，宜择其中室碍难行者，酌为修改，余仍其旧。乙主张法律为社会之产物，宜适应社会之潮流，尤须毋背国宪。先大元帅宣示以党治国，吾党党纲即国民政府之宪章。该草案关于物权、债权、亲族、继承等编，与党纲之妇女解放、平均地权、节制资本无一相合，非彻底改造不可。各等语彼此参照皆不乏相当之理由。惟查吾国民律草案，原取材于德日，德民法颇称完备，然其施行之期距今不过五十余载，则缔造之艰已可窥见一斑。次就日本民法而论，明治六年即着手编纂，先后由名士箕作麟祥及法国之法律学者巴苏那等数十人详细考虑，复经元老院之审查修正，至明治二十八年总则、物权、债权三编草案始定，明治三十年亲族相续二编草案始定，尤足征立法之不易。若将党纲加入，势非延长期间，不能蒇事。则当民律未产出之际，全国人民之权利义务无由昭划一而臻于明确，而司法官之裁判反得以己意为左右，其弊必有不堪胜言者。况查该草案经先大元帅在粤时，由前大理院长徐谦呈准修正补行公布在案，虽因局部之反对未克实行，然以之作为暂行法亦当不至于谬妄。且细绎钧府令行该会，依限迅为审查修正之意，不过以法治国不可一日无法，就其中显与国宪相抵触者酌量删改，俾得暂时应用，并非为永久之昭垂而一成不易者也。至加入党纲以求适合乎民情，乃当然办法。本党第二次全国代表大会，亦有督促政府从速依据党纲，制定保护农工男女平等种种法律之议决案，是以本会主张仍由法制委员会遵照前令，于两个月内将民律草案修正呈请公布日时，仍请钧府明令该会为根本上之讨论，另编新民法以备采择施行。综上观察甲乙二主张，均属不可偏废，不过缓急之不同耳。奉令前因理合将遵议原由呈覆察核等情。据此除批呈悉准如所议办理。仰候令行法制编审委员会遵照此批印发外，合行令仰该会即便遵照。此令。

选自《中华民国国民政府公报》，1926 年第 28 号。

50. 中华民国国民政府令
——为东江行政委员周恩来呈请
国民政府颁布国民会议组织法令法制委员会[①]

1926 年 3 月 31 日广州国民政府公布

中华民国国民政府令第一六零号

　　为令行事，据广东东江各属行政委员周恩来呈称：准东江各属行政大会第十七次会议临时动议第七项决议案请国民政府颁布国民会议组织法，令先由广东各地职业团体代表（依总理所规定）开人民代表会议，将来由县而省而国得尽力推行，以促成全国国民会议

---

① 副标题系编者所加。

之实现一案。窃查中国近状，代议制度既经破产，职业团体代表会议实将代之而兴。去岁总理北上，明白宣言召集以职业团体为单位之国民会议，各地人民闻风响应。一时国民会议促成会几遍见于全中国。总会亦成立于北京，卒因帝国主义及其工具军阀之嫉忌压迫摧残，以至功亏一篑。总理已没，余痛犹存，今者北方时局混乱，帝国主义者军阀自身均呈崩溃之象。全国人民复以自身环境之关系，需要真正统一之国民政府，而先总理所发起之国民会议，实为适应此需要之唯一手段。第以各地人民组织不一，指挥既难齐一，收效自当减少，既负人民自身之希望，复有愧于总理遗嘱中所指示须于最短期间促其实现之至意。而欲求组织整齐，指挥灵便，以须有统一之法令或规程，方可收其成效。理合将请求颁布国民会议组织法令各缘由，备文呈请钧核，伏乞俯赐察核，从速颁布，俾得有所遵循。是否有当，乞批示只遵等情。据此除批示外，合行令仰该委员会即将国民会议组织法起草，呈候核定颁布。此令！

中华民国十五年三月三十一日

选自《中华民国国民政府公报》，1926 年第 28 号。

51. 中华民国国民政府令
——修正违警罚则第四十三条
1926 年 4 月 12 日广州国民政府公布

第四十三条　有左列各款行为之一者，处十五日以下拘留或十五元以下之罚金：

（一）游荡无赖行迹不检者。

（二）僧道流化及江湖流丐强索钱物者。

（三）暗娼卖奸或代为媒合及容留止宿者。

（四）召暗娼奸宿者。

（五）唱演淫词戏者。

选自《中华民国国民政府公报》，1926 年第 30 号。

52. 中华民国国民政府命令
——不接待司法调查团
1926 年 4 月 12 日发布于《工人之路》

国民政府令外交部长胡汉民、司法行政委员会委员：

为令饬事，国民政府唯一之职责，在奉行先大元帅之遗嘱，其最先着手即在废除不平等条约，领事裁判权当然收回，无需由外人调查。故对于此次调查法权外国委员来粤，决定不予接待。除分令外，合行令仰该部委员会迅予转电各埠交涉员及法庭，一体遵照。此令。

选自《工人之路特号》，1926-04-12，第 3 版。

53. 广东省政府土地厅组织法

1926 年 4 月 12 日广州国民政府公布

第一条　土地厅遵照国民政府省政府组织法之规定，主管广东全省土地事宜。

第二条　土地厅应设置左列各科：

第一科。

第二科。

第三条　第一科掌理事项如左：

一、关于土地种类之调查及核定报告事项。

二、关于土地面积之测勘及清丈事项。

三、关于测勘人员之养成及任用事项。

四、关于测勘队之组织及派遣事项。

五、关于土地业权纠葛之审决事项。

六、关于登记手续之审定事项。

七、关于土地产品之安全事项。

八、关于绘制全省土地总分各图事项。

第四条　第二科掌理事项如左：

一、关于测勘人员薪费川旅费等之核定事项

二、关于土地业权之登记事项。

三、关于土地业权执照之核发事项。

四、关于业权执照费之征收报解事项。

五、关于执照存根之审核及编存事项。

六、关于预算决算及统计之编制事项。

第五条　土地厅应置厅长一人，承省政府之命，总理本厅事务，指挥监督所属职员。

第六条　土地厅应设置秘书二人，承厅长之命，撰拟机要文牍，审核一切文稿，管理监印、收发、缮校、会计、庶务各事项。

第七条　土地厅置科长二人，承厅长之命主任本科事务。

第八条　土地厅置科员若干人，承长官之命分任各科事务。

第九条　土地厅因缮录文件表册执照及办理会计庶务征收等事，得酌用雇员

第十条　土地厅因举办测绘清丈事务，得酌设技正二人至四人，技士四人至八人。

第十一条　土地厅得就本厅技术人员组织测勘队，委任队长队员，派遣各属办理测勘事务。其办事程序及经费，另由本厅拟呈省政府提交省务会议议决之。

第十二条　土地厅视为重要地点为图办事上监督便利起见，得于各属地点设立本厅临时办事处。

第十三条　土地厅因测绘清丈之必要，得于各属分设测勘登录机关。

第十四条　土地厅因调查关于土地上一切事宜，得酌设调查员若干人。

第十五条　土地厅因关于测量上有必要时，得设测量学校。

第十六条　土地厅办事细则另定之。

第十七条　本组织法自公布日施行。

选自《中华民国国民政府公报》，1926年第30号。

54. 清理官市产办法

1926年4月17日广州国民政府公布

第一条　关于证明人民私有之产业，虽逾官厅布告期限未缴验契据者，仍不得剥夺其所有权（但所有权人因懈怠或故意不遵守布告期限验契者，得施以相当处分）。

第二条　官市产之占有人不于官厅布告期内承领者，视为抛弃其权利，但优先权人虽逾优先期限而与第三人同时呈请承领时，若出价相等，仍不失其优先效力。

第三条　关于庙产，其优先承领之顺位如左：

一、坊众团体。

二、有营业关系之租客。

三、坊众个人。

第四条　官地（包濠涌言）民业混合者，其优先承领之顺位如左：

一、管有人。

二、有营业关系之租客。

第五条　寺庵收归官有者，坊众有优先承领权，其寺庵所有铺屋租客有优先承领权。

第六条　优先期限之争议，以呈请时期为标准，但呈请在先经主管官厅批令缴价而不依期缴纳者，不在此例。

第七条　一业数承领人致涉讼争时，除有优先权者应依法维持外，得用竞投办法以解决之。

第八条　以上七条之规定，从前官厅之处分有违反时得撤销之。

第九条　桥梁海滩码头及其他业权事项有争议时，依契照；其契照不明时，依习惯办理。

第十条　人民对于民国十四年七月以前各该管官市产官厅所为之处分，于本办法施行三个月内，得分别向财政厅市政厅声明不服。其对于民国十四年七月以后，财政厅市政厅所为之处分，于本办法施行后一个月内，得向省政府声明不服。

第十一条　人民对于广东各属在本办法施行后所为官产之处分，限以两个月内向财政厅声明不服。对于市财局在本办法施行后所为市产之处分，限以一个月内向市政厅声明不服。其不服财政厅市政厅于本办法施行后所为官市产之处分，均限以一个月内向省政府声明不服。

第十二条　财政厅市政厅及省政府受理人民声明不服之案，得迳（径）为裁决。但调查案卷认为事实不明时，得发还原处分官厅再行处理。

第十三条　财政厅市政厅受理关于前第十条声明不服案件，系经上级官厅所处分者，如果发见（现）与本办法相违背时，仍得呈请上级官厅撤销之。

第十四条　省政府对于财政厅市政厅所未受理之案，不予受理。

第十五条　省政府所处分之案人民不服时，得呈请国民政府再为处理，前项处理不得再行声明不服。

第十六条　凡确定之案一年内发见（现）新证据者，得向该主管官厅请求再为处理。

第十七条　本办法有未尽事宜之处，得随时修改。

第十八条　本法自公布之日施行。

选自《中华民国国民政府公报》，1926年第33号。

55. 中华民国国民政府对内宣言
（为召集国民会议问题）
1926年4月20日广州国民政府公布

民国十三年冬，奉直战争告终，直系军阀覆败，此诚人民夺取政权建设统一政府之绝好时机，故先大元帅于其北上之际，提出召集国民会议解决国是之主张，良以国民革命之目的在求中国之自由平等，而军阀帝国主义者互相勾结把持政权，实为达此目的之最大障碍。以军阀攻军阀，此灭彼兴，内乱循环，曷有已时。惟人民一致觉悟兴起，接受政权，庶可打销（消）一切反动势力，永绝祸乱。宣言发出，大洽人心，一时通电赞成，及组织国民会议促成会者风起云涌，遍于全国。是时段祺瑞方受奉系军阀及帝国主义者之拥护，得为临时执政，深恐国民会议一开，不利其私，百计破坏，以冀久窃政柄，遂致救国良谋阻格不行。

先帅赍志以殁，临终犹谆谆以此为嘱。年余以来，段政府及一般军阀之卖国自私及摧残压迫，适足以促起人民之觉悟，而坚固其组织。观于五卅事变以来，群众爱国运动之前仆后继，民气之勇往坚强，及人民之知为本身利益奋斗，益信国民会议有于最近时期内实现之可能。现卖国残民之段祺瑞罪恶贯盈，已为国民军迫走，张吴两军阀虽由帝国主义之撮合暂时联合战线，而根本上彼此利害仍相冲突。关于倒段拥段主张各异，尤易促其分裂。目下北方政局事实上已陷于无政府地位，军阀崩溃之期，亦将不远。所望全国各地方被压迫之人民乘时奋起，组织坚固之团体，积极与军阀及帝国主义者抗争，自动的召集国民会议以取得政权。凡有觉悟之军人皆当取鉴于历来军阀之失败，使其武力与帝国主义绝缘，而与人民结合以促国民会议之成功。本政府唯一之职责即在奉行先帅遗嘱实现国民会议，尤当尽其力之所能及以为人民前驱，国家之命运在于国民之自决，愿我国民急起图之。

中华民国十五年四月二十日

选自《中华民国国民政府公报》，1926年第30号。

56. 广东省政府实业厅组织法

1926 年 5 月 24 日广州国民政府公布

第一条　实业厅依据省政府组织法，为省政府之一部，受省政府之指挥，监督掌理广东全省农工商矿等实业行政事务。

第二条　实业厅设左列三科：

第一科。

第二科。

第三科。

第三条　第一科分掌事项如左：

一、关于工商业保护、监督、奖励及改良推广事项。

二、关于官办工商业管理事项。

三、关于工商业团体事项。

四、关于工商业制造考查及赛会陈列事项。

五、关于工厂交易场监督取缔及检查事项。

六、关于度量衡制造检查及推行事项。

七、关于各种公司注册立案事项。

八、关于商标特许及专卖事项。

九、关于国际贸易事项。

十、关于调节物价及出产销场事项。

十一、其他关于工商业一切事项。

第四条　第二科分掌事务如左：

一、关于农林渔牧保护、监督、奖励及改良提倡事项。

二、关于农产物蚕蜂养育事项。

三、关于农田官荒处理事项。

四、关于气候测验及天灾虫害预防善后事项。

五、关于种畜检查及兽疫事项。

六、关于官有林保安林公海渔业事项。

七、关于农林渔牧各业团体事项。

八、关于万国农会及考察外国农业事项。

九、关于筹设农林水产试验传习场所、动植物园农产陈列所事项。

十、其他关于农林水产牧畜一切事项。

第五条　第三科分掌事务如左：

一、关于矿业提倡奖励及监督事项。

二、关于矿权特许及撤销事项。

三、关于矿税核定征收事项。

四、关于矿业诉愿事项

五、关于矿业及地质调查事项。

六、关于矿区勘定及矿质分析事项。

七、关于官营炼厂事项。

八、关于矿业用地事项

九、关于冶业监督事项。

十、其他关于矿业一切事项。

第六条　实业厅设厅长一人、秘书二人、科长三人、课员若干人。

第七条　厅长承省政府之命，掌理全厅事务监督指挥所属各机关各职员。

第八条　秘书承厅长之命，分掌机要事务及监督会计庶务等事。

第九条　科长承厅长之命，主管各该科事务。

第十条　课员承长官之命，分掌各该课事务。

第十一条　实业厅因考察实业，得酌设视察员若干人。

第十二条　实业厅因实业技术上之必要，得设技正技士若干人。

第十三条　实业厅因管理部籍缮写文件，得酌雇用书记录事若干人。

第十四条　实业厅分课任务规程另订定之。

第十五条　本法自公布日施行。

选自《中华民国国民政府公报》，1926年第34号。

57. 法官考试条例

1926年5月24日广州国民政府公布

第一章　总纲

第一条　法官考试依本条例行之。

第二条　中华民国人民年满二十二岁以上有左列各款资格之一者，得应法官考试：

一、在本国国立大学或专门学校修法政学科三年以上毕业，得有毕业证书者。

二、在外国大学或专门学校修法政学科三年以上毕业，得有毕业证书者。

三、在经政府认可之本国公私立大学或专门学校修法政学科三年以上毕业，得有毕业证书者。

四、在国内外大学或专门学校学习速成法政学科一年半以上毕业，并曾充推事检察官一年以上，或曾在第一款或第三款所列各学校教授法政学科二年以上，经报告政府有案者。

五、在本条例施行前曾应法官考试及格者。

第三条　凡具有本条各款资格之一者，经法官考试典试委员之审查认可，得免应考试：

一、在国内外大学或专门学校修法律之学三年以上毕业，并曾在国立大学或专门学校教授主要科目任职三年以上者。

二、具有前条资格之一曾任司法官或办理司法行政事务继续三年以上具有成绩，经该管长官认为属实出具证明书者。

三、曾在法官学校高等研究部修业期满，得有毕业证书者。

第四条　有左列各款情事之一者，虽具有前二条资格，不得应法官考试及免试：

一、曾受五等以上有期徒刑之宣告者。

二、受禁治产或准禁治产之宣告后，尚未有撤销之确定裁判者。

三、受破产之宣告后未有复权之确定裁判者。

四、有精神病者。

五、亏欠公款尚未清结者。

六、其他法令有特别规定者。

第五条　法官考试取录之等第如左：

一、甲等。

二、乙等。

三、丙等。

前项考试之分数平均在八十五分以上者为甲等，平均在七十分以上者为乙等，平均在六十分以上者为丙等，不满六十分者为不及格。

第六条　取录甲等者，以推检遇缺先补；取录乙等者，以候补推检遇缺先补；取录丙等者，以书记官遇缺先补。

第七条　免试人员由司法行政委员会审查资格分别擢用。

第八条　法官考试于国民政府所在地举行。

第九条　法官考试每一年举行一次，由司法行政委员会呈请国民政府定期举行，但遇有必要时呈由政府令饬增加次数。

第十条　法官考试期日由司法行政委员会临时定之。前项考试期日须于一个月前登载国民政府公报公告之。

第十一条　考试规则以司法行政委员会令定之。

第二章　典试委员会

第十二条　法官考试典试委员会以左列各员组织之：

一、典试委员长。

二、典试委员。

三、襄校委员。

四、监试委员。

第十三条　典试委员长掌理考试事务，监督典试襄校各委员。

第十四条　委员长有事故时，得以首席典试委员代理。

第十五条　典试委员、襄校委员受委员长之监督，管理考试事务。

第十六条　监试委员管理监试事务。

第十七条　典试委员长一人，由司法行政委员会于左列各员中遴选，开列呈请国民政府简派：

一、司法行政委员会委员。

二、大理院长。

三、总检察厅检察长。

第十八条　典试委员若干人，由司法行政委员会于左列各员中遴选，开列呈请国民政府简派：

一、司法行政委员会司长。

二、大理院庭长及总检察厅首席检察官。

三、法制编审委员会委员。

四、高等审判厅厅长、高等检察厅检察长。

五、广州地方审判厅厅长、广州地方检察厅检察长。

六、其他具有相当法律学识人员。

第十九条　襄校委员由司法行政委员会于左列各员中遴选，开列呈请国民政府派充：

一、司法行政委员会荐任各职员。

二、大理院推事。

三、总检察厅检察官。

四、高等审判厅推事及高等检察所检察官。

五、各属地方审判厅厅长及检察厅检察长。

六、其他具有相当法律学识人员。

第二十条　监试委员由司法行政委员会咨由监察院遴选，呈请国民政府派充。

第二十一条　典试委员会为办理会务得酌设事务员。

第二十二条　典试委员会每届考试事竣后即行裁撤。

第三章　考试

第二十三条　考试分笔试口试两种。

笔试及格者得应口试。

第二十四条　笔试科目如左：

（一）三民主义；（二）五权宪法；（三）宪法史；（四）行政法；（五）刑法；（六）国际公法；（七）民法；（八）商法；（九）民事诉讼法；（十）刑事诉讼法；（十一）国际私法；（十二）拟公判请求书；（十三）民刑事判决书；（十四）公文程式。

第二十五条　口试之科目如左：

（一）民法；（二）商法；（三）刑法；（四）民刑诉讼法；（五）普通社会状况。

第二十六条　笔试口试均以考试各科目平均满六十分以上者为及格。

第四章　附则

第二十七条　本条例施行细则以司法行政委员会令定之。

第二十八条　本条例自公布日施行。

选自《中华民国国民政府公报》，1926 年第 34 号。

58. 枪毙规则

1926 年 5 月 24 日广州国民政府公布

第一条　依刑律第三十八条之执行死刑者，一律适用枪毙，于相当之场所执行之。

第二条　枪毙时应令被行刑人背行刑人直立。

第三条　枪毙部位定为心部，执行时应由指挥行刑人于被行刑人后脊偏左定其标的。

第四条　行刑枪毙宜用短枪。

第五条　执行枪毙时，行刑人与被行刑人之距离不得在五尺以外。

第六条　执行枪毙除指挥行刑者外，以一人为行刑人。

第七条　本规则自公布日施行。

选自《中华民国国民政府公报》，1926 年第 34 号。

59. 法制编审委员会组织法

1926 年 6 月 1 日广州国民政府公布

中华民国国民政府令

法制委员会着改为法制编审委员会。此令！

中华民国十五年四月十二日

法制编审委员会组织法

第一条　法制编审委员会直隶于国民政府，掌理编订及审定一切法制事宜。

第二条　法制编审委员会置委员若干人，由政府派充之，并互选一人为主席。

第三条　法制编审委员会内附设法律讨论会，其会员由法制编审委员会函聘法学专家充任之。

法律讨论会章程另定之。

第四条　会务由委员会议议决行之。

前项会议以主席委员为主席，主席委员缺席时，由出席委员临时推举一人代理之。

第五条　会务会议非有过半数委员出席不得开会，非有出席委员过半数之同意不得议决。可否同数时取决于主席。

第六条　关于编订及审定各项法令，由委员会议指定或分任之。

第七条　法制编审委员会置事务员若干人，由会委充之。

第八条　事务员承委员之指挥，分掌本会纪（记）录文牍及会计庶务等事项。

第九条　法制编审委员会得酌用雇员若干人，司缮写校对及其他杂务。

第十条　法制编审委员会处务规则另定之。

第十一条　本法自公布日施行。

选自《中华民国国民政府公报》，1926 年第 35 号。

60．政治委员会处理事务细则

1926 年 6 月 1 日广州国民政府公布

（一）本会所收一切公文，由秘书长商承主席分送各该管机关处理之。但有下列性质之一者，由主席提出本会讨论之：

（甲）关系国家全体利害者。

（乙）关系政府全部利害之政策者。

（丙）关系本党主义或决定者。

（丁）有使本党内部发生意见之可能者。

（二）政府各高级机关发生事件有上列四项性质之一者，应由各该机关直接提出本会讨论。

（三）政府各高级机关每月终，须将经过成绩将来计划及不能解决之困难报告本会，但外交部须半月报告一次。

此项报告须用书面呈送本会。

报告中须将重要之点于报告之前文中提出注意。

审查报告时，该机关长官得由本会令其到会说明，或自请到会说明。

（四）政府各高级机关发生事件认为有紧急报告之必要时，得不待月终即临时提出报告，但须预先陈明本会主席。

（五）本细则所称政府高级机关指下列各机关而言：

国民政府军事委员会。

国民政府各部。

国民政府监察院及审政院。

国民政府司法行政委员会及教育行政委员会。

广东省政府各厅（粤汉铁路管理局报告关于行政事务由建设厅汇转，关于财政由财政部汇转。）

中央银行。

缉私卫商委员会。

团务委员会。

广州市市政府。

选自《中华民国国民政府公报》，1926 年第 36 号。

61. 广东农工商学联合会简章

1926 年 6 月 19 日广州国民政府公布

中华民国国民政府令第三二六号

令广东省政府

暂行代理国民政府外交部长陈友仁

国民政府财政部长宋子文

国民政府军事部长谭延闿

代理大理院长林翔

司法行政委员会

教育行政委员会

监察院

审政院

国民政府秘书长陈树人

署理国立广东大学校长褚民谊

法制编审委员会

特别刑事审判所所长卢兴原

购料委员会

广西省政府

为令行事，现据农工商学联合委员会函称：此次第三次全国劳动大会、第二次全省农民大会、第六次全省教育大会同时开会于广州，五月十一日各个大会的代表及广州四商会代表等复举行联欢大会于广东大学，席间金谓全国民众皆有负担国民革命的使命，在今日农工商学联合大会之中尤须一致联合起来，解决民众目前迫切的需要。旋由大会议决解决民众迫切的需要的议案七款（另录），并议此七款由大会以全力于最短期间促其实现。当求实现各项议决起见，由农工商学各界各派全权代表组织农工商学联合委员会。此委员会之责任在于代表农工商学各界将议决七款推举代表向政府请愿，并根据此次议案及拥护国民政府之宗旨起草宣言，而以农工商学各界名义发布之。各项既经决议，旋由大会公订农工商学联合委员会简章（简章另录），并公推原基等二十人（名单另录）为农工商学联合委员会委员，复由委员会公推原基等为委员会主席团，原基等谬承推举，当于即日出席任事，按次进行。惟关于敝会此次成立缘因及议决案简章委员名表等项，相应备函钧府察核备案，并恳通饬军政各界一体知照，实纫公谊等情，并附缴议决案、简章、委员名表、宣言等四件前来，查农工商学联欢（合）大会议决请愿各条，已由政府完全接受，逐项规定具体办法，明令饬办在案。大会为巩固农工商学联合战线，一致拥护国民革命基础，计议决组织联合委员会，以辅助政府实现大会议决案，事属可行，简章亦尚妥协，除核准备案并分令外，合行抄发简章名册令仰转饬所属，一体知照。此令。

计抄发简章及委员名册各一份

中华民国十五年六月十九日

广东农工商学联合委员会简章

第一条　本会定名为广东农工商学联合委员会。

第二条　本会以建立并巩固农工商学的联合战线，保护民族利益，拥护国民革命基础为宗旨。

第三条　本会以实现五月十一日工农商学联欢（合）大会七条议决案为职责。

第四条　本会以中华全国总工会、广东省农民协会、广东全省教育会各派代表四人，广州总商会、广东全省商会联合会、广州市市商会、广州市商民协会各派代表三人，及公推自由职业代表二人，共同组织之。

第五条　本会举办各事，由本委员会议决交主席团执行。

第六条　本会设立主席团，以各团体及自由职业各出一人组织之，开会时为主席，并根据本会之议决向政府请愿，促其实现。

第七条　本会设总务、宣传二部。总务部掌管文书庶务、会计出纳等事，宣传部掌管编辑图书、标语演讲、交际等事。每部设正副主任各一人，聘任干事若干人。

第八条　本会经费由基本团体分认。

第九条　本简章如有不适之处，得由全体会议修正之。

农工商学联合委员会各界委员名册（略）

选自《中华民国国民政府公报》，1926 年第 36 号。

62. 煤油汽油特税章程
1926 年 6 月 28 日广州国民政府财政部税务总处布告

财政部税务总处布告第四号

为布告事现奉

财政部令开：照得煤油专卖业经遵令取销（消），并另定征收煤油汽油特税章程，规定由财政部税务总处办理，呈请国民政府政治委员会议决通过，合行令仰该处长即便遵照刻日照章先行开办，仍将开办日期具报此令，等因奉此，所有煤油汽油特税本处定于六月二十八日照章开办，其章程内暂定煤油汽油输入地点，各日另由本处遴选专员分别设局办理，除呈报咨行外，合将章程抄录公布，仰商民人等一体知照。嗣后如有在国民政府辖境内输运或贩卖煤油汽油，务须遵照现定章程办理，毋得违犯致干究罚，切切此布。

计开煤油汽油特税章程十条

第一条　政府于取销（消）煤油类专卖后，为抵补国库损失平均人民负担起见，除火油渣暂准免征外，凡煤油汽油入口时，均应征收特税，其征收办法悉依本章程之规定，由财政部税务总处办理。

前项特税由税务总处在各输入地点，特派专员办理或派员兼办。

第二条　煤油汽油特税税率，均按每十加仑计（即每一箱或两罐）收税费毫银二元。

第三条　凡煤油商贩运煤汽油入国民政府辖境者，须先期取具股商保证，向财政部税务总处请领煤油或汽油进口准单，方准输入。

前项进口准单只贴印花税票五元，不另纳费。

第四条　煤油汽油输入地点，由税务总处呈请财政部依附表所定公布之，非在准其输入口岸不得输入（暂定广州、黄埔、汕头、江门、前山、水东、海口、北海、梧州为输入口岸）。

第五条　煤油进口时，须随带进口准单赴各关或其所属子口税卡报请检查，纳足特税，请领检查证，按箱或按罐分别粘贴，方得运入货仓，随时发售。

其有专备货仓呈请财政部核准有案者，准其先行入仓，俟出仓时再行纳税。其专章另行规定之。

第六条　已纳特税贴有检查证之煤油，如复出口及复进口时，由驻在该收税关卡之特派员给以转运准单，于进口时报请验明，不再纳税。

第七条　存煤油汽油之货仓及其货账，税务总处及征收特税人员有随时检查之权。

第八条　煤油汽油输入时如无进口准单，或转运准单，一经海关或值缉员查获货物全数充公外，并处以一百元以上五千元以下之罚金。

第九条　煤油汽油输入后未经纳足特税或未粘贴检查证私自出仓或发售时，一经查获，除货物充公外，并处以五百元以上一万元以下之罚金。

第十条　本章程自公布日施行。

本章程颁行后，煤油类专卖暂行条例及检查规则，即行废止。

中华民国十五年六月二十八日

选自《中华民国国民政府公报》，1926年第38号。

63. 广东都市土地登记及征税条例

1926年7月3日广州国民政府公布

第一章　总则

第一条　本条例所用名词解释如下：

（一）宅地　凡都市内土地认为宜于住宅商店或工场之用者，谓之宅地。

（二）有建筑宅地　宅地区域内土地之有永久建筑物者，谓之有建筑宅地。

（三）无建筑宅地　宅地区域内土地之无建筑物或仅有临时建筑物者，谓之无建筑宅地。

（四）农地　宅地区域外所有屋地、农地、菜地、苗圃、鱼塘、桑地及其他种植之土地，谓之农地。

（五）旷地　都市土地除宅地农地外，谓之旷地。

（六）永租　以永远租赁代买卖者，谓之永租。

（七）典质　担保债权之土地由债权人占有者，谓之典质。

（八）抵押　担保债权之土地不由债权人占有者，谓之抵押。

（九）长期批租　有契约的租赁而期在十五年以外者，谓之长期批租。

（十）铺底权　指经领有登记局之铺底顶手登记完毕证者。

（十一）移转　指买卖、赠与、继承、永租、典质及抵押而言。

（十二）土地书据　包括红契、白契、典契、合同、租簿、官厅执照、批示、判决书及其他凭据，足以证明土地权利者。

（十三）土地改良　于都市土地上建筑增加或修改因而增长其价值，谓之土地改良。

（十四）土地增价　土地移转时，现时市价与最后转移时市价相差增加之数，或如无移转时与初次申报地价相差增加之数，谓之土地增价。

第二条　广东都市均适用本条例，其施行时期由广东省政府斟酌地方情形以命令分别行之。

第三条　施行本条例之都市政府，须依都市情形酌拟市区界线，绘图附说，呈广东省政府核定公布之。

都市政府认为有变更前项界线之必要时，得将情形及理由绘图附说，呈由广东省政府核定公布之。

第四条　凡经划入都市界线内之土地，直接受都市政府之管辖，对于其他机关不担负纳税义务。

第五条　都市土地分为左列种类，由都市政府随时核定公布之：

（一）宅地。

（甲）有建筑宅地。

（乙）无建筑宅地。

（二）农地。

（三）旷地。

第二章　土地登记

第六条　关于左列土地权利成立之一切书据，无论已未经登记局登记，限于分区测量完竣通告后三十日内，连同抄白书据一份，呈缴土地局依照不动产章程登记之，验讫书据发还：

（一）土地所有权。

（二）永租权。

（三）典质权。

（四）铺底权或上盖权。

（五）长期批租。

（六）抵押权。

第七条　前条土地权利之登记，按照第十四条所指之申报地价百分之二纳费，依左列规定征收之，但经登记局登记并领有登记完毕者，免费登记：

（一）土地所有权或永租权之登记，由所有人或永租权人纳费。

（二）有典质关系之土地登记，由典质权人纳费。

（三）有铺底上盖或长期批租关系之土地登记，如土地所有人或永租权人之每年收益等于或超过平均地价百分之十，其登记费完全由土地所有人或永租权人缴纳之。如其收益不及百分之一十，其担负之登记费对于全部登记费以其土地收益对于平均地价百分之一十为比例，余额由其他土地权利人担负之。

（四）抵押登记费千分之五，抵押转移登记费千分之一，抵押撤销登记免费。

第八条 土地局于本条例施行后，随时编造土地假定登记册详载第六条所列各事项，土地关系人得检阅之。

土地局另备假定登记册，只载土地坐落面积及所有人姓名登记月日放置局内，并登都市公报，人民到局阅册纳费一元。

第九条 登入土地假定登记册后三个月内，各土地权利人认为有错误时，须向土地局声请更正。

如书据发生真伪问题时，由土地裁判所判决之，其判决为最终之判决。

土地裁判所之组织章程另定之。

第十条 登入土地假定登记册后三个月内，无前项声请或问题发生时，假定登记即为确定登记。

第十一条 土地权利有移转时，转受人须于移转后十日内声请土地局登记，如系买卖按照买卖价，如非买卖按照申报地价千分之一纳费，但最多以十元最少以一元为限。

第十二条 土地所有人、永租权人、典质权人、铺底权人或上盖权人于第五条所规定之土地种类变更时，须于变更前将变更事由呈由土地局按照地方情形及都市计划核定之。

第十三条 市区内凡国有省有市有土地主管机关或团体，依第六条规定申请登记若有转移或变更土地种类时，须照第十一、第十二条办理，但均得免费。

第十四条 都市土地权利以经土地局确定登记者为准。

第三章 地价

第十五条 土地所有人、永租权人、典质权人须于土地局通告登记三十日内，将申报地价书二份，连同一切土地书据呈缴土地局。

申报地价书须依式填报左列事项：

（一）土地所有人，永租权人或典质权人之姓名及通讯处。

书据如用堂名须加该堂代表人姓名，如用团体或商店名须加团体或商店照其定章有权签押之主事人姓名，如系二人以上共有须全列名。

（二）土地种类。

（三）坐落。

（四）面积。

（五）每井价值（建筑物所值不在内）。

（六）全段地价。

（七）土地现充何用。

（八）如有永租、典质、铺底、上盖、抵押或长期批租关系须分别注明。

第十六条　地价申报后，由土地局依据土地位置及价值划分地价区域。同一区域内之土地于征税上价值相等谓之平均地价。平均地价每三年由土地局修正之。

第十七条　平均地价决定后，由土地局公布之。土地所有人、永租权人、典质权人认平均地价为不平允时，得自公布之日起一个月内，向土地评议会申请修正。

土地评议会对于前项申请所为之判决为最终之判决。土地评议会之组织章程另定之。

第十八条　前条土地权利人认土地评议会判决为不平允时，得自收到判决书之日起十五日内申请土地局照申请修正地价征税，或照该价将土地收买之。

第四章　地税

第十九条　都市土地每年依照左列定率征收地税，建筑物免征：

（一）有建筑　宅地按照平均地价百分之一。

（二）无建筑　宅地按照平均地价百分之一。

（三）农地　按照平均地价千分之五。

（四）旷地　按照平均地价千分之二。

都市政府认地方情形有必要时，得将前项规定无建筑宅地之税率加重之，但不得过百分之五。

第二十条　地税每年分左列两期征收，每期缴收半数：

第一期　三月一日至三月三十一日。

第二期　九月一日至九月三十日。

第二十一条　左列土地得由都市政府准予免税：

（一）关于教育慈善或宗教使用之土地。

（二）公立免费游戏场或公园。

（三）经都市政府指定作坟场之土地。

（四）其他得都市政府准予免税之土地。

第一第二款土地免税以三年为限，但限满得续请。

第二十二条　前条各款土地如以一部成全部变更使用至免税理由不存在时，不得免税。

第二十三条　地税由左列人缴纳：

（一）有永租关系之土地，由永租权人缴纳之。

（二）有典质关系之土地，由典质权人缴纳之。

（三）有铺底上盖或长期批租关系之土地，如土地所有人或永租权人之每年收益等于或超过平均地价百分之一十，其地税完全由土地所有人或永租权人缴纳之。如其收益不及百分之一十，则其应负担之地税对于全部地税以其土地收益对于平均地价百分之一十为比例，余额由其他权利人缴纳之。

（四）其他土地由土地所有人缴纳之。

第五章　土地增价税

第二十四条　土地移转除抵押外每次须纳土地增价税，土地如无移转时，每十年须纳土地增价税，但土地改良费不征。

土地增价税率为土地增价三分之一。

第二十五条　土地增价税由左列人缴纳：

（一）有永租关系之土地，由永租权人缴纳之。

（二）有典质关系之土地，由典质权人缴纳之。但期满由所有人赎回时，典质权人得免息取偿于土地所有人。

（三）有铺底上盖或长期批租关系之土地，如土地所有人或永租权之每年收益等于或超过平均地价百分之一十，其增价税完全由土地所有人或永租权人缴纳之，如其收益不及百分之一十，则其应负担之增价税对于全部增价税以其土地收益对于平均地价百分之一十为比例，余额由其他权利人缴纳之。

（四）其他土地由土地所有人缴纳之。

第六章　罚则

第二十六条　违背第六条第十五条之规定者，处以五十元以上二千元以下之罚金。

第二十七条　违背第十一、十二条之规定者，处以其土地所值百分之五以下之罚金。

第二十八条　违背第二十条之规定者，延迟每一个月处以一倍税额以下之罚金，但最多不过十倍。

第二十九条　违背第二十五条之规定者，处以一倍税额以下之罚金。

第三十条　违背第十三条之规定者，得呈请该管上级机关予以相当之惩戒处分。

第三十一条　本条例施行细则另定之。

第三十二条　本条例由国民政府核准公布之。

选自《中华民国国民政府公报》，1926年第38号。

64. 国民革命军总司令部组织大纲

1926年7月7日广州国民政府公布

一、国民政府特任国民革命军总司令一人，凡国民政府下之陆海航空各军均归其统辖。

二、国民革命军总司令对于国民政府与中国国民党在军事上须完全负责。

三、总司令兼任为军事委员会主席。

四、总司令部参谋长以军事委员会参谋部长兼任之，或由总司令呈请国民政府委任之。

五、总司令部设置参事厅，以参谋长、总参议、高等顾问若干人组织之，参赞戎机，襄助总司令处理进行事宜。

六、总司令部设于军事委员会内，以作战之进步随时进出于前方。

七、政治训练部、参谋部、军需部、海军局、航空局、兵工厂等各军事机关均直属于总司令部。

八、出征动员令下后，即为战事状态，为图军事便利起见，凡国民政府所属军民财政各部机关均须受总司令之指挥，秉承其意旨办理各事。

九、总司令出征时，设立治安委员会，代行总司令职权，该会受政治委员会之指挥，其议决案关于军事者交由总司令部执行之。

十、总司令部之编制及规则另定之。

选自《中华民国国民政府公报》，1926 年第 38 号。

65. 黄埔商埠股份有限公司招股章程

1926 年 7 月 8 日广州国民政府公布

第一条　本公司定名为黄埔商埠股份有限公司。

第二条　本公司承国民政府之特许，以集资开辟黄埔商港、建设码头货栈、经营商埠营业为目的。

第三条　本公司依照中华民国股份有限公司条例注册存案。

第四条　本公司总事务所设在广州市。

第五条　本公司资本总额定为广东通用毫银二千万元，分为二千万股，每股毫银一元，一次收足。除由政府筹拨一千万元外，其余一千万元由中华各界人民认购之。

第六条　黄埔商埠急于经营，所有一切计划已由本公司执行委员会聘请筑港专家设计测量，准备进行。第一步工作不待总额招足然后兴工。

第七条　本公司股本分为优先股及普通股两种，由宣布章程之日起，在本国及港澳二个月内，外埠四个月内，以前附股交银者为优先股，股银依照额定九折缴纳，逾期附股交银者为普通股，股银十足缴纳。

第八条　本公司招股人招收股本，须即日交与本公司所指定之银行或代理收银处，掣回临时收据，交认股人收执，以俟转换正式股票。

第九条　本公司招收股本系指定为黄埔开埠之用，应由本公司执行委员会或董事会负完全保管之责，无论任何名义及机关均不得移作别用。

第十条　本公司股本利息定为周息一分，依收据所填交款之日起算，每年付息一次。

第十一条　本公司每年溢利先除股息后除花红，其余按股分派，或贮作公积，应由董事会随时议定。

第十二条　本公司所招股本一经收足全额四分之一，即行召集股东大会，选举董事，成立董事会。

第十三条　本公司未举出正式董事之前，暂以政治委员会一人，建设、市政、财政、农工、实业、土地六厅厅长六人，各由开辟黄埔商埠促进会选出六人，组织执行委员会，对政府负责，办理招股保管款项及开埠一切事宜。

第十四条　本公司执行委员会于董事会成立时，须将取支数目及经过情形详细报告，并将所存款项资产全数点交董事会，即行解职。

第十五条　本公司执行委员概不支薪，但得酌量情形支给办公费。

第十六条　本公司每一股有一选举权，凡股东皆有被选为总协理董事及监察之权。

第十七条　本公司设董事十五人，政府股票选举七人，人民股票选举八人。监察九人，政府股票选举五人，人民股票选三人，发起开辟本埠各团体选举一人，任期一年，并得连任。总理一人，协理二人，均由董事会任免之。其余各职员由总协理任免之。

第十八条　本公司股东大会每年举行一次，如有特别事故得随时由董事会招集特别会议，但有股票总额十分之一向监察委员会要求开会时，或监察委员会认为有开会之必要时，该会须召集特别会议。

第十九条　本公司每届年终总结一次，须将全年收支数目经过情形及资本盈亏，报告股东大会，以昭信守。

第二十条　本章程如有未尽事宜，均依照股份有限公司条例办理。如须（需）修改时，由执行委员会或股东大会修正，呈准政府备案。

第二十一条　本章程由政府核准之日发生效力。

选自《中华民国国民政府公报》，1926年第38号。

66. 华侨褒章条例
1926年7月12日广州国民政府公布

第一条　凡海外华侨对于革命事业著有勋绩，或曾捐巨款者，得依本条例给予褒章。

第二条　褒章分为四等如左：

（一）一等金质褒章。

（二）二等金质褒章。

（三）一等银质褒章。

（四）二等银质褒章。

各等褒章之式样及绶色如附图所定。

第三条　海外各地最高党部查得当地华侨有合于本条例第一条之规定，应给予褒章者，得详列事实呈由中央海外部覆（复）核后，转请国民政府酌给各等褒章。

第四条　给予褒章时并附给执照。

执照式另定之。

第五条　褒章佩于上衣左襟。

第六条　凡受褒章者限于本人终身佩带（戴）之。但因犯罪或违反其他法令受褫夺公权之宣告时，应将褒章及执照一并缴还。

第七条　晋受褒章时，应将前受褒章缴还。

第八条　褒章遗失时，得呈请补给。

第九条　本条例自公布日施行。

选自《中华民国国民政府公报》，1926年第40号。

67. 国民政府财政部第二次有奖公债条例

1926 年 7 月 20 日广州国民政府公布

第一条　国民政府为开辟黄埔商港实行先总理建设计划起见，特由财政部发行第二次有奖公债。票二百万张，每张票面五元，共为一千万元，定名为国民政府财政部第二次有奖公债。

第二条　此项有奖公债由财政部以国家收入拨交中央银行为还本给奖之担保，并由中央银行负完全责任。

第三条　此项有奖公债之还本办法分为三期，每十个月为一期。第一期每一个月还本百分之二，第二期每一个月还本百分之三，第三期每一个月还本百分之五，第三十个月全数偿清。每届还本由财政部抽签定之。

第四条　此项有奖公债之利息定为每月十万元，即以此项利息全数提充奖金不再另行给息。

第五条　此项有奖公债之奖金分等规定如左：

（一）一等奖一张，计给奖金五万元。

（二）二等奖二张，各给奖金二千元。

（三）三等奖四张，各给奖金五百元。

（四）四等奖十张，各给奖金一百元。

（五）五等奖二十张，各给奖金五十元。

（六）六等奖五十张，各给奖金三十元。

（七）七等奖一百张，各给奖金十五元。

（八）八等奖三百张，各给奖金十元。

（九）九等奖六百张，各给奖金五元。

（十）十等奖除前列九等奖外，其余每次中签之债票均各奖金五毫。

第六条　此项有奖公债定八月一日发行，限期两个月募集即行抽签还本。在未沽销完竣时，为优待捷足应募者起见，得增加特别抽奖，其办法另由财政部以部令定之。

第七条　此项有奖公债于中签给奖时，即连债本一并发还。自定期给奖还本之日起，如逾期三个月仍不领款者，该债票即作无效。

第八条　此项有奖公债每月抽签还本一次，即于应行还本各票中再行开奖。其抽签办法及日期另定之。

第九条　每届抽签开奖之期，应由财政部会同监察院派员办理，并邀同地方各法团推举代表莅场监视，仍任人参观。

第十条　此项有奖公债由财政部内国公债处主管及经理发行事宜，其发行规则另由财政部以部令定之。

第十一条　此项有奖公债之还本给奖，由财政部委托中央银行及其他殷实商号或各征收机关按期支付。

第十二条　此项有奖公债票为无记名式，得自由买卖抵押，并得作公务上缴纳保证金之担保品，及中央银行抵押放款之抵押品。

第十三条　此项有奖公债得为银行之保证准备金。

第十四条　经理此项有奖公债之官吏或其他商民，对于此项公债如有损毁信用之行为，按照刑律治罪。

第十五条　本条例自公布日施行。

选自《中华民国国民政府公报》，1926 年第 39 号。

68. 广东土地登记条例

1926 年 7 月 23 日广州国民政府公布

第一章　总则

第一条　凡左列土地无论公有或私有，其权利之保存移转分合消减添附及处分，在本条例颁行前，不问曾否登记，有无书据，均须向广东土地厅及所属土地局登记之。

一、建筑用地：

房屋用地、场厂用地、码头用地、铁路用地、公园地、操场、炮台用地、灯塔用地、祠庙地、坟墓用地、其他一切供建筑用之土地。

二、农地：

水田、山田、旱田、沙田、苗圃、桑田、菜田、果园、滩荡、其他一切耕作种植之土地。

三、畜牧地：

牧场、鱼塘、山林、原野。

四、森林地。

五、矿山地。

六、盐田。

七、道路地：

道路、铁道线地、沟渠、河道、堤墟。

八、杂地：

荒地、坦地、蚬地、蠔地、其他一切不属于上列各项之土地。

上列各类土地应行登记之权利如左：

甲、土地所有权。

乙、永租权。

丙、抵押典质权。

丁、地上权。

戊、公用土地之管理者。

第二条　凡土地一切之权利非经遵照本条例规定申请登记，领有登记完毕证时，不能以之为土地权利之根据，享受法律上之保障及行物权上之绝对权，以之对抗一般人。

第二章　登记

第三条　土地登记册应登记之事项如左：

一、土地所在之地名及坐落四至。

二、土地之类别及现作何用。

三、面积。

四、地价（每升或每亩）。

五、每亩租值。

六、有无书据。

七、曾否纳税，其额若干。

八、有无地图（如有地图须照绘一纸另行保管之）。

九、业户（永租或典主及管理人）之姓名、年岁、籍贯、职业、住址。

十、由代理人声请时，代理人之姓名、年岁、籍贯、住址。

十一、有佃人时，佃人之姓名、住址。

十二、其他应登记事项。

第四条　前条应登记之事项，皆由土地权利人或其他代理人于应行登记时期内，自行呈报登记之。但经测量或调查有与呈报事项不符时，得核正之。

土地应登记时期，由省政府决定施行之。

测量及调查之规则另定之。

第五条　前项登记须刊登政府公报，揭示于所受理登记之土地局，并布告于登记之土地所在地。又无论何人得申请查阅登记书，须自公告之日起三个月为假定期，期内倘无人异议，即属确定，发给登记完毕证。

第六条　在假定登记期内，如有认为不符实之处，得由土地关系人具书请求更正之。凡对于呈报登记事项有疑义或争执时，得请求土地局附设之审查委员，分别解释审理之。

第七条　呈报登记人或异议人登记人不服审查委员会裁决时，得呈请土地厅所属土地公断处为终审之裁决。但自公断处裁决后，公断处如发见（现）基于不法行为或不当利得而取得土地权利，业经法院确定判决者，得声请土地公断处修正之。

土地公断处之组织另定之。

第八条　土地权利有移转或其他处分时，其承受人须于承受后一个月声请登记。

第九条　凡土地如遇自然或人事致其分合消减添附等场合，其土地登记权利人须于该情状发生一个月内，声请勘明更正之。

第十条　凡国家或地方所有之土地，以直辖主管机关为法定代理人，应速即声请登记。其登记管辖机关属于该土地所在地之土地局。

第十一条　凡社团法［人］或财团法人及各种公司与学校或另立堂名者等所有土地权利，应由该社团学校等法定代理人或另立堂名者公司经理人速即声请登记，其管辖登记机关属该土地所在地之土地局。

第十二条　凡国家或地方所有之土地于卖却时，应由主管机关即移付土地卖却证明书，于该土地所在地之土地局，分别涂销移转登记。

第三章　登记费

第十三条　凡呈报登记者，应照左列之区别缴纳登记费：

一、原有产业保存其所有权者（即原管有人），按其地价千分之五。

二、共有产业之分得者，按其所分得之地价千分之六。

三、永租权之取得者，按其租金额千分之六。

四、因抵押典质而取得者，按其债权金额在一年以内者千分之三，一年以上三年以内者千分之五，三年以上十年以内者千分之六，十年以上者千分之八。但其无债权金额或其债权金额超过其地价时，作为债权金额。

五、因抵押典质期满而回复者，按其原登记件数每件二毫。

六、因拍卖而取得者，按其债权金额千分之六。

但其拍卖之地价少于债权金额时，则以其地价作为债权金额。但于本条例施行以后土地权利有移转时，其登记费如左：

一、因遗产或赠与及其他无偿名义而取得所有权者，按其地价千分之三十。

二、因买受而取得所有权者，按其地价千分之十五。

三、因前二项以外之原因而取得者，按其地价千分之一十。

登记费包括登记证纸价，但免费登记者须缴纳登记证纸价每件二毫。

第十四条　左列之各项土地免费登记之：

一、政府自用地。

二、公署局所之建筑地。

三、学校自置之建筑地及其农业实习用地。

四、幼稚园、公园、公立医院、图书馆、博物院、公共市场、孤儿院、济良所、收容难民处所、义塚、公共仓库等建筑地。

五、土地之曾经登记有登记证者。

六、经省政府特行核准者。

第十五条　依据本条例第八条之规定，土地权利有移转时，其承受人声请登记者，须照本条例第十三条之规定缴纳登记费。

第十六条　依据本条例第九条之规定声请更正登记时，得按其情况参照本条例第十四、第十五条办理之。

第四章　罚金

第十七条　凡于登记期限内不呈报登记时，除照本条例第十三条之规定补行登记外，如逾期二个月以内者，按照其地价处以千分之三十之罚金，两个月以上四个月以内者，按照其地价处以千分之五十之罚金，四个月以上六个月以内者，按照其地价处以千分之一百之罚金，六个月者得没收之。

其逾期自首者，须照本条例第十三条之规定补行登记，其登记费须加成补纳，每过一个月纳费递加三成，官有国有地之主管机关或学校及其他享有免费登记之法定代理人，怠于声请登记时，得呈请省政府予以相当之惩戒处分。但各种公司怠于登记，仍适用前项之规定。

第十八条　违背本条例第八条之规定，以隐匿论，适用本前条第一项之规定处罚之。其自首者适用同条第二项之规定。

第十九条　凡违背本条例第九条规定怠于声请者，参照本条例第十六条办理之。但增作公共事业或自然灭失，依照本条例第十四条之规定免费登记者，不在此限，仍须缴纳登记证纸价。

第二十条　依据本条例第四条之规定测量或调查其土地权利者，所呈报有隐匿不符情事时，得按照其地价处以千分之二十之罚金，并依照第十三条之规定补行登记。

第五章　附则

第二十一条　本条例施行细则另订之。

第二十二条　本条例由国民政府公布，由省政府定期施行之。

选自《中华民国国民政府公报》，1926年第40号。

69．戒严条例

1926年7月29日广州国民政府公布

第一条　国民政府在用兵时期内，对于所辖地域，为确保战地及内地之安宁秩序起见，依本条例所定由总司令宣布戒严，或使宣告之。

第二条　戒严地域分为两种：

一、警备地域　即留守部队分防地区内，为预防非常事变之发生，应行警戒之地域是。

二、接战地域　即前方作战区域，凡对敌攻击防御之地带是。

前两项地域，应时机之必要区划布告之。

第三条　战争之际，凡要塞港岛湾及其他重要地区，为防制敌人侵越或应付非常事变起见，各该地最高军事长官得就该地情形临时宣告戒严，但须迅速呈报总司令得其核准。

第四条　在戒严时期，各地方最高军事长官须就其所担任作战或留守区域内之戒严情状，及一切处置，随时迅速报告总司令查核。

第五条　在警备地区内，该地方行政及司法事务限于与军事有关者，以其管辖权属于该地之最高军事长官。

但有权限争执时，呈由总司令决定之。

于前项情形地方，行政官及司法官须受该地最高军事长官之指挥。

第六条　在接战地域内，地方行政及司法事务之管辖权移属于该地之最高军事长官。

第七条　关于接战地域内与军事有关系之民事及刑事案件，由总司令部政务局军法处会同裁判之。

第八条　接战地域无法院，或与其管辖法院交通断绝时，虽与军事无关系之民事及刑事案件，亦由总司令部政务局军法处裁判之。

第九条　戒严地域内司令官有执行左列各款事件之权，因其执行所生之损害不得请求赔偿：

一、取缔认为与军机有妨害之集会结社罢工罢市或新闻杂志图画各种印刷品。

二、民有物品可供军需之用者，如因时机之必要得禁止其输出。

三、检查私有枪炮弹药兵器火具及其他危险物品，因时机之必要，得押收或没收之。

四、拆阅邮信电报。

五、检查出入船舶及其他物品，或于必要时得停止水陆之交通。

六、监督指导各地民团农团等，如各团体中有不法行为以致妨碍军事动作者，得由总司令随时勒令缴械解散。

七、因作战上不得已之时，得破坏人民之不动产，但应酌量抚恤之。

八、接战地域内，不论昼夜如遇必要时，得检查家宅建筑物航行船舶等。

九、寄宿于接战地区内之人民，因时机之必要得令其退出。

第十条　总司令认为戒严之情事终止时，即为解严之宣告。

第十一条　戒严条例于解严宣布后失其效力。

选自《中华民国国民政府公报》，1926年第40号。

70. 修正国民政府外交部组织法
1926年8月14日广州国民政府公布

第一条　国民政府外交部直隶于国民政府，管理国际交涉及关于居留外人，并在外侨民事务，保护在外商业。

第二条　国民政府外交部置部长一人，承国民政府之命管理本部事务及监督所属职员。

第三条　外交部长于对于各地方最高级行政长官之执行本部主管事务有监察指示之责。

第四条　外交部于主管事务对于各地方最高级行政长官之命令或处分认为违背法令或逾越权限，得呈请国民政府取消之。

第五条　国民政府外交部置秘书长一人，承部长之命整理部务。

第六条　国民政府外交部置秘书若干人，承长官之命掌理机要事务。

第七条　国民政府外交部事务分左列五科办理之：

（一）公法交涉科　掌理：（甲）政治交涉事项；（乙）领土交涉事项；（丙）通商课税交涉事项；（丁）行船交涉事项；（戊）其他一切凡关系公法上交涉事项。

（二）私法交涉科　掌理：（甲）华洋诉讼交涉事项；（乙）国籍交涉事项；（丙）华侨保护事项；（丁）外人在中国营业之登记事项；（戊）其他关系私法上交涉事项。

（三）翻译科　掌理翻译外国文件语言事项。

（四）调查科　掌理：（甲）调查外交事件及外交政策事项；（乙）编纂条约及关于外交书籍；（丙）编辑外交统计。

（五）总务科　掌理：（甲）文书收发；（乙）印信；（丙）会计；（丁）护照发给；（戊）及其他不属于各科事务。

以上五科每科置科长一人，科员若干人，科长得由秘书兼任之。

第八条　于国民政府外交部附设宣传局，掌理宣传政府外交政策及助进革命策略。

宣传局置局长一人，总理其事务。

宣传局之详细组织另定之。

第九条　国民政府外交部设参事会，置常任参事若干人，由外交部长聘任或委任之，讨论外交上约章上各种难题。

有必要时，外交部长得邀请其他官厅职员出席外交部参事会参加讨论。

参事会之详细组织由外交部长另定之。

第十条　国民政府外交部因缮写文件及其他特别事务，得酌用雇员。

第十一条　本法自公布日施行。

选自《中华民国国民政府公报》，1926年第42号。

71. 国民政府组织解决雇主雇工争执仲裁会条例

1926年8月16日广州国民政府公布

第一条　对于雇主雇工间之争执，当设立仲裁会以解决之。

第二条　仲裁会由政府委仲裁代表一人，及有关系之双方各派代表二人，共同组织之。如属关系数方之争执，则双方之外其余各方得派代表一人或数人。

第三条　仲裁会解决雇主及雇工间各种纠纷，如工值问题、补偿伤害问题、工作时间问题、雇工待遇问题及其他争执之问题，凡双方不能解决者。

第四条　雇主及雇工自己不能解决争执时，当由双方或单方将情由禀明农工厅，呈请按照本条例第二条组织仲裁会。农工厅当即转呈国民政府并代请组织仲裁会。此项仲裁但经争执之一方呈请及他一方必须承认。

第五条　仲裁会既按照本条例成立后，务当调查该关系雇工之生活状况，当地之经济状况，及该种工业或商业之经济状况，然后公平解决。

第六条　对于公共事业或政府所办之企业发生之争执，如双方或一方不满意于仲裁会之判决，得上诉国民政府请求作最后之判决。国民政府所视为公平或所修改或发还仲裁会，经仲裁会复审之判决，各关系方面应当遵守之。

第七条　凡雇主雇工之纠纷已呈请仲裁，双方不得采取直接行动，如罢工或闭厂之举。惟在未请求仲裁之前所发生之罢工或闭厂不在此内。

第八条　仲裁之细则另订之。

第九条　本条例自公布日施行。

选自《中华民国国民政府公报》，1926 年第 42 号。

72. 劳工仲裁会条例

1926 年 8 月 16 日广州国民政府公布

第一条　劳工仲裁会之设立，其宗旨在解决劳工组织间之争执。

第二条　劳工仲裁会由政府委仲裁代表一人，及有关系之双方或数方各派代表一人，共同组织之。

第三条　劳工仲裁会解决左列各事项：

（一）工人之纠纷。

（二）决定工会范围。

（三）其他纠纷或冲突。

第四条　农工厅不能解决工人争执时，当即在二十四小时内呈请国民政府设立仲裁会。

第五条　凡工人争执须在仲裁会解决。无论何时各方不得聚众携械斗殴，或有违犯警律或危害公安之行动。

第六条　仲裁解决争执或纠纷案应负下列各责：

（一）　调查争执原因。

（二）　调查关于争执之各工会之互相关系。

（三）　调查关于争执或纠纷之各事项。

（四）　研究各关系工会要求条件之曲直。

上列各项须于最短时期调查完竣，然后公平解决。

第七条　对于仲裁会之判决，如一方或各方不满意可上诉国民政府。国民政府所认为公平或修改之判决，即为最后之判决，各方须遵依之。

第八条　两工会发生争执时，双方行动不得危及第三方。无论何方违反此条，所有损失归其直接负责。

第九条　仲裁会之细则另订之。

第十条　本条例自公布日施行。

选自《中华民国国民政府公报》，1926 年第 42 号。

73. 国民政府侨务委员会组织条例

1926 年 8 月 21 日广州国民政府公布

第一条　国民政府侨务委员会直隶于国民政府，专管理海外华侨事务如左：

（一）关于取缔监督移民海外事项。

（二）关于保护奖励海外华侨事项。

（三）关于指导监督海外华侨政治经济社会及教育等团体之组织进行事项。

（四）关于调查各国政府待遇华侨之政策条例，海外华侨之户口、国籍、工商农学之生活状况等事项。

（五）关于优待回国华侨之游历参观，指导华侨子弟之回国就学，介绍回国华侨之投资兴办实业等事项。

（六）关于处理海外华侨之争执纠纷事项。

第二条　国民政府侨务委员会由国民政府任命委员五人组织之，并于委员中指定一人为主席委员。

第三条　国民政府侨务委员会所议决之案件，由主席委员署名执行之。

第四条　国民政府侨务委员会设秘书处、移民科、组织科、交际科、调查科，其职务如左：

（一）秘书处，承侨务委员会之指挥掌理秘书事务，下设文书收发会计庶务各股。

（二）移民科，掌理：（甲）关于取缔监督移民海外事项；（乙）关于奖励保护海外华侨事项。

（三）组织科，掌理关于指导监督海外华侨各种社团学校及报馆之组织注册等事项。

（四）调查科，掌理：（甲）关于调查各国待遇华侨政策及条例事项；（乙）调查关于海外华侨之户口国籍工商农学之生活状况。

（五）交际科，掌理：（甲）关于优待回国华侨游历参观及招待事项；（乙）关于指导华侨子弟回国就学事项；（丙）关于介绍回国华侨投资与办实业事项；（丁）关于处理海外华侨之争执纠纷事项。

第五条　国民政府侨务委员会各科之主任，由委员会互推委员四人分任之。

第六条　国民政府侨务委员会秘书，由委员会荐请国民政府任命之，其余科员办事员由委员会委任之。

第七条　国民政府侨务委员会设名誉顾问若干人，由委员会聘请熟悉侨务名望素孚者任之。

第八条　国民政府侨务委员会设名誉咨议若干人，由委员会就回国及居留海外华侨之热心国事著有劳绩者委任之。

第九条　国民政府侨务委员会于必要时，得增设驻外侨务特派员及调查员，由委员会委任之。其权责以不与驻外使领职权抵触者为限。

第十条　凡华侨回国及出外时，须至侨务委员会注册。其注册章程另定之。

第十一条　经在侨务委员会注册之华侨，其本人或其家属遇有事故须向政府请求时，得直接呈由侨务委员会办理。

第十二条　关于华侨保护及褒奖专章及侨务委员会办事细则另定之。

第十三条　本条例有须修改时得由委员会呈请修正之。

第十四条　本条例自公布日施行。

选自《中华民国国民政府公报》，1926 年第 43 号。

74. 国民政府出师北伐告全国人民书

1926年9月7日广州国民政府发布

　　自革命领袖孙中山先生推翻专制，创立共和，于兹十有五年。人民始则抱无穷之希望，以为积年威焰，一旦推倒，出幽谷迁乔木，官僚苛虐，从兹可以永绝。不料事与愿违，渐失所望。辛亥革命虽已除去中国独立之一大障碍，惟种种困难复从而滋生。前朝达官遗老，藉（借）革命之名，盗窃政柄，殃国害民，不为人民谋解放。始则袁世凯帝制自为，继则黎元洪酿成复辟，此后冯徐黎曹段相继窃位，莫不假共和之名，行军阀之实，兵柄所在，即政权所归，虽有国会，不过掩饰专横之御用机关耳。先总理痛革命未成，而国益颠危也。于是继续努力，以广东为根据地，起与反革命者抗。惟时敌势方张，系总理之志，卒不得遂，故至今北方民众尚呻吟于反革命派虐政之下。而反革命派更互相倾轧，延长内乱，涂炭生灵。北方军阀实为厉阶，而吴佩孚穷兵黩武，分裂中华，尤为罪魁祸首。帝国主义者乘机侵略，谋遂大欲。北方军阀日事扩充私人势力，不惟不以国家为念，反甘作帝国主义者之傀儡，以压迫同胞。爱国志士，奔走呼号，促其醒悟，则被惨杀，以为不如是不足以尽忠于帝国主义者也。长此以往，国且不国，是以孙总理临终遗嘱，命同志继续努力，完成革命。今南方军阀次第消灭，国民政府方苦心经营，以求实施孙总理之主义。凡政府与人民之合作，人民之扶助政府，皆足征国民政府所履为正途也。国民政府对内力求廓清军阀，对外努力推倒帝国主义，力抗英帝国主义者年余，未尝稍懈。北方军阀见南方军阀即已肃清，国民政府之基础已固也，乃觍颜与帝国主义者勾结，冀有以消灭革命事业。此等危害国民革命阻碍中国自由独立之贼，真我爱国人民所宜起而扑灭者也。国民政府秉总理之遗嘱，出师北伐，以蒋校长为总司令，委以讨贼弔（吊）民完成革命之重任。盖用兵虽危顾不如是，则中国难免亡于军阀及帝国主义者之手也。敌人拥兵甚众，据地甚广，铲除虽未易言，而革命主义之毕竟成功，大足以坚吾人之信念也。革命成功唯一之要素，在得民众扶助。前此国民政府得以成功于南方者，实赖南方民众之力。此次北伐，深望全国民众，亦与以同等之扶助焉。

　　此伟大之历史问题，帝国主义及贪劣之军阀，将继续压迫吾国乎，抑吾人之革命成功，而吾国人民将得解放，而获安居之幸福乎，已无可犹豫。即当解决，结果如何，将以吾人行动断之。

　　吾人奋斗之初步，已令吾人获得可喜之消息，而现时人民之表同情于吾人者，亦已日渐昭彰。此种表现实出于自然，盖无良之军阀，方予国民以无量之痛苦，而尤以农民所受者为最惨酷。盖农民之痛苦各界人士已尽明瞭（了），而彼等生活之惨状，虽有生花之笔，亦难描写尽致。农民因受军阀与年俱增之压迫蹂躏，遂至被逼而联群结队离去生斯长斯之家乡，而糊其口于四方矣。苛细之捐税，高额之田租，放高利债者之盘剥，及政治之不公，皆为农民生活艰苦之原因也。不独农民为然，即其他各界如商人劳工及智识阶级等，亦莫不因军阀之横暴专政，而受生活艰苦之祸矣。

　　本政府根据其昔日政策，谨郑重向吾民宣告，愿努力为全国国民解放，奋斗尤深，愿农民得脱离其因担负苛税所生之痛苦。为使吾国经济——尤其是农业——得以发展，本政府谨提出修改征税法，及取消额外征收二事，俾得实行，以苏民困。同时本政府亦愿担任保护佃农免受地主之压迫。关于改善农民政治状况一事，本政府将设法消除鬻卖官职陋习，改良各法院组织，并予农民以组织团体，及购置军械以自卫及防盗之自由。至于工人方面，本政府特提出保护劳工，改良劳工生活，及劳工应得组织自由权各口号。至其它（他）各界，如商人经营大企业者，本政府亦担任谋彼等之经济发展，使国家财富亦得因而加增焉。欲达此目的，则调剂金融，实行统一各种币制，改良交通，取消厘金，保护商业各事，为首要之举矣。若吾人能战胜军阀，而组织全国统一国民政府之后，将召集国民会议，以巩固革命，并决定吾国之要需焉。

总之，吾民反对帝国主义斗争中之各种重要要求，如取消不平等条约，取消领事裁判权，及关税自主各项，皆当首先设法使得实现也。

中国若能消除国内之公敌，如军阀反动派贪官污吏等后，将能成为一自由独立之国家。而其对外关系，亦可自视为有自主权及独立之国家矣。此时内部之组织如何，可由人民会议依据人民公意决定之。孙总理之三民主义（即民族民权民生主义）吾人务须实现之，而欲实现此三民主义，则非自有全国人民拥护之统一政府建设于吾国之后不可。此时吾国吾民之巨大痛苦，亦将同时消灭矣。

对本政府之宣言，凡为吾国之忠诚公民，及热心爱国者，皆当奋起以应吾人之要求，此种历史上之伟大重任，吾人必须负担而欲完成。吾人之任务则非全国国民努力与革命军合作不可。盖吾人之敌，力强而心狠，欲战胜之，殊非易事。故吾人欲自行挽救免陷死亡，舍决志牺牲，别无他法。凡忠诚勇敢忠于革命者，其速来就吾人之革命旗下。

吾人伟大导师吾人伟大先总理之前轨其感格吾人乎！

国民革命成功万岁！

北伐胜利万岁！

被压迫民族及国民政府大联合万岁！

中华民国十五年九月七日

选自《中华民国国民政府公报》，1926年第44号。

75. 国民政府对农民运动第三次宣言

1926年9月7日广州国民政府公布

两年前革命政府曾向农民作第一次宣言，不久又曾有第二次之宣言，今国民政府更以诚恳之态度，对农民作第三次之宣言。

当总理在生之时，国民党及革命政府已提出其重要目的，在领导中国全体民众尤其是农民群众参加革命，以推翻帝国主义及军阀，致中国于自由平等。盖深知我国欲求弭内讧御外侮铲除一切之敌人，非与我受痛苦被压迫之民众联合不可也。以是之故，革命政府曾于第一次宣言中，勉励农民使扩大其力量，革命政府欲使农民改善其生活状况，于是与以组织各级农会及武装自卫之权。

自第一次宣言后，农民组织颇有进步，然政府施行此种之政策结果，非仅使农民阶级独享其利，实施全国人民普受其益，而尤以革命政府所得之援助为多。

自农民组织团体之后，对于政府社会会有绝大之援助。其重要者，即反对一般反动及贪利之军阀是也。东江之役，政府讨陈令下，各县农会纷纷起而援助。东征军，或断绝陈逆与香港之交通，或阻碍其党羽之行动，故政府能于最短期间肃清逆党。在南路战事中所得农民之援助亦不亚于东江。杨刘之役各县农民复一致崛起，援助政府讨平叛逆。廖部长被刺后，各县农民及其他阶级民众纷纷通电，誓为廖部长复仇，打倒一切反革命分子。东莞及宝安农军更以实力协助革命军队，驱逐郑润琦及林树巍之反革命势力。

农民之援助政府略如上述。试观广东今日之能实行统一，及国民革命基础之日臻巩固，亦可知其收效之宏伟矣。

农民之参加国民革命不仅此也，彼等并曾极力援助吾人反抗帝国主义之斗争，拥护香港罢工即其明证。盖农民对于香港罢工，除召集各种会议予罢工工人以精神之援助外，并实行参预（与）对香港帝国主义者经济绝交之行动也。

因农民曾实行参加国民解放运动，遂成为革命主要势力之一。且农民曾在反对军阀斗争中屡显其能，且曾屡次为此种斗争而牺牲其性命，此足为其有政治觉悟及效忠于国民政府之表示。农民与政府既能如此密切合作，则政府政策之适当，可得一完满之新证明。而吾人国民革命之毕竟成功与孙总理主义之终当实现，亦可获一保证矣。然农民虽曾尽力予国民政府以伟大之援助，并不惜牺牲为吾国自由及独立奋斗，而彼等所受之痛苦与艰难，则仍一切如故，未尝稍减。

农民除受尽由帝国主义者之经济侵略，及残酷地主与其他压迫阶级之经济压迫所生之痛苦外，生活程度之高涨，高额之田租，反动军阀及帝国主义者构成之战事，复时降祸灾于农民之家庭，而农民苦状遂不堪问矣。现今广东之势力日渐扩张，此种情形对于农民之担负亦有绝大关系焉。

农人以政府之协助获得组织农民协会最微之权利，于是土豪劣绅贪官污吏对于农民协会仇视甚深，有势不两立之慨。陈邓杨刘诸叛逆虽经讨灭，而反动官僚及小军阀遍布全省，每思伺隙而动，以恢复其既失之地位，利用土匪杀戮农民，欲以消灭农会之组织，以致各属土匪围攻村乡事时有所闻。乡民缺乏自卫能力，往往为匪所害。反动派等不但欲破坏农民之组织，以减少国民政府之势力，且直欲根本打破人民与政府之合作。故政府特于此第三次宣言中明白表示，政府自始至终实行已往之宣言，尽力保护农民之利益，协助其组织之发展。

于此宣言之中，国民政府敢决然再宣告于民众曰：国民政府当永远领导民众与人民之公敌奋斗，务求革命成功而后已。迨国民革命成功，国民政府势力扩张之后，国民政府当竭力为农民改良其经济状况，当遵先总理之遗嘱设法解决土地问题，务使农民能自由使用田土。同时政府当援助农民奋斗，使其能减低借贷之利率，及免除不合法之盘剥。政府复当援助农民反对贪官污吏，参加乡村统治权，以改善农民之政治状况。

国家之贫富视乎农民之贫富而定，故一切不平等之事件影响于农民者，当清除之。

农民亦当继续奋斗，援助政府肃清内外敌人。此时政府当联合各阶级，如农民工人商民及智识界共同奋斗，以期得到最后之成功，贯彻先总理之三民主义。

国民政府万岁！

国民政府与人民联合万万岁！

中华民国十五年九月七日

选自《中华民国国民政府公报》，1926 年第 44 号。

76. 外交部特派交涉员暂行条例

1926 年 9 月 9 日广州国民政府公布

第一条　各重要商埠或边界地方设特派交涉员，称曰外交部特派某埠或某地方交涉员，承外交部长之命，办理各该埠或各该地方外交行政事务。

第二条　特派交涉员于职务上所关事项，遇有必须经由地方政府或司法官厅或军队者，除呈报本部外，得随时商请各该主管机关办理。

第三条　特派交涉员办公处所，称曰外交部特派某埠或某地方交涉署。

第四条　交涉署以各该交涉员为署长，设左列各职员辅助之：

科长。

科员。

第五条　特派交涉员依其所管辖地方之繁简轻重，分别为三等，皆由外交部长呈荐国民政府任命之。

第六条　交涉署科长科员，由该署长呈报外交部长委任之。

第七条　至少具下列资格之一者，得任为特派交涉员：

一、在国内外专门以上学校法律科或政治经济科或商科毕业，兼通外国语文一种以上者。

二、曾任交涉事务五年以上确有成绩者。

第八条　凡有委任文官之资格者，得任为交涉署委任官。

但担任交涉科事务之科长，必须通晓法律有文书证明或经外交部考试认可者。

第九条　科长员额一等署不得逾四人，二等署不得逾三人，三等署不得逾二人。

科员员额一等署不得逾十二人，二等署不得逾六人，三等署不得逾三人。

第十条　交涉署之事务分科如左：

（甲）公法交涉科。

（乙）私法交涉科。

（丙）翻译科。

（丁）总务科。

以上各科得依各处事务之繁简，酌量合并之，如合并（甲）（乙）为交涉科，合并（丙）（丁）为总务科之类。

为经济上节省或人才上经济起见，署长即交涉员得自领一科或二科事务。

各署组织须呈候外交部长核准。

第十一条　交涉员及科长科员之俸额另以表定之。

第十二条　交涉署之公费额另以表定之。

第十三条　科长科员之办事得力勤劳卓著者，得由该署长酌给津贴，惟至多不得逾本俸五成。

第十四条　交涉署为缮写文件办理庶务，得酌用雇员。

第十五条　交涉员得于本条例范围内拟订办理细则，呈请外交部长核定。

第十六条　本条例自公布日施行。

选自《中华民国国民政府公报》，1926 年第 44 号。

附：中华民国国民政府令
——修正外交部特派交涉员暂行条例第五条

1926 年 11 月 20 日广州国民政府公布

中华民国国民政府令

兹修正外交部特派交涉员暂行条例第五条，公布之，此令。

中华民国十五年十一月二十日

修正外交部特派交涉员暂行条例

第五条　特派交涉员依其所管辖地方事务之繁简轻重，分别为三等，第一二等交涉员由国民政府简任，第三等交涉员由外交部长呈荐国民政府任命之。

选自《中华民国国民政府公报》，1926 年第 51 号。

77.　广东土地登记条例施行细则

1926 年 9 月 9 日广州国民政府公布

第一条　依据土地登记条例第一条之规定，土地厅指挥监督所属土地局，办理土地登记事项。

未设土地局各县之土地登记事项，得由土地厅在各该县派员会同其他机关办理之。凡施行广东都市土地登记及征税条例之都市，不适用本细则之规定。

第二条　土地厅因施行土地登记条例之便利，得将全省划分为若干区域，而次第施行之。

第三条　土地登记册，在各县境内经界未厘定以前，暂以警察所定区域为标准，其未有警察区域者，则斟酌各地方情形分区登记。

第四条　施行土地登记条例时，须承省政府之命令，而以其日期及手续公布周知，其公布方法如下：

一、出示公布。

二、由政府公报及委托各报公布。

三、通令各县出示公布，并转知地方公团、乡长、乡董转告之。

第五条　于限期内未经登记之土地，除照土地登记条例第四章各条办理外，如遇有诉讼事情发生，不得主张权利，但有特别情形能证明者，不在此限。

第六条　土地关系人（包括土地所有权者、永租权者、抵押与质权者、享有地上权者、公用土地之管理者）赴土地厅所属局处声请登记时，其手续如左：

一、具声请书按照所列款式逐项填报，须填写二份。

二、缴验原有足以证明土地权利之书据及契照影印抄白书二份。

三、缴纳登记费或登记证纸价。

前项声请书由土地厅备刊，任人向本厅所属各县土地局及办理登记之机关领用，不取分文。

前项契照影印由登记人自备呈缴。若无影相地方得用抄白书，每套分正副二份，由土地厅刊发。任人向本厅所属各县土地局及办理登记之机关购用，每套收回纸价毫银二角。

第七条 前条之书据系包括红契、白契、执照登记证（或登录证）、地价收据、遗嘱析产分单、法庭判决书誊本，及其他足以表明土地权利之文件而言。如有永租、抵押、典质等关系者，其双方权利义务之特约或文件亦作为书据。

第八条 土地登记声请书其式如左：

书式一（广东土地登记声请书第×号 收到期 年 月 日）

具土地登记声请人（填明姓名），窃（填明私人或法人）有左列之土地，系因（填明土地权利之原因，如所有权、永租权、抵押典质权等）而取得者。今遵照土地登记条例，将后列各项填报明白，并附缴书据及抄白书或（影印）缴纳（填明登记或登记证纸价费），请烦

贵（填明局或处）登记入册以保证（填明私人或法人）之土地权利。俟登记确定并请发给登记证为凭，此致

（填明土地厅所属局处）。

附缴书据（填明书据之种类件数）。

计共（填明若干）纸及契照影印或抄白书二份。

附缴（填明登记证纸价）费

计大 洋 元 角 分（如免费登记）。

　伸毫洋 元 角 分（只须缴毫洋二角）

　　　　　　　　　　　　　　　中华民国 年 月 日

　　　　　　　　　　具声请登记人（填明姓名并盖章或画押）

　　　　　　　　　　住址：某县某市某路某街某号门牌或乡村大小土名

　　　　　　　　　　　　　某号门牌须详细注明。

　　　计 开

土地所在地名及坐落四至。

土地类别，填明系何种田地。

土地现充何用，如有建筑填明何种建筑，如系耕种填明种植何物，其余类推。

面积 填明若干顷亩若干井若干分。

有无公路或私路为界。

地价 填明每亩或每井若干，总共若干。

每年收益 收益总额若干。

租值 租值总额若干。

有无负担及债务。

有无书据（填明有或无）。

每年纳税数额，如有不纳税者亦须填明。

有无地图（填明有或无） 如有须一并缴验，验毕与书据连同发还。

业户（包括所有权人、永租权人、抵押典质权者及公有土地之管理人）之姓名年岁籍贯职业住址，业户为何种人须分别声明。

代理人之姓名年岁籍贯职业住址。

佃人或租借人之姓名住址。

摘要

以上各款倘有隐匿冒占及不实之处，一经查出或被告发，愿受处罚。

后页刊载土地登记须知。

第九条　声请登记者附缴之书据须给以收条，于验毕后加盖验讫戳记凭收条发还原主。其收条式如左：

书式二（缴验书据收条）

广东土地厅

为给发收条事，今收到第　号土地登记声请书附缴之书据自据字第　号起至　号止。

计（盖印）纸仰该业户于验毕后，持此收条前来领取原书据勿误，此据。

业户×××收执

经办者（填明机关名称并盖主管职员之章）

经发收条员　　（签名盖章）

此收条须妥为保存，如一经遗失或破烂不能辨认时，须取具妥实保证书，并补具声请发还书据书叙明遗失缘由及书据之种类号数，再提出登记费或登记证纸价收据，均经注明无误者，方准发还书据。

中华民国　　　年　月　日

地字收条第　　号（缴验书据存根）

业户×××缴到土地登记声请书第　号附缴书据自据字第　号起至　号止。

计（盖印）纸

经办者　填明机关名称并盖主管职员之章

经发收条员　　签名盖章

该书据发还后收条之存根上均盖（已发还）之戳记

中华民国　　　年　月　日

第十条　土地登记声请人除依据土地登记条例第十四条之规定免费登记者外，须依照本条例第十三条之规定缴纳登记费，与声请登记书同时缴纳之地价，由业户自行呈报而按照土地登记条例第十三条之规定计算其应纳之登记费。前项之地价不包含地面上之建筑或种植物之价值。

登记费概以大洋计算，以分为止，畸零数四舍五入。如以毫洋缴纳加二五补水。

第十一条　凡缴纳登记费者，须以取得土地厅所属机关之收据为凭，其收据为四联式如左：

书式三（土地登记费收据）

今据土地登记声请书第　　号内

业户

计土地　　亩　井　　分　　厘，按照土地登记条例第十三条第　　项计算缴纳

登记费大　洋　　元　　角　　分

　　　伸毫洋　　元　　角　　分　　照数收讫此据

经办者　填明机关名称并盖主管职员之章

经收员　　签名盖章

中华民国　　　年　月　日

土地登记费存根地字第　　号

今据土地登记声请书第　　号内

业户　　计土地　　亩　井　　分　　厘，按照土地登记条例第十三条第　　项计算缴纳

登记费大　洋　　元　　角　　分

　　　伸毫洋　　元　　角　　分

已照数收讫除给发收据外合备存根查核

经办者　填明机关名称并盖主管职员之章

经收员　签名盖章

中华民国　　　年　月　日

（附注一）另两联与存根相同（略）。

（附注二）存根三联，二联缴存土地厅，其中一联于解款时由本厅转缴财政厅，一联则存于登记处。

第十二条　土地关系人声请登记时，须依本细则六七两条之规定，将其有关系之书据一并缴验，概行免费。

第十三条　声请登记人如无书据中最重要之契照，或虽有契照而不能提出或已遗失者，除依法公告外，应于声请登记书中叙明原委，并须取得地方官厅或法庭团体或乡长乡董之负责证明书，以凭核办。

第十四条　登记权利人有二人以上时，须推定一人为代表，声请登记，并提出各人之承诺书。

（联合或各别听便）如各人之权利分别认定者，应将各人所认定应有之部分记载于声请书中。

第十五条　业户之姓名住址须从实详细填明于声请登记书中，其业户为机关团体公司或某堂某记者，应填明其名称及所在地，并须推定一代表人声请登记。该代表人须提出其代表资格之证明书，并填明其姓名住址。

第十六条　以代理人声请登记者，该代理人须提出其代理权限之证明书，并填明其姓名住址于声请登记书中。

第十七条　凡声请登记人除免费登记者可派代表外，须亲自到场声请之。如因特别事故不能亲到者，可派代表，惟须提出本人因何缘由不能亲到之声明书。

第十八条　凡土地权利移转之登记，登记权利人（如买主）须提出登记义务人（如卖主）之承诺书，于必要时得令双方到场共同声请之。其登记须经权利义务两方以外之第三者之承诺时，应提出第三者之承诺书，或提出可对抗第三者之法庭判决书誊本。

第十九条　登记权利人如为政府及所属各机关，不必提出登记义务人之承诺书，只须提出其保管单据或收据。

第二十条　声请登记人若属于土地登记条例第十四条所规定之免费登记者，可派代表声请之，惟须提出证明书于必要时得令该声请人亲自到场。

第二十一条　免费登记之声请书（书式一）由登记处加盖免费登记戳记，惟须收回登记证纸价每件二毫。登记证纸价之收据式如左：

书式四（土地登记证纸价收据）

今收到土地登记声请书第　　号内
业户　　　计土地　　亩　井　　分　　厘 按照土地登记条例第十四条免费登记缴纳登记证纸价二毫照数收讫此据 　　　　　　　　　　　　　　经办者　填明机关名称并盖主管职员之章 　　　　　　　　　　　　　　经收员　签名盖章 　　　　　　　　　　　　　　　　　中华民国　　年　月　日

土地登记证纸价收据存根地字第　　　号

今收到土地登记声请书第　　号内
业户　　　计土地　　亩　井　　分　　厘 按照土地登记条例第十四条免费登记缴纳登记证纸价二毫照数收讫此据 　　　　　　　　　　　　　　经办者　填明机关名称并盖主管职员之章 　　　　　　　　　　　　　　经收员　签名盖章 　　　　　　　　　　　　　　　　　中华民国　　年　月　日

第二十二条　免费登记之手续除依照前条不必缴纳登记费外，其他与本细则第八九两

条所规定者同一办理。

第二十三条　土地抵押典质之事实，在土地登记条例施行以前发生者，其在本条例施行以前所经过之抵押典质期间应扣除之，而以其所剩之期间计算其登记费。

第二十四条　声请登记之土地如有建筑物，应将其建筑物之种类面积及门牌号数于声请书中填明之。

第二十五条　声请登记书中所填注之事项与书据所载者不符，或登记义务人之表示与登记权利人之表示不符，或不缴纳登记费者，均不准其登记。

第二十六条　凡沙田沙坝荒地等关于管业上有特别情形者，各业户应于声请登记书中择要叙明之。

第二十七条　凡每件登记中之土地，如有一部分移转，其移转部分依照土地登记条例第十三条或第十四条之规定办理。其保存部分须重行登记，但只须缴纳登记纸价，别无费用。

第二十八条　依据土地登记条例第五条之规定，在假定登记期内，土地关系人愿查阅土地登记册之某地某项者，得具书声请免费查阅之。

但如须抄阅者不在此限。免费查阅声请书式如左：

书式五（免费查阅声请书）

具书人　某某　为声请免费查阅事，窃　某某　因何种关系及理由须查阅土地登记册之某处某项土地登记情形。伏祈 准予查阅。此上 土地厅所属机关台鉴 　　　　　　　　　　　　　　　　　　　　声请人　签名盖章（或押） 　　　　　　　　　　　　　　　　　　　　住　址 　　　　　　　　　　　　　　　　　　　　中华民国　　　年　月　日

（附注一）此项书由土地厅刊备，任人免费索取。

（附注二）此项书须填写二份，以一份呈厅备查。

第二十九条　凡已逾假定登记期之土地登记册或地图如欲查阅者，须具声请书并须照左列所定缴纳手续费：

一、土地登记册或地图之查阅，每一号每次每一人纳毫银一角。

二、土地登记册之抄录，每一号每纸纳毫银二角。

三、地图之抄摹，每一号每张毫银五角。

书式六（查阅声请书第　　号）

具书人　某某　为声请查阅或抄录事，窃　某某　因何种关系或理由须查阅或抄录土地登记册之某项土地或地图登记情形 今愿遵章照缴手续费　　角正。伏祈 照准此上 土地厅所属机关台鉴 　　　　　　　　　　　　　　　　　　　　声请人　签名盖章（或押） 　　　　　　　　　　　　　　　　　　　　住　址 　　　　　　　　　　　　　　　　　　　　中华民国　　　年　月　日

（附注一）此项书由土地厅刊备，任人免费索取。

（附注二）此书须填写二份，以一份呈厅备查。

（附注三）手续费照收后由经办者于书上加盖收 讫戳记。

第三十条　前条之规定具左列情形者，得免缴手续费，而于声请书上加盖免费查阅登记：

一、属于国有官有之土地，因公务上之必要，由其主管或其他关系之官厅声请时。

二、因征公诉裁判费用，或因滞纳国税处分，由主管之官吏声请时。

三、充公之土地由官厅拍卖，主管官吏声请时。

四、因政府调查某项事宜关系，其奉有调查职务之官吏声请时。

第三十一条　土地登记或地图之抄录，得声请由邮局寄递，但须于手续费用外，附入相当之邮票，并于声请书上注明邮票若干。

第三十二条　依据土地登记条例第六条之规定，土地关系人请求更正时，须具左之请愿书：

书式七（声请更正请愿书）

具书人　某某　为请求更正事窃查得某处某项土地之登记册与事实有未符合之处，伏请 准予更正如左： 　　　　计开登记册所载之误点 　　　　请更正如下 土地厅所属机关台鉴 　　　　　　　　　　　　　　　　　　具请愿书人　签名盖章（或押） 　　　　　　　　　　　　　　　　　　住　址 　　　　　　　　　　　　　　　　　　中华民国　　　年　　月　　日

（附注）此项书由声请人照式填写二份以一份呈厅备查。

第三十三条　前条之更正请求于必要时，得由土地厅委派审查委员审查之。如土地关系人之一方认所更正者有不符合时亦然。

第三十四条　土地审查委员之出发概不支薪，惟酌量路途远近准支旅费，实用实销，此项费用由请求更正者负担之。

第三十五条　依据土地登记条例第七条之规定，土地关系人认土地审查委员之修正为不平允时，得具请愿书呈请土地厅交由土地公断处判定。其收式如左：

书式八（土地公断请愿书）

具请愿书人　　　　为请求公断事，窃查前由土地审查委员　　　　审定某处土地情形报告书，兹因某 种理由由民情愿请由 贵厅交附（付）土地公断处为公允之判断，此上 广东土地厅厅长钧鉴 　　　　　　　　　　　　　　　　　　具请愿书人　署名盖章（或押） 　　　　　　　　　　　　　　　　　　住　址 　　　　　　　　　　　　　　　　　　中华民国　　　年　　月　　日

（附注）此项书须照式填写二份，以一份存厅备查。

第三十六条　依据土地登记条例第八条之规定土地权利有移转时，其承受人于承受日起一个月内声请登记者，得参照本细则第八条至［第］二十六条办理之。

第三十七条　依据土地登记条例第九条之规定，土地因天灾人事而有变更时，如土地之分合灭失，或面积之增减，或经界上之区域名称之变更，及其他与原声请书登记书所载者有不同时，其土地关系人须自改变之日起一个月内，具书报告，其书式如左：

（有图者附图）

书式九（土地变动报告书第　　号）

具报告书人　某某　今因某处某项土地因何故而有发生改变情事，伏请
贵厅派员勘明予以更正，此上
土地厅厅长钧鉴
　　　　计开
土地所在及名称
原来情形
改正情形

具报告书人　署名盖章或押
住址
中华民国　　　年　月　日

（附注）此项书须照式填写二份，以一份存厅备查。

第三十八条　前条报告经勘明后斟酌情形更正，再行参照本细则第八条至〔第〕二十六条办理之。但如有谎报或欺饰等情，得照土地登记条例第二十条之规定惩罚之。

第三十九条　依据土地登记条例第十四条第五项之规定，其已经司法登记局都市土地局登记之土地而领有登记证者，及已经登录之沙田有沙田登录证者，得同一办理免费登记。

第四十条　依据土地登记条例第五条之规定凡规定登记已确定者，即发给土地登记证，给业户收报（执）以为保证。

第四十一条　凡领取土地登记证者，应以缴纳登记费之收据为凭，其免费登记者即以其预缴之登记证纸价之收据为凭，均不另取费。

第四十二条　土地登记证凡三联，一联给业户收执，其二联为存根，一存土地厅，一存局处。其书式如左：

书式十（土地登记证　字第　　号）

广东省政府土地厅
发给土地登记证事，兹据某县某处
　　业户　某某　遵照广东土地登记条例开具土地登记声请书连同书据一并缴验，并将登记费或登记证纸价照数缴纳声请登记前来查核，开具各款与所缴书据尚属相符，应即准予　　登记。除分别截存证根备查外，合行给证收执，俾固业权，此证。
　　　　计开
土地所在地名及四至
土地类别
面积
地价
业权类别
缴纳　登记费或登记证纸价若干
原领　某机关　　年　月　日印发
字第　　　号执照　税契　　张

厅长　　　署名盖章
局或处长　署名盖章
中华民国　　　年　月　日

（土地登记证存根）　字第　号

兹据 某县某处 业户 某某 遵章开具土地登记声请书连同书据一并缴验，并将登记费或登记证
纸价照数缴纳声请登记前来，经将登记证发给该业户收执，暨分别截存备查外，合备证根存厅
查核
　　　计开
土地所在地名及四至
土地类别
面积
地价
业权类别
缴纳 登记费或登记证纸价若干
原领 某机关　　年 月 日 印发 字
第　　号 执照 税契　张

> 厅长 署名盖章
> 局或处长 署名盖章
> 中华民国　年 月 日

另一联存根相同（略）

第四十三条　依据土地登记条例第八条第九条及本细则第三十六条［第］三十七条之
规定，土地权利有移转时及土地因天灾人事而有改变情事时，声请登记或更正登记以后，
须换给登记证。

第四十四条　换给登记证时，其原登记证须缴还土地厅注销作废，但仍保留之以便
查核。

第四十五条　遗失登记证者得请求补给，惟须声叙遗失缘由，填明该登记证之号数及
土地所在地四至土地类别面积地价等项，并将可以作证之书据一并缴验，经证明无误者，
即行准予补给。

第四十六条　请求补给登记证者，除缴纳登记证纸价外，须缴纳手续费每件毫银四
角。惟免费登记者免缴手续费。

第四十七条　依据土地登记条例第十七条之规定隐匿逾期自首者，以假定登记期满日
起算。其违背本条例第八第九各条均自其应登记之日期起算。

第四十八条　依据土地登记条例第十八条之规定，其罚金皆须得土地厅厅长之命令，
方能执行之。

第四十九条　凡受科罚者缴纳罚金均须取厅之收据为凭，其收据为三联式如左：
　书式十一（罚金收据）

今有 某县某处　业户 某某　因违背土地登记条例第　条逾期若干月被发觉或自首补行登记照
章缴纳罚金若干。
当经如数收讫此据

> 广东省政府土地厅　盖小印
> 经收员 某局处某职员签名盖章
> 中华民国　年 月 日

（罚金收据存根）　字第　号

今有　某县某处　业户　某某　因违背土地登记条例第　条逾期若干月被发觉或自首补行登记照章缴纳罚金若干 当经如数收讫除发给收据外合备存根留厅查核 　　　　　　　　　　　　　　　　广东省政府土地厅　盖小印 　　　　　　　　　　　　　　　　经收员　某局处某职员签名盖章 　　　　　　　　　　　　　　　　中华民国　　　年　月　日

（附注）右第二联于解款时缴交财政厅

第五十条　凡经科罚而其土地关系人认为不平允时，得依据本细则第三十五条之规定，请求〔交〕付土地公断处判断之。但其罚金须依限照数缴存于土地厅。

第五十一条　前条缴存之罚金其是否应发还或照科，由土地公断处判定之。

第五十二条　土地厅所收罚金，以八成解库，以二成提充奖励金。

前项奖励金之支配方法另定之。

第五十三条　依据土地登记条例第十七条之规定，其应行登记之土地逾期六个月以上发觉时，政府得没收之。此项没收处分之执行须先得土地厅厅长之命令。

前项没收之土地由土地厅处理之，其处理方法另定之。

第五十四条　登记费及各种款项之征收，由土地厅征收股会同登记股办理之。其各局处所征收之款项须按期汇解。

前项各种款项之收解稽核用新式簿记列表入册。各局处对于土地厅之解款期限，由土地厅随时酌定之。

第五十五条　土地厅每月所收各种款项，于下月初旬内汇集连同单据解缴财政厅。惟经政府或财政部命令提前解缴者，不在此限。

第五十六条　办理土地登记人员因重大过失，致声请登记人或其他关系人受损害者，得诉由土地厅派审查委员审查，或交土地公断处判断后处分之。

第五十七条　本细则于施行时如有必要之规定，得由省政府以命令修正之。

第五十八条　本规则由国民政府核准公布，由省政府定期施行之。

选自《中华民国国民政府公报》，1926年第44号。

78. 党员背誓罪条例
1926年9月22日广州国民政府公布

第一条　党员违背誓言，而为不法行为者，分别情形按刑律加一等以上处罚之。党员任官职而未宣誓者，以已宣誓论。

第二条　党员反革命图谋内乱者，不分既遂未遂一律处死刑。

第三条　党员以职权操纵金融，图利自己，或他人者，处死刑并没收其财产。

第四条　党员舞弊侵吞库款满一千元者，处死刑，并没收其财产。但因公挪移未及弥补者不适用本条。

第五条　在职党员违背党义而犯罪者，永远除名党籍。

第六条　知党员犯罪而不举发者，常人依违警法处罚，党员以从犯论。

第七条　党员犯处死刑各条之罪，由中央执行委员会组织临时法庭审判之。

第八条　本条例［经］中央执行委员会议决，由国民政府公布施行。

选自《中华民国国民政府公报》，1926 年第 46 号。

79.　无线电信条例

1926 年 9 月 25 日广州国民政府公布

第一条　凡不借电线之一切电力通信，统称为无线电信。

第二条　无线电信为政府之专有事业，除军用无线电信由军事机关直接管理外，所有公用私用无线电信，均由建设厅管理之。

第三条　无线电信材料，由政府设立或许个人或团体设立专卖局经售之。

第四条　广播无线电话事业及广播无线电话收音台，由政府设立管理局另订规则管理之。

第五条　除广播无线电话收音台外，个人或团体机关如欲设立无线电发报或收报台者，须先呈报建设厅，如有左列理由之一经核准给予执照方得设立，惟所给执照得随时取销（消）之：

（甲）行驶海洋及沿海各口岸之船只，为谋航行上之安全。

（乙）个人或教育机关为研究试验之用，其研究试验之方法确与无线电学前途有重大关系者。

（丙）个人或团体机关因特殊情形，经建设厅认为有设立电台之必要。

第六条　依前条规定而设立之无线电台遇必要时，政府得收管其机器之一部或全部，并得酌派相当人员使用其机器，以为公众或军事通信之用。

第七条　外国商轮在领海内及各口岸停泊时，非得建设厅之特准给予执照，不得随意用无线电通信。

第八条　遇必要时，建设厅得限制或停止如第五条规定设立之各电台及停泊港内外国商轮之通报，并得酌派经验人员卸除其机器之一部或全部。

第九条　任何无线电台接到海轮呼救电报时，应立即通报最近之救生站或轮船。

第十条　如犯左列之一条者，得处一百元至五百元之罚金，及没收其机器。

（甲）未领执照私立电台者。

（乙）已经取消执照之电台，私自通报者。

（丙）普通无线电报及广播无线电话之材料有私制或假冒专卖局标记，或未加专卖局标记者。

第十一条　凡犯左列各条之一者，得处以三个月至一年之监禁，或五百元至二千元之罚金：

（甲）电台有违抗政府收用或卸除其机器，如本条例第六及第八条所规定者。

（乙）凡利用无线电以传布假伪消息，扇（煽）惑听闻者。

（丙）凡扰乱船只呼救，或公众及军事通报者。

第十二条　本条例自公布日施行。

选自《中华民国国民政府公报》，1926年第46号。

80.　外交部宣传局暂行章程

1926年9月27日广州国民政府公布

第一条　依国民政府外交部组织法第八条之规定，于外交部内附设宣传局。

第二条　宣传局长由外交部长荐任，承部长之命掌理外交政策及革命策略之宣传事宜。遇有特别重要事件应由局长呈请部长核办，其他普通宣传事件得由局长决定施行。

第三条　宣传局得搜集中央及地方政府及各机关与外交或革命上有关系已公布之文件，用各种方法宣传于国内及国外，并应将外国披露之外交关系事件，随时报告本部。

第四条　前条文件如认为有必要时，虽未经公布亦得交宣传局发表，但应发与否由宣传局长决定之。

第五条　宣传局得发行月刊周刊及其他刊物。

第六条　宣传局得设分局于国内外各通商口岸都市地方，并得于欧美各国附设通讯处。

第七条　宣传局为利便宣传起见，对于海内外各报社得斟酌津贴之，惟此项津贴须按月列报。

第八条　宣传局局长之下设科长二人，秘书一人，文牍主任一员，科员若干员，会计兼庶务一员，掌卷一员，均由外交部长委任。其职掌如左：

科长　秉承局长意旨，督同科员主办各该科译撰书报月刊杂志周刊等事项。

秘书　秉承局长之意旨，综核机要函电事项。

文牍主任　秉承长官意旨，撰拟本局文牍并掌其他不属各科事项。

会计兼庶务员　掌理本局一切会计及庶务事项。

掌卷员　掌理保管及编列全局图籍案卷事务。

第九条　设雇员若干人，掌理缮写文牍记录等事务，由局长雇用。

选自《中华民国国民政府公报》，1926年第46号。

81.　收回上海会审公廨暂行章程

1926年9月30日在上海签订

（供研究参考）

第一条

（甲）江苏省政府就上海公共租界原有会审公廨改设临时法庭，除照条约属于各国领事裁判权之案件外，凡租界内民刑案件均由临时法庭审理。

（乙）凡现在通用于中国法庭之一切法律（诉讼法在内）及条例及以后制定公布之法律条例，均适用于临时法庭；惟当顾及本章程之规定及经将来协议所承认之会审公廨诉讼惯例。

（丙）凡与租界治安直接有关之刑事案件，以及违犯洋泾浜章程及附则各案，暨有领事裁判权约国人民所雇用人为刑事被告之案件，均得由领袖领事派委员一人观审。该员得与审判官并坐。凡审判官之判决无须得该委员之同意即生效力；但该委员有权将其不同意之点详载记录。又如无中国审判官之许可，该委员对于证人及被告人不得加以讯问。

（丁）所有法庭之传票、拘票及命令，经由审判官签字即生效力。前项传票拘票及命令在施行之前，应责成书记官长编号登记。凡在有领事裁判权约国人民居住之所执行之传票拘票及命令，该关系国领事或该管官员于送到时，应即加签不得迟延。

（戊）凡有领事裁判权国人民或工部局为原告之民事案件，及有领事裁判权国人民为告诉人之刑事案件，当由该关系国领事或领袖领事按照条约规定，派官员一人会同审判官出庭。

（己）临时法庭外另设上诉庭，专办与租界治安直接有关之刑事上诉案件，及华洋诉讼之刑事上诉案件。其庭长由临时法庭庭长兼任。但五等有期徒刑以下及违犯洋泾浜章程与附则之案件，不得上诉。凡初审时领袖领事派员观审之案件上诉时，该领袖领事得另派员观审，其权利及委派手续与初审时委员相同。至华洋诉讼之刑事上诉案件，亦照同样办法由领事易员出庭。

（庚）临时法庭之庭长、推事及上诉庭之推事，由省政府任命之。

第二条

临时法庭判处十年以上徒刑及死刑案件，须由该法庭呈请省政府核准，其不核准之案件，即由省政府将不核准理由令知法庭复行讯断，呈请省政府再核。凡核准死刑之案，送交租界外官厅执行。租界内检验事宜由临时法庭推事会同领袖领事所派之委员执行。

第三条

凡附属临时法庭之监狱，除民事拘留所及女监当另行规定外，应责成工部局警务处派员专管。但一切管理方法应在可以实行范围之内，遵照中国管理监狱章程办理，并受临时法庭之监督。法庭庭长应派视察委员团随时前往调查。该委员团应于领袖领事所派委员中加入一人。如对于管理人犯认有欠妥之处，应即报告法庭，将不妥之处责成工部局立予改良，工部局警务处应即照办，不得迟延。

第四条

临时法庭之传票、命令应由司法警察执行。此项法警由工部局警务处选派，但在其执行法警职务时，应直接对于法庭负责。凡临时法庭向工部局警务处所需求或委托事件，工部局警务处应即竭力协助进行。至工部局警察所拘提之人，除放假时日不计外，应于二十四小时内送由临时法庭讯办，逾时应即释放。

第五条

凡经有领事派员会同审判官出庭之华洋民事案件，如有不服初审判之时，应向特派交涉员署提起上诉，由交涉员按照条约约同有关系领事审理。但得交原审法庭易员复审，其领事所派之官员必须更易。倘交涉员与领事对于曾经复审案件上诉时，不能同意，即以复审判决为定。

第六条

法庭出纳及双方合组委员会所规定之事务，应责成书记官长管理，该书记官长由领袖领事推荐再由临时法庭呈请省政府委派，受临时法庭庭长之监督指挥管理属员，并妥为监督法庭度支。如该书记官长有不胜任及溺职之行为，临时法庭庭长得加以惩戒。如遇必要时，经领袖领事同意得将其撤换。

第七条

以上六条系江苏省政府收回会审公廨之暂行章程。其施行期限为三年，以交还会审公廨之日起计算。在此期内中央政府得随时向有关系之各国公使交涉最后解决办法。如上项办法双方一经同意本暂行章程当即废止。如三年期满北京交涉仍无最后解决办法，本暂行章程应继续施行三年。惟于第一次三年期满时省政府得于期满前六个月通知提议修正。

第八条

将来不论何时，中国中央政府与各国政府交涉撤销领事裁判权时，不受本暂行章程任何拘束。

第九条

本暂行章程所规定交还会审公廨办法之履行日期，应由江苏省政府代表与领袖领事另行换文决定之。

中华民国十五年（即一千九百二十六年）九月三十日在上海签字，共计中英文各四份，均经对照文意相符。

选自《东方杂志》，第23卷第20号，1926-10-25。

82. 修正国民政府监察院组织法

1925年9月30日广州国民政府公布
1926年10月修正公布

第一条 国民政府监察院根据中国国民党中央执行委员会政府改组令第三条规定组织之，受中国国民党之监督、指导与国民政府之命令，掌理监察国民政府所属行政、司法各机关官吏事宜。其职权如左：

一、关于发觉官吏犯罪事项；

二、关于惩戒官吏事项；

三、关于审判行政诉讼事项；

四、关于考查各种行政事项；

五、关于稽核财政收入、支出事项；

六、关于官厅簿记方式表册之统一事项。

第二条　惩戒官吏法、行政诉讼法、审计法另定之。

第三条　监察院行使职权时，随时调查各官署之档案、册籍，遇有质疑，该官署主管人员应负责为充分之答复。

第四条　监察院对于官吏违法或处分失当，得不待人民之控告，径以职权检举之。

第五条　监察院惩戒官吏发见（现）刑事犯罪时，应将刑事部分移交司法机关审判。

前项案件应由监察院监察委员一人执行刑事原告官职务。

第六条　监察院置监察委员五人、审判委员三人，分掌监察及审判事务。其他院内行政事务由委员会议处理之。

第七条　监察院置秘书处及左列各科：

一、秘书处承委员会之命，处理：（甲）印信；（乙）纪录编撰；（丙）文书收发；（丁）文书综阅；（戊）会计；（己）庶务；（庚）及其他不属于各科事务。

二、各科承委员会之命，办理左列事务：

第一科　关于考查各种行政事项；

第二科　关于稽核中央及地方财政收入、支出，及统一官厅簿记、表册事项；

第三科　关于弹劾官吏违法处分，及提起行政诉讼事项；

第四科　关于审判官吏惩戒处分，及行政诉讼事项。

第八条　监察院置秘书长一人、科长四人，分管秘书处及各科事务。

第九条　秘书处及各科设科员若干人，并得视事务之繁简，分股办事。

第十条　监察院得因必要置监察员若干人，逐日分赴行政司法各机关调查。

第十一条　秘书长、科长、监察员由监察院委员荐任之。其余职员由监察院委员分别委任之。

第十二条　监察院因缮写文件、助理庶务，得酌用雇员。

第十三条　监察院各项办事细则由本院另定之。

第十四条　本法自公布之日施行。

选自《中华民国国民政府公报》，1925 年第 10 号。

83. 教科书审查规程

1926 年 10 月 1 日广州国民政府教育行政委员会公布

第一条　小学校及中等学校各类教科图书，非经国民政府教育行政委员会审定不得采用，但尚未有审定图书公布之前，暂时沿用者，不在此例。

第二条　各校现在所采用之教科图书如经教育行政委员会审定认为不当时，不准各校采用，并得禁止发行。

第三条　各校现在所采用之教科图书，如教育行政委员会认其中有不当之处，得酌定期限饬命遵照修改。满期不修正呈核，即通饬各校不得再用，并得禁止发行。

第四条　审定图书以不背党义，而适合教授目的教育程度教科体裁者为合格。

第五条　教科图书分为教员用及学生用二种。当发行人呈请审查时，应分别声明。

第六条　凡呈请教育行政委员会审查之图书，无论印本或稿本，皆须预备两份送呈。如用稿本应预印数页作为纸张印刷款式等之样本，其未经完成或来定价目之图书，不收付审查。

第七条　已经审定或正在审查中之教科图书，如发行人将内容变更须呈请覆（复）审。

第八条　凡呈请审查之图书，如有应行修改者，由教育行政委员会饬发行人遵照修正呈核。修正期限以半年为度，逾时不与审查。

第九条　已经审定之图书，由教育行政委员会将左列各项公布之：

一、书名。

二、册数及页数。

三、定价。

四、某种学校用。

五、发行之年月日。

六、编辑人及发行人之姓名。

第十条　已经审定公布之图书，如前条所列举事项有变更时，发行人须即呈报教育行政委员会核准公布。违者该图书失其审定效力。

第十一条　已经审定之图书如有增减字句，图画变换纸张印刷等事，非经教育行政委员会覆（复）审核定，该图书失其审定效力。

第十二条　图书已审定后如遇事实变更其内容有不适宜之处，教育行政委员会得随时饬令修改，发行人应于三个月内遵照修正送呈备核。逾时即取消其审定效力。

第十三条　已经审定之图书如经过相当时期，教育行政委员会认为不合时宜者，得取消其审定效力。但须在学年始期之三个月前行之。

第十四条　凡已失审定效力之图书，各校不得采用。

第十五条　已经审定之图书应在书面上记明："国民政府教育行政委员会审定"字样，更须将教员用与学生用两种分别标明。

第十六条　在本规程公布日，凡未出版之教科图书须先呈准教育行政委员会审定，方得出版。

第十七条　已经审定之图书，发行人应将十倍该图书定价之审查费缴纳，方予公布。惟挂图类之审查费，则每种只收定价之二倍。

第十八条　本规程自公布日施行。

选自《中华民国国民政府公报》，1926 年第 47 号。

84.　司法行政委员会法官政治党务训练班规程

1926 年 10 月 4 日广州国民政府公布

第一条　本班按照司法行政方针，以训练司法人员深明党化、司法适应革命需要为宗旨。

第二条　中国国民党党员有左列资格之一者，填具志愿书后，得入本班为学员：

（一）有应征资格条陈根本改造司法意见书，经审查认为有见地者。

（二）现任推事检察官书记官经司法行政委员会调受训练者。

（三）曾在法政专门学校以上习法律学三年以上，得有毕业证书，经司法行政委员会主席指定者。

前项第二款人员调受训练时，除政府所在地者毋庸派〔员暂〕代外，其他所遗职务应由司法行政委员会派员暂代。

第三条　本班所授科目如左：

世界最新宪法

苏俄司法制度

苏俄民刑法概论

世界政治经济状况

中国政治经济状况

孙文主义

国民党史

本党宣言及训令

政治训练

各种民众运动

各国革命史

帝国主义史

社会主义概论

革新司法计划

革命与司法

法官实务问题。

前项科目于必要时得增改之。

第四条　每期学员额以六十名至一百名为限，不收学费。

第五条　本班以两个月为毕业期限，每周授课二十四小时，课程时间表另定之。

期满及格者，由司法行政委员会发给训练及格证书。

第六条　本班毕业学员成绩优良者，现任推检准供原职或予升调。其余由司法行政委员会分别以推检试署。

前项试署期间以六个月为限，成绩优良者分别荐任之。

第七条　本班设主任一人，总理全班事务，并教授事宜。由司法行政委员会主席指派之教授若干人分任，讲授各学科，由主任商请司法行政委员主席函聘之。事务员若干人，秉承主任分掌各种事务，由主任委任之。

前项教职员如系兼职者，得酌给交通费。

第八条　缮写印刷及助理会计庶务等事宜，得酌用雇员。

第九条　本班经费由司法行政委员会就司法收入拨充。

第十条　办事细则另定之。

第十一条　本简章自公布之日施行。

选自《中华民国国民政府公报》，1926年第47号。

85. 征收出产运销物品暂时内地税条例

1926年10月17日广州国民政府公布

第一条　凡两广与中国各省，或外国所贸易之物品，无论为出产品或运销品，应一律征收暂时内地税。

第二条　此项暂时内地税对于普通货物之征收税率，应按照现在海关或常关所征收税率加征半数。对于奢侈品则加征一倍。其烟酒煤油汽油等项已遵缴特税者得免征收。奢侈品种类另以附表定之。

第三条　征收此项暂时内地税，财政部为利便起见，得在各海关及常关口或其附近征收之。

其征收详细章程，由财政部另行拟定公布施行。

第四条　凡买卖或经理各项货物而不依照本条例之规定缴纳税项者，除将货物充公外，应处以三年以下之监禁，或处以该项货物所值十倍之罚金。

第五条　本条例如有未尽事宜得随时修改之。

第六条　本条例定于中华民国十五年十月十一日施行。

选自《中华民国国民政府公报》，1926年第47号。

86. 学校职教员养老金及恤金条例

1926年11月1日广州国民政府公布

第一条　学校职教员（以下简称职教员）领受养老金及恤金，依本条例之规定行之。

第二条　凡连续服务十五年以上之职教员，年逾六十自请退职，或由学校请其退养者，得领养老金，或年未满六十而身体衰弱不胜任务者，亦得领养老金。但以不任其他职务者为限。

第三条　职教员如因公受伤以致残废不胜任务时，虽未满前条之年限亦得领养老金。但以不任其他职务为限。

第四条　职教员养老金给予之标准如左：

（一）职员及专任教员之养老金依左表行之。

（二）兼任教员之养老金照最后三年内年俸平均数之百分之二十。

职员及专任教员养老年金表：

养老年金／在职年数　　最后月俸	二十年未满	二十年以上二十五年未满	二十五年以上
二百元以上	九〇〇	一〇五〇	一二〇〇
一百五十元以上二百元未满	七三五	八四〇	九四五
一百二十元以上一百五十元未满	六四八	七二九	八一〇
一百元以上一百二十元未满	五九四	六六〇	七二六
八十元以上一百元未满	五四〇	五九四	六四八
六十元以上八十元未满	四六二	五〇四	五四六
四十五元以上六十元未满	三八一	四一三	四四五
三十元以上四十五元未满	二九六	三一九	三四二
二十元以上三十元未满	二一〇	二二五	二四〇
二十元未满	一八〇	一九二	二〇四

第五条　凡连续服务十五年以上之职教员，如依第三条之规定而退职时，其养老金照左列标准给予之：

（一）职员及专任教员之养老金除依养老年金表外，照最后年俸给予百分之十。

（二）兼任教员之养老金照最后三年内年俸平均数之百分之三十。

第六条　养老金之支给自退职之翌日起，至死亡日止。

第七条　职教员如有左列事情之一者，得领恤金：

（一）连续服务十年以上者死亡时；

（二）连续服务十五年以上者死亡时；

（三）连续服务二十年以上者死亡时；

（四）因公致死亡时；

（五）因公受伤或受病以致死亡时；

第八条　恤金给予标准如左：

（一）职员及专任教员之在第七条第一项者，照最后年俸之半数；第二项者照最后年俸之额数；第三第四第五项者，照最后年俸之倍数。

（二）兼任教员之在第七条第一项者，照最后三年内年俸平均数之百分之三十；第二项者百分之四十；第三项者百分之五十；第四第五项者照最后三年内年俸之平均数。

第九条　服务年数之计算以连续在一校者为限，但当转任他校时系经主管教育行政机关调用或经原校校长许可，并专案呈准者不在此例。

第十条　承领恤金者，应依死亡者之遗嘱为准，无遗嘱时由法定继承人具领之。

第十一条　国立学校遇有应发之养老金或恤金由国库支给，省立学校由省库支给，市县区立学校由市县区教育经费支给。

第十二条　私立学校遇有应发之养老金或恤金，由各该校察度经费情形酌量支给之。

第十三条　各校请领养老金或恤金，应由本人或其法定继承人开具履历事实及请领金额，经由该校校长呈请主管教育行政机关核给之。

第十四条　各校校长请领养老金或恤金，应由本人或其法定继承人经由该校继任或代理校长参照第十三条程序办理。

第十五条　本条例公布以前，各职教员服务年数得照追计，但以有确据者为限。

第十六条　得领养老金或恤金之职教员，以在职者为限，但领受养老金未满二年而死亡者，得给予第八条所定恤金之半额。

第十七条　本条例自公布日施行。

选自《中华民国国民政府公报》，1926年第50号。

87. 国民政府司法部组织法

1926年11月13日广州国民政府公布

第一条　国民政府司法部受国民政府之命令，管理全国司法行政，并指挥监督省司法行政。

第二条　国民政府司法部置部长一人，管理本部事务并监督所属职员及所辖法院。

第三条　司法部长于主管事务对于各省地方最高行政长官之命令或处分认为不合法，或逾越权限，得呈请国民政府取销（消）之。

第四条　国民政府司法部设秘书处及左列各处：

秘书处掌理：（一）关于法院之设置、废止及其管辖区域之分划、变更事项。（二）关于司法官及其他职员之任免、惩奖并考试事项。（三）关于本部官产官物事项。（四）关于收发及保存文件。（五）关于本部及各法院司法经费之预算决算并会计事项。（六）关于典守印信事项。（七）关于本部庶务及其他不属各处事项。

第一处掌理：（一）关于民事事项。（二）关于非讼事件事项。（三）关于民事诉讼审判之行政事项。

第二处掌理：（一）关于刑事事项。（二）关于刑事诉讼审判及检察之行政事项。（三）关于赦免、减刑、复权及执行刑罚事项。（四）关于国际交付罪犯事项。

第三处掌理：（一）关于监狱之设置废止及管理事项。（二）关于监督监狱官吏事项。（三）关于假释、缓刑及出狱人保护事项。（四）关于犯罪人识别事项。（五）关于律师事项。（六）关于罚金赃物事项。（七）关于统计表册事项。

以上秘书处及各处得分科办事。

第五条　国民政府司法部置秘书长一人、秘书二人。秘书长承司法部长之命，指挥秘书掌理本处事务，并撰核文稿及办理指定之事。

第六条　每处置处长一人，承司法部长之命分掌各司事务。

第七条　秘书处及各处得视事之繁简酌量分设科长科员，襄助秘书长及处长办事。科长科员员额由司法部长定之。

第八条　国民政府司法部得任用法律及技术人员，并用雇员，其员额由司法部长定之。

第九条　本法得由司法部长呈请修正之。

第十条　本组织法自公布日施行。

选自《中华民国国民政府公报》，1926 年第 51 号。

88. 国民政府交通部组织法
1926 年 11 月 13 日广州国民政府公布

第一条　国民政府交通部受国民政府之命令，管理全国铁路、邮政、航政及其他关于水陆空交通之建设及行政事务。

第二条　国民政府交通部设部长一人，管理本部事务及监督所属职员。

第三条　交通部长对于各地方最高级行政长官之执行本部主管事务有指挥监督之责。

第四条　交通部长于主管事务对于各地方最高级行政长官之命令或处分认为违背法令或逾越权限，得呈请国民政府取销（消）之。

第五条　国民政府交通部设左列各处：

秘书处。

铁路处。

邮电航政处。

无线电管理处。

第六条　秘书处掌理左列事务：

（一）关于撰核文书事项。

（二）关于收发文件事项。

（三）关于典守印信事项。

（四）关于保存档案事项。

（五）关于铨叙职员事项。

（六）关于本部会计出纳事项。

（七）关于编造本部预决算事项。

（八）关于购办本部需用物品及其他庶务事项。

（九）关于其他不属各处掌理之事项。

第七条　铁路处掌理左列事项：

（一）关于管理国有铁路事项。

（二）关于监督民办铁路事项。

（三）关于统一铁路会计制度事项。

（四）关于整理铁路统计事项。

（五）关于澄清铁路积弊事项。

（六）关于铁路建设之设计事项。

（七）关于促进现有铁路之展筑完成事项。

（八）关于监督陆上运输业事项。

（九）关于训练铁路职工及养成铁路专门技术人员事项。

（十）关于改善铁路职工待遇及办理路工保险事项。

第八条　邮电航政处掌理左列事务：

（一）关于管理监督全国邮政事项。

（二）关于办理邮政汇兑及保管邮政储金事项。

（三）关于管理电报省际长途电话及其他有线电交通事项。

（四）关于监督各省民办电话事项。

（五）关于管理沿海及内河航政事项。

（六）关于经营国有航业事项。

（七）关于奖励民办航业事项。

（八）关于监督造船船舶及水上运输业事项。

（九）关于训练海员养成航海专门技术人员事项。

（十）关于改善海员待遇保障海员利益事项。

第九条　无线电管理处掌理左列事务：

（一）关于管理全国无线电交通事项。

（二）关于管理无线电报台及无线电播音台事项。

（三）关于经营无线电材料制造厂及无线电器具专卖事项。

（四）关于监督取缔私有无线电台及无线电播音台事项。

（五）关于训练无线电技术人员事项。

第十条　国民政府交通部设秘书长一人、处长三人，秉承部长之命分掌各处事务。

第十一条　国民政府交通部设秘书二人，承长官之命办理重要事务。

第十二条　国民政府交通部设科长、技正、技士、视察科员若干人，承长官之命掌理各处分科及专门技术事务。

第十三条　国民政府交通部各处分科组织章程及办事细则另以部令定之。

第十四条　国民政府交通部因缮写文件及其他特别事务得酌用雇员。

第十五条　本组织法自公布日起施行。

选自《中华民国国民政府公报》，1926年第51号。

89. 修正省政府组织法

1926 年 11 月广州国民政府公布

第一条　省政府，于中国国民党中央执行委员会及省执行委员会指导监督之下，受国民政府之命令，管理全省政务。

第二条　省政府职权，由国民政府任命省政府委员七人至十一人，组织省政府委员会行使之。

第三条　省政府委员会设常务委员三人至五人，由省政府委员会推选之，并由常务委员互推一人为主席，常务委员会按照省政府委员会议决，执行日常政务。

第四条　省政府一切命令及公文，须经全体常务委员并关系厅厅长之署名行之。

第五条　省政府得制定省单行法令，但不得违反党之决议及国民政府命令。

第六条　省政府得任免省内各机关荐任官吏。

第七条　省政府下分设民政、财政、建设、教育、司法、军事各厅，于必要时得增设农工、实业、土地、公益等厅，分管行政事务。

第八条　省政府各厅各设厅长一人，由国民政府任命，省政府委员兼任之。但委员中可以有不兼厅者。

第九条　省政府设秘书处，由省政府任命秘书三人组织之，秉承省政府委员会之命，分任秘书事务。

第十条　省政府各厅之组织法另定之。

第十一条　省政府委员会会议规则另定之。

第十二条　省政府秘书处组织条例另定之。

第十三条　本法自公布日施行。

选自《国民政府现行法规》，1928。

90. 广东省《解决农民地主纠纷办法》

1927年1月4日广东省政府通令公布

持平社消息：政治会议广州分会，为巩固佃户之地位，免除地主及佃户之争端，改善广东农工之情状起见，特规定各种（本）办法，交由省政府施行。当经第五次省务会议议决照办。昨四日通令所属一体遵照。兹录其办法如次：

一、为改善佃户之情状起见，宜在各县设立改良佃户局，及在各区设立改良佃户分局。其章程如左：

（一）改良佃户分局由左列人员组织：（甲）政府代表一人，由县当局委派，而经省政府准可，为此局之主席。（乙）区农民协会代表一人，地主代表一人。

（二）佃户之租赁田地，不论有无合同或仅以口头订定，均得请求其租赁土地所在之改良佃户分局为之登记其租赁田地条件。

（三）登记契约须具有左列各项：（甲）田地所在之地名。（乙）地主及租赁者之姓名。（丙）田地之面积。（丁）所租赁田地之种类。（戊）田地租赁之期限。（己）赁者应纳之租金。（庚）应扣除租之时。[①]（辛）租金之种类（以米谷或以金钱完纳租金）。

---

① 原文如此。

（壬）缴纳租金之期限（此则须规定佃户于遭遇意外时得延纳租金之期限及其条件）。
（癸）在租赁期限已满而不续租时，佃户得令地主偿其改善田地之所耗费用，而此种田地之改善为佃户所未能全部享用者。

（四）关于上条由第五则至第十则地主及佃户若有所争议时，改良佃户分局宜为之判决，此判决应为双方所遵依。

（五）双方者有一方不服改良佃户分局之判决时，得上呈各县改良佃户分局，而县局之判决为最终之判决。在县局未有判决时，则仍须遵分局判决处理。

（六）决断田地之租值时，各改良佃户分局须依据最近大会议决案，将租值减去百分之二十五。

（七）除田地之租值外，不能另有他种费用，如赠送礼物于地主，及征收租赁者之费用，分担土地税等。

（八）各租赁田地均须登记。登记后其各条件即发生效力，至满期为止。

（九）县改良佃户局之组织如左：主席由省政府委派及（即）为政府之代表，县农会之代表一人，县地主之代表一人。

（十）县改良佃户局宜考察及管理其县内之各分局，及为之订定各种章程。如可行时，可决定各田地得被租受之租金之限额，及令所有之租金，均以以金钱完纳其他标准条件。

（十一）县改良佃户局，于接收不服分局判断之呈词时，宜为之判断。

（十二）县改良佃户局及其分局须设立一股，以管理及考察其所定之租赁条件之施行状况，及以解决地主及佃户对于此等租赁条件之争执。农工厅宜订定此股之章程。

（十三）各局宜规定用以完纳租金之米谷器量之容量，及禁止不合法之量器。

二①、须以严厉方法禁止地主之虐待佃户，若欠租项时，须经官厅之判决。惟官厅有处罚佃户之权。

三、宜禁止奴隶制度之种种遗传，本省某处农奴之后裔，每月之工值仅三仙，然当其主人之家属有喜事时，又须赠送礼物。

四、宜于一月内，与财政部共同商榷及决定农民所能纳之地方税，及其税率，确定征收农民之税项之机关。除以上所确定各种租值外，不能另有其他征收农民之税项。强征农民者，应施以严厉之处罚。此种税项于一月内制备，呈国民政府审定。

五、于两月期间，于（与）财政部合作，以决定下列各种计划：（一）设立农场之详细计划，于农村所在地设立农场，以指挥农工耕植方法，及以廉值租赁种子及农具于农民。（二）设立农民银行之详细计划。此银行须具有下列各种工作：（甲）以土地抵押借贷于农民；（乙）为改善田地之故，予以特别之借款；（丙）农民购买土地时，得予以长期之借款；（丁）此银行设立一特别事务部，与（予）农民以短期借款，助其耕植。

选自汉口《民国日报》，1927-01-15。

---

① 原文在（十三）之后，又重排（二）至（五），按其内容应改为二、三、四、五，与一并列。

91. 附：周恩来：

《关于一九二四至二六年党对国民党的关系》①

1943 年春

国共合作后，孙中山先生在中国共产党的帮助下，重新走向革命，成为资产阶级民主派的代表。他在一九二四年的国民党第一次全国代表大会上接受了我们党起草的宣言，使三民主义成为革命的三民主义，新三民主义。当时国民党不但思想上依靠我们复活和发展他的三民主义，而且组织上也依靠我们在各省普遍建立党部，发展组织。国民党和他的三民主义，靠着我们才得以把影响扩大到广大的工人、农民、小资产阶级群众中去。国民党改组后，由于我们党的努力工人运动、农民运动在全国大大发展起来。各省国民党的组织，也由于我们同志的努力而建立和发展起来。当时各省国民党的主要负责人，大都是我们的同志，如湖北的董必武、陈潭秋同志，湖南的何叔衡、夏曦同志，浙江的宣中华同志，江苏的侯绍裘同志，北方的李大钊同志、于树德（那时是共产党员）和李永声、于方舟同志等。是我们党把革命青年吸引到国民党中，是我们党使国民党与工农发生关系。国民党左派在各地的国民党组织中都占优势。国民党组织得到最大发展的地方，就是左派最占优势的地方，也是共产党员最多的地方。孙中山先生北上的时候，我们党在全国组织了各界的召集国民会议运动，各地纷纷成立了国民会议促成会，和妇女界的国民会议促成会（因为孙中山召开国民会议的宣言中没有明确说应有妇女参加）。这样孙中山北上才有了群众的后盾，他和国民党的影响才得以更广泛地扩大到北方。

在当时形势下，国民党在组织上自然而然地形成各种派别，对三民主义也自然而然地作各种解释。国民党改组时，反对改组最坚决的是广东买办资产阶级的代表冯自由、谢持这些人。当时这些人被孙中山痛骂过并被开除了党籍。改组首先受到他们的反对与破坏是不奇怪的，因为广东是英帝国主义的势力范围，革命在广东的发展锋芒必然朝向英帝国主义，也就必然侵犯英帝国主义为生的广东买办资产阶级。冯自由等在广东革命势力向上发展时，首先分裂出去，充分地说明了中国买办资产阶级的地域性。孙中山去世以后，公开起来反对国民党革命的是西山会议派。他们公开分裂出去，成立独立的组织。他们大骂广东的国民党，大骂国民党左派的廖仲恺先生，大骂广东被赤化了，但一般地不反对蒋介石。国民党右派在香港办报纸公开活动，对广东国民党进行分化工作。他们的策略是打击廖仲恺，拉拢蒋介石。他们对蒋介石是看对了的。这些右派一直到一九二五年全国革命风起云涌地起来以后，始终是反对革命的。右派中最危险的一个家伙是戴季陶。他虽然也在孙中山的遗嘱上签了字，表面上不赞成西山会议派的分裂，也说是维持国民党的统一。但他采用的是打入广东国民党从内部来分裂国民党的阴谋。他从思想上大大发展了孙中山的消极方面，写了《孙文主义之哲学基础》、《国民革命与中国国民党》，完全抽去了孙中山学说中的一切革命的东西。他大讲道统，说孙中山的道统是继承尧、舜、禹、汤、文、

---

① 原注：这是在重庆中共中央南方局干部学习会上所做的报告。

武、周公、孔子的。他见着人就痛哭流涕地大讲其"孙文主义"，从上海讲到广东，又从广东讲到上海。他到黄埔军官学校讲演进行分化工作。在他讲演以后不久，一九二五年四月二十四日黄埔军校成立了孙文主义学会，这是右派的组织。另一个右派头子是孙科。他是资产阶级两面派，表面上有时赞成革命，实际上反对革命。抗日战争期间他还是耍两面派，有时主张民主，实际上他的民主是国民党"五五宪草"式的民主。国民党中派表面上与我们合作赞成革命，但并不是真心和我们合作，而是随时提防和限制共产党的，其代表人物就是蒋介石。蒋介石实际上是与右派合作的，是右派势力的保护者和组织者。在当时特定的条件下，在一个短时期内他算是国民党中派，但后来便成了公开的右派。

筹办黄埔军官学校的经过是这样的：一九二三年以前，孙中山部下比较带有一点革命性的部队是李济深的第一师。这是邓铿系统的部队，大革命时代的张发奎、叶挺、邓演达以至陈诚都出自这个师。开办黄埔军校应该说是孙中山军事上失败的结果。辛亥革命时孙中山有两个运动，一个是新军运动，另一个是会党运动。辛亥革命以后，他的活动渐渐变成了拉拢军阀，结果是不断遭到失败。这就教训了孙中山，所以他在苏联和中国共产党帮助下，懂得了建立革命军队的重要，接受了苏联顾问的建议，一九二三年决策一九二四年正式开办黄埔军校，并决定由蒋介石当校长。

蒋介石为什么能接近孙中山以至于当了黄埔军校校长呢？蒋与孙的接近首先是因为陈其美的关系。陈其美从事政治活动以后，始终追随孙中山。例如孙中山组织中华革命党，要求参加者在誓词上打手印，许多士家出身的如胡汉民、汪精卫等都不干，黄克强则更是反对，而陈其美却第一个宣了誓打了手印。因此陈在当时得到孙中山的信任。蒋介石是陈其美的徒弟之一，因而得与孙中山接近。其次一个重要的原因，就是在永丰舰的事情上蒋介石投了一个机。一九二二年陈炯明炮轰总统府，赶走了孙中山。孙中山在永丰舰上与陈炯明相持了五十多天。当时蒋介石在上海交易所生意失败了，看到这个机可投，特意从上海跑到永丰舰，表示誓与孙中山共存亡。从此蒋介石与孙中山比较密切起来。一直到现在蒋介石还常以这件事作为他是孙总理忠实信徒的资本，把他与孙中山在永丰舰上的相处，作为他为孙总理赴难的证据。孙中山和苏联建立关系后，因为邓铿等离不开广东，就派蒋介石到苏联去参观，后来叫他当黄埔军校校长。

蒋介石开始办黄埔军校时，表面上赞成革命，但他的思想实际上是反共反苏的，并不是真心诚意地与共产党合作。有一次苏联顾问为革命说了几句话，他就不高兴，拂袖跑到上海去了。当时黄埔军校有六百学生，大部分是我党从各省秘密活动来的左倾青年，其中党团员五六十人，占学生的十分之一。蒋介石对这些人是提防、限制的。他的军阀思想在那时也是发展的。他让最为人所不齿的王柏龄负责训育。他所能用的就是奴才。对有些骨气不愿做奴才的邓演达他就容不下；对经王柏龄介绍的何应钦，这是第二个奴才，他却非常相信。黄埔军校内的队长都是他的私人。有一次我派了几个左派的人当队长，他就大为不满，撤销任命。他用人的方法是制造矛盾、利用矛盾，操纵矛盾，拿一个反动的看住一个进步的，叫一个反左派的牵制一个左派的，用反共的牵制相信共产主义的。例如第一师师长是何应钦，党代表就是可用我周恩来。第二师师长王懋功，因接近汪精卫而成为当时的左派，我推荐我党的鲁易同志去当党代表，他就无论如何也不干，用了右派的人。第三师师长谭曙卿是右派，他就用鲁易同志为党代表。第一次东征以前，一九二五年二月黄埔军校成立了青年军人联合会，他接着就在四月在戴季陶的分裂阴谋下成立了孙文主义学会，以相牵制。

当时广东的国民党内，中派是少数，左派占极大多数。廖仲恺是国民党的左派。因为他是华侨出身，与国内的买办阶级、地主阶级关系较少，所以更多地带着民族资产阶级进步派的倾向。在广州商团事件上，他开始就是主张坚决镇压的。省港罢工以后他是同情工人站在工人方面的。当时农民运动在广东有发展，他也是和我们站在一起，赞助和推动农民运动的。虽然他在政治斗争中有其动摇性，对工人、农民和我党的力量有所畏惧，但他晚年的政治生活是光荣的。他尊重苏联顾问的意见，但他有自己的立场有自己独立的见解。他是资产阶级左派的坚强的代表。汪精卫是资产阶级的软弱性的代表。当他还革命时，他会把苏联顾问和我们党的意见加以发挥，会做一个很好的留声机。胡汉民从思想上说是右派，虽然有时也可以同左派妥协，但有他地主阶级的独立的立场。因此商团事变时，他是最主张妥协的；而暗杀廖仲恺他是知情的。谭延闿实际上也是右派，但在利害关系上，由于蒋介石的军事力量日渐扩张，他想发展自己的实力，所以在行动上有时与左派靠近。朱培德有时靠近汪精卫，有时靠近蒋介石。程潜也是因为要想扩大自己的军队，而靠近汪精卫。但这些人总是害怕民众。他们在广东之所以还没有公开反对民众，是因为民众运动在广东的发展还没有直接侵害到他们本身的利益。一旦民众运动在他们的家乡湖南、湖北、江西发展起来，他们反对民众的面目便马上暴露了。

一九二五年五卅运动以后，工人运动、农民运动在全国得到空前的大发展，规模之大是过去所从来没有的。从这个运动中能看到革命的发展是走向农民的革命战争，能看到革命发展这个全局的在我们党内的代表是毛泽东同志。他接办农民运动讲习所，进行农民土地问题的调查研究，出了二十几种小册子。历届讲习所的学生后来分散到湖南、湖北和其他各地，发动了广大的农民运动。

对于革命在这一年中的大发展，国民党中派是非常恐惧的。第一次东征回来镇压了刘震寰、杨希闵的叛乱，在沙基惨案中我们已看到蒋介石动摇，畏惧帝国主义。一九二五年六月国民党中央党部通知黄埔军校参加广州的游行示威。我从军队中抽出两个营，学校里抽出一个营去参加。蒋介石后来知道了非常不满意，认为不应当游行示威。廖仲恺去世以后，他赶走了胡汉民、许崇智，表面上是反对右派，表示革命，实际上他是为了夺取个人权力。因为胡汉民是代帅，许崇智是军界前辈，他们在，蒋介石无从提高自己在军队与政权中的地位。一九二五年十月第二次东征时，海陆丰一带的农民运动在彭湃同志领导下，已有很大发展，农民自卫军在军队到来以前已经占领了县城，选举了彭湃同志的哥哥当县长。蒋介石去后成了客人，这自然不能不引起蒋介石对民众运动的畏惧。特别是当时在黄埔军校内部青年军人联合会的发展，大大超过孙文主义学会；军队中三个师的党代表我们党占两个，九个团的党代表我们占七个，在连、排、班以及士兵中有了我们党的组织；各军又成立了政治部。在革命力量的发展面前，蒋介石更加动摇起来，企图加以限制。所以在一九二五年十一月东征途中，他召集了连以上的军政人员联席会，会上公开表示他的黄埔军校不可分裂，要求把所有在黄埔军校以及在军队中的共产党员的名字都告诉他，所有国民党员加入共产党的名字也都要告诉他。当时我以此事关系两党，须请示中央才能决定，搪塞过去了。后来他同我个别谈话中进一步提出，为了保证黄埔军校的统一，共产党员或者共产党，或者退出黄埔军校与国民党，并假惺惺地表示后者是他所不愿意的。

这时正是国民党第二次全国大会前夕，我从汕头回广州和两广区委书记陈延年同志、苏联派到广东的国民党和政府的顾问鲍罗廷商量。当时我们本来确定的政策是打击右派，孤立中派，扩大左派。我们计划在大会上公开开除戴季陶、孙科等人的党籍，在中央执委中我们党占三分之一，少选中派，多选左派，使左派占绝对的优势。在军队方面，当时的实际情况，蒋介石的第一军只有三个师，第一师是何应钦，第二师王懋功接近当时国民党左派的汪精卫。除第一军以外都不是蒋介石的。因此计划给蒋介石以回击，把我们的党员完全从蒋介石部下撤出，另外与汪精卫成立国共两党合作的军队。我带着这个意见回汕头去，并等待中央回电到后，立即正式向蒋介石提出。当时在国民党第二次全国代表大会代表中，左派占了绝对优势，实现上述计划是完全有保证的。等了好久，中央来电不同意。更可惜的是中央居然在上海与戴季陶大开谈判，请戴季陶等回粤；为了争取右派回粤还特地拍电报到广州把大会延期一个月，等候他们，对右派采取完全让步的政策。孙科于是代表右派回到广东，把蒋介石的腰撑起来了。中央则派张国焘做这次大会的党团书记，说我们过去把左派包办了，以后应独立形成共产派，使共产派与左派分开，让左派独立起来。在选举上向右派作了极大的让步。结果三十六个执委中，共产党只有七个，比我们原来计划的少了将近一半。国民党左派连朱培德、谭延闿等算在内一共才十四人；右派却有十五人。右派孙科、戴季陶、胡汉民、伍朝枢、萧佛成等都当选了。在监委中右派更是占了绝对优势。国民党的中央执委、监委是常常合在一起开会的，所以结果成了右派势力大，中派壮胆，左派孤立的形势。这是陈独秀右倾机会主义对国民党右派、中派的第一次大让步。这是政治上的大让步。

这次大会后，在实际行动上也是孤立了左派。大会完了，鲍罗廷回国去了，苏联军事顾问加伦到冯玉祥那里去了，执委中的党员大部分都走了，以至汪精卫问我们还帮不帮助他。正在这时陈独秀因病躺起来，总书记"失踪"，中央无主，陈延年同志又到上海去开紧急会议了。另一方面，右派却纷纷回粤，张静江、陈立夫都于一九二六年一二月回到广州，同蒋介石进行勾结，挑拨国共关系。这就是三月二十日中山舰事变的原因，也是三月二十日事变以前的政治形势。

至于三月二十日事变，则完全是蒋介石制造的。二月五日蒋介石把王懋功赶走，向汪精卫做了第一次示威。他打电报要我回广州。我因为看到他与右派来往密切，并且察觉他的神色不对，报告了张太雷同志。当时的苏联顾问不重视这事，把一个大问题当做小问题儿戏对之。陈延年同志因三月二十日前一天从上海才回到广州，方针上也掌握得不大稳。

李之龙同志当时是中山舰的舰长。他抓住了虎门要塞司令陈肇英走私的事报告汪精卫。陈肇英是蒋介石的人，自然向蒋介石报告。于是蒋介石在右派的支持下，乘机发动了三月二十日事变，造谣说中山舰要炮轰黄埔军校，共产党是赶走蒋介石。他逮捕李之龙，下令黄埔戒严，监视各师党代表，包围苏联领事馆，监视苏联顾问，解除省港罢工工人纠察队的武装，把我也软禁了一天。蒋介石与右派勾结，打击汪精卫，向共产党进攻，向革命示威。这时谭延闿、程潜、李济深都有对蒋介石不满，朱培德、李福林有些动摇。但各军都想同蒋介石干一下。如果这时党中央的政策是给蒋介石以有力的回击，毫无问题事情是有办法的，但当时却采取了继续退让的政策，不了解蒋介石这时还没有足够的力量，他是不敢分裂的，却以为蒋介石是要分裂，就向蒋介石说这是误会。蒋介石于是乘机立刻放了人，表示误会。这是陈独秀右倾机会主义第二次向蒋介石的大让步。这是军事上的大让步。

为了解释"误会"，在汪精卫床前开了一个一点钟的政治委员会。汪精卫、谭延闿、苏联顾问都客气地表示了歉意，而蒋介石倒反而一话都没说，精神上占了优势，政治上得到极大成功。从此以后汪精卫"失踪"了，国民党左派束手无策。蒋介石向革命进攻我们没有给他有力的回击，蒋介石的地位更加巩固了，于是他回过头来又打击右派，逮捕了欧阳格，不用陈肇英，不理古应芬、伍朝枢。胡汉民在三月二十日事变后回到广东想进行活动，这时又不得不再度离粤，恰好与"失踪"的汪精卫同船到港。蒋介石打击左派以取得右派的支持，又打击右派以表示革命，这就是他的流氓手段阴险刻毒的地方。从此以后蒋介石实际上成了国民党的右派。这个时候他乘机把广东青年军人联合会和孙文主义学会解散了，并压迫我们的党员从国民革命军第一军以及黄埔军校撤出。我们已经暴露了的党员退出国民党和第一师的有二百五十多人，其中有蒋介石最得意的学生蒋先云同志，他第一个声明退出国民党。只有三十九个人退出共产党，其中第一个就是李默庵。从此以后，第一军的元气完全丧失，战斗力一落千丈了。

蒋介石在陈独秀机会主义的让步下，巩固了政治上军事上的地位，接着又从党务上对我们展开进攻，这就是五月十五日在国民党二届二中全会上提出整理党务案，目的完全在压共产党。他们定了几条：

一、凡他党党员之加入国民党者，各该党应训令其党员明了国民党的基础为总理所创造之三民主义，对于总理及三民主义不得加以怀疑及批评。

二、凡他党党员之加入国民党者，各该党应将其加入国民党的党员名册交国民党中央执行委员会主席保存。

三、凡他党党员之加入国民党者，在国民党高级党部（中央党部、省党部、特别市党部）任执行委员时，其额数不得超过各该党部执行委员总数三分之一。

四、凡他党党员之加入国民党者，不得充任国民党中央机关之部长。

五、凡属于国民党籍者，不许在党部许可以外，有任何以国民党名义召集之党务集会。

六、凡属于国民党籍者，非得有最高级党部之许可，不得别有有政治关系之组织及行动。

七、对于加入国民党之他党党员，各该党所发之一切训令应先交国民党、共产党联席会议通过，如有特别紧急事故不及提出通过时，应将此项训令请联席会议追认。

八、国民党党员未准予脱党前不得加入其他党籍，如既脱离国民党党籍而加入他党者，不得再入国民党。

九、党员违反以上各项时，应立即取消其国民党籍，或依其所犯之程度加以惩罚。

在这种情况下，只要我们有正确的政策，蒋介石这个进攻仍然是不难打垮的。当时他的兵力仍占少数，所有民众运动完全在我们和国民党左派的领导下，他在这个时候是不敢决然分裂的。但党中央仍采取机会主义的政策，并且派了彭述之、张国焘来指导二中全会的中共党团。在党团会上讨论了接不接受整理党务案。彭述之引经据典地证明不能接受。

问他不接受又怎么办？他一点办法也没有，只说大家讨论好了。但当有人提出意见时，他又引经据典地说这个不行、那个错误。如此讨论了七天毫无结果。后来张国焘用了非常不正派的办法，要大家签字接受。这样又作了第三次大让步。这是党务上的大让步。

右派的蒋介石占了极大的优势。他把张静江捧出来做中央执委会的主席，实际上这人是陈果夫的傀儡。蒋介石亲自做了组织部长，新设军人部长也是由他兼任。组织部实际上由陈立夫代理。原来我们好几个部长（宣传部长、农民部长等）的位置都让出来了。这样右派在组织上占了极大的优势，我们在党务方面已毫无地位了。陈果夫、陈立夫便利用他们的地位，在各省发展右派。在北方以丁惟汾、王法勤的大同盟为基础，收买西山会议派，从此各地方党部左派和右派的斗争也更激烈起来。

蒋介石在政治上军事上党务上接连得到三次大胜利，但形势还不是不可挽回的。只要我们善于反击，蒋介石右派的力量还是可以压下去的。因为到这时为止蒋介石的直系还只有六个师。总共八个军中他只占一个军。第二军的党代表是李富春同志，第三军的党代表是朱克靖同志，第四军的党代表是罗汉（那时还是共产党员），第六军的党代表是林伯渠同志。但是陈独秀机会主义的领导在北伐时继续犯了极大的错误。

北伐时，军事上是绝对把握的。我们有精密的计划，加伦保证在双十节前打到武汉。出师以前加伦曾请我转问中央，在北伐中是帮助蒋介石呢，还是削弱蒋介石，这一政治问题如何解决？我到上海请示中央。陈独秀说你们开个会商量商量好了（他这时之所以这样谦虚，是因为在北伐前他在医院里毫无调查研究，不管政治形势有了什么样的变化，竟写了一篇反对北伐的文章，因此受到同志们的批评，也受到国民党的攻击）。开会时又是张国焘代理主席，也没有真正讨论，只由他说了两句话，说北伐中我们的方针就是：是反对蒋介石，也是不反对蒋介石。所以在北伐战争中一直到国民党三中全会前，对蒋介石的方针是不明确的，结果就是客观上帮助了蒋介石，而助成了蒋介石地位的提高。然而他的嫡系力量在战斗中是受挫的，第一军与第十七师首败于牛行，王柏龄率部队进攻南昌时全军覆没，王柏龄、缪斌等被俘房。这时蒋介石是惨败的。但机会主义者的陈独秀，并没有认识这些事实，并没有终止他的错误。

选自《周恩来选集》，上卷，北京，人民出版社，1980，第112～124页。

四、武汉国民政府制定的法律法规

1. 武汉国民政府革命化司法制度
1927 年 1 月 1 日实施

据汉口《民国日报》1927 年 1 月 7 日报道，标题是："崭然一新之革命化的司法制度"。副标题为四个要点：司法权实行独立；采用二级二审制；废止法官不党之法禁；采用参审制及陪审制。

人民社消息：革命的新的司法制度已于一月一日在首都之武汉实现矣。虽以改革之急遽，组织或有未备，而规模以称完善，为极黑暗之司法放一异彩，为受压迫之民众造大幸福也。本社兹特觅得制定之全文，披露于次：

第一，修正法院名称，采用二级二审制。司法机关应废止沿用行政厅名，改称法院。其审级及审序如下：

中央法院分下列二级：

最高法院（分院）、控诉法院（冠以省名）。

地方法院分下列二级：

县市法院（冠以县市之名）、人民法院。

最高法院设于国民政府所在地，分院酌设于省，控诉法院设于省城，县市法院设于县或市。但诉讼不发达之县，得并两县或三县设一法院。人民法院设于镇或乡村。

人民法院审判权如下：

（一）民事。诉讼目的价格自三百元以下，及其他现行法规初级法院管辖案件。

（二）刑事。主刑为五等有期徒刑，及拘役、罚金之犯罪。并户外窃盗罪，及其赃物罪。

县、市法院审判权如下：

（一）民事。诉讼目的物价格超过三百元以上者，及人事诉讼。

（二）刑事。主刑自四等有期徒刑以上之犯罪。

以上两项判决案件为第一审。

控诉法院审判权如下：

（一）对于不服县、市法院为第一审判决之民事、人事及刑事诉讼案件，为第二审，即为终审。但死刑案件不在此限。

（二）对于反革命之内乱罪、外患罪及妨害国交罪，为第一审。

最高法院审判权如下：

（一）对于不服县、市法院为第一审判决关于法律问题之民事、人事，及刑事诉讼案件为第二审，即为终审；

（二）对于不服控诉法院第一审判决之案件，为第二审，即为终审；

（三）对于不服控诉法院为第二审判决之死刑案件，为第三审，即为终审。

第二，废止司法官不党之法禁。非有社会名誉之党员，兼有三年以上法律经验者，不得为司法官。

第三，废止法院内设行政长官制。院内行政组织，由院内行政委员会处理之。

法院用人，地方法院由司法厅长提出于省政府委员会任免之，中央法院由司法部长提出，于国民政府委员会任免之。

院内行政，如收文、发文、分案、宣判、分配事务、编造预算决算、会计保管、并稽核讼费、罚金、赃物、统计表册等，皆由院内行政委员会处理之。

院内行政委员会之组织法如下：

（一）人民法院，以审判官一人、参审员一人、书记官一人，为院内行政委员。

（二）县市法院，以民事庭长、刑事庭长、检察官、书记官长，为院内行政委员。

（三）控诉法院及最高法院，均以民事庭长、刑事庭长、首席检察官、书记官，为院内行政委员。

第四，废止检察厅，酌设检察官，配置法院内执行职务。

检察官之职权如下：

（一）对于直接侵害国家法益之犯罪，及刑事被害人或其家属放弃诉权之非亲告罪，得向法院提起公诉；

（二）关于得处死刑之犯罪，得向刑事法庭陈述意见；

（三）指挥军警逮捕刑事犯并执行刑事判决；

（四）其他法定职务。

附注（第三第四两条已经政治会议议决施行。惟法院用人以下两项及检察官职权一项，系新拟之案）。

第五，采用参审制及陪审制。人民法院除设审判官外，并设参审员。

关于党员诉讼，由人民法院所在地（以下同）之党部选出参审员一人参审；关于农民诉讼，由农民协会选出参审员一人参审；关于工人诉讼，由工会选出参审员一人参审；关于商人诉讼，由商会选出参审员一人参审；关于妇女诉讼，由党部妇女部选出一人参审。凡参审员须有法律知识，得参与法律及事实之审判。

县、市法院及中央法院之审判，除设庭长及审判官行审判权外，兼设陪审员参与事实点之审判。陪审员二人至四人，选出方法与前项同。

第六，减少讼费及状纸费，征收执行费。现在法院征收之讼费及状纸费过重。讼费须减少百分之五十，状纸费须减少百分之六十。但对于确定判决执行之民事案件并征收累进执行费。征收数额表另定之。

选自《国闻周报》，第4卷第9期，1927，《武汉国民政府新司法制度》。

互校版本：汉口《民国日报》，1927-01-07。

2. 成立武昌县法院布告
1927 年 1 月 13 日[①]公布

为布告事，案奉湖北法院筹备委员训令内开：为令遵事，案奉国民政府司法部令开："中央执行委员国民政府（委员）临时联席会议[②]第七次会议决议案，湖北高检两厅并改为湖北控诉法院，武昌地方审检两厅并为武昌县法院，将汉阳划归管辖。于民国十六年一月一日实行。"等因奉此，本院遵于本年元月一日，将武昌地方审检厅合并改组为武昌县法院。院内行政委员会亦经组织成立。所有汉阳司法区域，仍由本院管辖。除呈报并咨行外，合极布告，仰诉讼人等，一体周知。切切此布。

选自汉口《民国日报》，1927-01-13，第1版。

3. 参审陪审条例
1927 年 2 月武汉国民政府司法部公布

第一条　人民法院设参审员，参与法律及事实之审判。

关于党员诉讼，由人民法院所在地之党部所选参审员一人参审；关于农民诉讼，由人民法院所在地之农民协会所选参审员一人参审；关于工人诉讼，由人民法院所在地之工会

---

①　此为汉口《民国日报》公布时间。

②　关于国民党中央执行委员与国民政府委员临时联席会议（简称中央临时联席会议）。北伐革命军占领武汉后，国民党中央党部决定迁都武汉。1926 年 12 月 10 日，首批到达武汉的部分国民党中央执行委员和国民政府委员，为了及时处理内政外交的重大问题，决定组成"临时联席会议"，共计 14 人，包括国民党中央执行委员、国民政府委员以及湖北省党部和汉口市党部以及湖北省政务委员会代表各一人，其名单是：徐谦、孙科、宋子文、邓演达、吴玉章、宋庆龄、陈友仁、董必武、王法勤、唐生智、于树德、柏文蔚、蒋作宾、詹大悲。徐谦为主席，叶楚伧为秘书长，鲍罗廷为总顾问。至 1927 年 2 月 21 日宣布结束"中央执行委员国民政府委员临时联席会议"，国民党中央党部和国民政府正式开始办公。1927 年国民党二届三中全会决议："临时联席会议所有决议案，继续有效。"

所选参审员一人参审；关于商人诉讼，由人民法院所在地之商民协会所选参审员一人参审；关于妇女诉讼，由党部妇女部所选参审员一人参审；关于不属于上列各团体之人民诉讼，即由党部所选参审员一人参审。

前项团体外，如有由其他团体选出参审员参审之必要时，由国民政府司法部核定之。

第二条　县、市法院及中央法院设陪审员，参与事实之审判。

前项陪审之陪审员为二人至四人，并准用前条第二项、第三项之规定。

第三条　参审员或陪审员，由本条例所定各团体各选出四人，每星期轮流执行职务。选出参审员或陪审员时，应同时选出同数之候补当选人。

第四条　参审员或陪审员任期半年，每三个月改选半数。

第五条　凡有中华民国国籍之人民，具有下列资格者，得被选为参审员或陪审员：

（一）有法律知识者；

（二）在党部及第一条所列农、工、商各会确有工作成绩者；

（三）年龄在二十五岁以上，六十岁以下者。

第六条　有下列情形之一者，不得有选举权及被选举权：

（一）曾在反革命军中服役，或曾加入反革命党派者；

（二）土豪、劣绅、讼棍；

（三）曾充旧日衙役者；

（四）僧道或其他宗教师；

（五）不以体力或脑力服劳而坐收财产上之利益为生活者；

（六）依中央党部或省党部以及中央政府之命令剥夺选举权及被选举权者；

（七）聋人、哑人、盲人、残废者、无能力者及精神病者；

（八）褫夺公权尚未复权者；

（九）吸食鸦片烟者；

（十）不识文字者。

第七条　下列各人停止其选举权及被选举权：

（一）中央或地方政务委员；

（二）在交通机关服务之职员；

（三）现在审判官、检察官、军法官；

（四）现任行政官吏；

（五）现役海、陆、空军人；

（六）现任警察官员或监狱官吏；

（七）律师、公证人、承发吏。

第八条　参审员或陪审员之选举，应由该管法院通知管辖地域内依本条例所规定之各团体行之。

前项选举以本条例所定各团体之执行委员为办理选举人员，其选举文件及票纸应封存一年。

关于选举事项发生疑义时，应呈请国民政府司法部核定。

关于选举涉讼时，以县、市法院为第一审。

第九条　本条例所定各团体选出参审员或陪审员及其候补当选人后，应即于选举所在地揭示之。并报告该管法院。

第十条　该管法院应将本条例所定各团体选出之参审员或陪审员及其候补当选人，分类编成名册，并公示之。

前项名册，在法院办公时间内，无论何人均准查阅。

第十一条　本条例所定各团体之会员，对于参审员或陪审员认为不适当时，得依各该团体规定手续撤回更选。

第十二条　参审员或陪审员因渎职，或其他刑事被诉确有重大嫌疑时，该管法院应即停止其职务。

第十三条　参审员或陪审员有审判官应自行回避之情形者，应即回避，不得执行职务。

第十四条　具有左列各款情形当事人，得声请参审员或陪审员回避：

（一）参审员或陪审员有前条所揭情形而不自行回避者；

（二）参审员或陪审员有前条所揭以外情形，认定其执行职务有偏颇之虞者。

第十五条　声请参审员或陪审员回避，应以书状或言词举其原因，向该管法院为之。参审员或陪审员被声请回避者，即不得参与审判。

第十六条　参审员或陪审员因自行回避，或被声请回避，以致缺员不能进行审判时，该管法院得以候补当选人临时代理之。

第十七条　该管法院对于轮流执行职务之参审员或陪审员，应于相当时期以前，预行通知。

第十八条　参审员或陪审员经法院通知，并无正当理由而不出席者，法院应以裁决令赔偿因不出席所生之费用；如连续两次无故不出席，并〔应〕停止其职务。

受前项裁决之参审员或陪审员，若以书状或言词辩证，系有正当理由不出席者，应撤消（销）其裁决。

第十九条　参审员或陪审员出庭执行职务时，应履行宣誓。

第二十条　参审员或陪审员得查阅所参与案件之卷宗及证物，但不得携出阅卷室外，并应当日送还。

第二十一条　参审员或陪审员经审判长之许可，得直接对于当事人、证人、鉴定人为必要之发问。

前项发问如逾必要程度时，审判长得令注意。

第二十二条　审判长于辩论终结后，审判评议开始前，得向参审员或陪审员说明本案法律上之论点、事实上之要点及证据要领。

前项说明，应作成笔录，并经审判长署名。

第二十三条　审判评议须于辩论终结后，由审判官会同参审员或陪审员于评议室为之。审判评议时，以审判长或审判官为评议长。各员陈述之意见及评议、决议须作成评议录，由评议长署名。前项评议录须严守秘密。

第二十四条　审判评议，取决多数；如审判官与参审员各仅一人，其意见各执时，该审判官有决定权；但参审员不服时，得声请该管法院之直接上级法院审定之。

前项声请应当场声明，并须于二日内提出声请书，在未经审定以前，应中止审判之进行。上级法院之审定，应就审判官或参审员意见予以核定。并得另示办法。

第二十五条　凡陪审员参与审判之案件，须就本案事实先行辩论，陪审员于参与事实之评议后，其职务即为终了。

第二十六条　参审员或陪审员入评议室后，于评议终了以前，非经审判长之许可，不可擅行退出，或于（与）他人函件来往。非参审员或陪审员，非经审判长之许可，亦不得擅入评议室。

第二十七条　审判评议，须长时间不能即日决定者，得于翌日继续行之。但审判长对于参与评议之参审员或陪审员遇有必要时，得指定寓居处所，[禁]其与他人会晤或函件往来，并得命其注意。

第二十八条　参审员及陪审员，均为名誉职。但于执行职务期间内，得向法院请求法定之日费与旅费。

第二十九条　参审、陪审所需费用，应由法院核定额数，于谕知判决时谕知，由民事败诉人或刑事被告人负担。但因告诉毫无理由，而谕知无罪之判决者，其费用得谕知由原告负担。前项负担费之谕知，应准用民刑诉讼执行之规定执行之。但确系无力负担者，得免其缴纳。

第三十条　本条例于参审、陪审法未施行以前，为有效。

第三十一条　本条例如有未尽事宜，得随时由国民政府司法部修正。

第三十二条　本条例自公布之日施行。

选自《国闻周报》，第4卷第9期，1927，"新法令汇辑"，第4～6页。

互校版本：汉口《民国日报》，1927-02-14、1927-02-15连载之《司法部颁布人民法院参审员陪审员条例》。

4. 湖北控诉法院布告
——禁止律师按诉讼目的物提成
1927年2月13日[①]公布

为布告事，案奉国民政府司法部令开："查律师代理诉讼，往往向当事人订约，以诉讼目的物为条件，就胜诉执行所得提出成数，作为报酬。此等恶习，为法律所不许。嗣后律师承办案件，除照章收受公费外，不准另受酬金。如有违令订立酬金契约者，根本无效，一经发觉，即予提付惩戒，以资整饬，仰即知照，并转饬律师公会，即告诉讼当事人一体遵照。此令"等因奉此，除分行外，合亟布告，仰诉讼人等一体遵照。此布！

选自汉口《民国日报》，1927-02-13，第三张新闻第一页。

---

① 此为汉口《民国日报》公布时间。

5. 湖北控诉法院训令——
各县司法委员应迅速奉行命令

1927 年 3 月 6 日[①]公布

……前准政务委员会函开，各县司法委员勤惰及判案优劣，本院均有认真考核之权。矧当司法革新之际，民众殷殷望治，政府励精求贤，各司法委员身膺重任，应如何关心民瘼，恪恭职守，对于本院命令尤应迅速奉行，藉（借）收指臂相连之效。除咨请委员会通令转饬外，合亟令仰该司法委员即便遵照。自经此次令饬之后，如再有奉行不力情事，即行咨请政务委员会分别撤惩，以儆效尤，其各凛遵毋违。此令！

选自汉口《民国日报》，1927-03-06，第三张新闻第二页。

6. 新法制施行条例

1927 年 3 月 6 日武汉国民政府司法部颁布

第一条　新法制施行前起诉之民事案件，及已经开始侦查予（预）审或审判之刑事案件，除本条例有特别规定外，应依新法制之审级裁判之。

第二条　未设人民法院以前，县市法院得暂受理属于人民法院管辖之案件。

第三条　未设法院地方之县司法委员，得暂行受理县市法院及人民法院管辖之案件。

第四条　新法制施行前业经上诉之民刑案件，如原审应属于人民法院管辖者，其第二审由县市法院审查之，其第三审由控诉法院审查之。

前项审查时，应为左列之裁判：

一、原判法律相符者，为核准之判决。

二、原判事实相符而引律错误或判决失当者，为更正之判决。

三、有前款以外之情形者，为应行复审之裁决。

前项复审判决后，不得上诉。

第五条　新法制施行前业经上诉之民刑案件，如原审应属于市法院管辖者，其第二审如已在县市法院或控诉法院审理中，应即继续审理，对此判决不得上诉，但死刑案件不在此限。

前项上诉案件尚未开始审理者，应依新法制之审级裁判之。

第六条　原审应属于县市法院管辖之民刑案件，如已经第二审判，并在新法制施行前已声明上诉者，应准送最高法院裁判之。

第七条　原审应属于县市法院管辖之民刑案件，如已经北京在反革命势力下之大理院

---

① 此为汉口《民国日报》公布时间。

为第三审裁判并发还卷宗，其收受日期在各省区隶属于国民政府领域以后者，北京之非法裁判无效，应将该案送最高法院更新裁判。

第八条　新法制施行前业经声请再议案件，由县市法院配置之首席检察官审查之。前项审查时为左列之处分：

一、认声请无理由者，应驳斥之。

二、认声请有理由者，应移送管辖法院裁判。

第九条　新法制施行前兼理司法县知事判决之刑事案件，应送复判者，仍依向例办理。

向例所定应由县知事行使职权之程序，以县司法委员执行之。

第十条　新发生之杀伤案件，其勘验依新法制第四条第四款之规定，由法院配置之检察官行之。但审判中由法院审判官行之。

第十一条　本条例自公布之日施行。

选自汉口《民国日报》，1927-03-06，新闻第一页。

7. 改造司法法规审查委员会组织条例

1927 年 3 月 22 日①武汉国民政府司法部颁布

第一条　改造司法法规审查委员会，掌修订民刑事各法典及其附属法规，并司法部长交付审订各种规程之事项。

第二条　改造司法法规审查委员会设主任审查委员一人，专任审查委员九人，由司法部长委派之。

第三条　改造司法法规审查委员会暂设兼任委员，无定额，由司法部长委派之。

第四条　专任委员担任起草法律案，及其他审查事项，兼任委员会同分任之。

第五条　改造司法法规审查委员会设翻译员若干人，由司法部长委派之。

第六条　翻译员承主任委员及各委员之指挥，担任翻译法规，及搜集材料调查习惯等事项。

第七条　改造司法法规审查委员会得由司法部长延聘中外顾问，担任特定事务。

第八条　各委员每星期应开会一次，有必要时，顾问及翻译员亦得列席。开会由主任委员主席，以过半数议决行之。临时会由主任委员于有必要时召集之。应列席人员不能到会，须先期请假，不能临时不到。

第九条　各委员就所担任起草或审定事项，应按预定期间编竣，提交其他委员审查。审查期间由委员会议定之。

第十条　前条审查完毕，再由委员会议决定为草案。

第十一条　各项草案应送由司法部长审核，转送改造司法委员会讨论之。

---

①　此为汉口《民国日报》公布时间。

第十二条　改造司法法规审查委员会设办事员二人，承主任委员之指挥，担任会议预备，及文书记录事宜，并一切庶务。办事员由司法部长委派之。

第十三条　主任委员、专任委员、翻译员、办事员月俸，比照国民政府行政官官俸法关于简任及荐委任之规定。顾问俸级由司法部长酌定之。

第十四条　改造司法法规审查委员会关于缮写印刷及其他杂务，得酌用雇员。

第十五条　本条例自公布日施行。

选自汉口《民国日报》，1927-03-22，《司法部颁布新条例》。

8. 司法行政计划及政策

1927 年 3 月 25 日[①]武汉国民政府司法部公布

一、政策

依照去年 9 月间中央政治会议议决之司法行政方针，实行党化革命化司法，夺回军阀官僚及存留乡村封建势力所操纵之司法权，并以司法为工具拥护农工利益，及保护被压迫之妇女。

二、计划

司法行政计划如左：

（一）严惩土豪劣绅，拟准各省分别情形规定惩办土豪劣绅条例，并准设立人民审判委员会，为特别审判机关，审理土豪劣绅案件。

（二）分期筹设最高法院及分院，各省控诉法院及分院、分庭，并指导各省司法厅筹备县市法院及人民法院。除在武昌筹设最高法院，及广东原有大理院已改为最高法院广东分院，并各省会商埠原有高地审检各厅，已改并为控诉法院及县市法院，或正着手筹备改并外，其分期计划如左：

第一期（第一年）应设立左列各种法院：

甲、省会及商埠之人民法院。

乙、人口繁盛交通便利地方之县院。

丙、就原有高等分厅改为控诉分庭。

第二期（第二年）应设立左列各种法院：

甲、人口繁盛交通便利地方之人民法院。

乙、其他各县之县法院。

丙、就原设控诉分庭改为控诉分院，并斟酌各省情形添设控诉分院。

丁、于边远省分（份）设立最高法院分院。

第三期（第三年）应就人口一万以上之乡镇，设人民法院。

第四期（第四年）应就人口二千以上之乡村，普设人民法院。

---

① 此为汉口《民国日报》公布时间。

三、编订各种司法法规

由司法部设立改造司法法规审查委员会，延聘专门人才，分别拟订左列各种法规案，提出中央政治会议：

甲、法院组织法案，于一月内草定。

乙、民事诉讼法、刑事诉讼法各案，于三月内草定。

丙、刑法、亲属法、继承法各案，于六月内草定。

丁、民法总则及债权各案，于八月内草定。

戊、物权法、公证法各案，于一年内草定。

己、商法附订于民法内，其不能附入者，为单行条例案，随时草定。

四、于最短期间内会同各主管机关拟订关于保护农工之法规，及其他关于土地之法规。

五、扩充法官、党务政治训练班名额，增设监狱，及司法吏警训练各班，于本年暑假后实行。

六、确定司法经费。

甲、所有司法收入，作为特别会计，为改造司法经费。

乙、中央法院及国立监狱临时费及经常费，由司法部提出预算，经通过后，应由财政部按期实发。

七、推广登记

甲、规定土地所有权移转、变更，及地上权等各项登记。

乙、于民商法律完全公布后，增设人事及商业登记。

八、整顿监所

甲、监狱分为国立及省立两种。所有原设新监及将来以中央经费建设之监狱，为国立监狱，由司法部管辖之。所有旧式监狱及将来以地方经费建设之监狱，为省立监狱，由各省司法厅管辖之。所有看守所，亦由各省司法厅管辖之。

乙、监所法令于半年内修订公布。

丙、采用最新式方法，对于在狱因人，施以管理及教诲，并厉行工作。

丁、看守所注重建筑之方法，及卫生清洁，并严禁滥押。

选自汉口《民国日报》，1927-03-25，《司法部公布司法行政计划及政策》。

9. 司法部长徐谦报告司法改良近况

1927 年 3 月 30 日发表于汉口《民国日报》

兹就已经实行改革的地方，分三要点一一述之：

一、司法革命，成为革命司法

政治要革命，司法是政治的一部分，也就在革命里头，所以司法也应该革命。以前的革命只是政治的革命，司法向来没有随着政治而革命，故司法向来就不彻底。我们要知道司法要不良，革命的结果就是毫无实际，故司法是要革命的。今分述其须革命的几要点：

第一，法规的革命。在反动的势力范围姑且不论，即在革命的区域内，也从来只是旧的习惯，旧的法律。因为革命是动的，司法是静的，故司法本来是不革命的。如司法的原则"不告不理"，就是明证。司法不革命的结果，遂变成了反革命。是以司法不革命，则革命之基础就不稳固。所谓革命之要点，就在司法法规，自辛亥后，所有的法规，如民法、刑法及手续法，都依旧沿用着。这种法规都是采用自日本及欧洲大陆，完全是帝国主义资本主义及封建制度的保障。从辛亥到现在，司法法规完全没有改革，故应革新。

次则因司法法规来行使法权的机关（即法院或审判机关），以前都是由不革命者来组织的。司法机关若不革命，则司法法规虽革命了也是不行的。故司法机关要革新。

三则司法人员是根据司法法规及司法机关来应用的，如不革命，则法规和机关虽革命了，终成为不革命的。现在无论国内国外学法律的人员，差不多都是不革命的。而人员是很重要的，人员要革新，才可以实行革命之理论。此三点俱要改革。

司法法规分开来，有实体法（民法、刑法）及手续法（诉讼法）等等。革命是容易的，即把各法规都根本取消就行了。这是很容易的事，但是没有新的代替还是不行。因革命司法要用法来革命，就是要用新法代替旧法。法律是禁止革命的，他根本就不承认革命，只有用革命手段来推翻之。如阻止革命之法规，就要用革命手段来推倒它。但一天不能另造一法规来代替。不过我们这里有一原则，我们可以拿党义来做我们法之最高原则。合乎党义的，虽旧亦沿用之，否则虽新亦随时废止之。如刑法同盟罢工有罪，在资本主义的国家同盟罢工要杀伤才有罪，而中国则同盟罢工即有罪，是中国法规比资本主义国家的法规专制，尤甚应立即废除之。余如解散集会结社等都应废除之。如民法，凡人皆平等，如特别身份，即男女不平等等事，亦应废除之。对于法规中实体法（刑法、民法）大概如此。

诉讼法（手续法），以前所用的复杂手续，应一概废除之。现只为人民之利益而规定，不顾官厅之利益。人民诉讼是人民的权利，无论刑事民事，人民都是有诉讼权利的。及〔反〕革命的手续法，则不然。民事诉讼权人民虽有，但来用金钱限制，如诉讼费不纳交，则不能诉讼，故民事手续法不革命不行。刑事则旧诉讼权，人民并没有。在帝国主义势力之下，只有国家来诉讼。这种把人民刑事诉讼来剥夺了的法规，应即废止之。此手续法之革命。

组织法，法院司法机关之组织，以前都给人民以莫大的痛苦。我们要组织革命的司法。一要党化，如不党化，则不成为革命的。二要民众化，不民众化，也不是革命的。以往的司法都抄袭欧洲大陆之制度，四级二审制，全非党化。其中有两点意思，一是法官独立，一是法官不党，而司法权全由国家行使，都是官僚操纵之，民众完全没有。现在打破法官不党，要党化，要纯粹有学识的党员去做法官。从前恐怕法官有党，以制资本主义，我们要法官有党，如司法官在党外，还能成为司法革命吗？若司法是革命的，司法官还能在党外吗？故司法一面独立，一面要听党的指挥，成为党化。人民要掌政权才革命，革命就是人民掌政权。政权中的一部分不是司法吗？如人民只有选举权，司法与人民无关，这就是反革命的司法。现按着去年十月联席会议议决，分中央司法、省司法、人民法院（最下级的），及县法院或市法院，此二法院属于省。控诉法院及最高法院，此二法院属于中央。审级就只有两级两审，如县市法院为初审，控诉法院就完结。特例的，就是人民法院，一审就能完结。例外的，就是有时最高法院能为第三审。法院的权限：人民法院，民事不得过三百元，刑事五等徒刑以下，一审就完结。我们知道，人民以前在三级（三）审，或四级四（三）审中，已受许多的痛苦，故非打破此制不可。三级三审或四级三审制手续繁多，讼费亦多，并且荒废职业，这是资本制的司法，人民已受无限的痛苦。还有第二审发回第一审，第三审发回第二审，一发回，就不止三审，而变成五审六审了。而三审因为只是解释法律，发回更多。还有控告、再控告，故一案每十审八审。现在改革了，在人民法院一审就完结。至于谓一审恐不公平，这是错的。因为公平与否，只在审判时的公平不公平。故我们用陪审和参审的方法，去求公平。凡以县市法院为第一审，第二审就在控诉法院，也可直接到最高法院，二审就完结。只对于死刑案，才有三审。普通的反革命罪，以控诉法院为第一审。特别的反革命罪，有人民的审判，并革命军事审判。这种改组着的四院，统是革命法院。还有一层，各省一控诉院，如不足时，可设分院。但最高法院只一个。又如刑事的审判，从前须先侦查，后〔预〕审，再公开审判，所以人民非常痛苦。现亦废除。现在法院一切都受党之指挥，因为都是直接于司法部，而司法部长听党之指挥，所以就党化。至于人民化，是用参审陪审制。参审是人民团体参加审判，如党部及各团体之参加。关于农民的审判，则农协参加，关于工人的，则工会参加。参审与陪审不同。参审员参审有两点：一、事实；二、法律。陪审员只参与事实。参审员之产出（生），由各团体选出，轮流出席，以免弊端。此人民法院之规定。此外，法院只有陪审员，但参与事实，不〔参〕与法律。

司法现虽未完全革命，但法规已把反革命的取消了，法院亦改组了。此外，关于人员问题，已办法官党务训练班，在广州已办了一班，分用于广州。现湖北已经开办，完全教以党化。此司法革命之大概。

二、镇压反革命

我们要知道只有革命的自由，没有反革命的自由。就是只有党的自由，没有个人的自由，就言论上讲也是一样的。故镇压反革命有两点：（一）镇压反革命之法律；（二）镇压反革命之机关。反革命之罪有内乱罪、外患罪，及内乱兼外患罪。此外反革命团体的宣传等，这都是反革命罪，须用革命军来镇压。镇压之手段是容易的，但封建的势力土豪劣绅等，则须用革命司法来镇压之。镇压之机关，普遍（通）的，以控诉法院为第一审，最高法院为第二审。特别是（的），则有人民审判委员会，及革命军事裁判所。

三、废除不平等条约关于司法之各点

要民族平等，就要废除不平等条约。但革命成功后，才来废除它，那就太迟了。故在革命区域内，就不承认有不平等条约。如外人陪审，要改正它。在外人之为被告者，如最近神电轮船一案，已由外交部、交通部、司法部三部派员组织审判委员会，以司法部为审判主席，这曾为审判此事（案）机关。亚细亚公司已承认审判，如他（它）不承认，我们便停止河内航行权。此外，若外人被告，不受中国审判，则中国人被告，我们也不审判，这也是制止外人的一个方法。还有中国人被告，有华洋审判，即会审公堂，由外人审判。此事本是慢慢变成由观审而陪审，由陪审而竟由外人主审，发展成为会审公堂，已变成外国人的。在革命区域内，决不承认此等不平等事件。政治委员会已□□□□□交法院审判，并不准外人观审。美国已电□□□□□□□□□。汉口、九江租界已收回，上海今已□□□□□□□□□区法院，在此过渡期间内，处理□□□□□□□□事件。这事已由司法部同外交部办理。□□□□□□□□□费多一点，人才慎重一点。但□□□□

以上三点，□□□□□□□□□之计划，已在工作报告中，计划惩办□□□□□□□□已施行；审查法规，司法部已着手。土地□□□□□和商业登记，亦已着手办理。关于司法目前的改革，不过如此。

选自汉口《民国日报》，1927-03-30，《第十三次宣传会议徐谦报告司法改良近况》。

10. 湖南省惩治贪官污吏暂行条例

1927 年 1 月 18 日[①]公布

第一条　在湖南省各机关干部服务之官吏，有贪污不法行为者，依本条例惩治之。

第二条　违反法令，剥削人民或部属，图饱私囊者，依左列处断：

一、赃款未满五百元者，处三等有期徒刑，并科千元以下之罚金。

二、赃款在五百元以上，未满一千元者，处一等至三等有期徒刑，并科两千元以下之罚金。

三、赃款在一千元以上，未满三千元者，处无期徒刑或二等以上有期徒刑，并科六千元以下之罚金。

四、赃款在三千元以上者，处死刑、无期徒刑或一等有期徒刑，并得没收其财产。

五、因而致人民或部属死亡或残废者，处死刑或无期徒刑，并赔偿其损失。

第三条　勾结帝国主义军阀，为反革命行为，或反抗革命运动者，处死刑或无期徒刑，并没收其财产。

第四条　依照职权，应理不理，或不应理而理，其所处理之事务，显系舞法弄弊，故意颠倒是非曲直者，处二等或三等有期徒刑，并科千元以下之罚金。

第五条　侵蚀国款公款，或亏卷国款公款，或违背预算及法令，故意虚縻国款公款者，依第二条各款处断。

第六条　凡财政机关或征收人员，收受现款，变买低价货币及证券，从中渔利者，依照第二条各款处断。

第七条　犯本条例之罪者，终身剥夺其公权。

第八条　暂行新刑律总则与本条例不相抵触者，得适用之。

第九条　除犯本条例规定各罪外，另犯新刑律规定各罪时，并案审理之。

---

① 此为长沙《大公报》公布时间。

第十条　犯本条例各罪状者，由被害地方各级党部、各公法团，告诉之。

第十一条　凡触犯本条例各罪犯，依左列人员组织之湖南省审判贪官污吏特别法庭审理之：（一）湖南省政府二人；（二）中国国民党湖南省党部二人；（三）湖南省农民协会、省总工会、省商民协会、省学生联合会、省教职员联合会联合选举一人。

第十二条　特别法庭开庭时，由各委员临时推定主席。

第十三条　特别法庭设常务委员一人，由政府所派之委员充任之。

第十四条　特别法庭设书记官一人。

第十五条　审判委员如有事故不能出席时，得由原机关派员代理。

第十六条　特别法庭办事规则，由特别法庭自定之。

第十七条　特别法庭之公开审理，须全体委员出席，其审理结果须经委员四人之同意，始得判决之。

第十八条　特别法庭判决后，录案呈请省政府执行。

第十九条　本条例修改权及解释权，属于中国国民党湖南省党部。

第二十条　本条例经湖南省政府公布施行。

选自长沙《大公报》，1927-01-18，第 7 版。

11. 湖南省官吏奖励暂行条例

1927 年 2 月 18 日湖南省政府公布

湖南省政府通令：为令行事，查官吏服务，固贵勤廉，而政府酬庸，当有准则。兹制定湖南官吏奖励暂行条例一十四条，业经提交第四十次省务会议照案通过。除公布并分行外，合行检同原条例，令仰该××遵照，并转饬所属一体知照。此令！

第一条　凡省政府管辖监督及各官署委任之官吏应予奖励者，除法令别有规定外，依本条例行之。

第二条　奖励分左列三种：第一种（一）奖章；（二）进级。第二种（一）进级；（二）加俸。第三种（一）记功；（二）嘉奖。

第三条　官吏有下列事实之一者，奖以第一种奖励：（一）成绩卓著，品操端正，从新政府成立日起，任事满一年以上者。（二）办理重大事件，敏速周妥，有福利党国之效者。

第四条　官吏有下列事实之一者，奖以第二种奖励：（一）服从党义及国家法律之规定，勤慎办事，著有成绩者。（二）对于所办事件，能守正不阿，拒绝请托或遗馈，并举发其事实者。（三）其他对于职务或廉洁上有显著之成绩者。

第五条　官吏有下列事实之一者，奖以第三种奖励：（一）办事谨慎，能于规定办公时间外，延缓时间及半年内并不无故请假者。（二）承办事件敏速周妥。半年内无过失者。（三）经办事件，依规定程序随时办理，并无违误者。

第六条　第三条至第五条所未列举，而事实相等者，得受同等之奖励。但成绩异常者，得从优另予奖励。

第七条　记功分大功小功，依第五条所列各项，每项记一次，但就事实之轻重，每项得并记两次。

第八条　大功或小功，得以大过或小过抵销（消）之。

第九条　加俸之期间，为一月以上、一年以下，数目为月俸十分之一以上、三分之一以下。

第十条　受记功奖励之官吏，如一年以内记小功至三次者，依第九条之规定加俸；记大功至三次者，得予以进级以上之奖励。

第十一条　应受进等进级之奖励，无等无级可进，而未至年功之年限者，得酌给以一月俸范围以内之奖金。

第十二条　省政府直辖各官署长官，有应予奖励（者），临时由省政府查明核办。

第十三条　各官署长官对于所属官吏，认为有应予奖励时，应详叙事实，呈请省政府核办。但加俸、记功、嘉奖，以有最显确之功绩者为限，得迳（径）由主管长官行之，仍详述事实，呈报省政府查核备案。

第十四条　本条例自公布日施行。

选自汉口《民国日报》，1927-02-19，《湘省政府颁行官吏奖励条例》。注明"昨通令各直辖机关知照"。

12. 广东省政府司法厅组织法

1927 年 2 月

第一条　广东省政府司法厅为省政府之一部，受国民政府司法部之监督指挥，依省政府之命令，管理全省司法行政。

第二条　广东省政府司法厅置厅长一人，管理本厅事务，并监督所属职员，所辖法院。

第三条　广东省政府司法厅置秘书三人，承厅长之命，掌理机要，并撰核文稿及办理指定之事。

第四条　广东省政府司法厅置左列各科：

总务科，掌理：（一）县市以下法院之设置废止，及其管辖区域之分划变更事项。（二）县市以下之司法官及其他职员之任免奖惩，并考试事项。（三）律师事项。（四）本厅官产官物。（五）收发及保存文件。（六）罚金赃物事项。（七）本厅及各法院司法经费之预算决算及会计事项。（八）统计表册事项。（九）典守印信。（十）本厅庶务及其他不属各科事项。

民事科，掌理：（一）民事事项。（二）非讼事件事项。（三）民事诉讼审判之行政事项。

刑事科，掌理：（一）刑事事项。（二）刑事诉讼审判及检察之行政事项。（三）赦免、减刑、复权及执行刑罚事项。（四）国际交付犯罪事项。

监狱科，掌理：（一）监狱之设置废止及管理事项。（二）监督监狱官吏事项。（三）假释、缓刑及出狱人保护事项。（四）犯罪人识别事项。

第五条　每科置科长一人、科员若干。科员名额由司法厅长提出，省政府委员会核定之。

第六条　广东省政府司法厅得任用法律及技术人员，并得配用雇员，其员额由司法厅长提出，省政府委员会核定之。

第七条　广东省政府司法厅经费预算，由司法厅长提出，省政府委员会核定之。

第八条　本组织法得由司法厅长呈请修改之。

第九条　本组织法由公布之日施行。

选自汉口《民国日报》，1927-02-23，"（广州快信）广东省政府司法厅组织法现已议订兹探述如下"。

13. 湖北省《产业监察委员会条例》
1927年2月11日[①]湖北省政府公布

第一条　本会为促进产业发达，考察劳资关系，设产业监察委员会处理之。

第二条　产业（监察）委员会之职掌如左：

（一）考察工厂主是否遵照政府法规，及工厂工会双方协定条件。

（二）考察工人在工作时间是否怠业，及其他防（妨）害工作行为。

（三）考察店主店员之实际状况。

（四）考察工厂商店之盈亏之确数。

（五）报告上列各项实［情］于政府及仲裁机关。

第三条　产业监察委员会会员，由省政府聘请有工商专门学识及负人望者充之，无定额。

第四条　委员有不公平实据及不正当行为者，政府得委办之。

第五条　委员实行职务时，工厂主及工人均不得妨害之。违反者，以妨害公务罪论。

第六条　本条例有未尽事宜，政府得随时修正之。

第七条　本条例自公布日施行。

选自汉口《民国日报》，1927-02-11。

14. 大学规程
1927年2月7日武汉国民政府教育行政委员会议决通过

第一章　总纲

第一条　大学之灌□□□世界日新之学术，力图文化之上进，以实现三民主义为

---

① 此为汉口《民国日报》公布日期。

宗旨。

第二条　大学由国民政府审察全国各省区地方需要情形，分区设立。各省区地方，于必要时，得设立大学，称为省区立大学。私人或私法团得以私财设立大学，称为私立大学。

第三条　省区立及私立大学，须先由省区教育行政机关，转呈国民政府教育行政委员会备案后，方得设立。

第四条　省区立及私立大学呈准备案后，经国民政府教育行政委员会派员视察，认为办理妥善者，方准立案。立案规程另定之。

第五条　私立大学除适用本规程外，应遵照私立学校规程办理。

第六条　凡关于大学呈报事项，应遵照国民政府教育行政委员会之规定。

第二章　分科及课程

第七条　大学分设文、理、法、医、农、工、商、师范、美术、音乐等科。须设有二科以上者，方得称为大学。单设一科者，称为某科大学。大学各科得分设各系，大学得设研究院，大学得设各项专修科及函授部，推广部，其规程另定之。

第八条　大学各科科目及学分另定之。

第三章　组织

第九条　国立大学校长或委员，由国民政府任命之。省区立大学校长或委员，由主管省政府任命之。

第十条　私立大学校长或委员，由校董会选举合格人员，呈由省区教育行政机关核定之。

第十一条　大学各科，每设学长一人，依照规程指导该科事务及教务之进行。

第十二条　大学各系设主任一人，由该系教员互选之。

第十三条　大学教员分为教授、副教授、讲师、助教等，其资格俸给，须依国民政府教育行政委员会之规定。大学每学系至少设教授或副教授一人。

第十四条　大学应设财政委员会，其职责如左：一、审核预决算。二、分配经费用途。三、解决其他财务上之特别问题。大学财政委员会规程另定之。

第四章　入学修业及毕业

第十五条　大学入学资格，须曾在高级中学或同等学校毕业，而经入学试验及格者。未经前项学校毕业而有相当学力者，得为旁听生。研究院入学资格，须曾在大学毕业者。

第十六条　大学转学学生，须学科程度相同，有原校修业证明书，于学期开始时，经试验及格者，方得收受。

第十七条　大学修业年限，定为四年至六年。研究院修业年限，定为一年至三年。

第十八条　学生毕业，须习满必修及所选修科目，学分完足，由该大学授以毕业证书，并给以某科学士。研究院学生，在院研究一年以上，须满应研究之科目，学分完足，并提出论文，经研究院教授会通过者，得呈准政府，给予某科硕士学位。在院研究已满三年，须满应研究之科目，学分完足，并提出论文，经研究院教授会通过者，得呈准政府给予某科博士学位。硕士博士学位给予规程另定之。

第五章　上课及休业日

第十九条　大学以每年八月一日为学年之始，翌年七月三十一日为学年之终。

第二十条　一学年分为二学期，以八月一日至春节为一学期，以春节至七月三十一日为一学期。

第二十一条　大学每年假期如下：暑假七十日，寒假十四日，春假三日，纪念日及星期日均休假一天。暑假寒假春假起止日期，于大学校历内规定之。

第二十二条　大学校历，应由国民政府教育行政委员会颁布之。

第六章　附则

第二十三条　本规程自公布日施行。

选自汉口《民国日报》，1927-02-26，第一张新闻第一页："（广州通讯）教育行政委员会拟订大学规程经于昨七日第六十七次委员会议决修正通过不日便可公布兹先探录规程全文如下"

15. 反革命罪条例

1927 年 2 月 9 日国民党中央委员与国民政府委员联席会议通过
1927 年 3 月 30 日武汉国民政府公布

第一条　凡意图颠覆国民政府或推翻国民革命之权力而为各种敌对行为者，以及利用外力或勾结军队，或使用金钱，而破坏国民革命之政策者，均为反革命行为，依左列处断：

一、首魁，死刑，并没收其财产；

二、执重要事务①者，死刑或无期徒刑，并没收其财产；

三、帮助实施者，无期徒刑至二等有期徒刑，并没收其财产。

第二条　凡以反革命为目的，统率军队或组织武装暴徒，或集合土匪盘踞土地者，处死刑，并没收其财产。但缴械投降者，得减轻或免除其刑。

犯前条及本条之罪者，如兼犯杀伤、放火、决水、掠夺及其他各罪，以俱发论。

第三条　与世界帝国主义者或其代表通谋②，以武力干涉国民政府者，依第一条之例分别处断。③

第四条　凡组织各种反革命团体者，其重要分子，处三等至五等有期徒刑，并解散其团体，及没收其个人与团体之财产。

第五条　凡图利敌军，或妨害国民政府，而有左列行为之一者，处死刑并没收其财产：

一、组织机关，以炸裂烧毁或其他方法损坏铁路，或其他交通事业，及关于交通各项

---

① "近代法制史版"将"事务"印作"职务"。

② "近代法制史版"将"通谋"误作"通谍"。

③ "近代法制史版"将"处断"误作"处分"。

建筑物，或设法使不堪使用者；

二、将要塞、军港、军队船舰及其他军用处所建筑物，或兵器、弹药、钱粮、交通材料，及其他军用品，交付敌军，或烧毁损坏，或设法使不堪使用者；

三、设法煽动陆海空①军队互起冲突，或发生叛变者；

四、引导敌人之军队、船舰，使侵入或迫近国民政府领域者。

第六条　以反革命为目的，盗窃、刺探或收集重要军务政务秘密之消息、文件、图画，而潜通于敌军，或世界帝国主义者，处死刑、无期徒刑，或一等有期徒刑，并没收其财产。

第七条　以反革命为目的，而破坏国家金融机关或妨害其信用者，处二等至四等有期徒刑，并没收其财产。

第八条　宣传反革命之各种煽惑文字图画者，处三等至五等有期徒刑，并科二千元以下之罚金。

第九条　以反革命为目的，捏造及宣传各种谣言，足使社会发生恐慌者，处四等有期徒刑，并科二千元以下之罚金。

第十条　在反革命势力之下，利用官绅势力②对于革命运动或农工运动曾有积极压迫行为者，处一等以下有期徒刑，并没收其财产。其有杀伤行为者，照俱发罪之例处断。

第十一条　本条例之未遂犯，罪之。③

第十二条　预备或阴谋犯第一至第三条及第五条之罪者，处一等以下有期徒刑，并科五千元以下之罚金。

第十三条　本条例之罪宣告二等有期徒刑以上之刑者，褫夺公权，其余得褫夺之。

第十四条　本条例对于在中华民国内或在中华民国外犯反革命各条之罪者，不问何人适用之。

第十五条　凡犯本条例之罪如有情节较轻者，得酌减本刑一等或二等。

第十六条　犯本条例之罪以控诉法院为第一审，但由国民政府命令组织特别审判机关时不在此限。

第十七条　本条例自公布日施行。

在公布前未经确定审判之案，亦适用之。

选自汉口《民国日报》，1927-02-10。刊载时的标题是《昨日中央联席会通过之反革命罪条例》，全文共17条。

互校版本：《中国近代法制史资料选编》，第二分册，中国人民大学法律系法制史教研室编印，1980，第235～237页。简称"近代法制史版"。原注："《国民政府新法令》第三编，广智书店印行，1928年4月，第1～3页，全文共16条"。

---

①　"近代法制史版"漏一"空"字。

②　1928年《国民政府新法令》删去以下14个字："在反革命势力之下，利用官绅势力"。

③　1928年《国民政府新法令》将第11条与第12条合并为第11条，即"本条例之未遂犯罪之，预备或阴谋犯第一条至第三条及第五条之罪者，处一等以下有期徒刑，并科五千元以下之罚金"。

16. 武汉国民政府确定女子享有继承权

1927 年 2 月 12 日武汉国民政府司法部公布

（血光社）国民政府司法部咨政委会云：

敬启者，中国国民党中央执行委员国民政府委员临时联席会议第十六次会议决议如左：

财产继承权，应以亲生子女及夫妇为限。如无继承之人及生前所立合法之遗嘱，所有财产收归国有，为普及教育之用。但在死者生前确系直接受其扶养者，得按其生计状况酌给财产。至北京反革命政府所定继承法例，一概无效。

此项决议各级法院应遵守。即希贵会转令各县司法委员遵照。

选自汉口《民国日报》，1927-02-12，新闻第一页。

17. 湘鄂赣三省农民运动讲习所章程

1927 年 2 月 12 日筹备会议通过，
由三省党部呈请中央党部核准施行

第一章　总则

第一条　本所由湘鄂赣三省党部联合创设，呈报中央党部核准备案，定名为湘鄂赣农民运动讲习所。

第二条　本所以养成深明党义之农民运动实际工作人员为宗旨。

第三条　本所学生由湘鄂赣三省党部考送。湘赣各一百五十名，鄂二百名，此外得斟酌农运发展需要，添设他省学额若干名。

第四条　本所经费，由湘鄂赣三省党部按照学生名额负担，并请中央党部津贴。

第五条　本所设于武昌。

第二章　学制

第六条　学级编制暂分三班，遇必要时得再行分合。

第七条　学科规定于下，遇必要时得行增减：一、三民主义；二、国民党史；三、国民党宣言及决议案；四、帝国主义与中国；五、社会进化史；六、中国民族革命运动史；七、各国革命史略；八、中国政治经济状况；九、世界政治经济状况；十、经济学常识；十一、政治常识；十二、法律常识；十三、中国职工运动；十四、农民问题；十五、农民运动理论及策略；十六、中国农民运动及其趋势；十七、各国农民运动状况；十八、乡村自治；十九、农村教育；二十、农村合作；二十一、粤鄂赣农民代表大会议决案及宣言；二十二、湘省农民代表大会议决案及宣言；二十三、农业常识；二十四、农民组织及宣传；二十五、农民自卫；二十六、农村调查统计及报告；二十七、革命歌；二十八、革命画；二十九、军事训练（教授操练）。

第八条　学习期间定为四个月。

第三章　行政组织

第九条　本所设湘鄂赣农民运动讲习所委员会，管理全所事务。委员会由三省党部委任若干人，中央农民部委任一人，并请中央党部加委组织之。委员会推定主任委员一人，办理本会日常事务，对外代表本所。

第十条　本所设教务处、训练处、事务处。每处各设主任一人，分别主持各该处事项。主任由委员会聘请之。各处得酌量情形聘用干事若干人。

第十一条　各处设委员会，协助主任进行各该处事项。其组织如下：

一、教务委员会，由教务处主任及教员若干人组织之。

二、训练委员会，由训练处主任及教官若干人组织之。

三、事务委员会，由事务主任及事务员若干人组织之。

第四章　会议

第十二条　全所委员会会议，讨论关于全所之各种重大问题，由主任委员召集，遇必要时得请与议案有关系之本所人员参加。

第十三条　各处委员会会议，讨论属于各该处之事项，由各该处主任召集之。

第五章　附则

第十四条　本章程如有增删之处，由委员会提议修改之。

第十五条　本章程由三省党部呈请中央党部批准后施行之。

选自汉口《民国日报》，1927-02-13："（本报特讯）三省农民运动讲习所章程已于昨（十二）日开第四次筹备会议通过具录如后。"

互校版本：人民出版社编辑：《第一次国内革命战争时期的农民运动资料》，北京，人民出版社，1983，第126～128页。

编者注：国民党中央党部迁至武汉后，于1927年3月召开的中央农民运动委员会议决将湘鄂赣三省农民运动讲习所扩大为中央农民运动讲习所，制定了《中央农民运动讲习所章程》，其内容与本章程大同小异。

18.　铁路管理局组织条例

1927 年 2 月 13 日武汉国民政府交通部颁布

第一条　凡国有铁路民办铁路，均须照本条例组织铁路管理局管理之。

第二条　铁路管理局设置局长一人，承交通部长指挥监督，综理全局事务。

第三条　铁路管理局因事务之分配，得设置左列各课：

甲、总务课。

乙、车务课。

丙、工务课。

丁、机务课。

戊、会计课。

第四条　铁路管理局得设中外文秘书二人，秉承局长之命，掌理机要事务。

第五条　总务课，掌理左列事务，得分设各股如左：

一、文书股，掌理文牍收发案卷关防编辑，惠工考绩，及所属员司进退一切事项。

二、通译股，掌理编译及与外人交涉文牍一切事项。

三、购科股，依购料委员会章程所限范围内，临时采办材料一切事项。

四、租税股，掌理沿路隙地，及铁路所有土地房屋出租，及保管铁路管理局不动产所有部据一切事项。

五、警务股，掌理全路警察维持安宁秩序一切事项。

六、稽查股，掌理全路稽核及查察一切事项。

七、材料股，掌理全路材料厂发收及保存材料一切事项。

八、公益股，掌理全路卫生医务学务，及调查职工生活劳动一切事项。

九、庶务股，掌理购置日常用品、印刷纸张、园艺杂务一切事项。

第六条　车务课，掌理左列事务，得分设各股如左：

一、运输股，掌理运输营业车辆分配、站上管理、行车时刻、电报传达及水运一切事项。

二、计核股，掌理行车里程、货客票核算、审计材料一切事项。

第七条　工务课，掌理左列事务得分设各股如左：

一、设计股，掌理关于全路工务计划图说一切事项。

二、工程股，掌理全路施工测量，开辟苗圃种树一切事项。

第八条　机务课，掌理左列事务得分设各股如左：

一、机务股，掌理全路机车车辆及机器整理一切事项。

二、工事股，掌理全路机厂工作考绩一切事项。

第九条　会计课，掌理左列事务得分设各股如左：

一、综核股，掌理全路预决算、稽核收支、调拨款项统计簿记一切事项。

二、检查股，掌理检查货客运费票据及稽查账目一切事项。

三、出纳股，掌理支应点收全路款项一切事项。

第十条　本条例所列各课设课长一人，各股设主任一人。各课长秉承局长之命，办理各该课事务。各股主任秉承局长课长之命，办理各该股事务。

第十一条　每材料厂机厂设厂主管一人，每车务段（二百至三百华里）设段长一人，每站设站长一人，每工程段（三百至四百华里）设段长一人，每课设课员或职员若干人，承上级之命办理分课分工及专门技术事务。

第十二条　各课职员每月薪俸一百二十元以上者，均由局长呈部批准委用之，如因条约或合同雇佣外国人，则依向章办理。

第十三条　前条所列雇佣外国人，如遇改订或续订合同时，须先呈部核定。

第十四条　铁路管理局办事细则，各课各站各厂医院或学校规则，另订之。

第十五条　铁路管理局应设立局务会议，及整理路务委员会，其章程另订之。

第十六条　本条例自部令公布日施行。

附：铁路管理局局务会议规则

第一条　局务会议，根据管理局组织条例第十五条之规定，为路局研究路务兴革问题之讨论机关。

第二条　局务会议每一个星期须举行一次，但局长认为必须即行召集者，得召集临时会议。

第三条　局务会议以管理局长为主席。

第四条　局务会议出席各员如左：

甲、总务课长。

乙、车务课长。

丙、工务课长。

丁、机务课长。

戊、会计课长。

己、本路总工会执行委员或代表一人。

第五条　局务会议事项以属于路局范围为限。

第六条　局务会议议决事项不得与部令抵触。

第七条　提议事项，须先具提议书，送局长交秘书列入议事日程，到期挨次讨论。如紧要事项得提前讨论之。

第八条　提议人系局内员司工友，而非本规则第四条之资格者，亦得列席陈说理由，对于所提出事项有发言权。

第九条　会议所在地定于管理局内。

第十条　局务会议每次议决事项，须由局长呈部审核。

第十一条　本规则公布日施行。

选自汉口《民国日报》，1927-02-13。

19. 广西军法处办事细则

1927 年 2 月 13 日[①]公布

（梧州通信）广西军政统一于第七军司令部，故该部实操全省军权，关系颇大。兹探悉其军法处办事细则如下：

第一条　本处各员除遵照本部组织大纲及办事通则外，应依本细则之规定办理处内一切事务。

第二条　本处办事程序分为下列四种：

一、办理文件程序；二、审理案件程序；三、执行判决程序；四、管理看守所程序。

---

① 此为汉口《民国日报》公布时间。

第三条　办理文件程序：（一）凡各项文电奉发到处时，由书记择由登记于收文簿内，随送处长批示，转呈军长党代表复核后，再分发各员拟办。（二）各员所办文稿，须于稿面盖章负责，交由书记分为重要、密电及普通文件，分别登记盖章，送呈军长党代表复核判行。（三）本处办理各项文电，虽非主稿之员，亦复经相传阅，以期一贯。（四）已奉判行之文电，由书记逐件登记于送缮部及密电送译部，分送缮校室及译电员缮译。（五）收发处及译电员送还已发稿件，应由主稿员分别留阅归档。（六）本处办理各部队各县知事文电，其关于核准枪决罪犯姓名、数目，每月须编统计表，以便登载公报。（七）本处特设记过簿一本，将各部军官因所部士兵逃亡而被记过时，分别记载以备考核。前项逃兵每月须制统计表统计之。

第四条　审理案件程序：（一）本处受人犯到案之通知，须于羁押人犯簿内将人犯姓名、案由及到案月日分别注明。（二）本处对于到案人犯应随到随审，至迟不得逾 24 小时。（三）本处提讯人犯，须用本处盖章提签行之。卫兵司令接受提签后，应即照办。讯毕即交卫兵班长带回还押。（四）本处审讯人犯由录事一员录供。录毕先交出庭员查阅，再交被讯人观看签押。若被讯人不识字义及不能签名时，须由出庭员宣读，并令被讯人于姓名下加盖指摹。（五）审讯各犯后，出庭员应具意见书，连同犯人供词，呈由处长核阅盖章，转呈军长党代表核示。（六）本处审讯人犯，得斟酌情形禁止旁听。（七）本处审讯人犯，得因案情轻重，由处长临时指定出庭人员，并核定有无会审之必要。（八）本处审讯人犯，得依犯罪人身份，依照陆军审判条例，由处长呈请军长党代表组织军法会审。

第五条　执行审判程序：（一）奉准枪决人犯，应由处长提堂验明正身，标砵施行，并将罪状宣布。（二）执行前项枪决人犯，须由本处通知副官处，派员率队押赴刑场执行。（三）奉准判处徒刑人犯，由本处提堂宣示，发交卫兵司令押送邕宁县执行，并取具收条附卷备案。（四）奉准保释人犯，由本处核明保释［具］结，呈奉军长党代表批准后，即将人犯提堂交保开释。其后核准开释者，将该犯提堂宣示后，即行开释，并通知卫兵司令放行。（五）以上枪决及判徒刑释放各人犯，于宣判后，应由书记将执行日期，徒刑起止日期，开释日期，于人犯簿内分别注明。（六）收押人犯如附有银钱、枪弹各物品者，应交由军需处或军械处保管，俟案结后，应没收或发还时，再由本处通知军需处或军械处照办。但须分别取具收据或领条，附卷备查。□□□□□□犯经宣告判决□□□□□或执行中，□□□□□释赦免之情形，□□□□呈奉军长党代表□□□□，本处执行枪决人犯及判处徒刑人犯各姓名数目，每月统计表，与第三条第六项同。

第六条　管理看守所程序：（一）看守所人犯，由本处每日轮派一员，督同卫兵司令负责管理。值日程序另定之。（二）看守所内人犯，除要犯应具锁镣以防疏虞外，其余嫌疑犯及犯刑较轻者，不加锁镣。（三）值日管理员，对于人犯饮食居住，均宜注意，不使有碍卫生或过于酷虐，以重人道。（四）管理员得斟酌情形，令人犯出室运动。但至多三日一次，每次不得过 30 分钟。（五）关于看守所之管理，应备日记一本，每次由管理员将室内人犯数目与本日经过情形，逐一登记。（六）看守所内人犯如有疾病，由值日员通知军医处，派员疗治，其［病］情重者，报请移出。（七）值日员对于看守所内有应改良事项，须随时呈请办理。值日员除察看看守所事务外，仍照常办公。

第七条　本细则自呈奉核准实行。

选自汉口《民国日报》，1927-02-13，新闻第二页。

20. 武汉国民政府外交部布告
——设立汉口英租界临时管理委员会
1927 年 1 月 6 日公布[①]

为布告事，照得一月三日英国水兵登陆，惨伤华人，民气激昂，众怒沸腾，英租界当局无法办理。当经本部长严重交涉，令其撤退水兵，并于昨日起，由国民政府分派军警入界保护，始得维持秩序。本日中国国民党中央执行委员国民政府委员临时联席会议议决，设立汉口英租界临时管理委员会，实行主持英租界一切公安市政事宜。所有界内中外居民生命财产，概由国民政府完全保护。凡我民众务各协助政府维持公共安宁秩序。为此布告，仰中外人士一体知悉。此布。

外交部部长　陈友仁

选自汉口《民国日报》1927-01-06，第一张新闻第一页。

21.《收回汉口英租界之协定》
及协定签字后之换文
1927 年 2 月 19 日

收回汉口英租界之协定

英国当局将按照土地章程，召集纳税人年会，于三月一日开会，届时英国市政机关即行解散。而租界区域内之行政事宜，将由华人之新市政机关，接收办理。在华人之新市政机关，于三月十五日接收以前，租界内之警察、工务及卫生事宜，由主管之中国当局办理。英国工部局一经解散，国民政府即当依据现有"特别区"市政办法，组织一特别中国市政机关，按照章程管理租界区城（域）。此项章程，由国民政府外交部长通知英国公使。在汉口五租界合并为一区域之办法未经磋商决定以前，此项章程继续有效。

国民政府外交部长陈友仁签名
英国驻华公使代表欧玛签名
民国十六年一九二七年二月十九日

《收回汉口英租界之协定》签字后之换文
（甲）英国驻华公使代表阿玛利致陈部长函

谨启者：敝人敬以至诚奉告左右，英国当道对于本日签订之汉口英租界区域协定，极

愿尽其能力之所及，实践并保证该项协定之施行。英国当道并承认在上述租界区域内之华人，将与英国人民享受同等之权利，专此布达，敬颂台绥。

英国驻华公使代表欧玛利启

一九二七年二月十九日

（乙）外交部长复英国驻华公使代表阿玛利函

谨启者：接奉台函，内述英国当道对于本日签订之汉口租界区域协定，极愿尽其能力之所及，实践并保证该项协定之施行，英国当道并承认在上述租界区域内之华人，将与英国人民享受同等之权利等因，敬谨领悉。敝人敢掬至诚还告左右，在中国当道方面，亦极愿尽力所及，以实践并担保本协定之施行，且承认在新区域之行政下，对于英国之利益，将不致有所歧现（视）。专此奉复，敬颂台绥。

国民政府外交部长陈友仁启

民国十六年二月十九日

以上选自《广州武汉时期革命外交文献》（手抄本）。

22. 收回九江英租界之协定

1927 年 2 月 20 日

关于汉口英租界所订之协定，将即时同样适用于九江英租界。在最近九江之骚乱中，英国侨民若受有直接损失，凡系出自国民政府官吏之行动，或由于其重大疏忽者，国民政府将担任赔偿。

国民政府外交部长陈友仁签名

英国驻华公使代表欧玛利签名

民国十六年一九二七年二月二十日

选自《广州武汉时期革命外交文献》（手抄本）。

23. 汉口第三特别区市政局章程
（中央政治会议决议案）

1927 年 3 月 4 日

本章程由外交部起草，经中央政治会议三月四日会议议决通过。今将该议决及章程内容要点与原文公布如左：

中央政治会议决议案

迳启者：案据呈送汉口第三特别区市政局章程全文一册，请核示一案，当经三月四日本会政治会议决议通过在案，相应录案函达查照。章程存。此致

国民政府外交部部长陈

中国国民党中央执行委员会

三月五日

本章程内容之要点

（一）本章程为国民政府之法律。由国民政府颁布后，再函送英国当局。

（二）本章程以汉口第一特别区管理局章程为根据，因协定内曾有此项规定。

（三）参酌本区特别情形，酌量交（变）通例二：

（甲）本年度之董事，因时间迫促，不及举行选举，暂由双方派充。

（乙）外人董事仅有英人，因本区内之居民中，其他外国人甚少。

（四）本区管理权完全在我方掌握，例二：

（甲）董事会董事，中英各三人，而董事长由外交部选派之局长充任。董事两方投票相等时，取决于董事长。

（乙）并无外国顾问参预（与）本区内之行政。

（五）本章程系属临时性质，俟收回汉口法日两租界后，即行作废。

选自汉口《民国日报》，1927-03-09。

编者注：汉口《民国日报》1927 年 3 月 9 日、10 日连载《汉口第三特别区市政局章程》（中文本），因该报复印原版多处残缺，故未收入。该章程的章名是：第一章总则，第二章市政局，第三章董事会，第四章常年及特别大会，第五章选举，第六章细则，第七章（残缺）。与英译版对照，两者在文字表述上很不相同。现仅收入英译本，供研究参考。

24. 汉口第三特别行政区市政局条例（英译本）

1927 年 3 月 4 日中央政治会议通过
3 月 9 日武汉国民政府外交部公布

第一章 总务（则）

第一条 本条例有效于汉口第三特别行政区。其区域之界限，与今所称为英租界之区域同，并包括江滨浅水之地。

第二条 汉口第三特别行政区，应归市政局（见第二章），按照本条例管理。

第三条 区内之地契或永远租契，应于实施后六十日内，由有关系方面或适当委托之代理人，呈请市政局发给。受抵押者，应于实施后一月内，由有关系方面或其代理人呈报市政局注册。

第四条 享治外法权之外人，于租地或租屋之前，应向其领事或总领事领取保证书，呈报市政局。该领事或总领事，须于保证书内担保，对所将租地或租屋者，厉行特区现行之一切条例及附例。

第五条 个人产业权利，或含此性质之其他权利，均藉（借）此承认。现未满期之江滨地皮执照，均不加以干涉。此项执照满期之后，领执照者如愿续领，市政局得继续发给之。将来江滨之利便，应先尽英国及中国之商行得之。

第二章 市政局

第六条 市政局应设局长一人，由外交总长选任，其任命应由国民政府核准。局长为特区之执行长官，及因职位而任市议会议长，如后第七条所规定。

第七条　市政局应设市议会，计议员七人，连市政局局长在内。局长因职位而任议长，余六人，中英各占其三。应由纳税人年会（依后列之第三十条）自特区投票人之有被选资格诸人中选举之。凡无照下列第三十八条至少须得两票之资格者，不得任市议会议员。一九二七年市议会，中英议员由中英当局推举，然后依本条例选举。一九二七年内，议员因不能供职，或因病因死而有缺额，依本条例补之。

第八条　市政局设执行秘书一员，受局长之命令与监察，指挥并监察局中各官员与雇员应办之事务。

第九条　市政局设副执行秘书一员，襄助正秘书办理局中事务。

第十条　市政局可委用办理局中各项事务应需之官员与雇员，此项官员与雇员应受局长之管辖，而受执行秘书之指挥与监察。

第十一条　市政局设警长一员，应受局长之管辖，而与执行秘书会商管理区内之警政。

第十二条　市政局执行秘书，由局长推荐，得市议会多数票之同意后，而由外交总长委任。市政局副执行秘书及警长，均由局长下谕委用，并须得市议会多数票之同意。其他人员之委用，悉由局长主裁，其人数以局中敷用为限，而免过多不足。职员所需俸金总数，不得超过纳税人年会所通过预算案规定之额。官员与雇员无论职位大小，若无实在理由，不得开除或移调，亦不得减其酬金或俸薪。局中人员之委用，应由局长呈报外交部备案。

第十三条　市政局得按照附例，及现行与纳税人年会所使实行之税则，征收各项捐税。特区内之不动产，除依本条例所征之税外，不另征他税（中政府之地税除外）。

第十四条　市政局于每年秒应编表册，示明特区内纳税人所有每一地产与房屋之估价。每年于十二月十四日或十四日前，以所估之价通告地主房主。地主房主于收到通告后一月内，得向局长提出抗议，局长应取必要方法切实解决此事。

第十五条　市政局得取必要方法，追收所欠依本条例应征之各项捐税。所施之罚款，与惩治及其对此项事务之行动，应作为最后决断。市政局控告欠缴捐税，而享治外法权之外人，应向其受管辖之领事署或其他法庭诉追之。

第十六条　市政局应管理特区之财政，一切收入应存于市议会指定之银行。一切开支以用于特区为限。付出之款，悉由秘书开具支票，由局长签字，并由参事两人副签。参议之一当为英人。英工部局由纳税人许可所订之财政义务，市政局应接负之。已过财政年度之出入对照表，既先由中英查帐（账）员稽核后，即应将本年预算案提交纳税人年会，听候核准。

第三章　市议会

第十七条　市议会于纳税人年会举行后即就职，至下届年会举行时为止。

第十八条　每年二月下半月，按照第四十二条注册之选举人，每二人得就在纳税人年会有投票资格之中英人中，推举一人或多人，为候选议员，但不得过三人。凡推出之候选人，应开报市政局，而由提议人及赞成人署名，并附被推者允于被选后就职之证书。被推人之姓名，应于三月一日揭示于市政局门首，至向年会宣读时为止。如候选人之数适为华人三、英人三，则此六人不必票举，即作为议员。如数逾六人，则年会应投票选出六人，三应华人，三应英人。如被推之华人或英人不足三人，或总数不足六人，则满期之市议会应留任至次年。

第十九条　被选之市议会任期，以一年为限，于年会后就职。如市政年内因议员不愿供职，或因不能供职，或因病因死而有缺额，局长有权就上届年会注册诸人之仍居汉口者中委任，以补其缺。如缺额逾三人，或被委任者不为其余议员或占上届年会注册投票人满三分之一且仍居汉口者之任何团体所容许，则应按照第二十八条召集特别会议，另选议员以补之。议员选定后，局长应以其姓名呈报外交部备案。

第二十条　局长得以议长之资格，为每次市议会会议主席。如局长暂时不能到会，得派代表主席。

第二十一条　市议会由秘书奉议长之命，发通告召集会议。开明所拟讨论各问题，亦可应议员二人之请召集会议。

第二十二条　市议会会议，至少须有五人列席（主席在内），方能开议。议决案须经过半数表决通过。若遇赞否两方票数相等时，得由主席决定之。

第二十三条　市议会有权讨论并议决关于特区治理与行政之各问题。市议会所通过之决议案，应由局长实行之。如局长以为此项决议案，侵犯中国主权，违背中国习惯，而须由或在法应由中国法庭承认，或此项决议案违犯本条例，则局长可中止执行。惟即应呈报国民政府外交总长，由其决定应否实行或加取销（消）。其言应作为最后决断。取决以前，应聆及考虑市议会之意见。

第二十四条　市议员得于议员中指派负局中市政专部之责任者，如财政、警政、工务、公共卫生、公共利便、食水供给之类，俾每员所处地位，易于监理其所负责之专部之事业，并易设法改良之。议员可建议由局长派委员会或分委员会，办理所管部临时发生之职务。

第二十五条　议员依本章程及本条例尽职，其个人对彼等之行动不负责任。

第四章　年会与特别会议

第二十六条　年会应由局长于每年三月间以后开之。事故召集且应在一星期前知照各选举人开明年会之事务。纳税人有在年会中提出决议案之权，惟至少须在会期三日前，将决议案缮交局中秘书，并由提议人及附议人署名，提议人与附议人均须为后开条例规定之选举人。

第二十七条　年会开会之日，与会者如满注册选举人总数三分之一，即可讨论及议决所提出之各问题。

第二十八条　局长以为宜召集特别会议，随时可召集之。亦得应议员二人之请，或应上届年会注册选举人满三分之一，且仍居汉口者之请召集之。至少须在十四日前发出通告，开明事故。在此会议中，局长或其代表当为主席。

第二十九条　特别会议如与会者满上届年会注册选举人总数之半，即可开会。如年会或特别会议因不满法定人数不能开会，局长得于一星期后，召集第一次会议，无论到会人数多寡应作有效。

第三十条　年会可办理下列事务：考虑及通过已过一年之账目；筹征及修改各项捐

税；准许市政局债款之担保；考虑及决定关于特区公共事务与卫生；以及一切有关区内适当有效行政之事务；考虑及采纳本年预算案；并选举议员六人。

第三十一条　年会或特别会议之决议案，除后开者第三十二条外，仅多数票即可通过。如票数相同，议长得投一票。

第三十二条　关于取得或没收不动产、预算案、借款、抵押、证券，或市政局所给担保之决议案，应得到会者三分之二大多数票通过。

第三十三条　年会或特别会议所通过之决议案，应由市政局实行。关于条约权利之任何决议案，应报告湖北交涉员。如查明此种决议案违背中国与各国所订条约之文字与精神，及中国法律与习惯，并降抑中国之主权，或主权国之威望，该交涉员可请局长中止执行，立即呈报国民政府之外交总长作最后决议。

第五章　选举

第三十四条　华人及与中国订约之各友邦侨民，他如机关团体及在特别区内置有地产房屋之公司，而捐纳杂税（地税与房捐），满银二十五两者，均得享有在年会投票权。

第三十五条　未成丁者（年二十一岁以下），或受保管之人，应由其保管人在年会投票。

第三十六条　会社团体及公司之在年会有投票权者，悉由其代表参与会议。惟必以受委托证示市政局。

第三十七条　在年会有投票权之人因事离汉，或因病不能与会投票，得出委托书由其所委托之代表到会代投。惟代表必依守在年会亲自投票应需之条件。委托书至少须在开会前三日存市政局，并由局许可。

第三十八条　参与年会之人之有投票资格者，开列于下：特区地产主人于投票前一足年内，依现行估价纳地税房捐银二十五两者，有一票权，纳银一百五十两者，有两票权，纳银一百五十两以上者，满七十五两加一票，以十二票为限。非特区地产主人，仅居特区之房屋，依下列规定注册者，如照前节规定地产主人之率缴纳房捐，亦有投票权。惟至少须在投票前寓特区一足年。如数人合住一屋，缴纳房捐如例者，仅一人有投票权。其人依例呈请注册为投票人时，应交出合任人书明，致赞助其为彼等投票人之满意证据。

第三十九条　一人不得有十二票以上之票权（第三十五六七条）。

第四十条　下列之人不得注册为年会投票人：（甲）供职行政处者；（乙）供职警务处者；（丙）依法认为有神经病或疯疾者、聋哑或依其本国法律无投票权者。

第四十一条　下列之人剥夺其参与年会之权：（甲）因犯牵涉剥夺或限制其公民权罪案被控或在审讯中者；（乙）因犯罪受刑罚者，其人于刑期满后并当于二年中剥夺其参与年会之权；（丙）欠缴市政局捐税者；（丁）债务未清之破产人。

第四十二条　每年十二月一日或一日之前，市政局至少须在一种或多数汉口出版中文及英文之日报登载布告文三次，令愿依第三十八条注册为投票人者，于十二月三十一日前，就市政局所供给之书纸填名，呈请局中秘书注册。市政局应考虑其人所提出之证据，或照准或拒绝，视其会否依照本条例必要条件决之。如加拒绝，市政局须将拒绝之理由通告呈请人。特区地主而合本条例条件，不必呈请，自应由市政局将其名列入投票人名表。

市政局在每年一月十五日前，应编定有投票权之人名表，注明其票权，在局前张贴，并分送其名已列表内之人。

第四十三条　在年会，有投票权之人，对于名表如有异议，应于二月一日函达局长。局长应考虑其异议，详聆必要之证据，而在二月十五日以前作决。其意见应作为最后之决断，作决时应由局中通告有关系之人。

第四十四条　名表修正后，不得有所增加，在年会开会日前失其投票权者，不得参与会议。

第六章　附例

第四十五条　市政局对于其范围内之各事，并为辅助达本条例所为制定之目的起见，得制定附例，且有权于此项附例依第四十六条通过后，由局中警务、法庭、或领事法庭，按违例者之国籍与地位，厉行之。现行之英工部局附例，除第二十五、四十八、四十九、五十二、五十四条外，将由市政局厉行至依本条例修正时为止。

第四十六条　市政局所定拟施行之附例，应提交年会经会通过后，再由局长呈报国民政府之外交总长核准。

第四十七条　市政局为保证遵行关于营造之附例计，可向愿建造新屋或修造改造根本修理现有建筑之人，索取图样，并可令移改拆去不遵本条例或本附例开工或已成之房屋。

第四十八条　市政局以中英文为正式文。

第七章　修正与批准

第四十九条　本条例如有修正之必要，可由纳税人三分之二之多数，在年会为之，应呈国民政府之外交部批准。

第五十条　本条例于某日发生效力。

选自《国闻周报》，1927-03-20，"新法令汇辑"。原注："汉浔两案协定签字后上海字林报复载有汉口第三特别行政区市政局条例，爰照译如下"。

25. 中国国民党中央执行委员国民政府委员临时联席会议通告

1927 年 2 月 20 日公布

本会议于十五年十二月十三日在武昌成立，并经分别电告：在中央执行委员会政治会议未在鄂开会以前，执行最高职权。现时中央党部暨国民政府均迁来鄂，中枢有人负责，本会即应结束，以一事权。经本会第二十五次会议决议，定下星期一（二月二十一日）下午二时，在汉口南洋大楼开扩大会联席会议，由临时联会议在武汉之中央执监委员候补执监委员共同开会，结束联席会议。特此通告。

选自汉口《民国日报》，1927-02-20，第一张新闻第一页。

26. 广东省民政厅关于解放奴婢的通告

1927 年 3 月 1 日

蓄奴役婢的制度，是最不仁最残酷的。因为一个人本有天赋的权利，是应该一律平等。从前封建时代的旧社会，不惜蹂躏人权，役使奴婢，强分阶级，曰主曰奴。做主的等若天帝，做奴婢的贱同牛马，终日勤劳服役，绝无限制。奴婢的衣食住，备受不平等的待遇。奴婢的教育，绝对不顾及，奴婢的生命财产，全操于主人之手，不容过问，一切自由，剥夺殆尽。做奴的若生有儿子的，仍为奴隶，世世相承，永受钳束。种种压迫的情形，不能尽述。甚至任意凌虐，鞭挞横施，饥寒不顾，死亡不恤，简直把奴婢屏于社会之外，不齿于人类。这是何等痛心的事啊！民国成立，约法上载明人民平等，无种族阶级之分。这种奴婢制度，本该早就铲除净尽，不容存在。故先大帅于民国十一年二月曾颁有禁止买卖典质人为婢及蓄婢之令，着部院咨行各省行政司法长官，一体奉行。只因历年以来，地方多故，未能彻底禁革。致各属地方，仍有奴制存在，而蓄婢的陋习，更相沿未变。现在全省早经统一，已入训政时期，本厅职司民政，有改良风俗的责任，是以订定解放奴婢条例，提出议案，由省政府委员会议决修正通过，呈奉中央政治会议广州分会核准照办。现在这事已定期三月一日开始实行。昨经将条例刷印布告，诚恐各住户未及通知，或有未明此事的用意，特再分派专员协同警察，按户宣传调查。须知蓄奴蓄婢是为人道所不容、国法所不许。而条例内所定办法，亦无非恢复各奴婢原有的人格，使其待遇与平人一律。所谓主人，实无所损，各住户务须共明此旨，实力奉行。遇有专员调查询问时，尤当竭诚详细答复，切勿隐饰，是则本厅所厚望的了。

又民政厅，应以解放奴婢办法条例，关于以前蓄有婢女者，须改称义女，并将买卖身契送缴附近警署注销，载在条文，必须着手实行。昨特令行公安局转饬各区，派员办理。兹将令文录下：

为令遵事，案查解放婢女办事条例第五条内开：蓄婢在前者，立即改除婢女名义，改称为义女，所有以前买卖身契或送贴等，应一律缴送附近警署注销，并由警署立即登记等语。是此事必须逐一调查。兹拟责成各该警区，选派妥员，依照前条所定各节，按户查明，详细登记。每十日由区报局，转呈本厅，以备查考，而促进行。为此令仰该局即速通饬各区，遵照办理。仍先将奉文转饬情形呈报备查。此令。

选自汉口《民国日报》，1927-03-20，第二页。但《解放奴婢条例》全文未见刊出，可参阅前文孙中山于 1922 年 2 月 24 日颁布的《严行禁止蓄婢令》。

27. 湖北省人民自卫军组织法及进行计划大纲

1927 年 3 月 3 日国民党湖北省党部执行会拟制

血光社云：本月三日省党部执行会，为请速办农民自卫军养成所致（湖北省）政委会函云：迳启者，目前我革命势力日益高涨，一般土豪劣绅虽处四面包围之中，仍不惜百出其方，奋起最后挣扎，向我革命民众猛烈进攻。甚至勾结贪官匪徒，围攻党部，封闭农协，戕杀党部负责同志及农协会员，无所不用其极。最近如阳新焚死党员九人、监利捕禁党员六人，夏口打死农民工人两人，汉川捕去省农协特派员一人、打伤二十余人，麻城打死农民一人，言之令人发指。推原其故，皆由国民革命军开往前线，而民众又无武装，不能防御。现在各县土豪劣绅蠢蠢欲动，若不急图补救，各县党员及农协会均陷于水火之中，影响所及，足以动摇革命之基础。查举办人民自卫军，系统一地方自卫、巩固革命基础之唯一办法。前准贵会嘱拟人民自卫军养成所计划，当经弊会拟具组织及进行计划大纲，函送贵会核定在案。依据原大纲第三条之规定，应请贵会负责积极进行，俾获早观阙成，藉（借）以捍卫地方，镇压反革命派，以巩固革命之新根据地。相应函达请即查照，拨款筹备，积极进行为荷。此致
湖北政务委员会

人民自卫军组织法及进行计划大纲

（一）宗旨：为统一地方自卫，减轻国防军任务，巩固革命基础起见，特设人民自卫军。

（二）性质：自卫军完全为保护地方之常备军事组织。

（三）组织：由有全省性而与此组织有关系之人民团体及政府合组一委员会，为此组织之最高机关。此委员会向省政府负责。每县设常备军二百名，分驻全县各要地，一县设总长一人，分队长若干人，受总部指挥。为便利指挥起见，必要时得设立办事处数处。此办事处为秉承总部之指挥，传遍于各地之机关。

（四）经费：除由各县警备队及保卫团之经费拨充外，不足再请政府补足。

（五）地域：分区次筹办。一、先由旧江汉道着手，二、再推及荆夏襄阳施鹤□道区域。

（六）干部训练：一、设立养成所，先由旧江汉道辖 29 县，每县派党员及农民协会会员 1 人至 15 人。由县党部保送省党部征别之。二、训练期间三月。三、训练完毕，即派至各县办理人民自卫军事宜。

由省政府代表一人，省党部代表一人，总政治部一人，最高军事机关一人，总工会一人，省农民协会（一人），组织一管理委员会，互推主席一人。由委员会委校务主任一人，管理学校事宜。校务主任对委员会负责，委员会对省政府负责。经费及组织法另定之。

选自汉口《民国日报》，1927-03-08，新闻第二页，标题为《省党部执委会请政委会速办农民自卫军养成所》。

28. 外交部条约委员会规则

1927 年 3 月 9 日武汉国民政府外交部公布

（本报特讯）外交部于昨日发出第十四号部令，设立条约委员会。其令云：

本部设立条约委员会，并制定条约委员会规则，公布之。此令

条约委员会规则

第一条 国民政府外交部，为准备改订中外条约起见，特设条约委员会，担任关于条约改订之研究及规划事宜。

第二条 本委员会以三人至七人之专门委员组织，以外交部长为当然委员长。委员长因故缺席时，得就委员中指定一人代理主席。

第三条 单门委员，由外交部长聘任对于公法约章或国际经济关系具有专门学识之人员充之。将来外交部条约司成立时，条约司司长为本委员会当然委员。

第四条 本委员会互推一人主理本会秘书事务。本委员会得设助理员，司誊写记录通信及其他事务。

第五条 本委员会之办事细则，由委员会自定之。

第六条 外交部拟设之外交书库，暂由本委员会筹备并管理之。

选自汉口《民国日报》，1927-03-10，第一张新闻第一页，《外交部设立条约委员会》。

29. 中国国民党第二届中央执行委员第三次全体会议宣言及决议案[①]

1927 年 3 月 10 日～17 日

（一）中国国民党第二届中央执行委员第三次全体会议对全国人民宣言

1927 年 3 月 16 日通过

同志们！同胞们！

我们反帝国主义与反封建军阀的国民革命运动，自北伐占领武汉以来，已到了一个新的时期。这个时期，与以前的时期比较起来，有下列的特性：

（一）中国全国的一半，已经从帝国主义的同盟者与工具——军阀——的直接压迫之下解放出来了。

（二）帝国主义者，特别是英国因为他们的联盟者吴佩孚、孙传芳的失败，及革命民众的奋斗，不得不应允放弃他们几种剥削中国人民的特权。

（三）帝国主义者，特别是英国，一面对于国民政府作不重要的让步；一面却借口虚造的事实，集中兵力于上海及其他各地，以援助北方的反革命势力，目前对革命势力的战争，并借此摧残中国民众方兴未艾的革命斗争。

（四）中国的工人、农民及城市中广大的民众已经逐日起来了，被压迫的民众已经渐

---

① 1927 年 3 月 10 日中国国民党第二届三中全会在汉口开幕，17 日闭幕。会议通过坚持国共合作和将政治、军事、外交、财政权集中于党中央，限制蒋介石个人专权的决议，改组了中央常务委员会、政治委员会、军事委员会、国民政府及各部部长。

渐的（地）参加争斗了，这就是我们战胜帝国主义与国内反革命的稳固的基础。

（五）同时国民政府统治区域内的一切反革命势力、反动派、买办、大地主、绅士、安福、交通、研究、外交各系，正在设法牵制国民政府的政策，使不得行，并用全力破坏革命的根据地。

（六）帝国主义者，特别是英国，除去侵略行动以外，还和他们的奴仆——北方军阀——正在设法分化革命的战线。我们的敌人不能抵抗整个的革命势力，不得已采用这种分化方法，足以证明我们革命的力量已经大有增进，但是我们也更要因此时时注意这种分化方法的危险，而预为防备。帝国主义者最近的策略是，声明赞同中国人民的期望，愿意和中国革命运动中的稳健分子合作，只是反对激烈分子。这个策略就是很明显的要想分化革命的战线。

（七）帝国主义者，特别是英国要干涉中国，又顾虑欧美各国舆论的反对，所以用他无数的宣传机关传播谣言，毁谤中国的革命运动。

（八）同时，英国的反动政府正在用无理的文谍，恫吓中国革命的朋友苏联，目的在软化中国的革命意向，并且隔离中国革命与世界的被压迫的民众与被压迫的国家。

（九）但是英国的和其他各国的被压迫的民众，还是对中国革命表同情的。虽然也有些反动派投机派的领袖谰言鼓惑，贬损中国革命的价值，却是各国被压迫民族与劳苦民众已渐渐的（地）了解中国革命的真相了。

同志们！同胞们！

由上所解析的我们的革命现状里，我们要找出行动的方针。本党中央执行委员会全体会议正在这个国民革命进行中的紧要时候，已经决定了中国国民革命的行动方针。现在郑重的（地）对全国同胞宣言我们为完成中国的国民革命要实行以下的各项：

（一）国民党要用种种方法继续援助工人、农民和城市中一般民众的革命运动，及改良他们本身生活的争斗。这种争斗，不但不违反国民革命的利益，并且正足以增加国民革命的力量，使他（它）可以打倒帝国主义、军阀及一切国内反革命势力。我们就要设立农政部及劳工部，实现本党的农工政策。我们同时要反对那些缓和民众运动的主张，我们要使民众运动充量的（地）普遍的（地）发展。

（二）我们要把一切行政立法权集中在国民政府的手里。国民政府一定可以实行民主主义，防止个人专政或一部分人专政的倾向。只有由国民党所表现出来的民众的意志，才能确定国民政府的政策。

（三）我们要指导城市、乡村的民众作创作的革命的工作。由乡村到城市，我们要把民众组织成自治的委员会，代表民众作国民政府的基础。

（四）我们要以革命的方法统一中国。这种统一才是一个自由独立的民族的真统一。由这种统一得到的政治，才是一个由上而下建设民主主义基础上的政治。

（五）我们要继续的向帝国主义作战，直到我们达到目的；就是说，得到中国真正的政治的经济的独立而后止。我们反对那些对于革命厌倦①的人们，反对那些对帝国主义妥协的人们，这些人都是革命的敌人。我们要指出他们的谬误罪恶，而打倒他们。但是我们

---

① 1927年3月19日汉口《民国日报》此处为"对于革命压迫的人们"。

同时可以声明：任何外国但能对于中国国民的真正愿望容纳的，我们决不至伤害他们的合法的经济利益与经济发展，他们是不用畏惧的。

（六）我们要继续对于北方军阀的革命战争，直到我们统一了中国，肃清了封建军阀的势力为止。

（七）我们要继续并且巩固我们对于苏联的关系。苏联是诚意援助我们国民革命、民主革命的国家。凡是愿意在民族平等原则之下与中国诚意合作的国家，一定愿意中国的统一与独立。

（八）有些人以为不要帮助革命民众，不要与世界被压迫民族合作，也可以继续革命，这是错误的。我们要在人民面前指明这个错误。这些人实在就是帮助帝国主义与反革命。他们是与我们的领袖孙中山先生的主义无关的。

（九）我们要帮助国内的少数民族（蒙古、西藏、回族等）的自决与解放。

（十）这一年来国民革命军勇敢的（地）、荣誉的（地）为国民革命而奋斗，我们要承认他的功绩。我们并且要用种种方法巩固国民革命军，使他更能奋斗。我们要使人民与军队密切的（地）结合起来。

同志们！同胞们！

我们郑重宣言，我们的党要领导民众朝着上述的纲领进行。任何人或任何部分的人，如果反对这些纲领，我们便要反对他们。国民革命必须成功，我们的国家必须独立，我们的人民必须自由，帝国主义的宰割、封建军阀的压迫剥削必须打倒，这便是三民主义的真意义。

中国国民革命万岁！

中国国民党万岁！

党的纪律与党的指导万岁！

革命势力统一万岁！

（二）中国国民党第二届中央执行委员第三次全体会议对全国农民宣言
1927 年 3 月 16 日通过

经济落后的半殖民地中国，国民生活的大部分还是农业，人口百分之八十以上是农民。中国农民受了帝国主义、军阀、地主阶级三重剥削，其困苦达于极点，自求解放之心十分迫切。因此中国国民革命最大部分的目标，在于使农民得到解放。农民如不得到解放，国民革命断不能底于完成。中国国民党为领导国民革命之最大政党，负有完成国民革命之使命。民国十三年一月本党改组时，第一次全国代表大会曾发布宣言，对于农民问题特加注意。民国十五年一月第二次全国代表大会，又议决对于农民运动的纲要。同年十月中央各省联席会议发布新政纲，关于拥护农民利益者二十二条。三年以来本党党员从事农民运动，组织农民协会，引导广大的农民群众为拥护自身利益参加国民革命。组织之广，几遍全国，使革命风潮特别扩大，革命进行特别顺利。这都是因为农民受痛苦最深，求解放最切，而本党适能拥护其利益，扩大其组织，领导其行动，才有这样的结果。

最近各地农民起来的形势至为迅猛，特别是湘鄂赣三省，短期间内有极大的发展，长江下游及北方各省，以北伐军的进展农民必定迅速的（地）起来，成为拥护革命的主要力量。农民参加革命的第一个行动，除参入战争，扶助革命军得到胜利外，就是打倒土豪劣绅，推翻封建地主阶级在乡村的特权。这个封建地主阶级，乃直接剥削农民最厉害的一个特殊阶级。一切帝国主义军阀、贪官污吏对于农民的剥削，都凭附这个特殊阶级，才能达到目的。故封建地主阶级，乃帝国主义、军阀、贪官污吏及一切反革命派之真实的基础，不推翻这个特殊阶级权力，则帝国主义、军阀、贪官污吏及一切反革命派，虽有形式上之破败，其使之存在的实质并未消灭，时常有使革命改变性质之可能。在农民方面，几千年来被统治于封建地主政权之下，不推翻封建地主在乡村的政权，则一切经济争斗，如减租减息等等，简直无从说起。因此革命的要求，需要一个农村的大变动，每一个农村里都必须有一个大大的变革，使土豪劣绅、不法地主及一切反革命派之活动，在农民威力之下完全消灭，使农村政权从土豪劣绅、不法地主及一切反革命派手中移转到农民的手中，在乡村中建设农民领导的民主的乡村自治机关。这是完成民主政治的唯一道路，本党具有最大之决心，将领导此种争斗使得到最后的胜利。

本党为领导代表民主势力的农民与代表封建势力的土豪劣绅不法地主的争斗，并使这个争斗的胜利得到保障，则农民得到武装实为重要条件之一。农民应有自卫的武装组织，封建地主阶级的武装如民团、保卫团及团防局等，均须解除，交与农民。此外本党尚当设法使农民廉价购得武装。总之须使农民有足以保卫其自己利益的武器，这是农村的革命胜利即民主势力推翻封建势力胜利之确实的保障。

农民在政治争斗胜利之后，经济争斗便随着开始。农民经济争斗的意义，为反抗帝国主义军阀特别是地主阶级的剥削。这个剥削的总数在百分之五十以上。本党的任务即在领导农民反抗这种剥削。本党联席会议议决政纲有如下数条：

一、减轻佃农田租百分之二十五；

二、禁止重利盘剥，年利不得超过百分之二十；

三、禁止上期租；

四、禁止预征钱粮；

五、禁止包佃制。

此次全体会议决定佃农使用土地权，改良田税法则，并规定区乡自治机关，关于地方经济事务之各项主管权力。此皆属农民初步的经济争斗之纲领，本党必须领导此争斗，使继政治争斗而得到胜利。在国民政府管辖各区域内，当用政治的力量帮助农民达到目的。

不但如此，因为革命的进展，农民的要求已是很迅速的，由初步进到了第二步，即在许多地方已发生严重的土地问题。原来中国的农民问题，其内容即是一个贫农问题。贫农的数目到近年愈扩大，完全无产的赤贫农民，与有产不多、不够生活的次贫农民，占全体农民中之大部分。这个广大的贫农阶级之存在，乃一切纷扰变乱的根源，同时即为革命动力的要素。贫农问题不解决，一切纷扰变乱都不会平息，革命亦将终久没有完成的一日。贫农问题的中心问题，就是一个土地问题。现在国民政府管辖下的各省，特别是广东、湖南、湖北农民运动发展的地方，贫农对于土地的要求已甚迫切；北方贫农群众的土地问题也是极其严重。本党总理孙先生深见于此，二十年前即已提出"平均地权"，为革命政纲。

《第一次全国代表大会宣言》："农民之失去土地沦为佃户者，国家当给以土地，资其耕种"。总理并于民生主义讲演中提出"耕者有其田"的口号。此皆深知农民的最后要求在于土地。不使农民得到土地，农民将不能拥护革命至于最后之成功。因此本党决计拥护农民获得土地之争斗，至于使土地问题完全解决而后止。

贫农不仅无土地，而且无资本。革命发展的结果，乡村富有阶级极端闭借，许多地方几于断绝借贷关系，至使贫农社会惶惶不可终日，非有一具体政策不足解决此资本缺乏问题。本党第一次全国代表大会宣言有云："农民之缺乏资本至于高利借贷以负债终身者，国家为之筹设调剂机关，如农民银行等供其匮乏"。中央各省联席会议政纲，亦以农民银行列为专条，并规定以年利百分之五贷款与（予）农民。本党当于最短期间，在革命势力所及之地，使本党政府努力设立此等条件极低之贷款机关，以解决农民之资本缺乏问题。

总之，国民革命的完成，有赖于全国农民之兴起。本党始终站在农民利益方面，代表农民而奋斗，本党始终拥护农民一切合理的斗争，务使一切剥削农民的特殊阶级失去其凭借，减轻其剥削，使每个受压迫的农民，都得到切实的解放。这是本党历史的使命，本党当毫不犹疑的（地）执行之。

（三）对于中央执行委员国民政府委员临时联席会议决议案
1927 年 3 月 10 日通过

第二届中央执行委员第三次全体会议于接受徐谦同志政治报告后，对于去年十二月中，在武汉成立之中央执行委员、国民政府委员临时联席会议，认为系适合革命利益，应付革命时机，代表中央权力之必要组织。在该临时联席会议成立以来之经过，如领导革命民众向帝国主义者努力进攻，而得收回汉口、九江英租界之结果，使国民政府对外威权得以提高，使废除不平等条约的解放运动得初步之成功，实足以证明临时联席会议为适合革命之要求。该临时联席会议现虽结束，但所有议决案，在全体会议认为继续有效。

（四）统一党的领导机关决议案
1927 年 3 月 10 日通过

第一条　依照本党总章，全国代表大会，为党的最高权力机关。每年开会一次（但临时会不在此限），行使最高权。

第二条　全国代表大会会后，党的权力机关为中央执行委员会。每三个月开全体会议一次（但临时会不在此限），行使最高权，对全国代表大会负责。

第三条　在中央执行委员会全体会议前后两会之间，由全体会议互选之常务委员九人，组织中央执行委员会常务委员会，对于党务、政治、军事行使最终议决权。除党务直接处理外，交国民政府执行之。常务委员于次期中央执行委员会全体会议开会时，终了其任务。

第四条　关于执行党务之日常工作，由常务委员互选秘书三人，组织秘书处处理之。

第五条　常务委员会得开扩大会议，通知在开会地之中央执、监委员及候补执、监委员列席。

第六条　在中央执行委员会下，设政治委员会、军事委员会等。军事委员会之组织大纲另定之。

第七条　政治委员会，以常务委员会全体委员及由中央执行委员会全体会议选举之中央执行委员及候补中央执行委员六人组织之。国民政府部长，虽非政治委员会委员，亦得列席政治委员会会议，但无表决权。政治委员会委员中由中央执行委员会全体会议指定七人为主席团。

第八条　政治委员会对于政治问题议决后，交由中央执行委员会指导国民政府执行之。

（五）统一革命势力决议案
1921 年 3 月 13 日通过

中国国民党与中国共产党两党联席会议，须立时开会，讨论一般的合作办法，特别是以下各问题：

一、统一民众运动，特别是农民与工人运动，共同指导。

二、国内少数民族问题。

三、共同担负政治责任问题——应由第三国际派负责同志加入国民政府及省政府。

四、设法使第三国际及中国共产党与本党机关报，关于两党互相之批评与记载，不违背合作之精神。

两党联席会议之本党代表五人，即以中央之组织、宣传、工人、农民、青年五部部长充之。

五、本党应第三国际之邀请，应即派代表三人，出席第三国际会议，接洽中国革命根本问题，特别是中国革命的与世界革命的关系的问题。

（六）统一财政决议案
1927 年 3 月 17 日通过

自军兴以来，统辖省治扩展甚多，而财政应付，至感困难，商务民生，亦呈萎顿。究其原因，则主要者，可慨言也。其一，则关税、邮政、铁路等重要机关，均受帝国主义之束缚，以致国民政府治下之大宗贸易，及交通上之收入，均不得挹注库收，而为帝国主义者所吸噬，以致民生凋敝也。其二，则各省前为军阀搜括再四，苛税暴征遍地皆是，驯至民穷财尽。目前舍粤、鄂两省外，财政长官均就地委派，故中央财政管理尚无统系可言也。其三，则农民向受土豪劣绅之敲剥，凡重租重息以及种种额外需索，均足使农民阶级饮苦难伸，日就腒削，以致全国财源枯竭也。其四，则各省、区、县绝无强有力之地方行政组织，以致税外需索，无从稽核制止也。其五，则循行旧法，大多数之捐税为间接税，加征于百货及需要之品，而绝少直接税，乃资本阶级对于革命之担负，并无牺牲也。其六，则鄂省周近及长江下游，战事进展，以致商业停顿、金融阻滞也。凡此数者，均为财政民生之绝大障碍。今欲扫除此种种恶因，应于财政上抱三种目标：收回海关、交通管理权，及取消外国银行在华特殊权利，一也。集中各省财政管理权于国民政府财政部，征收凡百捐税，均由财政部集中负责，取消一切苛征杂敛，以统一收支，二也。均摊捐税，使贫富各就其力，以抒国家负担，间接、直接税之征收，须不偏不倚，地税须改良，田亩附加须铲除，以抒农民之疾苦，三也。兹特决议如下：

（一）国民政府治下各省财政，急谋统一。各省财政主管人员在正式省政府未成立前，由财政部选任，对财政部完全负责，凡收复省份，应即由部派员接收。所有财政一切建设，悉照本党第二次全国代表大会及中央执行委员会议决案办理。

（二）国民政府治下各省，非经财政部许可，不得征收新税，改变税率，组织新银行、新公债及钞票，或取消通行钞票之使用权。

（三）设立预算委员会，审定国民政府预算。其委员由国民政府任命之。

（四）征收直接税，如所得税、资产税、遗产税等。

（五）改良地税，其税率须以现在农产之市价为标准。

（六）中央银行为国家之金融机关，调剂全国金融，并须积贮大宗准备金，以平准国外汇兑。

（七）改组关税管理机关，厘订进出口税率。

（七）统一外交决议案
1927 年 3 月 19 日通过

为实现去年十月中央委员各省区代表联席会议议决之最近外交政策决议案，本党及政府应执行下列办法，以励行外交政策之统一，而防止帝国主义者破坏我国民革命势力集中之阴谋：

（一）本党党员对于外交方面，有擅自发表变更本党外交政策之主张，或直接间接向帝国主义列强接洽任何条件者，以违背党纪论，应予除名处分。

（二）政府职员，非外交当局或未受外交部长之委托，私擅与帝国主义者为外交的接洽，或进行秘密交涉者，一经发觉证实，应即免职查办。

（三）在国民政府统治下之地区，所有外交人员，均由外交部直接任免，地方政府及军事长官不得再有任免交涉员之事。

（八）修正政治委员会及分会组织条例
1927 年 3 月 13 日通过

（一）政治委员会，依第二届中央执行委员会第三次全体会议议决之"统一党的领导机关"案，第七、第八两条之规定，组织之。

（二）政治委员会，为中央执行委员会下之最高政治指导机关。

（三）政治委员会，因适应革命之需要，得向中央执行委员会建议，在国内各重要政治地区，设立政治委员会分会。

（四）各地政治委员会分会，对中央执行委员会负责。

（五）政治委员会分会委员，不限于中央执、监委员及候补中央执、监委员。

（六）政治委员会分会之人数、权限、任务，及与当地党部之关系，由中央执行委员会规定之。

（七）政治委员会分会委员，经中央执行委员会指定，得列席政治委员会会议，但无表决权。

（八）政治委员会分会，对于全国大局有关系之重要决议，须经中央执行委员会之认可，方发生效力。

（九）政治委员会分会，对于地方政治问题之决议，得直接交由地方政府执行之，但须报告中央执行委员会。

（十）政治委员会及分会秘书处之组织，由政治委员会及分会自定之。

（九）中央执行委员会军事委员会组织大纲

1927 年 3 月 10 日通过

第一章　总纲

第一条　军事委员会设立之目的，在巩固国民政府统治下之疆域，扑灭国内反革命武力，以谋全国统一，并筹划国防，使不受帝国主义者对中国军事进攻之危害。

第二条　军事委员会为国民政府最高军事行政机关。

第三条　军事委员会有管理全国水、陆、空兵力及军事制造机关之权。

第四条　军事委员会因负战事准备之责，须采取适当方法，并加以适宜之指导，以强固水、陆、空军事之战斗力。

第五条　军事委员会规定国防军之数额，组织法及设备，并管理军事教育事务。

第六条　军事委员会得规划新军队之组织。

第七条　军事委员会规定军队之制度，及所需军械之数量与种类，并购办军事制造机关所需之机器及材料。此项机器及材料如向外国购买时，须经中央执行委员会通过。

第八条　军事委员会分配兵工厂自造，或向外国购买之军械，于各军队。

第九条　军事委员会制定维持全国各军队所需，及中央军事政治学校并一切军事教育机关，及中央总政治部之预算，向中央执行委员会提出。分配中央执行委员会核准给发之款项于上开军队及机关，并监督用途，须为合理之支出，向中央执行委员会报告决算。

第十条　军事委员会管辖并养成水、陆、空干部人员及高级军官，并军事技术人才。现有或将来开办之各种军事学校及一切军事教育机关，均须受军事委员会之指导。

第十一条　军事委员会及军事委员会主席团所议决之重要议案及办法，须经中央执行委员会通过，方生效力。已通过之决议及办法，由军事委员会主席团交军事该管机关执行之。

第二章　组织

第十二条　军事委员会，由中央执行委员会于高级军官中选出委员九人至十三人，并于不任军职之中央执行委员及候补中央执行委员中选出委员六人，共同组织之。

第十三条　军事委员会全体委员会议，平时一月开会二次，战时至少每两月开会一次。

第十四条　全体委员会议以有全体委员过半数之出席为法定人数。开会时至少须有不任军职之中央委员三人出席。

第十五条　军事委员设主席团七人，由中央执行委员会全体会议指定之。主席团须有不任军职之委员三人。

第十六条　军事委员会一切会议之表决，以出席委员之过半数行之。

第三章　军事委员会主席团

第十七条　军事委员会主席团，执行中央执行委员会关于军事之决议，及军事委员会全体会议之决定，并处理军事日常事务。

第十八条　主席团会议，每星期至少开二次，但开会时其他委员得列席。

第十九条　主席团之决议及发布命令，须有主席团委员四人签名，方生效力。

第二十条　在战时为指挥战事行动，及使各军队为战事准备指挥统一起见，得设立总司令于军事委员会委员中，由中央执行委员会指定之。

第四章　军事委员会下各部处

第二十一条　为便利军事进行，及指挥国民政府所有一切武装势力起见，于军事委员会下设立下列各部处：

一、总政治部；二、参谋处；三、军事制造处；四、海军处；五、陆军处；六、航空处；七、军事经理处①；八、军事审计处②；九、秘书处；十、军事学校及教育机关管理处。③

总政治部组织大纲及各处组织条例另定之。

第五章　革命军事裁判所

第二十二条　军事委员会为镇压反革命及裁判军事犯，设立革命军事裁判所。

第六章　高级军官及各处长之任命④

第二十三条　军事委员会提出总司令、前敌总指挥、军长等，由中央执行委员会通过任命之。⑤

第二十四条　师长及同等级军事长官及以下各军官⑥，由军事委员会全体会议通过任命之。全体会议不开会时，得经主席团通过任命代理。⑦

附：关于军事委员会之决议

（一）军事委员之任免，在中央执行委员会全体会议闭会期间，由常务委员会于必要时执行任免权，但须经下次全体会议之追认。

（二）军事委员会委员因有任务在外，不能出席会议时，经军事委员会之许可，得派代表一人列席，但无表决权。

（三）军事委员会主席团委员，不得派代表代行职权。

---

① "1927年版"印作"经理处"。

② "1927年版"印作"审计处"。

③ "1927年版"印作"军事教育管理处"。

④ "1927年版"印作"军官之任免"。

⑤ "1927年版"印作"总司令、前敌总指挥、军长等职由军事委员会提出，中央执行委员会通过任免之"。

⑥ "1927年版"印作"师长至团长及其同等级军官"。

⑦ "1927年版"印作"全体会议不开会时，得经主席团通过任免之，但须经全体会议追认"。

（十）军事委员会总政治部组织大纲

1927 年 3 月 15 日通过

（一）为贯彻总理使武力与国民相结合，并为国民武力之主张，在中央执行委员会军事委员会之下，设立总政治部，专任军队中党务及政治工作。

（二）总政治部设主任一人，由中央执行委员会全体会议任免之；于必要时可由常务委员会执行任免权，但须得全体会议之追认。

（三）总政治部及各级政治部之详细编制及办事规则，由中央执行委员会另定之。

（四）总政治部之任务如下：甲、军队中党的组织与训练；乙、军队中之政治训练；丙、军事教育机关中之政治教育；丁、关于军队中政治工作之各种行政：如机关之组织、人员之任免、经费之筹拨、工作计划之考核等。

（五）总政治部之工作方针，须完全受本党全国代表大会与中央执行委员会之指导，但日常工作事项，应对军事委员会负责，受军事委员会之指导。

（六）总政治部直接指挥军队中与其他军事机关中之政治部，以及军队教育机关中管理政治工作、政治教育之部分。

（七）总政治部，在中央执行委员会常务委员会指导之下，监督、考核各级党代表之工作。

（八）军师政治部主任及同等之工作人员，应由总政治部提出，军事委员会通过，呈请中央执行委员会任命。其他各级人员依照任免条例办理。

（九）各级政治工作人员，须受各高级政治部之指导及命令，但各级政治部主任关于政治工作，党代表认为有重大错误时，得由党代表暂时停止其职务，报告上级党代表听候解决。

政治工作人员同时须遵守所属部队中之军纪，以维持军队指挥之统一。

（十）总政治部应负责推行本党军队中官长之政治教育。

（十一）在作战时期，总政治部及各级政治部应于战地及新克复地区，负与人民联合，促进人民组织，并负暂时管理督促当地行政事务之责任。并时时与各地党部及军队高级长官连（联）络，以便利工作之进行。

（十一）国民革命军总司令条例

1927 年 3 月 17 日通过

一、国民革命军总司令，依中央执行委员会军事委员会组织大纲第二十条之规定，由国民政府特任之。

二、在战时，总司令有使水、陆、空各军队为战事准备，并统一指挥各军队战事行动之权，对于中央执行委员会负责。

三、总司令为军事委员会委员之一，因指挥作战之便利，随时出驻前方。

四、出征动员令，须由军事委员会议决，经中央执行委员会通过，交总司令执行之。

五、动员令下后，即为战事状态。总司令在作战地及警备地有宣布戒严令之权，并得指挥前方之军民财政各机关。

六、总司令部详细编制及办事规则，另定之。

（十二）关于军事政治学校之决议案
1927 年 3 月 17 日通过

（一）军事政治学校及各分校，为本党培养党军将校之教育机关。此等教育机关，须确立于党的指导之下。

（二）军事政治学校及各分校，均应改校长制为委员制。学校所在地之最高党部，应举代表参加委员会，委员由中央执行委员会指定，并指定一人为委员长。

（三）军事政治学校之政治教育，须严格受军事委员会总政治部指导。

（十三）农民问题决议案
1927 年 3 月 16 日通过

本党自改组以来，注重扶助农工运动之发展。农民居中国人口之大多数，其地位最痛苦，受压迫亦最厉害。本党不但应尽力农民运动，以获得农民群众，更当使其在本党领导之下参加国民革命。民国十五年，本党中央及各省联席会议，曾通过多条关于改良农民状况的决议。自是以后，在五个月中，乡村间被压迫的农民与压迫者（如地主、绅士、土豪、污吏）间之争斗，更有扩大发展。但是，联席会议议决，在各地方多没有实现，农民协会虽欲企图实现此等决议，而遭乡村把持政权者之严厉拒绝或打击。政府与党部方面，因忙于军事行动，对于农民不能保障其组织，更不能给以积极的援助，使建立农民自治的政府，使农民能以自治政府的权柄，战胜其敌人。北伐胜利的结果，已有好几省在国民政府统治之下，加入农民协会之农民已有四百万，正在为自己之解放而努力奋斗。农民的敌人，也就以全力遏制农民运动之发展，及障碍本党决议之实现。这些农民的敌人，所谓乡村把持政权者，同时亦即国民革命之敌人。要国民革命能够成功，一定要铲除这一切封建制度的残余势力。这些封建的残余势力，就是农民痛苦之所在，也就是军阀及帝国主义在经济落后的中国之生存基础。所以本党与国民政府必须竭力保障，及发展农民的组织，并竭力使联席会议之决议实现。此决议，为本党谋中国农民解放之第一步，如果本党不能这样做去，国民革命将发生很大的危险，并一定会失去农民的拥护，即中国最大多数人民之拥护。本党不但为要使广大农民群众参加反军阀、反帝国主义斗争起见，故须努力求农民运动之发展。本党代表大多数农民之利益，亦当随时扩大农民运动，务求被压迫农民能以其自己之组织，与斗争的力量，达到其要求本身解放之目的。本党为要保障农民之能获得解放，必须发展农民之组织，使其能在任何政治条件之下，皆能以自己的力量，与一切压迫彼等之势力斗争，方足以使国民革命之胜利成为农民的胜利。故即为要建立统一的民主政治起见，为要使三民主义确实开始实现，及使农民明白本党为其好友与保护者起见，本党此次中央执行委员会全体会议有如下之决议：

立刻实现中央及各省党部联席会议所通过一切对农民问题之决议，在新从军阀铁蹄底下解放出来的地位（区），尤应根据考查（察）农民的实际要求，妥定实现议决之方法。为达此目的起见，中央执行委员会第三次全体会议主张国民政府设立农政部，其责任为实行土地改良，及农民所要求经济的、政治的改造与建设。中央执行委员会第三次全体会议并议决下述具体的事项，政府与党部及革命的民众团体须立即实行之：

（一）政府应立即着手建立区乡自治机关，由区乡居民按照区乡自治法组织之，管理区乡一切行政、经济、财政、文化等事宜。农民协会应在本党指导之下，为组织与指导此自治机关的中心。区乡自治法另定之。

（二）区自治机关内，应设立土地委员会（必要时乡自治机关内亦可设立之），由农政主管机关派员，及农民协会代表组织之。以筹备土地改良，及实行政府所规定关于土地整理与土地使用之各种办法。

（三）所有乡间不属于政府军队之武装团体，必须隶属于区或乡之自治机关。如有不服从者，即应依照处置反革命条例处办之。区乡自治机关应有改组此等武装团体之权力，使此等武装团体，确能保卫乡村人民，而为乡村人民之武力，保卫乡村人民所必需之武力。如感觉枪枝（支）不足时，政府必设法补助之。

（四）本党联席会议关于减租百分之二十五的议决，应于本年内完全实行，田租契约应向乡自治机关注册。乡自治机关与农民协会得决定当地最高租额，并监视不得超过。乡自治机关与农民协会，应废除一切租约内或租约外之任何苛例，应由政府下令准许亲自耕种之佃农有永久使用土地权，非地主收回亲自耕种，不得调田另佃；如佃农自愿退田，或地主收回亲自耕种时，佃农对土地所增善者，应得相当报酬。

（五）区乡公地及庙产，政府应下令饬其交给区乡自治机关管理，各宗族公有之祠堂地产，须禁止族长或少数豪强分子把持，致违反宗族内贫困之利益。

（六）政府应严重处罚贪官污吏、土豪劣绅及一切反革命者，并应依法没收其土地财产。此等土地财产之属于区乡者，应视为人民所共有。

（七）旧有田税法则，实为不合理不公平之税则，急应改革。至于现在征收于农民之各种苛捐杂税，为害农民经济甚大，亦应逐次废除。政府应从速规定与当地需要相当的划一的税率。其他对于土地及乡村生产品所征收之新税，须一律废除。如此方可减轻农民之负担。一切关税，应移转于区乡自治机关，及财政主管机关特派员之掌握，不准劣绅土豪盘据。

（八）为减轻农民高利贷之剥削起见，政府应明令禁止高利盘剥，规定利率不得高过年利二分或月利二厘，并禁止利上加利。对于农民债务，国民政府农政部应从速确定办法，以解除农民因债务所受之痛苦，并应设法立即组织农民银行，年利百分之五贷款与农民。

（九）为防止地主及奸商抬高粮食价格，及救济天灾时之贫农起见，政府应准区乡自治机关请求农政主管机关给以管理粮食出口，及保存一部分粮食之权。

（十）国民政府应加紧筹备以下各问题，预备提出于下届中央执行委员会全体会议：①付租须经由区乡自治机关，如此，政府可由租内扣除田税。②实现民主制度之县政府。③组织独立的、民主的、民主主义的司法制度，以解决由土地发生的问题，及他种问题。④解决贫农土地问题之具体办法。

中央执行委员会全体会议认为，以上各项仅为中国农民解放斗争之第一步工作，欲此等斗争之扩大与强固，必须唤起农民自己起来活动，且获得政府全力之援助。

中央全体会议深信，以上各项之实现，一定能为国民革命建一强固的基础。中国千百万农民，将赞助本党，国民政府及国民革命军与之共同奋斗。全体会议深信，此种联合战线，一定能解放中国于帝国主义压迫之下，消灭一切军阀，及扫除工业发展之障碍，并可解决社会上一切衰败的现象，如失业、土匪等等。因为如果不能使三万万农民得到解放，及提高生活，那末（么）中国工商业必定不能振兴，而且将继续依赖帝国主义。以上各种改良计划是建立新社会制度之惟一方法。中央全体会议对于一切障碍或破坏此种联合战线，或妨碍农民运动之发展，或阻碍国民政府解放农民，及解放全中国之革命政策之实行者，必毅然决然与之奋斗。中央执行委员会第三次全体会议并应决定：

（一）下次全体会议，政府应对于以上各项实施成绩之报告。

（二）号召本党全体党员一致起来，宣传此项议决，使中国农民全体了解。在各乡村、各军队、各团体中，或用印刷品，或对于不识字者用宣读方法，务使每人都能了解此项决议。

（十四）湖南省民会议大纲
1927 年 3 月 17 日通过

（一）省民会议代表之产生，采用职业选举，以普选为原则。

（二）省民会议议决一省制度法律及施政方针，其议决案须经国民政府之批准。

（三）省民会议须选举执行委员若干人，组织执行委员会，为省民会议闭会期间之执行机关。执行委员之人数，应相当于湖南之县数，以上其人数由省民会议自定之。

（四）省民会议应于所选之执行委员中，选举省政府委员九人至十一人，及各厅厅长，呈请国民政府任命；如国民政府认其中有不适当之人时，得由国民政府择其他执行委员另委之。

（五）省民会议执行委员会，得对于省政府委员及厅长提出弹劾，并另选继任之人；但须呈请国民政府任免之。

（六）省政府委员中途辞职时，在省民会议执行委员会闭会期间，须由省政府呈请国民政府，派其他执行委员代理。

（七）省民会议每年开会一次。开会期间为两周，必要时得延长之。

（八）省民会议执行委员会每三个月开会一次。开会期间为一周。必要时延长之。

（九）省民会议第一次会议，由省党部会同有全省性质之民众团体筹备召集之，第一次会议以后，由省民会议执行委员会召集之。

（十）省民会议执行委员，由省政府依期召集之；省政府不如期召集时，可自行召集。

（十一）第一次省民会议之召集日期及组织法，由省党部拟定，呈请中央党部核准。

（十二）省民会议执行委员会及省政府，受中国国民党湖南省党部之指导，如有意见冲突时，须受中央党部之训示。

（十五）湖南省民会议组织法
1927 年 3 月 17 日通过

第一条　湖南省民会议，以下列各团体、各区域之代表组织之。

（甲）团体代表：

一、中国国民党湖南省党部二十人；

二、湖南省农民协会二十人；

三、湖南省总工会七人；

四、湖南省军每团一人；

五、湖南省学生联合会五人；

六、湖南省女界联合会三人；

七、湖南省教职员联合会三人；

八、大学每校一人（大学须办有本科并已经立案者）；

九、湖南警察协会一人；

十、湖南省商民团体七人（在此项团体未组织以前，由长沙市商民协会选举五人，长沙总商会选举二人）；

十一、共产党湖南区五人；

十二、湖南矿业总会一人；

十三、湖南律师公会、新闻记者联合会各一人（在省律师公会、省新闻记者联合会未组织以前，由长沙市之该项团体选举之）。

（乙）区域代表：

（一）县之代表在人口未调查完竣以前，每县应出之代表名额暂依县之等第规定：一等县六人，二等县五人，三等县四人。其县之等第，查照湖南省政府所规定，列表于后：

湖南各县等第表

第一等县	长沙	浏阳	衡阳	湘潭
	湘乡	宝庆	岳阳	常德
	澧县	衡山	零陵	柳县
	桂阳	沅陵	芷江	永顺
	靖县			
第二等县	湘阴	醴陵	宁乡	益阳
	攸县	安化	茶陵	新化
	武冈	新宁	城步	平江
	华容	临湘	桃源	汉寿
	沅江	石门	慈利	安乡
	临澧	南县	耒阳	常宁
	祁阳	道县	宁远	永明
	江华	新田	永兴	宣章
	汝城	临武	辰谿	溆浦
	黔阳	麻阳	保靖	龙山

	会同	绥宁	凤凰	乾城
	永绥	晃县		
第三等县	大庸	安仁	酃县	东安
	资兴	桂东	嘉禾	蓝山
	泸溪	桑植	古丈	通道

（二）市之代表：

长沙市六人　常德市四人

衡阳市三人　岳阳市一人

津市一人　　洪江市一人

（三）产业区域之代表

锡矿山三人　水口山二人

炭塘子一人　纺纱厂一人

株萍路一人　粤汉路一人

第二条　团体之代表，由该团体选举之。

第三条　县之代表，由该县之有选举权团体产生初选代表，举行复选代表大会选举之。县之有选举权之团体及其所产生初选代表之人数，规定于后：

国民党县党部十人　　　　　县农民协会十人

县工会四人　　　　　　　　县商民团体四人

县教职员联合会三人　　　　县学生联合会三人

县女界联合会三人　　　　　共产党地方代表一人

自由职业团体联合选举一人　各区农民协会各二人

各区（县下第一级行政区域）人民团体（如乡教职员联合会、工会、商会）联合选举一人。

县之团体其选举权之取得规定于后：

（一）依照政府颁布条例，经官厅允许备案，及该团体之上级机关所认可之工农商团体。

（二）经该地党部认为确系革命民众组织之团体。

以上（一）（二）所规定团体其成立时期，须在本组织法公布以前者。

第四条　市之代表，由下列团体选举初选代表复选之：

市党部二十人　　　　　　　市店员联合会二十人

市商民协会二十人　　　　　市工会二十人

市教职员联合会十人　　　　市学生联合会二十人

近郊农民协会十五人　　　　共产党代表二人

新闻记者联合会一人　　　　律师公会一人

市女界联合会十人

（但长沙市加两团体：医药学会二人，警察协会三人）

第五条　产业区域之代表，由该产业区域之工人、住民直接选举之。

第六条　省民会议之职权如下：

一、接受及采纳省政府之报告；

二、地方制度之创制或变更；

三、省法律之创制或变更；

四、选举省民会议执行委员；

五、选举省政府委员及厅长；

六、通过省政府之预算决算及财政计划；

七、省农工商矿业之发展；

八、省交通之发展；

九、省教育之发展；

十、省之军政；

十一、省之治安及解决土匪问题；

十二、省之民政；

十三、省之地方行政；

十四、民众团体之组织发展问题；

十五、关于农民问题、劳动问题、妇女问题之事项；

十六、关于肃清反革命之事项；

十七、省政治及其他重要问题；

十八、关于国民会议之预备事项；

十九、关于向国民政府建议事项；

二十、关于人民请愿要求之事项。

第七条　本会议选举九人，组织主席团。

第八条　本会议由主席团组织秘书处，办理本会议文件及其他事务。

第九条　本会议得组织各种委员会，审查讨论各种问题。

第十条　本会议须有全体代表之过半数出席，方得开议，有出席代表过半数之同意，方得决议，如可否同数取决于主席。

第十一条　本会议之会期为二星期，但于必要时得议决延长之。

第十二条　本组织法经中国国民党湖南省党部议决，呈请中央党部批准施行。

第十三条　本组织法解释之权，属于中国国民党中央党部。

以上 15 件选自《中国国民党历次代表大会及中央全会资料》，北京，光明日报出版社，1985，第 304~334 页。简称"光明日报版"。

互校版本：《中国国民党第二届中央执行委员第三次全体会议宣言训令及决议案》，中国国民党中央执行委员会印刊，1927 年 5 月出版。简称"1927 年版"。

编者注：中国国民党二届三中全会还审议批准了《湖北省惩治土豪劣绅暂行条例》和《湖北省审判土豪劣绅委员会暂行条例》作为会议决议的附件印发全国。其详细内容参见"农民运动部分"。

30. 湖北省取缔妇女缠足条例

1927 年 3 月 23 日[①]湖北省政务委员会公布

一、取缔缠足，以三个月为劝导期。

二、在劝导期间，责成各县县长会同各县县党部，妇女部及妇女协会，设法剀切劝导。

三、未及十五岁之幼女，如已缠足须即解放，未缠足者，不得再缠。

四、十五岁以上三十岁以下之缠足妇女，限期解放。

五、三十岁以上之缠足妇女，责令解放，不加限期。

六、在劝导期间终了后，查有故意违抗者，由各县县长科以罚金，仍令限期解放。其罚金交由该县县党部妇女部及妇女协会，办理有益妇女之事项。

七、前条罚金依照左列情形办理：

（一）十五岁以下之幼女如有违犯本条例者，罚金一元，限六个月为限。若果罚金三次以上不悟者，惩罚其父母。

（二）十五岁以上二十岁以下之缠足妇女，限期三个月放足，如过期不放者，罚金二元，再限 6 个月为期，累罚至三次以上不悟者，严惩其父母或本人。

（三）二十岁至三十岁之缠足妇女，限期一年放足，过期罚金二元，再限期六个月，如累罚至三次以上不悟者，即严惩之。

（四）如系该妇女之翁姑或夫婿无理压迫而禁止其放足者，除罚金外，与（予）以严重处罚。

八、各县县长如有奉行不力，经各该县党部妇女部及妇女协会控告并查明确实者，即由省政府惩办。

九、本条例自公布后施行。

选自汉口《民国日报》，1927-03-23，《取缔妇女缠足条例》。

31. 修正中华民国国民政府组织法

1927 年 3 月 30 日武汉国民政府公布

第一条　国民政府受中国国民党中央执行委员会之指导及监督，掌理全国政务。

第二条　国民政府由中央执行委员会选举委员若干人组织之，并指定其中五人为常务委员。

第三条　国民政府委员处理政务，须开会议行之，但日常政务由常务委员执行之。

国民政府委员会议须有国民政府所在地委员过半数之出席，如出席委员不足法定数

---

① 此为汉口《民国日报》公布时间。

时，即以常务委员会代之。未经中央执行委员会议决之重要政务，国民政府委员无权执行，但遇中央执行委员不能开会时不在此限。

第四条　公布法令及其文书，至少须有常务委员三人之署名。

第五条　国民政府设财政、外交、交通、司法、教育、劳工、农政、实业、卫生各部，每部设部长一人，得以委员兼任之。

第六条　各部长依其职权得发部令。

第七条　国民政府各部及其他机关之组织法另定之。

第八条　国民政府委员会下设秘书处、副官处，受常务委员之指挥，其组织法另定之。

第九条　本法得由中央执行委员会修正之。

国民政府委员会于必要时，亦得提出修正案。

第十条　本法自公布之日施行。

选自汉口《民国日报》，1927-03-31，新闻第二页："昨日政治委员会通过之国民政府组织法修正案"。又讯："兹经中央执行委员会议决修正中华民国国民政府组织法特公布之。此令！"

互校版本：《国民政府现行法规》，1928。

32.　湖北省政府组织法

1927 年 3 月 30 日中央政治委员会通过

3 月 31 日[①]武汉国民政府公布

第一条　湖北省政府，于中国国民党中央执行委员会及湖北省执行委员会指导监督之下，受国民政府之命令，管理湖北全省政务。

第二条　湖北省政府职权，由国民政府任命湖北省政府委员 11 人组织省政府委员会行使之。

第三条　湖北省政府委员会设常务委员 3 人，由湖北省政府委员会推选之，按照湖北省政府委员会议决议，执行日常政务。

第四条　湖北省政府命令及公文，其范围及于全部者，经全体委员署名；范围仅及一部者，经全体常务委员并关系厅厅长署名；其他普通日常事务，由常务委员会全体署名行之。

第五条　湖北省政府得制定湖北省单行法令，但不得违反党之决议及国民政府命令。

第六条　湖北省政府任免湖北省内各机关荐任以下官吏。

第七条　湖北省政府下分设民政、财政、建设、教育、司法、农工各厅，于必要时得增加军事、实业、土地、公益等厅，分管行政事务。

第八条　湖北省政府各厅各设厅长一人，由国民政府任命湖北省政府委员兼任之。

---

①　此为汉口《民国日报》公布时间。

第九条　湖北省政府设秘书处，由湖北省政府任命秘书长一人，秘书二人组织之。秉承湖北省政府委员会之命令，管理处内一切事务。

第十条　湖北省政府各厅之组织法另定之。

第十一条　湖北省政府委员会会议规则另定之。

第十二条　湖北省政府秘书处组织条例另定之。

第十三条　本法自公布日施行。

选自汉口《民国日报》，1927-03-31：《昨日政治委员会通过〈湖北省政府组织法〉》。

33. 湖北省政府委员会会议规则

1927 年 3 月 30 日中央政治委员会通过

3 月 31 日武汉国民政府公布

总　则

第一条　委员会为全省最高行政机关，秉承中国国民党中央执行委员会及省执行委员会之指导监督，受国民政府命令，处理全省政务。

第二条　委员会以省政府委员组织之。

第三条　委员会会议时，由出席委员推定临时主席。

开　会

第四条　委员会每周开会一次，但有必要时，得由常务委员或委员三人以上之署名召集临时会议。常务委员会每日开会一次。

第五条　委员会议须有在省政府所在地之委员过半数出席，方得开议。

第六条　委员缺席，须将缺席理由通知秘书处，于开议时由秘书长报告，并记入议事录。

第七条　委员会议开会时，主席未宣告开会以前，及宣告闭会或延会以后，不得就议事发言。

第八条　主席得宣告延长会议时间。

议事及议事日程

第九条　左列各款事项应提出会议：

一、报告及报告后之讨论；

二、中央及省党部交议事项；

三、国民政府交议事项；

四、各委员及各厅提议事项；

五、人民请愿事项；

六、其他重要事项。

第十条　委员会会议事件及开会日时，须记载于议事日程。

第十一条　议事日程之记载，须依第九条各款之次序，由秘书制定之。

第十二条　凡提请事项必须于开会前提出编入议事日程。但议事日程中必须连议，或重要事项未及编入议事日程者，主席得依出席委员过半数之同意，提前讨论或临时论讨。

第十三条　议事日期所记载之事件，因不能开议，或议而不能完结者，主席得设定议事日程。

第十四条　议事日程所记载各种议事，须先期印刷分送各委员。

第十五条　凡议案关系重要者，得由主席指定人员审查之。

讨论及表决

第十六条　讨论结果有数说时，主席依次付表决。

第十七条　表决方法，以多数决议之。

表决方式，得用无异议、举手，及记名投票三方式。可否数同时，取决于主席。

议事录

第十八条　议事录记载左列各项：

一、开会之次第、年月日及所在地。

二、开会之委员姓名人数及缺席之委员姓名人数。

三、报告及提议事由及其报告提议者。

四、表决如用投票式时，应记明可否之数。

五、其他必要事项。

第十九条　议事录于每次会议完毕时宣读后，由主席签名。

第二十条　议事录呈送中央党部及国民政府，并送省党部及各委员各厅。

第二十一条　凡议案与他机关有关系者，得通知其主管人员列席报告。

第二十二条　本规则如有未尽事宜，得由委员会修改之。

第二十三条　本规则自公布日施行。

选自汉口《民国日报》，1927-03-31，新闻第二页。

34. 湖北省政府秘书处组织法

1927 年 3 月 30 日中央政府委员会通过
3 月 31 日武汉国民政府公布①

第一条　湖北省政府秘书处，依湖北省政府组织法第九条之规定，设秘书长一人，秘书二人。

第二条　本处分为一、二两科。

第三条　第一科之执掌如左：

一、关于铨叙事项。

二、关于会议记录事项。

三、关于机要事项。

---

① 此为汉口《民国日报》公布时间。

四、关于撰拟事项。

五、关于编辑事项。

六、典守印信。

七、校对文件。

八、不属于他科事项。

第四条　第二科之执掌如左：

一、关于会计事项。

二、关于庶务事项。

三、关于收发事项。

四、保管文件。

五、关于省警备队事项。

第五条　各科科长由秘书兼任之。

第六条　本处设科员十二人，书记办事员录事若干人，由省政府任命或雇用之。

第七条　本法自公布日施行。

选自汉口《民国日报》，1927-03-31，新闻第二页。

35. 中国国民党湖北省执行委员会
对湖北省政府成立训令（节录）

1927 年 4 月 10 日

…… ……

辛亥首义之武汉，遂于全国革命怒潮汹涌澎湃之中，成为革命之新根据地。本年"一三"惨案热血飞溅，使英帝国主义丧胆，而放弃其力争经营之汉口租界，开收回一切租界之先河。风声所及，全球震惊。不独使国民政府外交别开创局，而且在中华民族独立运动史上转一新章。最近党权运动，创自武汉，全国风从，仅及一月，而党内年来隐伏之危机与病象多所纠正。一切政治军事外交财政等大权，均集中于本党最高权力机关之中央执行委员会，打破个人独裁军事专政之局。而各县农村之打倒土豪劣绅运动，其势如暴风骤雨，迅猛异常，行将冲决罗网，铲除反革命势力之下层基层。此实民主势力战胜封建势力之一步，而为国民革命史上所应大书特书者也。

在此军事胜利外交胜利民主势力胜利声中，湖北省政府适于此时，应革命之需要，在国民政府首都所在地成立。[①] ……其最大使命，无过于顺应革命民众之要求，建立革命化民主化之省政府，实现左列目标，以期革命之胜利成为民众之胜利：

一、澄清吏治，造成廉洁政府，使革命全部利益归革命民众享受。一扫从前贪官污吏垄断政权窃取民众利益之罪恶。

二、打倒土豪劣绅，铲除封建下层势力，发展乡村自治，建立民主制度之新社会秩

---

① 湖北省政府于 1927 年 4 月 10 日正式成立，原湖北省政务委员会宣告结束。

序，以替代封建时代压迫穷苦民众所维系之旧社会秩序，且藉（借）以消灭民众与政府间之一切障碍，巩固革命之基础。然后使阴谋破坏之反革命分子无所凭藉（借），新军阀政治无复活之可能。

三、实行农工政策，扶助农工团体之发展，以扩大革命力量，且使农人工人生活有改善之机会，增加其购买力，促进商业之繁盛，以谋乡村与城市有巩固之经济基础，而后文化教育才不落于空谈，一切知识阶级之失业问题、失学问题，始有解决之端绪。

四、省民会议为民众建设政治之机会，为民众接受政治之方式，应于最短期内召集，俾由革命取得之政权归之革命民众，以求民主政治之实现。

五、中央最近政纲及湖北最低限度政纲，为民众之具体要求，应尽力所能及以谋实现，使一切政治设施适合革命需要，而促进时局之发展。

以上诸端，凡属湖北三千五百万民众，不论其为农人工人商人学生教员及自由职业者，无不感其切要。省政府如能努力奋斗，期其实现，行见在三千五百万民众拥护之上，完成新湖北之建设，即是革命化民主化之省政府。否则无以顺应革命民众之要求，结果必与民众隔绝，而为民众所弃。历史上之教训至多，无待论证。所望在省政府任职各同志，朝夕警惕，以期勿负此伟大之使命。

······ ······

选自汉口《民国日报》，1927-04-10，新闻第一页。

36. 佃农保护法
1927年5月9日武汉国民政府公布

国民政府令

兹经中央执行委员会议决《佃农保护法》，特公布。此令！

佃农保护法

第一条 凡租种官有、公有、私有田圃、山场、湖池、森林、牧场等之佃农，皆应受本法之保护。

第二条 佃农缴纳租项等，不得超过所租地收获量百分之四十。实际交纳数量，由各地地方政府会同当地农民协会，按照当地情形规定之。

第三条 佃农对于地主除缴纳租项外，所有额外苛例一概取消。

第四条 佃农缴纳租项，应在收获时缴纳。

第五条 凡押金及先缴租项全部或一部等恶例，一概禁止。

第六条 如遇岁歉或天灾战事等，佃农得按照灾情轻重，有要求减租或免租之权利。

第七条 凡佃农对地主之要求，经乡村自治机关审查后，如无异议，亦认为正当之要求，地主应予承认。

第八条 佃农对于所耕土地有永佃权，但不得将原租土地转租别人。

第九条 包田及包租制，应即废止。

第十条　凡佃农与地主间之契约，必须报请区乡自治机关备案。

国民政府秘书处

中华民国十六年五月九日

选自汉口《民国日报》，1927-05-10，第一张新闻第一页。

37. 处分逆产条例

1927年5月10日武汉国民政府公布

国民政府令

　　兹经中央执行委员会议决《处分逆产条例》，特公布之。此令！

处分逆产条例

　　第一条　凡与国民革命为敌者，或为帝国主义之工具者，或压迫人民以巩固封建制度社会者，或侵吞国家地方收入，剥削人民生活利益，以饱私人贪欲者，或操纵金融以动摇革命势力者，例如军阀、贪官、污吏、土豪、劣绅及一切反革命者，其财产皆为逆产。

　　第二条　前条逆产一经合法发觉，即没收之。发觉之法如左：

　　一、由革命战争显然发见（现）者；

　　二、由广大群众或民众团体所证明者；

　　三、由个人具合法文书报告，经查明确实者；

　　四、由法院或其他审判机关依审判秩序发见（现）者。

　　第三条　（一）逆产没收及保管之机关，为国民政府、省政府、特别市政府，及县、区、乡自治机关，中央及各级党部对之有监督之权。（二）何项逆产属何机关，视其财产之性质来源及法律关系而定之。（三）逆产所属之解释权在国民政府。

　　第四条　逆产之处分，在革命战争时，得全数收为军事及政费之用。但逆产属于农村耕地者，应以所得利益百分之三十用以农村改良土地设立农民银行等事。

　　第五条　被没收之逆产，至革命战争终了时，除仍应保留一部分归第三条机关管理外，应分配于人民及革命军人。分配之法如左：

　　第一、实质分配；

　　第二、利益分配。

　　分配以第一款为原则，不能适用第一款时，依第二款之法分配。

　　第六条　分配由中央党部及省党部分别组织委员会执行之。

　　分配细则及委员会组织条例另定之。

　　第七条　分配之不动产或利益不得买卖及移转。受分配人死亡时，报告该管委员会另行分配之。

　　第八条　本条例自公布日施行。

选自汉口《民国日报》，1927-05-10，新闻第一页。

互校版本：《国民政府现行法规》，1928。

38. 禁止民众团体及民众自由执行死刑条例

1927 年 5 月 10 日武汉国民政府公布

国民政府令

兹经中央执行委员会议决《禁止民众团体及民众自由执行死刑条例》，特公布之。此令!

禁止民众团体及民众自由执行死刑条例

第一条　公布之条例，有明文规定判处死刑，应报告政府核准，而审判机关不报告则执行者，即解散该审判委员会，另行组织。

第二条　公布之条例无明文规定判处死刑，应报告政府核准者，一律增加"报告国民政府或省政府核准执行，但在国民政府所在地判处死刑之案，必要报告国民政府核准"之规定。

第三条　本条例公布后，各地民众团体拿获反革命派或劣绅土豪等，即交政府严办，不得自由执行枪决。

选自汉口《民国日报》，1927-05-10，第一张新闻第一页。

39. 国民政府劳工部组织条例

1927 年 5 月 15 日①武汉国民政府公布

第一条　国民政府劳工部，直辖于国民政府，管理全国劳工事务，监督劳工有关系之各机关，执行国民政府保护劳工之政策。

第二条　国民政府劳工部设部长一人，管理本部事务及监督所属职员。

第三条　劳工部长于主管事务，对于各省各地方最高行政长官之命令或处分认为不合法或逾越权限，得呈请国民政府取消之。

第四条　国民政府劳工部设秘书处、劳工保险处、劳动监察处、失业救济处。

秘书处掌管：

（一）在于起草劳工法令事项。

（二）关于宣传事项。

（三）关于工会罢工之登记事项。

（四）关于劳工图书编纂事项。

（五）关于撰核文书及收发公布文件事项。

（六）关于典守印信保存档案事项。

（七）关于本部经费之预算决算及会计事项。

（八）关于本部庶务及其他不属各处事项。

---

① 据汉口《民国日报》报道，劳工部长苏兆征由粤抵汉，其组织条例已于 5 月 15 日经国民政府命令公布。

劳动保险处掌理：

（一）关于工资与物价指数之调查与统计事项。

（二）关于全国劳动之调查事项。

（三）关于监督并指导各地劳工保险局之工作事项。

（四）关于工厂设备改良事项。

失业救济处掌管：

（一）关于失业登记与统计事项。

（二）关于职业介绍事项。

（三）关于各地失业救济局之管理事项。

劳动监察处掌管：

（一）关于劳动检查事项。

（二）关于劳资纠纷事项。

（三）关于工厂违反劳动法之控诉与处理事项。

第五条　国民政府劳工部设秘书长一人，处长三人，秉承部长命令，分掌各处事务。

第六条　国民政府劳工部设秘书若干人，秉承长官命令，办理机要事务。

第七条　国民政府劳工部秘书处及各处，视事务繁简酌量分科，设科长科员及技术人员，襄助秘书长及处长办事。

第八条　国民政府劳工部因监督劳工法令之实施，得派遣指导员及检查员若干人。

第九条　国民政府劳工部设参事会，置常任参事若干人，由劳工部聘任或委任之，讨论劳工事务上各项重要问题。其详细组织法另定之。

第十条　国民政府劳工部因缮写文件及其他特别事务，得用录事及雇员若干人。

第十一条　劳工部办事细则另以部令定之。

第十二条　本组织法自公布日施行。

选自汉口《民国日报》，1927-05-19，新闻第一页。

40. 国民党中央执行委员会（关于劳资关系）训令

1927 年 5 月 19 日公布[①]

…… ……

务使农工与工商业者之同盟战线永不分离，更使农工与工商业者在革命期间，获得一致之利益，兹为实行此种政策，特令国民政府执行以下之决议：

一、制定劳资仲裁条例，由劳工部及各省政府组织劳资仲裁机关，解决工人厂主间及店主间之各种冲突。

二、制定劳动法。工厂商店分别规定工作时间，并按当地生活情形规定工资之数目，

---

① 此为汉口《民国日报》公布时间。

及工人之养老金，及各种劳动保险。

三、制止工人及店员之过度要求，并禁止其干涉厂店之管理。另由总工会与商民协会组织特种委员会，审查工人店员之要求条件，并加以相当制限。

四、工会或纠察队对于店主或厂主有恐吓罚款及擅自逮捕或用其他压迫方式者，一律严禁。劳资两方有痛苦者，须陈诉于仲裁机关解决之。

五、外人在华经营工商业者，应由外交当局根据上列四项之原则办理。

右之议决，为本党巩固国民革命同盟战线之政策，凡属本党党员应明瞭（了）本党之主张，并以不迟疑之态度，执行上项之决议。如有违反及不努力执行者，各级党部应加以严厉之制裁。各级党部不能领导民众服从上项之决议，中央必予以相当之惩戒。凡我同志务各体念中国国民革命之前途，努力奉行之。此令！

选自汉口《民国日报》，1927-05-19，新闻第一页，按 5 月 26 日所载《湖北省政府布告》校正。

41. 劳工部失业工人救济局组织大纲

1927 年 5 月 27 日[①]武汉国民政府劳工部公布

第一条 国民政府劳工部失业救济局为救济失业工人，巩固北伐后防起见，特设湖北失业工人救济局。

第二条 救济局之组织：（一）局长一人，主持本局内外一切事宜。副局长一人，襄助一切事务。（二）总务科科长一人，总理本局文书会计庶务诸事务。内分文书股、会计股、庶务股三股办公。（三）组织科科长一人，掌管失业工人之调查登记统计诸事务。内分调查股、登记股、统计股三股办公。（四）宣传科科长一人，管理本局一切宣传事宜。内分编辑股、讲演股、游艺股三股办公。（五）救济科科长一人，经理本局对失业工人之一切救济事务。内分散发股、安插股、交际股三股办公。

第三条 救济局内办事人员，科长以上率由劳工部任命，其余则由局长委任之。

第四条 救济局内部为办公便利起见，须有经常之局务会议。必要时得召集科长与股长联席会议及办公人员全体会议，得呈报劳工部派员参加。

第五条 救济局之救济事业，暂只限于武汉三镇之失业工人。必要时得呈准劳工部之许可，推广救济范围。

第六条 凡经本局组织科调查确实，业经登记之失业工人，均得接受本局之救济。

第七条 救济局于必要时，呈准劳工部之许可，设立职业介绍所及其他有关失业工人之事业。

第八条 各科及其他办事条例另定之。

第九条 本条例经劳工部批准公布施行。

---

① 此为汉口《民国日报》公布时间。

第十条　本条例有未尽事宜，得呈请劳工部随时修改。

选自汉口《民国日报》，1927-05-27。

另据同年6月3日报道，工人救济局定于端午节发给每个工人救济金1元。

42. 国民政府农政部组织条例

1927年5月19日[①]武汉国民政府公布

第一条　国民政府农政部，直辖于国民政府，管理全国农政事务，监督农政有关系之各机关，执行国民政府保护农民之政策。

第二条　国民政府农政部设部长一人，管理本部事务及监督所属职员。

第三条　农政部长于主管事务，对于各省各地方最高行政长官之命令或处分认为不合法或逾越权限，得呈请国民政府取消之。

第四条　国民政府农政部设秘书处及左列各处：

秘书处掌管：

（一）关于起草农政法案事项。

（二）关于宣传事项。

（三）关于农民组织登记事项。

（四）关于农政图书编纂事项。

（五）关于撰校文书及收发公布文件事项。

（六）关于典守印信保存档案事项。

（七）关于本部之经费预算决算及会计事项。

（八）关于本部庶务及其他不属各处事项。

第一处掌管：

（一）关于县区乡自治机关事项。

（二）关于地方行政事项。

（三）关于行政区划事项。

（四）关于农政考成（绩）及赏罚事项。

（五）关于养成及训练地方自治人员事项。

第二处掌管：

（一）关于农民武装自卫事项。

（二）关于农政公安事项。

第三处掌管：

（一）关于土地之收管及分配事项。

（二）关于土地改良及水利事项。

---

　① 　此为汉口《民国日报》公布时间。据汉口《民国日报》报道，农政部于1927年5月20日举行部长就职典礼。

（三）关于农业技术改进事项。

（四）关于雇农佃农小农等保护事项。

（五）关于增进农村经济筹设农民银行合作社等事项。

第四处掌管：

（一）关于农政调查事项。

（二）关于农政统计事项。

（三）关于土地图志事项。

（四）关于国籍户籍等事项。

第五条　国民政府农政部设秘书长一人，处长四人，秉承部长命令分掌各处事务。

第六条　国民政府农政部设秘书若干人，秉承长官命令办理机要事务。

第七条　国民政府农政部秘书处及各处视事务繁简酌量分科，设科长科员技术人员，襄助秘书长及处长办事。

第八条　国民政府农政部因辅助乡村自治机关之建立，督促农民政策之实施，得派遣指导员及视察员若干人。

第九条　国民政府农政部设参事会，置常任参事若干人，由农政部聘任或委任之，讨论农政部事务上各项重要问题。其详细组织法另定之。

第十条　国民政府农政部因经济（管）文件及其他特别事务，得酌用录事及雇员若干人。

第十一条　农政部办事细则另以部令定之。

第十二条　本组织法自公布日施行。

选自汉口《民国日报》，1927-05-19，新闻第一页。

43. 国民政府农政部秘书处组织条例

1927 年 5 月 24 日[①]公布

第一条　秘书处设秘书长一人，秉承部长之命，指挥所属职员掌理本处一切事务。

第二条　秘书处设秘书若干人，承部长秘书长之命，办理机要部务撰拟法令核阅文稿。

第三条　（原稿空缺）

第四条　秘书处设第一、第二、第三三科，科下分股办事，其职掌如左：

第一科：（一）文书股，管理撰拟文稿事项。（二）机要股，管理机要文件事项。（三）收发股，管理收发本部一切公文事项。（四）掌卷股，管理一切卷宗档案事项。（五）缮校股，管理缮校一切文件事项。（六）监印股，典守印信事项。

第二科：（一）会计股，管理本部会计出纳及编造本部预算决〔算〕事项。（二）庶务

_____

① 此为汉口《民国日报》公布日期。

股，管理一切物品之购买及保管，本部之布置招待清洁及其他不属于各股之一切事项。

第三科：（一）组织股，管理农民组织事项。（二）宣传股，管理农政宣传事项。（三）编译股，管理编译图书事项。

第五条　秘书处设股主任若干人，承长官之命分掌各股事务。

第六条　秘书处设科员若干人，承长官之命办理各科事务。

第七条　秘书处用雇员若干人，承长官之命分办各种事务。

第八条　本条例自公布之日施行。

选自汉口《民国日报》，1927-05-24，第一张新闻第一页。

44. 中央关于保护公正绅耆训令

1927 年 5 月 20 日国民党中央执行委员会公布

本党所提倡之农民运动，在使农民脱离多年之压迫，而改良其生活。土豪劣绅恃剥削农民压迫农民以为生，妨碍农民之解放，故为本党所弃绝。但剥削农民压迫农民必须行迹显著，证据确凿者，始得交由法定机关依法惩办。至乡里公正及丰裕之户，不反对国民革命者，皆在国民政府保护之列。本党党员应切实指导民众，不得滥施攻击，侵犯他人身体财产职业信仰之自由。其有藉（借）端扰乱破坏公共秩序以快意者，既有损于革命之利益，即无异反革命。应由各地党部随时制裁，是为至要。此令！

五月二十日

选自汉口《民国日报》，1927-05-21，新闻第一页。并按"湖北省政府布告"校正。该布告称，"案奉国民政府第 29 号令开；现奉中国国民党中央执行委员会函开：本会常务委员会第十二次会议关于保护人民身体财产职业信仰之自由，通过如下之训令"。

45. 国民革命军陆军战时抚恤暂行条例

1927 年 5 月 20 日武汉国民政府公布

国民政府令

兹制定《国民革命军陆军战时抚恤暂时条例》，特公布之。此令！

国民革命军陆军战时抚恤暂行条例

第一章　总纲

第一条　陆军战时伤亡之官佐士兵，其抚恤，依本条例行之。

第二条　战时官佐士兵之伤亡，其区别如左：

（一）阵亡。（二）伤剧殒命。（三）临阵受伤。（四）因公殒命。（五）积劳病故。

第三条　第二条所列之伤亡，其抚恤分别如下之二种：（一）一次抚恤金。（二）年抚金。

一次抚恤金，系按死者阶级议决给恤时，照恤金表给与（予）该遗族恤金一次。

年抚金：（一）死亡年抚金，即阵亡或因公殒命，均按年给与（予）死者之遗族。（二）阵伤，年抚金按年给与（予）受伤者。

第二章　阵亡

第四条　有左列各项之一者，均为阵亡或（其）恤金应照阶级按恤金第一表之规定分别办理（附恤金第一表）：

（一）临阵殒命。

（二）临敌或战地服务受伤后殒命。

（三）战时因服特别任务，或在危险地遇事殒命者。

第三章　伤剧殒命

第五条　陆军官佐士兵因临阵或战地服务受伤后死亡者，应按其受伤之等第定以期限，分别议恤如左（伤之等第参照第八条受伤等第表）：

一等伤，伤剧殒命以六个月内为限。

二等伤，伤剧殒命以四个月内为限。

三等伤，伤剧殒命以二个月内为限。

第六条　在右列限内伤发身亡者，其抚恤照第一表分别办理。在限外伤发身故者，照第二表分别办理。并非伤发，确系因病身故者，照积劳病故例分别办理。但阵伤年抚金即停止。

第四章　临阵受伤

第七条　战斗受伤，或应征因公受伤者（如战时服务因差委罹水火等灾，或误受弹药以致负伤者），均按其伤等第，分别照第三表予恤（附恤金第三表）。

第八条　阵亡〔伤〕之官兵，因伤之轻重分为等第，如左表〔阵伤等第治逾（愈）后检定之〕：

一等伤：两目皆盲者；失去一足或一手以上者；咀嚼言语之机能并废者；生殖器损失者；中枢机能障碍，身体运动非人扶持不可者；与前项相当之一切伤废者。

二等伤：一手或一足残废者；一手失去拇指二指以上者；两耳俱聋或盲一目者；咀嚼言语机能生大障碍者；身体运动失去自由者；与前项相当之一切伤废者。

三等伤：一手失去一指以上者；一足失去三指以上者；聋一耳者或鼻脱落者；视力障碍者；颈及腰运动上有障碍者；与前项相当之伤者。

第九条　受轻伤而不在阵伤等第之内（如并未损折肢体将来尚堪服务者）照三等伤例分别给与（予）一年年抚金二分之一。

第五章　因公殒命

第十条　有左列事故之一者，皆为因公殒命，其抚恤均照第三表分别办理（附恤金第三表）：

（一）战时服务忽罹水火等灾，或误触弹药殒命者。

（二）战时因服特别任务，失事殒命者。

第十一条　因公受伤后殒命，其期限亦以第五条所规定者为准。在限内伤发殒命者，其抚恤照第三表分别办理。如在限外伤发殒命者，应照第四表积劳病故分别办理。

第六章　积劳病故

第十二条　战时军佐士兵其勤劳卓著染病身故者，基抚恤均按第四表分别办理。如无特别劳积病故者，照第四表之规定，只给一次恤金，不给年抚金（附恤金第四表）。

第七章　年抚金

第十三条　凡应得年抚金者，给与（予）恤金给与（予）令及恤金证券，以凭领取恤款。

第十四条　年抚金之给予，均以三年为限。但政府财政充裕时，得延长之。

第十五条　应受年抚金遗族之顺序如左：

（一）死亡者之子女（出嫁者不在内，下仿此）。

（二）无子女给其妻。

（三）子女妻俱无时，给其孙。

（四）子女妻及孙俱无时，给其父母。

（五）子女妻及孙暨父母俱无时，给其祖父母。

（六）右列各遗族俱无时，得给其未成年之胞弟妹。

第十六条　恤金给与（予）令经议准时，受令者即得具领恤金及年抚金。但领有一次恤金者，其年抚金须至次年方能具领。

第十七条　受领年抚金者，如有左列事故之一，得停止年抚金，注销其恤金给与（予）令及恤金证券：

甲、属于阵伤者：

（一）违反党纲，查有确据者。

（二）削除军籍者。

（三）剥夺公权者。

（四）本人身故者。

乙、属于阵亡者之遗族受领年抚金者：

（一）入外国籍者：

（二）剥夺公权者。

（三）第十五条列举之遗族全都死亡者。

（四）孤儿或其未成年弟妹为他人螟蛉者。

（五）寡妇再醮，或去其户籍者。

（六）自年抚金批准之日起，二年之内未曾具领者，或按年具领忽然停领逾二年以上者。

第八章　恤金给与（予）令

第十八条　恤金给与（予）令须置调查书表，汇呈国民政府军事委员会批准后，方得填给。

第十九条　恤金给与（予）令为三联单式。（一）恤金给与（予）令附恤金证券。（二）备查。（三）存根。均各编字号，骑缝处加盖国民政府军事委员印，以备考核。其第一恤金给与（予）令附恤金证券及领款须知，由会直接发给本人或遗族，或发交集团军总司令或方面军总指挥，或某军某独立师，以及其他呈请发恤各机关，由其转给。其第二联备查，陆军处移付经理处，以凭照数发给。其第三联存根归陆军处保管。

第九章 抚恤手续

第二十条　凡呈请发恤之各机关，须按附表死亡或负伤调查表，详细填载，并将证明书随案送呈。如为受伤者，则归该管长官出具证明书。至死亡者之遗族，应由其本籍（籍）地方长官详细查明，给予一种调查表，令其填缴备文证明呈送政府，转呈国民政府军事委员会查核相符后，照章办理。如上项手续尚未完毕，经国民政府军事委员会核准，先行恤给者，事后该管长官仍应补送调查表证明书等，呈请国民政府军事委员会备案。

第二十一条　阵亡各军官佐，如有生前功勋卓著，或临阵率先遇害，或死事极惨、被害极烈等情，均得分别按照恤金表呈请从优议恤。但只准照其原级一级，以示限制。其迳（径）由国民政府军事委员会特许，或呈请发恤之各机关陈明事由，呈请特别从优议恤者，不在此限。

第十章 附则

第二十二条　凡残废士兵由政府设立废兵教育院教养之。

第二十三条　死亡将士遗族子弟，由政府设立相当学校教育之。

第二十四条　战时各军雇佣人员从事战役，或阵亡，或因公毙命，或罹各种伤痍时，得按其职务之性质，分别参照各恤金表，给予相当之恤金。

第二十五条　本条例自公布日施行。

民国十六年五月二十日

选自汉口《民国日报》，1927-05-21，新闻第一页。

46. 财政部有奖债券条例
1927年5月23日武汉国民政府公布

国民政府令

兹经中央执行委员会议决财政部有奖债券条例，特公布之。此令！

财政部有奖债券条例

第一条　有奖债券由财政部呈请国民政府特准发行。

第二条　有奖债券之偿本给奖，均由国民政府担保之。

第三条　有奖债券金额定为每张银元五元。

第四条　有奖债券总额，每次定为二十万元，即二十万张。

第五条　有奖债券发行日期及次数，由财政部定之。

第六条　有奖债券之中签者，即凭券付奖，不另还本。未中签者，自开签日起，三个月内向有奖债券局兑换整理金融公债，或用以承购逆产。

第七条　抽签日期及地点，于每次发行有奖债券时核定，书明票面，无论如何不得更改之。

第八条　抽签之日当众公开，由国民政府财政部及所在地之各级党部、总工会、农民协会、总商民协会各派二人，会同监视开签。

第九条　每次发行之有奖债券，于定期内抽签给奖，每次中奖者二千六百二十九号。其中签金额如左：第一等奖一张，每张二万五千元；第二等奖一张，每张一万元；第三等奖□张，每张五千元；第四等奖五张，每张一千元；第五等奖二十张，每张五百元；第六等奖一百张，每张一百元；第七等奖五百张，每张二十元；第八等奖二千张，每张十元。

第十条　前项给奖于集中现金时间内，得由财政部拨付现银充奖。

第十一条　有奖债券发行后，凡给奖还本时认票不认人，如有遗失情事，不得挂失。

第十二条　凡有奖债券给奖还本地点，于每次发行时于券面标明之。

第十三条　凡中签者，限于抽签之日起三个月内得随时持券领奖。逾期不领，即行作废。

第十四条　凡未中奖之有奖债券，自抽签之日起，三个月内可就财政部指定机关，兑换同数之整理金融公债，不折不扣，或用以承购政府标卖之逆产。但逾期不换或不用，即行作废。

第十五条　有奖债券之发行，由财政部内国公债处设局办理。其章程由财政部订定之。

第十六条　凡有欲承售者，均可向有奖债券局商定，承售章程另定之。

第十七条　本条列有修改时，须经财政部呈请国民政府核准。

第十八条　本条例自公布日施行。

民国十六年五月十三日

选自汉口《民国日报》，1927-05-24，新闻第一页。

47. 财政部（关于票币流通的）布告

1927年6月8日公布

案照本部整理各种票币办法，早经分别布告通令遵行在案。自政府集中现金条例颁布后，市面流通公私出入，均以中央银行汉口分行及汉口中国、交通三银行票币为限。在鄂湘赣三省通用大洋券，亦准一律行使。至湘桂赣毫洋券应在湘桂赣三省区域以内行使，鄂省境内未便流通，免致发生种种困难。为此布告各界民众一体周知。此布。

选自汉口《民国日报》，1927-06-08，新闻第三页。

48. 江西省劳资仲裁委员会条例

1927年5月23日江西省政府公布

江西人民通讯社消息：省政府于第八次省务会议议决劳资仲裁委员会条例，业已公布。兹特分条录下。

第一条　对于劳资间之一切争执，应由左列机关及团体组织劳资仲裁委员会解决之：（一）该地上级党部二人；（二）该地总工会一人；（三）该地商民协会一人。（四）该地上级行政机关一人。

第二条　凡劳资间发生争执时，一方或双方均得提出该争执事件于仲裁委员会，请求仲裁。

第三条　非有过半数委员之出席，不得开始仲裁，非有出席委员过半数之通过，不得裁决。

第四条　仲裁委员会于接到请求仲裁事件之日起，三日内召集各委员审查该事件后，再召集双方当事人施行裁决。一经裁决后，双方须遵守。

第五条　〔执〕行仲裁时，以双方当事人均行出席为原则。但于必要时，得求双方提出之书面，行使仲裁。

第六条　执行仲裁，须依照当地工商业经济生活各种状况，公平解决之。

第七条　凡劳资间之纠纷已请求仲裁时，双方不得采取直接行动，如罢工、歇业或闭厂之事。

第八条　各仲裁委员会得自定办事细则

第九条　本条例自公布日施行。

选自汉口《民国日报》，1927-05-23，《赣省政府公布劳资仲裁委员会条例》。

49. 国民政府保护革命军人家属财产令

1927 年 5 月 24 日武汉国民政府公布

国民革命军人，为国民革命从事奋斗，其牺牲劳苦实异寻常。中央现正设法改良士兵生活，并拟俟革命战争终了后，为一般出身穷苦之军人绸缪生计，给以土地，资其耕作，俾赡养无缺。迩来迭据报告，各处农民协会往往有幼稚过当之举动，或对于军人家属加以扰害，或对于军人财产土地加以剥夺。此等举动施之良民，已属忍人害理，为国法所不容。施之军人，则更无异骚扰后方挠动军心，实可痛恨。着各省政府分饬所属各机关，一律严厉禁止此等举动。凡军人家属已被扰害者，务须安集抚慰。其财产土地已被没收者，务须清查发还。以后无论何项团体如再有此等举动，应即将该团体解散，并拘捕负责人员，依法惩治。各处当局如有知情不究，及挟同隐蔽情事，一经查觉，定必严惩不贷，其各凛之。此令！

中华民国十六年五月二十四日

选自汉口《民国日报》，1927-05-24，"国民政府令"，并按同年 6 月 3 日湖北省政府布告校对。

50. 湖北省政府布告
——转发国民政府关于逮捕人犯没收逆产的命令
1927 年 5 月 26 日公布

为布告事，案奉国民政府令开：凡逮捕人民，必须依以下手续：（一）司法机关依法执行。（二）管理武昌汉口卫戍事宜及由武汉公安局奉上级机关命令执行，及依其职务而执行。（三）当场拿获之现行犯，凡逮捕后，必须交由政府之法定机关审讯。如有违背此规定者，政府必予以严厉之处分。此令！

又奉国民政府令开：凡不依处分逆产条例，而擅行没收人民财产者，政府当予以严厉之制裁。其为团体行动者，解散其团体，并对于负责之个人加以处罚。此令！

选自汉口《民国日报》，1927-05-26，新闻第三页。

51. 湖北省政府关于严禁刑讯的布告
1927 年 5 月 27 日公布

为布告事：查刑讯久经废止，各审判、检察、警察官吏对于犯罪人，如有凌虐强暴之行为，应以渎职论罪。如有伤害，并照刑律伤害各条处断。查以人民犯法，国家有正当办法，无须取野蛮行动。况本政府以解除民众痛苦为唯一职责，凡为有司，及一切负责同志，尤应力矫陋习，以崇人道，方能贯彻革命初衷不流于偏急。乃闻各机关及各团体，往往有对于施人非刑拷打，或听从民众攒殴之事。在镇压反革命时期，当民情愤激之际，事实所迫，不能避免，诚与故意殴辱者不同。但此等行为究为法所不许。嗣后各机关各团体，对于各种犯罪人，均应交由法定机关依法审判，不得有越轨行动，是为至要。此布！

选自汉口《民国日报》，1927-05-27，新闻第三页"省政府布告"。

52. 国民政府令——各机关编送预算书
1927 年 6 月 11 日武汉国民政府公布

汉口《民国日报》报道：国民政府昨发出明令——通饬各机关依照公布式类编送预算书，其令如下：

为令饬事，现据财政部呈称：呈为呈请事，窃查内外各机关，每年应行编送岁入岁出预算书，及每月收支预算书，提供审核之事，早经本部制预算例言书式，分别呈咨，令饬一律依照办理在案。兹查内外各机关，其尚未依式编送预算者，业由本部函令分催。而各官署之已编送预算书者，又多只造一份，除照章转送国民政府预算委员会审核外，遂别无存底可查。本部主管国家财产，对于稽核出纳两方均应有详细之考察，乃能办理无误。现在两奉明令，各机关在职人员均应搭销国库券，扣收所得捐，视每员俸薪之多寡，及应得应扣之成数各若干，皆赖预算书以供考核，乃能分别办理，否则着手无从。本部为利便推行起见，拟令各机关嗣后编送预算，每次应以三份送部，除一份转送预算委员会之外，余二份即分交审计处、库藏处，以备考查（察）而便伤支。除由部分别咨行外，理合具文呈请钧府鉴核，通伤所属各机关，一律遵照办理，实为公便，等情。据此，除批候通令所属各机关一体遵照办理印发外，合行令仰□□□转伤所属一体遵照办理。此令！

选自汉口《民国日报》，1927-06-12。

53. 湖北省建设技术委员会条例

1927 年 6 月 12 日湖北省政会公布

第一条　建设厅为广集专门人材（才），作为湖北全省实业革新之辅导机关，组织建设技术委员会。

第二条　建设技术委员会委员，由建设厅长委任之。但建设厅秘书科长及技士为当然委员。

第三条　外任之各委员，须定一种类之实业，曾受高等专门以上之教育，并有充分经验者。

第四条　建设技术委员会直隶建设厅长，执行左列各职务：（一）讨论由省政府及厅长交议，或由各委员提出关于实业之各事项。（二）建立关于各种实业革新之计划。（三）调查各种实业状况，报告厅长转呈省政府。（四）起草关于各种实业之法规。（五）指导或监督各种实业之实际工作。（六）办理本厅长指办事项。

第五条　（原件空缺）

第六条　各委员有左列情形之一者，以旷职论：（一）不尽第五条第四五六三项各职务。（二）在分组会议席上无所建白连续至三次以上者。（三）当开会时非有疾病或重要事故任意缺席至二次以上者。有以上情形之一者，厅长得解除其职务。

第七条　建设技术委员会委员得按月支薪，当然委员不在此限，由建设厅按月酌支津贴。

第八条　委员被委外出时，得酌支旅费。

第九条　建设技术委员设宣传、统计、编辑、调查各股，每股干事若干人，由委员兼任之。

第十条　本章程自建设厅长呈请省政府核准之日施行。

选自汉口《民国日报》，1927-06-12，新闻第三页。

54. 劳工部布告
——巩固工商联合战线保护工人阶级利益

1927 年 6 月 17 日武汉国民政府劳工部公布

为布告事：照得农工政策，为本党总理所手定，其目的在解放大多数之工人农民，使其得到真正利益。最近国民政府增设农政、劳工二部，就是要把农工政策见诸实施。本部长向为海员，于工人阶级被压迫的痛苦既经身受。现在奉长劳工部，自当依照本党所定政策，为工人阶级谋得种种利益。关于劳工保护、劳动保险、失业救济等法令条例，当于最短期间次第公布，以为工人利益的保障。关于设立劳资仲裁机关，以谋解决劳资间种种纠纷。当本部长就职之初，关于上列行政方针，再三□□期其实现。凡我革命民众应该深切的（地）了解，只有工人农民的生活改善，购买力增加，工商业者才能发展。工人农民与工商业者利害相同，自应联合一致。不幸近来因帝国主义者及其走狗军阀买办阶级的造谣中伤，商民有随其奸计中者，对工人运动疑虑横生。同时工人农民前经解放，不免有初期的幼稚行动，遂使工农与工商业者的革命同盟发生罅隙。最近中央对于巩固革命同盟，已经三令五申，本部长自当切实执行。此后各劳工团体或个人，如有违反中央迭次训令之幼稚行动，准即据情呈报来部，当依法彻究，决不偏袒。其有藉（借）词蒙蔽，假以摧残劳工团体，或个人者，本部长为保护工人利益，亦当依法彻究不贷。各省官厅对于工人团体尤应切实保护，母（毋）藉（借）端压迫，致干未便。切切此布！

部长苏兆征

选自汉口《民国日报》，1927-06-17。

55. 湖北省政府农工厅布告——巩固联合战线
依法定手续肃清土豪劣绅

1927 年 6 月 21 日公布

照得持助农工，为先总理手定三大政策之一，意义至为广大，诚以国民革命，在求全国被压迫民众之解放。而农工阶级占全国人口之最多数，受压迫亦最深，必须农工得到解放，国民革命始能成功。自我国民革命军北伐以来，未及一年，已由珠江流域发展至黄河流域，肃清奉系残余军阀，统一全国，为期不远。因农工阶级认识国民革命，系为本身谋利益，一致拥护援助，所以军事发展如此迅速，足以证明农工政策之伟大。惟农工运动，因突飞进展之故，幼稚行动，在所难免。反革命派，逾藉（借）为口实，挑拨离间，希图分散革命势力，动摇革命战线，于革命前途，不无影响。中央有见于此，最近颁布各种命令，保护工商业者，和乡里公正绅耆及富裕之户，禁止各民众团体自由执行死刑，擅自没收人民财产及自由逮捕惩罚人民，凡此诸端，均为适应环境而设。盖农民工人与工商业者，同为国民革命主要之成分。工商业者，外受帝国主义之压迫，内受军阀之摧残，其需要革命与农工同。既与农工站在同一战线上，自有亲密联合之必要，苟忽视工商业之利益，而不加保护，必使工商业者，离开革命战线，农工即陷于孤立地位，实有莫大之危险。保护工商业者，所以增加革命势力，即所以促国民革命之成功。至乡里公正绅耆及丰裕之户，不反对国民革命者，政府当极力保护。但土豪劣绅，恃剥削农民压迫农民以为生者，早为本党所弃绝。中央训令，意义显明，并非土豪劣绅，亦与优容，不加惩办。不过惩办土豪劣绅，须依法定手续，各人民团体不得自由处分，所以维持革命纪律，即所以杜绝一切弊端。本厅有保护农工之责，既不忍农工忽视其同盟者而陷于孤立，亦不忍农工忽视其敌人而贻患将来。希望工农民众切实执行中央命令，遵守纪律，整齐步骤，以免反动派乘机挑拨，动摇革命战线。但希望工农民众不可误会中央命令，务须团结精神联合战线，依法定手续，肃清土豪劣绅及一切反革命派，以巩固革命基础，庶几国民革命，得以早日成功，农工民众得以早日解除痛苦，获得利益，是则本厅所之厚望也。合行布告，仰各界民众，一体知照。此布。

选自汉口《民国日报》，1927-06-21，"农工厅布告"。

56. 国民政府实业部组织法

1927 年 7 月 4 日武汉国民政府公布

国民政府令

兹经中央执行委员会议决，制定国民政府实业部组织法，特公布之。此令！

民国十六年七月四日

国民政府实业部组织法

第一条　实业部直隶于国民政府，管辖全国农工商水利森林垦殖渔牧等实业，及其设计组织管理，并监督指导事宜。

第二条　实业部置秘书处及左列各处：农林处、工商处、矿务处、水利处。

第三条　秘书处职掌如左：（一）关于机要文电之撰拟及保管事项。（二）关于收发文件保存案卷事项。（三）关于典守印信事项。（四）关于记录职员进退事项。（五）关于编制统计报告及翻译宣传出版事项。（六）关于本部经费收支之预算决算及会计事项。（七）关于稽核直辖各机关之会计事项。（八）关于本部所管之官产官物事项。（九）关于本部庶务事项。（十）关于其他不属于各处之事项。

第四条　农林处职掌如左：（一）关于农林渔牧之设计保护监督及奖励事项。（二）关于农林渔牧之试验改良，推广指导及选种事项。（三）关于农林渔牧之产物整理，改进制造及消费事项。（四）关于整理耕地，改良土壤事项。（五）关于处分官荒，及奖进垦殖事项。（六）关于全国山林及林地之整理登记及测勘事项。（七）关于国有林保安林之经营及管理事项。（八）关于天然林之采伐保护及更新事项。（九）关于气候之测验及天灾虫害之预防善后事项。（十）关于蚕丝茶棉等大宗农产品之检查指导事项。（十一）关于狩猎畜种之检查及兽疫事项。（十二）关于其他农林渔牧等业之一切事项。

第五条　工商处职掌如左：（一）关于工商业之保护监督及改良推广事项。（二）关于国营工商业之管理事项。（三）关于工商业之调查及商品陈列检查试验事项。（四）关于工厂交易场所之监督取缔事项。（五）关于度量衡制造检查及推行事项。（六）关于公司注册立案、商标特许及制造品之审查奖励事项。（七）关于发展国际贸易及保护华侨工商事项。（八）关于商埠之开辟及计划事项。（九）关于调节物价及出产销售事项。（十）关于经营监督指导及调剂农工商业金融事项。（十一）关于劳资仲裁事项。（十二）关于其他工商业一切事项。

第六条　矿务处职掌如左：（一）关于矿业之监督保护及奖进事项。（二）关于矿业权之特许及撤销事项。（三）关于矿税之核定征收及矿业诉愿事项。（四）关于矿务警察事项。（五）关于职业之调查事项。（六）关于矿区勘定及矿质分析事项。（七）关于国营矿业及炼冶工厂之管理事项。（八）关于矿业用地事项。（九）关于冶业监督事项。（十）关于地质调查事项。（十一）关于其他矿务一切事项。

第七条　水利处职掌如左：（一）关于全国水利之整顿建设及推广事项。（二）关于规定水利行政计划及审查报告事项。（三）关于水利之巡视监察及编纂统计事项。（四）关于水利之测绘及工程实施事项。（五）关于水利争议请愿之处分事项。（六）关于水源之保护及水道之疏浚事项。（七）关于水灾之防御及救济事项。（八）关于江湖及河工之管理及修竣事项。（九）关于河堤海港之建筑事项。（十）关于沿岸垦务沟洫水利之调查计划及改良事项。（十一）关于其他水利一切事项。

第八条　实业部置部长一人，承国民政府之命，管理本部事务，监督所属职员及所辖各官署。

第九条　实业部置秘书长一人，秘书□人，承部长之命，掌理秘书处职务。

第十条　实业部得聘参议若干人，建议关于实业上之应兴应革事宜。并答复咨询及办理委托事项。

第十一条　实业部置处长四人，分掌各处事务。

第十二条　实业部为办事便利起见，各处得按照职掌事务性质及繁简，分设数科，每科置科长一人，承长官之命分掌各科事务。

第十三条　实业部置科员若干人，承长官之命分掌各科事务。

第十四条　实业部置技正四人、技工八人，分派各处承长官之命，办理技术事务。

第十五条　实业部因缮写文件及其他特别事务，得酌用书记录事雇员若干人。

第十六条　实业部为提倡改良实业便利起见，得于本部设立专处或附属机关，专责办理。其组织章程由实业部以部令公布之。

第十七条　实业部对于各省区最高行政机关之执行本部主管事务，有监察指示之权责。

第十八条　实业部于主管事务，对于各省区最高行政机关之命令或处分认为违背法令或逾越权限，得呈请国民政府取消之。

第十九条　实业部为发展国外贸易，保护华侨工商事业起见，得派驻各国商务官及考察实业专员。

第二十条　本组织法自公布之日施行。

选自汉口《民国日报》，1927-07-05，新闻第二页。

57. 河南省政府组织法

1927 年 7 月 11 日武汉国民政府公布

国民政府令

　　兹经中央执行委员会议决河南省政府组织法、河南省政府委员会会议规则、河南省政府秘书处组织条例，特公布之。此令！

中华民国十六年七月十一日

河南省政府组织法

　　第一条　河南省政府，于中国国民党中央执行委员会及河南省执行委员会监督之下，受国民政府之命令，管理河南全省政务。

　　第二条　河南省政府职权，由国民政府任命河南省政府委员十一人组织省政府委员会行使之。并指定主席一人，按照省政府委员会议决，执行日常政务。

　　第三条　河南省政府命令及公文其范围及于全部者，须由在省政府所在地之全体委员署名，范围仅及一部者，须由主席并关系厅厅长署名。其他普通日常事务，由主席署名行之。

　　第四条　河南省政府得制定河南省单行法令，但不得违反中央党部之决议，及国民政府命令。

　　第五条　河南省政府得任免河南省内各机关按照文官等表二等二级以下官吏。

　　第六条　河南省政府分设民政、财政、建设、教育、司法各厅，于必要时得增设军事、实业、土地、公益、农工厅等，分管行政事务。

　　第七条　河南省政府各厅各设厅长一人，由国民政府任命河南省政府委员兼任之。

　　第八条　河南省政府设秘书处，由河南省政府任命秘书长一人，秘书二人组织之。秉承河南省政府主席之命，管理处内一切事务。

　　第九条　河南省政府各厅之组织法另定之。

　　第十条　河南省政府委员会会议规则另定之。

　　第十一条　河南省政府秘书处组织条例另定之。

　　第十二条　本法自公布日施行。

　　选自汉口《民国日报》，1927-07-12，新闻第二页。

58. 河南省政府委员会会议规则

1927 年 7 月 11 日武汉国民政府公布

第一章　总则

　　第一条　委员会为全省最高行政机关，秉承中国国民党中央执行委员会及省执行委员会之指导监督，受国民政府命令，处理全省政务。

第二条　委员会以省政府各委员组织之。

第三条　委员会会议时，如主席因事不能到会，得指定一人代理主席开会。

第二章　开会

第四条　委员会每周开会一次，但有必要时，得由主席或委员三人以上之提议，召集临时会议。

第五条　委员会议须在省政府所在地之委员过半数出席，方得开议。

第六条　委员缺席，须将缺席理由通知秘书处，于开议时由秘书长报告并记录议事录。

第三章　议事及议事日程

第七条　左列各款事项应提出会议：

一、报告事项。

二、中央及省党部交议事项。

三、国民政府交议事项。

四、各委员及各厅提议事项。

五、人民请愿事项。

六、其他重要事项。

第八条　委员会会议事件及开会日时开会地点，须记载于议事日程。

第九条　议事日程之记载须依第七条各款之次序，由秘书处制定之。

第十条　凡提议事项必须于开会前一日提交秘书处，编入议事日程。但议事日程中必须速议或重要事项未及编入议事日程者，主席得依出席委员过半数之同意，提前讨论或临时讨论。

第十一条　议事日程所记载之事件，因不能开议或议而不能完结者，须编入下次议事日程之前列。

第十二条　议事日程所记载各种议案，须先印刷分送各委员。

第十三条　凡议案关系重要者，得由主席指定人员审查之。

第四章　讨论及表决

第十四条　讨论结果有数说时，主席依次表决。

第十五条　表决方法以多数决行之。表决方式得用无异议、举手及记名投票三方式。可否同数时取决于主席。

第五章　议事录

第十六条　议事录记载左列各事项：

一、开会之次第年月日及所在地。

二、到会之委员姓名人数及缺席之委员姓名人数。

三、报告及提议事由讨论要点报告提议并讨论之人。

四、表决。其表决如用投票式时，应记明可否之数。

五、其他必要事项。

第十七条　每次会议完毕时，须宣读决议，由主席签名，议事录于下次会议宣读或修正。

第十八条　议事录须连同议事日程呈送中央党部及国民政府，并送省党部及各委员各厅。

第六章　附则

第十九条　凡议案与他机关有关系者，得通知其主管人员列席报告。

第二十条　本规则如有未尽事宜，得由委员会修改之。

第二十一条　本规则自公布日施行。

选自汉口《民国日报》，1927-07-12，新闻第二页。

59. 河南省政府秘书处组织条例

1927 年 7 月 11 日武汉国民政府公布

第一条　河南省政府秘书处，依河南省政府组织法第八条之规定，设秘书长一人，秘书二人。

第二条　本处分第一第二两科。

第三条　第一科之执掌如左：

一、关于任免事项。

二、关于会议记录事项。

三、关于机要事项。

四、关于撰拟事项。

五、关于编辑事项。

六、典守印信。

七、校对文件。

八、不属于他科事项。

第四条　第二科之执掌如左：

一、关于会议事项。

二、关于庶务事项。

三、关于收发事项。

四、关于统计报告事项。

五、保管文件。

六、关于省警卫队事项。

第五条　各科科长由秘书兼任之。

第六条　本处设科员书记办事员若干人，由省政府任命或雇用。

第七条　本条例自公布日施行。

中华民国十六年七月十一日

选自汉口《民国日报》，1927-07-12，新闻第二页。

60. 农政部布告
——农民运动应循正轨摧残农运依法惩办
1927 年 7 月 13 日公布

为布告事，吾国以农立国，农民所占国民成份（分）最多，然以政治不良，农民所受困苦亦最深。故本党自改组后先总理遂确定农工政策，以蕲解除最大多数农民之痛苦。中央党部国民政府秉承此旨，迭次发表宣言颁布训令，其所以扶助农民者至深且巨。惟自革命努力进展以来，农民运动日益扩大，幼稚行动亦不免发生其间。最近中央党部审察革命环境，为严防反动势力乘间挑拨起见，特颁布训令予以纠正，欲使农民运动遵循正轨，农民利益更得一层保障，用意至为深远。本部为纠正已（以）往错误，实现农民利益起见，亦经剀切布告在案。乃闻近日各处土豪劣绅狡焉思逞，竟敢曲解中央训令旨趣，妄揣本部布告意义，公然摧残农运，戕害农民，肆行蠢动，冀遂其私。在青天白日之下，而有此等行为，何以伸党权而维农政。为此布告人民一体知悉，嗣后如土豪劣绅藉（借）端扰乱压迫农民者，一经查有实据，应即按照土豪劣绅条例严厉治罪，不得借口中央保护训令妄图狡卸。总之，农民运动应循正轨，而土豪劣绅施用阴谋压迫农民者，尤应依法严办，庶于保护人民自由之方，不悖乎拥护农民利益之旨。除令行各地方长官遵照办理外，特此布告。

选自汉口《民国日报》，1927-07-13，第一张第一页。

61. 谭平山、苏兆征辞职书
1927 年 7 月

国民党中央执行委员会暨全党同志公鉴：

今平山、兆征谨宣言退出国民政府。敢以退出之理由为全党同志及全国人民一详陈之，庶使平山、兆征此举之意义昭然于世，以示郑重。

平山、兆征之加入国民政府，本为国民党内一切革命分子亲密合作之一种表现，国民党第一次全国代表大会时，孙总理即认定革命分子集中于国民党，为国民革命成功之必要条件。此诚中国革命人民伟大领袖所手订之明确政策，国民党第二次全国代表大会及历次中央全体会议，复加以肯定的阐明与承受。

直至民国十五年五月十五日，蒋介石所主持之中央会议，乃以所谓"整理党务案"限制共产党员在国民党中工作之权利，此种破坏孙总理容共政策之行为，使国民党受巨大之损失；盖自此以后，蒋介石式之军事党羽，乃渐起而攘权，于是党权遂日以丧失。然共产党员素视其为国民革命之工作，在于如何使革命日益进展，绝无视国民党中工作为猎取高官厚禄之意；共产党员及一切国民党忠实党员之任务，皆在使国民党以工农小资产阶级之群众运动为根据而日进于单命。故虽有五月十五日中央会议之"整理党务案"，而共产党员仍努力继续实行合作政策。于此可见首先破坏孙总理合作政策者，非共产党员，乃冒充孙总理信徒之叛徒也。此等伪国民党员以限制共产党为名，实则图谋以军事独裁压制国民党。不宁唯是，破坏孙总理革命分子集中国民党的政策者，其目的尚不限于阴谋以军治党，且在于修改孙总理之三民主义。国民党之主义乃代表大多数民众，尤其为农人以反抗半封建制度的余孽，力求解放之理论。而封建余孽之肃清，又为全国人民根据三民主义而争得解放之必要条件。今蒋介石等之政策则恰与此相反。故其行为乃为抛弃民众运动之正轨，而走入与人民公敌合作之歧途，其始终与豪绅、反动地主、买办资产阶级以及帝国主义军阀相妥协，固无足怪也。

然共产党员终为忠实于孙总理之主义及政策之信徒，始终留在国民党之内，至今不稍动摇，盖吾人之希望，乃在国民党以党的力量，战胜其少数领袖之具有反革命的阴谋或其他犹豫动摇之政策。

国民党内及国民革命军内真正革命的孙总理信徒以及共产党员，以最大的努力向前奋斗，复赖世界革命民众之代表共产国际与（予）以伟大的赞助，中国民众始终团集于国民党旗帜之下，而同向军阀帝国主义及一切反动派进攻。于是去年第一次北伐乃大异于畴昔，盖此次北伐得工农小资产阶级广大群众之参加，乃能继续摧灭许多人民之公敌。人民之希望于北伐者，在于其能除去中国民众之内外压迫，故虽有如此巨大之牺牲，而仍不惜赴汤蹈火以赞助之也。为国民革命而死者以数万计，伏尸累累，或死于敌人之枪炮，或死于敌人之虐政，或且为响应北伐军而死。死者之中，谁为国民党员，谁为共产党员将不可分析！彼等之英勇的牺牲，使军队及民众皆随之而益加奋励。

综览北伐的整个过程中，真正国民党员及共产党员，曾以万分的努力保持革命的联合战线，造成广大民众中之基础，使革命得以进展至于长江流域。民众运动及军队之英勇，曾经屡次打击国民党中反革命的及犹豫妥协的领袖之阴谋。此等所谓领袖，当时即已图谋出卖革命，以便走入豪绅、反动地主、买办资产阶级、军阀、帝国主义之反革命的营垒。

革命军占领长江流域之后，北伐告一段落，方将补充增加新的力量，而准备最后决战，以达到完全之成功。然广州三月二十日之故技（伎），复发现于长江流域，伪国民党的领袖以及永久犹豫动摇之分子，又起而破坏革命的联合战线，阴谋根本推翻集中革命分子于国民党之政策，而欲使革命转入反革命的途径。当时蒋介石要求中央党部及政府均迁赴南昌；此种要求，实欲使革命及党的指导机关，尽入其军事独裁之掌握，以便实现其将国民革命转移于买办资产阶级及反革命营垒之企图，终至屠杀工农以逞其欲。迁都南昌之要求，实为三月二十日反革命政变及五月十五日背叛孙总理政策之复演，且为其更扩大、更详尽之计划。

当时国民党中央，即觉南昌方面之要求对于国民革命含有危险性；虽国民党中央当时所见之危险，仅在党权军权之争，而大多数未深察其军事独裁之社会基础；然提高党权，反对军事独裁之运动，已造成相当的基础，使国民党内一切革命分子得以亲密合作，而武汉遂成真正国民党之中心。国民党中央第三次全体会议于以召集，对于南昌方面加以纪律之制裁，并通过各种议决案明定国民革命进行之方针，第三次中央全体会议之议决案，如能诚意的（地）履行，则国民革命之完成指日可期，而反革命的一切根株皆当断绝。第三次中央全体会议之议决案，不仅可为国民党内一切革命分子亲密合作之基础，且予共产员以义务，使分负国民政府对于国民革命之艰巨的责任，而革命战线亦因此而愈益巩固。共产党员之加入政府，即为国民党承认群众运动为国民革命中之伟大动力的表示，并以对抗南京政府所依赖之买办封建资产阶级。第三次中央全体会议决定推举共产党员加入政府，实有历史的意义：盖中国国民运动已显然分为两个营垒，一方面为半封建的分子及买办资产阶级，别方面为广大的劳动民众以及一切真正民主分子。武汉之第三次中央全体会议，实能继承孙总理所领导之第一次全国代表大会之精神，决然与劳动民众民主分子相结合，而认明革命的道路；第三次中央全体会议决定共产党员加入政府之决议，其意义如此。非然者武汉中央与南京方面叛徒之决裂，即毫无意义可言，至多不过是各个私人之争权夺利而已。共产党员之加入政府，决（绝）非为个人之争权，乃欲以国民党内一切革命分子之共同努力，继续发展国民革命以至于最后的成功，而反对南京方面叛徒之反革命，以救革命于澌灭也。

自第三次中央全体会议以来，革命运动中乃有极重大之事件，即所谓湖南问题是也。湖南农民运动之进展，已至于与封建余孽决死斗争之阶段，或且为反抗千百年来积重的压迫及不堪言状之穷困而发生之民众暴动。农民运动之如此伟大的进展，乃使阶级矛盾更深一层的（地）暴露出来，甚至国民党中央执行委员会之中，亦发现此种矛盾之存在。此等极严重的问题，使国民党中央不得不与（予）以明确的答复。解答此问题之道有三：（一）赞助农民运动，以党及政府的积极办法领导农民运动，使渐达革命之根本目的；（二）为所谓过火所震惊，其实所谓过火即革命的急剧风潮，乃一切有历史意义的群众革命运动所不能免，如为之震惊失措，则势必进而反对农民运动，压迫农民群众；（三）立于旁观地位，任令反革命势力消灭一切革命运动，施行残暴的屠杀。此三者之中，中央所择者为何？

或谓湖南问题之解决当为和平方法。诚然，为保持联合战线以反抗奉张、宁蒋（蒋）之反革命起见，共产党员不但不反对和平的解决方法，且竭力赞助之。此则更可见只须尚有丝毫保持联合战线之诚意，共产党员终为联合而牺牲。

今事实上则所谓和平的解决方法，已变成空前未有之屠杀；国民政府领域之内屠杀之事迭见不鲜，党部则被捣毁，工农团体及其自卫之武装则被解散。中央委员之中如徐谦、顾孟余等方在日夜咒骂民众，凡民众救护革命之行动，概视为不当；又复曲解孙总理之理论，谓中国不能有阶级斗争。实则中国国民革命之全部历史，皆阶级斗争之历史。唯反对垂死的反动的封建阶级及买办资产阶级之阶级斗争，为发展国民革命之最大动力。帝国主义对华之经济上、财政上的独裁，固经过买办资产阶级以实行者也；而买办资产阶级之剥削工农，未有不经过豪绅等类之封建阶级。反抗此等阶级之阶级争斗，实为国民革命之要素，非此不能完成三民主义之革命。

然国民党中央委员之中，竟有人敢于与民众运动宣战，甚至与国民党历史上之革命的主义及政策宣战。

此种情形之下，第三次中央全体会议之议决案，已为中央自身所背弃，当然更不能见诸实行。国民党而不能实行此等议决案，则其结果将不免回复到改组以前之状态，即完全依赖极不稳定之军事结合。尚何遵照第三次中央全体会议议决案之精神以发展国民革命之可言！

因此共产党员同意于加入政府之基础已经消失。共产党员既为革命的国民党员及共产主义者，则在此种状况之下退出政府，乃其天职。

平山、兆征之决然退出政府，其理由如此。平山、兆征之引退，乃对于国民革命与民众明认自己之责任。国民党中之革命同志当能谅解平山、兆征退出政府之意义。平山、兆征之行为，实为国民革命之利益起见，始终遵循孙总理之革命的遗训，忠实于吾党。此后当为国民革命努力奋斗，益加奋勉，愿与全体同志共勉之。

谭平山
苏兆征

选自中央档案馆编：《中共中央文件选集》，第 3 册，北京，中共中央党校出版社，1983，第 214～219 页。

第一辑参考书目

1. 中共中央文件选集：全3册. 北京：中共中央党校出版社，1982～1983.

2. 工人之路（省港罢工委员会机关报），1925～1926.

3. 广东哲学社会科学研究所历史研究室编. 省港大罢工资料. 广州：广东人民出版社，1980.

4. 北平社会调查部编. 第一次中国劳动年鉴，1928.

5. 中华全国总工会中国职工运动史研究室编. 中国工会历史文献：全3册. 北京：工人出版社，1958.

6. 中国历次全国劳动大会文献. 北京：工人出版社，1957.

7. 中华全国总工会编. 中共中央关于工人运动文件选编：上. 北京：档案出版社，1985.

8. 安源路矿工人俱乐部罢工胜利周年纪念册，1923.

9. 湖南全省第一次工农代表大会日刊，1926.

10. 邓中夏文集. 北京：人民出版社，1983.

11. 《向导》周报，1927.

12. 第一次国内革命战争时期工人运动. 北京：人民出版社，1954.

13. 上海工人运动史料委员会编. 上海工人三次武装起义资料. 上海：上海人民出版社，1983.

14. 民国日报（上海），1922～1927.

15. 大公报（长沙），1922.

16. 先驱（中国社会主义青年团中央机关报），1922.

17. 民国日报（汉口），1927.

18. 湖南民报，1927.

19. 申报，1927.

20. 新闻报，1927.

21. 时报，1927.

22. 中共浙江省党史资料征集研究委员会、中共萧山县委党史资料征集委员会编. 衙前农民运动. 北京：中共党史资料出版社，1987.

23. 彭湃. 海丰农民运动. 北京：作家出版社，1960.

24. 人民出版社辑. 第一次国内革命战争时期的农民运动. 北京：人民出版社，1953.

25. 人民出版社编辑. 第一次国内革命战争时期农民运动资料. 北京：人民出版社，1983.

26. 左右江革命根据地资料选辑. 北京：人民出版社，1984.

27. 孙中山全集（全11卷）. 北京：中华书局，1982～1986.

28. 王耿雄等编. 孙中山集外集. 上海：上海人民出版社，1990.

29. 军政府公报，1917.

30. 陆海军大元帅大本营公报，1923～1925.

31. 中华民国国民政府公报，1925～1926.

32. 中国人民大学法制史教研室编. 中国近代法制史资料选编，1980.

33. 广州武汉时期革命外交文献（手抄本）.

图书在版编目(CIP)数据

革命根据地法律文献选辑. 第一辑/张希坡编著. —北京：中国人民大学出版社，2017.5
ISBN 978-7-300-23623-0

Ⅰ.①革… Ⅱ.①张… Ⅲ.①革命根据地-法律-文献-汇编-中国 Ⅳ.①D929.6

中国版本图书馆 CIP 数据核字（2016）第 279539 号

革命根据地法律文献选辑（第一辑）

中国共产党成立后与第一次国内革命战争时期的法律文献（1921—1927）
张希坡　编著
Geming Genjudi Falü WenXian Xuanji

出版发行	中国人民大学出版社		
社　　址	北京中关村大街 31 号	**邮政编码**	100080
电　　话	010－62511242（总编室）		010－62511770（质管部）
	010－82501766（邮购部）		010－62514148（门市部）
	010－62515195（发行公司）		010－62515275（盗版举报）
网　　址	http://www.crup.com.cn		
	http://www.ttrnet.com（人大教研网）		
经　　销	新华书店		
印　　刷	涿州市星河印刷有限公司		
规　　格	185 mm×260 mm　16 开本	**版　　次**	2017 年 5 月第 1 版
印　　张	38 插页 3	**印　　次**	2017 年 5 月第 1 次印刷
字　　数	877 000	**定　　价**	168.00 元